新世纪现代交通类专业系列教材

现代道路路基路面工程

（第4版第2次修订本）

尤晓暐　编著

王梓夫　主审

清华大学出版社

北京交通大学出版社

·北京·

内 容 简 介

本书是根据高等学校路基路面工程教材大纲编写的，全书共分17章，其主要内容分为两篇。第1篇为路基工程，分别为：路基工程总论，路基的强度和稳定性，一般路基设计，路基边坡稳定性设计，路基排水设计与计算，路基防护与加固，挡土墙设计，土质路基施工，石质路基爆破施工；第2篇为路面工程，分别为：路面工程总论，交通荷载、自然因素及材料的力学特性，碎（砾）石、块料与无机结合料稳定路面，沥青路面，沥青路面设计，水泥混凝土路面，水泥混凝土路面设计，路面的评定与管理等。

本书作为高等学校土木与交通工程领域中公路工程、交通工程、城市道路工程、桥梁隧道工程、机场工程等专业方向的教材，也可供从事公路与城市道路建设、交通部门有关技术及管理人员参考。

本书封面贴有清华大学出版社防伪标签，无标签者不得销售。
版权所有，侵权必究。侵权举报电话：010-62782989　13501256678　13801310933

图书在版编目（CIP）数据

现代道路路基路面工程/尤晓暐编著．—4版．—北京：北京交通大学出版社：清华大学出版社，2016.11（2020.2重印）
ISBN 978-7-5121-3022-7

Ⅰ．①现… Ⅱ．①尤… Ⅲ．①路基工程　②路面-道路工程 Ⅳ．①U416

中国版本图书馆 CIP 数据核字（2016）第 215215 号

现代道路路基路面工程
XIANDAI DAOLU LUJI LUMIAN GONGCHENG

责任编辑：韩　乐
出版发行：清　华　大　学　出　版　社　　邮编：100084　电话：010-62776969
　　　　　北　京　交　通　大　学　出　版　社　　邮编：100044　电话：010-51686414
印　刷　者：北京时代华都印刷有限公司
经　　　销：全国新华书店
开　　　本：185mm×260mm　印张：29.5　字数：736千字
版　　　次：2016年11月第4版　2019年11月第2次修订　2020年2月第4次印刷
书　　　号：ISBN 978-7-5121-3022-7/U·248
印　　　数：5 301～6 800 册　定价：66.00 元

本书如有质量问题，请向北京交通大学出版社质监组反映。对您的意见和批评，我们表示欢迎和感谢。
投诉电话：010-51686043，51686008；传真：010-62225406；E-mail：press@bjtu.edu.cn。

前　言

"现代道路路基路面工程"是高等学校土木与交通工程领域中公路工程、交通工程、城市道路工程、桥梁隧道工程、机场工程等专业方向的一门重要课程,涉及的主要专业有道路桥梁与渡河工程(081006M)、土木工程(081001)(道路工程方向)、港口航道与海岸工程(081103)(道路工程方向)、交通运输(081801)(道路工程方向)、交通工程(081802)(道路工程方向)、交通设备与控制工程(081806M)(道路工程方向)等。课程涉及内容广泛并与工程实践联系密切,既有普遍性,又有一定的地区特点。本书是根据我国最新颁布的《公路工程技术标准》及有关规范编写的。这门课程是一门理论与实践并重、工程性较强的课程,课程教学包括课堂教学、课程设计和施工实习等环节。课堂教学如有条件借助幻灯、录像、多媒体课件配合进行,则效果更好;课程设计可根据教学条件安排挡土墙或路面设计,以培养学生的设计能力;施工实习是贯彻理论与实践相结合的重要环节,应选择施工技术及施工管理较先进的工地进行,培养学生的动手能力。此外,还应安排试验课,进行路基路面工程结构强度检测及路基路面工程材料参数测定、现场测试等试验。

本书是根据高等学校路桥及交通工程专业教学指导委员会审议通过的路基路面工程教材编写大纲而编写的。本书由尤晓暐编著,王梓夫主审。

本书是作者在近年来讲授路基路面工程课程的基础上,在部分教师的协助下逐步形成的,这是集体研究的成果,也是作者本人从事教学研究的心得。

本书第1版于2003年出版发行以来,得到了读者的厚爱。第2版原则上保留了第1版的基本框架,在某些内容上进行了调整、更新和充实。第3版与第2版相比,整体上保留了第2版的基本框架,主要侧重于技术内容的更新与增减。第4版与第3版相比,主要侧重于规范标准及主要技术内容的更新。修订过程中,注重新的技术标准与规范的描述与应用。在加强基础理论和明确基本概念的同时,努力突出该课程的工程性和实践性。在编写过程中,力求吸取近几年来国内外在道路路基路面方面的研究成果,全面适应新颁技术规范和标准。

在编写和修订过程中,本书引用了大量国内外有关路基路面工程的著作和文献资料,对于它们的作者、编者,表示衷心的感谢。

由于编者水平有限,书中不足和错误之处在所难免,敬请使用本书的单位和个人多提宝贵意见,以便及时修改完善。

编著者
2016年8月于北京

目 录

第1篇 路基工程

第1章 路基工程总论 (1)
1.1 路基工程的特点和路基设计的基本内容 (1)
- 1.1.1 路基及其作用 (1)
- 1.1.2 路基工程的特点 (1)
- 1.1.3 路基设计的基本内容 (2)

1.2 路基的常见病害及对路基的基本要求 (2)
- 1.2.1 路基的常见病害 (2)
- 1.2.2 路基破坏原因综合分析 (3)
- 1.2.3 路基病害的防治 (4)
- 1.2.4 对路基的基本要求 (4)

1.3 影响路基稳定性的因素 (5)
思考题 (6)

第2章 路基的强度和稳定性 (7)
2.1 路基土的分类及工程性质 (7)
- 2.1.1 路基土的分类 (7)
- 2.1.2 各类土的工程性质 (11)

2.2 路基水温状况及干湿类型 (11)
- 2.2.1 路基湿度的来源 (11)
- 2.2.2 大气温度对路基水温状况的影响 (12)
- 2.2.3 路基干湿类型 (12)

2.3 路基的强度与稳定性 (20)
- 2.3.1 路基的受力状况与路基工作区 (20)
- 2.3.2 路基土的强度指标 (21)
- 2.3.3 保证路基强度与稳定性的措施 (25)

2.4 路基土的回弹模量值 (25)
- 2.4.1 现场实测法 (25)
- 2.4.2 查表法 (26)
- 2.4.3 室内试验法 (29)
- 2.4.4 换算法 (29)

2.5 公路自然区划 (30)
- 2.5.1 道路工程特征相似的原则 (32)
- 2.5.2 地表气候区划差异性的原则 (32)
- 2.5.3 自然气候因素既有综合又有主导作用的原则 (32)

思考题 (33)

第3章 一般路基设计 (35)

3.1 路基设计的一般规定 (35)
3.2 路基的类型与构造 (36)
3.2.1 路堤 (36)
3.2.2 路堑 (36)
3.2.3 半填半挖路基 (37)
3.3 路基设计 (38)
3.3.1 路基宽度 (39)
3.3.2 路基高度 (40)
3.3.3 路基边坡坡度 (40)
3.3.4 路基填料 (44)
3.4 路基的附属设施 (45)
3.4.1 取土坑与弃土堆 (45)
3.4.2 护坡道与碎落台 (46)
3.4.3 堆料坪与错车道 (46)
思考题 (47)

第4章 路基边坡稳定性设计 (48)

4.1 边坡稳定性分析概述 (48)
4.1.1 影响路基边坡稳定性的因素 (48)
4.1.2 边坡稳定性分析方法 (49)
4.1.3 边坡滑动面形状 (49)
4.1.4 边坡稳定性分析的计算参数 (49)
4.2 边坡稳定性分析方法 (51)
4.2.1 直线法 (51)
4.2.2 圆弧法 (53)
4.2.3 表解法 (58)
4.3 边坡稳定性分析工程地质法 (62)
4.4 浸水路堤稳定性分析 (63)
4.4.1 浸水路堤的特点 (63)
4.4.2 浸水路堤的高度与断面形式 (64)
4.4.3 渗透动水压力的计算 (65)
4.4.4 浸水路堤边坡稳定性分析 (65)
4.5 陡坡路堤的稳定性分析 (66)
4.5.1 陡坡路堤 (66)
4.5.2 陡坡路堤边坡稳定性分析方法 (67)
4.6 几种特殊地区的路基设计 (68)
4.6.1 黄土地区路基 (68)
4.6.2 泥沼及软土地区路基 (69)
4.6.3 多年冻土地区路基 (70)

  4.6.4 盐渍土地区路基 ……………………………………………………………… (71)
 思考题 ……………………………………………………………………………………… (73)

第5章 路基排水设计与计算 ………………………………………………………… (74)
 5.1 路基排水的目的及设计的一般原则 …………………………………………………… (74)
  5.1.1 路基排水的目的与要求 ……………………………………………………… (74)
  5.1.2 路基排水设计的一般原则 …………………………………………………… (74)
 5.2 地面排水设计 …………………………………………………………………………… (75)
  5.2.1 边沟 ……………………………………………………………………………… (75)
  5.2.2 截水沟 …………………………………………………………………………… (77)
  5.2.3 排水沟 …………………………………………………………………………… (78)
  5.2.4 跌水与急流槽 …………………………………………………………………… (80)
  5.2.5 倒虹吸与渡水槽 ………………………………………………………………… (81)
  5.2.6 蒸发池 …………………………………………………………………………… (83)
 5.3 地下排水设计 …………………………………………………………………………… (84)
  5.3.1 暗沟 ……………………………………………………………………………… (84)
  5.3.2 渗沟 ……………………………………………………………………………… (85)
  5.3.3 渗井 ……………………………………………………………………………… (86)
 5.4 明渠的水文水力计算 …………………………………………………………………… (86)
  5.4.1 设计流量的计算 ………………………………………………………………… (86)
  5.4.2 水力计算 ………………………………………………………………………… (92)
  5.4.3 最佳水力断面的水力要素计算 ………………………………………………… (96)
  5.4.4 沟渠断面设计方法与示例 ……………………………………………………… (97)
 5.5 暗沟的水文水力计算 …………………………………………………………………… (98)
  5.5.1 地下水流量及降落曲线方程 …………………………………………………… (99)
  5.5.2 暗沟水力计算 …………………………………………………………………… (101)
  5.5.3 几个主要参数 …………………………………………………………………… (105)
 5.6 路基排水的综合设计 …………………………………………………………………… (107)
  5.6.1 综合设计的意义 ………………………………………………………………… (107)
  5.6.2 综合排水设计的基本要求 ……………………………………………………… (107)
  5.6.3 排水系统总体规划图 …………………………………………………………… (108)
 思考题 ……………………………………………………………………………………… (110)

第6章 路基防护与加固 …………………………………………………………………… (111)
 6.1 防护与加固的目的和分类 ……………………………………………………………… (111)
  6.1.1 防护与加固的目的 ……………………………………………………………… (111)
  6.1.2 防护与加固工程的分类 ………………………………………………………… (111)
 6.2 坡面防护 ………………………………………………………………………………… (112)
  6.2.1 植物防护 ………………………………………………………………………… (112)
  6.2.2 工程防护 ………………………………………………………………………… (113)

6.3 冲刷防护 …………………………………………………………………… (115)
  6.3.1 直接防护 …………………………………………………………… (116)
  6.3.2 间接防护 …………………………………………………………… (118)
6.4 地基加固 …………………………………………………………………… (119)
  6.4.1 换填土层法 …………………………………………………………… (119)
  6.4.2 重锤夯实法 …………………………………………………………… (119)
  6.4.3 排水固结法 …………………………………………………………… (120)
  6.4.4 挤密法 ……………………………………………………………… (121)
  6.4.5 化学加固法 …………………………………………………………… (121)
思考题 …………………………………………………………………………… (122)

第7章 挡土墙设计 …………………………………………………………… (123)
7.1 挡土墙的类型及使用条件 …………………………………………………… (123)
  7.1.1 挡土墙的用途 ………………………………………………………… (123)
  7.1.2 挡土墙的类型 ………………………………………………………… (124)
  7.1.3 各种挡土墙的特点与使用条件 ……………………………………… (124)
7.2 挡土墙的布置与构造 ………………………………………………………… (127)
  7.2.1 挡土墙的设置场合 …………………………………………………… (127)
  7.2.2 挡土墙的布置 ………………………………………………………… (127)
  7.2.3 挡土墙的构造 ………………………………………………………… (128)
7.3 挡土墙的土压力计算 ………………………………………………………… (132)
  7.3.1 作用在挡土墙上的力系 ……………………………………………… (132)
  7.3.2 一般条件下库仑主动土压力的计算 ………………………………… (132)
  7.3.3 黏性土土压力计算 …………………………………………………… (138)
  7.3.4 折线形墙背的土压力计算 …………………………………………… (140)
  7.3.5 不同土层的土压力计算 ……………………………………………… (142)
  7.3.6 有限范围填土的土压力计算 ………………………………………… (142)
  7.3.7 被动土压力计算 ……………………………………………………… (143)
  7.3.8 车辆荷载换算及计算参数 …………………………………………… (144)
7.4 挡土墙设计总则 ……………………………………………………………… (146)
  7.4.1 挡土墙的荷载组合 …………………………………………………… (146)
  7.4.2 挡土墙的设计原则 …………………………………………………… (146)
7.5 重力式挡土墙设计 …………………………………………………………… (148)
  7.5.1 挡土墙稳定性验算 …………………………………………………… (148)
  7.5.2 基底应力及合力偏心距验算 ………………………………………… (149)
  7.5.3 墙身截面强度验算 …………………………………………………… (152)
  7.5.4 增加挡土墙稳定性的措施 …………………………………………… (154)
  7.5.5 衡重式挡土墙设计 …………………………………………………… (156)
7.6 浸水路堤挡土墙设计 ………………………………………………………… (158)
  7.6.1 浸水挡土墙土压力计算 ……………………………………………… (158)

7.6.2 静水压力、上浮力和动水压力 (160)
7.6.3 浸水挡土墙稳定性验算 (161)
7.7 地震地区挡土墙设计 (162)
7.7.1 地震荷载的计算 (162)
7.7.2 地震作用下的土压力 (163)
7.7.3 地震条件下挡土墙的验算 (164)
7.7.4 一般防震措施 (164)
7.8 轻型挡土墙 (164)
7.8.1 悬臂式挡土墙 (165)
7.8.2 锚杆挡土墙 (170)
7.8.3 锚定板挡土墙 (173)
7.9 加筋土挡土墙 (176)
7.9.1 概述 (176)
7.9.2 加筋土挡土墙的构造 (177)
7.9.3 加筋土挡土墙结构计算 (179)
思考题 (186)

第8章 土质路基施工 (187)

8.1 概述 (187)
8.1.1 路基施工的重要性 (187)
8.1.2 路基施工的基本方法 (187)
8.1.3 路基施工的一般程序 (188)
8.1.4 施工前的准备工作 (189)
8.2 土质路基施工要点 (189)
8.2.1 基本要求 (189)
8.2.2 路堤填筑 (191)
8.2.3 路堑开挖 (193)
8.2.4 机械化施工 (194)
8.3 路基压实 (196)
8.3.1 路基压实的意义与机理 (196)
8.3.2 影响压实效果的主要因素 (196)
8.3.3 压实机具的选择与操作 (198)
8.3.4 土基压实标准 (200)
思考题 (201)

第9章 石质路基爆破施工 (202)

9.1 爆破作用原理 (202)
9.1.1 药包在无限介质内的爆破作用 (202)
9.1.2 药包在有限介质内的爆破作用与爆破漏斗 (203)
9.1.3 药包用药量计算 (203)

V

9.1.4 爆破设计参数 ………………………………………………………………… (204)
9.2 炸药、起爆器材及起爆方法 ……………………………………………………… (207)
   9.2.1 炸药的性质 ………………………………………………………………… (207)
   9.2.2 炸药的分类 ………………………………………………………………… (207)
   9.2.3 起爆器材与起爆方法 ……………………………………………………… (208)
9.3 常用爆破方法 ……………………………………………………………………… (209)
   9.3.1 一般规定 …………………………………………………………………… (209)
   9.3.2 中小型爆破 ………………………………………………………………… (210)
   9.3.3 大爆破 ……………………………………………………………………… (212)
   9.3.4 爆炸药品的管理 …………………………………………………………… (212)
   9.3.5 瞎炮处理及清渣撬石 ……………………………………………………… (212)
思考题 …………………………………………………………………………………… (213)

第 2 篇　路 面 工 程

第 10 章　路面工程总论 …………………………………………………………… (214)
10.1 路面的功能及对路面的要求 …………………………………………………… (214)
   10.1.1 路面的功能 ……………………………………………………………… (214)
   10.1.2 路面的使用性能 ………………………………………………………… (214)
   10.1.3 对路面的要求 …………………………………………………………… (215)
10.2 路面的结构及组成 ……………………………………………………………… (217)
   10.2.1 路基横断面 ……………………………………………………………… (217)
   10.2.2 路拱横坡度 ……………………………………………………………… (218)
   10.2.3 路面排水 ………………………………………………………………… (218)
   10.2.4 路面结构层及其功能 …………………………………………………… (218)
10.3 路面面层类型的适用范围与分类 ……………………………………………… (220)
   10.3.1 路面面层类型的适用范围 ……………………………………………… (220)
   10.3.2 路面分类 ………………………………………………………………… (220)
思考题 …………………………………………………………………………………… (222)

第 11 章　交通荷载、自然因素及材料的力学特性 ……………………………… (223)
11.1 交通荷载对路面的影响 ………………………………………………………… (223)
   11.1.1 车辆的种类 ……………………………………………………………… (223)
   11.1.2 汽车的轴型 ……………………………………………………………… (223)
   11.1.3 汽车对道路的静态作用 ………………………………………………… (227)
   11.1.4 运动车辆对道路的动态影响 …………………………………………… (228)
   11.1.5 交通分析 ………………………………………………………………… (230)
11.2 自然因素对路面的影响 ………………………………………………………… (233)
   11.2.1 湿度变化对路面的影响 ………………………………………………… (233)
   11.2.2 气温变化对路面的影响 ………………………………………………… (234)

| 11.2.3 水温共同作用的结果——冻胀与翻浆 ·············· (235)
| 11.3 路面材料的强度形成原理和力学特性 ·············· (235)
| 11.3.1 力学特性 ·············· (235)
| 11.3.2 粒料类路面的强度形成原理与构成原则 ·············· (236)
| 思考题 ·············· (238)

第12章 碎(砾)石、块料与无机结合料稳定路面 ·············· (239)
| 12.1 碎(砾)石路面与基层 ·············· (239)
| 12.1.1 强度形成原理 ·············· (239)
| 12.1.2 碎(砾)石基层 ·············· (242)
| 12.1.3 级配砾(碎)石基层厚度和材料 ·············· (244)
| 12.2 块料路面 ·············· (245)
| 12.2.1 块料路面的定义及特点 ·············· (245)
| 12.2.2 天然块料路面 ·············· (246)
| 12.2.3 机制块料路面 ·············· (249)
| 12.3 石灰稳定类基层 ·············· (250)
| 12.3.1 强度形成原理 ·············· (250)
| 12.3.2 影响石灰土强度的因素 ·············· (251)
| 12.3.3 石灰土基层的应用 ·············· (252)
| 12.3.4 石灰稳定土基层缩裂防治 ·············· (252)
| 12.3.5 石灰稳定土混合料设计 ·············· (253)
| 12.3.6 石灰稳定土底基层的施工 ·············· (254)
| 12.3.7 碎(砾)石灰土底基层 ·············· (257)
| 12.4 水泥稳定类基层 ·············· (257)
| 12.4.1 强度形成原理 ·············· (257)
| 12.4.2 影响强度的因素 ·············· (259)
| 12.4.3 材料要求及混合料组成设计 ·············· (260)
| 12.4.4 水泥稳定粒料施工 ·············· (261)
| 12.5 工业废渣稳定基层 ·············· (263)
| 12.5.1 对材料的要求 ·············· (263)
| 12.5.2 混合料组成设计 ·············· (264)
| 12.5.3 石灰煤渣类基层 ·············· (265)
| 12.5.4 石灰粉煤灰类基层 ·············· (265)
| 12.6 半刚性路面面层简介 ·············· (267)
| 思考题 ·············· (269)

第13章 沥青路面 ·············· (270)
| 13.1 概述 ·············· (270)
| 13.1.1 沥青路面的基本特性 ·············· (270)
| 13.1.2 沥青路面的分类 ·············· (270)

13.1.3　沥青路面类型的选择 ……………………………………………… (272)
　　13.1.4　沥青路面对路基及基层的要求 …………………………………… (272)
13.2　沥青路面材料的结构与力学特性 ………………………………………… (273)
　　13.2.1　三相体系与压实性能 ……………………………………………… (274)
　　13.2.2　沥青混合料的结构力学特性 ……………………………………… (276)
　　13.2.3　沥青混合料的黏弹性性质与力学模型 …………………………… (278)
　　13.2.4　沥青混合料的变形特性 …………………………………………… (284)
　　13.2.5　沥青混合料的强度特性 …………………………………………… (287)
13.3　沥青路面的稳定性与耐久性 ……………………………………………… (288)
　　13.3.1　沥青路面的高温稳定性 …………………………………………… (289)
　　13.3.2　沥青路面的低温抗裂性 …………………………………………… (293)
　　13.3.3　沥青路面的水稳定性 ……………………………………………… (296)
　　13.3.4　沥青路面的抗疲劳性能 …………………………………………… (297)
　　13.3.5　沥青路面的耐老化性能 …………………………………………… (302)
13.4　沥青路面的原材料 ………………………………………………………… (305)
　　13.4.1　沥青材料 …………………………………………………………… (305)
　　13.4.2　粗集料 ……………………………………………………………… (310)
　　13.4.3　细集料 ……………………………………………………………… (311)
　　13.4.4　填料 ………………………………………………………………… (312)
13.5　沥青混合料组成设计 ……………………………………………………… (313)
　　13.5.1　沥青混合料分类 …………………………………………………… (313)
　　13.5.2　沥青混合料的选用 ………………………………………………… (314)
　　13.5.3　沥青混合料的配合比设计 ………………………………………… (315)
13.6　沥青路面施工与质量控制 ………………………………………………… (324)
　　13.6.1　洒铺法沥青路面面层的施工 ……………………………………… (324)
　　13.6.2　拌和法沥青路面施工 ……………………………………………… (328)
　　13.6.3　沥青路面施工质量管理和检查 …………………………………… (334)
　　13.6.4　沥青路面交工质量检查与验收 …………………………………… (336)
思考题 ……………………………………………………………………………… (337)

第14章　沥青路面设计 …………………………………………………………… (338)
14.1　弹性层状体系理论分析 …………………………………………………… (338)
　　14.1.1　基本假设与解题方法 ……………………………………………… (338)
　　14.1.2　主应力计算 ………………………………………………………… (340)
14.2　沥青路面结构设计理论与方法 …………………………………………… (340)
　　14.2.1　路面设计年限 ……………………………………………………… (340)
　　14.2.2　标准轴载及轴载当量换算 ………………………………………… (341)
　　14.2.3　设计年限内累计当量标准轴载数 ………………………………… (342)
　　14.2.4　交通等级 …………………………………………………………… (342)
14.3　沥青路面结构组合设计 …………………………………………………… (342)

  14.3.1 沥青面层结构 …………………………………………………………………(343)
  14.3.2 沥青路面基层结构 ………………………………………………………(344)
  14.3.3 沥青路面垫层结构 ………………………………………………………(346)
  14.3.4 沥青路面层间结合 ………………………………………………………(347)
 14.4 我国沥青路面设计方法 ……………………………………………………………(348)
  14.4.1 设计指标与极限标准 ……………………………………………………(348)
  14.4.2 路面结构厚度设计方程式与设计参数 …………………………………(350)
  14.4.3 新建路面厚度设计 ………………………………………………………(353)
  14.4.4 新建沥青路面厚度计算示例 ……………………………………………(356)
  14.4.5 路面交工验收指标 ………………………………………………………(359)
  14.4.6 沥青路面改建设计 ………………………………………………………(360)
 思考题 ………………………………………………………………………………………(363)

第15章 水泥混凝土路面 …………………………………………………………………(364)

 15.1 概述 ……………………………………………………………………………………(364)
  15.1.1 水泥混凝土路面的分类 …………………………………………………(364)
  15.1.2 水泥混凝土路面的特点 …………………………………………………(364)
 15.2 水泥混凝土路面的构造 ……………………………………………………………(365)
  15.2.1 土基 …………………………………………………………………………(365)
  15.2.2 基层 …………………………………………………………………………(365)
  15.2.3 混凝土面板 ………………………………………………………………(366)
  15.2.4 接缝的构造与布置 ………………………………………………………(367)
  15.2.5 特殊部位混凝土路面的处理 ……………………………………………(370)
  15.2.6 接缝材料及技术要求 ……………………………………………………(373)
  15.2.7 对面层混凝土材料的要求 ………………………………………………(374)
 15.3 水泥混凝土路面施工工艺与质量控制 …………………………………………(379)
  15.3.1 施工前的准备工作 ………………………………………………………(379)
  15.3.2 施工工艺 …………………………………………………………………(379)
  15.3.3 施工质量控制和检验 ……………………………………………………(384)
 15.4 其他类型混凝土路面简介 …………………………………………………………(385)
  15.4.1 钢筋混凝土路面 …………………………………………………………(385)
  15.4.2 连续配筋混凝土路面 ……………………………………………………(386)
  15.4.3 装配式混凝土路面 ………………………………………………………(387)
  15.4.4 组合式(双层式)混凝土路面 ……………………………………………(387)
  15.4.5 钢纤维混凝土路面 ………………………………………………………(388)
  15.4.6 混凝土小块铺砌路面 ……………………………………………………(388)
  15.4.7 碾压混凝土路面 …………………………………………………………(389)
 思考题 ………………………………………………………………………………………(389)

第16章 水泥混凝土路面设计 ………………………………………………………………(390)

16.1 弹性地基板力学分析 (390)
　16.1.1 小挠度弹性薄板的基本假设 (390)
　16.1.2 板挠曲面微分方程 (391)
　16.1.3 文克勒地基板的荷载应力分析 (392)
　16.1.4 弹性半空间地基板的荷载应力分析 (394)
16.2 水泥混凝土路面温度应力分析 (398)
　16.2.1 胀缩应力 (398)
　16.2.2 翘曲应力 (399)
16.3 水泥混凝土路面的破坏形式与设计理论 (402)
　16.3.1 破坏形式 (402)
　16.3.2 水泥混凝土路面结构设计理论与方法 (403)
　16.3.3 混凝土路面交通等级 (403)
16.4 水泥混凝土路面可靠度设计 (406)
　16.4.1 路面可靠度的定义和极限状态函数 (406)
　16.4.2 路面结构的目标可靠度 (407)
　16.4.3 设计参数均值的取值和变异系数范围 (407)
　16.4.4 路面结构可靠度的计算 (408)
　16.4.5 路面结构的可靠性设计 (409)
16.5 水泥混凝土路面结构组合设计 (410)
　16.5.1 混凝土面层板 (410)
　16.5.2 混凝土路面基层结构 (411)
　16.5.3 混凝土路面垫层结构 (412)
　16.5.4 混凝土路面的路基结构 (413)
16.6 我国水泥混凝土路面设计方法 (413)
　16.6.1 目标可靠度与疲劳极限状态方程式 (413)
　16.6.2 弯拉应力分析及厚度设计 (414)
　16.6.3 接缝设计 (418)
　16.6.4 混凝土面板配筋设计 (419)
　16.6.5 加铺层结构设计 (422)
　16.6.6 混凝土路面板厚度计算示例 (427)
思考题 (431)

第17章 路面的评定与管理 (433)
17.1 路面的功能及其评价 (433)
17.2 路面行驶质量的评定 (434)
　17.2.1 平整度测定方法 (434)
　17.2.2 国际平整度指数 (435)
　17.2.3 行驶质量评价 (435)
17.3 路面结构损坏状况的评定 (436)
　17.3.1 损坏类型 (436)

  17.3.2 损坏分级 ··· (437)
  17.3.3 损坏调查 ··· (438)
  17.3.4 损坏状况评价 ·· (438)
 17.4 路面抗滑性能的评定 ·· (439)
  17.4.1 测定方法 ··· (439)
  17.4.2 抗滑性能评价 ·· (440)
 17.5 路面结构承载能力的评定 ·· (441)
  17.5.1 评定方法 ··· (441)
  17.5.2 结构承载能力的评价 ·· (443)
 17.6 路面管理系统简介 ·· (445)
  17.6.1 路面管理系统的基本概念 ··· (445)
  17.6.2 路面管理系统的分级 ··· (447)
  17.6.3 路面管理系统的结构与组成 ·· (448)
  17.6.4 路面管理系统的功能 ··· (450)
  17.6.5 路面管理系统的数据库 ·· (451)
  17.6.6 路面损坏的预测模型 ··· (452)
  17.6.7 决定需求维修年和实施维修年 ·· (453)
 思考题 ·· (454)

参考文献 ·· (455)

第1篇 路基工程

第1章 路基工程总论

提要 本章主要介绍路基工程的特点和路基设计的基本内容,路基的常见病害及对路基的基本要求,影响路基稳定性的因素。通过学习,使学生了解路基工程的特点,掌握路基的常见病害及对路基的基本要求,掌握影响路基稳定性的因素。

1.1 路基工程的特点和路基设计的基本内容

1.1.1 路基及其作用

公路是一种线形工程构造物。它主要承受和满足汽车荷载的重复作用和经受各种自然因素的长期影响。由于地形、地质和经济条件的限制,公路中线在平面上有弯曲,在竖直方向上有起伏,因此它是一条空间线,其形状称为公路的线形。

路基是公路线形的主体,贯穿于公路全线,与沿线的桥梁、涵洞和隧道等相连接。

路基是按照路线位置和一定技术要求修筑的作为路面基础的带状构造物。

路基是路面的基础,它与路面共同承受行车荷载的作用。路面是用硬质材料铺筑于路基顶面的层状结构。路面靠路基来支撑。没有稳固的路基就没有稳固的路面。

1.1.2 路基工程的特点

作为公路建筑的主体,路基工程具有以下特点:工程数量大,耗费劳力多,涉及面广,投资高等。以平原微丘区三级公路为例,每公里土石方数量约 8 000 ~ 16 000 m^3,而山岭重丘区三级公路每公里土石方数量可达 20 000 ~ 60 000 m^3 以上,对于高速公路,数量更为可观。据新中国成立以来的部分资料分析,一般公路的路基修建投资占公路总投资的 25% ~ 45%,个别山区公路可达 65%。路基是带状的土工构造物,路基施工改变了原有地面的自然状态,挖、填、借、弃土涉及当地生态平衡、水土保持和农田水利等自然环境。因此,路基设计和施工必须与当地农田水利建设和环境保护相配合。路基工程对工期影响大,在工程地质和水文条件复杂的路段,不但工程技术问题多,施工难度大,增加工程投资,而且常成为影响全线工期的关键。路基工程质量对公路的质量和运营具有十分重要的影响,路基质量差,将引起路面沉降变形和破坏,增加养护维修费用,影响行车舒适、安全和公路的服务水平。因此,对路基的设计和施工质量必须予以重视,确保路基工程质量。

1.1.3 路基设计的基本内容

路基设计应根据公路的性质、等级和技术标准,结合当地的自然条件,拟定正确的设计方案,作为施工的依据。

路基设计的具体内容包括以下几个方面。

(1) 做好沿线自然情况的勘察工作,收集必要的设计资料,作为路基设计的依据,如沿线地区地质、水文、地形、地貌及气象等资料。

(2) 根据路线纵断面设计确定的填挖高度,结合沿线地质、水文调查资料,进行路基主体工程(如路堤、路堑、半填半挖路基等)设计。一般路基可根据规范规定,按路基典型断面直接绘制路基横断面图。对下列情况需进行单独设计:工程地质、水文条件复杂或边坡高度超过规范规定高度的路基;修筑在陡坡上的路堤;在各种特殊条件下的路基,如浸水路堤、采用大爆破施工的路基及软土或震害严重地区的路基等。

(3) 根据公路沿线地面水和地下水流情况,进行排水系统的总体布置,以及地面、地下排水结构物的设计。

(4) 路基防护与加固设计,包括坡面防护、冲刷防护与支挡结构物等的布置与设计计算。

(5) 路基工程其他设施的布设与计算,如取土坑、弃土堆和护坡道等。

1.2 路基的常见病害及对路基的基本要求

1.2.1 路基的常见病害

路基裸露在大气中,经受着路面、行车荷载和各种自然因素的作用,路基的各个部位将产生变形。路基的变形分为可恢复的变形和不可恢复的变形,路基的不可恢复变形将引起路基高程和边坡坡度、形状的改变。严重时,会造成土体位移,危及路基的整体性和稳定性,造成路基各种破坏。

路基的常见病害有以下几种。

1. 路基沉陷

路基沉陷是指路基表面在垂直方向产生较大的沉落,如图1-1(a)所示。路基沉陷有两种情况:一是路基本身的压缩沉降;二是由于路基下部天然地面承载能力不足,在路基自重的作用下引起沉陷或向两侧挤出而造成的。

路基的沉缩是因路基填料选择不当,填筑方法不合理,压实度不足,在路基堤身内部形成过湿的夹层等因素,在荷载和水湿综合作用之下,引起路基沉缩,如图1-1(b)所示。

地基的沉陷是指原天然地面有软土、泥沼或不密实的松土存在,承载能力极低,路基修筑前未经处理,在路基自重作用下,地基下沉或向两侧挤出,引起路基下陷,如图1-1(c)所示。

2. 边坡滑塌

路基边坡滑塌是最常见的病害,根据边坡土质类别、破坏原因和规模的不同,可分为溜方与滑坡两种情况。

(1) 溜方:由于少量土体沿土质边坡向下移动所形成。溜方通常指的是边坡上表面薄层土体下溜,主要是由于流动水冲刷边坡或施工不当而引起的,如图1-2(a)、(b)所示。

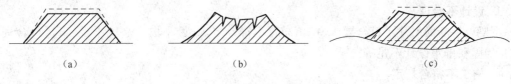

图 1-1 路基沉陷
(a)路基沉陷;(b)路基沉缩;(c)地基沉陷

(2) 滑坡：一部分土体在重力作用下沿某一滑动面滑动。滑坡主要是由于土体的稳定性不足所引起的，如图 1-2(c)所示。

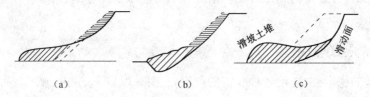

图 1-2 路基边坡的破坏
(a)、(b)溜方;(c)滑坡

路堤边坡坡度过陡，或边坡坡脚被冲刷淘空，或填土层次安排不当是路堤边坡发生滑坡的主要原因。

路堑边坡滑坡的主要原因是边坡高度和坡度与天然岩土层次的性质不相适应。黏性土层和蓄水的砂石层交替分层蕴藏，特别是有倾向于路堑方向的斜坡层理存在时，更容易造成滑动。

3. 剥落、碎落和崩坍

剥落和碎落是指路堑边坡风化岩层表面在大气温度与湿度的交替作用，以及雨水冲刷和动力作用之下，表层岩石从坡面上剥落下来，向下滚落。大块岩石脱离坡面沿边坡滚落称为崩坍。

4. 路基沿山坡滑动

在较陡的山坡上填筑路基，若路基底部被水浸湿，形成滑动面，坡脚又未进行必要的支撑，在路基自重和行车荷载作用下，整个路基沿倾斜的原地面向下滑动，路基整体失去稳定。

5. 不良地质和水文条件造成的路基破坏

公路通过不良地质条件(如泥石流、溶洞等)和较大自然灾害(如大暴雨)地区，均可能导致路基的大规模破坏。

1.2.2 路基破坏原因综合分析

由上面路基变形破坏形式可知，路基破坏的原因是多方面的。各种变形破坏既有各自的特点，又有共同的原因，大致可归纳为以下几个方面。

1. 不良的工程地质和水文地质条件

主要包括地质构造复杂、岩层走向及倾角不利、岩性松软、风化严重、土质较差、地下水位较高及其他特殊不良地质灾害等。

2. 不利的水文与气候因素

主要包括降雨量大、洪水猛烈、干旱、冰冻、积雪或温差较大等。

3. 设计不合理

主要包括断面尺寸不符合要求、挖填布置不符合要求、最小填土高度不足、未进行合理的保护、加固和排水设计不足等。

4. 施工不符合规定

主要包括填筑顺序不当、土基压实不足、盲目采用大型爆破,以及不按设计要求和操作规程施工、工程质量不合标准等。

上述原因中,地质条件是影响路基工程质量和产生病害的基本前提,水是造成路基病害的主要原因。因此,设计前应详细进行地质及水文的勘察工作,针对具体条件及各种因素的综合作用,采取正确的设计方案与施工方法。消除和尽可能减少路基病害,确保路基工程达到规定的质量要求。

1.2.3 路基病害的防治

为提高路基的稳定性,防治各种病害的产生,主要采取以下一些措施:

(1)正确设计路基横断面。

(2)选择良好的路基用土填筑路基,必要时对路基上层填土作稳定处理。

(3)采取正确的填筑方法,充分压实路基,保证达到规定的压实度。

(4)适当提高路基,防止水分从侧面渗入或从地下水位上升进入路基工作区范围。

(5)正确进行排水设计(包括地面排水、地下排水、路面结构排水及地基的特殊排水)。

(6)必要时设计隔离层隔绝毛细水上升,设置隔温层减少路基冰冻深度和水分累积,设置砂垫层以疏干土基。

(7)采取边坡加固、修筑挡土结构物、土体加筋等防护技术措施,以提高其整体稳定性。

以上各项技术措施的采用在于限制水分侵入路基,或使已侵入路基的水分迅速排除,保持干燥,提高路基的整体强度与稳定性。

1.2.4 对路基的基本要求

路基除断面尺寸应符合设计标准外,还应满足下列基本要求。

1. 具有足够的整体稳定性

路基是直接在地面上填筑或挖去一部分地面建成的。路基建成后,改变了原地面的天然平衡状态。在工程地质不良地区,修建路基则可能加剧原地面的不平稳状态;开挖路堑使两侧边坡土体失去支撑力,可能导致边坡坍塌或滑坡;天然坡面特别是陡坡面上的路堤,可能因自重而下滑。对于上述种种情况,都必须因地制宜地采取一定措施来保证路基的整体稳定性。

2. 具有足够的强度

公路上的行车荷载,通过路面传递给路基,对其产生一定压力,路基自重及路面的重力也给予路基和地基一定压力。这些压力都可使路基产生一定的变形,使路面变形而遭到破坏,直接影响路面的使用品质。因此,要求路基应具有足够的强度,以保证在外力作用下,不致产生超过容许范围的变形。

3. 具有足够的水温稳定性

路基在地表水和地下水作用下,其强度将显著地降低。特别是在季节性冰冻地区,由于水温状况的变化,路基将发生周期性冻融作用,使路基强度急剧下降。因此,对路基不仅要求其具有足够的强度,而且还应保证在最不利的水温状况下,强度不至于显著地降低,以使路面处于正常稳定状态,也即要求路基应具有足够的水温稳定性。

1.3 影响路基稳定性的因素

公路路基裸露在大气中,其稳定性在很大程度上由当地自然条件所决定,并受人为因素的影响。因此,深入调查公路沿线的自然条件,从地区和具体路段的情况去分析研究,掌握各有关自然因素的变化规律及其对路基稳定性的影响,才能因地制宜地采取有效工程技术措施,以保证路基具有足够的强度和稳定性。

路基的稳定性与下列自然因素有关。

1. 地理条件

公路沿线的地形、地貌和海拔高度不仅影响路线的选定和线形设计,也影响到路基设计。平原、丘陵、山岭各区地势不同,路基的水温情况也不同。平原区地势平坦,排水困难,地表易积水,地下水位相应较高,因而路基需要保持一定的最小填土高度;丘陵区和山岭区,地势起伏较大,排水设计至关重要,否则易造成冲毁,影响路基的稳定。

2. 地质条件

公路沿线的地质条件,如岩石的种类、成因、节理、风化程度和裂隙情况,岩层走向、倾向、倾角、层理和岩层厚度,有无软弱夹层遇水软化的夹层,以及有无断层或其他特殊的地质现象(如岩溶、泥石流等),都对路基的稳定性有一定影响。

3. 气候条件

气候条件如气温、降水、湿度、冰冻深度、日照、蒸发量等,都影响公路沿线地面水和地下水的状况,并且影响路基的水温情况。不同的气候条件,使路基的强度和稳定性的变化规律,具有各自不同的特点。

随气候的季节性变化,影响路基水温情况发生季节性的周期变化。

在山岭区,气候的日变化剧烈,温湿度变化幅度大,风化作用强烈。

4. 水文和水文地质条件

水文条件如公路沿线地表水的排泄条件,河流洪水位、常水位,有无地表积水和积水期的长短,河岸的冲刷和淤积情况等。水文地质条件如地下水位,地下水移动的规律,有无层间水、裂隙水、泉水等。所有这些地面水和地下水,都会影响路基的稳定,如处理不当,常会引起路基各种病害。

5. 土的类别

土是建筑路基的基本材料。不同的土类具有不同的工程性质,因而影响到路基的设计与施工。

砂粒成分多的土,其强度构成以内摩擦力为主,强度较高,受水的影响小,但施工时不易压实。较细的砂,在渗流情况下,容易流动,形成流砂。

黏粒成分多的土,其强度构成以黏聚力为主,其强度随密实情况的不同变化较大,并随湿度增大而降低。粉土类土毛细现象强烈,其强度随湿度增大而降低。在负温度坡差作用下,水分移动并积聚,使局部土层湿度显著增大,是造成公路冻害的主要土类。

此外,行车荷载的大小和作用的频繁程度,路基结构的形式,路基施工的方法和施工质量,以及日常的养护工作质量,都将对路基的稳定性产生人为的影响。

思考题

1. 路基工程的作用及特点有哪些?
2. 路基设计的基本内容主要有哪些方面?
3. 路基的常见病害主要有哪些?
4. 对路基有哪些基本要求?
5. 影响路基稳定性的因素主要有哪些?

第 2 章 路基的强度和稳定性

提要 路基的中心问题是结构物的整体稳定性和直接位于路面下的那部分路基的抗变形能力。路基是公路工程的基础,它与路面共同承受行车荷载和自然因素的作用,因此路基本身的强度与稳定性直接影响路面的使用寿命和道路的使用品质。

本章主要介绍路基土的分类及工程性质;路基水温状况及干湿类型;路基的强度与稳定性;路基土的回弹模量值及公路自然区划等内容。

2.1 路基土的分类及工程性质

2.1.1 路基土的分类

世界各国公路用土的分类方法虽然不尽相同,但是分类的依据则大致相近,一般都根据土颗粒的粒径组成、土颗粒的矿物成分或其余物质的含量及土的塑性指标进行区划。我国公路用土依据土的颗粒组成特征、土的塑性指标和土中有机质存在的情况,可分为巨粒土、粗粒土、细粒土和特殊土 4 类,并进一步细分为 12 种。土的颗粒组成特征用不同粒径粒组在土中的百分含量表示。表 2-1 所列为不同粒组的划分界限及范围。

表 2-1 粒组划分界限及范围 单位:mm

粒径	200	60		20	5		2	0.5	0.25	0.075	0.002
巨 粒 组			粗 粒 组							细 粒 组	
漂石(块石)	卵石(小块石)	砾(角砾)			砂					粉粒	黏粒
		粗	中	细	粗	中	细				

土的分类总体系包括 4 类并且细分为 12 种,如图 2-1 所示。

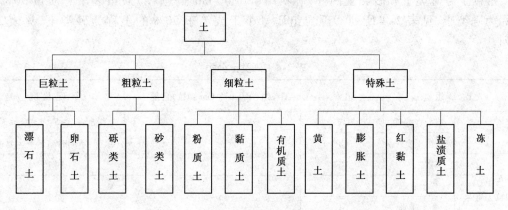

图 2-1 土的分类总体系

公路用土分类的基本代号见表2-2所列。

表2-2 公路用土分类的基本代号

代号 特征	土类	巨粒土	粗粒土	细粒土	有机土
成分代号		漂石 B 块石 B_a 卵石 Cb 小块石 Cb_a	砾 G 角砾 G_a 砂 S	粉土 M 黏土 C 细粒土(C和M合称)F 粗细粒土合称 Sl	有机质土 O
级配和液限 高低代号			级配良好 W 级配不良 P	高液限 H 低液限 L	

注：① 土类名称可用一个基本代号表示。当由两个基本代号构成时，第一个代号表示土的主成分，第二个代号表示副成分(级配或液限)。当由三个基本代号构成时，第一个代号表示土的主成分，第二个代号表示液限(或级配)，第三个代号表示土中所含次要成分；

② 液限的高低以50划分；级配以不均匀系数(C_u)和曲率系数(C_c)表示，详见《公路土工试验规程》(JTG E40—2007)。

巨粒组(大于60 mm的颗粒)质量多于总质量50%的土称为巨粒土。巨粒土分类见表2-3所列。

表2-3 巨粒土分类

土 组	土组代号	漂石粒(>200 mm 颗粒)含量/%
漂(卵)石 (大于60 mm颗粒>75%)	漂石	B	>50
	卵石	Cb	≤50
漂(卵)石夹土 (大于60 mm颗粒占75%~50%)	漂石夹土	BSl	>50
	卵石夹土	CbSl	≤50
漂(卵)石质土 (大于60 mm颗粒占50%~15%)	漂石质土	SlB	>卵石粒含量
	卵石质土	SlCb	<卵石粒含量

粗粒土分砾类土和砂类土两种，砾粒组(2~60 mm的颗粒)质量多于总质量50%的土称为砾类土，见表2-4所列。砾粒组质量小于或等于50%的土称为砂类土，见表2-5所列。

表2-4 砾类土分类

土 组		土组代号	细粒组(<0.075 mm颗粒)含量/%	级配状况
砾	级配良好砾	GW	<5	级配：$C_u \geq 5$ $1 \leq C_c \leq 3$
	级配不良砾	GP		级配：不同时满足上述要求
含细粒土砾		GF	5~15	同上
细粒土质砾	粉土质砾	GM	15~50	同上
	黏土质砾	GC		

表 2-5 砂类土分类

土 组		土组代号	细粒组(<0.074 mm 颗粒)含量/%	级配状况
砾	级配良好砂	SW	<5	级配:$C_u \geq 5$ $1 \leq C_c \leq 3$
	级配不良砂	SP		级配:不同时满足上述要求
含细粒土砂		SF	5~15	同上
细粒土质砂	粉土质砂	SM	15~50	同上
	黏土质砂	SC		

细粒组(小于 0.075 mm 的颗粒)质量多于总质量 50% 的土总称为细粒土。细粒土中粗粒组(2~60 mm 颗粒)质量小于总质量 25% 的土称为细粒土,粗粒组质量为总质量 25%~50%(含 50%)的土称为含粗料的细粒土,含有机质的细粒土称为有机质土。

细粒土的分类及性质很大程度与土的塑性指标相关联。图 2-2 为土的塑性图,表明土的塑性指数(I_P)与液限(w_L)的相关关系。图中以 A 线[$I_P = 0.73(w_L - 20)$]和 B 线[$w_L = 50\%$]将坐标空间划分为四个区,大致区分了细粒土的塑性性质。细粒土的分类如图 2-3 所示。

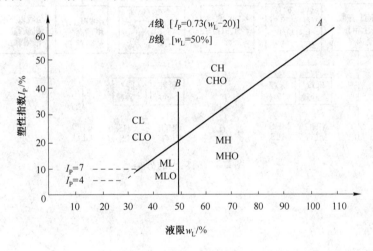

图 2-2 土的塑性图

特殊土主要包括黄土、膨胀土、红黏土和盐渍土。黄土、膨胀土、红黏土按图 2-4 所示的特殊塑性图上的位置定名。黄土属低液限黏土(CLY),分布范围大部分在 A 线以上,且 $w_L < 40\%$;膨胀土属高液限黏土(CHE),分布范围大部分在 A 线以上,且 $w_L > 50\%$;红黏土属高液限粉土(MHR),分布位置大部分在 A 线以下,且 $w_L > 55\%$。

盐渍土按照土层中所含盐的种类和质量百分率进行分类,见表 2-6 所列。

表 2-6 盐渍土工程分类

土层中平均总盐量(质量百分率)名称	Cl^-/SO_4^{2-} 比值	氯盐渍土	亚氯盐渍土	亚硫酸盐渍土	硫酸盐渍土
		>2.0	1.0~2.0	0.3~1.0	<0.3
弱盐渍土		0.3~1.5	0.3~1.0	0.3~0.8	0.3~0.5

续表

土层中平均总盐量(质量百分率) 名称	Cl^-/SO_4^{2-} 比值	氯盐渍土	亚氯盐渍土	亚硫酸盐渍土	硫酸盐渍土
		>2.0	1.0~2.0	0.3~1.0	<0.3
中盐渍土		1.5~5.0	1.0~4.0	0.8~2.0	0.5~1.5
强盐渍土		5.0~8.0	4.0~7.0	2.0~5.0	1.5~4.0
过盐渍土		>8.0	>7.0	>5.0	>4.0

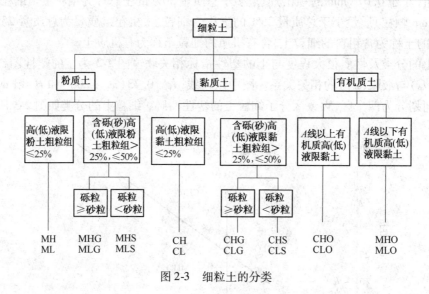

图 2-3 细粒土的分类

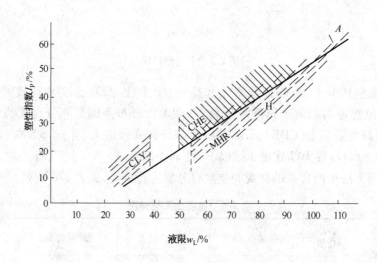

图 2-4 特殊土塑性图

冻土按照冻结状态持续时间,可分为多年冻土、隔年冻土和季节冻土三类。

2.1.2 各类土的工程性质

不同类别的公路用土具有不同的工程性质。在选择路基填筑材料，以及修筑稳定土路面结构层时，应根据不同的土类分别采取不同的工程技术措施。

巨粒土包括漂石（块石）和卵石（小块石），有很高的强度和稳定性，用以填筑路基是良好的材料，亦可用于砌筑边坡。

级配良好的砾石混合料，密实程度好，强度和稳定性均能满足要求。除了填筑路基之外，可以用于铺筑中级路面，经适当处理后，可以铺筑高级路面的基层、底基层。

砂土无塑性，透水性强，毛细上升高度小，具有较大的内摩擦系数，强度和水稳定性均好，但砂土黏结性小，易于松散，压实困难，但是经充分压实的砂土路基，压缩变形小，稳定性好。为了加强压实和提高稳定性，可以采用振动法压实，并可掺加少量黏土，以改善级配组成。

砂性土含有一定数量的粗颗粒，又含有一定数量的细颗粒，级配适宜，强度、稳定性等都能满足要求，是理想的路基填筑材料。如细粒土质砂土，其粒径组成接近最佳级配，遇水不黏着，不膨胀，雨天不泥泞，晴天不扬尘，便于施工。

粉性土含有较多的粉土颗粒，干时虽有黏性，但易于破碎，浸水时容易成为流动状态。粉性土毛细作用强烈，毛细上升高度大（可达 1.5 m），在季节性冰冻地区容易造成冻胀、翻浆等病害。粉性土属于不良的公路用土，如必须用粉性土填筑路基，则应采取技术措施改良土质，并加强排水、采取隔离水等措施。

黏性土中细颗粒含量多，土的内摩擦系数小而黏聚力大，透水性小而吸水能力强，毛细现象显著，有较大的可塑性。黏性土干燥时较坚硬，施工时不易破碎，浸湿后能长期保持水分，不易挥发，因而承载力小。对于黏性土如在适当含水量时加以充分压实和设置良好的排水设施，筑成的路基也能获得稳定。

重黏土工程性质与黏性土相似，但其含黏土矿物成分不同时，性质有很大差别。黏土矿物主要包括蒙脱土、伊里土、高岭土。蒙脱土主要分布在东北地区，其塑性大，吸湿后膨胀强烈，干燥时收缩大，透水性极低，压缩性大，抗剪强度低。高岭土分布在南方地区，其塑性较低，有较高的抗剪强度和透水性，吸水和膨胀量较小。伊里土分布在华中和华北地区，其性质介于上述两者之间。重黏土不透水，黏聚力特强，塑性很大，干燥时很坚硬，施工时难以挖掘与破碎。

总之，土作为路基建筑材料，砂性土最优，黏性土次之，粉性土属不良材料，最容易引起路基病害。重黏土，特别是蒙脱土也是不良的路基土。此外，还有一些特殊土类，如有特殊结构的土（黄土）、含有机质的土（腐殖土）及含易溶盐的土（盐渍土）等，用以填筑路基时必须采取相应技术措施。

2.2 路基水温状况及干湿类型

2.2.1 路基湿度的来源

路基的强度与稳定性在很大程度上与路基的湿度及大气温度引起的路基的水温状况有密

切的关系。路基在使用过程中,受到各种外界因素的影响,使湿度发生变化。路基湿度的水源可分为以下几方面:

(1) 大气降水。大气降水通过路面、路肩边坡和边沟渗入路基。

(2) 地面水。边沟的流水、地表径流因排水不良,形成积水,渗入路基。

(3) 地下水。路基下面一定范围内的地下水浸入路基。

(4) 毛细水。路基下的地下水,通过毛细管作用,上升到路基。

(5) 水蒸气凝结水。在土的空隙中流动的水蒸气,遇冷凝结成水。

(6) 薄膜移动水。在土的结构中水以薄膜的形式从含水量较高处向较低处流动,或由温度较高处向冻结中心周围流动。

上述各种导致路基湿度变化的水源,其影响程度随当地自然条件和气候特点以及所采取的工程措施等而不同。

2.2.2 大气温度对路基水温状况的影响

路基湿度除了水的来源之外,另一个重要因素是受当地大地温度的影响。由于湿度与温度变化对路基产生的共同影响称为路基的水温状况。沿路基深度出现较大的温度梯度时,水分在温差的影响下以液态或气态由热处向冷处移动,并积聚在该处。这种现象特别是在季节性冰冻地区尤为严重。

2.2.3 路基干湿类型

路基的强度与稳定性同路基的干湿状态有密切关系,并在很大程度上影响路面结构设计。

路基按其干湿状态不同,分为干燥、中湿、潮湿和过湿四类。为了保证路基路面结构的稳定性,一般要求路基处于干燥或中湿状态。过湿状态的路基必须经处理后方可铺筑路面。上述四种干湿类型以分界稠度 w_{c1}、w_{c2} 和 w_{c3} 来划分。稠度 w_c 定义为土的含水率 w 与土的液限 w_L 之差与土的塑限 w_p 与液限 w_L 之差的比值。即

$$w_c = (w_L - w)/(w_L - w_p) \tag{2-1}$$

式中:w_c——土的稠度;

w_L——土的液限;

w——土的含水率;

w_p——土的塑限。

土的稠度较准确地表示了土的各种形态与湿度的关系,稠度指标综合了土的塑性特性,包含了液限与塑限,全面直观地反映了土的硬软程度,物理概念明确。

(1) 当 $w_c = 1.0$,即 $w = w_p$,为半固体与硬塑状的分界值。

(2) 当 $w_c = 0$,即 $w = w_L$,为流塑与流动状的分界值。

(3) 当 $1.0 > w_c > 0$,即 $w_p > w > w_L$,土处于可塑状态。

以稠度作为路基干湿类型的划分标准是合理的,但是不同的自然区划、不同的土组的分界稠度是不同的,详见表 2-7 所列。

表 2-7　各自然区划土基干湿分界稠度

自然区划 \ 分界稠度 \ 土组	土质砂				黏质土				粉质土				附注
	w_{c0}	w_{c1}	w_{c2}	w_{c3}	w_{c0}	w_{c1}	w_{c2}	w_{c3}	w_{c0}	w_{c1}	w_{c2}	w_{c3}	
II_1、2、3	1.87	1.19	1.05	0.91	$\frac{1.29}{1.20}$	$\frac{1.20}{1.12}$	$\frac{1.03}{0.94}$	$\frac{0.86}{0.77}$	1.12	$\frac{1.04}{0.96}$	$\frac{0.96}{0.89}$	$\frac{0.81}{0.73}$	黏性土：分母适用于$II_{1,2}$区；粉性土：分母适用于II_{2a}区
II_4、II_5	1.87	1.05	0.91	0.78	1.29	1.20	1.03	0.86	1.12	1.04	0.89	0.73	
III	2.00	1.19	0.97	0.78					$\frac{1.20}{1.04}$	$\frac{1.12}{1.04}$	$\frac{0.96}{0.89}$	$\frac{0.81}{0.73}$	分子适用于粉土地区；分母适用于粉质亚黏土地区
IV	1.73	2.32	1.05	0.91	1.20	1.03	0.94	0.77	1.04	0.96	0.89	0.73	
V					1.20	1.08	0.86	0.77		0.96	0.81	0.73	
VI	2.00	1.19	0.97	0.78	1.29	1.12	0.98	0.86	1.20	1.04	0.89	0.73	
VII	2.00	1.32	1.10	0.91	1.29	1.12	0.98	0.86	1.20	1.04	0.89	0.73	

注：w_{c0}——干燥状态路基常见下限稠度；

w_{c1}、w_{c2}、w_{c3}——分别为干燥和中湿、中湿和潮湿、潮湿和过湿状态的分界稠度。

在公路勘测设计中，确定路基的干湿类型需要在现场进行勘查，对于原有公路，按不利季节路槽底面以下 80 cm 深度内土的平均稠度确定。于路槽底面以下 80 cm 内，每 10 cm 取土样测定其天然含水率、塑限含水率和液限含水率，以下式求算

$$w_{ci} = (w_{Li} - w_i)/(w_{Li} - w_{pi}) \tag{2-2}$$

$$\overline{w}_c = \frac{\sum_{i=1}^{8} w_{ci}}{8} \tag{2-3}$$

式中：w_i——路槽底面以下 80 cm 内，每 10 cm 为一层，第 i 层上的天然含水率；

w_{Li}——第 i 层土的液限含水率（76 g 平衡锥）；

w_{pi}——第 i 层土的塑限含水率；

w_{ci}——第 i 层的稠度；

$\overline{w}_c$——路槽以下 80 cm 内土的算术平均稠度。

根据 $\overline{w}_c$ 判别路基的干湿类型，要按照道路所在的自然区划和路基土的类别，查表 2-7，与分界稠度作比较，并按表 2-8 所列区划界限确定道路所属的路基干湿类型。

表 2-8 路基干湿类型

路基干湿类型	路基平均稠度 $\overline{w}_c$ 与分界相对稠度的关系	一般特性
干燥	$\overline{w}_c \geqslant w_{c1}$	路基干燥稳定,路面强度和稳定性不受地下水和地表积水影响。路基高度 $H > H_1$
中湿	$w_{c1} > \overline{w}_c \geqslant w_{c2}$	路基上部土层处于地下水或地表积水影响的过渡带区内,路基高度 $H_2 < H \leqslant H_1$
潮湿	$w_{c2} > \overline{w}_c \geqslant w_{c3}$	路基上部土层处于地下水或地表积水毛细影响区内,路基高度 $H_3 < H \leqslant H_2$
过湿	$\overline{w}_c < w_{c3}$	路基极不稳定、冰冻区春融翻浆,非冰冻区弹性,路基经处理后方可铺筑路面,路基高度 $H < H_3$

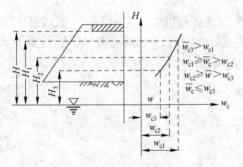

图 2-5 路基临界高度与路基干湿类型

对于新建公路,路基尚未建成,无法按上述方法现场勘查路基的湿度状况,可以用路基临界高度作为判别标准。当路基的地下水位或地表积水水位一定的情况下,路基的湿度由下而上逐渐减小,如图 2-5 所示。与分界稠度相对应的路基离地下水位或地表积水水位的高度称为路基临界高度 H。即:

H_1 相对应于 w_{c1},为干燥和中湿状态的分界标准。

H_2 相对应于 w_{c2},为中湿与潮湿状态的分界标准。

H_3 相对应于 w_{c3},为潮湿和过湿状态的分界标准。

在设计新建道路时,如能确定路基临界高度值,则可以此作为判别标准,与路基设计高度作比较,由此确定路基的干湿类型,见表 2-8 所列。

为了保证路基的强度和稳定性不受地下水及地表积水的影响,在设计路基时,要求路基保持干燥或中湿状态,路槽底距地下水或地表积水的距离,要大于或等于干燥、中湿状态所对应的临界高度。不同土质和自然区划的路基临界高度见表 2-9 所列。

第2章 路基的强度和稳定性

表 2-9　路基临界高度参考值

自然区划	路槽底至水位/m 临界高度/m	砂 性 土									黏 性 土									粉 性 土								
		地下水			地表长期积水			地表临时积水			地下水			地表长期积水			地表临时积水			地下水			地表长期积水			地表临时积水		
		H_1	H_2	H_3	H_1	H_2	H_3	H_1	H_2	H_3	H_1	H_2	H_3	H_1	H_2	H_3	H_1	H_2	H_3	H_1	H_2	H_3	H_1	H_2	H_3	H_1	H_2	H_3
II_1		1.9~2.2	1.3~1.6								2.9	2.2								3.8	3.0	2.2						
II_2											2.7	2.0								3.4	2.6	1.9						
II_3											2.5	1.8								3.0	2.2	1.6						
II_4											2.4~2.6	1.9~2.1	1.2~1.4							2.6~2.8	2.1~2.3	1.4~1.6						
II_5		1.1~1.5	0.7~1.1								2.1~2.5	1.6~2.0								2.4~3.0	1.7~2.4	1.8						
III_1		1.3~1.6	1.1~1.3	0.9~1.1	1.1~1.3	0.9~1.1	0.6~0.9	0.9~1.1	0.6~0.9	0.4~0.6	2.2~2.4	1.7~2.1	1.3~1.75	1.75~2.2	1.3~1.7	0.9~1.3	1.3~1.75	0.9~1.3	0.45~0.9	2.4~2.85	1.9~2.4	1.4~1.9	1.9~2.4	1.0~1.4	1.0~1.4	1.4~1.9	1.0~1.4	0.5~1.0
III_2		1.3~1.6	1.1~1.3	0.9~1.1	1.1~1.3	0.9~1.1	0.6~0.9	0.9~1.1	0.6~0.9	0.4~0.6	2.1~2.5	1.6~2.1	1.2~1.6	1.6~2.1	1.2~1.6	0.9~1.2	1.2~1.6	0.9~1.2	0.55~0.9	2.3~2.75	1.8~2.3	1.4~1.8	1.8~2.3	1.4~1.8	1.0~1.4	1.4~1.8	1.0~1.4	0.55~1.0
III_3		1.3~1.6	1.1~1.3	0.9~1.1	1.1~1.3	0.9~1.1	0.6~0.9	0.9~1.1	0.6~0.9	0.4~0.6	2.1~2.5	1.6~2.1	1.2~1.6	1.6~2.1	1.2~1.6	0.9~1.2	1.2~1.6	0.9~1.2	0.55~0.9	2.3~2.75	1.8~2.3	1.4~1.8	1.8~2.3	1.4~1.8	1.0~1.4	1.4~1.8	1.0~1.4	0.55~1.0

续表

土组 自然区划	砂性土 地下水 H_1	H_2	H_3	砂性土 地表长期积水 H_1	H_2	H_3	砂性土 地表临时积水 H_1	H_2	H_3	黏性土 地下水 H_1	H_2	H_3	黏性土 地表长期积水 H_1	H_2	H_3	黏性土 地表临时积水 H_1	H_2	H_3	粉性土 地下水 H_1	H_2	H_3	粉性土 地表长期积水 H_1	H_2	H_3	粉性土 地表临时积水 H_1	H_2	H_3
III_4	1.4~1.7	1.0~1.3								2.4~3.0	1.7~2.4																
III_{1a}										2.4~3.0	1.7~2.4																
III_{2a}										2.4~3.0	1.7~2.4																
IV_1、IV_{1a}										1.9~2.1	1.3~1.4	0.9~1.0															
IV_2										1.7~1.9	1.2~1.3	0.8~0.9										0.9~1.0	0.6~0.7	0.3~0.4			
IV_3										1.7~1.9	1.2~1.3	0.8~0.9	0.8~0.9	0.5~0.6	0.3~0.4							1.0	0.7	0.4			

续表

自然区划	路槽底至水位/m	砂性土 地下水 H_1	H_2	H_3	砂性土 地表长期积水 H_1	H_2	H_3	砂性土 地表临时积水 H_1	H_2	H_3	黏性土 地下水 H_1	H_2	H_3	黏性土 地表长期积水 H_1	H_2	H_3	黏性土 地表临时积水 H_1	H_2	H_3	粉性土 地下水 H_1	H_2	H_3	粉性土 地表长期积水 H_1	H_2	H_3	粉性土 地表临时积水 H_1	H_2	H_3
IV$_4$	临界高度/m	1.0~1.4	0.7~0.8								1.7~1.8	1.0~1.2	0.8~1.0															
IV$_5$											1.7~1.9	1.3~1.4	0.9~1.0	1.0~1.1	0.6~0.7	0.3~0.4				1.79~2.1	1.3~1.5	0.9~1.1						
IV$_6$		1.0~1.1	0.7~0.8								1.8~2.0	1.3~1.5	1.0~1.2	0.9~1.0	0.5~0.6	0.3~0.4				2.0~2.2	1.5~1.6	1.0~1.1						
IV$_{6a}$					0.9~1.0	0.7~0.8	0.6~0.7				1.6~1.7	1.1~1.2	0.7~0.8							1.8~2.0	1.3~1.4	0.9~1.1						
IV$_7$											1.7~1.8	1.4~1.5	1.1~1.2	1.0~1.1	0.7~0.8	0.4~0.5												
V$_1$		1.3~1.6	1.1~1.3	0.9~1.1	0.9~1.1	0.8~0.9	0.6~0.9				2.0~2.4	1.6~2.0	1.2~1.6	1.6~2.0	1.2~1.6	0.8~1.2	0.8~1.2	0.45~0.8		2.2~2.65	1.7~2.2	1.3~1.7	1.7~2.2	1.3~1.7	0.9~1.3	1.3~1.7	0.9~1.3	0.55~0.9

续表

土组	路槽底至水位/m 临界高度/m 自然区划	砂性土 地下水 H_1	H_2	H_3	地表长期积水 H_1	H_2	H_3	地表临时积水 H_1	H_2	H_3	黏性土 地下水 H_1	H_2	H_3	地表长期积水 H_1	H_2	H_3	地表临时积水 H_1	H_2	H_3	粉性土 地下水 H_1	H_2	H_3	地表长期积水 H_1	H_2	H_3	地表临时积水 H_1	H_2	H_3
V_2、V_{2a}(紫色土)											2.0~2.2	0.9~1.1	0.4~0.6															
V_3											1.7~1.9	0.8~1.0	0.4~0.6															
V_2、V_5、V_{2a} (黄壤土、现代冲积土)											1.7~1.9	0.7~0.9	0.3~0.5															
V_4、V_5、V_{5a}											1.7~1.9	0.9~1.1	0.4~0.6															
VI_1		(2.1)	(1.7)	(1.3)	(1.8)	(1.4)	(1.0)	(1.0)	(0.7)	(0.3)	(2.3)	(1.9)	(1.6)	(2.1)	(1.7)	(1.3)	(1.3)	(0.9)	(0.5)	(2.3)	(1.8)	(1.3)	(1.8)	(1.4)	(0.9)	(1.2)	(0.7)	(0.4)
VI_{1a}		(2.0)	(1.6)	(1.2)	(1.7)	(1.3)	(1.0)	(1.0)	(0.5)		(2.2)	(1.9)	(1.5)	(2.0)	(1.6)	(1.2)	(1.2)	(0.9)	(0.5)	(2.2)	(1.7)	(1.2)	(1.7)	(1.2)	(0.6)	(0.6)		
VI_2		1.4~1.7	1.1~1.4	0.9~1.1	1.1~1.4	0.9~1.1	0.6~0.9				2.2~2.75	1.65~2.2	1.2~1.65	1.2~1.65	0.65~1.2	0.75~1.2	0.75~1.2	0.45		1.85	1.85	1.40~1.85	1.85	1.4~1.85	0.9~1.4	1.4~1.85	0.9~1.4	0.5~0.9
VI_3		(2.1)~(1.7)	(1.3)	(1.9)~(1.5)	(1.9)~(1.5)	(1.1)					(2.4)~(2.0)	(2.0)~(1.6)	(1.6)	(2.1)~(1.7)	(1.7)~(1.4)	(1.4)~(1.3)	(0.8)			(2.6)	(2.1)	(1.6)	(2.4)~(1.8)	(1.8)	(1.4)	(1.3)	(0.7)	
VI_4		(2.2)~(1.8)	(1.4)	(1.9)~(1.5)	(1.9)~(1.5)	(1.2)	(0.8)				2.4	2.0	1.6	(2.2)~(1.7)	(1.7)~(1.4)	(1.4)~(1.3)	1.0			(2.6)	(2.2)	1.7	2.4	1.9	1.4	1.3	0.8	
VI_{4a}		(1.9)~(1.5)	(1.2)	(1.6)~(1.2)	(1.6)~(1.2)	(0.9)	(0.5)				(2.2)~(1.7)	(1.7)~(1.4)	(1.4)~(1.1)	(1.4)~(1.1)	0.7					(2.4)	(1.9)	1.4	2.1	1.6	1.1	1.0	0.5	

续表

土组	砂性土									黏性土									粉性土								
	地下水			地表长期积水			地表临时积水			地下水			地表长期积水			地表临时积水			地下水			地表长期积水			地表临时积水		
路槽底至水位临界高度/m 自然区划	H_1	H_2	H_3	H_1	H_2	H_3	H_1	H_2	H_3	H_1	H_2	H_3	H_1	H_2	H_3	H_1	H_2	H_3	H_1	H_2	H_3	H_1	H_2	H_3	H_1	H_2	H_3
VII$_{4b}$	(2.0)	(1.6)	(1.2)	(1.7)	(1.3)	(1.0)				(2.3)	(1.8)	(1.4)	(2.0)	(1.6)	(1.2)	(1.2)	(0.8)					(2.2)	(1.7)	(1.2)	1.0	0.5	
VII$_1$	(2.2)	(1.9)	(1.6)	(2.1)	(1.6)	(1.3)				2.2	(1.9)	(1.5)	(2.1)	(1.6)	(1.2)	(0.9)	(0.5)		(2.5)	(1.9)	(1.5)	(2.4)	1.8	1.3	1.1	0.6	
VII$_2$										(2.3)	(1.9)	(1.6)	1.8	1.4	1.1	0.8	0.4		(2.5)	(2.0)	(1.6)	(2.2)	(1.6)	(1.1)	0.9	0.4	
VII$_3$	1.5~1.8	1.2~1.5	0.9~1.2	1.2~1.5	0.9~1.2	0.6~0.9	0.7~0.9	0.4~0.6		2.3~2.85	1.75~2.3	1.3~1.75	1.75~2.3	1.3~1.75	0.75~1.3	0.75~1.3	0.45~0.75		2.4~3.1	2.0	1.6	(2.0)~(2.4)	(1.6)~2.0	(1.0)~(1.6)	(1.6)~(2.0)	1.0~1.6	0.55~1.0
VII$_4$	(2.1)	(1.6)	(1.3)	(1.8)	(1.4)	(1.0)	(0.9)			(2.1)	(1.6)	(1.3)	(1.8)	(1.4)	(1.1)	(0.7)			(2.3)	(1.8)	(1.3)	(2.1)	(1.6)	(1.1)	(1.6)	(1.0)	
VII$_5$	(3.0)	(2.4)	(1.9)	(2.4)	(2.0)	1.6	(1.5)	(1.1)	(0.5)	(3.3)	(2.6)	(2.0)	(2.4)	(2.0)	(1.6)	(1.5)	(1.1)	(0.5)	(3.8)	(2.2)	(1.6)	(2.2)	(2.2)	(1.5)	(2.0)	(1.3)	(0.5)
VII$_{6a}$										(2.8)	2.4	1.9	2.5	2.0	1.6	1.4	(0.8)		(2.9)	(2.5)	1.8	(2.7)	2.1	1.5	1.6	1.1	

注：① 表中，H_1—路基干燥状态临界高度；H_2—路基中湿状态临界高度；H_3—路基潮湿状态临界高度；路槽底至水位高度小于 H_3 时为过湿路基，需经过处治后方能铺筑路面。
② VI、VIII 区有横线者，表示实测资料较少，有括号者表示没有实测资料，根据规律推算的。
③ 新增 III$_2$、III$_3$、VI$_1$、VI$_2$、VI$_3$ 资料系甘肃省 1984 年所提建议值，其他地区供参考。
④ 缺少资料的二级区可暂先论证地参考相邻二级区数值，并应积极调研积累本地区的资料。

2.3 路基的强度与稳定性

2.3.1 路基的受力状况与路基工作区

1. 路基的受力状况

路基在工作过程中,同时受到由路面上传递下来的车辆荷载,以及路基和路面的自重作用,图2-6为土质路基受力时不同深度 Z 范围内的应力分布图。

其中, σ_1 为车轮荷载在土基内部任一点产生的垂直应力,把车轮荷载简化为一圆形均布垂直荷载时, σ_1 可按布辛奈斯克(J. Boussinesq)公式进行计算,即

$$\sigma_1 = \frac{P}{Z^2} \cdot \frac{3}{2\pi \left[1 + \left(\frac{r}{Z}\right)^2\right]^{5/2}} \tag{2-4}$$

为使用方便,式(2-4)可简化为

$$\sigma_1 = K \cdot \frac{P}{Z^2} \tag{2-5}$$

式中:P——一侧轮轴荷载/kN;

Z——圆形均布荷载中心下应力作用点的深度/m;

K——应力系数,$K = \dfrac{3}{2\pi \left[1 + \left(\dfrac{r}{Z}\right)^2\right]^{5/2}}$,一般取 $K = 0.5$;

路基土自重引起的压应力 σ_2 用下式计算

$$\sigma_2 = \gamma Z \tag{2-6}$$

式中:γ——土的重度/(kN/m³)。

因此,土基中任一点受到的垂直应力 σ_z 为

$$\sigma_z = \sigma_1 + \sigma_2 = K \cdot \frac{P}{Z^2} + \gamma Z$$

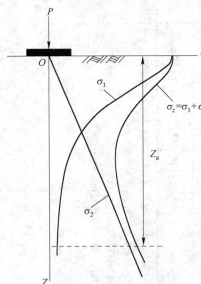

图2-6 土质路基受力时不同 Z 范围内的应力分布图
σ_1 - 车辆荷载引起的应力;σ_2 - 土基自重引起的应力;σ_z - 应力之和

2. 路基工作区

由式(2-5)、式(2-6)可见,车辆荷载产生的垂直应力 σ_1 随深度的增加而减小,自重应力 σ_2 则随深度的增加而增大,因此,车轮荷载在土基中产生的应力 σ_1 与土基自重应力之比 $\dfrac{\sigma_1}{\sigma_2}$ 亦随之急剧变小。如果此比值减小到一定数值,例如 $\dfrac{\sigma_1}{\sigma_2} = 0.1 \sim 0.2$,即在某一深度 Z_a 处,行车荷载在土基中产生的应力仅为路基土自重应力的 $\dfrac{1}{5} \sim \dfrac{1}{10}$,与土基自重引起的应力 σ_2 相比,车辆荷载在 Z_a 以下土基中产生的应力已经很小,可忽略不计。把车辆荷载在土基中产生应力作用的这一深度范围称为路基工作区。

据此可以得到路基工作区深度 Z_a 的计算式为

$$\sigma_1 = \frac{1}{n}\sigma_2 \tag{2-7}$$

或

$$K \cdot \frac{P}{Z_a^2} = \frac{1}{n}\gamma Z_a$$

$$Z_a = \sqrt[3]{\frac{KnP}{\gamma}} \quad (2\text{-}8)$$

表 2-10 是用式(2-8)计算的几种国产车型的 Z_a 值,其中 γ 通常取 18 kN/m³, $n=5$ 或 10。

表 2-10 路基工作区深度

车 型	$P = \frac{1}{2}$(后轴重)/kN	作用深度 Z_a/m	
		$n = 5$	$n = 10$
黄河 JN-150	$\frac{1}{2}$(101.60)	1.9	2.4
解放 CA-10 B	$\frac{1}{2}$(60.85)	1.6	2.0
交通 SH-141	$\frac{1}{2}$(55.1)	1.6	2.0
跃进 NJ-130	$\frac{1}{2}$(38.3)	1.4	1.7
北京 BJ-130	$\frac{1}{2}$(27.18)	1.2	1.6
上海 SH-130	$\frac{1}{2}$(23.00)	1.2	1.5
红旗 CA-773	$\frac{1}{2}$(15.75)	1.0	1.3
天津 TJ-620	$\frac{1}{2}$(12.5)	1.0	1.2

由于路基路面材料不同,不是均质体,路面材料的强度和重度比土基大,路基工作区的实际深度随路面强度和厚度的增加而减小。因此,要精确计算 Z_a,须将路面折算为与路基同性质的当量厚度的整体后,再进行计算。

根据上述路基工作区的概念,当路堤填筑高度 $H > Z_a$(图 2-7(a))时,车辆荷载作用深度位于填筑高度内,路堤应按规定要求分层填筑与压实,Z_a 内尤其应注意填筑质量;对于 $H < Z_a$(图 2-7(b))的矮路堤,此时不但要对填土充分压实,而且要保证工作区内原地面下部土层具有足够的强度和稳定性,采取必要的措施,使天然地基下部土层和路堤同时满足路基工作区的设计要求。

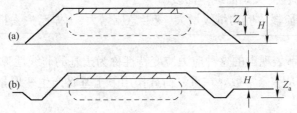

图 2-7 路堤高度与工作区深度关系示意图
(a)$H > Z_a$;(b)$H < Z_a$

2.3.2 路基土的强度指标

路基是路面结构的支撑体,车轮荷载通过路面传到路基。因此路基的强度和变形特性对路面结构的整体强度和刚度有很大影响。在路面结构的总变形中,土基的变形占很大部分,约为 70% ~ 95%。路面结构的破坏,除其本身原因外,也主要由于路基过大变形所引起。因此,研究路基的强度和变形特性对路面设计具有重要意义。

1. 土基的应力—应变特性

在一定应力范围内,理想线弹性体的应力与应变关系呈线性特性。当应力消失时,应变也随之消失,恢复到初始状态。由于路基土的内部结构非常复杂,包括固相、液相和气相。固相又由不同成分、不同粒径的颗粒组成。因此路基土在应力作用下的变形特性同理想线弹性体有很大区别。

压入承载板试验是研究路基土应力—应变特性最常用的一种方法。图 2-8 是用压入承载板试验所得的土基竖向变形 l 与压力 p 之间的关系曲线,图中的曲线变化大致可分为 3 个阶段。

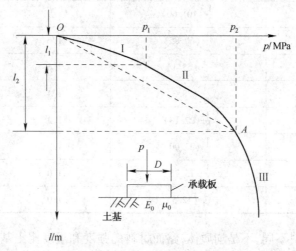

图 2-8 土基的应力—应变关系曲线

阶段 Ⅰ——弹性变形阶段。在此阶段内,卸载后,变形可以恢复,土基受到弹性压缩,应力与应变的关系曲线呈近似直线。

阶段 Ⅱ——塑性变形阶段。在此阶段内,外力增大,变形发展较快,卸载后,变形不能完全恢复。其中,能够恢复的变形,称为弹性变形;不能恢复的变形,称为塑性变形(或残余变形)。在此阶段范围内,应力应变关系曲线呈曲线。

阶段 Ⅲ——破坏阶段。应力继续增大,变形急剧增大,土体已失去抵抗变形的能力,表明土体已破坏。

土基在外力作用下表现出的这种应力应变特性称为土基的非线性弹性。非线弹性体的土基的弹性模量 E 并不是一个常数。在重复荷载作用下土基将产生变形累积,使路面产生变形和破坏。

2. 表征路基土强度的指标

路基在外力作用下,将产生变形,路基强度是指路基抵抗外力作用的能力,亦即抵抗变形的能力。在一定应力作用下,变形越大,土基强度越低;反之,则表明路基强度越高。根据土基简化的力学模型以及土体破坏的原因不同,国内外表征路基强度的指标主要有以下几种。

1) 弹性模量 E_0

把路基简化为一弹性半空间体,用弹性模量 E_0 表征其应力应变特性,并作为路基的强度指标。为模拟车轮印迹的作用,通常以圆形承载板压入路基的方法测定其弹性模量 E_0(图 2-8)。

根据弹性力学原理,用圆形承载板测试计算路基回弹模量的公式为

$$E_0 = \frac{pD}{l} \cdot (1-\mu_0^2) \tag{2-9}$$

式中:E_0——土体的回弹模量/MPa;
  l——承载板的回弹变形/m;
  D——承载板的直径/m;
  μ_0——土的泊松比,一般取 0.35;
  p——承载板压强/MPa。

由于承载板测试弹性模量的野外测试速度较慢,因此工程中常用标准汽车作卸载试验,根据测得的回弹变形(回弹弯沉 l_0)计算路基回弹模量值,公式为

$$E_0 = \frac{pd}{l_0}(1-\mu_0^2) \times 0.712 \tag{2-10}$$

式中:p——标准试验车的轮胎压强/kPa;
  d——试验车轮迹当量圆直径/cm;
  μ_0——土基的泊松比,取 0.35;
  l_0——土基不利季节的计算弯沉值/cm。

与用承载板作加载测试相比,两者结果相差不大,但后者测试工作大为简化。

2) 路基反应模量 K(reaction modulus of subgrade)

在刚性路面设计中,除用弹性模量表征土基强度外,亦常用路基反应模量 K 作为指标。该力学模型假设地基上任一点的反力与该点的挠度成正比,而与其他点无关,即土基相当于由互不联系的弹簧组成(图 2-9)。这种地基力学模型首先由捷克工程师文克勒(E. Winkler)提出,因此,又称为文克勒地基。土基反应模量 K 为压力 p 与沉降 l 之比,即

$$K = \frac{p}{l} \tag{2-11}$$

式中:K——路基反应模量/MPa/m 或 MN/m³;
  p——单位压力/MPa;
  l——弯沉值/m。

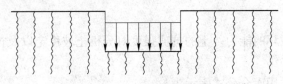

图 2-9 文克勒地基模型

地基反应模量 K 值用承载板试验确定。承载板的直径规定为 76 cm。测试方法与回弹模量测试方法相类似,但采用一次加载到位的方法。施加的荷载由两种方法控制:当地基较为软弱时,用 0.127 cm 的沉降控制承载板的荷载;若地基较为坚硬,沉降难以达到 0.127 cm 时,以单位压力 $p = 0.07$ MPa 控制承载板的荷载。这是考虑到混凝土路面下路基承受的压力通常不会超过这一范围。

3) 加州承载比 CBR(California bearing ratio)

加州承载比是早年由美国加利福尼亚州提出的一种评定路基及其他路面材料承载力的指

标。承载能力以材料抵抗局部荷载压入变形的能力表征,并采用高质量标准碎石为标准,它们的相对比值即为 CBR 值。

试验时,用一个端部面积为 19.35 cm^2 的标准压头,以 0.127 cm/min 的速度压入土中。记录每贯入 0.254 cm 时的单位压力,直到总深度达到 1.27 cm 为止,此时的贯入单位压力与达到该贯入深度时的标准压力之比即得土基的 CBR 值,即

$$CBR = \frac{p}{p_s} \times 100\% \tag{2-12}$$

式中:p——对应于某一贯入度的路基单位压力/kPa;

p_s——与路基贯入度相同的标准压力/kPa,见表 2-11 所列。

表 2-11 标准压力值

贯入度/cm	0.254	0.508	0.762	1.016	1.270
标准压力/kPa	7.03	10.55	13.36	16.17	18.23

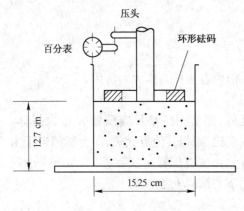

图 2-10 室内 CBR 试验装置示意图

CBR 试验设备有室内试验设备与室外试验设备两种。室内 CBR 试验装置如图 2-10 所示。试件按路基施工时的含水率及压实度要求在试筒内制备,并在加载前浸泡在水中泡水 4 d。为模拟路面结构对土基的附加应力,在浸水过程中及压入试验时,在试件顶面施加环形砝码,其重力根据预计的路面结构质量确定。试件浸水至少淹没顶部 2.54 cm。CBR 值的野外试验方法基本与室内试验相同,但其压入试验直接在路基顶面进行。

以上 3 项指标,都表征特定力学模型下路基的应力与应变关系。但由于路基是非线弹性体,其强度还随土质、密实度、水温状况及自然条件而变,因此,在应用各项指标进行路面设计和对路基强度进行评价时,必须与路面结构设计方法相配合,把路基路面的设计力学模型与具体条件和要求联系起来。

4) 抗剪强度

指土体抵抗剪切破坏的能力。土的抗剪强度对分析土坡稳定以及挡土墙后土压力计算具有十分重要的意义。

土的抗剪强度通常用库仑公式表示为

$$\tau = c + \sigma \tan\varphi \tag{2-13}$$

式中:τ——土的抗剪强度/kPa;

σ——剪切破坏面上的法向总应力/kPa;

c——土的单位黏聚力/kPa;

φ——土体的内摩阻角。

c、φ 值即为土的抗剪强度指标,它反映了土体抗剪强度的大小,是土体非常重要的力学指标。

土的抗剪强度测试有多种方法。若用三轴压缩试验测定,在一定围压下进行轴向加载,可

以模拟土体受荷时发生的应力情况。如果试验时可以完全控制排水,水分可以从孔隙流出或排出,则土的性质完全可以按库仑公式(2-13)表示。

2.3.3 保证路基强度与稳定性的措施

路基的强度与稳定性,受水、温度、土质等的影响,在一年内出现显著的季节性变化。在季节性冰冻地区,由于负温差的影响,土基下层较暖的水分向上层较冷的土层移动,产生水分积聚和冻结,引起冻胀;春融时,土基又因过湿而发生翻浆。在非冰冻地区,雨季时,会造成土基过分湿软,强度与稳定性降低。因此,为保证路基的强度与稳定性,必须深入进行调查研究,仔细分析各种自然因素与路基的关系,抓住主要问题,采取有效措施。保证路基稳定性的措施一般有下列几种:

(1) 正确设计路基横断面;
(2) 选用工程性质良好的土填筑路基;
(3) 适当提高路基高度,保证要求的最小填土高度;
(4) 充分压实土基,保证达到规定的压实度;
(5) 正确地进行地面和地下的排水设计;
(6) 设置隔离层,用以隔绝毛细水上升;
(7) 设置防冻层,减小土基冻结深度,减轻土基冻胀;
(8) 采取边坡加固与防护措施,以及修筑挡土结构物。

上述各项措施及其原理,将在本书有关章节中加以详细介绍。

2.4 路基土的回弹模量值

综合以上各节的内容,可以看到,路基的强度指标值按不同的土质类别主要取决于土的密实度。对黏性土来说,在相当程度上受其含水率的影响。路基含水率随所处的地区条件不同,受各种自然因素的影响,常发生年循环变化,不同年度又略有不同。因此,在确定路基的强度指标值时,应考虑不利季节和不利年度的影响。常采用的方法主要有现场实测法、查表法、室内实验法和换算法等。

2.4.1 现场实测法

现场实测法是在已成路基上,在不利季节用大型承载板测定路基 0~0.5 mm(路基软弱时测至 1 mm)的变形压力曲线,并按下式计算回弹模量值为

$$E_0 = 1\,000 \cdot \frac{\pi D}{4} \cdot \frac{\sum P_i}{\sum L_i}(1 - \mu_0^2) \tag{2-14}$$

式中:E_0、μ_0——路基回弹模量/MPa 和泊松比(取 0.35);
D——承载板直径(30 cm);
P_i、L_i——承载板各级压强/MPa 及其对应的回弹变形/(0.01 mm)。

也可采用弯沉仪测定土基弯沉值,并按下式计算路基回弹模量值 E_0:

$$E_0 = 1\,000 \cdot \frac{2P\delta}{L_0}(1 - \mu_0^2) \cdot \alpha_0 \tag{2-15}$$

式中:P、δ——测定车单轮轮胎接地压强/MPa 与当量圆半径/cm;

L_0——轮隙中心处回弹弯沉/(0.01 mm);

α_0——均匀体弯沉系数,取 0.712。

在实测某路段土基回弹模量后,可通过下式确定该路段路基回弹模量设计值 E_{0s}:

$$E_{0s} = (\overline{E}_0 - Z_\alpha S)/K_1 \tag{2-16}$$

式中:$\overline{E}_0$——某路段实测路基回弹模量平均值与标准差;

Z_α——保证率系数,高速公路、一级公路为 2.0;二、三级公路为 1.648;四级公路为 1.5;

K_1——不利季节影响系数,若在非不利季节测定应考虑季节影响系数,并根据当地经验选用。

2.4.2 查表法

对于新建公路,在无实测条件下,可按查表法预测路基的回弹模量值,具体步骤如下。

(1) 确定路基临界高度。可根据公路所在地区的土质、气候条件按当地经验确定路基临界高度。如缺乏实际资料时,可参考表 2-9 确定中湿、潮湿状态的路基临界高度(H_1,H_2,H_3)。

(2) 确定路基平均稠度。根据当地经验或路基临界高度,判断各路段路基干湿类型,利用表 2-7 或表 2-8 论证得到各路段路基的平均稠度 $\overline{w}_c$ 值。

(3) 预测路基回弹模量。根据路基土质、公路所在自然区划和已确定的路基土的平均稠度,参考表 2-12 可预测路基回弹模量值。当采用重型击实标准时,路基回弹模量值可较表列数值提高 15% ~30% 。

表 2-12 二级自然区划各土组路基回弹模量参考值   单位:MPa

区划	土组	稠度 $\overline{w}_c$ 0.80	0.90	1.00	1.05	1.10	1.15	1.20	1.30	1.40	1.70	2.00
II$_1$	黏质土	19.0	22.0	25.0	26.5	28.0	29.5	31.0				
	粉质土	18.5	22.5	27.0	29.0	31.5	33.5					
II$_2$	黏质土	19.5	22.5	26.0	28.0	29.5	31.5	33.5				
	粉质土	20.0	24.0	29.0	31.5	34.0	36.5					
II$_{2a}$	粉质土	19.0	22.5	26.0	27.5	29.5	31.0					
II$_3$	土质砂	21.0	23.5	26.0	27.5	29.0	30.0	31.5	34.5	37.0	45.5	
	黏质土	23.5	27.5	32.0	34.5	36.5	39.0	41.5				
	粉质土	22.5	27.0	32.0	34.5	37.0	40.0					
II$_4$	黏质土	23.5	30.0	35.5	39.0	42.0	45.5	50.5	57.0	65.0		
	粉质土	24.5	31.5	39.0	43.0	47.0	51.5	56.0	66.0			
II$_5$	土质砂	29.0	32.5	36.0	37.5	39.0	41.0	42.5	46.0	49.5	59.0	69.0
	黏质土	26.5	32.0	38.5	41.5	45.0	48.5	52.0				
	粉质土	27.0	34.5	42.5	46.5	51.0	56.0					
II$_{5a}$	粉质土	33.5	37.5	42.5	44.5	46.5	49.0					
III$_1$	粉质土	27.0	36.5	48.0	54.0	61.0	68.5	76.5				

续表

区划	土 组	稠度 $\overline{w}_c$ 0.80	0.90	1.00	1.05	1.10	1.15	1.20	1.30	1.40	1.70	2.00
III$_2$	土质砂	35.0	38.0	41.5	43.0	44.5	46.0	47.5	50.5	53.5	62.0	70.0
	黏质土	27.0	31.5	36.5	39.0	41.5	44.0	46.5	52.0	57.5		
	粉质土	27.0	32.5	38.5	42.0	45.0	48.5	51.5	59.0			
III$_{2a}$	土质砂	37.0	40.0	43.0	44.5	46.0	47.5	49.0	52.0	54.5	62.5	70.0
III$_3$	土质砂	36.0	39.0	42.5	44.0	45.5	47.0	48.5	51.5	54.5	63.0	71.0
	黏质土	26.0	30.0	34.5	36.5	38.5	41.0	46.0	47.5	52.0		
	粉质土	26.5	32.0	37.0	40.0	43.0	46.0	49.0	55.0			
III$_4$	粉质土	25.0	34.0	45.0	51.5	58.5	66.0	74.0				
IV$_1$	黏质土	21.5	25.5	30.0	32.5	35.0	37.5	40.5				
IV$_{1a}$	粉质土	22.0	26.5	32.0	35.0	37.5	40.5					
IV$_2$	黏质土	19.5	23.0	27.0	29.0	31.0	33.0	35.0				
	粉质土	31.5	36.5	42.5	45.0	48.5	51.5					
IV$_3$	黏质土	24.0	28.0	32.5	35.0	37.5	39.5	42.0				
	粉质土	24.0	29.5	36.0	39.0	42.5	46.0					
IV$_4$	土质砂	28.0	30.5	33.5	35.0	36.5	38.0	39.5	42.0	45.0	53.0	61.0
	黏质土	25.0	29.5	34.0	36.5	38.5	41.0	43.5				
	粉质土	23.0	28.0	33.5	36.0	39.0	42.0					
IV$_5$	土质砂	24.0	26.0	28.0	29.0	30.0	30.5	31.5	33.5	35.0	40.0	
	黏质土	22.0	27.0	32.5	33.5	38.5	41.0	44.5				44.5
	黏质土	28.5	34.0	39.5	42.5	45.5	48.5	51.5				
	粉质土	26.5	31.0	36.5	39.0	42.0	45.0					
IV$_6$	土质砂	33.5	37.0	41.0	43.0	44.5	46.5	48.5	52.0	55.5	66.5	77.0
	黏质土	27.5	33.0	38.0	41.0	44.0	46.5	50.5				
	粉质土	26.5	31.5	36.5	39.0	42.0	45.0					
IV$_{6a}$	土质砂	31.5	35.0	38.5	40.0	42.0	43.5	45.0	48.5	52.0	62.0	72.0
	黏质土	26.0	31.0	35.5	38.0	40.5	43.5	46.0				
	粉质土	28.0	34.5	41.0	44.5	48.5	52.0					
IV$_7$	土质砂	35.0	39.0	43.0	45.0	47.0	49.0	51.0	55.0	59.0	70.5	82.0
	黏质土	24.5	29.5	34.5	37.0	40.0	42.5	44.5				
	粉质土	27.5	33.5	40.0	43.5	47.5	51.0					
V$_7$	土质砂	27.5	31.5	35.5	37.5	39.5	41.5	43.5	58.0	52.0	65.0	78.5
	黏质土	27.0	32.0	37.0	39.0	42.5	45.5	48.0	54.0	60.0		
	粉质土	28.5	34.0	40.0	43.0	46.0	49.5	52.5	59.5			

续表

区划	土组	稠度 $\overline{w}_c$ 0.80	0.90	1.00	1.05	1.10	1.15	1.20	1.30	1.40	1.70	2.00
V₁ V₂ V₂ₐ	紫色黏质土	22.5	26.0	30.0	32.0	34.0	36.0	38.0				
	紫色粉质土	22.5	27.5	33.5	36.5	40.0	43.0					
	黄壤黏质土	25.0	29.0	33.0	35.5	37.5	40.0	42.0				
	黄壤粉质土	24.5	30.5	37.5	41.0	45.0	49.0					
V₃	黏质土	25.0	29.0	33.0	35.5	37.5	39.5	42.0				
	粉质土	24.5	30.5	37.5	41.0	45.0	48.5					
V₄（四川）	红壤黏质土	27.0	32.0	38.0	41.0	44.0	47.0	50.5				
	红壤粉质土	22.0	27.0	32.5	35.5	38.5	41.5					
VI	土质砂	51.0	54.0	57.0	58.5	60.0	61.0	62.0	64.5	67.0	73.5	80.0
	黏质土	33.5	37.0	41.0	42.5	44.0	45.5	47.2	50.5			
	粉质土	34.0	38.0	42.0	44.0	46.0	48.0	50.0				
VI₁ₐ	土质砂	52.5	55.0	58.0	59.0	60.5	61.5	62.5	65.0	67.0	73.0	79.0
	黏质土	27.0	31.0	34.5	36.0	38.0	40.0	42.0	45.5			
	粉质土	31.5	36.5	41.5	44.0	46.5	49.0	51.5				
VI₂	土质砂	42.0	45.5	49.0	50.5	52.0	53.5	55.5	58.5	61.5	69.0	78.0
	黏质土	27.0	30.5	33.5	35.0	37.0	38.0	40.0	43.0	46.5		
	粉质土	25.5	30.5	35.5	38.0	41.0	43.5	46.0	52.0			
VI₃	土质砂	46.0	50.0	53.5	55.0	56.5	58.5	60.0	63.0	66.0	75.0	83.0
	黏质土	29.5	33.5	37.5	39.5	44.0	44.0	46.8	50.0			
	粉质土	29.5	35.0	41.0	43.5	49.5	49.5	52.5				
VI₄	土质砂	51.0	53.5	56.5	57.5	59.0	60.0	61.0	63.5	65.5	72.0	77.5
	黏质土	28.5	32.0	36.0	37.5	39.5	41.5	43.5	47.5			
	粉质土	30.5	34.5	39.0	41.0	43.5	45.5	48.0				
VI₄ₐ	土质砂	45.5	49.0	52.5	54.0	56.0	57.5	59.0	62.0	65.0	73.5	81.5
	黏质土	31.0	34.5	38.0	40.0	42.0	44.0	45.5	49.5			
	粉质土	33.0	38.5	44.0	47.0	50.0	52.0	56.0				
VI₄ᵦ	土质砂	49.5	52.5	55.5	57.0	58.5	59.5	61.0	63.5	65.5	72.5	78.5
	黏质土	30.0	33.0	36.5	38.0	39.5	41.0	42.5	45.5			
	粉质土	31.0	35.5	40.5	43.0	45.5	48.5	51.0				
VII₁	土质砂	52.0	55.0	58.0	59.5	61.0	62.0	63.5	66.0	69.0	76.0	82.5
	黏质土	26.5	31.5	36.5	39.5	42.0	45.0	48.0	54.0			
	粉质土	30.5	37.0	44.0	47.5	51.5	55.0	59.0				
VII₂	土质砂	48.0	51.0	54.0	55.0	56.5	58.0	59.0	61.5	64.0	71.0	77.0
	黏质土	25.5	29.5	33.0	35.0	37.0	39.0	41.5	45.5			
	粉质土	28.0	33.5	39.0	42.0	45.0	48.5	51.5				

续表

区划	土 组	稠度 $\bar{w}_c$ 0.80	0.90	1.00	1.05	1.10	1.15	1.20	1.30	1.40	1.70	2.00
VII$_3$	土质砂	42.5	45.5	49.0	50.5	52.5	53.5	55.0	58.0	60.5	68.5	76.5
	黏质土	20.5	24.5	28.5	30.5	32.5	35.0	37.0	41.5			
	粉质土	23.5	28.0	33.0	36.0	38.5	41.0	44.0				
VII$_4$	土质砂	47.0	50.0	53.0	54.5	56.0	57.0	58.5	61.0	63.5	70.5	77.0
VII$_{6a}$	黏质土	22.0	25.3	29.0	30.5	32.5	34.5	36.0	40.0			
	粉质土	27.5	32.5	37.5	40.5	43.0	46.0	49.0				
VII$_5$	土质砂	45.5	49.0	52.0	53.0	54.5	56.0	57.5	60.0	62.5	70.0	76.5
	黏质土	30.0	33.0	37.5	39.5	41.5	43.5	45.0	49.0			
	粉质土	32.5	38.0	43.5	46.0	49.0	51.5	54.5				

2.4.3 室内试验法

取代表性土样在室内根据最佳含水率条件下求得承载板的回弹模量 E_0 值试验结果,并考虑不利季节和不利年份的影响,乘以折减系数 λ。根据设计路段的路基临界高度及相应的路基干湿类型及路基含水率,确定代表不利季节路基的稠度值,当调查资料不足时,按路基土的干湿类型,由表2-7或表2-8确定路基稠度值,根据路基稠度值参考表2-13选定 λ 值。

表 2-13 折减系数

土基稠度值 $\bar{w}_c$	$\bar{w}_c \geqslant w_{c0}$	$w_{c0} > \bar{w}_c \geqslant w_{c1}$	$\bar{w}_c < w_{c1}$
折减系数 λ	0.90	0.80	0.70

2.4.4 换算法

通过现场大型承载板试验测定土基回弹模量 E_0,并同时测定路基的压实度 K、路基稠度 w_c 以及室内 CBR 值,建立 E_0 与 CBR 之间可靠的换算关系,从而可以利用 K、w_c 和 CBR 值等推算现场路基回弹模量,表2-14 为路基野外和室内 E_0 与压实度 K(重型 K_h,轻型 K_L)、w_c 的试验关系式。表2-15 为路基野外室内 CBR 值与 E_0 的关系。表中各地的关系式均有所差异,这反映了地区性与土性的差异。

表 2-14 路基 E_0、K、w_c 关系式对比

资料来源	关系式	测点数 n	相关系数 r
广西红黏土:现场	$E_0 = 79.08 K_h^{1.989} w_c^{1.748}$	16	0.77
广西红黏土:室内	$E_0 = 67.2 K_h^{3.0} w_c^{4.84}$	39	0.75
黑龙江黏质土:现场	$E_0 = 48.81 K_h^{3.218} w_c^{1.47}$	11	0.68
黑龙江黏质土:室内	$E_0 = 36.23 K_c^{2.563} w_c^{1.556}$	11	0.89
山西黄土:现场	$E_0 = 52 K_h^{0.61} w_c^{1.629}$	34	0.53
陕西黄土:现场	$E_0 = 64 K_h^{3.88} w_c^{2.23}$	50	0.96

续表

资料来源	关 系 式	测点数 n	相关系数 r
陕西黄土:室内	$E_0 = 12K_h^{1.49} w_c^{8.03}$	162	0.86
江苏黏质土:现场	$E_0 = 28.07K_L^{1.917} w_c^{1.932}$	28	0.88
上海黏质土:室内	$E_0 = 36.1K_L^{6.57} w_c^{2.05}$	10	0.92
内蒙古黏质土:现场	$E_0 = 39K_h^{2.244} w_c^{1.905}$	46	0.61
内蒙古黏质土:室内	$E_0 = 25.6K_h^{1.243} w_c^{5.12}$	10	0.90

表 2-15 路基 CBR、E_0 关系式对比

资料来源	关 系 式	测点数 n	相关系数 r
广西红黏土:现场	$E_0 = 15.55 \text{CBR}^{0.582}$	44	0.792
广西红黏土:现场	$E_0 = 5.651 \text{CBR}^{0.891}$	55	0.930
广西膨胀土:现场	$E_0 = 16.71 \text{CBR}^{0.58}$	17	0.830
广西膨胀土:现场一年后	$E_0 = 17.62 \text{CBR}^{0.50}$	29	0.780
广西膨胀土:室内	$E_0 = 9.18 \text{CBR}^{0.741}$	41	0.877
黑龙江黏质土:现场	$E_0 = 7.40 \text{CBR}^{0.773}$	20	0.746
黑龙江黏质土:室内	$E_0 = 7.954 \text{CBR}^{0.739}$	21	0.901
陕西黄土:现场	$E_0 = 13.0 \text{CBR}^{0.42}$	40	0.620
陕西黄土:室内	$E_0 = 1.60 \text{CBR}^{1.12}$	66	0.960
上海黏质土:室内	$E_0 = 15.86 \text{CBR}^{0.59}$	17	0.853
上海黏质土:室内浸水	$E_0 = 7.90 \text{CBR}^{0.91}$	17	0.871
内蒙古黏质土:室内	$E_0 = 7.03 \text{CBR}^{0.872}$	38	0.978
内蒙土黏质土:现场	$E_0 = 6.70 \text{CBR}^{0.784}$		
贵阳红黏土:现场	$E_0 = 7.27 \text{CBR}^{0.823}$	20	0.930
美国肯塔基州	$E_0 = 13.4 \text{CBR}^{0.688}$		
摩洛哥	$E_0 = 8.90 \text{CBR}^{0.85}$		

2.5 公路自然区划

由于我国地幅辽阔,又是一个多山国家,从北向南分处于寒带、温带和热带。从青藏高原到东部沿海高程相差 4 000 m 以上。自然因素变化极为复杂,各地气候、地形、地貌、水文地质条件等相差很大,而自然条件与公路建设密切相关,各种自然因素对公路构造物产生的影响和造成的病害也各不相同,因此,在不同地区的路基路面设计中应考虑的问题也各有侧重。例如,季节性冰冻地区的道路病害主要是冻胀与翻浆;而干旱地区主要病害则是路基的干稳性问题。因此,如何根据各地自然条件特点对路线勘测、路基路面的设计、筑路材料选择、施工方案的拟订等问题进行综合考虑是十分必要的。有关部门根据我国各地自然条件及其对公路建筑影响的主要特征,提出了中国公路自然区划,绘制成《全国公路自然区划图》,如图 2-11 所示。相应地列出了各自然区的气候、地形、地貌、地质等特征,以及自然区内的公路工程特点,常见公路病害和路基路面设计的有关参数,供各地在公路设计与建筑中参考使用。

第 2 章 路基的强度和稳定性

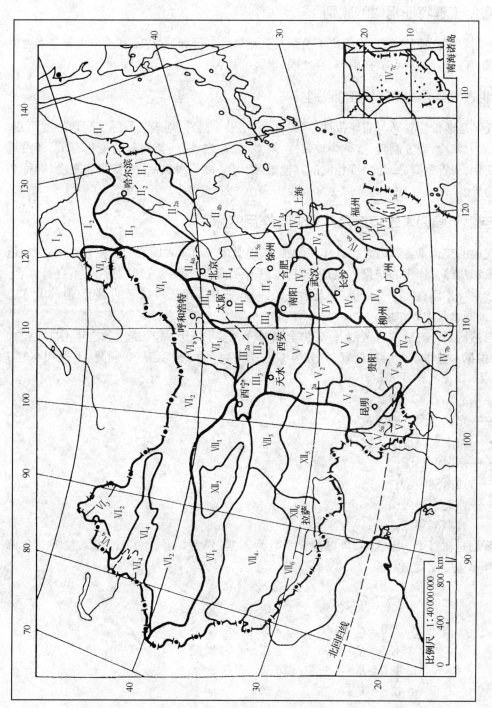

图 2-11 全国公路自然区划图

根据影响公路工程的地理、地貌及气候的差异特点,《公路自然区划标准》(JTJ 003—86)按以下三项原则进行划分。

2.5.1 道路工程特征相似的原则

在同一区划内,在同样的自然因素下筑路具有相似性。例如,北方不利季节主要是春融时期,有翻浆病害;南方不利季节在雨季,有冲刷、水毁等病害。

2.5.2 地表气候区划差异性的原则

地表气候是地带性差异与非地带性差异的综合结果。通常,地表气候随着当地纬度而变,如北半球,北方寒冷,南方温暖,这称为地带性差异。除此之外,还与高程的变化有关,即沿垂直方向的变化,如青藏高原,与纬度相同的其他地区相比,由于海拔高,气候更加寒冷,即称为非地带性差异。

2.5.3 自然气候因素既有综合又有主导作用的原则

自然气候的变化是各种因素综合作用的结果,但其中又有某种因素起着主导作用,例如道路冻害是水和热综合作用的结果。但是在南方,只有水而没有寒冷气候的影响,不会有冻害,说明温度起主导作用;西北干旱区与东北潮湿区,同样都有零摄氏度以下的温度,但前者冻害轻于后者,说明水起主导作用。

公路自然区划分三级进行区划,首先将全国划分为多年冻土、季节冻土和全年不冻土三大地带,然后根据水热平衡和地理位置,划分为冻土、温润、干湿过渡、湿热、潮暖、干旱和高寒7个大区:

Ⅰ区——北部多年冻土区;
Ⅱ区——东部温润季冻区;
Ⅲ区——黄土高原干湿过渡区;
Ⅳ区——东南湿热区;
Ⅴ区——西南潮暖区;
Ⅵ区——西北干旱区;
Ⅶ区——青藏高寒区。

二级区划是在每个一级区内,再以潮湿系数为依据,分为6个等级。潮湿系数 K 为年降雨量 R 与年蒸发量 Z 之比,即

$$K = R/Z$$

$K > 2.0$ 1级   过湿
$2.0 \geq K > 1.5$ 2级   中湿
$1.5 \geq K > 1.0$ 3级   润湿
$1.0 \geq K > 0.5$ 4级   润干
$0.5 \geq K > 0.25$ 5级   中干
$0.25 \geq K$ 6级   过干

除了这6个潮湿等级外,还结合各个大区的地理、气候特征(如雨季、冰冻深度等)、地貌类型、自然病害等因素,将全国分为33个二级区和19个副区(亚区)。三级区划是二级区划

的具体化,划分的方法有两种:一种以水热、地理和地貌为依据;另一种是以地表的地貌、水文和土质为依据,由各省(市)、自治区自行划定。

我国 7 个一级自然区的路面结构设计注重的特点各有不同,根据各地区经验,可大致归纳为如下几类。

Ⅰ区——北部多年冻土区

该区北部为连续分布多年冻土,南部为岛状分布多年冻土。对于泥沼地多年冻土层,最重要的道路设计原则是保温,不可轻易挖去覆盖层,使路堤下保持冻结状态,若受大气热量影响融化,后患无穷。对于非多年冻土层的处理方法则不同,需将泥炭层全部或局部挖去,排干水分,然后填筑路堤。该区主要是林区道路,路面结构为中级路面。林区山地道路,因表土湿度大,地面径流大,最易翻浆,应采取换土、稳定土、砂垫层等处理方法。

Ⅱ区——东部温润季冻区

该区路面结构突出的问题是防止翻浆的冻胀。翻浆的轻重程度取决于路基的潮湿状态,可根据不同的路基潮湿状态采取不同的措施。该区缺乏砂石材料,采用稳定土基层已取得一定的经验。

Ⅲ区——黄土高原干湿过渡区

该区特点是黄土对水分的敏感性,干燥土基强度高、稳定性好。在河谷盆地的潮湿路段以及灌区耕地,土基稳定性差,强度低,必须认真处理。

Ⅳ区——东南湿热区

该区雨量充沛集中,雨型季节性强,台风暴雨多,水毁、冲刷、滑坡是公路的主要病害,路面结构应结合排水系统进行设计。该区水稻田多,土基湿软,强度低,必须认真处理。由于气温高、热季长,要注意黑色面层材料的热稳定性和防透水性。

Ⅴ区——西南潮暖区

该区山多,筑路材料丰富,应充分利用当地材料筑路。对于水文不良路段,必须采取措施,稳定路基。

Ⅵ区——西北干旱区

该区大部分地下水位很低,虽然冻深多在 100~150 cm,但一般道路冻害较轻。个别地区,如河套灌区,内蒙草原洼地,地下水位高,翻浆严重。丘陵区 1.5 m 以上的深路堑冬季积雪厚,雪水浸入路面造成危害,所以沥青面层材料应具有良好的防透水性,路肩也应作防水处理。由于气候干燥,砂石路面经常出现松散、搓板和波浪现象。

Ⅶ区——青藏高寒区

该区局部路段有多年冻土,须按保温原则设计。由于地处高原,气候寒冷,昼夜气温相差很大,日照时间长,沥青老化很快,又因为年平均气温相对偏低,路面易遭受冬季雪水渗入而破坏。

思考题

1. 路基土分为哪几类?多少种?各类土又有什么工程性质?
2. 路基湿度的来源主要有哪几个方面?
3. 路基干湿类型的分类如何?一般路基要求工作在何状态?

4. 什么是平均稠度和临界高度？在旧路改造和新建公路时如何判定路基干湿类型？
5. 什么是路基工作区？确定该区有何意义？
6. 土基有哪些强度指标？
7. 如何确定土基回弹模量值？
8. 公路自然区划是根据什么原则制订的？各自然区划的道路设计应注重的特点有何区别？
9. 陕西省渭南地区某公路一段粉质黏土路基，经实地测定某路槽底面以下 80 cm 范围内各土层的含水率如下表。

深度/cm	天然含水率/%
1~10	18.54
10~20	18.63
20~30	18.91
30~40	19.21
40~50	19.52
50~60	19.75
60~70	19.85
70~80	19.87

已知土的液限为 34%，土的塑限为 17%，试判断该路段土的干湿类型。

10. 试判断下表所列地点拟建公路的土基干湿类型。

地 点	土 组	设计路槽底至水位/m		
		地 下 水	地表长期积水	地表临时积水
北京	黏质土	2.5		
武汉	黏质土	1.4	1.0	
西安	粉质土	3.1		
甘肃	粉质土	3.0		1.0
乌鲁木齐	砂质土	2.0	1.5	

第3章　一般路基设计

提要　路基是公路的重要组成部分。一般路基设计主要是根据路线的几何设计要求,结合当地的地形和地质条件,选择合理的路基断面形式和填料。设计中重点是确定路基的宽度、高度和边坡坡度。

本章主要介绍路基设计的一般规定,路基的类型与构造,路基的设计及附属设施等。

3.1　路基设计的一般规定

公路路基是按照路线位置和一定技术要求修筑的带状构造物,是路面的基础,承受由路面传来的行车荷载并将其扩散至地基,是公路的承重主体。一般路基是指在一般(正常)工程地质条件下修筑填挖高度不超过设计规范或技术手册所允许的范围,其设计可直接参照现行规范规定或标准图,结合当地实际条件进行,而不必个别论证和详细验算。而对超过规定范围的高填路堤或深挖路堑,以及特殊地质和水文等条件,例如泥石流、岩溶、冻土、雪害、滑坡、软土及地震等地区的路基,为保证路基具有足够的强度和稳定性,以及合理、经济的横断面形式,需进行个别特殊设计。为保证路基的强度和稳定,我国路基设计规范对一般路基设计作了如下规定。

(1)路基设计之前,应做好全面调查研究,充分收集沿线地质、水文、地形、地貌、气象、地震等设计资料。改建公路还应收集历年路况资料及当地路基的翻浆、崩坍、水毁等病害的防治经验。

(2)山岭、重丘区的路基设计,应根据当地自然条件,特别是工程地质条件,选择适当的路基横断面形式和边坡坡度。在地形陡峻和不良地质地段,不宜破坏天然植被和山体平衡;在狭窄的河谷地段不宜侵占河床,可视具体情况设置其他结构物和防护工程。

(3)陡坡上的半填半挖路基,可根据地形、地质条件,采用护肩、砌石或挡土墙;当山坡高陡或稳定性差,不宜多挖时,可采用旱桥、悬出路台等构造物;在悬崖陡壁地段,若山体岩石整体性好,可采用半山洞。

(4)沿河及受水浸淹路段的路基边缘高程,应高出路基设计洪水频率的设计水位加壅水高、波浪侵袭高,再加安全高度0.5 m。

路基设计洪水频率见表3-1所列。

表3-1　路基设计洪水频率

公路等级	高速公路	一级公路	二级公路	三级公路	四级公路
设计洪水频率	1/100	1/100	1/50	1/25	按具体情况确定

沿河路基废方应妥善处理,以免造成河床堵塞、河流改道或冲毁沿线构造物、农田、房屋等不良后果。

(5)分离式路基应处理好与整体式路基的相互衔接和边坡的防护,设置完善的排水设施,并与自然景观相协调。

(6) 季节性冰冻地区工程地质、水文地质不良地段,应采用水稳性好的材料填筑路堤或进行换填,对于高速公路、一级公路应结合防治冻害和翻浆的具体措施,进行路基、路面及排水等综合设计。

3.2 路基的类型与构造

通常根据公路路线设计确定的路基高程与天然地面高程是不同的,路基设计高程低于天然地面高程时,需进行挖掘;路基设计高程高于天然地面高程时,需进行填筑。由于填挖情况的不同,路基横断面的典型形式可归纳为路堤、路堑和半填半挖路基三种类型。路堤是指全部用岩土填筑而成的路基;路堑是指全部在天然地面开挖而成的路基,此两者是路基的基本类型。当天然地面横坡较大,且路基较宽,需要一侧开挖而另一侧填筑时,为半填半挖路基,也称为填挖结合路基。在丘陵或山区公路上,填挖结合是路基横断面的主要形式。

3.2.1 路堤

图 3-1 为路堤的几种常见横断面形式,按路堤的填土高度不同,可分为矮路堤、高路堤和一般路堤。填土高度小于 1.5 m 者,属于矮路堤;填土高度大于 18 m(土质)或 20 m(石质)的路堤属于高路堤;填土高度在 1.5~18 m 范围内的路堤为普通路堤。随其所处的条件和加固类型的不同,还有浸水路堤、护脚路堤及挖沟填筑路堤等形式。

矮路堤常在平坦地区取土困难时选用。平坦地区地势低,水文条件较差,易受地表水和地下水的影响,设计时应注意满足最小填土高度的要求,力求不低于规定的临界高度,使路基处于干燥或中湿状态。路基两侧均应设边沟。

矮路堤的高度通常接近或小于路基工作区的深度,除填方路堤本身要求满足规定的施工要求外,天然地面也应按规定进行压实,达到规定的压实度,必要时进行换土或加固处理,以保证路基路面的强度和稳定性。

填方高度不大(h = 2~3 m)时,填方数量较少,全部或部分填方可以在路基两侧设置取土坑,使之与排水沟渠结合。为保护填方坡脚不受流水侵害,保证边坡稳定,可在坡脚与沟渠之间预留 1~2 m 甚至大于 4 m 宽度的护坡道。地面横坡较陡时,为防止填方路堤沿山坡向下滑动,应将天然地面挖成台阶,或设置石砌护脚。

高路堤的填方数量大,占地多,为使路基稳定和横断面经济合理,须进行个别设计,高路堤和浸水路堤的边坡可采用上陡下缓的折线形式或台阶形式,亦可在边坡中部设置护坡道。为防止水流侵蚀和冲刷坡面及高路堤或浸水路堤的边坡,须采取适当的坡面防护和加固措施,如铺草皮、砌石等。

3.2.2 路堑

图 3-2 是路堑的几种常见横断面形式,有全挖路基、台口式路基及半山洞路基。挖方边坡可视高度和岩土层情况设置成直线或折线。挖方边坡的坡脚处设置边沟,以汇集和排除路基范围内的地表径流。路堑的上方应设置截水沟,以拦截和排除流向路基的地表径流[图 3-2(a)]。挖方弃土可堆放在路堑的下方。边坡坡面易风化时,在坡脚处设置 0.5~1.0 m 的碎落台,坡面可采用防护措施。

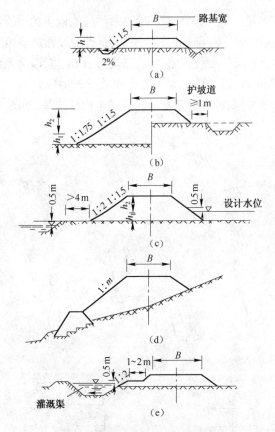

图 3-1 路堤的几种常见横断面形式
(a) 矮路堤；(b) 普通路堤；(c) 浸水路堤；(d) 护脚路堤；(e) 挖沟填筑路堤

陡峻山坡上的半路堑，路中线宜向内侧移动，尽量采用台口式路基（图 3-2(b)），避免路基外侧的少量填方。遇有整体性的坚硬岩层，为节省石方工程，可采用半山洞路基（图 3-2(c)）。

挖方路基处土层地下水文状况不良时，可能导致路面的破坏，所以对路堑以下的天然地基，要人工压实至规定的压实度，必要时还应超挖，重新分层填筑、换土或进行加固处理，加铺隔离层，设置必要的排水设施。

3.2.3 半填半挖路基

图 3-3 是半填半挖路基的几种常见横断面形式。位于山坡上的路基，通常取路中心的标高接近原地面的标高，以便减少土石方数量，保持土石方数量横向平衡，形成半填半挖路基。若处理得当，路基稳定可靠，是比较经济的断面形式，如图 3-3 中(a)、(b)所示。

半填半挖路基兼有路堤和路堑两者的特点，上述

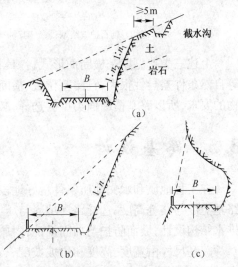

图 3-2 路堑几种常用横断面形式
(a) 全挖路基；(b) 台口式路基；(c) 半山洞路基

对路堤和路堑的要求均应满足。填方部分的局部路段,如遇原地面的短缺口,可采用砌石护肩。如果填方量较大,也可就近利用废石方,砌筑护坡或护墙,石砌护坡和护墙相当于简易式挡土墙,承受一定的侧向压力。有时填方部分需要设置路肩(或路堤)式挡土墙,以确保路基稳定,进一步压缩用地宽度。石砌护肩、护坡与护墙,以及挡土墙等路基,如图3-3中(c)~(f)所示。如果填方部分悬空,而纵向又有适当的基岩时,则可以沿路基纵向建成半山桥路基,如图3-3(g)所示。

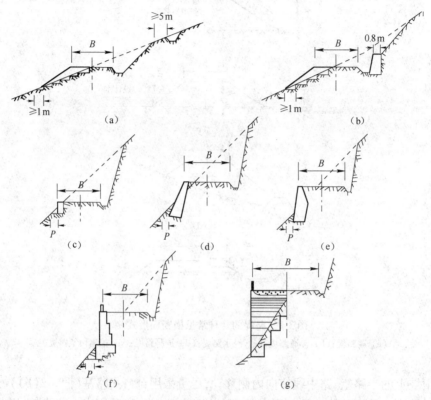

图3-3 半填半挖路基几种常见横断面形式
(a)—一般填挖路基;(b)—矮挡土墙路基;(c)—护肩路基;
(d)—砌石护坡路基;(e)—砌石护墙路基;(f)—挡土墙支撑路基;(g)—半山桥路基

上述三类典型路基横断面形式,各具特点,分别在一定条件下使用。由于地形、地质、水文等自然条件差异性很大,且路基位置、横断面尺寸及要求等亦应服从于路线、路面及沿线结构物的要求,所以路基横断面类型的选择,必须因地制宜,综合设计。

3.3 路基设计

在工程地质和水文地质条件良好地段的路基设计包括以下内容:选择路基断面形式,确定路基宽度与路基高度;选择路堤填料与压实标准;确定边坡形状与坡度;路基排水系统布置和排水结构设计;坡面防护与加固设计;附属设施设计等。

路基尺寸由宽度、高度和边坡坡度三者构成。路基宽度取决于设计通行能力及交通量大小;路基高度取决于纵坡设计、地形、地质及水文等条件;路基的边坡坡度则取决于地质、水文条件、填料性质等,并由边坡稳定性及横断面经济性分析比较确定。

3.3.1 路基宽度

路基宽度为行车道路面及其两侧路肩宽度之和。技术等级高的公路,设有中间带、路缘带、变速车道、爬坡车道、紧急停车带等,这些均应包括在路基宽度范围内。路面宽度根据设计通行能力及交通量大小而定,一般每个车道宽度为 3.50~3.75 m,技术等级高的公路及城镇近郊的一般公路,路肩宽度尽可能增大,一般取 1~3 m,并铺筑硬质路肩,以保证路面行车不受干扰。各级公路路基宽度按《公路工程技术标准》(JTG B01—2014)的规定进行设计,如图 3-4 所示和表 3-2 所列。

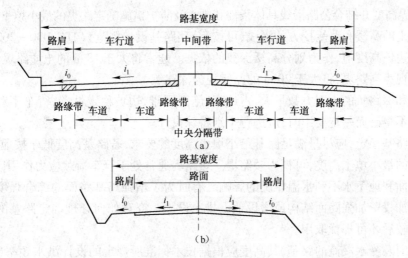

图 3-4 公路路基宽度图
(a) 高速公路和一级公路;(b) 二、三、四级公路

表 3-2 公路路基宽度

公路等级		高速公路、一级公路							二级公路、三级公路、四级公路				
设计速度/(km/h)		120			100			80		80	60	40	30	20
车道数		8	6	4	8	6	4	6	4	4	2	2	2	2	2 或 1
路基宽度/m	一般值	42.00	34.50	28.00	41.00	33.50	26.00	32.00	24.50	23.00	12.00	10.00	8.50	7.50	6.50(双车道) 4.50(单车道)
	最小值	40.00		25.00	38.5		23.50		21.50	20.00	10.00	8.50			

注:① "一般值"为正常情况下的采用值;"最小值"为条件受限制时可采用的值;
② 八车道高速公路路基宽度"一般值"为设置左侧硬路肩、内侧车道采用 3.50 m 时的宽度。八车道高速公路路基宽度"最小值"为不设置左侧硬路肩、内侧车道采用 3.75 m 时的宽度。

路基占用土地是公路通过农田或用地受限制地区时的突出问题。建路占地必须综合规划,统筹兼顾,讲究经济效益,农业与交通相互促进。公路建设应尽可能利用非农业用地,少占农田。高速公路局部路段可选用高架道路,以桥代路。山坡路基应尽量使填挖平衡,扩大和改善林业用地,保护林区牧地,防止水土流失,维护生态平衡,减少高填深挖,利用植物防护,绿化与美化路基。所有这些在路基设计与施工过程中,也应予以综合考虑。

3.3.2 路基高度

路基高度是指路堤的填筑高度和路堑的开挖深度,是路基设计高程和地面高程之差。由于原地面沿横断面方向往往是倾斜的,因此在路基宽度范围内,两侧的高差常有差别。路基高度是指路基中心线处设计高程与原地面高程之差,而路基两侧边坡的高度是指填方坡脚或挖方坡顶与路基边缘的相对高差,所以路基高度有中心高度与边坡高度之分。

路基的填挖高度,是在路线纵断面设计时,综合考虑路线纵坡要求、路基稳定性和工程经济等因素确定的。从路基的强度和稳定性要求出发,路基上部土层应处于干燥或中湿状态,路基高度应根据临界高度并结合公路沿线具体条件和排水及防护措施确定路堤的最小填土高度。

路基填土的高矮和路堑挖方的深浅,可按《公路路基设计规范》(JTG D30—2004)的规定,使用常规的边坡高度值,作为划分高矮深浅的依据。通常将大于 18 m 的土质路堤和大于 20 m 的石质路堤视为高路堤,将大于 20 m 的路堑视为深路堑。

高路堤和深路堑的土石方数量大,占地多,施工困难,边坡稳定性差,行车不利,应尽量避免使用。当不得已而一定要用时,应进行个别特殊设计。

为保证路基稳定,应尽量满足路基最小填土高度的要求,若路基高度低于按地下水位或地面水位计算的最小填土高度,可视为矮路堤。矮路堤通常处于行车荷载应力作用区范围内,同时经受着地面和地下水不利水温状况的影响。有时为了增强路基路面的综合强度与稳定性,需要另外增加投资加强路面结构或增设地下排水设施。究竟如何合理确定路基的高度,需要进行综合比较后才可择优取用。

对于沿河及受水浸淹的路基,其高度应根据技术标准所规定的设计洪水频率(表 3-1),求得设计水位,再增加 0.5 m 的余量。如果河道因设置路堤而压缩过水面积,致使上游有壅水,或河面宽阔而有风浪,就应增加壅水高度和波浪冲上路堤的高度(即波浪侵袭高度)。所以沿河浸水路堤的高度,应高出上述各值之和,以保证路基不致淹没,并据此进行路基的防护与加固。

3.3.3 路基边坡坡度

路基边坡坡度对路基稳定十分重要,确定路基边坡坡度是路基设计的重要任务。公路路基的边坡坡度,可用边坡高度 H 与边坡宽度 b 之比值表示,并取 $H=1$,如图 3-5 所示,$H:b=1:0.5$(路堑边坡)或 $1:1.5$(路堤边坡),通常用 $1:n$(路堑)或 $1:m$(路堤)表示其坡率,称为边坡坡率。

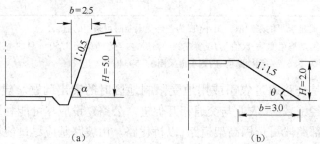

图 3-5 路基边坡坡度示意图(尺寸单位:m)
(a) 路堑;(b) 路堤

路基边坡坡度的大小,取决于边坡的土质、岩石的性质及水文地质条件等自然因素和边坡的高度。在陡坡或填挖较大的路段,边坡稳定不仅影响到土石方工程量和施工的难易,而且是路基整体稳定性的关键。因此,确定边坡坡度对于路基的稳定性和工程的经济合理性至关重要。一般路基的边坡坡度可根据多年工程实践经验和设计规范推荐的数值采用。

1. 路堤边坡

一般路堤边坡坡率可根据填料种类和边坡高度按表3-3所列的坡度选用。

表3-3 路堤边坡坡度

填料类别	边坡坡率	
	上部高度($H \leq 8$ m)	下部高度($H \leq 12$ m)
细粒土	1:1.5	1:1.75
粗粒土	1:1.5	1:1.75
巨粒土	1:1.3	1:1.5

路堤边坡高度超过表列数值时,属于高路堤,应进行单独设计。

沿河浸水路堤的边坡坡度,在设计水位以下视填料情况可采用1:1.75~1:2.0,在常水位以下部分可采用1:2.0~1:3.0。

当公路沿线有大量天然石料或路堑开挖的废石方时,可用于填筑路堤。填石路堤应由不易风化的较大(大于25 cm)石块砌筑,边坡坡度一般可用1:1。

陡坡上的路基填方可采用砌石护坡,如图3-6所示,砌石应用当地不易风化的开山片石砌筑。

砌石顶宽一律采用0.8 m,基底面以1:5的坡率向路基内侧倾斜,砌石高度 H 一般为2~15 m,墙的内外坡依砌石高度,按表3-4选定。

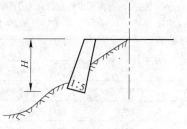

图3-6 砌石护坡示意图

表3-4 砌石边坡坡度

序号	砌石高度/m	内坡坡度	外坡坡度
1	≤5	1:0.3	1:0.5
2	≤10	1:0.5	1:0.67
3	≤15	1:0.6	1:0.75

在地震地区,应参照《公路工程抗震规范》(JTG B02—2013)的有关规定:高速公路和一级公路的路堤或路堑高度大于表3-5的规定时,应采取放缓边坡坡度或加固等措施。

表3-5 路基高度限值

填土类别	设计基本地震动峰值加速度				
	高速公路、一级公路		二级公路	三级公路、四级公路	
	0.20 g(0.30 g)	0.40 g	0.40 g	0.30 g	0.40 g
岩块和细粒土(粉土和有机质土除外)路基/m	15	10	15	—	—
粗粒土(细砂、极细砂除外)路基/m	6	3	6	—	—
黏性土路基/m	15	15	10	15	20

2. 路堑边坡

路堑是从天然地层中开挖出来的路基结构物，设计路堑边坡时，首先应从地貌和地质构造上判断其整体稳定性。当遇到工程地质或水文地质条件不良的地层时，应尽量使路线避绕它；而对于稳定的地层，则应考虑开挖后是否会由于减少支撑及坡面风化加剧而引起失稳。

影响路堑边坡稳定的因素较为复杂，除了路堑深度和坡体土石的性质之外，地质构造特征、岩石的风化和破碎程度、土层的成因类型、地表水和地下水的影响、坡面的朝向及当地的气候条件等都会影响路堑边坡的稳定性，在边坡设计时必须综合考虑。

土质（包括粗粒土）路堑边坡，应根据边坡高度、土的密实程度、地下水和地面水的情况、土的成因及生成时代等因素，参照表3-6、表3-7选定。

表 3-6 土质挖方边坡坡度

土的类别		边坡坡率
黏土、粉质黏土、塑性指数大于3的粉土		1∶1
中密以上的中砂、粗砂、砾砂		1∶1.5
卵石土、碎石土、圆砾土、角砾土	胶结和密度	1∶0.75
	中密	1∶1

注：土的密实程度的划分见表3-7所列。

表 3-7 土的密实程度划分

分级	试坑开挖情况
较松	铁锹很容易铲入土中，试坑坑壁容易坍塌
中密	天然坡面不易陡立，试坑坑壁有掉块现象，部分需用镐开挖
密实	试坑坑壁稳定，开挖困难，土块用手使力才能破碎，从坑壁取出大颗粒处能保持凹面形状
胶结	细粒土密实度很高，粗颗粒之间呈弱胶结，试挖用镐开挖很困难，天然坡面可以陡立

岩石路堑边坡，一般根据地质构造与岩石特性，对照相似工程的成功经验选定边坡坡率。岩石的种类、风化程度及边坡的高度是决定坡率的主要因素，设计时可根据这些因素参照表3-8和表3-9、表3-10选定。

表 3-8 岩石挖方边坡坡度

边坡岩体类型	风化程度	边坡坡率	
		$H < 15$ m	$15\ \text{m} \leqslant H < 30$ m
Ⅰ类	未风化、微风化	1∶0.1~1∶0.3	1∶0.1~1∶0.3
	弱风化	1∶0.1~1∶0.3	1∶0.3~1∶0.5
Ⅱ类	未风化、微风化	1∶0.1~1∶0.3	1∶0.3~1∶0.5
	弱风化	1∶0.3~1∶0.5	1∶0.5~1∶0.75
Ⅲ类	未风化、微风化	1∶0.3~1∶0.5	
	弱风化	1∶0.5~1∶0.75	
Ⅳ类	弱风化	1∶0.5~1∶1	
	强风化	1∶0.75~1∶1	

注：① 有可靠的资料和经验时，可不受本表限制；
② Ⅳ类强风化包括各类风化程度的极软岩。

表 3-9 岩石边坡的岩体分类

判定条件 边坡岩体类型	岩体完整程度	结构面结合程度	结构面产状	直立边坡自稳能力
Ⅰ	完整	结构面结合良好或一般	外倾结构面或外倾不同结构面的组合线倾角大于75°或小35°	30 m 高边坡长期稳定,偶有掉块
Ⅱ	完整	结构面结合良好或一般	外倾结构面或外倾不同结构面的组合线倾角35°~75°	15 m 高的边坡稳定,15~30 m高的边坡欠稳定
Ⅱ	完整	结构面结合差	外倾结构面或外倾不同结构面的组合线倾角大于75°或小于35°	
Ⅱ	较完整	结构面结合良好或一般或差	外倾结构面或外倾不同结构面的组合线倾角小于35°,有内侧结构面	边坡出现局部塌落
Ⅲ	完整	结构面结合差	外倾结构面或外倾不同结构面的组合线倾角35°~75°	8 m 高的边坡稳定,15 m高的边坡欠稳定
Ⅲ	较完整	结构面结合良好或一般	外倾结构面或外倾不同结构面的组合线倾角35°~75°	
Ⅲ	较完整	结构面结合差	外倾结构面或外倾不同结构面的组合线倾角大于75°或小于35°	
Ⅲ	较完整 (碎裂镶嵌)	结构面结合良好或一般	结构面无明显规律	
Ⅳ	较完整	结构面结合差或很差	外倾结构面以层面为主,倾角多为35°~75°	8 m 调高的边坡不稳定
Ⅳ	不完整 (散体、碎裂)	碎块间结合很差		

表 3-10 岩体完整程度划分

岩体完整程度	结构面发育程度	结构类型	完整性系数 K_V
完整	结构面1~2组,以构造节理或层面为主,密闭型	巨块状整体结构	>0.75
较完整	结构面2~3组,以构造节理或层面为主,裂隙多呈密闭型,部分为微张型,少有充填物	块状结构、层状结构、镶嵌碎裂结构	0.35~0.75
不完整	结构面大于3组,在断层附近受构造作用影响较大,裂隙以张开型为主,多有充填物,厚度较大	碎裂状结构、散体结构	<0.35

注:完整性系数 $K_V = \left(\dfrac{v_R}{v_P}\right)^2$;$v_R$ — 弹性纵波在岩体中的传播速度;v_P — 弹性纵波在岩块中的传播速度。

由于地表岩层和自然条件,以及路基构造要求与形式变化极大,岩石路堑边坡率难以定型,表列数值为一般条件下的经验数值,运用时应结合当地的工程地质和水文条件,参考各地现有自然稳定的山坡和人工成型稳定的山坡,加以对比选用。必要时应进行个别设计和稳定性验算,还必须采用排水和护坡与加固等技术措施。

在地震地区的岩石路堑边坡坡率应参考《公路工程抗震规范》(JTG B02—2013)规定。规范规定,当岩石路堑边坡高度超过 10 m 时,边坡坡度应按表 3-11 采用。

表 3-11　地震区高度超过 10 m 的岩石挖方边坡的坡度

岩石种类	基本烈度	
	0.20 g(0.30 g)	0.40 g
风化岩石	(1:0.6)~(1:1.5)	(1:0.75)~(1:1.5)
一般岩石	(1:0.1)~(1:0.5)	(1:0.2)~(1:0.6)
坚石	(1:0.1)~直立	(1:0.1)~直立

3.3.4　路基填料

填筑路基的理想材料应当是稳定性好、压缩性小、便于施工压实及运距短的土、石材料。

1. 填料的分类

根据填料的性质和适用性可分为如下几种。

(1) 砾石、不易风化的石块。渗水性强,水稳定性极好,强度高,为良好的填料,石块空隙间用小石料充填密实并经充分压实后,路堤残余下沉量小,车辆荷载作用下的塑性变形小。

(2) 碎石土、卵石土、砾石土、粗砂、中砂。渗水性强、水稳性好。属施工性能良好的填料,但其中黏性土含量过多时,水稳性能下降较多。

(3) 砂性土。既含有一定数量的粗颗粒,使之具有足够的强度和水稳性,又含有一定数量的细颗粒,从而把粗颗粒黏结在一起,为填筑路堤的良好材料。

(4) 黏性土。渗水性很差,干燥时强度高而不易挖掘,浸水后水稳定性差,强度下降,变形大,在充分碾压和有良好排水设施情况下,筑成的路基也能获得稳定。

(5) 粉性土。含有较多的粉土粒,干时有一定黏结性,但易被压碎,浸水时很快被湿透,毛细现象严重,在季节性冰冻地区易产生湿度积聚,造成冻胀翻浆,水饱和时有振动液化问题,是最差的一种筑路材料。

(6) 重黏土。渗水性极差,塑性指数和液限都很高,干时坚硬,难挖掘,湿时膨胀性和塑性都很大,不宜用作路基填料。

2. 路基填料设计

在设计路基填料时,要注意以下事项。

(1) 填方路基宜选用级配较好的粗粒土作为填料。

(2) 砾(角砾)类土、砂类土应优先选作路床填料,土质较差的细粒土可填于路堤底部。用不同填料填筑路基时,应分层填筑,每一水平层均应采用同类填料。

(3) 泥炭、淤泥、冻土、强膨胀土及易溶盐超过允许限量的土,不得直接用于填筑路基。

(4) 冰冻地区路床及浸水部分的路堤不应直接采用粉质土填筑。

(5) 强风化岩石及浸水后容易崩解的岩石不宜作为浸水部分路堤填料。

(6) 细粒土作填料,当土的含量超过最佳含水率两个百分点以上时,应采取晾晒或掺入石灰、固化材料等技术措施进行处理。

(7) 桥涵台背和挡土墙墙背填料,应优先选用内摩擦角值较大的砾(角砾)类土、砂类土填筑。

(8) 适用于各级公路的以重型击实方法为标准的路床压实度和相应的路床土最小强度，见表 3-12 所列。

表 3-12 路床土最小强度和压实度要求

项目分类	路面底面以下深度/m	路床土最小强度(CBR)/%			压实度/%		
		高速公路、一级公路	二级公路	三、四级公路	高速公路、一级公路	二级公路	三、四级公路
填方路基	0~0.3	8	6	5	≥96	≥95	≥94
	0.3~0.8	5	4	3	≥96	≥95	≥94
零填及挖方路基	0~0.3	8	6	5	≥96	≥95	—
	0.3~0.8	5	4	3	≥96	≥95	—

注：① 表列压实度系按《公路土工试验规程》(JTG E40—2007)中重型击实试验法求得的最大干密度的压实度；
② 当三、四级公路铺筑沥青混凝土和水泥混凝土路面时，其压实度应采用二级公路的规定值。

公路路堤除了 80 cm 深度的路床土之外，以下部分的路基一律按重型击实试验法求得的最大干密度控制压实度。各个等级公路上路堤和下路堤的压实度和路堤填土最小强度要求列于表 3-13。除了特殊气候区和选用特殊填料修筑的路堤之外，路堤压实应满足表列的要求。

表 3-13 路堤压实度及路堤填土最小强度要求

类别	路床底以下深度/m	压实度/%			填土最小强度(CBR)/%		
		高速公路、一级公路	二级公路	三、四级公路	高速公路、一级公路	二级公路	三、四级公路
上路堤	0.80~1.50	≥94	≥94	≥93	4	3	3
下路堤	1.50 以下	≥93	≥92	≥90	3	2	2

3.4 路基的附属设施

为了确保路基的强度、稳定性和行车安全，与一般路基工程有关的附属设施主要有取土坑、弃土堆、护坡道、碎落台、堆料坪及错车道等。这些设施是路基设计的组成部分，正确合理地设置是十分重要的。

3.4.1 取土坑与弃土堆

路基土石方的挖填平衡是公路路线设计的基本原则，但往往难以做到完全平衡。土石方数量经过合理调配后，仍然会有部分借方和弃方(又称废方)，路基土石方的借弃，首先要合理选择地点，即确定取土坑或弃土堆的位置。选点时要兼顾土质、数量、用地及运输条件等因素，还必须结合沿线区域规划、因地制宜，综合考虑，维护自然平衡，防止水土流失，做到借之有利、弃之无害。借弃所形成的坑或堆，要求尽量结合当地地形，充分加以利用，并达到外形规整，弃堆稳固。对高等级公路或位于城郊附近的干线公路，尤应注意。

平坦地区，如果用土量较少，可以沿路两侧设置取土坑，与路基排水和农田灌溉相结合。路旁取土坑，大致如图 3-7 所示，深度约 1 m 或稍大一些，宽度依用土数量和用地允许而定。为防止坑内积水危害路基，当堤顶与坑底高差不足 2 m 时，在路基坡脚与坑之间需设宽度不大于 1 m 的护坡平台,坑底设纵横排水坡及相应设施。

河水淹没地段的桥头引道近旁,一般不设取土坑,如设取土坑要距河流中水位边界 10 m 以外,并与导治结构物位置相适应。此类取土坑要求水流畅通,不得长期积水危及路基或构造物的稳定。

路基开挖的废方,应尽量加以利用,如用以加宽路基或加固路堤,填补坑洞或路旁洼地,也可兼顾农田水利或基建等所需,做到变废为用,弃而不乱。

废方一般应选择路旁低洼地,就近弃堆。原地面倾斜坡度小于 1∶5 时,路旁两侧均可设弃土堆,地面较陡时,宜设在路基下方。沿河路基爆破后的废石方,往往难以远运,条件许可时可以部分占用河道,但要注意河道压缩后,不致壅水危及上游路基及附近农田等。

图 3-8 为路旁弃土堆一例,要求堆弃整平,顶面具有适当横坡,并设平台、三角土块及排水沟,宽度 d 与地面土质有关,最小 3 m,最大可按路堑深度加 5 m,即 $d \geq H + 5$ m。积砂或积雪地段的弃土堆,宜有利于防沙防雪,可设在迎面一侧,并留有足够距离。

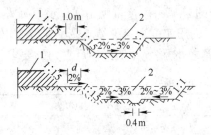

图 3-7 路旁取土坑示意图
1—路堤;2—取土坑

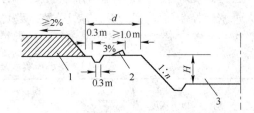

图 3-8 路旁弃土堆示意图
1—弃土堆;2—平台与三角土块;3—路堑

3.4.2 护坡道与碎落台

护坡道是保护路基边坡稳定性的措施之一,设置的目的是加宽边坡横向距离,减小边坡平均坡度。护坡越宽,越有利于边坡稳定,但最少为 1 m。宽度大,则工程数量也随之增加,要兼顾边坡稳定性与经济合理性。通常护坡道宽度 d 视边坡高度 H 而定。$H \leq 3$ m 时,$d = 1$ m;3 m $< H \leq 6$ m 时,$d = 2$ m;6 m $< H \leq 12$ m 时,2 m $< d \leq 4$ m。

护坡道一般设在挖方坡脚处,边坡较高时也可设在边坡上方及挖方边坡的变坡处。浸水路基的护坡道,可设在浸水线以上的边坡上。

碎落台设于土质或石质土的挖方边坡坡脚处,主要供零星土石碎块下落时临时堆积,以保护边沟不致阻塞,也有护坡道的作用。碎落台宽度一般为 1.0 ~ 1.5 m,如兼有护坡作用,可适当放宽。碎落台上的堆积物应定期清理。

3.4.3 堆料坪与错车道

路面养护用矿质材料,可就近选择路旁合适地点堆置备用,也可在路肩外缘设堆料坪,其面积可结合地形与材料数量而定。例如每隔 50 ~ 100 m 设一个堆料坪,长约 5 ~ 8 m,宽 2 m。高级路面或采用机械化养路的路段可以不设,或另设集中备用料场,以维护公路外形的视觉平顺和景观优美。

单车道公路,由于双向行车会车和相互避让的需要,通常应每隔 200 ~ 500 m 设置错车道一处。按规定错车道的长度不得短于30 m,两端各有长度为10 m的出入过渡段,中间10 m供停车用。单车道的路基宽度为4.5 m,而错车道地段的路基宽度为6.5 m。错车道是单车道路基的一个组成部分,应与路基同时设计与施工。

思考题

1. 路基横断面有哪三种典型类型?从结构上看各种类型又可分为哪些形式?
2. 一般路基设计有哪些主要的规定?
3. 一般路基设计包括哪些内容?路基的几何尺寸包括哪三项?概念如何?
4. 路堤设计与路堑设计考虑的问题有什么不同?路堑边坡设计时应考虑哪些因素?
5. 路基附属设施主要包括哪些?

第4章 路基边坡稳定性设计

提要 路基边坡滑坍是公路上常见的病害,产生的原因也错综复杂,因此在设计中应予以认真调查和进行分析,拟定相应的技术措施,保证路基边坡的稳定性。

边坡稳定性分析的方法很多,但是原理相通,都属于极限平衡分析方法,仅是假定略有不同。而分析结果是否符合实际,关键在于滑动面的形状、位置以及有关计算参数的确定是否符合实际情况。

本章主要介绍边坡稳定性的分析方法,浸水路堤的稳定性分析,陡坡路堤的整体稳定性分析及几种特殊地区的路基设计等。

路基边坡滑坍是公路上常见的破坏现象之一。例如,在岩质或土质山坡上开挖路堑,有可能因自然平衡条件被破坏或者因边坡过陡,使坡体沿某一滑动面产生滑动。对河滩路堤、高路堤或软弱地基上的路堤,也可能因水流冲刷、边坡过陡或地基承载力过低而出现填方土体(或连同原地面土体)沿某一剪切面产生坍塌。路基边坡的稳定性涉及岩土性质与结构、边坡高度与坡度、工程质量与经济等多种因素。一般情况下,对于边坡不高的路基,如不超过8 m的土质边坡、不超过12 m的石质边坡,可按一般路基设计,采用规定的坡度值,不作稳定性分析计算。对地质和水文条件复杂、高填深挖或有特殊使用要求的路基,应进行稳定性分析,保证路基设计既满足稳定性要求,又满足经济性要求。

4.1 边坡稳定性分析概述

4.1.1 影响路基边坡稳定性的因素

根据土力学原理,路基边坡滑坍是由于边坡土体中的剪应力超过其抗剪强度所产生的剪切破坏。因此,凡是使土体剪应力增加或抗剪强度降低的因素,都可能引起边坡滑坍。这些因素可归纳为以下几点。

(1)边坡土质。土的抗剪强度首先取决于土的性质,土质不同则抗剪强度也不同。对路堑边坡而言,除与土或岩石的性质有关外,还与岩石的风化破碎程度和形状有关。

(2)水的活动。水是影响边坡稳定性的主要因素,边坡的破坏总是或多或少地与水的活动有关。土体的含水率增加,既降低了土体的抗剪强度,又增加了土内的剪应力。在浸水情况下,还有浮力和动水压力作用,使边坡处于最不利状态。

(3)边坡的几何形状。边坡的高度、坡度等直接关系到土的稳定条件,高大、陡直的边坡,因重心高,稳定条件差,易发生滑坍或其他形式的破坏。

(4)活荷载增加。坡脚因水流冲刷或其他不适当的开挖而使边坡失去支撑等,均可能增大边坡土体的剪应力。

(5)地震及其他震动荷载。

4.1.2 边坡稳定性分析方法

路基边坡稳定性分析与验算的方法很多,归纳起来有力学分析法、图解法和工程地质法(比拟法)。力学分析法又称极限平衡法,假定边坡沿某一形状滑动面破坏,按力学平衡原理进行计算。因此,根据滑动面形状的不同,又分为直线法、圆弧法和折线法3种。力学分析法的基本假定如下所述。

(1) 破裂面以上的不稳定土体沿破裂面作整体滑动,不考虑其内部的应力分析不均和局部移动。

(2) 土的极限平衡状态只在破裂面上达到。

为简化计算,用力学分析法进行边坡稳定性分析时,通常都按平面问题来处理。

工程地质比拟法是根据已成不同土类或岩体边坡的大量经验数据,拟定出路基边坡稳定值参考表,供设计采用。

一般情况下,土质边坡的设计是先按力学分析法进行验算,再以工程地质比拟法予以校核。岩石或碎石土类边坡则主要采用工程地质比拟法,有条件时也以力学分析法进行校核。

4.1.3 边坡滑动面形状

大气降雨使土的抗剪强度降低,往往导致路基边坡产生滑坍。根据大量观测,边坡滑坍破坏时,会形成一滑动面。滑动面的形状主要因土质而异,有的近似直线平面,有的呈曲面,有的则可能是不规则的折线平面。为简化计算,近似地把滑动破裂面与路基横断面的交线假设为直线、圆曲线或折线。砂性土及碎(砾)石土,因有较大的内摩擦角 φ 及较小的黏聚力 c,其破裂滑动面近似于直线平面。黏性土的黏聚力 c 较大而其内摩擦角 φ 较小,边坡滑坍时,滑动面近似于圆曲面。

滑动面形状如图4-1所示。一般情况下,可只考虑破裂面通过坡脚的稳定性;路基底面以下会有软弱夹层时,还应考虑滑动破裂面通过坡脚以下的可能;边坡为折线形,必要时应对通过变坡点的滑动面进行稳定性验算。验算时可根据不同的土质,区分不同情况加以选择。

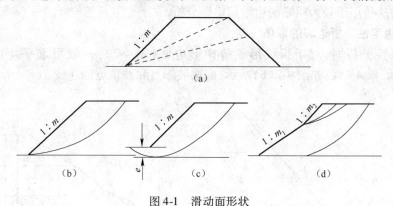

图4-1 滑动面形状
(a) 砂性土;(b) 黏性土;(c) 有软弱层;(d) 折线形边坡

4.1.4 边坡稳定性分析的计算参数

1. 土的计算参数

路基处在复杂的自然环境中,其稳定性随环境条件(特别是土的含水率)和时间的增长而变化。路堑是在天然土层中开挖而成,土石的性质、类别和分布是自然存在的。而路堤是由人工填筑而成,填料性质可由人为方法控制。因此,在边坡稳定性分析时,对于土的物理力学数据的选用,以及可能出现的最不利情况,应力求能与路基将来实际情况相一致。

边坡稳定性分析所需土的试验资料如下所述。

(1) 对于路堑或天然边坡应取原状土的重度 $\gamma(kN/m^3)$、内摩擦角 $\varphi(°)$ 和黏聚力 $c(kPa)$;

(2) 对路堤边坡,应取与现场压实度一致的压实土的试验数据,数据包括压实后土的重度 $\gamma(kN/m^3)$、内摩擦角 $\varphi(°)$ 和黏聚力 $c(kPa)$。

在边坡稳定性分析时,如边坡由多层土体所构成,所采用土的边坡稳定性分析参数 c、φ 和 γ 的值应根据边坡稳定性分析方法确定。对于直线法和圆弧法可通过合理的分段,直接取用不同土层的参数值,如用综合土体边坡稳定性分析,可采用加权平均法求得,如下式

$$c = \frac{c_1 h_1 + c_2 h_2 + \cdots + c_n h_n}{h_1 + h_2 + \cdots + h_n} = \frac{\sum_{i=1}^{n} c_i h_n}{\sum_{i=1}^{n} h_i} \tag{4-1}$$

$$\tan\varphi = \frac{h_1 \tan\varphi_1 + h_2 \tan\varphi_2 + \cdots + h_n \tan\varphi_n}{h_1 + h_2 + \cdots + h_n} = \frac{\sum_{i=1}^{n} h_i \tan\varphi_i}{\sum_{i=1}^{n} h_i} \tag{4-2}$$

$$\gamma = \frac{\gamma_1 h_1 + \gamma_2 h_2 + \cdots + \gamma_n h_n}{h_1 + h_2 + \cdots + h_n} = \frac{\sum_{i=1}^{n} \gamma_i h_i}{\sum_{i=1}^{n} h_i} \tag{4-3}$$

式中:c_i、φ_i、γ_i——土层 i 的黏聚力、内摩擦角、重度;
h_i——土层 i 的厚度。

加权平均法适用于较为粗略的边坡稳定性分析。

2. 边坡稳定性分析边坡的取值

边坡稳定性分析时,对于折线形或阶梯形边坡(图 4-2),一般可取平均值。例如,如图 4-2(a)所示,取 AB 线;如图 4-2(b)所示,则取坡脚点和坡顶点的连线。

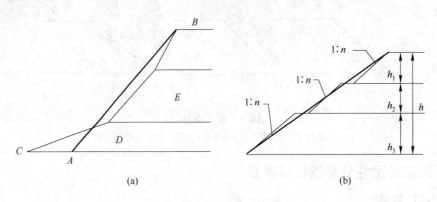

图 4-2 边坡取值示意图

3. 行车荷载当量换算

路基除承受自重作用外,同时还承受行车荷载的作用。在边坡稳定性分析时,需要将行车按最不利情况排列(图4-3),并将车辆的设计荷载换算成当量土柱高(即以相等压力的土层厚度来代替荷载),以 h_0 表示。

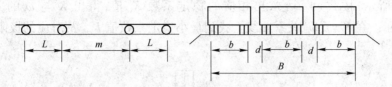

图 4-3 车辆荷载布置示意图

行车荷载换算高度 h_0 的计算式为

$$h_0 = \frac{NQ}{\gamma BL} \tag{4-4}$$

式中:N——并列车辆数。单车道 $N=1$,双车道 $N=2$;

Q——一辆重车的重力(标准车辆荷载为 550 kN);

γ——路基填料的重度/(kN/m³);

L——汽车前后轮最大距/m。按《公路工程技术标准》(JTG B01—2014)规定对于标准车辆荷载为 12.8 m;

B——荷载横向分布宽度/m,其值为:

$$B = Nb + (N-1)d \tag{4-5}$$

其中:b——每一车辆的轮胎外缘之间的距离/m;

d——相邻两辆车轮胎(或履带)之间的净距/m。

荷载分布宽度可以分布在行车道(路面)的范围,考虑到实际行车可能有横向偏移或车辆停放在路肩上,也可认为 h_0 厚的当量土层分布在整个路基宽度上。

4.2 边坡稳定性分析方法

4.2.1 直线法

直线法适用于砂土和砂性土(两者合称砂类土),土的抗力以内摩擦力为主,黏聚力甚小,边坡破坏时,破裂面近似平面。

如图4-4(a)所示,路堤土楔 ABD 沿假设破裂面 AD 滑动,其稳定系数 K 按下式计算(按纵向长 1 m 计,下同)为

$$K = \frac{F}{T} = \frac{G\cos\omega\tan\varphi + cL}{G\sin\omega} \tag{4-6}$$

式中:F——沿破裂面的抗滑力/kN;

T——沿破裂面的下滑力/kN;

G——土楔重力及路基顶面换算土柱的荷载之和/kN;

ω——破裂面对于水平面的倾斜角/(°);

φ——路堤土体的内摩擦角/(°);
c——路堤土体的单位黏聚力/kPa;
L——破裂面 AD 的长度/m。

边坡稳定性分析时,先假定路堤边坡值,然后通过坡脚 A 点,假定 3~4 个可能的破裂面 ω_i,如图 4-4 所示,按式(4-6)求出相应的稳定系数 K_i 值,得出 K 与 ω 的关系曲线,如图 4-4(c)所示。在 $K=f(\omega)$ 关系曲线上找到最小稳定系数值 K_{min} 及对应的极限破裂面倾斜角 ω 值。

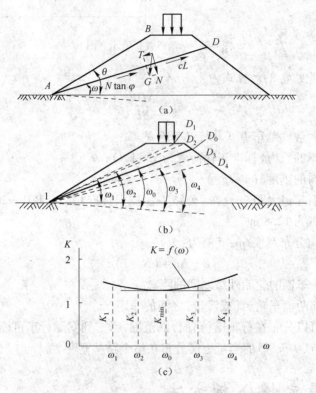

图 4-4 直线法计算图

由于砂类土黏聚力很小,一般可忽略不计,即取 $c=0$,则式(4-6)可表达为

$$K = \frac{F}{T} = \frac{\tan\varphi}{\tan\omega} \tag{4-7}$$

由式(4-7)可知,当 $K=1$ 时,$\tan\varphi = \tan\omega$,抗滑力等于下滑力,滑动面土体处于极限平衡状态,此时路堤的极限坡度等于砂类土的内摩擦角,该角相当于自然休止角。当 $K>1$ 时,路堤边坡处于稳定状态,且与边坡高度无关;当 $K<1$ 时,则不论边坡高度多少,都不能保持稳定。

对砂类土的路堑边坡,如图 4-5 所示,土楔 ABD 沿假设破裂面 AD 滑动,其稳定系数 K 按下式计算

$$K = \frac{F}{T} = \frac{G\cos\omega\tan\varphi + cL}{G\sin\omega} =$$
$$(f + a_0)\cot\omega + a_0\cot(\theta - \omega) \tag{4-8}$$

式中:φ——路堑土楔的内摩擦角/(°);

a_0——参数,$a_0 = \dfrac{2c}{\gamma h}$,$\gamma$ 为土的重度/(kN/m³);

h——边坡的竖向高度/m;

f——土的内摩擦系数,$f = \tan\varphi$;

θ——边坡倾斜角。

其他符号同前。

按微分方法,当 $dK/d\omega = 0$ 可求稳定系数 K 最小时破裂面倾斜角 ω_0 值,即

$$\cot\omega_0 = \cot\theta + \sqrt{\dfrac{a_0}{f + a_0}}\csc\theta \tag{4-9}$$

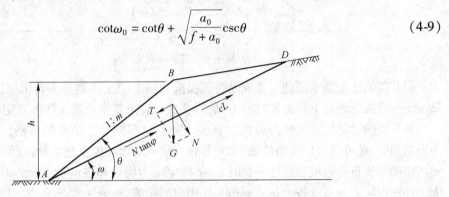

图 4-5　均匀砂类土路堑边坡

将式(4-9)代入式(4-8)得最小稳定系数为

$$K_{\min} = (2a_0 + f)\cot\theta + 2\sqrt{a_0(f + a_0)}\csc\theta \tag{4-10}$$

对成层的砂类土边坡,如图 4-6 所示,如破裂面 AD 通过强度指标不同的各土层Ⅰ、Ⅱ、Ⅲ…可用竖直线将破裂面以上的土楔 ABD 划分为若干条块,每一条块的破裂面位于同一种土层内,其破裂面上的 c_i、φ_i 为定值。边坡稳定性分析时,计算每一条块的下滑力 T_i 和相应的抗滑力 F_i,边坡稳定系数按下式计算

$$K = \dfrac{\sum\limits_{i=1}^{n} F_{ni}}{\sum\limits_{i=1}^{n} T_i} = \dfrac{\sum\limits_{i=1}^{n}(G_i\cos\omega\tan\varphi_i + c_i L_i)}{\sum\limits_{i=1}^{n} G_i\sin\omega} \tag{4-11}$$

式中:G_i——第 i 条块的重力/kN;

φ_i——第 i 层土的内摩擦角/(°);

c_i——第 i 层土的单位黏聚力/kPa;

ω——破裂面的倾斜角/(°);

L_i——第 i 条块破裂面分段长度/m。

最小稳定系数确定方法与路堤边坡稳定性分析方法相同。

如果某一分块有换算土柱荷载,该分块应包括换算土柱荷载在内。

考虑到滑动面的近似假定、土工试验所得的 φ 和 c 的局限性以及气候环境条件的变异性的影响,为保证边坡稳定性有足够的完全储备,稳定系数 $K_{\min}$ 应大于 1.25,但 K 值也不宜过大,以免造成工程不经济。

4.2.2　圆弧法

圆弧法假定滑动面为一圆弧,它适用于边坡有不同的土层、均质土边坡,部分被淹没、均质

土坝,局部发生渗漏、边坡为折线或台阶形的黏性土的路堤与路堑。

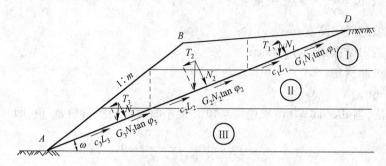

图 4-6 成层砂类土边坡

(1) 圆弧法的基本原理与步骤是将圆弧滑动面上的土体划分为若干竖向土条,依次计算每一土条沿滑动面的下滑力和抗滑力,然后叠加计算出整个滑动土体的稳定性。

圆弧法的计算精度主要与分段数有关。分段越多则计算结果越精确,一般分 8~10 段。小段的划分,还可结合横断面特性,如划分在边坡或地面坡度变化之处,以便简化计算。

用圆弧法进行边坡稳定性分析时,一般假定土为均质和各向同性,滑动面通过坡脚,不考虑土体的内应力分布及各土条之间相互作用力的影响,土条不受侧向力作用,或虽有侧向力,但与滑动圆弧的切线方向平行。

圆弧法的基本步骤如下:

① 通过坡脚任意选定可能发生的圆弧滑动面 AB,其半径为 R,沿路线纵向取单位长度 1 m。将滑动土体分成若干个一定宽度的垂直土条,其宽一般为 2~4 m,如图 4-7 所示。

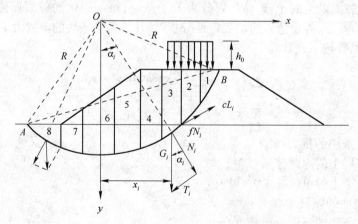

图 4-7 圆弧法边坡稳定性分析计算图

② 计算每个土条的土体重 G_i(包括小段土重和其上部换算为土柱的荷载在内)。G_i 可分解为垂直于小段滑动面的法向分力 $N_i = G_i\cos\alpha_i$ 和平行于该面的切向分力 $T_i = G_i\sin\alpha_i$。其中:α_i 为该弧中心点的半径线与通过圆心的竖线之间的夹角,$\alpha_i = \arcsin\dfrac{x_i}{R}$(其中 x_i 为圆弧中心点距圆心竖线的水平距离,R 为圆弧半径)。

③ 计算每一小段滑动面上的反力(抵抗力),即内摩擦力 $N_i f$(其中 $f = \tan\varphi_i$)和黏聚力 cL_i(L_i 为 i 小段弧长)。

④ 以圆心 O 为转动圆心,半径 R 为力臂,计算滑动面上各力对 O 点的滑动力矩和抗滑力矩。即

滑动力矩 $$M_s = R(\sum_{i=1}^{n} T_i - \sum_{i=1}^{m} T_i)$$

抗滑力矩 $$M_r = R(\sum_{i=1}^{n} N_i f + \sum_{i=1}^{n} cL_i)$$

其中:$\sum_{i=1}^{n} T_i$ 为 Oy 轴右侧的力矩,$\sum_{i=1}^{m} T_i$ 为 Oy 轴左侧的力矩,左侧力矩与滑动方向相反,起到抗滑作用,应在滑动力矩中扣除,n、m 为 Oy 轴右侧的分段数和 Oy 轴左侧的分段数。

⑤ 求稳定系数 K 值为

$$K = \frac{M_r}{M_s} = \frac{R(\sum_{i=1}^{n} N_i f + \sum_{i=1}^{n} cL_i)}{R(\sum_{i=1}^{n} T_i - \sum_{i=1}^{m} T_i)} = \frac{f\sum_{i=1}^{n} G_i \cos\alpha_i + cL}{\sum_{i=1}^{n} G_i \sin\alpha_i - \sum_{i=1}^{m} G_i \sin\alpha_i} \tag{4-12}$$

式中:L——滑动圆弧的总长度/m;

f——摩阻系数,$f = \tan\varphi$;

c——黏聚力/kPa。

(2) 由于试算的滑动面是任意选的,故需再假定几个可能的滑动面,按上述步骤计算对应的稳定系数 K,在圆心辅助线 MI 上绘出,稳定系数 K_1,K_2,…,K_n 对应于 O_1,O_2,…,O_n 的关系曲线 $K = f(O)$,在该曲线最低点作圆心辅助线 MI 的平行线,与曲线 $f(O)$ 相切的切点对应的圆心为极限滑动面圆心,对应的滑动面为极限滑动面(图 4-8),相应的稳定系数为极限稳定系数,其值应在 1.25 ~ 1.5 之间。

(3) 确定圆心辅助线。为了较快地找到极限滑动面,减少计算工作量,根据经验,极限滑动圆心在一条线上,该线即是圆心辅助线。确定圆心辅助线可以采用 4.5H 法或 36°线法。

① 4.5H 法一(图 4-8(a))。由坡脚 E 向下引竖线,在竖线上截取高度 $H = h + h_0$(边坡高度 h 及荷载换算为土柱高度 h_0)得 F 点。

自 F 点向右引水平线,在水平线上截取 $4.5H$,得 M 点。

连接边坡坡脚 E 和顶点 S,求得 SE 的斜度 $i_0 = 1/m$,据此值查表 4-1 得 β_1 和 β_2 值。由 E 点作与 SE 成 β_1 角的直线,再由 S 点作与水平线成 β_2 角的直线,两线相交得 I 点。

连接 I 和 M 两点即得圆心辅助线。

② 4.5H 法二(图 4-8(b))。若不考虑荷载换算土层高度 h_0,则方法可以简化(图 4-8),即 $H = h$,斜度 i_0 按边坡脚、坡顶的连线 AB 与水平线的夹角来计算,β_1 和 β_2 仍由 i_0 按表 4-1 查得。

由坡脚 A 向下引竖线,在竖线上截取高度 $H = h$(边坡高度)得 F 点。

其他步骤同①。

③ 36°线法一(图 4-8(c))。由荷载换算土柱高顶点作与水平线成 36°角的线 EF,即得圆心辅助线。

④ 36°线法二(图 4-8(d))。由坡顶处作与水平线成 36°角的线 EF,即为圆心辅助线。

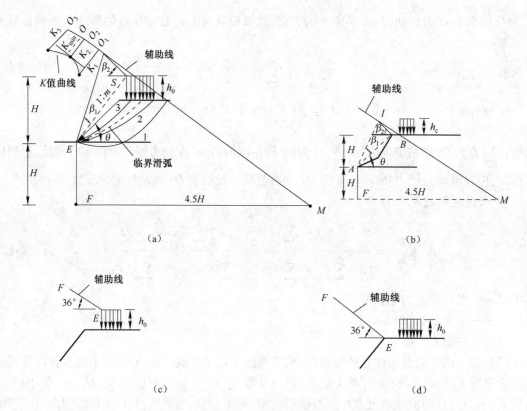

图 4-8 确定圆心辅助线

上述四种确定圆心辅助线方法的计算结果相差不大,均可采用。为求解简便,一般用 36°线法。但方法①较精确,且求出的稳定系数 K 值最小,故常用于边坡稳定性分析重要建筑物的稳定性。通过坡脚的极限破裂圆弧中心位置的有关角值见表 4-1 所列。

表 4-1 黏土边坡的有关角值

边坡坡度 i_0	边坡倾斜角 θ	α	ω	β_1	β_2
1:0.5	63°26′	33°15′	37°00′	29°30′	40°
1:0.75	53°08′	40°00′	32°15′	29°	39°
1:1	45°00′	45°00′	28°15′	28°	37°
1:1.25	38°40′	48°30′	25°00′	27°	35°30′
1:1.5	33°41′	51°15′	22°15′	26°	35°
1:1.75	29°41′	53°25′	20°00′	25°	35°
1:2.0	26°34′	55°00′	18°00′	25°	35°
1:2.25	23°58′	56°00′	16°30′	25°	35°
1:2.5	21°48′	57°00′	15°15′	25°	35°
1:3	18°26′	58°45′	13°15′	25°	35°
1:4	14°02′	60°45′	10°15′	25°	36°
1:5	11°19′	62°00′	8°15′	25°	37°

（4）稳定系数 K 取值。稳定系数容许值$[K] = 1.25 \sim 1.50$，具体值应根据土的特性、抗剪强度指标的可靠程度以及公路等级和地区经验综合考虑，当计算 K 值小于容许值$[K]$，则应放缓边坡，重新拟定横截面，再按上述方法进行边坡稳定性分析。

例 4-1 已知路基高度 13 m，顶宽 10 m，其横截面初步拟定如图 4-9 所示。路基填土为粉质中液限亚黏土，土的黏聚力 $c = 10$ kPa，内摩擦角 $24°(\tan\varphi = 0.45)$，重度 $\gamma = 17$ kN/m³，荷载为挂车—80（一辆车重力 800 kN）。试分析其边坡稳定性。

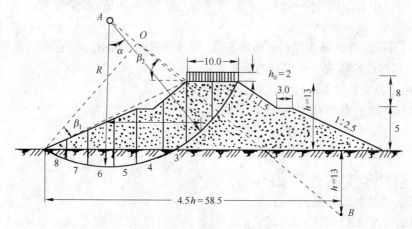

图 4-9 圆弧法边坡稳定性分析（尺寸单位：m）

解 （1）用方格纸以 1:50 比例绘出路堤横断面。

（2）将挂车—80 换算成土柱高（当量高度）。设其中一辆挂车停歇在路肩上，另一辆以最小间距 $d = 0.4$ m 与它并排。按式(4-4)换算土柱高为

$$h_0 = \frac{NQ}{\gamma BL}$$

式中：L——纵向分布长度（等于汽车后轴轮胎的总距），$L = 6.4$ m。

B——横向分布车辆轮胎最外缘间总距，其公式为

$$B = Nb + (N-1)d$$

其中：N 为车辆数，等于 2；d 为车身之间的净距，等于 0.4 m；b 可近似地取车身宽度，等于 3.5 m，则 $B = 2 \times 3.5 + 0.4 = 7.4$ m，故

$$h_0 = \frac{2 \times 800}{6.4 \times 7.4 \times 17} = 2.0 \text{ m}$$

（3）按 4.5H 法确定滑动圆心辅助线。在此取 $\theta = 25°$（$\theta = \arctan\dfrac{13}{27.5} = 25°18'$），查表 4-1 得 $\beta_1 = 25°$，$\beta_2 = 35°$。据此两角分别自坡脚和左顶点作直线相交于 O 点，BO 的延长线即为滑动圆心辅助线。

（4）绘出三条不同位置的滑动曲线：① 一条通过路基中线；② 一条通过路基的右边缘（如图 4-9 中的圆弧所示）；③ 一条通过距右边缘 1/4 路基宽度处。

（5）滑动圆弧中心可通过试算确定，也可采用另一种方法，即用直线连接可能滑弧的两端点（图 4-9 是连接坡脚与右边缘），并作此直线的中垂线相交于滑动圆心辅助线 BO 于 A 点。A

点即是该滑动曲线的中心。

（6）将圆弧范围土体分成 8～10 段，本例采用 8 段，先由坡脚起每 5 m 一段，最后一段可能略少。

（7）算出滑动曲线每一分段中点与圆心竖线之间的偏角 α_i 为

$$\sin\alpha_i = \frac{X_i}{R}$$

式中：X_i——分段中心距圆心竖线的水平距离，圆心竖线左侧为负，右侧为正；

R——滑动曲线半径。

（8）每一分段的滑动弧曲线可近似取直线，将各分段图形简化为梯形或三角形，计算其面积 Ω_i，其中包括荷载换算成土柱部分的面积在内。

（9）以路堤纵向长度 1 m 计算出各分段的重力 G_i。

（10）将每一段的重力 G_i 化为两个分力

① 在滑动曲线法线方向分力：$N_i = G_i\cos\alpha_i$

② 在滑动曲线切线方向分力：$T_i = G_i\sin\alpha_i$

并分别求出这两者之和 $\sum N_i$ 和 $\sum T_i$。

（11）算出滑动曲线圆弧长 L。

（12）计算稳定系数

$$K_2 = \frac{f\sum_{i=1}^{n} N_i + cL}{\sum_{i=1}^{n} T_i} = 1.54$$

用同样的方法，还可求得另两条滑动曲线的稳定系数为

$$K_1 = 1.47$$
$$K_3 = 1.76$$

由于第一条曲线（通过路基中线）的稳定系数最小，而又是最靠左边，因此，在左边缘与路基中线之间的中点再绘一条滑动曲线，并计算其稳定系数。通过计算，其值为

$$K_4 = 1.49$$

由此可见，第一条曲线为极限的滑动面，其稳定系数满足 1.25～1.50 范围要求，因此本例所采用的边坡坡度足以满足边坡稳定的要求。

圆弧法边坡稳定性分析见表 4-2 所列。

4.2.3　表解法

用圆弧法进行路基边坡稳定性分析计算工作量较大。对于均质、直线形边坡路堤，滑动面通过坡脚，坡顶为水平并延伸至无限远，可按表解法进行边坡稳定性分析。

表解法是应用图解和分析计算的结果制成的一系列计算参数表的边坡稳定性分析方法。

如图 4-10 所示，将土体划分各小块，其宽为 b、高为 a、滑弧全长 L，将此三者换算成边坡高度 H 的表达式，即

$$b = \beta H$$

$$a = \xi H$$
$$L = \lambda H$$

表 4-2　圆弧法边坡稳定性分析计算

分 段	$\sin\alpha_i$	α_i	$\cos\alpha_i$	Ω_i/m^2	$G_i = \Omega_i\gamma/\mathrm{kN}$	$N_i = G_i\cos\alpha_i/\mathrm{kN}$	$T_i = G_i\sin\alpha_i/\mathrm{kN}$	L/m
1	0.85	58°00′	0.53	29.9	508	269	732	
2	0.64	39°47′	0.77	57.5	971	752	624	
3	0.47	28°02′	0.88	56	951	835	446	
4	0.28	16°15′	0.96	51	866	833	242	
5	0.11	6°18′	0.99	49.7	845	837	93	45.2
6	−0.07	−4°00′	0.99	38.5	654	647	−46	
7	−0.27	−15°40′	0.97	24	408	395	−110	
8	−0.37	−21°43′	0.93	4.8	82	76	−30	
						$\sum N_i = 4\,644$	$\sum T_i = 1\,651$	

每 1 m 坡长的土块重力为

$$G = ab \times 1 \times \gamma = \gamma \xi \beta H^2$$

其法向和切向分力为

$$N = G\cos\alpha = \gamma \xi \beta H^2 \cos\alpha$$
$$T = T\sin\alpha = \gamma \xi \beta H^2 \sin\alpha$$

稳定系数为

$$K = \frac{f\sum_{i=1}^{n} N_i + cL}{\sum_{i=1}^{n} T_i} = \frac{f\sum \xi \beta \gamma H^2 \cos\alpha + c\lambda H}{\sum \xi \beta \gamma H^2 \sin\alpha} \tag{4-13}$$

令：

$$A = \frac{\sum \xi \cos\alpha}{\sum \xi \sin\alpha} \qquad B = \frac{\gamma}{\sum \xi \beta \sin\alpha}$$

由此可得

$$K = fA + \frac{c}{\gamma H}B$$

式中：H——边坡高度/m；

　　　c——土的黏聚力/kPa；

　　　f——土的内摩擦系数，$f = \tan\varphi$；

　　　φ——土的内摩擦角/(°)；

　　　A、B——取决于几何形状的系数，由表 4-3 可查得。

表 4-3　滑动圆弧通过坡脚的 A、B 值

边坡斜度	滑动圆弧的圆心									
	O_1		O_2		O_3		O_4		O_5	
$i_0 = 1:m$	A	B	A	B	A	B	A	B	A	B
1:1	2.34	5.75	1.87	6.00	1.57	6.57	1.40	7.50	1.24	8.80

续表

边坡斜度	滑动圆弧的圆心									
	O_1		O_2		O_3		O_4		O_5	
$i_0=1:m$	A	B	A	B	A	B	A	B	A	B
1:1.25	2.64	6.05	2.16	6.35	1.82	7.03	1.66	8.03	1.48	9.65
1:1.5	3.04	6.25	2.54	6.50	2.15	7.15	1.90	8.33	1.71	10.10
1:1.75	3.44	6.35	2.87	6.58	2.50	7.22	2.18	8.50	1.96	10.41
1:2.0	3.84	6.50	3.23	6.70	2.80	7.26	2.45	8.45	2.21	10.10
1:2.25	4.25	6.64	3.58	6.80	3.19	7.27	2.84	8.30	2.53	9.80
1:2.5	4.67	6.65	3.98	6.78	3.53	7.30	3.21	8.15	2.85	9.50
1:2.75	4.99	6.04	4.33	6.78	3.86	7.24	3.59	8.02	3.20	9.21
1:3	5.23	6.60	4.69	6.75	4.24	7.23	3.97	7.87	3.59	8.81

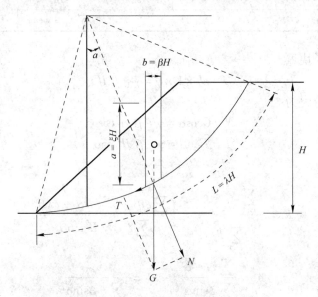

图 4-10 表解法边坡稳定性分析原理

滑动圆弧通过坡脚的几何关系如图 4-11 所示。

对地基为软弱土层滑动圆弧不一定通过坡脚,可能是通过坡脚以外,此时 A、B 值可查表 4-4。滑动圆弧通过坡脚外的几何关系如图 4-12 所示。

表 4-4 滑动圆弧在坡脚以外的 A、B 值

边坡坡度	滑动圆弧的圆心									
	O_1		O_2		O_3		O_4		O_5	
$i_0=1:m$	A	B	A	B	A	B	A	B	A	B
	$e=h/4$									
1:1	2.34	5.75	1.87	6.00	1.57	6.57	1.40	7.50	1.24	8.80
1:1.25	2.64	6.05	2.16	6.35	1.82	7.03	1.66	8.03	1.48	9.65
1:1.5	3.04	6.25	2.54	6.50	2.15	7.15	1.90	8.33	1.71	10.10

续表

边坡坡度	滑动圆弧的圆心									
	O_1		O_2		O_3		O_4		O_5	
$i_0 = 1:m$	A	B	A	B	A	B	A	B	A	B
$e = h/4$										
1:1.75	3.44	6.35	2.87	6.58	2.50	7.22	2.18	8.50	1.96	10.41
1:2.0	3.84	6.50	3.23	6.70	2.80	7.26	2.45	8.45	2.21	10.10
1:2.25	4.25	6.64	3.58	6.80	3.19	7.27	2.84	8.30	2.53	9.80
1:2.5	4.67	6.65	3.98	6.78	3.53	7.30	3.21	8.15	2.85	9.50
1:2.75	4.99	6.04	4.33	6.78	3.86	7.24	3.59	8.02	3.20	9.21
1:3	5.23	6.60	4.69	6.75	4.24	7.23	3.97	7.87	3.59	8.81
$e = h/2$										
1:1	3.40	5.91	3.17	5.92	2.97	6.00	2.82	6.25	2.74	6.93
1:1.25	3.47	5.98	3.24	6.02	3.04	6.14	2.91	6.46	2.82	7.18
1:1.5	3.55	6.08	3.32	6.13	3.13	6.28	3.05	6.68	2.91	7.43
1:1.75	3.64	6.18	3.41	6.26	3.22	6.41	3.11	6.89	3.01	7.68
1:2.0	3.76	6.30	3.35	6.40	3.33	6.62	3.32	7.10	3.12	7.93
1:2.25	3.90	6.44	3.66	6.56	3.49	6.81	3.38	7.32	3.27	8.05
1:2.5	4.06	6.61	2.82	6.74	3.66	7.01	3.56	7.77	3.47	8.17
1:2.75	4.25	6.81	4.02	6.95	3.86	7.25	3.76	7.77	3.63	8.28
1:3	4.40	7.06	4.24	7.20	4.07	7.50	3.97	8.00	3.91	8.40
$e = h$										
1:1	4.47	5.77	4.32	5.80	4.19	5.86	4.15	6.19	4.13	6.60
1:1.25	4.58	5.84	4.43	5.86	4.27	5.90	4.22	6.20	4.19	6.60
1:1.5	4.70	5.91	4.54	5.93	4.37	5.97	4.30	6.22	4.26	6.60
1:1.75	4.82	5.98	4.66	6.00	4.46	6.05	4.38	6.25	4.34	6.61
1:2.0	4.95	6.05	4.78	6.08	4.58	6.13	4.48	6.31	4.43	6.61
1:2.25	5.08	6.12	4.90	6.16	4.69	6.22	4.58	6.38	4.53	6.61
1:2.5	5.21	6.19	5.03	6.26	4.81	6.33	4.70	6.46	4.65	6.71
1:2.75	5.35	6.26	5.17	6.36	4.95	6.45	4.84	6.57	4.78	6.81
1:3	5.50	6.33	5.31	6.47	5.10	6.60	5.00	6.70	4.95	6.91

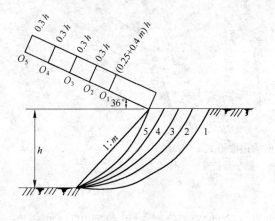

图 4-11 滑动圆弧通过坡脚的几何关系

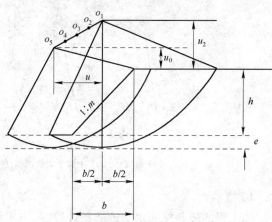

图 4-12 滑动圆弧通过坡脚外的几何关系

例 4-2 已知:路堤高 12 m,顶宽 16 m,路基土黏聚力 $c = 10$ kPa,内摩擦角 $\varphi = 24°$($\tan\varphi = 0.45$),重度 $\gamma = 16.8$ kN/m³,边坡坡度 $i_0 = 1:1.5$,试用表解法分析其边坡稳定性。

解 根据提供的数据,不同圆心对应的 A、B 值及 K_i 值见表 4-5 所列。

表 4-5 不同圆心对应的 A、B 及 K_i 值

圆心 系数	O_1	O_2	O_3	O_4	O_5
A	3.04	2.54	2.15	1.90	1.71
B	6.25	6.50	7.15	8.33	10.10
K_i	1.66	1.45	1.31	1.26	1.26

边坡稳定系数 $K_{\min} = 1.26$,满足稳定性要求($1.25 \sim 1.50$)。

4.3 边坡稳定性分析工程地质法

在地形复杂地区修筑路基,正确合理地确定路堑横断面形状和边坡坡度是很重要的。由于地层在长期自然生成和演变过程中,一般都具有较复杂的地质结构,在开挖后,地层的平衡条件受到人为的改变和影响,边坡稳定性的影响因素极为复杂,难以进行计算和预测。目前是根据对自然山坡和已有的人工边坡进行稳定性分析,通过工程地质条件对比,按条件相类似的稳定边坡值,作为路堑边坡设计的依据,这就是工程地质法。

采用工程地质法对路堑边坡比拟设计,关键是通过认真、详细的调查和勘测,如实反映路段的地层土质和水文地质状况,据以进行对比分析。按地层性质不同,一般可分为两种类型,即土质(包括粗粒土)路堑和岩石路堑。对土质路堑,应着重调查土的成分和类别、组织结构、密实程度、地下水埋藏情况以及土的成因类型及生成时代等;对岩石路堑,应着重调查岩性、结构和构造、岩石的风化破碎程度、地下水等。

路堑设计主要是确定边坡的形状和坡度。

选择路堑横断面的边坡形式,一般可采用下列几种(图 4-13)。

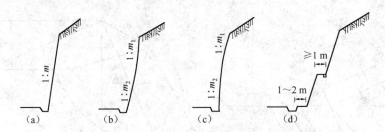

图 4-13 路堑横断面的边坡形式
(a)直线形;(b)上陡下缓折线形;(c)上缓下陡折线形;(d)台阶形

1)直线形

当工程地质条件和水文地质条件较好,土质均匀,且边坡高度不大时可采用,即一坡到顶的直线形。

2) 折线形

当边坡较高或由多层土组成,而上部土层的稳定性较下部好时,可采用上陡下缓的折线形。若上部为覆盖层,且其稳定性较下部差时,则宜采用上缓下陡的折线形。

折线形边坡在变坡点处容易出现坡面的冲刷破坏,在降水量大的地区,应采用适当的防护措施,或者改用直线形或台阶形边坡。

3) 台阶形

当边坡由多层土组成且高度较高(超过 15~20 m)时,可在边坡中部或土层变化分界处,设置宽度不小于 1.0 m 的平台,使边坡成为台阶形,设置平台可以增加边坡的稳定性,减少坡面冲刷。

土质(包括粗粒土)路堑边坡坡度,应根据边坡高度、土的密实程度、地下水和地面水情况、土的成因类型及生成时代等因素确定。在一般情况下,可参照表 3-6 确定。

岩石路堑边坡坡度,应根据岩性、地质构造、岩石的风化破碎程度、边坡高度、地下水及地面水等因素综合分析确定。在一般情况下,边坡坡度可参照表 3-8 确定。岩石路堑边坡高度超过 30 m 时,其边坡坡度应根据现场情况,调查附近工程的人工边坡及天然山坡情况,参照表 3-8 对比确定。

对一些特殊土质(如黄土)、特殊工程地质条件(如硬岩层中夹有薄的软弱岩层或含水的黏性土层)和其他特殊条件(如大爆破施工、较高地震烈度区),路堑边坡应根据具体情况另行设计。

4.4 浸水路堤稳定性分析

4.4.1 浸水路堤的特点

建筑在桥头引道、河滩及河流沿岸,受到季节性或长期浸水的路堤称为浸水路堤。这种路堤具有以下特点。

1) 稳定性受水位降落的影响

河滩路堤除承受普通路堤所承受的外力及自重力外,还要承受水浮力及渗透动水压力的作用。当河水往上升时,水从边坡的一侧或两侧渗入路堤内;当水位降落时,水又从堤身内向外渗出。由于在土体内渗水速度比河中水位升降速度慢,因此,当堤外水位升高时,堤内水位的比降曲线(浸润线)成凹形;当堤外水位下降时,堤内水位比降曲线成凸形(图 4-14)。

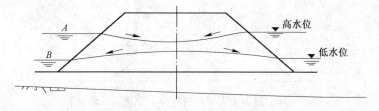

图 4-14 路堤内浸润曲线

当路堤一侧或两侧水位发生变化时,水的渗透速度与土的性质和时间有关。因此,当水位开始上升时,土体内的渗透浸润曲线比边坡外面水位低,经过一定时间后,才达到与外面水位齐平。如填土有毛细管作用,则土体内的浸润曲线可继续上升至一定高度。在砂性土中,这一高度为 0.15 m 左右;在黏性土中,能达到 1.5 m 或更高。水位上升时,土体除承受竖向的向上浮力外,还承受渗透动水压力的作用,其作用方向指向土体内部。

当水位骤然下降时(图4-15),土体内部的水流出边坡需要较长的时间,由于水位的差异,其渗透动水压力的方向指向土体外面,这就剧烈破坏路堤边坡的稳定性,并可能产生边坡凸起和滑坡现象。此外,渗透水流还能带走路堤细小的土粒而引起路堤的变形。

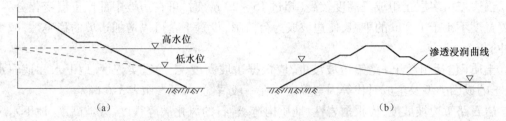

图 4-15　水位变化时路堤中的浸润曲线
(a) 水位降落时;(b) 水位不一致时

在高水位时,如路堤两侧边坡上的水位不一致,就会产生横穿路堤的渗透,即使水位相差较小,也需予以考虑(图4-15)。

2) 稳定性与路堤填料透水性有关

以黏性土填筑的路堤达到最佳密实度后,透水性很弱;以砂砾石土填筑的路堤,由于空隙大,所以透水性强。因此水位涨落对这两种土的边坡稳定性影响一般不大。属于中等透水性的土(如亚砂土、亚黏土等)作路堤填料,在水位降落时,对边坡稳定性影响较大,需考虑动水压力作用。因此,浸水路堤填料最好选用渗水性强的材料(如石质坚硬不易风化的块石、片石、碎石及砂砾等)。若附近无此类材料或从远处运来不经济时,可采用黏土,但必须夯实,严格掌握压实标准。对浸水易崩解、风化的岩石(如页岩、千枚岩等)应禁止使用。

4.4.2　浸水路堤的高度与断面形式

一般浸水路堤的最低设计高程,可取设计洪水位加安全高度 0.5 m。

对于大河两岸或水库路堤,因水面较宽,可能有壅水现象和波浪侵袭,路堤的最低设计高程(图4-16)应为

$$H = 设计洪水位 + 可能的壅水高 + 波浪侵袭高 + 安全高度(0.5 m)$$

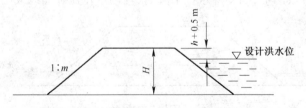

图 4-16　浸水路堤设计高程(h = 壅水高 + 浪高)

浸水路堤的一般断面形式如图 4-16 所示。对于深谷半填半挖的浸水路堤以及河滩高路堤,为了路基边坡的稳定,并便于施工和修复,可在边坡适当高度处加设台阶或护坡道,宽度为 1~2 m,如图 4-17 所示。浸水部分边坡应较平缓,并宜用片石、块石防护。应对整个路堤边坡

的稳定性进行验算。

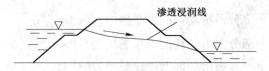

图 4-17　设台阶或护坡道的浸水路堤

4.4.3　渗透动水压力的计算

凡用黏性土填筑浸水路堤(不包括渗透性极小的纯黏土),必须进行渗透动水压力计算。如图 4-18 所示,渗透动水压力可按下式计算

$$D = I\Omega_B \gamma_0 \tag{4-14}$$

式中:D——作用于浸润线以下土体重心的渗透动水压力/(kN/m);

I——渗流水力坡降(采用浸润曲线的平均坡降);

Ω_B——浸润曲线与滑动弧之间的土体面积/m²;

γ_0——水的重度/(kN/m³),为计算方便,γ_0 取 10 kN/m³。

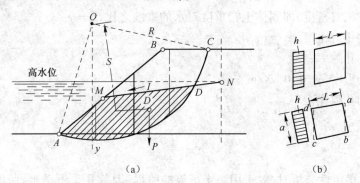

图 4-18　渗透动水压力计算示意图

4.4.4　浸水路堤边坡稳定性分析

浸水路堤的稳定性,应按路堤处于最不利的情况进行边坡稳定性分析。其破坏一般发生在最高洪水位骤然降落的时候。边坡稳定性分析的原理和方法与普通路堤边坡稳定性的圆弧法基本相同。当路堤一侧浸水时,只要注意浸水土条与未浸水土条的基本参数的变化。

采用圆弧法进行浸水路堤边坡稳定性分析,其稳定系数 K 可按下式计算

$$K = \frac{M_{抵抗}}{M_{滑动}} = \frac{(f_c \sum N_c + f_B \sum N_B + c_c L_c + c_B L_B)R}{(\sum T_c + \sum T_B)R + \sum D_n S_n} = \frac{f_c \sum N_c + f_B \sum N_B + c_c L_c + c_B L_B}{\sum T_c + \sum T_B + \sum D_n S_n / R} \tag{4-15}$$

由于渗透动水压力一般较小,为简化计算,分母第三项可用 D 代替,即

$$K = \frac{f_c \sum N_c + f_B \sum N_B + c_c L_c + c_B L_B}{\sum T_c + \sum T_B + D} \tag{4-16}$$

式中:K——稳定系数,一般取 1.25~1.50;

$f_c \sum N_c$ ——浸润线以上部分沿滑动面的内摩擦力,$f_c = \tan\varphi_c$;

$f_B \sum N_B$ ——浸润线以下部分沿滑动面的内摩擦力,$f_B = \tan\varphi_B$;

c_c ——浸润线以上部分沿滑动面的单位黏聚力/kPa;

c_B ——浸润线以下部分沿滑动面的单位黏聚力/kPa;

L_c ——浸润线以上部分沿滑动面的弧长/m;

L_B ——浸润线以下部分沿滑动面的弧长/m;

$\sum T_c$ ——浸润线以上部分沿滑动面的下滑力/kN;

$\sum T_B$ ——浸润线以下部分沿滑动面的下滑力/kN;

D ——渗透动水压力/(kN/m);

D_n ——分段渗透动水压力/(kN/m);

S_n ——分段渗透动水压力作用线距圆心的垂直距离/m。

计算水位线以下土的浸水容重 γ_B 可按式(4-17)(考虑了水的浮力)计算

$$\gamma_B = (\Delta - \Delta_0)(1-n)\gamma_0 = \frac{(\Delta - \Delta_0)\gamma_0}{1+e} \tag{4-17}$$

式中:Δ——土的相对密度,即固体土粒重度对水的重度之比,$\Delta = \gamma_s/\gamma_0$;

Δ_0 ——水的相对密度,$\Delta_0 = 1$;

n ——土的孔隙率;

γ_0 ——水的重度,$\gamma_0 = 10\ \text{kN/m}^3$;

e ——土的孔隙比。

其中

$$n = \frac{e}{1+e} \tag{4-18}$$

在进行边坡稳定性分析时,对于用黏土填筑的路堤,因其几乎不透水,所以堤外水位涨落对土体内部影响较小,可以认为不产生动水压力,其边坡稳定性分析方法与一般路堤边坡稳定性分析方法相同。

如果由于浸水路堤外河水猛涨,使路堤左右两侧水位发生差异。若路堤用透水性较强的土填筑,虽可发生横穿路堤的渗透,但其作用力一般较小。若路堤采用不透水材料填筑,则不会发生横穿渗透现象,故也可不计算。但当路堤用普通土填筑,浸水后土体内产生动水压力,则需先绘出土体内的浸润曲线,然后根据上述方法进行计算。

如果是混合断面,其边坡稳定性计算方法仍同前述,仍可采用各土层的物理力学数据用圆弧法进行边坡稳定性分析。

4.5 陡坡路堤的稳定性分析

4.5.1 陡坡路堤

当路堤修筑在陡坡上,且地面横坡度大于1:2或在不稳固的山坡上时,路基不仅要分析路堤边坡稳定性,还要分析路堤沿陡坡或不稳定山坡下滑的稳定性。

图 4-19 给出了陡坡路堤滑动的几种可能:由于基底接触面较陡或强度较弱,致使路堤整体沿基底接触面产生滑动[图 4-19(a)];由于基底修筑在较厚的软弱土层上,致使路堤连同其下的软弱土层沿某一滑动面滑动[图 4-19(b)];由于基底下岩层强度不均匀,例如泥质页岩,致使路堤沿某一最弱的层面滑动[图 4-19(c)]。

陡坡路堤产生下滑的主要原因是地面横坡较陡、基底土层软弱或强度不均匀。因此,边坡稳定性分析中应采用滑动面附近较为软弱的土的有关测试数据。同时,如果滑动面附近有水的作用(包括地表水和地下水),致使路堤下滑力增大,接触面或软弱面抗剪强度显著降低,因此,边坡稳定性分析中应采用因浸水而降低的强度数据。

但是,要准确地确定黏聚力 c 和内摩擦角 φ 较为困难。为接近实际,选择合理的计算参数,可在基底开挖台阶时选择测试数据中较低的一组,并按滑动面受水浸湿的程度再予以适当降低。

陡坡路堤边坡稳定性分析假定路堤整体沿滑动面下滑,因此,边坡稳定性分析方法可按滑动面形状的不同分为直线和折线两种方法。

4.5.2 陡坡路堤边坡稳定性分析方法

(1) 当基底为单一坡面,土体沿直线滑动面整体下滑时,可用直线滑动面法进行边坡稳定性分析(图 4-20)。

滑动面以上土体的稳定性可按下式计算为

$$K = \frac{(Q+P)\cos\alpha\tan\varphi + cL}{(Q+P)\sin\alpha} \quad (4-19)$$

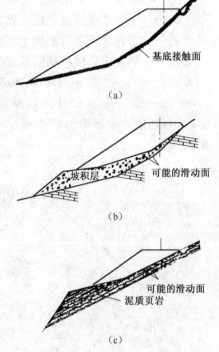

图 4-19 陡坡路堤滑动的几种可能

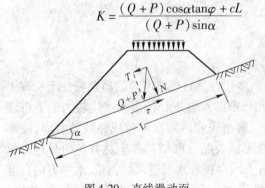

图 4-20 直线滑动面

式中:Q——对于以基底接触面为滑动面者,等于路堤自重;对于以基底以下软弱面为滑动面者,等于路堤连同其下不稳定土体的自重力/kN;

P——路堤顶面的换算土柱荷载/kN;

α——滑动面对水平面的倾斜角/(°);

φ——滑动面上软弱土体的内摩擦角/(°);

c——滑动面上软弱土体的单位黏聚力/kN;

L——滑动面的全长/m。

(2) 当滑动面为多个坡度的折线倾斜面时(图 4-21),可将滑动面上土体折线段划分为若干条块,自上而下分别计算各土体的剩余下滑力,根据最后一块的剩余下滑力的正负值确定其整体稳定性。E_n 为

$$E_n = [T_n + E_{n-1}\cos(\alpha_{n-1} - \alpha_n)] - \frac{1}{K}\{[N_n + E_{n-1}\sin(\alpha_{n-1} - \alpha_n)]\tan\varphi_n + c_nL_n\} \quad (4-20)$$

式中：E_n——第 n 个条块的剩余下滑力/kN；

T_n——第 n 个条块的自重 Q_n 与荷载 P_n 的切线下滑力/kN，其值为：
$$T_n = (Q_n + P_n)\sin\alpha_n$$

N_n——第 n 个条块的自重 Q_n 与荷载 P_n 的法线分力/kN，其值为：
$$N_n = (Q_n + P_n)\cos\alpha_n$$

α_n——第 n 个条块滑动面分段的倾斜角/(°)；

φ_n——第 n 个条块滑动面上软弱土层的内摩擦角/(°)；

c_n——第 n 个条块滑动面上软弱土层的单位黏聚力/kPa；

L_n——第 n 个条块滑动线长度/m；

E_{n-1}——上一个第 $n-1$ 条块传递而来的剩余下滑力/kN；

α_{n-1}——上一个第 $n-1$ 条块滑动面分段的倾斜角/(°)。

当最后的剩余下滑力等于或小于零时，认为稳定；大于零时，则不稳定，必须采取稳定措施。

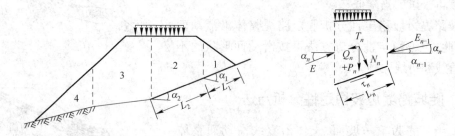

图 4-21 折线滑动面

4.6 几种特殊地区的路基设计

4.6.1 黄土地区路基

黄土是在干燥气候条件下形成的富有碳酸盐的多孔性具有柱状节理的黄色粉性土。黄土孔隙率高达 35%~60%，湿陷性黄土受水浸湿后在外荷载及自重作用下会产生较大的下沉现象。黄土结构中，以粗粉粒为主体，构成骨架，黏粒、腐殖质胶体附在砂粒或粗粉粒表面，或聚积在大颗粒间的接触点处，与易溶盐及碳酸盐一起形成胶结性联结。黄土具有各向异性。原状黄土水平强度最高，垂直方向最低；冲积、洪积黄土因存在有水平层理的关系，水平方向强度最低，垂直方向强度最大；这两种黄土 45°方向强度居中。黄土的水理特性与其他土不相同，垂直方向的渗透性较水平方向大；黏粒含量多的埋藏黄土或红色黄土几乎不透水。黄土遇水后发生膨胀，干燥后又收缩，多次反复循环则会形成裂缝及剥落。

黄土地区路基病害多发生在路堑边坡，如剥落、塌方、沟槽、陷穴等；边沟被水流冲深、蚀宽，使路肩和边坡坡脚遭受破坏。因此，黄土地区路基设计主要是路堑边坡的稳定性及防冲、防渗和保持水土。

1. 路堑边坡设计

路堑边坡设计,应对设计路段的工程地质进行全面、细致的分析调查,查明沿线黄土成因类型、地层特征(如地质年代、地层厚度及下卧岩层等),路线所处的地貌及地面水、地下水等情况。主要利用工程地质法确定边坡率 m,并辅以力学验证。黄土高原地区边坡坡度,按表4-6确定。黄土路堑边坡形式一般有直线形、折线形及台阶形。除边坡高度较低(小于6 m)采用直线形外,一般都应在边坡 $6\sim 8$ m 高处设置平台。年降雨量 >250 mm 的地区,边坡中部平台宜设截水沟,并予以加固。容易产生剥落的黄土,边坡坡脚宜设置碎落台。

表4-6 黄土高原地区黄土边坡坡度

分区	分类		边坡高度/m			
			≤6	6~12	12~20	20~30
东南区	新黄土 Q_3Q_4	坡积	1:0.5	(1:0.5)~(1:0.75)	(1:0.75)~(1:1.0)	
		洪积	(1:0.2)~(1:0.3)	(1:0.3)~(1:0.5)	(1:0.5)~(1:0.75)	(1:0.75)~(1:1.0)
	新黄土 Q_3		(1:0.3)~(1:0.5)	(1:0.4)~(1:0.6)	(1:0.6)~(1:0.75)	(1:0.75)~(1:0.3)
	老黄土 Q_2		(1:0.1)~(1:0.2)	(1:0.2)~(1:0.4)	(1:0.3)~(1:0.5)	(1:0.5)~(1:0.75)
中部区	新黄土 Q_3Q_4	坡积	1:0.5	(1:0.5)~(1:0.75)	(1:0.75)~(1:1.0)	
		洪积、冲积	(1:0.2)~(1:0.3)	(1:0.3)~(1:0.5)	(1:0.5)~(1:0.75)	(1:0.75)~(1:1.0)
	新黄土 Q_3		(1:0.3)~(1:0.4)	(1:0.4)~(1:0.6)	(1:0.6)~(1:0.75)	(1:0.75)~(1:1.0)
	老黄土 Q_2		(1:0.1)~(1:0.2)	(1:0.2)~(1:0.4)	(1:0.3)~(1:0.5)	(1:0.5)~(1:0.75)
	红色黄土 Q_1		(1:0.1)~(1:0.2)	(1:0.2)~(1:0.3)	(1:0.3)~(1:0.4)	(1:0.4)~(1:0.6)
西部区	新黄土 Q_3Q_4	坡积	(1:0.5)~(1:0.75)	(1:0.75)~(1:1.0)	(1:1.0)~(1:1.25)	
		洪积、冲积	(1:0.2)~(1:0.4)	(1:0.4)~(1:0.6)	(1:0.6)~(1:0.75)	(1:0.75)~(1:1.0)
	新黄土 Q_3		(1:0.4)~(1:0.5)	(1:0.5)~(1:0.75)	(1:0.75)~(1:1.0)	(1:1.0)~(1:1.25)
	老黄土 Q_2		(1:0.1)~(1:0.2)	(1:0.2)~(1:0.4)	(1:0.3)~(1:0.5)	(1:0.5)~(1:0.75)
北部区	新黄土 Q_3Q_4	坡积	(1:0.5)~(1:0.75)	(1:0.75)~(1:1.0)	(1:1.0)~(1:1.25)	
		洪积、冲积	(1:0.2)~(1:0.4)	(1:0.4)~(1:0.6)	(1:0.6)~(1:0.75)	(1:0.75)~(1:1.0)
	新黄土 Q_3		(1:0.3)~(1:0.5)	(1:0.5)~(1:0.6)	(1:0.6)~(1:0.75)	(1:0.75)~(1:1.0)
	老黄土 Q_2		(1:0.1)~(1:0.2)	(1:0.2)~(1:0.4)	(1:0.3)~(1:0.5)	(1:0.5)~(1:0.75)
	红色黄土 Q_1		(1:0.1)~(1:0.2)	(1:0.2)~(1:0.3)	(1:0.3)~(1:0.4)	(1:0.4)~(1:0.6)

2. 路基排水及陷穴处理

黄土地区路基排水是保证路基稳定的一项重要工作,尤其是要注意防冲、防渗、水土保持及陷穴。各种沟渠的位置断面形式、纵坡要求、水流进出口及加固类型可参见第6章选用。暗沟、暗洞、暗穴统称陷穴。对陷穴的处理,首先要查清陷穴的供给、来源、水量、发展方向及其对路基可能造成的危害。一般采用加填夯实、灌泥浆、设地下暗沟、渗沟等措施予以治理。为防止产生新的陷穴,应注意加强地面排水设施,防止地表积水或集中水流造成冲刷。

4.6.2 泥沼及软土地区路基

泥沼又称沼泽,地表经常过湿或有薄层积水,或有泥灰覆盖,甚至生长有喜水植物,地表下面含有腐殖质较多的腐泥或淤泥。软土是指水下沉积的软弱饱和黏性土层,具有天然含水量大、压缩性高、承载能力低、透水性差等特点。泥沼及软土均由泥炭、腐泥及淤泥所组成。该类地区筑路的主要问题是防止路基长期缓慢地、过量地沉陷,路堤边坡滑塌。其设计要点如下。

(1) 选线时尽量绕避,或选择泥沼、软土分布范围最窄、深度最浅、地势最高的地带通过。

(2) 选用路堤断面形式的路基。

(3) 填土高度既要满足最小填土高度,又要尽量避免超过极限高度(又称临界高度,指在天然的软土地基上,基底不作特殊加固处理,不控制填土速度所容许的最大填土高度,有条件时,可在工地进行填筑试验,也可按土的物理力学性质估算,通常为 3~5 m)。

最小填土高度规定:当全部挖除泥炭后填筑路堤时,路堤在沉陷后高出泥沼之高度不应小于 0.8 m;部分挖除时不应小于 1.2 m;不挖除时,路堤沉陷到泥沼或软土中的部分,应用渗水性土填筑,其高度应高出泥沼、软土表面或水面 0.5 m;水淹情况下,路堤边缘应高出水面 1.0 m。

(4) 若填土高度超过极限高度,或虽稍低于极限高度,但建成后需立即通车,应对基底采取加固与处理措施。

(5) 泥沼或软土底部横向坡度较大,或填土较高时,应验算基底稳定性,并采取防滑措施。

4.6.3 多年冻土地区路基

在天然条件下,年平均气温低于 0 ℃、冻结状态持续三年或三年以上的土层称多年冻土。其表层冬冻夏融称季节性冻融层。多年冻土层顶面距地表的深度称冻土上限,其值随地区、土类、潮湿状况、地形及保温情况而变,从 0.3~3.3 m 不等,应通过实测、统计或经验公式确定。冻土上限值是多年冻土地区路基设计的重要数据。低温地带的多年冻土往往含有大量水分,或夹有冻层。多年冻土地区路基最常遇到的问题是冻胀,最突出的问题是热融沉陷。因此,设计这类路基的要点为:

(1) 路堤式路基应具有足够的高度。多年冻土地区路基,应尽量采用路堤形式。为避免冻胀、热融沉陷、翻浆等病害,路堤最小填土高度应同时满足保护多年冻土上限不下降的最小填土高度 H_1 及防治翻浆和冻胀的最小填土高度 H_2。H_1、H_2 值可根据当地原有公路调查的资料确定。如无当地经验,H_1 值见表 4-7,H_2 值可取公路自然区划数据。若填土高度不能满足 H_1 要求,路基基底应另行处理。

表 4-7 H_1 值

路面类型 地区	H_1/m		路面类型 地区	H_1/m	
	白色路面	黑色路面		白色路面	黑色路面
青藏高原多年冻土地区	0.5	0.9	兴安岭多年冻土地区	1.0	1.4

对饱冰冻土及含土冰层地段路基,其填土高度不能满足最小填土高度要求,基底的饱冰冻土层或含冰层应部分或分层换填以保温、隔水性较好的细颗粒土,如当地苔藓、草皮、塔头草、泥炭或黏性土等。若用粗颗粒土,其上部铺大于 0.1 m 厚的黏性土隔离层。两层之间设 0.2 m 的反滤层,同时设置保温护脚和护道。

对冻土沼泽地段路堤,不论基底地质条件如何,在路堤一侧或两侧设置排水沟或挡水埝,必要时在基底铺设保温隔水及反滤层。

(2) 路堑式路基应具有保温和隔水能力。在地下冰较发育路段,凡开挖部分(含边坡、基底)均应铺设保温层,基底部分应根据需要予以部分或全部换填。图4-22为基底部分或全部换填示意图。

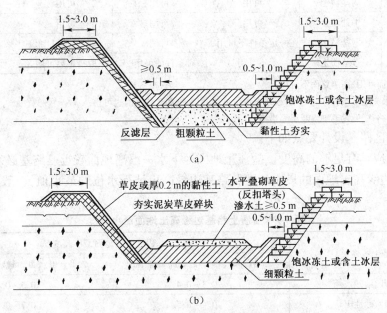

图4-22 基底换填示意图
(a)基底全部换填;(b)基底部分换填

边坡可放缓至(1:1)～(1:2.0),边沟应有防渗漏措施。

(3) 路基排水和取土坑要远离路基。地下水发育路段,宜以挡水埝代替截水沟。必须修建截水沟时,也要在挖方坡顶10 m以外。取土坑宜设在路堤上侧,天然护坡宽度一般为10 m。

(4) 路线应绕避不良地质地段。路线应尽可能绕避冰锥、冰丘、冻土沼泽、热融湖塘地段。当路线必须通过,路基除了采用上述措施处理外尚应进行个别设计。

4.6.4 盐渍土地区路基

不同程度的盐碱化土均为盐渍土。

公路工程中,一般指地表下1.0 m深的土层内易溶盐平均含量大于0.3%的土。盐渍土按含盐性质的不同,可分为氯盐渍土、亚氯盐渍土、亚硫酸盐渍土及碳酸盐渍土共5种;按含盐程度的不同,又可分为弱盐渍土、中盐渍土、强盐渍土及过盐渍土共4种。由于土中含有易溶盐,盐分改变了土的物理、力学及筑路性质,且随易溶盐的种类和含盐量的大小而变化。在干旱季节和干旱地区,盐类具有胶结和吸湿作用,有利于路基稳定。潮湿状态下盐类使路基密度减小,承载力降低甚至丧失稳定性,造成道路泥泞、塌陷、翻浆等,硫酸盐类使土基松胀。有些盐渍土可用来筑路,有些必须弃之或采取措施后才能利用。盐渍土填筑路堤的可用性见表4-8。

表4-8 盐渍土路基填料可用性分类

编号	土的盐渍化程度	硫酸盐渍土及亚硫酸盐渍土	氯盐渍土及亚氯盐渍土		
		不分地区	VI_2,VII_2 自然区	VI_1,VII_1,VII_4,VII_6 自然区	II_2,II_3,II_4,III,V,VII_3,VII_5 自然区
1	弱盐渍土	可用	可用	可用	可用
2	中盐渍土	可用	可用	可用	可用
3	弱盐渍土	在一定条件下可用①	可用	有条件的可用②	采取措施后可用③
4	过盐渍土	不可用	有条件的可用②	采取措施后可用③	不可用

注:① 低级路面可用,高级路面不可用;
② 水文、水文地质条件好时可用,或地下水位虽高,但为饱和矿化水时也可用;
③ 指提高路基、设置毛细隔断层等措施。

盐渍土地区路基设计要点如下。

(1) 路基应具有足够的高度。盐渍土地区地下水一般离地面较近。路基必须有足够的高度,包括路基边缘高出地面的最小高度及路基边缘高出地下水位的最小值,一般规定如表4-9及表4-10所示。

表4-9 盐渍土路基边缘高出地面最小高度

路基土名称	路基边缘高出地面最小高度/m	
	VI,VII_1,VII_2,VII_4,VII_6 自然区	II_3,II_4,III,VII_3,VII_{6a} 自然区
中砂、细砂	0.3~0.4	0.5~0.7
极细砂、砂性土	0.4~0.5	0.7~0.8
黏性土	0.5~0.7	0.8~0.9
粉性土	0.7~1.0	0.9~1.3

表4-10 盐渍土路基边缘高出长期地下水位最小高度

路基土名称	路基边缘高出长期地下水位最小高度/m	
	弱盐渍土及中盐渍土	强盐渍土
中砂、细砂	1.0~1.2	1.1~1.3
砂性土	1.3~1.7	1.4~1.8
黏性土	1.8~2.3	2.0~2.5
粉性土	2.1~2.6	2.3~2.8

(2) 设置隔离层,隔断毛细水。由于毛细水的作用,易溶盐从地下上升,随着水分蒸发,盐分结晶析出,积聚在地表,导致路基冻胀、翻浆及盐化。为此,一般将基底表层含盐量高的土层铲除,并在路堤底部设置透水性或非透水性隔离层,以隔断毛细水。如用粗粒透水性材料,厚度0.15~0.3 m。

(3) 放缓边坡。根据盐渍土的土类及含盐情况,对强盐渍土的土类,路堤边坡可放缓到(1:1.5)~(1:1.75),其他按一般路基设计。常水位以下路堤边坡应采用(1:2)~(1:3)。

(4) 提高压实度。提高路基压实度,可以防止盐分的转移和保证路基的稳定。因此,盐渍土路基压实度应比一般地区路基的压实度适当提高1%~2%。常通过加大夯实功能,以提高盐渍土路基的压实度。

思考题

1. 直线滑动面法和圆弧滑动面法各自适应的条件是什么?
2. 路基边坡稳定性分析中,有关的设计参数应如何选择?
3. 什么是当量土柱高?
4. 圆弧滑动面法和直线滑动面法进行边坡稳定性分析时,验算的方法和步骤有哪些?
5. 什么是工程地质法?
6. 什么是浸水路堤?哪种情况下需计入渗透动水压力的影响?稳定性验算的方法步骤有哪些?
7. 什么是陡坡路堤?陡坡路堤稳定性验算的方法步骤有哪些?
8. 已知某路堤由双层土体组成。上层边坡坡率为 1:1.5,土层高为 8 m,上层土单位体积的重力为 17.5 kN/m³,内摩擦角为 30°,黏结力为 5.0 kPa;下层边坡坡率为 1:1.75,土层高为 7 m,下层土的单位体积的重力为19.0 kN/m³,内摩擦角为 40°,黏结力为 2.0 kPa。试确定边坡稳定性验算参数单位体积的重力、内摩擦角和黏结力的取值。
9. 已知某碎石路堑边坡,高 11 m,坡率为 1:0.75,碎石土的单位体积的重力 $\gamma = 22$ kN/m³,内摩擦角 $\varphi = 40°$,黏结力 $c = 12$ kPa,试分析此边坡的稳定性。
10. 某平原微丘区二级公路,原地面水平,路堤高 16 m,路基宽度为 12 m,路基填土为亚黏土,由试验得到黏结力 $c = 14$ kPa,内摩擦角 $\varphi = 25°$,单位体积的重力 $\gamma = 18$ kN/m³,设计荷载为汽车 -20 级,现拟定路堤边坡采用折线形,上部 8 m 高,坡率为 1:1.5,下部 8 m 高,采用 1:1.75 坡率,试问该路堤是否稳定?

第5章 路基排水设计与计算

提要 水是路基产生各种病害和变形的主要外因之一。在路基设计中应充分予以重视,应因地制宜地采取各种排水措施,并将相应设施组合成完善的排水系统,使水尽快排出路基范围,以减少对路基的危害。

本章主要介绍路基排水的目的及设计的一般原则,地面和地下排水设计,明渠和暗沟的水文水力设计,路基排水的综合设计等。

5.1 路基排水的目的及设计的一般原则

5.1.1 路基排水的目的与要求

路基路面的强度与稳定性同水的关系十分密切。水是造成路基路面及其沿线构造物病害的主要原因。根据水源的不同,危害路基路面的水可分为地面水和地下水两大类。

地面水包括大气降水(雨和雪)以及海、河、湖、水渠及水库水。地面水对路基产生冲刷和渗透,冲刷可能导致路基整体稳定性受损害,形成水毁现象。渗入路基土体的水分,使土体过湿而降低路基强度。

地下水包括上层滞水、潜水及层间水等,它们对路基的危害程度,因条件不同而异。轻者能使路基湿软,降低路基强度;重者会引起冻胀、翻浆或边坡滑坍,甚至整个路基沿倾斜基底滑动。水还可能造成掺有膨胀土的路基工程毁灭性的破坏。

路基排水的任务,就是将路基范围内的土基湿度降低到一定的限度以内,保持路基常年处于干燥状态,确保路基及路面具有足够的强度与稳定性。

路基设计时,必须考虑将影响路基稳定性的地面水,排除和拦截于路基用地范围以外,并防止地面水漫流、滞积或下渗。对于影响路基稳定性的地下水,则应予以隔断、疏干和降低,并引导至路基范围以外的适当地点。

路基施工中,首先应校核全线路基排水系统的设计是否完备和妥善,必要时应予以补充或修改,应重视排水工程的质量和使用效果。此外,应根据实际情况与需要,设置施工现场的临时性排水措施,以保证路基土石方及附属结构物在正常条件下进行施工作业,消除路基基底和土体内与水有关的隐患,保证路基工程质量,提高施工效率。

路基养护中,对排水设施应定期检查与维修,以保证排水设施正常使用,水流畅通,并根据实际情况不断改善路基排水条件。

5.1.2 路基排水设计的一般原则

在排水设计过程中,要注意以下原则。

(1)排水设施要因地制宜、全面规划、合理布局、综合治理、讲究实效、注意经济,并充分利用有利地形和自然水系。一般情况下地面和地下设置的排水沟渠,宜短不宜长,以使水流不过于集中,做到及时疏散,就近分流。

(2) 各种路基排水沟渠的设置,应注意与农田水利相配合,必要时可适当地增设涵管或加大涵管孔径,以防农业用水影响路基稳定。路基边沟一般不应用作农田灌溉渠道,两者必须合并使用时,边沟的断面应加大,并予以加固,以防水流危害路基。

(3) 设计前必须进行调查研究,查明水源与地质条件,重点路段要进行排水系统的全面规划,考虑路基排水与桥涵布置相配合,地下排水与地面排水相配合,各种排水沟渠的平面布置与竖向布置相配合,做到路基路面综合设计和分期修建。对于排水困难和地质不良的路段,还应与路基防护加固相配合,并进行特殊设计。

(4) 路基排水要注意防止附近山坡的水土流失,尽量不破坏天然水系,不轻易合并自然沟溪和改变水流性质,尽量选择有利地质条件布设人工沟渠,减少排水沟渠的防护与加固工程。对于重点路段的主要排水设施,以及土质松软和纵坡较陡地段的排水沟渠,应注意必要的防护与加固。

(5) 路基排水要结合当地水文条件和道路等级等具体情况,注意就地取材,以防为主,既要稳固适用,又必须讲究经济效益。

5.2 地面排水设计

路基地面排水结构物常见的类型有边沟、截水沟、排水沟、跌水、急流槽、拦水带、蒸发池、渡槽和倒虹吸等。高速公路、一级公路应有自身的地面排水设施。这些排水结构物,分别设在路基的不同部位,各自的主要功能、布置要求或构造形式,均有所差异。路基地面排水结构物的概流量计算,对高速公路和一级公路应采用15年,其他等级公路应采用10年的重现期内任意30 min(分钟)的最大降雨强度。各类地面水沟沟顶应高出设计水位0.2 m以上。

5.2.1 边沟

边沟通常设置在挖方路基的路肩外侧或低路堤的坡脚外侧,多与路中线平行,用以汇集和排除路基范围内和流向路基的少量地面水。平坦地面填方路段的路旁取土坑,常与路基排水设计综合考虑,使之起到边沟的排水作用。

边沟的排水量不大,一般不需要进行水文和水力计算,依据沿线具体条件,选用标准横断面形式。边沟紧靠路基,通常不允许其他排水沟渠的水流引入,也不能与其他人工沟渠合并使用。

边沟不宜过长,尽量使沟内水流就近排至路旁自然水沟或低洼地带,必要时设置涵洞,将边沟水横穿路基从另一侧排出。

边沟的纵坡(出水口附近除外)一般与路线纵坡一致。平坡路段,边沟宜保持不小于0.5%的纵坡。特殊情况容许采用0.3%,但边沟口间距宜减短。在边沟出水口附近以及排水困难路段,如回头曲线和路基超高较大的平曲线等处,边沟应进行特殊设计。

边沟的横断面形式,有梯形、矩形、三角形及流线型等,如图5-1所示。边沟横断面一般采用梯形,梯形边沟内侧边坡为(1:1.0)~(1:1.5),外侧边坡坡度与挖方边坡坡度相同。石方路段的边沟宜采用矩形横断面,其内侧边坡直立,坡面应采用浆砌片石防护,外侧边坡坡度与挖方边坡坡度相同。少雨浅挖地段的土质边沟可采用三角形横断面,其内侧边坡宜采用 $(1:2) \sim (1:3)$,外侧边坡坡度与挖方边坡坡度相同。三角形边坡的水流条件较差,流量较大时沟深宜适当加大。

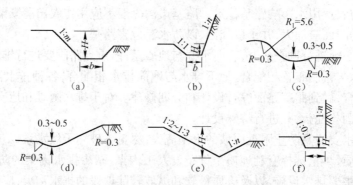

图 5-1 边沟的横断面形式示意图(尺寸单位:m)
(a)、(b)梯形;(c)、(d)流线型;(e)三角形;(f)矩形

梯形边沟的底宽与深度约 $0.4 \sim 0.6$ m,水流少的地区或路段,取低限或更小,但不宜小于 0.3 m;降水量集中或地势偏低的路段,取高限或更大一些。流线型边沟,是将路堤横断面的边角整修圆滑,可以防止路基旁侧积沙或堆雪,适用于沙漠或积雪地区的路基。

边沟可采用浆砌片石,裁砌卵石和水泥混凝土预制块防护,砌筑用的砂浆强度,对于高速公路、一级公路采用 M7.5 和其他等级公路采用 M5。边沟出水口附近,水流冲刷比较严重,必须慎重布置和采取相应措施。

图 5-2 是路堑与高路堤衔接处的边沟排水布置图,由于边沟泄出水流流向路堤坡脚处,两者高差大,必须因地制宜,根据地形与地质等具体条件,将出水口延伸至坡脚以外,以免边沟水冲刷填方坡脚。

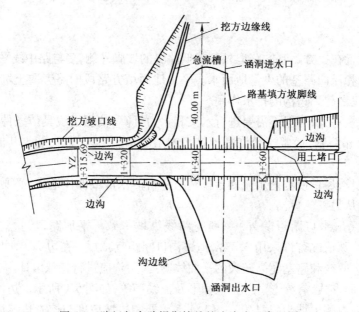

图 5-2 路堑与高路堤衔接处的边沟出口布置图

边沟水流流向桥涵进水口时,为避免边沟流水产生冲刷,应做适当处治,图 5-3 是涵洞进口设置窨井的一例。此外还应根据地形等条件,在桥涵进口前或在其他水流落差较大处,设置急流槽与跌水等结构物,将水流引入桥涵或其他指定地点。

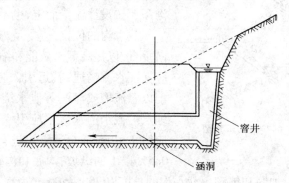

图 5-3　边沟泄水流入涵洞前窨井剖面图(单级跌水)

当边沟水流流至回头曲线处,一般边沟水较满,且流速较大,此时宜顺着边沟方向沿山坡设置引水沟,将水引至路基范围以外的自然沟中,或设急流槽、涵洞等结构物,将水引下山坡或路基另一侧,以免对回头曲线路段冲刷。

5.2.2　截水沟

截水沟又称天沟,一般设置在挖方路基边坡坡顶以外,或山坡路堤上方的适当地点,用以拦截并排除路基上方流向路基的地面径流,减轻边沟的水流负担,保证挖方边坡和填方坡脚不受流水冲刷。降水量较少或坡面坚硬和边坡较低以致冲刷影响不大的路段,可以不设截水沟;反之,如果降水量较多,且暴雨频率较高,山坡覆盖层比较松软,坡面较高,水土流失比较严重的地段,必要时可设置两道或多道截水沟。

图 5-4 是路堑段挖方边坡上方设置的截水沟图例之一,图中距离 d 一般应大于 5.0 m,地质不良地段可取 10.0 m 或更大。截水沟下方一侧,可堆置挖沟的土方,要求做成顶部向沟倾斜 2% 的土台。路堑上方设置弃土堆时,截水沟的位置及断面尺寸,如图 5-5 所示。

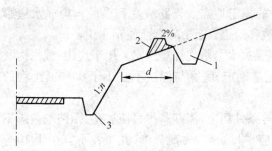 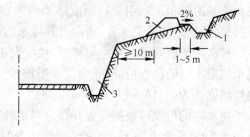

图 5-4　挖方路段截水沟示意图　　　　图 5-5　挖方路段弃土堆与截水沟关系图
　　1—截水沟;2—土台;3—边沟　　　　　　1—截水沟;2—弃土堆;3—边沟

山坡填方路段可能遭到上方水流的破坏作用,此时必须设截水沟,以拦截山坡水流保护路堤,如图 5-6 所示。截水沟与坡脚之间,要有不小于 2.0 m 的间距,并做成 2% 的向沟倾斜横坡,确保路堤不受水害。

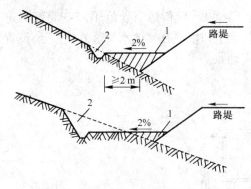

图 5-6 填方路段上的截水沟示意图
1—土台；2—截水沟

截水沟的横断面形式，一般为梯形，沟的边坡坡度，因岩土条件而定，一般采用（1:1.0）~（1:1.5），如图 5-7 所示。沟底宽度 b 不小于 0.5 m，沟深 h 按设计流量而定，也不应小于 0.5 m。

截水沟的位置，应尽量与绝大多数地面水流方向垂直，以提高截水效能和缩短沟的长度。截水沟应保证水流畅通，就近引入自然沟内排出，必要时配以急流槽或涵洞等泄水结构物将水流引入指定地点。截水沟水流不应引入边沟，当必须引入时，应增大边沟横断面，并进行防护。沟底应具有 0.5% 以上的纵坡，沟底和沟壁要求平整密实，不滞流，不渗水，必要时予以加固和铺砌。截水沟的长度以 200~500 m 为宜。

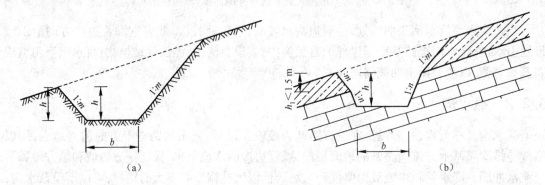

图 5-7 截水沟的横断面图例
（a）土沟；（b）石沟

5.2.3 排水沟

排水沟的主要用途在于引水，将路基范围内各种水源的水流（如边沟、截水沟、取土坑、边坡和路基附近积水），引至桥涵或路基范围以外的指定地点。当路线受到多段沟渠或水道影响时，为保护路基不受水害，可以设置排水沟或改移渠道，以调节水流，整治水道。

排水沟的横断面一般采用梯形，尺寸大小应经过水力水文计算选定。用于边沟、截水沟及取土坑出水口的排水沟，横断面尺寸根据设计流量确定，底宽与深度不宜小于 0.5 m，土沟的边坡坡度约为（1:1）~（1:1.5）。

排水沟的位置可根据需要并结合当地地形等条件而定，离路基尽可能远些，距路基坡脚不宜小于 2 m，平面上应力求直捷，需要转弯时亦应尽量圆顺，做成弧形，其半径不宜小于 10~20 m，连续长度宜短，一般不超过 500 m。

排水沟水流注入其他沟渠和水道时，应使原水道不产生冲刷或淤积。通常应使排水沟与原水道两者成锐角相交，即交角不大于 45°，有条件时可用半径 $R = 10b$（b 为沟顶宽）的圆曲线朝下游与其他水道连接，如图 5-8 所示。

排水沟应具有合适的纵坡，以保证水流畅通，不致流速太大而产生冲刷，也不可流速太小而形成淤积，为此宜通过水文水力计算择优选定。一般情况下，可取 0.5%~1.0%，不小于

0.3%,也不宜大于3%。

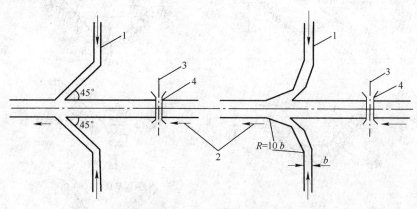

图 5-8　排水沟与水道衔接示意图
1—排水沟;2—其他渠道;3—路基中心线;4—桥涵

路基排水沟渠的加固类型有多种,表 5-1 所列为土质沟渠各种加固类型,图 5-9 为沟渠加固横断面图,设计时可结合当地条件,根据沟渠土质、水流速度、沟底纵坡和使用要求等而定。

表 5-1　沟渠加固类型

型　式	名　称	铺砌厚度/cm
简易式	平铺草皮	单层
	竖铺草皮	叠铺
	水泥砂浆抹平层	2~3
	石灰三合土抹平层	3~5
	黏土碎(砾)石加固层	10~15
	石灰三合土碎(砾)石加固层	10~15
干砌式	干砌片石	15~25
	干砌片石砂浆匀缝	15~25
	干砌片石砂浆抹平	20~25
浆砌式	浆砌片石	
	混凝土预制块	20~25
	砖砌水槽	

沟渠加固类型与沟底纵坡有关,表 5-2 所列可供设计时参照使用。

表 5-2　沟渠加固类型与沟底纵坡关系

纵坡/%	<1	1~3	3~5	5~7	>7
加固类型	不加固	土质好,不加固;土质不好,简易加固	简易加固或干砌式加固	干砌式或浆砌式加固	浆砌式加固或改用跌水

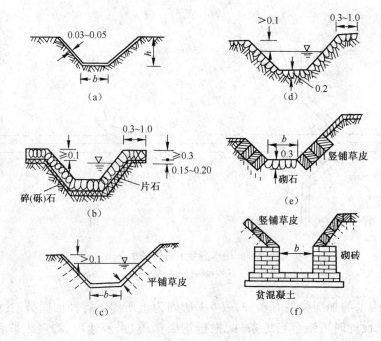

图 5-9 沟渠加固横断面图(尺寸单位:m)
(a) 石灰三合土抹平层;(b) 干砌片石(碎石垫平);(c) 平铺草皮;
(d) 浆砌片石(碎石垫平);(e) 竖铺草皮,砌石底;(f) 砖砌水槽

5.2.4 跌水与急流槽

跌水与急流槽是路基地面排水沟渠的特殊形式,用于陡坡地段,沟底纵坡可达45°。由于纵坡陡、水流速度快、冲刷力大,要求跌水与急流槽的结构必须稳固耐久,通常应采用浆砌块石或水泥混凝土预制块砌筑,并具有相应的防护加固措施。

跌水的构造,有单级和多级之分,沟底有等宽和变宽之别。单级跌水适用于排水沟渠连接处,由于水位落差较大,需要消能或改变水流方向,图5-10为路基边沟水流通过涵洞排泄时采用单级跌水(相当于雨水井)的示例。较长陡坡地段的沟渠,为减缓水流速度,并予以消能,可采用多级跌水,如图5-11所示。多级跌水底宽和每级长度,可以采用各自相等的对称形,也可根据实地需要,做成变宽或不等长度与高度。

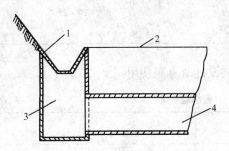

图 5-10 边沟与涵洞单级跌水连接图
1-边沟;2-路基;3-跌水井;4-涵洞

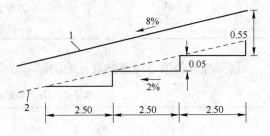

图 5-11 多级跌水纵剖面图(尺寸单位:m)
1-沟顶线;2-沟底线

按照水力计算特点,跌水的基本构造可分为进水口、消力池和出水口三个组成部分,如图 5-12 所示。各个组成部分的尺寸,由水力计算而定。一般情况下,如果地质条件良好,地下水位较低,设计流量小于 $1.0 \sim 2.0 \ m^3/s$ 时,跌水台阶(护墙)高度 P 最大不超过 $2.0 \ m$。常用的简易多级跌水,台高约 $0.4 \sim 0.5 \ m$,护墙用石砌或混凝土结构,墙基埋置深度为水深 a 的 $1.0 \sim 1.2$ 倍,并不小于 $1.0 \ m$,且应深入冰冻线以下,石砌墙厚约 $0.25 \sim 0.30 \ m$。消力池起消能作用,要求坚固稳定,底部具有 $1\% \sim 2\%$ 的纵坡,底厚约 $0.30 \sim 0.35 \ m$,壁高应比计算水深至少大 $0.20 \ m$,壁厚与护墙高度相仿。消力池末端设有消力槛,槛高 c 依计算而定,要求低于池内水深,约为护墙高度的 $1/5 \sim 1/4$,即 $c = (0.2 \sim 0.25)P$,一般取 $c = 15 \sim 20 \ cm$。消力槛顶部厚度约为 $0.3 \sim 0.4 \ m$,底部预留孔径为 $5 \sim 10 \ cm$ 的泄水孔,以利水流中断时排泄池内的积水。

跌水两端的土质沟渠应注意加固,保持水流畅通,不致产生水流冲刷或淤积,以充分发挥跌水的排水效能。

急流槽的纵坡比跌水的平均纵坡更陡,结构的坚固稳定性要求更高,是山区公路回头曲线沟通上下线路基排水及沟渠出水口的一种常见排水设施。急流槽主体部分的纵坡依地形而定,一般可达 67%(1∶1.5),如果地质条件良好,需要时还可更陡,但结构要求更严,造价也相应提高,设计时应通过比较而定。

急流槽多用砌石(抹面)和水泥混凝土结构,也可利用岩石坡面挖槽。如临时急需时,可就近取材,采用竹木结构。

急流槽的构造,如图 5-13 所示。按水力计算特点,也由进口、主槽(槽身)和出口三部分组成。

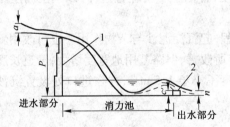

图 5-12 跌水构造示意图
1—护墙;2—消力槛

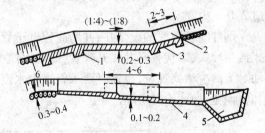

图 5-13 急流槽构造示意图(尺寸单位:m)
1—耳墙;2—消力池;3—混凝土槽底;
4—钢筋混凝土槽底;5—横向沟渠;6—砌石护底

急流槽的进出口与主槽连接处,因沟槽横断面不同,为了能平顺衔接,可设过渡段,出口部分设有消力池。各个部分的尺寸依水力计算而定。对于设计流量不超过 $1.0 \ m^3/s$,槽底倾斜为 (1∶1)~(1∶1.5) 的小型结构,可参照图 5-13。急流槽的基础必须稳固,端部及槽身每隔 $2 \sim 5 \ m$,在槽底设耳墙埋入地面以下。槽身较长时,宜分段砌筑,每段长约 $5 \sim 10 \ m$,预留伸缩缝,并用防水材料填缝。

5.2.5 倒虹吸与渡水槽

当水流需要横跨路基,同时受到设计高程的限制,可以采用管道或沟槽,从路基底部或上部架空跨越,前者称倒虹吸,后者为渡水槽,分别相当于涵洞和渡水桥,两者属于路基地面排水的特殊结构物,并且多半是配合农田水利所需而采用。

倒虹吸的设置往往是因路基横跨原有沟渠,且沟渠水位高于路基设计高程,不能按正常条件下设置涵洞,此时采用倒虹吸是可行的方案之一,图 5-14 是其布置图式的一种。

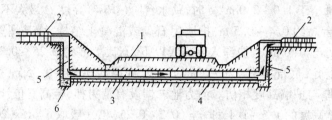

图 5-14 竖井式倒虹吸布置图
1-路基;2-原沟渠;3-洞身;4-垫层;5-竖井;6-沉沙池

倒虹吸是借助上下游沟渠水位差,利用势能迫使水流降落,经路基下部管道流向路基另一侧,再复升流入下游水渠。由于所设管道为有压管道,竖井式倒虹吸的水流成多次垂直改变方向,水流条件较差,结构要求较高,容易漏水和淤塞,且难以清理和修复,应尽量不用或少用,使用时需合理设计,进行水力计算,选择最佳设计方案,并要求施工保证质量,使用时要经常检查维修。

倒虹吸管道有箱形和圆形两种,以水泥混凝土和钢筋混凝土结构为主,临时性简易管道可用砖石结构,永久性或急需时也可改用钢铁管道。管道的孔径约 0.5~1.5 m,管道附近的路基填土厚度,一般不小于 1.0 m,以免行车荷载压力过于集中,严寒地区也可赖以防冻。考虑到倒虹吸的泄水能力有限,以及为了施工和养护方便,管道也不宜埋置过深,以填土高度不超过 3.0 m 为宜。

倒虹吸管道两端设竖井,井底高程低于管道高程,起沉淀泥沙与杂物作用。也可改用斜管式或缓坡式,以代替竖井式升降管,此时水流条件有所改善,但路基用地宽度增大,管道长度增加。为减少堵塞现象,设计时要求管道内水流的速度不小于 1.5 m/s,并在进口处设置沉沙池和拦泥栅,如图 5-15 所示。

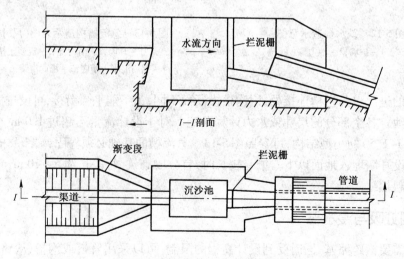

图 5-15 倒虹吸管上游进口构造图

倒虹吸管进口处所设的沉沙池,位于原沟渠与管道之间的过渡段,池底和池壁采用砌石抹面或混凝土,厚度约 0.3～0.4 m(砌石),或 0.25～0.30 m(混凝土),池的容量以不溢水为度。水流经过沉沙池后,水中仍含有细粒泥沙或轻质漂浮物,可设网状拦泥栅予以清除,确保虹吸管道不致堵塞,但拦泥栅本身容易被堵塞,需经常清理,以保证水流畅通,避免沉沙池和沟渠溢水而危害路基。倒虹吸的出口,也应设过渡段与下游沟渠平顺衔接,应对原有土质沟渠进行适当加固。

渡水槽相当于渡水桥,如图 5-16 所示。原水道与路基设计高程相差较大,如果路基两侧地形有利,或当地确有必要,可设简易桥梁,架设水槽或管道,从路基上部跨越,以沟通路基两侧的水流。

渡水槽的架设应满足公路对净空和美化的要求,其构造和桥梁相似,但主要作用是沟通水流,故除应在结构上具有足够强度外,在效能上应适合排水的要求,其中包括进出口的衔接以及防止冲刷和渗漏等。

渡水槽由进出水口、槽身和下部支撑三部分组成,其中进(出)口段的构造,如图 5-17 所示。

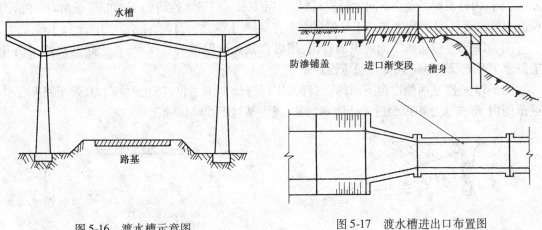

图 5-16　渡水槽示意图

图 5-17　渡水槽进出口布置图

为降低工程造价,槽身过水横断面一般均较两端的沟渠横断面小,槽中水流速度相应有所提高,因此进出口段应注意防止冲刷和渗漏。进出水口处设置过渡段,根据土质情况,分别将槽身两端伸入路基两侧地面 2～5 m,而且进出水口过渡段宜长一些,以防淤积。如果主槽较短,可取槽身与沟渠的横断面相同,沟槽直接衔接,可不设过渡段。水流横断面不同时,过渡段的平面收缩角约为 10°～15°,据此可确定过渡段的有关尺寸。与槽身连接的土质沟渠,应予以防护加固,其长度至少是沟渠水深的 4 倍。

5.2.6　蒸发池

对于气候干旱、排水困难地段,可利用沿线的集中取土坑或专门设置蒸发池排除地表水。

蒸发池与路基边沟(或排水沟)间应设排水沟连接。蒸发池边缘与路基边沟距离不应小于 5 m,面积较大的蒸发池不得小于 20 m。池中水位应低于排水沟的沟底。

蒸发池的容量应以一个月内路基汇流入池中的雨水能及时完成渗透与蒸发作为设计依据。每个蒸发池的容水量不宜超过 300 m³,蓄水深度不宜大于 2.0 m。

蒸发池的设置不应使附近地面形成盐渍化或沼泽化。

5.3 地下排水设计

路基及边坡土体中的上层滞水或埋藏很浅的潜水称为地下水。当地下水影响路基路面强度或边坡稳定时,应设置暗沟(管)、渗沟和渗井等地下排水结构物。

常用的路基地下排水结构物主要有暗沟、渗沟和渗井等,其特点是排水量不大,主要是以渗流方式汇集水流,并就近排出路基范围以外。对于流量较大的地下水,应设置专用地下管道予以排除。

由于地下排水结构物埋置地面以下,不易维修,在路基建成后又难以查明失效情况,因此要求地下排水结构物牢固有效。

5.3.1 暗沟

暗沟又称盲沟,是相对于地面排水的明沟而言,具有隐蔽工程的含义。从盲沟的构造特点出发,由于沟内分层填以大小不同的颗粒材料,利用渗水材料透水性将地下水汇集于沟内,并沿沟排泄至指定地点,此种构造相对于管道流水而言,习惯上称之为盲沟,在水力特性上属于紊流。

图 5-18 为一侧边沟下面所设的盲沟,用以拦截流向路基的层间水,防止路基边坡滑坍和毛细水上升危及路基的强度与稳定性。

图 5-19 是路基两侧边沟下面均设盲沟,用以降低地下水位,防止毛细水上升至路基工作区范围内,形成水分积聚而造成冻胀和翻浆,或土基过湿而降低强度等。

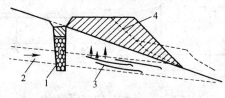

图 5-18 一侧边沟下设盲沟
1-盲沟;2-层间水;3-毛细水;4-可能滑坡线

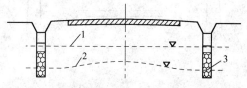

图 5-19 两侧边沟下设盲沟
1-原地下水位;2-降低后地下水位;3-盲沟

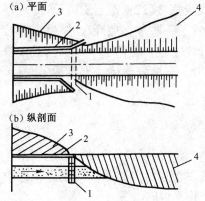

图 5-20 挖填交界处横向盲沟
1-盲沟;2-边沟;3-路堑;4-路堤

图 5-20 是设在路基挖方与填方交界处的横向盲沟,用以拦截和排除路堑下面层间水或小股泉水,保持路堤填土不受水害。

以上所述的盲沟,沟槽内全部填满颗粒材料,可以理解为简易盲沟,其构造比较简单,横断面成矩形,也可做成上宽下窄的梯形,沟壁倾斜度约1:0.2,底宽 b 与深度 h 大致为1:3,深约1.0~1.5 m,底宽约0.3~0.5 m。盲沟的底部中间填以粒径较大(3~5 cm)的碎石,其空隙较大,水可在空隙中流动。粗粒碎石两侧和上部,按一定比例分层(层厚约10 cm)填以较细粒径的粒料,逐层粒径比例大致按6倍递减。盲沟顶部和底面,一般设有厚30 cm以上的不透水层,或顶部设有双层反铺草皮。

简易盲沟的排水能力较小,不宜过长,沟底具有1%~2%的纵坡,出水口底面高程应高出沟外最高水位20 cm,以防水流倒渗。

寒冷地区的暗沟,应做防冻保温处理或将暗沟设在冻结深度以下。

5.3.2 渗沟

采用渗透方式将地下水汇集于沟内,并通过沟底通道将水排至指定地点,此种地下排水设备统称为渗沟,它的作用是降低地下水位或拦截地下水,其水力特性是紊流,但在构造上与上述简易盲沟有所不同。

渗沟通常有三种结构形式,如图5-21所示。

盲沟式渗沟与上述简易盲沟相似,但构造更为完善。当地下水流量较大,要求埋置更深时,可在沟底设洞或管,前者称为洞式渗沟,后者称为管式渗沟。

渗沟的位置与作用,视地下排水的需要而定,大致如图5-18至图5-20所示的简易盲沟相仿,但沟的尺寸更大,埋置更深,而且要进行水力计算确定尺寸。公路路基中,浅埋的渗沟约在2~3 m以内,深埋时可达6 m以上。

渗沟底部设洞或管,底部结构相当于顶部可以渗水的涵洞。图5-22是洞式渗沟结构图例,其洞宽 b 约20 cm,高约20~30 cm;盖板用条石或混凝土预制板;板长约为 $2b$,板厚 $P \leqslant 15$ cm,并预留渗水孔,以便渗入沟内的水汇集于洞内排出。洞身要求埋入不透水层内,如果地基软弱还应铺设砂石基础;洞身埋在透水层中时,必要时在两侧和底部加设隔水层,以达到排水的目的。洞底设置不小于0.5%的纵坡,使集水通畅排出。

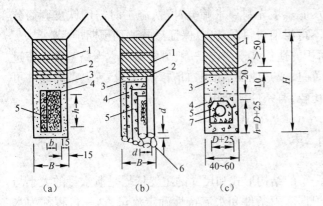

图5-21 渗沟结构形式(尺寸单位:cm)
(a)盲沟式;(b)洞式;(c)管式
1-黏土夯实;2-双层反铺草皮;3-粗砂;
4-石屑;5-碎石;6-浆砌片石沟洞;7-预制混凝土管

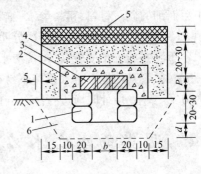

图5-22 洞式渗沟结构示意图(尺寸单位:cm)
1-浆砌块石;2-碎砾石;3-盖板;
4-砂;5-双层反铺草皮或土工布;6-基础

当排除地下水的流量更大或排水距离较长时,可考虑采用管式渗沟。渗沟底部埋设的管道,一般为陶土或混凝土的预制管,管壁上半部留有渗水孔,渗水孔交错排列,设于边沟下的管或渗沟,如图5-23所示。管的内径 D 由水力计算而定,一般约0.4~0.6 m,管底设基座。对于冰冻地区,为防止冻结阻塞,除管道埋在冰冻线以下外,必要时采取保温措施,管径也宜较大一些。

5.3.3 渗井

渗井属于立式地下排水设备,当地下存在多层含水层,其中影响路基的上部含水层较薄、排水量不大且平式渗沟难以布置时,采用立式(竖向)排水,设置渗井,穿过不透水层,将路基范围内的上层地下水,引入更深的含水层中去,以降低上层的地下水位或全部予以排除。图 5-24 为圆形渗井的结构与布置实例。

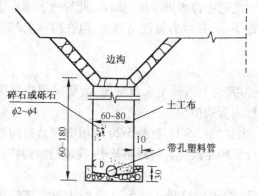

图 5-23　管式渗沟(尺寸单位:cm)　　　　图 5-24　圆形渗井结构与布置图例

渗井的平面布置及孔径与渗水量按水力计算而定,一般为直径 1.0~1.5 m 的圆柱形,也可是边长为 1.0~1.5 m 的方形。井深视地层构造情况而定,井内由中心向四周按层次分别填入由粗而细的砂石材料,粗料渗水,细料反滤。填充料要求筛分冲洗,施工时需用铁皮套筒分隔填入不同粒径的材料,要求层次分明,不得粗细材料混杂,以保证渗井达到预期排水效果。

鉴于渗井施工难度较大,单位渗水面积的造价高于渗沟,一般尽量少用。当路基含水率过大、路面翻浆,其他地下排水设施不易布置时,或其他技术措施如隔离层造价较高,此时渗井可作为方案之一。设计时应进行综合分析比较,有条件地选用。

5.4　明渠的水文水力计算

在地形、地质条件一定时,确定排水沟渠的结构形式和尺寸的主要依据是泄水量的大小与水流特性。因此,在沟渠设计时,首先要根据降雨条件和水流特性确定流量,这一过程称为水文计算。已知设计流量,再结合其他条件和水流的力学性质,通过水力计算,即可以确定排水沟渠的结构形式和尺寸。

5.4.1　设计流量的计算

流量是路基路面排水设计的基本依据,其大小与汇水面积、洪水频率、汇水区域内的地形、地貌及植被等因素有关。

设计流量的计算方法有多种,路基路面各项排水设施所需排泄的设计流量可按下式计算确定:

$$Q = 16.67\psi qF \tag{5-1}$$

式中：Q——设计流量/(m³/s)；
   q——设计重现期和降雨历时内的平均降雨强度/(mm/min)；
   ψ——径流系数；
   F——汇水面积/km²。

设计降雨的重现期见表 5-3 所示，径流系数按汇水区域内的地表种类由表 5-4 确定。当汇水区域内有多种类型的地表时，应分别为每种类型选取径流系数后，按相应的面积大小取加权平均值。

表 5-3 设计降雨的重现期   单位：年

公 路 等 级	路面和路肩表面排水	路界内坡面排水	公 路 等 级	路面和路肩表面排水	路界内坡面排水
高速公路一级公路	5	15	二级及二级以下公路	3	10

表 5-4 径流系数 ψ

地 表 种 类	径流系数 ψ	地 表 种 类	径流系数 ψ
沥青混凝土路面	0.95	陡峻的山地	0.75~0.90
水泥混凝土路面	0.95	起伏的山地	0.60~0.80
透水性沥青路面	0.60~0.80	起伏的草地	0.40~0.65
粒料路面	0.40~0.60	平坦的耕地	0.45~0.60
粗料土坡面和路肩	0.10~0.30	落叶林地	0.35~0.60
细粒土坡面和路肩	0.40~0.65	针叶林地	0.25~0.50
硬质岩石坡面	0.70~0.85	水田、水面	0.70~0.80
软质岩石坡面	0.50~0.75		

坡面汇流历时可按下式计算确定：

$$t_1 = 1.445\left[\frac{m_1 L_s}{\sqrt{i_s}}\right]^{0.467} \quad (L_s \leq 370 \text{ m}) \tag{5-2}$$

式中：t_1——坡面汇流历时/min；
   m_1——地表粗度系数，按地表情况查表 5-5 确定；
   L_s、i_s——坡面长度/m 和坡度。

表 5-5 地表粗度系数 m_1

地 表 状 况	粗度系数 m_1	地 表 状 况	粗度系数 m_1
沥青路面、水泥混凝土路面	0.013	牧草地、草地	0.40
光滑的不透水地面	0.02	落叶树林	0.60
光滑的压实土地面	0.10	针叶树林	0.80
稀疏草地、耕地	0.20		

计算沟管内汇流历时时，先在断面尺寸、坡度变化点或者有支沟（支管）汇入处分段，分别计算各段的汇流历时后再叠加而得，即

$$t_2 = \sum_{i=1}^{n}\left(\frac{l_i}{60v_i}\right) \tag{5-3}$$

式中：t_2——沟管内汇流历时/min；
   n、i——分段数和分段序号；

l_i——第 i 段的长度/m；

v_i——第 i 段的平均流速/(m/s)。

沟管的平均流速按下式近似估算：

$$v = 20 i_g^{0.6} \tag{5-4}$$

式中：i_g——该段排水沟管的平均坡度。

当地气象站有 10 年以上自记雨量计资料时，可利用气象站观测资料按下式整理分析得到设计重现期的降雨强度：

$$q = \frac{a}{t+b} \tag{5-5}$$

式中：t——降雨历时/min；

a、b——地区性参数。

当地缺乏自记雨量计资料时，可利用标准降雨强度等值线图和有关转换系数，按下式计算降雨强度：

$$q = c_p c_t q_{5,10} \tag{5-6}$$

式中：$q_{5,10}$——5 年重现期和 10 min 降雨历时的标准降雨强度/(mm/min)，按公路所在地区，由图 5-25 查取；

c_p——重现期转换系数，为设计重现期降雨强度 q_p 同标准重现期降雨强度 q_5 的比值 (q_p/q_5)，按公路所在地区由表 5-6 查取；

c_t——降雨历时转换系数，为降雨历时 t 的降雨强度 q_t 同 10 min 降雨历时的降雨强度 q_{10} 的比值 (q_t/q_{10})，按公路所在地区的 60 min 转换系数 (c_{60})，由表 5-7 查取，c_{60} 则可由图 5-26 查取。

表 5-6 重现期转换系数 c_p

地 区	重现期 p/年			
	3	5	10	15
海南、广东、广西、云南、贵州、四川、山东、湖南、湖北、福建、江西、安徽、江苏、浙江、上海、台湾	0.86	1.00	1.17	1.27
黑龙江、吉林、辽宁、北京、天津、河北、山西、河南、山东、四川、西藏	0.83	1.00	1.22	1.36
内蒙古、陕西、甘肃、宁夏、青海、新疆（非干旱区）	0.76	1.00	1.34	1.54
内蒙古、陕西、甘肃、宁夏、青海、新疆（干旱区）*	0.71	1.00	1.44	1.72

注：* 干旱区约相当于 5 年重现期 10 min 降雨强度小于 0.5 mm/min 的地区。

表 5-7 降雨历时转换系数 c_t

c_{60}	降雨历时 t/min										
	3	5	10	15	20	30	40	50	60	90	120
0.30	1.40	1.25	1.00	0.77	0.64	0.50	0.40	0.34	0.30	0.22	0.18
0.35	1.40	1.25	1.00	0.80	0.68	0.55	0.45	0.39	0.35	0.26	0.21
0.40	1.40	1.25	1.00	0.82	0.72	0.59	0.50	0.44	0.40	0.30	0.25
0.45	1.40	1.25	1.00	0.84	0.76	0.63	0.55	0.50	0.45	0.34	0.29
0.50	1.40	1.25	1.00	0.87	0.80	0.68	0.60	0.55	0.50	0.39	0.33

设计径流量的计算可参照图 5-27 所示的框图进行。

第 5 章 路基排水设计与计算

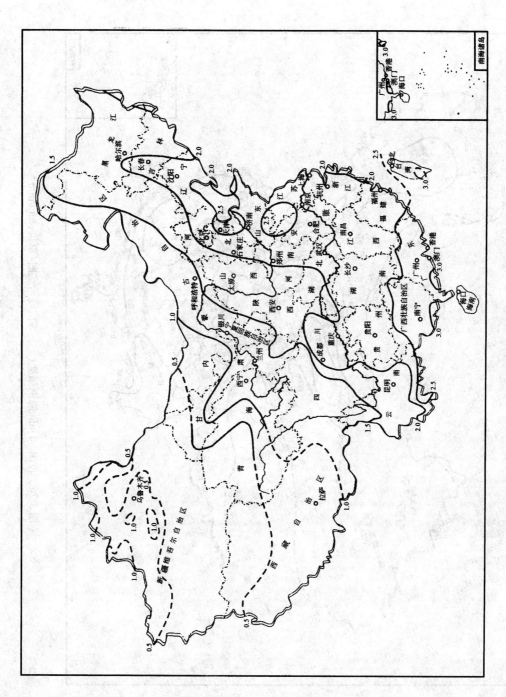

图 5-25 我国 5 年重现期 10 min 降雨强度 ($q_{5,10}$) 等值线示意图 (单位:mm/min)

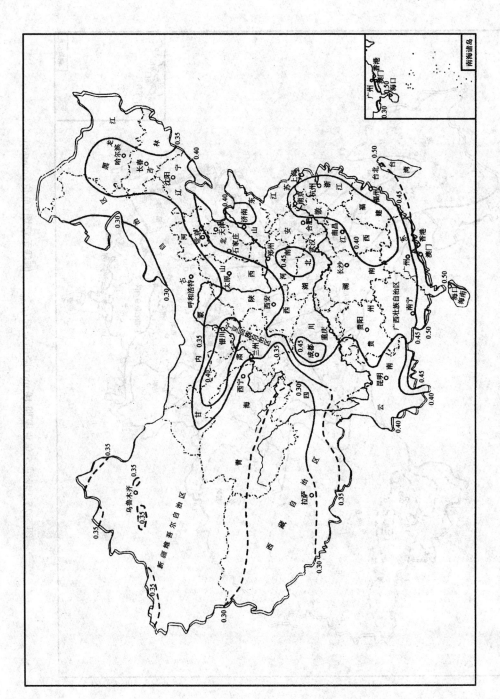

图 5-26 我国 60 min 降雨强度（c_{60}）等值线示意图（单位：mm/min）

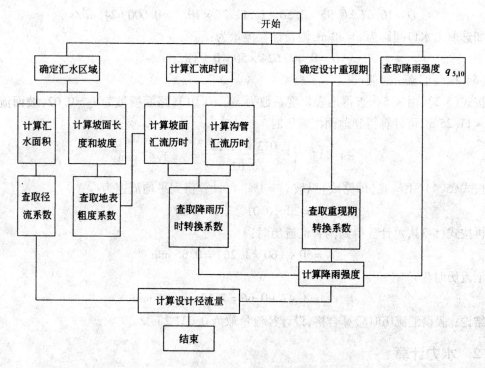

图 5-27 设计径流量计算过程框图

例 5-1 广东湛江地区修建高速公路,选用沥青混凝土路面。单侧路面和路肩横向排水的宽度为 11.25 mm,坡度为 2%;路线纵向坡度为 1%。拟在路肩外边缘设置拦水带,试计算设计流量。

解 (1) 汇水面积和径流系数

设出水口间距为 l m,两个出水口之间的汇水面积为:

$$F = l \times 11.25 \times 10^{-6} \quad \text{km}^2$$

由表 5-4,查得径流系数 $\psi = 0.95$。

(2) 汇流历时

设汇流历时为 5 min。

(3) 设计重现期

按公路的重要程度,由表 5-3 取设计重现期为 5 年。

(4) 降雨强度

按公路所在地区,由图 5-25 查得 5 年重现期 10 min 降雨历时的降雨强度为 $q_{5,10}$ = 2.8 mm/min。由表 5-6 查得该地区 5 年重现期时的重现期转换系数为 $c_p = 1.0$。由图 5-26 查得该地区的 60 min 降雨强度转换系数为 $c_{60} = 0.5$,再由表 5-7 查得 5 min 降雨历时转换系数为 $c_5 = 1.25$。

于是,按式(5-6)可计算得到降雨强度为:

$$q = 1.0 \times 1.25 \times 2.8 = 3.50 \text{ mm/min}$$

(5) 设计流量

按式(5-1),设计流量为:

$$Q = 16.67 \times 0.95 \times 3.50 \times l \times 11.25 \times 10^{-6} = 0.000\,624l \text{ m}^3/\text{s}$$

如选取出水口间距为 $l = 50$ m，则设计径流量为：

$$Q = 0.000\,624 \times 50 = 0.031\,2 \text{ m}^3/\text{s}$$

（6）检验汇流历时假设

按式(5-2)，由表 5-5 查得地表粗度系数为 $m_1 = 0.013$，路面横坡为 $i_s = 0.02$，坡面流长度为 $L_s = 11.25$ m，可计算得到地面汇流历时

$$t_1 = 1.445 \times \left(\frac{0.013 \times 11.25}{\sqrt{0.02}} \right)^{0.467} = 1.47 \text{ min}$$

按式(5-4)，由沟底（即路线）纵坡 $i_R = 1\%$，可计算得到平均流速为：

$$v = 20 \times 0.01^{0.6} = 1.26 \text{ m/s}$$

再按式(5-3)，可计算得到沟管汇流历时：

$$t_2 = 50 \div (60 \times 1.26) = 0.66 \text{ min}$$

汇流历时为：

$$t_1 + t_2 = 1.47 + 0.66 = 2.13 \text{ min} < 5 \text{ min}$$

结论：假设汇流历时验算合格，设计径流量取为 $0.031\,2$ m³/s。

5.4.2 水力计算

1. 基本关系式

对于具有规则形状的沟渠断面，以及沟底纵坡较缓，流量与流速按等速流的关系式：

$$v = C\sqrt{Ri} \tag{5-7}$$

$$Q = \omega \cdot v = \omega \cdot C\sqrt{Ri} \tag{5-8}$$

式中：v——水流的断面流速/(m/s)；

Q——通过一定断面的流量/(m³/s)；

ω——水流断面的面积/m²；

R——水力影响半径/m；

i——水力坡降，在等速的条件下，可认为与沟底纵坡相同；

C——流速系数，通过试验按规定公式计算。

2. 流速系数

流速系数又称为径流系数，主要是取决于水流条件，如沟渠、管道或地表等，以及其粗糙程度，要求在试验的基础上，确立计算公式。各国有所不同，对于路基排水而言，我国普遍采用下列公式：

$$C = \frac{1}{n} R^y \tag{5-9}$$

式中：n——水流断面的粗糙系数，其值与沟渠表层的材料有关，常用值见表 5-8；

R——水力半径/m；

y——与 R 及 n 有关的指数，三者关系如下：

$$y = 2.5\sqrt{n} - 0.13 - 0.75\sqrt{R}(\sqrt{n} - 0.10) \tag{5-10}$$

表 5-8　人工渠道的粗糙系数 n 和 $1/n$ 数值

编号	渠槽槽壁特征	n	$1/n$
1	最好的水泥敷面(含 1/3 细砂),安设和结合良好的干净(新)陶管	0.011	90.9
2	极干净的水管,极好的混凝土	0.012	83.3
3	良好的砖砌筑物,正常情况下的污水管	0.013	76.9
4	中等情形的渠道混凝土	0.014	66.7
5	中等砖砌筑物,中等情形的块石护面	0.015	71.4
6	良好块石砌筑物,旧(碎)砖砌筑物,较粗的混凝土,非常光滑并开挖平整的岩石	0.017	58.8
7	由紧密的黄土和紧密的小卵石做成的渠道(一切都在良好的情况下)	0.018	55.6
8	中等的(足够满意的)块石砌筑物,碎石铺面,在岩石中整齐开挖的渠道,由黄土、紧密的卵石、紧密的土做成的渠道,并被淤泥掩盖(正常情形)	0.020	50
9	由紧密黏土做成的渠道,由黄土、卵石和土做成的渠道,养护和修理都超过一般水平的土渠	0.022 5	44.4
10	良好的干砌渠道,养护和修理中等的土渠,在极有利条件下的河流(河床清洁顺直、水流畅通无崩塌和深潭)	0.025	40
11	养护和修理低于一般标准的土渠	0.027 5	36.4

指数 y 值,在粗略计算时,可以简化:当 $R \leqslant 1.0$ 时,用 $y = 1.5\sqrt{n}$;当 $R > 1.0$ 时,用 $y = 1.3\sqrt{n}$。C 值也可查图 5-28 或表 5-9 确定。

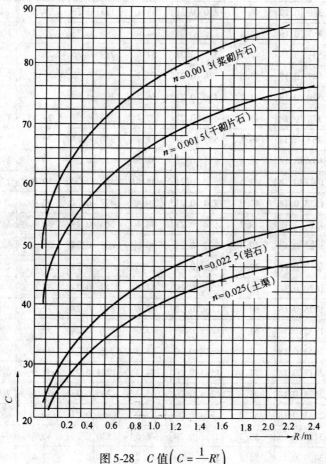

图 5-28　C 值 $\left(C = \dfrac{1}{n}R^y\right)$

表 5-9 流速系数

水力半径 R	粗糙系数 n 以及与之相适应的加固形式														
	0.014 中等条件下现浇混凝土			0.017 良好的块石砌体 粗糙的现浇混凝土			0.020 圆石铺砌;中等块石砌体			0.025 状态良好的排水沟;满铺草皮			0.0275 中等条件的不加固的排水沟		
	y	$C=\frac{1}{n}R^y$	C^2R	y	$C=\frac{1}{n}R^y$	C^2R	y	$C=\frac{1}{n}R^y$	C^2R	y	$C=\frac{1}{n}R^y$	C^2R	y	$C=\frac{1}{n}R^y$	C^2R
0.02	0.16	38.2	29	0.19	28.0	16	0.22	21.3	9	0.26	14.5	4	0.28	12.2	3
0.03	0.16	40.7	50	0.19	30.2	27	0.22	23.1	16	0.26	16.1	8	0.28	13.6	6
0.04	0.16	42.6	73	0.19	31.9	41	0.22	24.69	24	0.26	17.3	12	0.28	15.0	9
0.05	0.16	44.2	98	0.19	33.2	55	0.22	25.8	33	0.26	18.4	17	0.27	16.2	13
0.06	0.16	45.5	124	0.19	34.4	71	0.22	26.9	43	0.25	19.7	23	0.27	17.1	17
0.07	0.16	46.6	152	0.19	35.4	88	0.22	27.9	54	0.25	20.6	30	0.27	17.8	22
0.08	0.16	47.7	182	0.19	36.4	106	0.22	28.7	66	0.25	21.3	36	0.27	18.4	27
0.09	0.16	48.5	212	0.19	37.2	124	0.22	29.4	78	0.25	21.9	43	0.27	19.0	32
0.10	0.16	49.4	244	0.19	38.0	144	0.21	30.5	93	0.25	22.5	51	0.27	19.6	38
0.12	0.16	50.9	311	0.19	39.3	185	0.21	32.0	123	0.25	23.5	66	0.27	20.5	51
0.14	0.16	52.1	380	0.19	40.5	230	0.21	33.1	153	0.25	24.5	84	0.27	21.4	64
0.16	0.16	53.3	455	0.19	41.5	276	0.21	34.0	185	0.25	25.3	103	0.27	22.3	79
0.18	0.16	54.3	531	0.19	42.5	325	0.21	34.9	219	0.25	26.1	123	0.26	23.3	98
0.20	0.16	55.2	609	0.19	43.3	376	0.21	35.7	255	0.25	26.8	143	0.26	23.9	144
0.22	0.16	56.0	690	0.19	44.2	430	0.21	36.4	291	0.24	27.6	167	0.26	24.5	132
0.24	0.16	56.8	774	0.19	45.2	490	0.21	37.1	330	0.24	28.4	194	0.26	25.1	151
0.26	0.16	57.6	863	0.18	46.1	553	0.21	37.7	370	0.24	29.0	218	0.26	25.6	170
0.28	0.16	58.2	948	0.18	46.8	613	0.21	38.3	411	0.24	29.5	243	0.26	26.2	192
0.30	0.16	58.9	1041	0.18	47.4	674	0.21	38.8	452	0.24	30.0	270	0.26	26.6	212
0.32	0.16	59.5	1133	0.18	47.9	734	0.21	39.4	497	0.24	30.4	296	0.26	27.1	235
0.35	0.16	60.3	1273	0.18	48.7	830	0.21	40.1	563	0.24	31.1	339	0.26	27.7	269
0.38	0.16	61.2	1423	0.18	49.4	927	0.21	40.8	633	0.24	31.7	382	0.26	28.4	306
0.40	0.16	61.6	1518	0.18	49.8	992	0.20	41.6	692	0.24	32.1	412	0.25	28.9	334
0.42	0.16	62.1	1620	0.18	50.3	1063	0.20	42.0	741	0.24	32.5	444	0.25	29.2	358
0.45	0.16	62.8	1775	0.18	50.9	1166	0.20	42.6	817	0.24	33.0	490	0.25	29.8	400
0.48	0.16	63.5	1935	0.18	51.5	1273	0.20	43.2	896	0.24	33.5	539	0.25	30.3	441
0.50	0.16	63.9	2042	0.18	51.9	1347	0.20	43.5	946	0.23	34.1	581	0.25	30.6	468
0.55	0.16	64.9	2317	0.18	52.8	1533	0.20	44.4	1084	0.23	34.9	670	0.25	31.3	539
0.60	0.16	65.8	2598	0.18	53.6	1724	0.20	45.2	1226	0.23	35.6	760	0.25	32.0	614
0.65	0.16	66.6	2883	0.18	54.4	1924	0.20	45.9	1369	0.23	36.2	852	0.25	32.7	695
0.70	0.16	67.4	3180	0.18	55.2	2133	0.20	46.6	1520	0.23	36.8	948	0.24	33.4	781
0.75	0.15	68.3	3499	0.18	55.8	2335	0.20	47.2	1671	0.23	37.4	1049	0.24	34.0	867

续表

水力半径 R	粗糙系数 n 以及与之相适应的加固形式											
	0.014 中等条件下现浇混凝土			0.017 良好的块石砌体 粗糙的现浇混凝土			0.020 圆石铺砌;中等块石砌体			0.025 状态良好的排水沟;满铺草皮			0.027 5 中等条件的不加固的排水沟		
	y	$C=\frac{1}{n}R^y$	C^2R	y	$C=\frac{1}{n}R^y$	C^2R	y	$C=\frac{1}{n}R^y$	C^2R	y	$C=\frac{1}{n}R^y$	C^2R	y	$C=\frac{1}{n}R^y$	C^2R
0.80	0.15	69.0	3809	0.18	56.5	2554	0.20	47.8	1828	0.23	38.0	1155	0.24	34.5	952
0.85	0.15	69.6	4118	0.18	57.1	2771	0.20	48.4	1994	0.23	38.5	1260	0.24	35.0	1041
0.90	0.15	70.2	4435	0.17	57.8	3007	0.20	49.0	2161	0.22	39.1	1376	0.24	35.5	1134
0.95	0.15	70.8	4762	0.17	58.3	3229	0.19	49.5	2328	0.22	39.5	1482	0.24	35.9	1224
1.00	0.15	71.4	5098	0.17	58.8	3457	0.19	50.0	2500	0.22	40.0	1600	0.24	36.4	1325
1.05	0.15	71.9	5428	0.17	59.3	3692	0.19	50.4	2678	0.22	40.5	1722	0.23	36.8	1422
1.10	0.15	72.4	5766	0.17	59.8	3934	0.19	50.9	2850	0.22	40.9	1840	0.23	37.2	1522

3. 容许的最小与最大流速

为避免沟渠产生泥沙淤积,设计时应保护沟渠内的水流具有一定的流速。沟渠的容许最小流速 v_{min}(m/s) 同水中所含的泥沙粒径有关,可按下列经验公式计算

$$v_{min} = \alpha R^{1/2} \tag{5-11}$$

式中:α——与所含土粒有关的系数,见表 5-10;

R——水力半径/m。

表 5-10 α 系数

水中含土类	α 值	水中含土类	α 值
粗砂	0.65 ~ 0.77	细砂	0.41 ~ 0.45
中砂	0.58 ~ 0.64	极细砂	0.31 ~ 0.41

为使沟渠不致冲刷成害,沟渠内的最大流速,应予限制。容许最大流速 v_{min}(m/s),见表 5-11 的实验数值。表中建议值,适用于水流深度 h = 0.4 ~ 1.0 m,否则应乘以下列修正系数:

当 h < 0.4 m 时,系数 0.85;当 h > 1.0 m 时,系数 1.25;当 h ≥ 2.0 m 时,系数 1.40。

表 5-11 容许流速

沟渠类型	容许最大设计流速 v_{min}/(m/s)	沟渠类型	容许最大设计流速 v_{min}/(m/s)
粗砂及粉土质砂	0.8	草皮护面	1.6
黏土质砂	1.0	干砌片石	2.0
高液限黏土	1.2	浆砌片石	3.0
石灰岩及砂岩	4.0	混凝土	4.0

4. 常用的沟渠断面水力要素计算

水流断面面积 ω 及其流速与流量,与断面形式及水力半径、湿周等水力要素有关。沟渠断面主要是梯形和矩形,并有两侧边坡对称和不对称之分,其尺寸有底宽 b、水深 h 及平均边

坡率 m。水力要素中的湿周 χ，是指流水对沟底与两侧的接触长度，而水力半径 R 则为水流断面积 ω 与湿周 χ 之比，即 $R = \omega/\chi$。据此可得下列各个水力要素关系式：

$$\omega = bh + mh^2 \tag{5-12}$$

$$\chi = b + Kh \tag{5-13}$$

$$R = \omega/\chi \tag{5-14}$$

式中：m——沟渠边坡坡率。对于矩形，$m = 0$；对称梯形，$m = m_1 = m_2$；不对称梯形 $m = \frac{1}{2} \times (m_1 + m_2)$；

K——断面系数。对于矩形，$K = 2$；对称梯形，$K = 2\sqrt{1+m^2}$；不对称梯形，$K = \sqrt{1+m_1^2} + \sqrt{1+m_2^2}$。

5.4.3 最佳水力断面的水力要素计算

最佳水力断面又称经济断面，是指在固定设计流量的条件下，按容许最大流速通过时，所得面积为最小的水流断面。

分析上述有关公式，不难得知，在固定条件下，即 Q_s、v、C 与 m 等参数不变，如果能使设计的沟渠断面，具有最小的 χ 值，则可实现最佳水力断面的目的。现以对称梯形沟渠为准，最佳水力断面的水力要素关系式，推证如下。

式(5-12)移项，代入式(5-13)，则

$$\chi = \frac{\omega}{h} + Ah \tag{5-15}$$

此时，$A = (2\sqrt{1+m^2} - m)$，m 值为已知值，A 为常数，χ 是 h 值的函数。欲使 χ 值最小，取 $d\chi/dh = 0$，得

$$h = \sqrt{\frac{\omega}{A}} \tag{5-16}$$

代入式(5-12)，可得沟渠底宽 b 与水深 h 的最佳比例关系为：

$$b/h = 2(\sqrt{1+m^2} - m) \tag{5-17}$$

据此可得不同边坡率 m 条件下，沟渠的最佳断面宽深比，如表 5-12 所列，可供设计沟渠断面时参考。

表 5-12 水力最佳断面的宽深比

边坡率 m	0	0.25	0.5	0.75	1.00	1.25	1.50	2.00	3.00
b/h	2	1.56	1.24	1.00	0.83	0.70	0.61	0.47	0.32

将式(5-16)再代入式(5-15)，得最佳断面时湿周 χ 为：

$$\chi_0 = 2\sqrt{\omega}(2\sqrt{1+m^2} - m)^{1/2} \tag{5-18}$$

由此可得：

$$R_0 = \frac{1}{2}\sqrt{\frac{\omega}{A}} = \frac{1}{2}h \tag{5-19}$$

运用式(5-18)及上述 $A = K - m$ 的关系，由基本关系式(5-7)得知最佳断面条件下的容许

最大流速 v_0,即

$$v_0 = B(\omega)^{0.5y+0.25}$$

$$B = \frac{i^{0.5}}{n}\left(\frac{1}{2\sqrt{K-m}}\right)^{y+0.5} \tag{5-20}$$

因为流量等于面积与流速的乘积,在已知设计流量 Q_s 和 v_0 时,并令式(5-20)中 ω 为 ω_0,可得最佳断面的面积表达式,即

$$\omega_0 = \left(\frac{Q_s}{B}\right)^{\frac{1}{0.5y+1.25}} \tag{5-21}$$

5.4.4 沟渠断面设计方法与示例

沟渠设计的条件不同,涉及的因素较多,需要反复试算和调整,才能获得比较理想的设计结果。

按照水力计算的特点,断面设计方法可分为选择法和分析法两种,可以分别采用,必要时也可综合运用。由于设计条件和目的不同,沟渠断面设计有多种情况,现以对称梯形沟渠为例,分三种情况阐明两种方法的设计要点与计算步骤。

例 5-2 某新沟渠设计,已知 $i=0.005$,对称梯形断面 $m=1.5$,重砂质黏土 $n=0.025$,$Q_s=1.10 \text{ m}^3/\text{s}$,试定沟渠的尺寸。

解法一:用选择法(又称试算法)

(1) 假定 $b=0.4$ m,参照表 5-12,$b/h=0.61$,取 $h=0.66$ m。

(2) 由式(5-12),$\omega=0.92$ m²

由式(5-13),$\chi=2.78$ m

由式(5-14),$R=0.33$ m

(3) 按式(5-10),取 $y=0.24$

由式(5-9),$C=32.05$

由式(5-7),$v=1.30$ m

由式(5-8),$Q=1.20$ m³/s

(4) 验算

按表 5-11,$v_{max}=1.40$ m/s

由式(5-11),当 $\alpha=0.5$ 时,$v_{min}=0.26$ m/s

因为设计结果 $v=1.30$ m/s,介于 v_{max} 与 v_{min} 值之间,所以流速符合要求。

又因为计算流量 $Q=1.20$ m³/s,与 $Q_s=1.10$ m³/s 相差未超过 10%,一般可认为符合设计要求,否则应重新假定尺寸,重复计算,直到符合要求为止。重要工程允许相差宜限制在 5%之内。

结论:因为流速与流量均符合要求,本沟渠可采用底宽为 0.4 m;而沟深 H,应为水深 h 加安全高度 $\Delta h=0.10\sim0.20$ m,本例取 $\Delta h=0.14$ m,所以 $H=h+\Delta h=0.66+0.14=0.8$ m。

解法二:用分析法(即最佳断面法)

(1) 已知值和常数值

$m=1.5,K=2\sqrt{1+m^2}=3.6,y=0.24,n=0.025,i=0.005,B=1.29,A=2.11$

(2) 由式(5-21)，$\omega_0 = 0.89 \text{ m}^2$
由式(5-16)，$h = 0.65 \text{ m}$
由式(5-17)，$b = 0.39 \text{ m}$
由式(5-20)，$v_0 = 1.24 \text{ m/s}$
由式(5-7)，$Q = \omega_0 \cdot v_0 = 1.10 \text{ m}^3/\text{s}$

(3) 验算

计算结果，$v_0 = 1.24 \text{ m/s}$，介于 v_{max} 和 v_{min} 两者之间，流速符合要求。

计算值 Q 和 Q_s 两者相差约3%，流量也符合要求。

结论：通过验算，本沟渠采用 $b = 0.40 \text{ m}$（取整数），$H = h + \Delta h = 0.80 \text{ m}$。

例 5-3 某新沟渠设计，要求纵坡固定，以最大容许流速为准。已知 $i = 0.7\%$，采用干砌片石对称梯形断面，$m = 1.25$，$Q_s = 1.80 \text{ m}^3/\text{s}$。试用最佳断面法确定断面尺寸。

解 （1）有关计算参数

当 $m = 1.25$ 时，$K = \sqrt{1 + m^2} = 3.20$，$A = K - m = 1.95$，根据表5-8 和表5-11，取 $n = 0.02$，$v_{max} = 2.0 \text{ m/s}$。

(2) 水力要素

由式(5-8)，$w = Q/v_{max} = 0.90 \text{ m}^2$

由式(5-18)，$\chi_0 = 2\sqrt{\omega}(K - m) = 2.64 \text{ m}$

由式(5-19)，$R_0 = \dfrac{1}{2}\sqrt{\dfrac{\omega}{A}} = 0.34 \text{ m}$

$h = 2R_0 = 0.68 \text{ m}$

由式(5-17)，$b = 2(\sqrt{1 + m^2} - m)h = 0.48 \text{ m}^2$

(3) 实际流速与流量

由式(5-10)，$y = 0.20$

由式(5-9)，$C = 40.30$

由式(5-7)，$v = 1.97 \text{ m/s}$

由式(5-8)，$Q = 1.77 \text{ m}^3/\text{s}$

(4) 验算

流速 $v = 1.97 \text{ m/s}$，小于 $v_{max} = 2.0 \text{ m/s}$。

流量 $Q = 1.77 \text{ m}^3/\text{s}$，接近 $Q_s = 1.80 \text{ m}^3/\text{s}$。

结论：因为流速流量符合要求，决定取 $b = 0.50 \text{ m}$，$H = 0.80 \text{ m}$。

5.5 暗沟的水文水力计算

地下水流量计算时，条件较为复杂，如地下水的储量有无限和有限之分；水力性质则有无压和有压之分；渗沟的埋置情况有完整式和不完整式之分；沟内水流特性又有层流和紊流之分。上述不同条件，计算的方法相应有所差异。就路基地下排水的渗沟而言，一般可认为地下储水层是无限和无压，并假定土质均匀和含有细小孔隙，多半属于完整式，按层流渗透规律，在此前提下建立有关水力水文的计算方法。

5.5.1 地下水流量及降落曲线方程

1. 渗流的流量与流速

按静水力学的基本原理,流过土中的水量 W,同水力坡降 I、水流断面面积 ω 及时间 t 三者成正比,即

$$W = K(\omega It) \tag{5-22}$$

移项则得

$$v_\varphi = \frac{W}{\omega \cdot t} = KI \tag{5-23}$$

式中:v_φ——渗流速度/($m^3/(s \cdot m^2) = m/s$),表示单位时间内通过单位面积的渗流水量;

K——渗流系数/(m/s),表示单位时间内在一定土质中通过单位面积的渗透距离,其值与土质有关,可视为常数。

因此,按层流渗透定律,水在土中的渗透速度 v_φ,与坡降 I 成正比,其比例常数为 K。

地下水的流量,也是流速与水流断面面积的乘积,即

$$Q = v_\varphi \cdot \omega = \omega KI \tag{5-24}$$

2. 完整式渗沟

如图 5-29 所示,对于单位长度矩形渗沟,单侧渗水水流降落曲线上任意点的参数,$\omega = y$,$I = dy/dx$,代入式(5-24),得

$$y dy = \frac{q}{K} dx$$

积分则得

$$y^2 = \frac{2q}{K} x + C$$

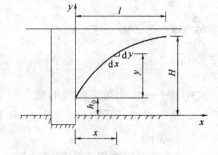

图 5-29 完整式渗沟水文计算图

式中,q 为单位长度单侧的流量,C 为积分常数。由图可知,当 $x=0$ 时,$y = h_0$,$C = h_0^2$,由此得知其降落曲线方程为:

$$y^2 = h_0^2 + \frac{2qx}{K} \tag{5-25}$$

当 $x = l$,$y = H$ 时,流量为最大,所以有:

$$q = \frac{K(H^2 - h_0^2)}{2l} = \frac{K(H - h_0)}{2} I_0 \tag{5-26}$$

式中:l——水力影响长度/m;

I_0——平均水力坡降,近似取 $I_0 = \frac{H + h_0}{l}$;

H——地下水位与不含水层的高差/m;

h_0——降落曲线末端与不含水层的间距/m。

由于 h_0 较小,其平方值与 H^2 相比,计算时也可不计,式(5-26)可简化为:

$$q = \frac{KH^2}{2l}$$

若渗沟总长为 L,则双侧渗水的总流量计算式为:

$$Q = KL(H + L_0)I_0 \tag{5-27}$$

3. 含水层无限的不完整式渗沟

图 5-30 中,设渗流等压面为圆柱形,单侧渗流断面的张角 $\theta = 90° + \alpha$,则单位长度渗沟的流量关系为:

$$q = \omega \cdot v_\varphi = \omega KI = K \cdot x \cdot \theta \cdot dy/dx$$

积分 $\int_0^y dy = \dfrac{q}{K \cdot \theta} \int_{r_0}^x dx/x$

得 $y = \dfrac{q}{K \cdot \theta} \cdot \ln \dfrac{x}{r_0} \tag{5-28}$

流量最大时,$x = R + r_0, y = H$,由式(5-28)得

$$H = \dfrac{q}{K\theta} \cdot \ln\left(\dfrac{R}{r_0} + 1\right)$$

1 与 R/r_0 相比,数值小可略去,而当 α 很小时,$\sin\alpha \approx \tan\alpha = \dfrac{H}{R} = I_0$,再引入修正系数 ε,双侧全长渗沟的总流量表示如下:

$$q = \dfrac{2HK\theta L\varepsilon}{\ln\left(\dfrac{H}{I_0 r_0}\right)} \tag{5-29}$$

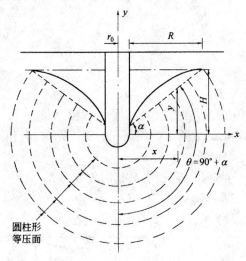

图 5-30 含水层无限不完整式渗沟水文计算图

式中:θ——水力坡降曲线的张角(以弧度计);

　　ε——修正系数(约为 0.7~0.8);

　　其余同上。

4. 含水层有限不完整式渗沟

图 5-31 中,设单侧渗沟的张角成两个扇形($\theta = \alpha + \beta$),图中阴影部位的含水,不进入渗沟。当 α 与 β 很小时

$$\sin\alpha \approx \tan\alpha = \dfrac{H}{R} = I_0$$

$$\sin\beta \approx \tan\beta = \dfrac{T}{R + r_0} = \dfrac{T}{H} \cdot I_0$$

$$\theta = \alpha + \beta = \left(\dfrac{H + T}{H}\right)I_0$$

代入式(5-29),则有:

$$Q = \dfrac{2LI_0 K(H + T)\varepsilon}{\ln\left(\dfrac{H}{I_0 r_0}\right)} \tag{5-30}$$

5. 渗井

图 5-32 表示埋置于透水层中的圆形竖井,水在井的底部按一定曲线沿四周扩散,降落曲线任一点 y 的值,随 x 值成反比变化。取 $I = dy/dx$,喇叭口形的流水断面面积 $\omega = 2\pi xy$,所以

$$Q = \omega KI = 2\pi Kxy \, dy/dx$$

分项积分 $\int_小^大 Q dx/x = \int_大^小 2\pi Ky dy$

第 5 章 路基排水设计与计算

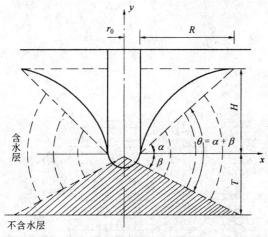

图 5-31 含水层有限不完整式渗沟水文计算图

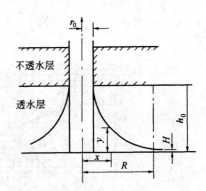

图 5-32 渗井水文计算图

式左由小至大定积分,左右由大至小不定积分,则有:
$$Q\ln x = -\pi K y^2 + C$$

当 $x = r_0$ 时,$y = h_0$,得积分常数为:
$$C = Q\ln r_0 + \pi K h_0^2$$

由此得水流降落曲线方程为:
$$y = \sqrt{h_0^2 - \frac{Q}{\pi K} \cdot \ln \frac{x}{r_0}} \tag{5-31}$$

当流量最大时,$x = R$,$y = H$,代入式(5-31),则有:
$$Q = \frac{\pi K(h_0^2 - H^2)}{\ln \frac{R}{r_0}} = 1.36 \frac{K(h_0^2 - H^2)}{\lg \frac{R}{r_0}} \tag{5-32}$$

5.5.2 暗沟水力计算

1. 暗沟

暗沟的通过流量可按式(5-33)求得
$$Q = \omega K_m \sqrt{i} \tag{5-33}$$

式中:Q——通过流量/(m³/s);

K_m——排水层岩块的渗系数/(m/s),见表 5-13;

表 5-13 排水层岩块渗透系数

换算成球形的颗粒直径 d/cm	岩块排水层孔隙度 n			换算成球形的颗粒直径 d/cm	岩块排水层孔隙度 n		
	0.4	0.45	0.50		0.4	0.45	0.50
	渗透系数 K/(m/s)				渗透系数 K/(m/s)		
5	0.15	0.17	0.19	20	0.35	0.39	0.43
10	0.23	0.26	0.29	25	0.39	0.44	0.49
15	0.30	0.33	0.37	30	0.43	0.48	0.53

ω——渗透面积$/\mathrm{m}^2$,$\omega = bh$;

h——高$/\mathrm{m}$;

b——底宽$/\mathrm{m}$。

当$b = 0.4\ \mathrm{m}$时,式(5-33)的关系如图5-33所示。

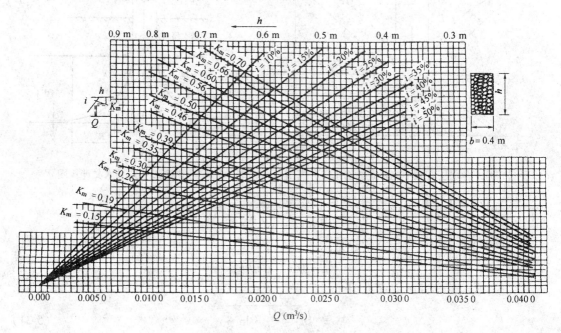

图5-33 暗沟水力计算图($b = 0.4\ \mathrm{m}$)

注:如图中无适当线条可用插入法近似求算

已知填料的粒径$d(\mathrm{cm})$和孔隙率$\varepsilon(\%)$时,K_m值的经验公式为:

$$K_\mathrm{m} = \left(20 - \frac{14}{d}\right)\varepsilon\sqrt{d} \tag{5-34}$$

设单颗填料为球体,其体积$= \frac{1}{6}\pi d^3$,则N颗填料的平均粒径$d(\mathrm{cm})$为:

$$d = \sqrt[3]{\frac{6G}{\pi N \gamma}} \tag{5-35}$$

式中:γ——填料的重度$/(\mathrm{N/cm}^3)$;

G——N颗填料的重力$/\mathrm{N}$。

例5-4 已知设计流量$Q_\mathrm{s} = 0.013\ \mathrm{m}^3/\mathrm{s}$,当$K_\mathrm{m} = 0.35\ \mathrm{m/s}$时,试确定暗沟的断面尺寸及纵坡。

解:(1)设纵坡$i = 3.5\%$,由式(5-33)可知

$$\omega = \frac{Q_\mathrm{s}}{K_\mathrm{m}\sqrt{i}} = 0.2\ \mathrm{m}^2$$

取底宽$b = 0.4\ \mathrm{m}$,则沟内渗水高度$h = \omega/b = 0.5\ \mathrm{m}$。

(2)如果设$b = 0.36\ \mathrm{m}$,$h = 0.60\ \mathrm{m}$,则$\omega = 0.216\ \mathrm{m}^2$,由式(5-33)得,$i = 3\%$。

结论:本例有多种解,视当地条件选择方案,计算的h值,还要加上结构所需的厚度,如填

料上面的夯实黏土层及反铺草等。

2. 洞式渗沟

洞式渗沟底部设排水洞,相当于顶面可以渗水的简易涵洞,其水力计算与明渠相同。

排水洞一般采用方形,边长约 $0.2 \sim 0.3$ m,洞内的水可以满流或非满流。为简化设计中的反复运算工作量,可以列表解答。

排水洞计算的制表步骤如下:

将式(5-7)与式(5-8)改写为:

$$v = C\sqrt{Ri} = S\sqrt{i} \tag{5-36}$$

$$Q = \omega v = J\sqrt{i} \tag{5-37}$$

式中:S——流速特性系数,$S = C\sqrt{R} = \frac{1}{n}R^{y+0.5}$;

J——流量特性系数,$J = S\omega$。

对于石砌方涵而言,$n = 0.02$,$y = 1.5\sqrt{n} = 0.212$,$R = w/\chi = \frac{bh}{2(b+h)}$,按满流状态取不同边长($b_0$ 与 h_0)列表计算 S 和 J 值,见表 5-14。

表 5-14 砌石方洞水力特性系数(满流时)

$b_0 \times h_0$/m	ω_0/m²	$\chi_0 = 2(b_0+h_0)$/m	$R_0 = \omega_0/\chi_0$/m	$R_0^{0.712}$/m	$S_0 = \frac{1}{n}R_0^{0.712}$/(m/s)	$J_0 = w_0 S_0$/(m³/s)
0.2×0.2	0.04	0.8	0.050	0.118	5.924	0.236
0.3×0.3	0.09	1.2	0.075	0.158	7.907	0.711
0.4×0.4	0.16	1.6	0.100	0.194	9.704	1.552

多数情况下,排水洞并非满流,需要编制一定沟宽时,各种水深 h 与满流时水深 h_0 的流速与流量特性系数比值表,表 5-15 为 b_0 不变时,h/h_0 相应的比值表,配以表 5-14,即可用于排水洞的水力计算。

表 5-15 各种水深的流量特性及流速与满流时的比值

h/h_0	0.10	0.20	0.30	0.40	0.50	0.60	0.70	0.80	0.90	0.95	0.99	1.00
$Q/Q_0 = J/J_0$	0.046	0.134	0.244	0.368	0.500	0.638	0.781	0.927	1.076	1.151	1.212	1.000
$v/v_0 = S/S_0$	0.458	0.672	0.815	0.919	1.000	1.064	1.116	1.159	1.196	1.212	1.224	1.000

注:表中数值系当沟底宽 b_0 不变时求得。

例 5-5 已知 $Q_s = 0.019$ m³/s,要求 $v_{min} \geq 0.6$ m/s,试确定洞的尺寸及纵坡。

解:(1)假定 $i = 1\%$,由式(5-37),$J = Q_s/\sqrt{i} = 0.190$。

(2)由表 5-14 取接近而稍大于 J 值的 $J_0 = 0.236$,相应的 $b_0 = h_0 = 0.2$ m。

(3)验算实际流速及计算水深。由于比值 $\frac{J}{J_0} = \frac{0.190}{0.236} = 0.805$,查表 5-15 得知,$h/h_0$ 介于 0.8~0.9 之间,而 S/S_0 介于 1.159~1.196 之间,用插入法得 $h/h_0 = 0.716$,和 $S/S_0 = 1.123$。

(4)由式(5-36),$v = S\sqrt{i} = 1.123 \times 5.9 \times \sqrt{0.01} = 0.66$ m/s,大于 $v_{min} = 0.60$ m/s。

(5)实际水深 $h = 0.716$ m,$h_0 = 0.14$ m。

结论：本例流速符合要求。断面是按 Q_s 而定,实际流量可不必验算,计算结果决定采用边长为 0.2 m 的石砌方洞,洞底纵坡为 1%。如果不适合,可重新假定纵坡,按以上步骤计算,直到满足为止。

根据上述方法,可编制适用范围更广、尺寸划分更细的相应表格或图解,便于选用。

3. 管式渗沟

圆形水管的通过流量 Q 与流速 v 计算式如下：

$$Q = K\sqrt{i} \tag{5-38}$$

$$v = S\sqrt{i} \tag{5-39}$$

式中：K——圆形水管的泄水能力模数(流量特性)/(m^3/s 或 L/s)；

S——圆形水管的流速特性/(m/s)。

当 $n = 0.013$ 时,圆形水管水力计算列于表 5-16,供设计时查用。

混凝土管、光滑砖管、水泥砂浆抹面等管壁的粗糙系数 n,可采用 $n = 0.013$。

设计时,一方面根据拟定的 D 值和充水度 h/D(D 为圆管内径,h 为管内水深,均以 m 计),可以查表 5-16($n = 0.013$) 得到 K 和 S 值,并按式(5-38)、式(5-39)求算在任何纵坡 i 时的流速 v 和流量 Q；另一方面,如流量 Q 和管的纵坡 i 已定,可依式(5-38)计算 $K = \dfrac{Q}{\sqrt{i}}$,并查表 5-16 得出相应的 D、$\dfrac{h}{D}$ 和 S 值,也可查表来选定管径和核算管内水深与流量。

表 5-16 圆形水管水力计算($n = 0.013$)

充水度 h/D	$D = 125$ mm		$D = 150$ mm		$D = 200$ mm		$D = 250$ mm		$D = 300$ mm	
	S (m/s)	K (L/s)	S (m/s)	K (L/s)	S (m/s)	K (L/s)	S (m/s)	K (L/s)	S (m/s)	K (L/s)
0.05	1.927	0.44	2.177	0.72	2.64	1.5	3.07	2.8	3.46	4.6
0.10	3.015	1.92	3.406	3.13	4.13	6.7	4.80	12.2	5.42	19.9
0.15	3.890	4.48	4.396	7.31	5.33	15.7	6.19	28.6	6.99	46.5
0.20	4.626	8.04	5.227	13.08	6.34	28.2	7.36	51.2	8.32	83.3
0.25	5.281	12.67	5.967	20.61	7.24	44.4	8.40	80.6	9.49	131.2
0.30	5.854	18.13	6.614	29.48	8.02	63.6	9.32	115.4	10.53	187.8
0.35	6.361	24.34	7.187	29.61	8.72	85.4	10.12	154.9	11.43	252.0
0.40	6.807	31.09	7.691	50.58	9.32	109.0	10.83	197.9	12.24	322.1
0.45	7.206	38.59	8.139	62.77	9.87	135.3	11.47	245.7	12.95	399.5
0.50	7.551	46.33	8.532	75.38	10.35	168.6	12.01	294.8	13.58	479.9
0.55	7.850	54.29	8.870	88.34	10.79	190.5	12.49	345.5	14.11	562.1
0.60	8.100	62.40	9.155	101.6	11.10	218.9	12.95	399.1	14.56	646.1
0.65	8.308	70.15	9.386	114.5	11.38	246.0	13.21	446.2	14.93	726.2
0.70	8.462	77.64	9.563	126.3	11.60	272.5	13.46	454.0	15.22	804.4
0.75	8.562	84.53	9.679	137.6	11.73	296.5	13.63	538.3	15.40	875.7

续表

充水度 h/D	$D=125$ mm		$D=150$ mm		$D=200$ mm		$D=250$ mm		$D=300$ mm	
	S (m/s)	K (L/s)	S (m/s)	K (L/s)	S (m/s)	K (L/s)	S (m/s)	K (L/s)	S (m/s)	K (L/s)
0.80	8.009	90.68	9.733	147.6	11.80	318.2	13.70	577.2	15.48	939.2
0.85	8.593	95.53	9.710	155.4	11.7	334.9	13.68	608.4	15.45	989.4
0.90	8.493	98.80	9.602	160.8	11.64	346.6	13.51	628.7	15.28	1024.0
0.95	8.270	99.59	9.348	162.1	11.33	349.3	13.16	633.9	14.87	1031.4
1.00	8.351	99.66	8.532	150.8	10.35	325.2	13.01	589.5	13.58	959.9

例 5-6 已知 $Q_s = 0.022 \text{ m}^3/\text{s}$，要求 $v_{\min} \geq 0.6$ m/s，拟设管式渗沟，试确定水泥混凝土管径及其纵坡。

解：(1) 假定 $i = 1.5\%$，由式(5-38)可知，$K = Q_i/\sqrt{i} = 0.18 \text{ m}^3/\text{s} = 180$ L/s。

(2) 由表 5-16，根据计算 K 值，取稍大于 K 值(>180)为 218.9，相应的 $D = 0.2$ m，$S = 11.1$ m/s，$h/D = 0.6$。在表中，还可取 197.9，但管径较大($D = 0.25$ m)且利用率不高(充水度 = 0.4)，故未取用。

(3) 验算实际流速 $v = S\sqrt{i} = 1.36$ m/s；通过流量 $Q = K\sqrt{i} = 0.2189\sqrt{0.015} = 0.027 \text{ m}^3/\text{s}$；实际水深 $h = 0.12$，$D = 0.2$ m。

结论：由于 v 与 Q 均大于设计要求，而 $D = 0.2$ m 的管子来源不难，故予以选用，纵坡为 1.5%。

圆管的表解法，同样适用于更大孔径的圆涵和其他地下管道工程的水力计算，需要时按使用条件，另行编制此类表式。

5.5.3 几个主要参数

1. 渗沟埋置深度

渗沟的埋置深度，视其位置及要求而定。图 5-34 所示盲沟设在两侧边沟下面，用于降低路基内的地下水位，并考虑地下冻结。由图可知

$$h = z + p + \varepsilon + d + h_0 - h_1 \quad (5-40)$$

式(5-40)中，z 为沿路基中线的冻结深度/m，$p = 0.25$，ε 为毛细水上升高度，见表 5-17，$d \approx m_1 I_0$，I_0 见表 5-19，h_0 见式(5-41)或取 0.3~0.4 m，h_1 为由路中心高程推算的边沟深度。

2. 沟底有效高度

完整式渗沟埋置在不透水层内，为使渗沟具有纵向排水作用，水力降落曲线末端至沟底，应具有最小高度 h。

设降落曲线在沟壁处的倾斜角为 45°，则其坡落 $I = dy/dx \approx 1.0$，有效高度 h_0 范围内单侧的流量 $q = \omega \cdot v_\varphi = Kh_0$，由式(5-40)可得

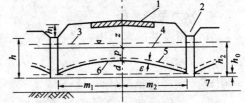

图 5-34 渗沟埋置深度示意图
1-路面；2-边沟；3-原地下水位；4-冻结线位；
5-毛细水上升水位；6-降落曲线；7-沟底水平线

$$h_0 \geq \left(\frac{I_0}{2-I_0}\right)H \tag{5-41}$$

式中:I_0——降落曲线的平均坡降,与土质有关,见表5-19或表5-20;

H——地下水位与不透水层的高差。

表 5-17　各种土的危险毛细水升高值/ε

土　类	未经压实时/m	经过一般性压实/m
砂	0.2 ~ 0.6	0.10
粉土质砂土	0.3 ~ 0.6	0.20
粉质土	0.8 ~ 1.5	0.50
黏土质砂	1.5 ~ 2.0	0.40

3. 渗透系数

地下排水设计中,渗透系数是个重要参数,其值随岩土颗粒组成、粒径与形状,以及岩土的结构与温度等因素而变化。颗粒越粗、组成越匀及温度越高,渗透系数也越大,反之则越小。

各种含水层的渗透系数 K 值,通过试验求得,大致见表5-18。

表 5-18　各种土的渗透系数/K

土　类	K/(m/d)	土　类	K/(m/d)
高液限黏土	<0.001	细　砂	1 ~ 5
黏质土	0.001 ~ 0.05	中　砂	5 ~ 20
黏土质砂	0.05 ~ 0.1	粗　砂	20 ~ 50
粉土质砂	0.1 ~ 0.5	砾　石	50 ~ 150
黄　土	0.25 ~ 0.5	卵　石	100 ~ 500
粉　砂	0.5 ~ 1.0	漂石(填砂)	500 ~ 1 000

4. 水力影响半径

渗沟和渗井的水力影响半径 R(或长度 l),同渗透系数 K 具有下列关系:

$$R = 3\,000 h_z \sqrt{K} \tag{5-42}$$

式中:K——渗透系数/(m/s);

h_z——降落曲线的高差/m,通常由钻孔资料确定。

在水力计算中,地下水渗透的平均水力坡降 I_0,可近似取 $I_0 = h_z/R$,则式(5-42)可改写为:

$$I_0 = \frac{1}{3\,000\sqrt{K}} \tag{5-43}$$

不同土层的 I_0 与 R 值,见表5-19;而 I_0 与 K 值,大致可见表5-20。

表 5-19 不同土层 I_0 与 R 参考数值

土 类	I_0/%	R/m	土 类	I_0/%	R/m
卵石、粗砂	0.25~0.6	200~300	黏土质砂	5~10	10~20
中砂	0.5~1.5	50~200	黏质土	10~15	6~10
细砂	1.5~2.0	—	高液限黏土	15~20	5~6
粉砂	1.5~5.0	20~50	泥炭	2~12	—
粉土质砂	2.0~5.0	—			

表 5-20 各种土的 K 与 I_0 数值

土 类	渗透系数 K/(cm/s)	渗流平均坡降 I_0/%
粗砂	$1\times10^{-2} \sim 1\times10^{-1}$	0.3~0.6
土质砂	$1\times10^{-4} \sim 1\times10^{-2}$	0.6~2.0
泥炭	$1\times10^{-4} \sim 1\times10^{-3}$	2.0~12.0
粉土质砂	$1\times10^{-6} \sim 1\times10^{-5}$	2.0~5.0
黏土质砂	$1\times10^{-6} \sim 1\times10^{-5}$	5.0~10.0
黏质土	$1\times10^{-7} \sim 1\times10^{-6}$	10.0~15.0
高液限黏土	$\leq 1\times10^{-7}$	15.0~20.0

5.6 路基排水的综合设计

5.6.1 综合设计的意义

实践经验证明,排水系统综合设计的好坏,对路基稳定性的影响很大。特别是在多雨的山区、黄土高原地区、寒冷潮湿地带、水网密布、地基软弱的平原区,以及水文地质条件不良等情况下,修建高等级道路时,更应重视路基排水的综合设计。

前述各类排水设施,均是针对某一水源且为满足某一方面的要求而设置。而在实际工程中,由于自然条件、路线布置及其他人为因素的不同,情况往往比较复杂。对于某些重点路段需要进行路基排水的综合设计,以提高排水效率,发挥各类排水设施的优点,降低工程费用。

综合设计的含义,应包括地面与地下排水设施的协调配合,路基排水设施与桥涵等泄水结构物的合理布置,排水工程与防护加固工程的相互配合,以及路基排水与沿线农田水利规划及有关其他基本建设项目之间的联系,但主要目的在于确保路基的强度与稳定性。

5.6.2 综合排水设计的基本要求

综合排水设计的基本要求如下。

(1) 流向路基的地面水和地下水,需在路基范围以外的地点,设置截水沟与排水沟或渗沟进行拦截,并引至指定地点;路基范围内的水源,分别采用边沟、渗沟、渗井与排水沟予以排除。路基排水一般向低洼一侧排除,必须横跨路基时,尽量利用拟设的桥涵,必要时设置涵洞、倒虹吸或渡水槽。当水流落差较大时,应设置跌水或急流槽。总之,因地制宜和综合治理,是路基排水综合设计的基本要求之一。

图 5-35 和图 5-36 是两个路基综合排水设计的示例。

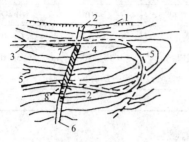

图 5-35　回头曲线路段综合排水示例
1-截水沟;2-跌水;3-路线;4-急流槽;
5-边沟;6-排水沟;7-上线涵洞;
8-下线涵洞

图 5-36　边坡坍方路段综合排水示例
1-渗沟;2-排水沟;3-截水沟;
4-自然沟;5-边沟;6-涵洞

（2）对于明显的天然沟槽，一般宜依沟设涵，不必勉强改沟与合并。对于沟槽不明显的漫流，应在上游设置束流设施，加以调节，汇集成沟，导流排除。对于较大水流，应注意因势利导，不可轻易改变流向，必要时配以防护加固工程，进行分流或束流。

（3）为了提高截流效果，减少工程量，地面沟渠宜大体沿等高线布置，尽可能使沟渠垂直于流水方向，且应力求短捷，水流通畅。沟渠转弯处要求以圆曲线相接，以减小水流的阻力。

（4）各种排水设施必须地基稳固，不得渗漏或滞留，并具有适当纵坡，以控制与保持适当的流速。沟槽的基底与沟底及沟壁，必要时应予以加固，不得溢水渗水，防止损害路基，引起水土流失。

（5）路基排水综合设计，必须做好事先调查研究工作，查明水源和有关现状，测绘现场图纸，进行必要的水力水文计算，作出总体规划，提出总体布置方案，逐段逐项进行细部设计计算，并进行效益分析与经济核算。

5.6.3　排水系统总体规划图

排水系统总体规划一般是利用路线平面图和纵断面图表示。只有对特殊地质不良、路基病害和排水特别复杂的路段，才需要单独绘制精确的或较大范围的带有等高线的平面图。这里着重介绍一般路段的沿线总体规划图。

平面图上一般须标明下列主要内容：① 桥涵位置、中心里程、水流方向、进出口沟底高程及其附属工程等；② 需要时绘出路堤坡脚线和路堑坡顶线；③ 取土坑、弃土堆的位置；④ 其他有关工程的平面布置，如交叉道口、灌溉渠道等；⑤ 各种路基排水建筑物的平面布置，以及沟渠长度、排水方向、排水纵坡、出水口与分界点的位置等。

纵断面图上一般须标明下列主要内容：① 桥涵位置、中心里程、孔径或跨度、沟槽断面与设计洪水位等；② 沿线洪水位；③ 地面线、设计纵坡与路基填挖情况；④ 其他有关工程的位置、中心里程、控制高程等；⑤ 边沟排水纵坡、分界点与出水口的位置、截水沟、排水沟的位置与长度等。排水系统总体规划平面示例如图 5-37 所示。

第 5 章 路基排水设计与计算

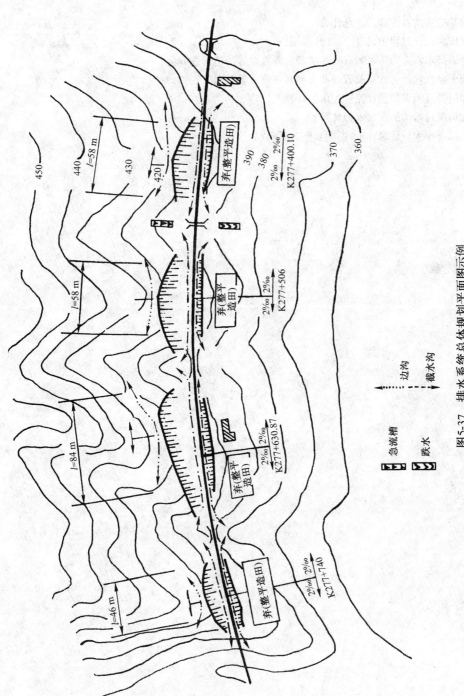

图 5-37 排水系统总体规划平面图示例

思考题

1. 路基排水的目的和任务是什么?
2. 在排水设计过程中,应注意哪些原则?
3. 地面排水构造物常见的有哪些类型? 各自设置的适用性如何?
4. 地下排水构造物常见的有哪些类型? 各自设置的适用性如何?
5. 如何进行明渠的设计流量和水力计算?
6. 如何进行暗沟的水文水力计算?
7. 在综合排水设计时,应考虑的要点有哪些?

第6章 路基防护与加固

提要 路基的防护和加固工程不仅可以稳定路基,而且可以美化路容,提高公路的使用质量。尤其是在高等级公路建设中,采用植物防护不仅可以消除施工痕迹,稳定路基边坡,而且能使高等级公路景观协调,获得良好的环保效益及舒适的行车条件。

本章主要介绍防护与加固的目的和分类,坡面防护,冲刷防护,地基加固等。

6.1 防护与加固的目的和分类

6.1.1 防护与加固的目的

由岩土所筑成的路基直接暴露于大气中,长期受自然因素的作用,岩土在不利水温条件作用下,物理、力学性质将发生变化。浸水后湿度增大,土的强度降低;岩性差的岩体,在水温变化条件下,加剧风化;在路基表面的温差作用下形成胀缩循环,在湿差作用下形成干湿循环,可导致强度衰减和剥蚀;地表水流冲刷,地下水源浸入,使岩土表层失稳,易造成和加剧路基的水毁病害;沿河路堤在水流冲击、淘刷和侵蚀作用下,易遭破坏;湿软地基承载力不足,易导致路基沉陷。所有这些均取决于岩土的物理、力学性质及自然因素,且与路基承受行车荷载的情况密切相关。

合理的路基设计,应在路基位置、横断面尺寸、岩土组成等方面综合考虑。为确保路基的强度与稳定性,路基的防护与加固也是不可缺少的工程技术措施。随着公路等级的提高,为维护正常的汽车运输,减少公路灾害,确保行车安全,保持公路与自然环境协调,路基的防护与加固更具有重要意义。实践经验证明,在高等级公路建设中,防护工程对保证公路使用品质、提高投资效益均具有重要的意义。

6.1.2 防护与加固工程的分类

路基防护与加固设施,主要有边坡坡面防护、沿河路堤河岸冲刷防护与加固以及湿软地基的加固处治。

坡面防护,主要是保护路基边坡表面免受雨水冲刷,减缓温差及湿度变化的影响,防止和延缓软弱岩土表面的风化、碎裂、剥蚀演变进程,从而保护路基边坡的整体稳定性,在一定程度上还可兼顾路基美化和协调自然环境。坡面防护设施不承受外力作用,必须要求坡面岩土整体稳定牢固。简易防护的边坡高度与坡度不宜过大,土质边坡坡度一般不陡于(1:1)~(1:1.5)。地面水的径流速度以不超过2.0 m/s为宜,水也不宜集中汇流。雨水集中或汇水面积较大时,应有排水设施相配合,如在挖方边坡顶部设截水沟,高填方的路肩边缘设拦水埂等。

常用的坡面防护设施有植物防护(如种草、铺草皮、植树等)和工程防护(如抹面、喷浆、勾缝、石砌护面等)。前者可视为有"生命"(成活)防护,后者属无机物防护。有"生命"防护以土质边坡为主,无机物防护以石质路堑边坡为主。在一定程度上,有"生命"防护在边坡稳定和改善路容方面,优于无机物防护。

堤岸防护与加固主要对沿河滨海路堤、河滩路堤及水泽区路堤,也包括桥头引道,以及路基边的防护堤岸等。此类堤岸常年或季节性浸水,受流水冲刷、拍击和淘洗,造成路基浸湿、坡脚淘空,或水位骤降时路基内细粒填料流失,致使路基失稳,边坡崩坍。所以堤岸防护与加固,主要针对水流的破坏作用而设,起防水治害和加固堤岸双重功效。

堤岸防护与加固设施有直接和间接两类。直接防护与加固设施中包括植物防护和石砌防护与加固两种,常用的有植树、铺石、抛石或石笼等。间接防护主要指导治结构物,如丁坝、顺坝、防洪堤、拦水坝等,必要时进行疏浚河床、改变河道,目的是改变流水方向,避免或缓和水流对路基的直接破坏作用。改变水流流速、流向和原来状态,可能导致堤岸对面及路基附近上下游遭害,必须慎重对待,掌握流水运动规律,因势利导,防治结合,综合治理。

湿软地基的承载能力较差,如泥沼与软土、低洼的湖(海)相沉积土层、人为垃圾杂填土等,填筑路基前必须予以加固,以防路基沉陷、滑移或产生其他病害。湿软地基加固规模大,造价高,应注意方案比较,研究技术和经济方面的可行性,力求从简,尽量就地取材。地基加固是路基主体工程的一部分,要结合路基设计(即确定路基高程,选择横断面,选定设施等)综合处治。

在湿软地区修筑路基时,地基加固关键在于治水和固结。各种加固方法,可归纳成换填土、碾压夯实、排水固结、振动挤密、土工格栅加筋和化学加固等五类。加筋土为土中加入某种能承受一定拉力的筋条或化学纤维,凭借筋条与填土之间的摩擦作用,提高土的抗剪强度,改善路基抵抗变形的条件。土工布、土工格栅加筋是利用化纤材料织成布或网格,铺在软弱地基或填土层中,也能收到良好效果。其他还有石灰桩、砂桩与砂井等。

湿软地基的加固也可采用强夯法,利用重锤的强大冲击力,以达到地基排水固结提高承载能力的目的。

6.2 坡面防护

坡面防护主要就是保护路基边坡表面,免受雨水冲刷,减缓温度及湿度变化的影响,防止和延缓软弱岩土表面的风化、剥落等演变过程,从而保护路基边坡的整体稳定性,并且还可兼顾到公路与环境的美化。

坡面防护设施本身不承受外力作用,必须要求坡面岩土整体牢固。此外,坡面防护还应与排水设施相配合,以便雨水能尽快排出路基范围。

常用的坡面防护设施有植物防护和工程防护。

6.2.1 植物防护

植物防护可美化路容、协调环境、调节边坡土的湿温、起到固结和稳定边坡的作用。它对于坡高不大、边坡比较平缓的土质坡面是一种简易有效的防护设施,其方法有种草、铺草皮和植树。土质边坡防护也可采用拉伸网草皮、固定草种布或网格固定撒种,用土工合成材料进行土质边坡防护的边坡坡度宜在(1:1.0)~(1:2.0)之间。

拉伸网草皮是在土工网或土工垫等土工合成材料上铺设3~5 cm的种植土层,经过撒种、养护后形成的人工草皮。固定草种布(也可称植生带)是在土工织物纺织时将草种固定于土工织物中,然后到现场铺筑以促使草皮生长的一种土工合成材料草皮制品。网格固定撒种是先将土工网固定于需防护的边坡上,然后撒播草种形成草皮的一种边坡防护方法。

种草适用边坡坡度不陡于1:1、土质适宜种草、不浸水或短期浸水但地面径流速度不超过0.6 m/s 的边坡。草的品种,应适应当地自然条件,最好是根系发达,中茎低矮,多年生长,几种草籽混种。不宜种草的坡面,可以铺5~10 cm 厚的种植土层,土层与原坡面结合稳固。

当坡面冲刷比较严重、边坡较陡、径流速度大于0.6 m/s、容许最大速度为1.8 m/s 时,应根据具体条件(坡度与流速等),分别采用平铺(平行于坡面)水平叠铺、垂直坡面或与坡面成一半坡角的倾斜叠铺草皮,还可采用片石铺砌成方格或拱式边框,方格或框内再铺草皮,如图6-1所示。

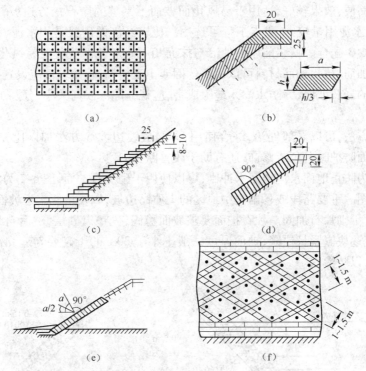

图 6-1　草皮防护(除已注明尺寸外,其余尺寸单位为 cm)
(a)平铺平面;(b)平铺剖面;(c)水平叠铺;(d)垂直叠铺;(e)斜交叠铺;(f)网格式
h – 草皮厚度,约 5~8 cm;a – 草皮边长,约 20~25 cm

铺草皮需预先备料,草皮可就近培育,切成整齐块状,然后移铺在坡面上。铺时应自下而上,并用竹木小桩将草皮钉在坡面上,使之稳固。草皮根部土应随草切割,坡面要预先整平,必要时还应加铺种植土,草皮应随挖随铺,注意相互贴紧。

植树主要用在堤岸边的河滩上,用来降低流速,促使泥沙淤积,防水直接冲刷路堤。多排林堤岸与水流方向斜交,还可起改变水流方向的作用。沙漠与雪害地区,防护林带还起阻沙防雪作用。树木的品种与种植位置及宽度,应根据防护要求、流水速度等因素,参考有关设计手册、结合当地经验而定。城市或风景区的植物防护,应与有关部门协调配合。

6.2.2　工程防护

当不宜使用植物防护或考虑就地取材时,采用砂石、水泥、石灰等矿质材料进行坡面防护是常用的防护形式。它主要有砂浆抹面、勾缝或喷涂以及石砌护坡或护面墙等。这些形式各自适合于一定条件。

抹面防护适于石质挖方坡面,岩石表面易风化,但比较完整,尚未剥落,如页岩、泥砂岩、千枚岩的新坡面。对此应及时予以封面,以预防风化成害。常用的抹面材料有石灰浆等,其中石灰为胶结料,要求精选。混合料(如加纸筋或竹筋),可提高强度,防止开裂;如掺加适量制盐副产品卤水,因含有氯化钙与氯化镁,可使抹面加速硬化和预防开裂。抹面用料的配合比与用量参见有关手册。抹面厚度视材料与坡面状况而定,一般为 2~10 cm。操作前,应清理坡面风化层、浮土与松动碎块、填坑补洞,洒水润湿。抹面后,应拍浆、抹平和养生。

喷浆施工简便,效果较好,适用于易风化而坡面不平整的岩石挖方边坡,厚度一般为 5~10 cm。喷浆的水泥用量较大,重点工程可选用。比较经济的砂浆是用水泥、石灰、河砂及水,按重量比 1:1:6:3 配合。喷浆前后的处治与抹面相同。对坡面较陡或易风化的坡面,可以在喷浆前先铺设加筋材料,加筋材料可以用铁丝网或土工格栅,喷浆坡面应设置排水孔。

比较坚硬的岩石坡面,为防水渗入缝隙成害,应视缝隙深浅与大小,分别予以灌浆、勾缝或嵌补等。

上述防护方法,可以局部处治,综合使用,并与放缓边坡等方法加以比较,力求实用和经济。如果在坡面防护时着色或修饰,还有助于改善路容。

路基坡面为防止地面水流或河水冲刷,可以使用干砌片石护面,图 6-2 为浸水路堤单层或双层护面示意图。重要路段或暴雨集中地区的土质高边坡,以及桥涵附近坡面与岩坡、地面排水沟渠等,也可干砌片石加固。片石护面要求坡面稳固,先垫以砂层,然后自下而上平整地铺砌片石,片石应逐块嵌紧且错缝,护面厚度一般不小于 20 cm,干砌要勾缝,必要时改用浆砌,护面顶部封闭,以防渗水。

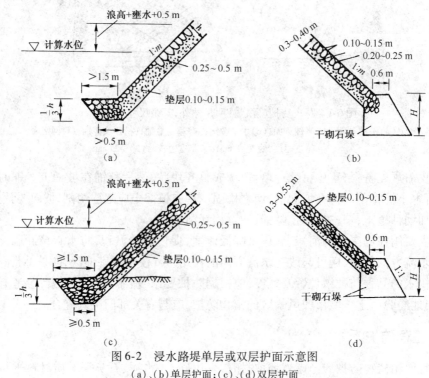

图 6-2 浸水路堤单层或双层护面示意图
(a)、(b)单层护面;(c)、(d)双层护面
H - 干砌石垛高度,约 20~30 cm;h - 护面厚度,大于 20 cm

护面墙是浆砌片石的坡面覆盖层,用于封闭各种软质岩层和较破碎的挖方边坡。要求墙面紧贴坡面,表面砌平,厚度可不一。护面墙石料应符合规格。护面墙除自重外,不承受其他荷重,也不承受墙背土压力。其构造与布置,如图6-3所示。墙高与厚度及路堑边坡的关系,参见表6-1所列。

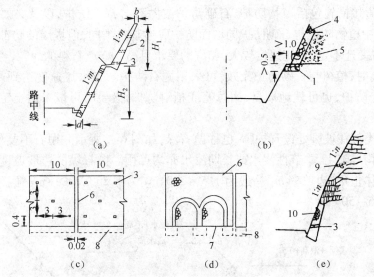

图 6-3 护面墙示意图(尺寸单位:m)
(a)双层式;(b)单层式;(c)墙面;(d)拱式;(e)混合式
1—平台;2—耳墙;3—泄水孔;4—封顶;5—松散夹层;
6—伸缩缝;7—软地基;8—基础;9—支补墙;10—护面墙

表 6-1 护面墙的厚度

护面墙高度 H/m	路堑边坡	护面墙厚度	
		顶宽 b/m	底宽 d/m
≤2	1:0.5	0.40	0.40
≤6	陡于 1:0.5	0.40	$0.40+0.10H$
$6<H≤10$	(1:0.5)~(1:0.75)	0.40	$0.40+0.05H$
$10<H<15$	(1:0.75)~(1:1)	0.60	$0.60+0.05H$

护面墙高一般不超过10 m;若超过10 m,可以分级砌筑,每一级高度6~10 m,中间设平台,墙背可设耳墙,纵向每10 m设一条伸缩缝,墙身应预留泄水孔,基础要求稳固,顶部应封闭。墙基软硬不匀,可设拱跨过软弱地基。坡面常有各种不同地质现象,开挖后形成凹陷,应以石砌圬工填塞平整,称为支补墙。以上构造的具体要求与尺寸,可参考有关设计手册。

6.3 冲刷防护

沿河公路路基,直接受到水流侵害,冲刷防护就是为了防止水流直接危害岸坡而设置的。冲刷防护主要有直接防护和间接防护两种形式,可单独也可综合采用。

6.3.1 直接防护

为了防止流水直接危害沿河、滨海路堤,以及有关海河堤坝护岸的堤岸边坡和坡脚,必须采取一定的防治冲刷的措施。

堤岸防护直接措施包括植物防护、石砌防护或抛石与石笼防护,以及必要时设置的支挡(驳岸等)。其中植物防护与石砌防护同坡面防护所述基本类同,但堤岸的防冲刷主要原因是洪水急流,水位变迁不定,水流速度较大,相应的要求更高。盛产石料的地区,当水流速度达到3.0 m/s 或更高时,植树与石砌防护无效,可采用抛石防护。当水流速度达到或超过 5.0 m/s 时,则改用石笼防护,也可就地取材,用竹笼或梢料防护,必要时可以采用土工织物软体沉排护坡。

抛石防护类似在坡脚处设置护脚,也称抛石垛,如图 6-4 所示。抛石不受气候条件限制,路基沉实以前均可施工,季节性浸水或长期浸水亦均可用。抛石垛的边坡坡度不应陡于抛石浸水后的天然休止角,边坡率 m_1 一般为 1.5~2.0,m_2 为 1.25~2.0;石料粒径视水深与流速而定,一般为 15~50 cm。

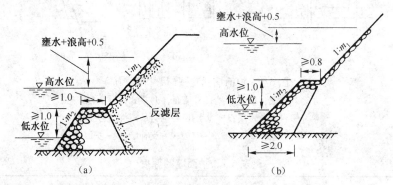

图 6-4 抛石防护示意图(尺寸单位:m)
(a)新堤石垛;(b)旧堤石垛

石笼是用铁丝编织成框架,内填石料,设在坡脚处,以防急流和大风浪破坏堤岸,也可用来加固河床,防止淘刷。铁丝框架可以为箱形或圆形,如图 6-5 中(a)、(b)所示。笼内填石的粒径,最小不小于 4.0 cm,一般为 5~20 cm,外层应用大且棱角突出的石料,内层可用较小石块填充。石笼在坡脚处排列,用于防止冲刷淘底时,应平铺并与坡脚线垂直,而且堤岸一端固定,另一端不必固定,淘刷后可以向下沉落贴于底面;用于防止堤岸边坡冲刷时,则垒码平铺成梯形,如图 6-5(c)、(d)所示。单个石笼的大小,以不被相应速度的水流冲动为宜,铺设时需用碎(砾)石垫层铺平,底层各角可用铁棒固定于基底。

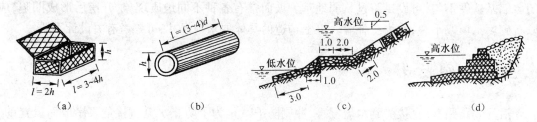

图 6-5 石笼防护示意图(尺寸单位:m)
(a)箱形笼;(b)圆柱形笼;(c)防止淘底;(d)防护岸坡

土工织物软体沉排是在土工织物上以块石或预制混凝土块体为压重的护坡结构。土工织物软体沉排一般适用于水下工程及预计可能发生冲刷的河床和岸坡土面上。其主要有单片垫和双片垫两种结构形式。

单片垫是利用土工织物拼接成大面积的排体;双片垫是将两块单片垫重叠后按一定距离和形式将两片垫连接在一起而构成管状或格状空间,其中再填充透水性土石料(如砂卵石等),起到防冲与反滤的作用,双片垫的结构形式如图 6-6 所示。

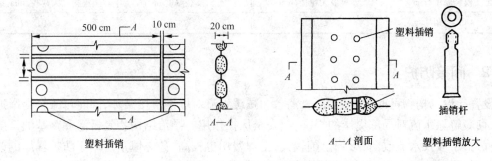

图 6-6 双片垫的结构形式

土工模袋是一种双层织物袋,袋中充填流动性混凝土或水泥砂浆或稀石混凝土,凝固后形成高强度和高刚度的硬结板块。其主要应用场合及铺设形式如图 6-7 所示。土工模袋材料应满足表 6-2 的技术要求,袋内可充填混凝土或砂浆。充填混凝土时,粗集料最大粒径应符合表 6-3 的要求,坍落度不宜小于 20 mm,其强度等级不低于 C10;充填砂浆时,其强度等级不低于 M2.5。

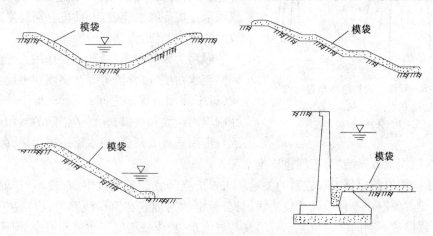

图 6-7 土工模袋的应用及铺设

采用土工模袋护坡的坡度不得陡于 1:1。如在水下施工,水流速度不宜大于 1.5 m/s。模袋选型应根据工程要求和当地土质、地形、水文、经济与施工条件等确定。应根据水流量选定模袋滤水点分布数量。当选用无滤水点模袋时,应增设渗水滤管。模袋应采用尼龙绳缝制。

表 6-2 土工模袋材料要求

指标内容	指标要求	指标内容	指标要求
顶破强度/N	≥1 500	等效孔径 O_{95}/mm	0.07~0.15
渗透系数/(10^{-3} cm/s)	0.86~10	延伸率/%	≤15

表 6-3 混凝土集料的最大粒径要求

土工模袋厚度/mm	集料最大粒径/mm	土工模袋厚度/mm	集料最大粒径/mm
150~250	≤20	≥250	≤40

6.3.2 间接防护

设置导治结构物可改变水流方向，消除和减缓水流对堤岸直接破坏，同时可减轻堤岸近旁淤积，彻底解除水流对局部堤岸的损害，起安全保护作用。导治结构物是桥涵和路基的重要附属工程，由于涉及水流改向，影响范围较大，工程费用也较高，务必慎重。用于防护堤岸的改河工程，一般限于小型工程，如裁弯取直、挖滩改道、清除孤石等，可在小河的局部段落上进行。

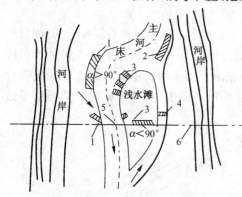

图 6-8 导治结构物总体布置示例
1、2 - 顺坝；3 - 丁坝；4 - 格坝；
5 - 主河床；6 - 公路中线

导治结构物主要是设坝，按其与河道的相对位置，一般可分为丁坝、顺坝或格坝。图 6-8 是桥梁附近设置导治结构物的总体布置示例之一。导治结构物的布置，应综合考虑河道宽窄、水流方向、地质条件、防护要求、材料来源、施工条件和工程经济等，要综合考虑，全面治理，要避免河床更多压缩，或因水位提高和水流改向，而危害河对岸或附近地段的农田水利、地面建筑及堤岸等。

顺坝大致与堤岸平行，主要作用为导治、束水、调整流水曲度、改善流态等。格坝在平面上成网格状，设于顺坝与堤岸之间，防止高水位时水流溢入冲刷坝内岸坡和坡脚，并促进格间的淤积。丁坝大致与堤岸垂直或斜交，将水流挑离堤岸，束河归槽，改善流态。顺坝也称导治坝，丁坝也称挑水坝。

导治结构物的布置是工程成败的关键。布置恰当能收到预期效果，布置不当反而恶化水流，造成水毁。关键在于合理设计导治线，符合预定的河轴线和河岸线要求，也取决于选择导治水位，不致出现不利的冲刷情况。导治线与导治水位，应依据对于水流和河岸、河床地形、地质情况、水流对上下游对岸的影响等因素，综合分析和设计计算而定。

顺坝与丁坝均用石块修建成梯形横断面，坝体分为坝头、坝身和坝根三个组成部分，横断面尺寸依构造要求、施工条件和使用需要而定，并应进行稳定性计算。

公路工程中的改河，主要目的是：将直接冲刷路基的水流引向旁处；路基占用河槽后，需要拓宽河道；挖滩改道，清除孤石，改移河道，以保护路基；裁弯取直，有利布置路线或桥涵。这些措施，如经过论证可行，确有必要且效益高时，方可通过设计计算，最后实施。

导治结构物的构造与要求，以及结构物与改河工程的具体设计计算方法，在路基设计手册等文献中,均有详细规定与建议,可供查用。

6.4 地基加固

在土木工程中,地基加固极为重要,通常是各种建筑物质量成败关键,公路工程范围内的建筑物亦不例外。路基敷设于天然地基上,自身荷载较大,要求地基应具有足够的承载能力,以保持地基稳定,另外应使某些自然因素(如地下水、坑穴、湿陷、胀缩等)不致产生对路基的有害变形。

6.4.1 换填土层法

换填土层法,即将基底下一定深度范围的湿软土层挖去,换以强度较大的砂、碎(砾)石、灰土或素土,以及其他性能稳定、无侵蚀性的土类,并予以压实。换填材料的不同,其应力分布虽然有所差异,但其极限承载力比较接近,而且沉降特点亦基本相似,因此大致按砂垫层的计算方法,结果相差不大。

砂垫层的作用,可提高承载力,减少沉降量,加速软弱土层的排水固结,防止冻胀,消除膨胀土的胀缩作用,也可处理暗穴。砂垫层的作用,因工程性质而有所不同,对路基而言,主要是排水固结,素土(或灰土)垫层,可以消除湿陷性黄土 3.0 m 深度范围内的湿陷性。

砂垫层厚度,一般在 0.6~1.0 m 之间,太厚施工难,太薄效果差。砂料以中粗砂为宜,要求级配良好,颗粒的不匀系数不大于 5,含泥量不超过 3%~5%。

6.4.2 重锤夯实法

控制最佳含水率,对土基分层压实,提高强度和降低压缩性,是路基施工的基本要求。如果使用压实功能较大的压实方法,还能处理杂填土和地表的松散土。

对于非黏性土及松散杂填土而言,振动压实法效果良好。振动压实效果,因土质和振动时间而不同,一般是振动时间越长,效果越好,但时间过长就会无效。对于主要由矿渣、碎砖、瓦块为主的建筑垃圾,时间约 1 min 即可;含细炉碴等细颗粒填土,振动时间 3~5 min,有效深度为 1.2~1.5 m。

重锤夯实法加固地基,可提高地基表层土的强度。对湿陷性黄土,可降低地表的湿陷性。对杂填土,可减少表层上的强度不均一性。重锤夯实法适用于地下水位 0.8 m 以下稍湿的一般黏性土、砂土、湿陷性黄土、杂填土等。重锤夯实法,一般以钢筋混凝土制成截头圆锥体(底部垫钢板),重力宜 1.5 t 或稍重,锤底直径为 1~1.5 m,起重设备的能力为 8~15 t,落距高一般为 2.5~4.5 m。重锤的夯击遍数,一般以最后两次的平均夯沉量不超过规定值来控制,即一般黏性土和湿陷性黄土为 1~2 cm,砂土为 0.5~1.0 cm。实践结果表明,一般是 8~12 遍,作用深度约为锤底直径的 1 倍。

在重锤夯实法的基础上,经过研究和实践,20 世纪 60 年代末期出现所谓强夯法,也称动力固结法,它是以 8~12 t(甚至 20 t)的重锤,8~20 m 落距(最高达 40 m),对土基进行强力夯击,利用冲击波和动应力,达到土基加固的目的。此项新技术出现,迅速在国际上得到广泛应用,效果十分显著,我国也正在研究和应用。

实践证明,强夯过程中,土体中因含可压缩的微气泡而产生几十厘米的沉降,土体产生液化,使土的结构破坏,强度下降至最小值,随后在夯击点周围出现径向裂隙,成为加速孔隙水压力消散的主要通道,继而因黏性土的触变性,使土基的强度得到恢复和增强。这一过程无法用传统的固结理论解释,因而就有饱和土是可压缩的重要机理。现有研究成果表明,由于土中有机物的分布,第四纪土中多数含有以微气泡形式出现的气体,含气为1%~4%,强夯过程中,气相体积被压缩,加上孔隙水被挤出,两者体积有降低。重复夯击作用,气体被压缩接近于零时,土体变成不可压缩,相应的孔隙水压力上升到与覆盖压力相等的能量级时,土即产生液化,吸附水变成了自由水,土的强度达到最小值,继续施加外界能量,对强度提高无效,需要停止夯击,等待强度恢复。与此同时,夯点四周形成有规则垂直裂缝,出现涌水现象。当孔隙水压力消散到小于土粒间的侧向压力时,裂隙即自行闭合,土中水的运动又恢复常态。随着孔隙水压力的消散,土的抗剪强度和变形模量有了大幅度增长,这是由于土粒间紧密接触,以及新吸附水层逐渐固定所致,这乃是土的触变性所致。基于上述基本原理,按弹簧活塞模型,对动力固结(强夯)的机理做出新的解释,以此与传统的静力固结理论相比较。

强夯法至今还没有一套成熟和完善的理论和设计方法,但实践证明,它具有施工简单、加固效果好、使用经济、应用面较广等优点。国外资料说明,经强夯法处理的地基,其承载力可提高2~5倍,压缩性降低2~10倍,广泛用于杂填土(各种垃圾)、碎石土、砂土、黏性土、湿陷性黄土及泥炭和沼泽土,不但陆地上使用,也可水下夯实。缺点是需要相应的机具设备,操作时噪声和振动较大,不宜在人口密集或附近防震要求高的地点使用。我国津、沪等地,不仅成功应用,而且在加固饱和软黏土地基方面,取得新的成果与经验。

6.4.3 排水固结法

饱和软土在荷载作用下,排水固结后,抗剪强度可得到提高,则达到加固的目的。此法在建筑工程中,常用于加固软弱地基,包括天然沉积层和人工充填的土层,如沼泽土、淤泥及淤泥质土,水力冲积土等。

排水固结法的实际效果,取决于土层固结特性、厚度、预压荷载和预压时间。厚度小于5 m的浅软土层,或固结系数较大(大于1×10^{-2} cm^2/s)的土层,较短时间预压即可。

排水固结是运用堆载预压,挤出土中的过多水分,达到挤紧土粒和提高强度的目的。为了缩短预压时间,加设砂井竖向排水通道或铺设砂垫层,效果甚好。美国加州公路局曾采用砂井处理沼泽地段的路基,获得满意结果。利用路基填土自重压密地基,不需另备预压材料,所以砂井堆载预压法,在路基工程中是一种经济有效的方法。

砂井堆载预压,需进行地基固结计算,以确定加载以及砂井布置的有关数据。一般情况下,加载量大致与设计荷载接近,预压至80%固结度。砂井直径多为8~10 cm,间距是井径的6~8倍。砂井长度应穿越地基可能的滑动面,井长如能穿越主要受压层,对沉降有利,如果软土层较浅,有透水性下卧层,则井长深入透水层,对排水固结更有利。为了加速排水,缩短固结时间,在设置竖井的同时,可加设井顶砂垫层或纵横连通砂井的排水砂沟,砂垫层厚度为0.5~1.0 m。

砂井成孔有沉管法和水冲法两类。沉管法是用锤击或振动方式将带靴的钢管沉入地基,管内灌砂,在振动作用下拔出钢管,最后在土中形成砂井。水冲法是利用高压水冲孔,孔内灌砂,此法施工程度快,但难以保证孔径匀称,质量较差。砂井的用砂以中粗粒径为宜,含泥量不宜大于3%,灌砂量(按重量计)大于井管外径所形成体积的95%。

排水固结法中除砂井堆载预压而外,还有降水预压和真空预压等技术。

6.4.4 挤密法

土基中成孔后,在孔中灌以砂、石、土、灰土或石灰等材料,捣实而成直径较大的桩体,利用横向挤紧作用,使地基土粒彼此靠紧,孔隙减少,而且孔被填满和压紧,形成桩体,桩体具有较高的承载能力,群桩的面积约占松散土加固面积的20%,使得桩和原土组成复合地基,达到加固的目的。

孔中灌砂,形成砂桩,它与上述砂井相比,形式相仿,但作用不同。砂井的作用是排水固结,井径较小而间距较大;砂桩的作用是将地基土挤紧,井径较大,而间距宜小。砂井适用于过湿软土层,而砂桩适用于处理松砂、杂填土和黏粒含量不大的普通黏性土,也可有效地防止砂土基底的振动液化。饱和软黏土的渗透性较小、灵敏度较大,夯击过程中土内产生的超孔隙压力不易迅速扩散,砂桩的挤密效果较差,甚至能破坏地基土的天然结构。

孔中填石灰而成灰桩,用于挤密软土地层,是近年来在国外广泛应用的一种新方法。石灰桩主要作用是挤密,而生石灰的吸水、膨胀、发热及离子交换作用使桩体硬化,改善了原地基土的性质,此外还可减小因周围土的蠕变所引起的侧向位移。利用石灰桩加固软土地基,关键在于石灰桩在地下水中能否结硬,试验表明:水中含有酸根是石灰桩结硬的基本条件。由于石灰桩在水下结硬的速度远比在空气中慢得多,所以将石灰和水就地拌和,增加石灰与外界的接触,结构条件比纯石灰桩好得多,可提高桩的早期强度。石灰桩吸水膨胀和对土体的挤压作用,是石灰桩加固地基的特殊功能。石灰桩施工的基本要求:一是生石灰必须密封储存,最好选用新鲜块灰;二是灰块必须粉碎至一定要求。

砂桩和石灰桩的布置与尺寸需通过设计计算而定。一般桩径为 20~30 cm,桩的间距约为桩径的3.5倍,可在平面上按梅花形布置。桩的长度与加固土层厚度及加固要求有关桩孔的施工方法,有冲击和振动力等法,在湿陷性黄土中还可用爆扩成孔法,即先钻孔,孔直径约10 cm,孔内每隔 50 cm 置炸药筒,引爆扩孔挤压,再灌以黄土或灰土,分层捣实,可以消除黄土的湿陷性。

20世纪30年代在国外开始采用振动水冲法加固松砂地基,50年代开始用于加固软黏土地基,我国70年代后期也开始引进,用以提高地基承载力,减少地基沉降和差异沉降,提高抗地震液化能力,均取得满意效果。

振动水冲法是以起重机吊起振冲器、电动振冲器产生高频振动,水泵喷射高压水流,在振动和高压水的联合作用下,振冲器沉入土中预定深度,经过清孔用循环水带出孔中稠泥浆,向孔中逐段添加填料,予以振动挤密,在地基土中形成振冲桩,振冲器的起重能力为 10~15 t,水压力宜大于 500 kPa,供水量大于 20 m^3/h,加料量的供应能力不小于 0.4~0.8 m^3/min。

6.4.5 化学加固法

利用化学溶液或胶结剂,采用压力灌注或搅拌混合等措施,使土颗粒胶结起来,达到对土基加固的目的,称为化学加固法,又称胶结法。此法加固效果取决于土的性质和所用化学剂,亦与施工工艺有关。

目前化学溶液主要有:① 以水玻璃溶液为主的浆液,其配方较多,常用的是水玻璃浆液和氯化钙浆液配合使用,价格昂贵,使用受到限制;② 以丙烯酸氨为主的浆液,我国研制的丙强是其中一种。加固效果较好,因价高也难以广泛采用;③ 水泥浆液,是由强度等级高的硅酸盐水泥,配以速凝剂而组成的浆液;④ 以纸浆溶液为主的浆液,如重铬酸盐木质素和木铵,加固效果好,但有毒性,且易污染地下水。以上四类,目前以水泥浆液使用较多。今后发展的关键应是研制高效、无毒、易渗的化学浆液。

化学加固的施工工艺主要有注浆法、旋喷法和深层搅拌法。

以上仅简略介绍已有的几种地基加固方法,有的已在国内路基工程中运用。可以预测,随着公路建设的快速发展,包括地基加固在内的路基防护与加固方法在理论和实践上必将有新的发展与突破。

思考题

1. 路基防护与加固怎样分类?
2. 在各类防护与加固工程下,又可分为哪些常用的形式?
3. 路基防护与加固的目的和意义是什么?
4. 常见的地基加固的方法主要有哪些?

第7章 挡土墙设计

提要 挡土墙是道路工程中常见的构造物,尤其在山区更为常见。挡土墙设计中,土压力是其主要依据,由于库仑土压力理论和朗金土压力理论假设不同,所推演出的土压力公式适用于不同的墙背和边界条件。因此在设计挡土墙时,应按上述不同的条件分别选用相适应的土压力计算公式。

挡土墙的稳定性验算包括抗滑、抗倾覆、基底应力和偏心距等,究竟哪一方面起控制作用则因挡土墙的类型、墙身断面形式及尺寸以及地基条件而异,同时设计时应根据荷载组合情况选择相应稳定性指标。

本章主要介绍挡土墙类型及使用条件,布置与构造,土压力计算和稳定性验算,浸水地区和地震地区挡土墙设计,加筋挡土墙设计,轻型挡土墙设计等。

7.1 挡土墙的类型及使用条件

7.1.1 挡土墙的用途

为了满足道路线形和路基稳定性的要求,在地形起伏较大的丘陵地区将会遇到大量的支挡结构。挡土墙是用来支撑天然边坡或人工填土边坡以保持土体稳定的建筑物。在道路工程中,它广泛应用于支撑路堤或路堑边坡、隧道洞口、桥梁两端及河流岸壁等。

按照墙的设置位置,挡土墙可分为路肩墙、路堤墙、路堑墙和山坡墙等类型,如图7-1所示。

路肩墙或路堤墙设置在高填路堤或陡坡路堤的下方,可以防止路基边坡或基底滑动,确保路基稳定,同时可收缩填土坡脚,减少填方数量,减少拆迁和占地面积,以及保护邻近线路的既有重要建筑物。滨河及水库路堤,在傍水一侧设置挡土墙,可防止水流对路基的冲刷和侵蚀,也是减少压缩河床或少占库容的有效措施。

路堑挡土墙设置在堑坡底部,主要用于支撑开挖后不能自行稳定的边坡,同时可减少挖方数量,降低边坡高度。

山坡挡土墙设在堑坡上部,用于支挡山坡上可能坍滑的覆盖层,有的也兼有拦石作用。

此外,设置在隧道口或明洞口的挡土墙,可缩短隧道或明洞长度,降低工程造价。设置在桥梁两端的挡土墙,作为翼墙或桥台,起看护台及连接路堤的作用。而抗滑挡土墙则用于防治滑坡。

挡土墙各部分名称如图7-1所示。靠填土(或山体)一侧为墙背,外露一侧为墙面(也称墙胸),墙面与墙底的交线为墙趾,墙背与墙底的交线为墙踵,墙背与铅垂线的交角为墙背倾角α。

墙背的倾角方向,比照面向外侧站立的人的俯仰情况,分俯斜、仰斜和垂直三种。墙背向外侧倾斜时,为俯斜墙背[图7-1(c)],α为正;墙背向填土一侧倾斜时,为仰斜墙背[图7-1(a)],α为负;墙背铅垂时,为垂直墙背[图7-1(b)],α为零。如果墙背具有单一坡度,称为直线形墙背;若多于一个坡度,则称为折线形墙背。

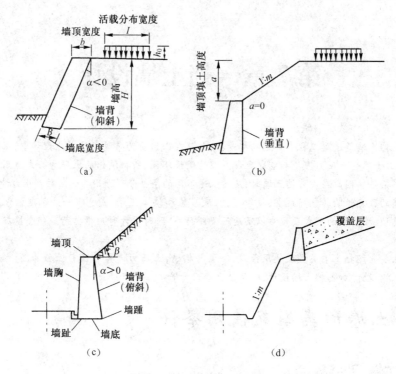

图 7-1 挡土墙各部分名称
(a)路肩挡土墙；(b)路堤挡土墙；(c)路堑挡土墙；(d)山坡挡土墙

选择挡土墙设计方案时，应与其他方案进行技术经济比较。例如，采用路堑或山坡挡土墙，常需与隧道、明洞或刷缓边坡的方案作比较；采用路堤或路肩挡土墙，有时需与栈桥或陡坡填方等相比较，以求工程经济合理。

7.1.2 挡土墙的类型

挡土墙按照墙的位置、材料和结构形式，可划分为以下几种类型。

1）按照墙的位置分类

挡土墙可分为路堑墙、路肩墙、路堤墙和山坡墙等类型，如图 7-1 所示。

2）按照墙体材料分类

挡土墙可分为石砌挡土墙、砖砌挡土墙、混凝土挡土墙、钢筋混凝土挡土墙和加筋土挡土墙等。

3）按照墙的结构形式分类

挡土墙可分为重力式、衡重式、半重力式、悬壁式、扶壁式、锚杆式、锚定板式、柱板式和垛式等类型。其中，重力式、衡重式多用石砌。半重力式用混凝土浇筑，视需要也可在受拉区加少量钢筋，以节省圬工。其他类型多用钢筋混凝土就地制作或预制拼装。

7.1.3 各种挡土墙的特点与使用条件

1. 重力式挡土墙

重力式挡土墙依靠墙身自重支撑土压力来维持其稳定。一般多用片(块)石砌筑，在缺乏石料的地区有时也用混凝土修建。重力式挡土墙圬工量较大,但其形式简单,施工方便,可就地取材,适应性较强,故被广泛采用。

为适应不同地形、地质条件及经济要求,重力式挡土墙具有多种墙背形式。其中墙背为直线形的是普通重力式挡土墙,如图 7-2(a)、(b)所示,其断面形式最简单,土压力计算简便。带衡重台的挡土墙,称为衡重式挡土墙,如图 7-2(d)所示,其主要稳定条件仍凭借于墙身自重,但由于衡重台上填土的重量使全墙重心后移,增加了墙身的稳定,且因其墙面胸坡很陡,下墙墙背仰斜,所以

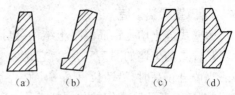

图 7-2　重力式挡土墙
(a)、(b)普通重力式挡土墙;(c)不带衡重台的
折线形墙背挡土墙;(d)衡重式挡土墙

可以减小墙的高度,减少开挖工作量,避免过分牵动山体的稳定,有时还可以利用台后净空拦截落石。衡重式挡土墙适于在山区公路建设中采用,但由于其基底面积较小,对地基承载力要求较高,因此应设置在坚实的地基上。不带衡重台的折线形墙背挡土墙,则介乎上述两者之间,如图 7-2(c)所示。

2. 锚定式挡土墙

锚定式挡土墙通常包括锚杆式和锚定板式两种。

锚杆式挡土墙是一种轻型挡土墙(图 7-3),主要由预制的钢筋混凝土立柱、挡土板构成墙面,与水平或倾斜的钢锚杆联合组成。锚杆的一端与立柱连接,另一端被锚固在山坡深处的稳定岩层或土层中。墙后侧压力由挡土板传给立柱,由锚杆与岩体之间的锚固力,即锚杆的抗拔力,使墙获得稳定。它适用于墙高较大、石料缺乏或挖基困难地区,具有锚固条件的路基挡土墙,一般多用于路堑挡土墙。

锚定板式挡土墙的结构形式与锚杆式基本相同,只是锚杆的锚固端改用锚定板,埋入墙后填料内部的稳定层中,依靠锚定板产生的抗拔力抵抗侧压力,以保持墙的稳定(图 7-4)。它主要适用于缺乏石料的地区,同时它不适用于路堑挡土墙。

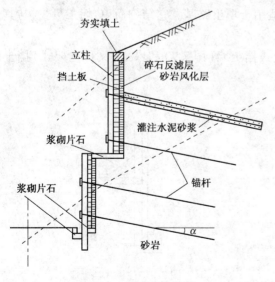

图 7-3　锚杆式挡土墙

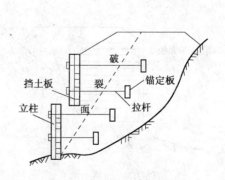

图 7-4　锚定板式挡土墙

锚定式挡土墙的特点是构件断面小,工程量省,不受地基承载力的限制,构件可预制,有利于实现结构轻型化和施工机械化。

3. 薄壁式挡土墙

薄壁式挡土墙是钢筋混凝土结构,包括悬臂式和扶壁式两种主要形式。

悬臂式挡土墙如图7-5所示,它是由立壁和底板组成,具有三个悬臂,即立壁、趾板和踵板。当墙身较高时,沿墙长每隔一定距离筑肋板(扶壁)联结墙面板及踵板,称为扶壁式挡土墙,如图7-6所示。它们的共同特点是:墙身断面较小,结构的稳定性不是依靠本身的质量,而主要依靠踵板上的填土质量来保证。它们自重轻,圬工省,适用于墙高较大的情况,但需使用一定数量的钢材,经济效果较好。

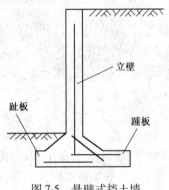

图7-5 悬壁式挡土墙

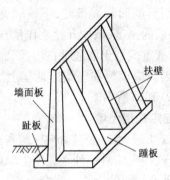

图7-6 扶壁式挡土墙

4. 加筋土挡土墙

加筋土挡土墙是由填土、填土中布置的拉筋条以及墙面板三部分组成(图7-7)。在垂直于墙面的方向,按一定间隔和高度水平地放置拉筋材料,然后填土压实,通过填土与拉筋间的摩擦作用,把土的侧压力传给拉筋,从而稳定土体。拉筋材料通常为镀锌薄钢带、铝合金、高强度塑料及合成纤维等。墙面板一般用混凝土预制,也可采用半圆形铝板。加筋土挡土墙属柔性结构,对地基变形适应性大,建筑高度大,适用于填土路基。它结构简单,圬工量少,与其他类型的挡土墙相比,可节省投资30%~70%,经济效益好。

此外,还有柱板式挡土墙(图7-8)、桩板式挡土墙(图7-9)和垛式(又称框架式)挡土墙(图7-10)等。

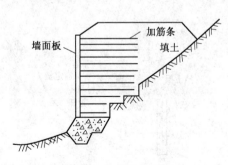

图7-7 加筋土挡土墙

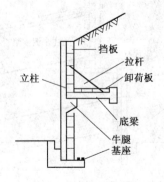

图7-8 柱板式挡土墙

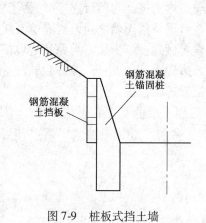
图 7-9 桩板式挡土墙

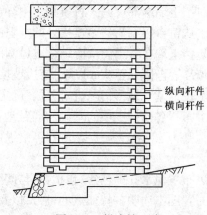
图 7-10 垛式挡土墙

7.2 挡土墙的布置与构造

7.2.1 挡土墙的设置场合

路基在遇到下列情况时可考虑修建挡土墙。
(1) 路基位于陡坡地段或岩石风化的路堑边缘地段。
(2) 为避免大量挖方及降低边坡高度的路堑地段。
(3) 可能产生坍方、滑坡的不良地质路段。
(4) 水流冲刷严重或长期受水浸泡的沿河路基地段。
(5) 为节约用地、减少拆迁或少占农田的地段。
(6) 为保护重要建筑物、生态环境或其他特殊需要的地段。

7.2.2 挡土墙的布置

挡土墙的布置,通常在路基横断面图和墙趾纵断面图上进行。布置前,应现场核对路基横断面图,不足时应补测;测绘墙趾处的纵断面图,收集墙趾处的地质和水文等资料。

1. 挡土墙位置的选定

路堑挡土墙大多数设在边沟旁。山坡挡土墙应考虑设在基础可靠处,墙的高度应保证墙后墙顶以上边坡的稳定。

当路肩墙与路堤墙的墙高或截面圬工数量相近、基础情况相似时,应优先选用路肩墙,按路基宽布置挡土墙位置,因为路肩挡土墙可充分收缩坡脚,大量减少填方和占地。若路堤墙的高度或圬工数量比路肩墙显著降低,而且基础可靠时,宜选用路堤墙,并做经济比较后确定墙的位置。

沿河路堤设置挡土墙时,应结合河流情况来布置,注意设墙后仍保持水流顺畅,不致挤压河道而引起局部冲刷。

2. 挡土墙的纵向布置

挡土墙纵向布置在墙趾纵断面图上进行,布置后绘成挡土墙正面图。
布置的内容如下所述。
(1) 确定挡土墙的起讫点和墙长,选择挡土墙与路基或其他结构物的衔接方式。

路肩挡土墙端部可嵌入石质路堑中,或采用锥坡与路堤衔接。与桥台连接时,为了防止墙后回填土从桥台尾端与挡墙连接处的空隙中溜出,需在台尾与挡土墙之间设置隔墙及接头墙。

路堑挡土墙在隧道洞口应结合隧道洞门、翼墙的设置做到平顺衔接。与路堑边坡衔接时,一般将墙高逐渐降低至 2 m 以下,使边坡坡脚不致伸入边沟内,有时也可与横向端墙连接。

(2) 按地基及地形情况进行分段,确定伸缩缝与沉降缝的位置。

(3) 布置各段挡土墙的基础。墙趾地面有纵坡时,挡土墙的基底宜做成不大于 5% 的纵坡。但地基为岩石时,为减少开挖,可沿纵向做成台阶。台阶尺寸视纵坡大小而定,但其高宽比不宜大于 1:2。

(4) 布置泄水孔的位置,包括数量、间隔和尺寸等。

在布置图上注明各特征点的桩号,以及墙顶、基础顶面、基底、冲刷线、冰冻线、常水位线或设计洪水位的高程等。

3. 挡土墙的横向布置

横向布置宜选择在墙高最大处、墙身断面或基础形式有变异处,以及其他必需桩号处的横断面图上进行。根据墙型、墙高及地基与填料的物理力学指标等设计资料,进行挡土墙设计或套用标准图,确定墙身断面、基础形式和埋置深度,布置排水设施等,并绘制挡土墙横断面图。

4. 平面布置

对于个别复杂的挡土墙,如高、长的沿河挡土墙和曲线挡土墙,应作平面布置,绘制平面图,标明挡土墙与路线的平面位置及附近地貌与地物等情况,特别是与挡土墙有干扰的建筑物的情况。沿河挡土墙还应绘出河道及水流方向、防护与加固工程等。

在以上设计图纸上,可标写简要说明。必要时可另编设计说明书,说明选用挡土墙方案的理由、选用挡土墙结构类型和设计参数的依据、对材料和施工的要求、注意事项以及主要工程数量等,如采用标准图,应注明其编号。

7.2.3 挡土墙的构造

挡土墙的构造必须满足强度和稳定性的要求,同时考虑就地取材、结构合理、断面经济、施工养护方便与安全。

常用的重力式挡土墙一般是由墙身、基础、排水设施和伸缩缝等部分组成。

1. 墙身构造

(1) 墙背是重力式挡土墙的墙背,可做成仰斜、垂直、俯斜、凸形折线和衡重式等形式(图 7-11)。

仰斜墙背所受的土压力较小,故墙身断面较经济。用于路堑墙时,墙身与开挖面边坡较贴合,故开挖量与回填量均较小。但当墙趾处地面横坡较陡时,会使墙身增高,断面增大。故仰斜墙背适用于路堑墙及墙趾处地面平坦的路肩墙或路堤墙。仰斜墙背的坡度不宜缓于1:0.3,以免施工困难。

俯斜墙背所受的土压力较大。在地面横坡陡峻时,俯斜式挡土墙可采用陡直的墙面,借以减小墙高。俯斜墙背也可做成台阶形,以增加墙背与填料间的摩擦力。

垂直墙背的特点介于仰斜和俯斜墙背之间。

凸形折线墙背系将仰斜式挡土墙的上部墙背改为俯斜,以减小上部断面尺寸,多用于路堑墙,也可用于路肩墙。

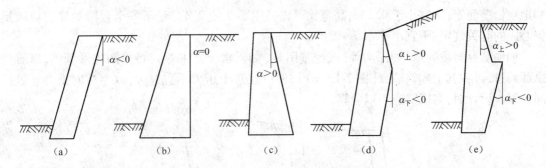

图 7-11 重力式挡土墙的断面形式
(a)仰斜;(b)垂直;(c)俯斜;(d)凸形折线;(e)衡重式

衡重式墙在上下墙之间设衡重台,并采用陡直的墙面。适用于山区地形陡峻外的路肩墙和路堤墙,也可用于路堑墙。上墙俯斜墙背的坡度为(1:0.25)~(1:0.45),下墙仰斜墙背在1:0.25左右,上下墙的墙高比一般采用2:3。

(2)墙面一般均为平面,其坡度应与墙背坡度相协调。墙面坡度直接影响挡土墙的高度。因此,在地面横坡较陡时,墙面坡度一般为(1:0.05)~(1:0.20),矮墙可采用陡直墙面;地面平缓时,一般采用(1:0.20)~(1:0.35)较为经济。

(3)墙顶最小宽度,浆砌挡土墙不小于50 cm,干砌不小于60 cm。浆砌路肩墙墙顶一般宜采用粗石料或混凝土做成顶帽,厚40 cm。如不做顶帽,对路堤墙和路堑墙,墙顶应以大块石砌筑,并用砂浆勾缝,或用M5砂浆抹平顶面,砂浆厚2 cm。干砌挡土墙墙顶50 cm高度内,应用M2.5砂浆砌筑,以增加墙身稳定。干砌挡土墙的高度一般不宜大于6 m。

(4)护栏是为保证交通安全,在地形险峻地段,或过高过长的路肩墙的墙顶应设置护栏。为保持土路肩最小宽度,护栏内侧边缘距路面边缘的距离,二、三级路不小于0.75 m,四级路不小于0.5 m。

2. 基础

地基不良和基础处理不当,往往会引起挡土墙的破坏,因此必须重视挡土墙的基础设计,事先应对地基的地质条件做详细调查,必要时须先做挖探或钻探,然后再来确定基础类型与埋置深度。

(1)基础类型。绝大多数挡土墙都直接修筑在天然地基上。当地基承载力不足、地形平坦而墙身较高时,为了减小基底压应力和增加抗倾覆稳定性,常常采用扩大基础[图7-12(a)],将墙趾或墙踵部分加宽成台阶,或两侧同时加宽,以加大承压面积。加宽宽度视基底应力需要减少的程度和加宽后的合力偏心距的大小而定,一般不小于20 cm。台阶高度按加宽部分的抗剪、抗弯拉和基础材料的刚性角的要求确定(刚性角:浆砌片石35°,混凝土45°)。

当地基压应力超过地基承载力过多时,需要的加宽值较大,为避免加宽部分的台阶过高,可采用钢筋混凝土底板[图7-12(b)],其厚度由剪力和主拉应力控制。

地基为软弱土层(如淤泥、软黏土等)时,可采用砂砾、碎石、矿渣或灰土等材料予以换填,以扩散基底压应力,使之均匀地传递到下卧软弱土层中,如图7-12(c)所示。一般换填深度h_2与基础埋置深度h_1之总和不宜超过5 m,对淤泥和泥炭等应更浅些。

当挡土墙修筑在陡坡上,而地基又为完整、稳固、对基础不产生侧压力的坚硬岩石时,可如图7-12(d)所示,设置台阶基础,以减少基坑开挖和节省圬工。分台高一般约1 m,台宽视地形和地质情况而定,不宜小于 0.2 m,高宽比可以采用 3∶2 或 2∶1。最下一个台阶的底宽应满足偏心距的有关规定,不宜小于 1.5～2.0 m。

如地基有短段缺口(如深沟等)或挖基困难(如需水下施工等),可采用拱形基础,以石砌拱圈跨过,再在其上砌筑墙身[图 7-12(e)],但应注意土压力不宜过大,以免横向推力导致拱圈开裂。设计时,对拱圈应予以验算。

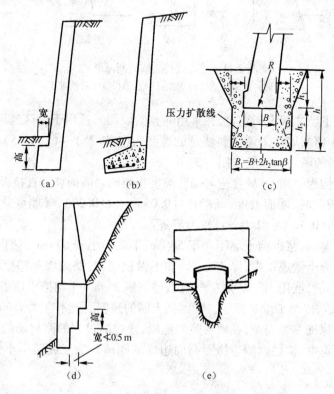

图 7-12 重力式挡土墙的基础类型
(a)墙趾或墙踵部分加宽;(b)钢筋混凝土底板;(c)换填地基;(d)台阶基础;(e)拱形基础

(2)基础埋置深度。取决于地质条件、水文情况、冻结深度、邻近建筑物的基础影响等。为保证挡土墙的稳定,埋置深度应满足下列要求:

① 当冻结深度小于或等于 1 m 时,基底应在冻结线以下不小于 0.25 m,并符合基础最小埋置深度不小于 1 m 的要求。

② 当冻结深度超过 1 m 时,基底最小埋置深度应不小于 1.25 m,还应将基底至冻结线以下 0.25 m 深度范围内的地基土换填为弱冻胀材料。

③ 受水流冲刷时,应按路基设计洪水频率计算冲刷深度,基底应置于局部冲刷线以下不小于 1 m。

④ 路堑式挡土墙基础顶面应低于路堑边坡底面,且不小于 0.5 m。

⑤ 在风化层不厚的硬质岩石地基上,基底一般应置于基岩表面以下 0.15～0.6 m;在软质岩石地基,基底最小埋置深度不小于 1 m。

对于岩石地基,应清除表面风化层。当风化层较厚难以全部清除时,可根据地基的风化程度及其容许承载力将基底埋入风化层中。建筑在斜坡地面上的挡土墙基础前趾埋入地面的深度和距地表的水平距离,可参照表7-1确定。墙趾前地面横坡较大时,应留出足够的襟边宽度(趾前至地面横坡的水平距离),以防止地基剪切破坏(表7-1)。

表7-1 斜坡地面基础埋置条件

岩层种类	最小埋入深度 h/m	距地表水平距离 L/m	图示
较完整的坚硬岩石	0.25	0.25～0.5	
一般硬质岩石	0.6	0.6～1.5	
软质岩石	1.0	1.0～2.0	
土层	≥1.0	1.5～2.5	

当挡土墙位于地质不良地段,地基土内可能出现滑动面时,应进行地基抗滑稳定性验算,将基础底面埋置在滑动面以下,或采用其他措施,以防止挡土墙滑动。

3. 排水设施

挡土墙的排水处理是否得当,直接影响到挡土墙的安全和使用效果。挡土墙应设置排水措施,以疏干墙后土体和防止地表水下渗,防止墙后积水形成静水压力,减少寒冷地区回填土的冻胀压力,消除黏性土填料浸水后的膨胀压力。

排水措施主要包括:设置地面排水沟,引排地面水;夯实回填土顶面和地面松土,防止雨水及地面水下渗,必要时可加设铺砌;对路堑挡土墙墙趾前的边沟应予以铺砌加固,以防边沟水渗入基础;设置墙身泄水孔,排除墙后水。

浆砌块(片)石墙身应在墙前地面以上设一排泄水孔(图7-13)。墙高时,可在墙上部加设一排汇水孔。汇水孔的尺寸一般为 5 cm×10 cm、10 cm×10 cm、15 cm×20 cm 的方孔或直径为 5～10 cm 的圆孔。孔眼间距一般为 2.0～3.0 m,对于浸水挡土墙孔眼间距一般在 1.0～1.5 m,干旱地区可适当加大,孔眼上下错开布置。下排排水孔的出口应高出墙前地面 0.3 m;若为路堑墙,应高出边沟水位 0.3 m;若为浸水挡土墙,应高出常水位 0.3 m。为防止水分渗入地基,下排泄水孔进水口的底部应铺设 30 cm 厚的黏土隔水层。泄水孔的进水口部分应设置粗粒料反滤层,以免孔道阻塞。当墙背填土透水性不良或可能发生冻胀时,应在最低一排泄水孔至墙顶以下 0.5 m 的范围内铺设厚度不小于 0.3 m 的砂卵石排水层[图7-13(c)]。

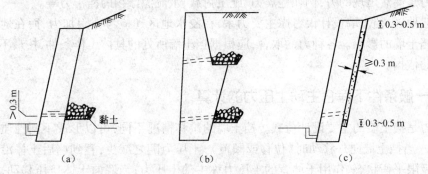

图7-13 泄水孔和排水层

干砌挡土墙因墙身透水,可不设泄水孔。

4. 沉降缝与伸缩缝

为避免因地基不均匀沉陷而引起墙身开裂,需根据地质条件的差异和墙高、墙身断面的变化情况设置沉降缝。为了防止圬工砌体因收缩硬化和温度变化而产生裂缝,应设置伸缩缝。设计时,一般将沉降缝与伸缩缝合并设置,沿路线方向每隔 10~15 m 设置一道,兼起两者的作用,缝宽 2~3 cm,缝内一般可用胶泥填塞,但在渗水量大,填料容易流失或冻害严重地区,则宜用沥青麻筋或涂以沥青的木板等具有弹性的材料,沿内、外、顶三方填塞,塞入深度不宜小于 0.15 m,当墙后为岩石路堑或填石路堤时,可设置空缝。

干砌挡土墙缝的两侧应选用平整石料砌筑,使成垂直通缝。

7.3 挡土墙的土压力计算

7.3.1 作用在挡土墙上的力系

挡土墙设计关键是确定作用于挡土墙上的力系,其中主要是确定土压力。

作用在挡土墙上的力系,按力的作用性质分为主要力系、附加力和特殊力。

主要力系是经常作用于挡土墙的各种力,如图 7-14 所示,它包括:

(1) 挡土墙自重 G 及位于墙上的恒载;

(2) 墙后土体的主动土压力 E_a(包括作用在墙后填料破裂棱体上的荷载,简称超载),作用点位于距墙底 1/3 墙高的位置;

(3) 基底的法向反力 N 及摩擦力 T;

(4) 墙前土体的被动土压力 E_p,作用点位于距墙底 1/3 埋深的位置。

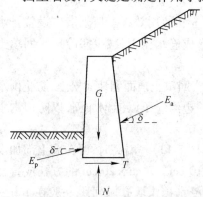

图 7-14 作用在挡土墙上的力系

对浸水挡土墙而言,在主要力系中尚应包括常水位时的静水压力和浮力。

附加力是季节性作用于挡土墙的各种力,例如洪水时的静水压力和浮力、动力压力、波浪冲击力、冻胀压力及冰压力等。

特殊力是偶然出现的力,例如地震力、施工荷载、水流漂浮物的撞击力等。

在一般地区,挡土墙设计仅考虑主要力系,在浸水地区还应考虑附加力,而在地震区应考虑地震对挡土墙的影响。各种力的取舍,应根据挡土墙所处的具体工作条件,按最不利的组合作为设计的依据。

7.3.2 一般条件下库仑主动土压力的计算

土压力是挡土墙的主要设计荷载。挡土墙的位移情况不同,可以形成不同性质的土压力(图 7-15)。当挡土墙向外移动时(位移或倾覆),土压力随之减少,直到墙后土体沿破裂面下滑而处于极限平衡状态,作用于墙背的土压力称主动土压力;当墙向土体挤压移动,土压力随之增大,土体被推移向上滑动处于极限平衡状态,此时土体对墙的抗力称为被动土压力;墙处于原来位置不动,土压力介于两者之间,称为静止土压力。采用哪种性质的土压力作为挡土墙设计荷载,要根据挡土墙的具体条件而定。

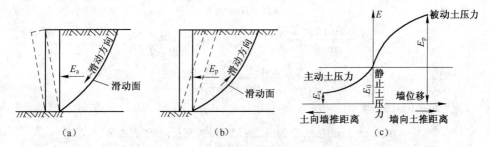

图 7-15　三种不同性质的土压力
(a) 主动土压力；(b) 被动土压力；(c) 静止土压力

路基挡土墙一般都可能有向外的位移或倾覆,因此在设计中应按墙背土体达到主动极限平衡状态,且设计时取一定的安全系数,以保证墙背土体的稳定。对于墙趾前土体的被动土压力 E_p,在挡土墙基础一般埋深的情况下,考虑到各种自然力和人畜活动的作用,一般均不计,以偏于安全。

主动土压力计算的理论和方法,在"土力学"课程中已有专门论述,这里仅结合路基挡土墙的设计,介绍库仑土压力计算方法的具体应用。

路基挡土墙因路基形式和荷载分布的不同,土压力有多种计算图式。以路堤挡土墙为例,按破裂面交于路基面的位置不同,可分为 5 种图示,现介绍常见的边界条件下的主动土压力的计算。

1. 破裂面交于内边坡

如图 7-16 所示,这一边界条件适用于路堤式或路堑式挡土墙。

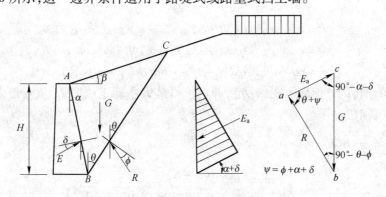

图 7-16　破裂面交于内边坡

图中 AB 为挡土墙墙背,BC 为破裂面,BC 与铅垂线的夹角 θ 为破裂角,ABC 为破裂棱体。棱体上作用着三个力,即破裂棱体自重 G、主动土压力的反力 E_a 和破裂面上的反力 R。E_a 的方向与墙背法线成 δ 角,且偏于阻止棱体下滑的方向；R 的方向与破裂面法线成 φ 角,且偏于阻止棱体下滑的方向。取挡土墙长度为 1 m 计算,作用于棱体上的平衡力三角形 abc 可得

$$E_a = \frac{\sin(90° - \theta - \phi)}{\sin(\theta + \Psi)} G = \frac{\cos(\theta + \phi)}{\sin(\theta + \Psi)} G \tag{7-1}$$

式中：
$$\Psi = \phi + \alpha + \delta$$

因
$$G = \gamma AB \cdot BC\sin(\alpha+\theta)/2$$

而
$$AB = H\sec\alpha$$

$$BC = \frac{\sin(90°-\alpha+\beta)}{\sin(90°-\theta-\beta)}AB = H\sec\alpha\frac{\cos(\alpha-\beta)}{\cos(\theta+\beta)} \tag{7-2}$$

$$G = \frac{1}{2}\gamma H^2\sec^2\alpha\frac{\cos(\alpha-\beta)\sin(\theta+\alpha)}{\cos(\theta+\beta)}$$

将式(7-2)代入式(7-1)，得

$$E_a = \frac{1}{2}\gamma H^2\sec^2\alpha\frac{\cos(\alpha-\beta)\sin(\theta+\alpha)}{\cos(\theta+\beta)} \cdot \frac{\cos(\theta+\phi)}{\sin(\theta+\Psi)} \tag{7-3}$$

令
$$A = \frac{1}{2}H^2\sec^2\alpha\cos(\alpha-\beta)$$

则
$$E_a = \gamma A\frac{\sin(\theta+\alpha)\cos(\theta+\phi)}{\cos(\theta+\beta)\sin(\theta+\Psi)} \tag{7-4}$$

当参数 γ、ϕ、δ、α、β 固定时，E_a 随破裂面的位置而变化，即 E_a 是破裂角 θ 的函数。为求最大土压力 E_a，首先要求对应于最大土压力时的破裂角 θ。取 $dE_a/d\theta = 0$，得

$$\gamma A\left[\frac{\cos(\theta+\phi)}{\sin(\theta+\Psi)} \cdot \frac{\cos(\theta+\beta)\cos(\theta+\alpha)+\sin(\theta+\beta)\sin(\theta+\alpha)}{\cos^2(\theta+\beta)} - \right.$$
$$\left.\frac{\sin(\theta+\alpha)}{\cos(\theta+\beta)} \cdot \frac{\sin(\theta+\Psi)\sin(\theta+\phi)+\cos(\theta+\Psi)\cos(\theta+\phi)}{\sin^2(\theta+\Psi)}\right] = 0$$

整理化简后得

$$P\tan^2\theta + Q\tan\theta + R = 0$$

$$\tan\theta = \frac{-Q \pm \sqrt{Q^2-4PR}}{2P} \tag{7-5}$$

式中：
$$P = \cos\alpha\sin\beta\cos(\Psi-\phi) - \sin\phi\cos\Psi\cos(\alpha-\beta)$$
$$Q = \cos(\alpha-\beta)\cos(\Psi+\phi) - \cos(\Psi+\phi)\cos(\alpha+\delta)$$
$$R = \cos\phi\sin\Psi\cos(\alpha-\beta) - \sin\alpha\cos(\Psi-\phi)\cos\beta$$

将式(7-5)求得的 θ 值代入式(7-4)，即可求得最大主动土压力 E_a 值。最大主动土压力 E_a 也可用下式表示

$$E_a = \frac{1}{2}\gamma H^2 K_a = $$
$$\frac{1}{2}\gamma H^2 \frac{\cos^2(\phi-\alpha)}{\cos^2\alpha\cos(\alpha+\delta)\left[1+\sqrt{\frac{\sin(\phi+\delta)\sin(\phi-\beta)}{\cos(\alpha+\delta)\cos(\alpha-\beta)}}\right]^2} \tag{7-6}$$

式中：γ——墙后填土的重度/(kN/m^3)；

ϕ——填土的内摩擦角/(°)；

δ——墙背与填土间的摩擦角/(°)；

β——墙后填土表面的倾斜角/(°)；

α——墙背倾斜角/(°)，俯斜墙背 α 为正，仰斜墙背 α 为负；

H——挡土墙高度/m；

K_a——主动土压力系数。

土压力的水平和垂直分力为

$$E_x = E_a \cos(\alpha + \delta)$$
$$E_y = E_a \sin(\alpha + \delta)$$
(7-7)

2. 破裂角交于路基面

（1）破裂面交于荷载中部（图 7-17（b））破裂棱体的断面面积为

$$S = \frac{1}{2}(a+H)^2(\tan\theta + \tan\alpha) - \frac{1}{2}(b + a\tan\alpha)a +$$
$$[(a+H)]\tan\theta + H\tan\alpha - b - a]h_0 =$$
$$\frac{1}{2}(a + H + 2h_0)(a+H)\tan\theta - \frac{1}{2}ab - (b+d)h_0 + \frac{1}{2}H(H + 2a + 2h_0)\tan\alpha$$

令

$$A_0 = \frac{1}{2}(a + H + 2h_0)(a + H) \tag{7-8}$$

$$B_0 = \frac{1}{2}ab + (b+d)h_0 - \frac{1}{2}H(H + 2a + 2h_0)\tan\alpha$$

则

$$S = A_0 \tan\theta - B_0$$

因此，破裂棱体的重力为

$$G = \gamma(A_0 \tan\theta - B_0)$$

将 G 代入式（7-1）得

$$E_a = \gamma(A_0 \tan\theta - B_0) \frac{\cos(\theta + \phi)}{\sin(\theta + \Psi)} \tag{7-9}$$

令 $dE_a/d\theta = 0$ 即

$$\gamma \left[(A_0 \tan\theta - B_0) \frac{-\sin(\theta + \Psi)\sin(\theta + \phi) - \cos(\theta + \Psi)\cos(\theta + \phi)}{\sin^2(\theta + \Psi)} + \frac{A_0 \cos(\theta + \phi)}{\sin(\theta + \Psi)\cos^2\theta} \right] = 0$$

经整理化简，得

$$\tan^2\theta + 2\tan\Psi \tan\theta - \cot\phi \tan\Psi - \frac{B_0}{A_0}(\cot\phi + \tan\Psi) = 0$$

故

$$\tan\theta = -\tan\Psi \pm \sqrt{(\cot\phi + \tan\Psi)\left(\frac{B_0}{A_0} + \tan\Psi\right)} = 0 \tag{7-10}$$

将求得的 θ 值代入式（7-9），即可求得主动土压力 E_a。

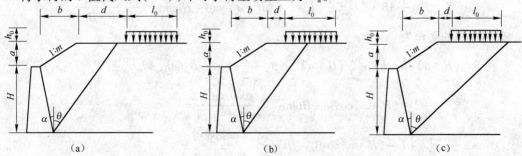

图 7-17　破裂面交于路基面
(a)交于荷载内侧；(b)交于荷载中部；(c)交于荷载外侧

必须指出，式(7-9)和式(7-10)具有普遍意义。因为无论破裂面交于荷载中部、荷载的内侧或外侧，破裂棱体的断面面积 S 都可以归纳为一个表达式，即

$$S = A_0 \tan\theta - B_0$$

式中，A_0 和 B_0 为边界条件系数。将不同边界条件下的 A_0、B_0 值代入式中，即可求得与之相应的破裂角和最大主动土压力。

(2) 破裂面交于荷载外侧（图7-17(c)）

$$S = \frac{1}{2}(a+H)^2(\tan\theta + \tan\alpha) - \frac{1}{2}(b+a\tan\alpha)a + l_0 h_0 =$$

$$\frac{1}{2}(a+H)^2 \tan\theta + \frac{1}{2}H(H+2a)\tan\alpha - \frac{1}{2}ab + l_0 h_0$$

写成

$$S = A_0 \tan\theta - B_0$$

式中：

$$A_0 = \frac{1}{2}(a+H)^2 \tag{7-11}$$

$$B_0 = \frac{1}{2}ab - l_0 h_0 - \frac{1}{2}H(H+2a)\tan\alpha$$

(3) 破裂面交于荷载内侧（图7-17(a)）

在式(7-8)或式(7-11)中，令 $h_0 = 0$

则

$$S = A_0 \tan\theta - B_0$$

式中：

$$A_0 = \frac{1}{2}(a+H)^2$$

$$B_0 = \frac{1}{2}ab - \frac{1}{2}H(H+2a)\tan\alpha \tag{7-12}$$

3. 破裂面交于外边坡

在图7-18中

$$AB = b + L + (H+a)\cot\beta_1 - H\tan\alpha$$

$$BC = AB\frac{\sin(90°-\theta)}{\sin(90°+\theta-\beta_1)} = AB\frac{\cos\theta}{\cos(\theta-\beta_1)}$$

$$CD = BC\sin\beta_1 = AB\frac{\cos\theta\sin\beta_1}{\cos(\theta-\beta_1)}$$

三角形 ABC 的面积为

$$S_{\triangle ABC} = \frac{1}{2}AB \cdot CD = \frac{1}{2}[b+L+(H+a)\cot\beta - H\tan\alpha]^2 \frac{\cos\theta\sin\beta_1}{\cos(\theta-\beta_1)}$$

破坏棱体的面积为

$$S = (H+a)(b+L) + \frac{1}{2}(H+a)^2\cot\beta_1 - \frac{1}{2}ab - \frac{1}{2}H^2\tan\alpha + l_0 h_0 -$$

$$\frac{1}{2}[b+L+(H+a)\cot\beta_1 - H\tan\alpha]^2 \frac{\cos\theta\sin\beta_1}{\cos(\theta-\beta_1)} =$$

$$-\frac{1}{2}[b+L+(H+a)\cos\beta_1 - H\tan\alpha]^2 \frac{\cos\theta\sin\beta_1}{\cos(\theta-\beta_1)} +$$

$$\frac{1}{2}\{(H+a)[2(b+L)+(H+a)\cot\beta_1] - ab - H^2\tan\alpha\} + l_0 h_0$$

令
$$A_0 = -\frac{1}{2}[b + L + (H+a)\cot\beta_1 - H\tan\alpha]^2 \sin\beta_1$$

$$B_0 = \frac{1}{2}\{(H+a)[2(b+L) + (H+a)\cot\beta_1] - ab - H^2\tan\alpha\} + l_0 h_0$$

则
$$S = A_0 \frac{\cos\theta}{\cos(\theta-\beta_1)} + B_0$$

$$G = \gamma S = \gamma\left(A_0 \frac{\cos\theta}{\cos(\theta-\beta_1)} + B_0\right)$$

代入式(7-1),得
$$E_a = \gamma\left(A_0 \frac{\cos\theta}{\cos(\theta-\beta_1)} + B_0\right)\frac{\cos(\theta+\phi)}{\sin(\theta+\Psi)} \tag{7-13}$$

令 $dE_a/d\theta = 0$,则有

$$\gamma\Big[\left(A_0 \frac{\cos\theta}{\cos(\theta-\beta_1)} + B_0\right)\frac{-\sin(\theta+\Psi)\sin(\theta+\phi) - \cos(\theta+\Psi)\cos(\theta+\phi)}{\sin^2(\theta+\Psi)} +$$

$$A_0 \frac{\cos(\theta+\phi)}{\sin(\theta+\Psi)} \cdot \frac{-\cos(\theta-\beta_1)\sin\theta + \sin(\theta-\beta_1)\cos\theta}{\cos^2(\theta-\beta_1)}\Big] = 0$$

经整理化简得
$$P\tan^2\theta + Q\tan\theta + R = 0$$

$$\tan\theta = \frac{-Q \pm \sqrt{Q^2 - 4PR}}{2P} \tag{7-14}$$

式中:$P = -A_0\sin\beta_1\sin\phi\cos\Psi + B_0\cos(\Psi-\phi)\sin^2\beta_1$

$Q = 2A_0\sin\beta_1\cos\phi\cos\Psi + B_0\cos(\Psi-\phi)\sin^2\beta_1$

$R = \cos\beta_1\cos(\Psi-\phi)(A_0 + B_0\cos\beta_1) + A_0\sin^2\beta_1\cos\phi\sin\Psi$

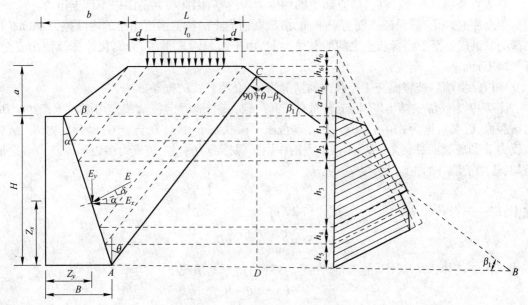

图 7-18 破裂面交于外边坡

7.3.3 黏性土土压力计算

库仑理论只考虑不具有黏聚力的砂性土的土压力问题。若墙背填料为黏性土,则土粒间不仅有摩阻力存在,而且还有黏聚力。显然,这与库仑理论假定是不相符合的,然而迄今为止尚无一种切合实际的有效方法进行黏性土的土压力计算。因此,仍只能采用以库仑理论为基础的计算黏性土主动土压力的近似方法——等效内摩擦角法和力多边形法。

1. 等效内摩擦角法

由于目前对黏性土 c、ϕ 值的确定还存在一些问题,尤其是土的流变性质及其对墙的影响尚不十分清楚,因此在设计黏性土的挡土墙时,通常将内摩擦角 ϕ 与单位黏聚力 c,换算成较实有 ϕ 值为大的"等效内摩擦角" ϕ_D,按砂性土的公式来计算土压力。可以按换算前后土的抗剪强度相等的原则或土压力相等的原则来计算 ϕ_D 值。通常把黏性土的内摩擦角值增大 $5° \sim 10°$,或采用等效内摩擦角 ϕ_D 为 $30° \sim 35°$。

但由,由于影响土压力数值的因素是多方面的,包括墙高、墙型、墙后填料的表面以及荷载的情况等,不可能用上述方法确定一个固定的换算关系或固定的换算值。用上述方法换算的内摩擦角,只与某一特定的墙高相适应,对于矮墙偏于安全,对于高墙则偏于危险。因此在设计高墙时,应按墙高酌情降低 ϕ_D 值。最好是按实际测定的 c、ϕ 值,采用力多边形法来计算黏性土的主动土压力。

2. 力多边形法(数解法)

当墙身向外有足够位移时,黏性土土层顶部会出现拉应力,产生竖向裂缝,裂缝从地面向下延伸至拉应力趋于零处。裂缝深度 h_c 按下式计算

$$h_c = \frac{2c}{\gamma}\tan\left(45° + \frac{\phi}{2}\right) \tag{7-15}$$

式中:c——填料的单位黏聚力/(kPa 或 kN/m^2)。

在垂直裂缝区 h_c 范围内,竖直面上的侧压力等于零,因此在此范围内不计土压力。

根据库仑理论,假设破裂面为一平面,沿破裂面的土的抗剪强度由土的内摩擦力 $\sigma\tan\phi$ 和黏聚力 c 组成。至于墙背和土之间的黏聚力 c',由于影响因素很多,为简化计算及使用安全,可忽略不计。

现以路堤墙后破裂面交于荷载内的情况为例,介绍公式的推导方法。

图 7-19 为路堤式挡土墙,填土表面有局部荷载,其裂缝假定在荷载作用面以下产生。BD 为破裂面,破裂棱体为 $ABDEFMN$。在主动极限平衡状态下,棱体在自重 G、墙背反力 E_a、破裂面反力 R 和破裂面黏聚力 $BD \cdot c$ 四个力的作用下保持静力平衡,构成力多边形。从力多边形可知,作用于墙背的主动土压力应为:

$$E_a = E' - E_c \tag{7-16}$$

式中:E'——当 $c=0$ 时的土压力,从式(7-1)得

$$E' = \frac{\cos(\theta + \phi)}{\sin(\theta + \phi)}G$$

G——棱体 $ABDEFMN$ 的自重,在图 7-19(a)所示的情况下:

$$G = \gamma(A_0\tan\theta - B_0)$$

其中:
$$A_0 = \frac{1}{2}(H+a)^2 - \frac{1}{2}h_c^2 + h_0(H+a-h_c)$$

$$B_0 = \frac{1}{2}ab + (b+d)h_0 + \frac{H}{2}(H + 2a + 2h_0)\tan\alpha$$

将 G 的表达式代入 E' 得

$$\begin{aligned}
E' &= \gamma(A_0\tan\theta - B_0)\frac{\cos(\theta+\phi)}{\sin(\theta+\Psi)} \\
&= \gamma A_0(\tan\theta + \tan\Psi)\frac{\cos(\theta+\phi)}{\sin(\theta+\Psi)} - \gamma A_0\tan\Psi\frac{\cos(\theta+\phi)}{\sin(\theta+\Psi)} - \gamma B_0\frac{\cos(\theta+\phi)}{\sin(\theta+\Psi)} \\
&= \gamma A_0 \frac{\sin(\theta+\Psi)}{\cos\theta\cos\Psi} \cdot \frac{\cos(\theta+\phi)}{\sin(\theta+\Psi)} - \gamma(A_0\tan\Psi + B_0)\frac{\cos(\theta+\phi)}{\sin(\theta+\Psi)} \\
&= \frac{\gamma A_0}{\cos\Psi} \cdot \frac{\cos(\theta+\phi)}{\cos\theta} - \gamma(A_0\tan\Psi + B_0)\frac{\cos(\theta+\phi)}{\sin(\theta+\Psi)}
\end{aligned} \tag{7-17}$$

式(7-16)中的 E_c 是由于 $\overline{BD}\cdot c$ 黏聚力的作用而减少的土压力,从图7-19(b)中可得

$$E_c = \frac{c\cdot\cos\phi\cdot\overline{BD}}{\sin(\theta+\Psi)} = \frac{c(H+a-h_c)\cos\phi}{\cos\theta\sin(\theta+\Psi)} \tag{7-18}$$

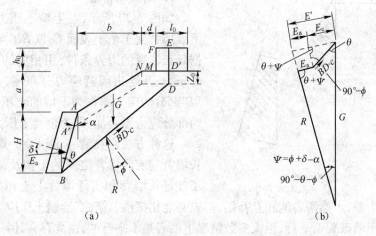

图 7-19 路堤墙黏性土主动土压力计算

令

$$\frac{dE_a}{d\theta} = \frac{dE}{d\theta} - \frac{dE_c}{d\theta} = 0$$

得

$$\frac{dE_a}{d\theta} = -\frac{\gamma A_0}{\cos\Psi}\cdot\frac{\sin\phi}{\cos^2\theta} + \frac{\gamma(A_0\tan\Psi + B_0)\cos(\phi-\Psi)}{\sin(\theta+\Psi)} +$$

$$c(H+a-h_c)\cos\phi\frac{\cos\theta\cos(\theta+\phi) - \sin\theta\sin(\theta+\Psi)}{\cos^2\theta\sin^2(\theta+\Psi)} = 0$$

将上式整理化简即可得到计算破裂角 θ 的公式为:

$$\tan\theta = -\tan\Psi \pm \sqrt{\sec^2\Psi - D} \tag{7-19}$$

式中:

$$D = \frac{A_0\sin(\phi-\Psi) - B_0\cos(\phi-\Psi)}{\cos\Psi[A_0\sin\phi + \frac{c}{\gamma}(H+a-h_c)\cos\phi]}$$

将 θ 代入 E_a 的表达式,即可求得主动土压力 E_a。

7.3.4 折线形墙背的土压力计算

凸形墙背的挡土墙和衡重式挡土墙,其墙背不是一个平面而是折面,称为折线形墙背。对这类墙背,以墙背转折点或衡重台为界,分成上墙与下墙,分别按库仑方法计算主动土压力,然后取两者的矢量和作为全墙的土压力。

计算上墙土压力时,不考虑下墙的影响,按俯斜墙背计算土压力。衡重式挡土墙的上墙,由于衡重台的存在,通常都将墙顶内缘和衡重台后缘的连线作假想墙背,假想墙背与实际墙背间的土楔假定与实际墙背一起移动。计算时先按墙背倾角 α 或假想墙背倾角 α′ 是否大于第二破裂角 $α_1$ 进行判断,如不出现第二破裂面,应以实际墙背或假想墙背为边界条件,按一般直线墙背库仑主动土压力计算;如出现第二破裂面,则按第二破裂面的主动土压力计算。

下墙土压力计算较复杂,目前普遍采用各种简化的计算方法,下面介绍两种常用的计算方法:

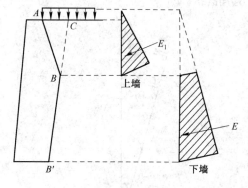

图 7-20 延长墙背法

1. 延长墙背法

如图 7-20 所示,在上墙土压力算出后,延长下墙墙背交于填土表面 C,以 $B'C$ 为假想墙背,根据延长墙背的边界条件,用相应的库仑公式计算土压力,并绘出墙背应力分布图,从中截取下墙 BB' 部分的应力图作为下墙的土压力。将上下墙两部分应力图叠加,即为全墙土压力。

这种方法存在着一定误差。第一,忽略了延长墙背与实际墙背之间的土楔及荷载重,但考虑了在延长墙背和实际墙背上土压力方向不同而引起的垂直分力差,虽然两者能相互补偿,但未必能相抵消。第二,绘制土压应力图形时,假定上墙破裂面与下墙破裂面平行,但大多数情况下两者是不平行的,由此存在计算下墙土压力所引起的误差。以上误差一般偏于安全,由于此法计算简便,至今仍被广泛采用。

2. 力多边形法

在墙背土体处于极限平衡条件下,作用于破裂棱体上的诸力,应构成矢量闭合的力多边形。在算得上墙土压力 E_1 后,就可绘出下墙任一破裂面力多边形。利用力多边形来推求下墙土压力,这种方法称为力多边形法。

现以路堤挡土墙下墙破裂面交于荷载范围内的情况(图 7-21)为例说明下墙土压力的推导过程。在极限平衡的条件下,破裂棱体 $AOBCD$ 的力平衡多边形为 $abed$,其中 abc 为上墙破裂棱体 $AOC'D$ 的力平衡三角形,$bedc$ 为下墙破裂棱体 $C'BOC$ 的力平衡多边形。图中 $eg // bc$,$cf // be$,$gf = \Delta E$。在 $\triangle cfd$ 中,由正弦定律可得

$$E_2 + \Delta E = G_2 \frac{\sin(90° - \theta_2 - \phi)}{\sin(\theta_2 + \Psi)}$$

$$E_2 = G_2 \frac{\cos(\theta_2 + \phi)}{\sin(\theta_2 + \Psi)} - \Delta E \tag{7-20}$$

$$\Psi = \phi + \delta_2 - \alpha_2$$

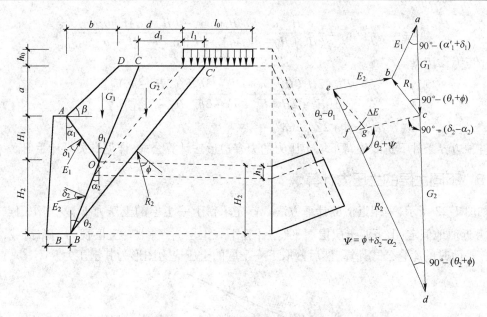

图 7-21 力多边形法求下墙土压力

挡土墙下部破裂棱体重力 G_2 为:

$$G_2 = \gamma(A_0 \tan\theta_2 - B_0) \tag{7-21}$$

式中:
$$A_0 = \frac{1}{2}(H_2 + H_1 + a + 2h_0)(H_2 + H_1 + a)$$

$B_0 = \frac{1}{2}(H_2 + 2H_1 + 2a + 2h_0)H_2\tan\alpha_2 + \frac{1}{2}(a + H_1)^2\tan\theta_1 + (d + b - H_1\tan\alpha_1)h_0$ 在 $\triangle efg$ 中,有

$$\Delta E = R_1 \frac{\sin(\theta_2 - \theta_1)}{\sin[180° - (\theta_2 + \Psi)]} = R_1 \frac{\sin(\theta_2 - \theta_1)}{\sin(\theta_2 + \Psi)} \tag{7-22}$$

在 $\triangle abc$ 中,上墙土压力 E_1 已求出,R_1 为

$$R_1 = E_1 \frac{\sin[90° - (\alpha_1 + \delta_1)]}{\sin[90° - (\theta_1 + \phi)]} = E_1 \frac{\cos(\alpha_1 + \delta_1)}{\cos(\theta_1 + \phi)} \tag{7-23}$$

将 G_2 及 ΔE 代入式(7-20),得

$$E_2 = \gamma(A_0 \tan\theta_2 - B_0)\frac{\cos(\theta_2 + \phi)}{\sin(\theta_2 + \Psi)} - R_1 \frac{\sin(\theta_2 - \theta_1)}{\sin(\theta_2 + \Psi)} \tag{7-24}$$

由上式可知,下墙土压力 E_2 计算值是试算破裂角 θ_2 的函数。为求 E_2 的最大值,可令 $\dfrac{dE_2}{d\theta_2} = 0$,得

$$\tan\theta_2 = -\tan\Psi \pm \sqrt{(\tan\Psi + \cot\phi)\left(\tan\Psi + \frac{B_0}{A_0}\right) - \frac{R_1\sin(\Psi + \theta_1)}{A_0\gamma\sin\phi\cos\Psi}} \tag{7-25}$$

将求得的破裂角 θ_2 代入,可求得下墙土压力 E_2。

在图 7-21 中作用于下墙的土压力图形,可近似假定 $\theta_i \approx \theta_2$,即

$$\frac{h_1}{H_2} = \frac{d_1}{l_1 + d_1}$$

则 $h_1 = \dfrac{H_2}{l_1 + d_1} \cdot d_1 = \dfrac{H_2[d + b - H_1\tan\alpha_1 - (H_1 + \alpha)\tan\theta_1]}{(H_2 + H_1 + a)\tan\theta_2 - H_2\tan\alpha_2 - (H_1 + a)\tan\theta_1}$

土压力作用点

$$\left.\begin{aligned}Z_{2x} &= \dfrac{H_2^3 + 3H_2^2(H_1 + a + h_0) - 3h_0 h_1(2H_1 - h_1)}{3[H_2^2 + 2H_2(H_1 + a) + 2h_0(H_2 - h_1)]} \\ Z_{2y} &= B + 2Z_{2x}\tan\alpha_2\end{aligned}\right\} \quad (7\text{-}26)$$

各种边界条件下折线墙背下墙土压力的力多边形法计算公式,详见有关设计手册。

7.3.5 不同土层的土压力计算

如图7-22所示,采用近似的计算方法。首先求得上一土层的土压力 E_{1x} 及其作用点高度 Z_{1x}。并近似地假定:上下两土层层面平行;计算下一土层时,将上一土层视为均布荷载,按地面为一平面时的库仑公式计算,然后截取下一土层的土压应力图形为其土压力。

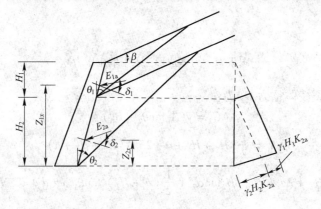

图 7-22 不同土层土压力计算

在图7-22中:

$$E_{2a} = \left(\gamma_1 H_1 H_2 + \dfrac{1}{2}\gamma_2 H_2^2\right) K_{2a} \quad (7\text{-}27)$$

式中:K_{2a}——下一土层的土压力系数。

土压力的作用点高度为:

$$Z_{2x} = \dfrac{H_2}{3}\left(1 + \dfrac{\gamma_1 H_1}{2\gamma_1 H_1 + \gamma_2 H_2}\right) \quad (7\text{-}28)$$

7.3.6 有限范围填土的土压力计算

以上各种土压力计算公式,适用于墙后填料为均质体,并且破裂面能在填料范围内产生的情况。如果挡土墙修在陡坡的半路堤上,或者山坡土体有倾向路基的层面,则墙后存在着已知坡面或潜在滑动面,当其倾角陡于由计算求得的破裂面的倾角时,墙后填料将沿着陡坡面(或滑动面)下滑,而不是沿着计算破裂面下滑,如图7-23所示。此时作用在墙上的主动土压力为

$$E_a = G\dfrac{\sin(\beta - \phi')}{\cos(\Psi - \beta)} \quad (7\text{-}29)$$

式中：G——土楔及其上荷载重；

β——滑动面的倾角，即原地面的横坡或层面倾角；

ϕ'——土体与滑动面的摩擦角，当坡面无地下水，并按规定挖台阶填筑时，可采用土的内摩擦角 ϕ；

Ψ——参数，$\Psi = \phi' + \alpha + \delta$。

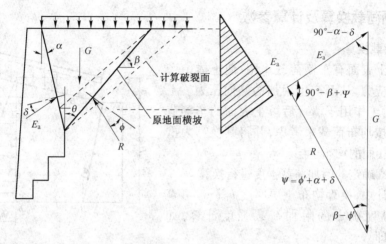

图 7-23　有限范围内填土的土压力计算

7.3.7　被动土压力计算

根据库仑理论，按照推导主动土压力公式的原理，由图 7-24 可得当地面为一平面时的被动土压力公式为：

$$E_p = \frac{1}{2}\gamma H^2 K_p$$

$$K_p = \frac{\cos^2(\phi + \alpha)}{\cos^2\alpha \cos(\alpha - \delta)\left[1 - \sqrt{\dfrac{\sin(\phi + \delta)\sin(\phi + \beta)}{\cos(\alpha - \delta)\cos(\alpha - \beta)}}\right]^2} \tag{7-30}$$

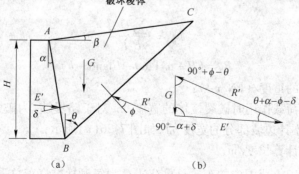

图 7-24　库仑被动土压力的计算
(a) 破裂棱体；(b) 力三角形

实践表明,用库仑理论计算的被动土压力,常常有很大的偏于不安全的误差,其误差还随着土的内摩擦角 ϕ 的增大而迅速增大。因此在许多情况下,式(7-30)是不能采用的。

应当指出,被动极限状态的产生,要求土体产生较大的变形,而这对一般的建筑物来说常是不能允许的。因此,当建筑物的设计要求考虑土的被动抗力时,应对被动土压力的计算值进行大幅度的折减。

7.3.8 车辆荷载换算及计算参数

1. 车辆荷载换算

墙背后填土表面有车辆荷载作用,使土体中产生附加的竖向应力,从而产生附加的侧向压力。土压力计算时,对于作用于墙背后填土表面的车辆荷载可以近似地按均布荷载来考虑,并将其换算为重度与墙后填土相同的均布土层。

(1)按墙高确定的附加荷载强度进行换算

挡土墙设计中,换算均布土层厚度 h_0(m)可直接由挡土墙高度确定的附加荷载强度计算,如图 7-25 所示,即

$$h_0 = \frac{q}{\gamma} \tag{7-31}$$

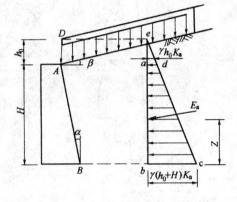

图 7-25 均布荷载换算图式

式中:γ——墙后填土的重度/(kN/m³);
q——附加荷载强度/kPa,按表 7-2 取值。

表 7-2 附加荷载强度 q

墙高 H/m	q/kPa	墙高 H/m	q/kPa
≤2.0	20.0	≥10.0	10.0

注:$H = 2.0 \sim 10.0$ m 时,q 由线性内插法确定。

(2)根据破裂棱体范围内布置的车辆荷载换算

根据墙后破裂棱体上的车辆荷载换算为重度与墙后填土相同的均布土层,如图 7-25 所示,其厚度 h_0 为:

$$h_0 = \frac{\sum Q}{\gamma B_0 L} \tag{7-32}$$

$$B_0 = (H + a)\tan\theta - H\tan\alpha - b$$

式中:γ——墙后填土的重度/(kN/m³);
B_0——不计车辆荷载作用时破裂棱体的宽度/m,对于路堤墙,为破裂棱体范围内的路基宽度(即不计边坡部分的宽度 b),如图 7-26(a)所示;
L——挡土墙的计算长度/m;
$\sum Q$——布置在 $B_0 \cdot L$ 范围内的车轮总重/kN,Q 为每辆标准汽车总重为 550 kN。

挡土墙的计算长度 l[图 7-26(b)],按下式计算:

$$L = L_0 + (H + 2a)\tan 30° \tag{7-33}$$

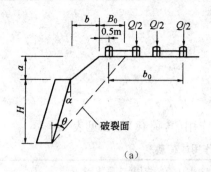 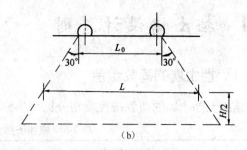

图 7-26 车辆荷载换算图式

式中:L_0——标准汽车前后轴轴距加轮胎着地长度为 14.0 m。

车辆荷载总重 $\sum Q$ 按下述规定计算:

纵向:当取用挡土墙分段长度时,为分段长度内可能布置的车轮重力;当取一辆标准汽车的扩散长度时为一辆标准汽车重力。

横向:破裂棱体宽度 B_0 范围内可能布置的车轮重力,车辆外侧车轮中心距路面(或硬路肩)、安全带边缘的距离为 0.5 m。

2. 计算参数

(1) 填料的计算内摩擦角和重度

设计挡土墙时最好按填料的实际工作情况进行试验,并考虑一定的安全度后来确定填料的计算内摩擦角及密度。无条件试验时,可参考表 7-3 所列的经验数据选用。

表 7-3 填料的计算内摩擦角和重度参考值

填料种类	计算内摩擦角 φ	重度 $\gamma/(kN/m^3)$
黏性土	15°~30°	17
砂类土	18°~40°	18
砂砾、卵石土	35°~40°	18~19
碎石土、不易风化的岩石碎块	40°~45°	19
不易风化的石块(开山石)	45°~50°	19~20

对于路堑挡土墙,墙后除利用开挖的土石回填部分外,其余均为天然土石,因此习惯上多参考自然山坡的坡角来确定设计 φ 值。

(2) 墙背摩擦角

影响墙背摩擦角 δ 值的因素是多方面的,主要有墙背的粗糙度(墙背越粗糙,δ 值越大)、填料的性质(φ 值越大,δ 值越大)和墙后排水条件(排水条件越好,δ 值越大)等。

表 7-4 所列为墙背摩擦角 δ 的经验参考数据。

表 7-4 墙背摩擦角 δ 参考值

挡土墙墙背性质	填料排水情况	δ 值
墙背光滑	不良	$(0~1/3)\varphi$
片、块石砌体、粗糙	良好	$(1/3~1/2)\varphi$
干砌片、块石、很粗糙	良好	$(1/2~2/3)\varphi$
第二破裂面体,无滑动	良好	φ

7.4 挡土墙设计总则

7.4.1 挡土墙的荷载组合

施加于挡土墙的荷载按性质划分见表7-5。常用作用(含荷载)组合见表7-6。

表7-5 施加于挡土墙的作用或荷载

作用(或荷载)分类		作用(或荷载)名称
永久作用(或荷载)		挡土墙结构重力
		填土(包括基础襟边以上土)重力
		填土侧压力
		墙顶上的有效永久荷载
		墙顶与第二破裂面之间的有效荷载
		计算水位的浮力及静水压力
		预加力
		混凝土收缩及徐变
		基础变位影响力
可变作用(或荷载)	基本可变作用(或荷载)	车辆荷载引起的土侧压力
		人群荷载引起的土侧压力
	其他可变作用(或荷载)	水位退落时的动水压力
		流水压力
		波浪压力
		冻胀压力和冰压力
		温度影响力
	施工荷载	与各类挡土墙施工有关的临时荷载
偶然作用(或荷载)		地震作用力
		滑坡、泥石流作用力
		作用于墙顶护栏上的车辆碰撞力

表7-6 常用作用(含荷载)组合

组合	作用(或荷载)名称
Ⅰ	挡土墙结构重力、墙顶上的有效永久荷载、填土重力、填土侧压力及其他永久荷载组合
Ⅱ	组合Ⅰ与基本可变荷载相结合
Ⅲ	组合Ⅱ与其他可变荷载、偶然荷载相结合

注:① 洪水与地震力不同时考虑;
② 冻胀力、冰压力与流水压力或波浪压力不同时考虑;
③ 车辆荷载与地震力不同时考虑。

7.4.2 挡土墙的设计原则

挡土墙按"极限状态分项系数法"进行设计。挡土墙设计极限状态分构件承载力极限状态和正常使用极限状态。承载力极限状态是当挡土墙出现以下任何一种状态,即认为超过了承载力极限状态。

(1) 整个挡土墙或挡土墙的一部分作为刚体失去平衡;

(2) 挡土墙构件或连接部件因材料承受的强度超过极限而破坏,或因过量塑性变形而不适于继续承载;

(3) 挡土墙结构变为机动体系或局部失去平衡。

正常使用极限状态是指挡土墙出现下列状态之一时,即认为超过了正常使用极限状态:

① 影响正常使用或外观变形;

② 影响正常使用或耐久性的局部破坏(包括裂缝);

③ 影响正常使用的其他特定状态。

挡土墙按构件承载能力极限状态设计时,采用下列表达式:

$$\gamma_0 S \leq R(\cdot) \tag{7-34}$$

$$R(\cdot) = R\left(\frac{R_k}{\gamma_f}, \alpha_d\right) \tag{7-35}$$

式中:γ_0——结构重要性系数,按表 7-7 的规定选用;

S——作用(或荷载)效应的组合设计值;

$R(\cdot)$——挡土墙结构抗力函数;

R_k——抗力材料的强度标准值;

γ_f——结构材料、岩土性能的分项系数,按表 7-8 规定选用;

α_d——结构或结构构件几何参数的设计值,当无可靠数据时,可采用几何参数标准值。

表 7-7 结构重要性系数 γ_0

墙 高	公 路 等 级	
	高速公路、一级公路	二级以下公路
≤5.0 mm	1.0	0.95
>5.0 m	1.05	1.0

表 7-8 承载能力极限状态作用(或荷载)分项系数

情 况	荷载增大对挡土墙结构起有利作用时		荷载增大对挡土墙结构起不利作用时	
组合	Ⅰ,Ⅱ	Ⅲ	Ⅰ,Ⅱ	Ⅲ
垂直恒载 γ_G	0.90		1.20	
恒载或车辆荷载、人群荷载的主动土压力 γ_{Q1}	1.00	0.95	1.40	1.30
被动土压力 γ_{Q2}	0.30		0.50	
水浮力 γ_{Q3}	0.95		1.10	
静水压力 γ_{Q4}	0.95		1.05	
动水压力 γ_{Q5}	0.95		1.20	
地震力 γ_{Q6}	0.90		1.10	

挡土墙按正常使用极限状态设计时,通常采用表7-8所列的各分项系数;当对挡土墙进行基础合力偏心距和圬工结构合力偏心距计算时,除被动土压力γ_{Q2}采用0.3外,其他全部荷载系数规定采用1.0。

7.5 重力式挡土墙设计

7.5.1 挡土墙稳定性验算

1. 抗滑稳定性验算

为保证挡土墙抗滑稳定性,应验算在土压力及其他外力作用下,基底摩阻力抵抗挡土墙滑移的能力。

如图7-27所示,在一般情况下:

$$[1.1G + \gamma_{Q1}(E_y + E_x\tan\alpha_0) - \gamma_{Q2}E_p\tan\alpha_0]\mu + (1.1G + \gamma_{Q1}E_y)\tan\alpha_0 - \gamma_{Q1}E_x + \gamma_{Q2}E_p > 0 \quad (7\text{-}36)$$

式中:G——挡土墙自重;

E_x,E_y——墙背主动土压力的水平与垂直分力/kN;

E_p——墙前被动土压力的水平分量/kN;当为浸水挡土墙时,$E_p = 0$;

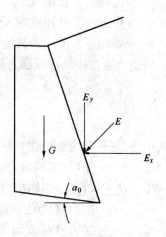

图7-27 挡土墙抗滑动稳定

α_0——基底倾斜角/(°);

μ——基底摩擦系数,可通过现场试验确定。无试验资料时,可参考表7-9的经验数据;

γ_{Q1},γ_{Q2}——主动土压力和墙前被动土压力分项系数,可按表7-8规定采用。

表7-9 基底摩擦系数 μ 参考值

地基土分类	μ	地基土分类	μ
软塑黏土	0.25	碎石类土	0.5
硬塑黏土	0.3	软质岩石	0.4,0.6
砂类土、黏砂土、半干硬黏土	0.3~0.4	硬质岩石	0.6,0.7
砂类土	0.4		

抗滑动稳定系数 K_c 为:

$$K_c = \frac{[N + (E_x - E'_p)\tan\alpha_0]\mu + E'_p}{E_x - N\tan\alpha_0}$$

式中:N——作用于基底上合力的竖向分力/kN,浸水挡土墙应计浸水部分的浮力;

E'_p——墙前被动土压力水平分量的0.3倍/kN。

依据现行《公路路基设计规范》(JTG D30—2004),对于荷载组合Ⅰ、Ⅱ、Ⅲ,施工阶段验算的抗滑动稳定系数分别为1.3、1.3、1.2。

2. 抗倾覆稳定性验算

为保证挡土墙抗倾覆稳定性,须验算它抵抗墙身绕墙趾向外转动倾覆的能力,如图 7-28 所示。

$$0.8GZ_G + \gamma_{Q1}(E_y Z_x - E_x Z_y) + \gamma_{Q2} E_p Z_p > 0 \quad (7\text{-}37)$$

式中:Z_G——墙身、基础及其上的土重合力重心及作用于墙顶的其他荷载的竖向力合力重心到墙趾的水平距离/m;

Z_x——墙后主动土压力垂直分力作用点到墙趾的水平距离/m;

Z_y——墙后主动土压力水平分力作用点到墙趾的垂直距离/m;

Z_p——墙前被动土压力的水平分量到墙趾的距离/m。

抗倾覆稳定系数 K_0 为:

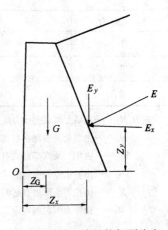

图 7-28 挡土墙的抗倾覆稳定

$$K_0 = \frac{GZ_G + E_y Z_x + E'_p Z_p}{E_x Z_y}$$

在验算挡土墙的稳定性时,一般均未计趾前土层对墙面所产生的被动土压力。验算结果如不满足以上要求,则表明抗滑稳定性或抗倾覆稳定性不够,应改变墙身断面尺寸重新核算。

依据现行《公路路基设计规范》(JTG D30—2004),对于荷载组合Ⅰ、Ⅱ、Ⅲ,施工阶段验算的抗倾覆稳定系数分别为 1.5、1.3、1.2。

7.5.2 基底应力及合力偏心距验算

为了保证挡土墙基底应力不超过地基承载力,应进行基底应力验算;同时,为了避免挡土墙不均匀沉陷,控制作用于挡土墙基底的合力偏心距。

1. 基础地面的压应力

(1) 轴心荷载作用时

$$p = \frac{N_1}{A} \quad (7\text{-}38)$$

式中:p——基底平均压应力/kPa;

A——基础底面每延米的面积,即基础宽度 $B \times 1.0(\text{m}^2)$;

N_1——每延米作用于基底的总竖向力设计值/kN。

$$N_1 = (G\gamma_G + \gamma_{Q1} E_y - W)\cos\alpha_0 + \gamma_{Q1} E_x \sin\alpha_0$$

其中:E_y——墙背主动土压力(含附加荷载引起)的垂直分力/kN;

E_x——墙背主动土压力(含附加荷载引起)的水平分力/kN;

W——低水位浮力/kN(指常年淹没水位)。

(2) 偏心荷载作用时

作用于基底的合力偏心距 e 为:

$$e = \frac{M}{N_1} \quad (7\text{-}39)$$

式中:M——作用于基底形心的弯矩,可以按表 7-10 采用。

表 7-10 基底弯矩值计算

荷载组合	作用于基底形心的弯矩设计值
Ⅰ	$M = 1.4M_E + 1.2M_G$
Ⅱ	$M = 1.4M_{E1} + 1.2M_G$
Ⅲ	$M = 1.3M_E + 1.2M_G + 1.05M_W + 1.1M_f + 1.2M_p$

表中：M_E——由填土恒载土压力所引起的弯矩；

M_G——由墙身及基础自重和基础上的土重引起的弯矩；

M_{E1}——由填土及汽车活载引起的弯矩；

M_W——由静水压力引起的弯矩；

M_p——由地震土压力引起的弯矩；

M_f——由浮力引起的弯矩。

① 当 $|e| \leq \dfrac{B}{6}$ 时

$$\left.\begin{aligned} p_{\max} &= \frac{N_1}{A}\left(1 + \frac{6e}{B}\right) \\ p_{\min} &= \frac{N_1}{A}\left(1 - \frac{6e}{B}\right) \end{aligned}\right\} \tag{7-40}$$

式中：$p_{\max}$、$p_{\min}$——基底边缘最大、最小压应力设计值/kN；

B——基础宽度/m。

② 当 $|e| > \dfrac{B}{6}$ 时

此情况可以不考虑地基拉应力，而压应力重新分布如下：

$$\left.\begin{aligned} p_{\max} &= \frac{2N_1}{3C} \\ p_{\min} &= 0 \end{aligned}\right\} \tag{7-41}$$

式中：$C = \dfrac{B}{2} - e \quad \left(e \leq \dfrac{B}{2}\right)$

2. 基底合力偏心距

基底合力偏心距应满足表 7-11 的要求。

表 7-11 基底合力偏心距

地基条件	合力偏心距	地基条件	合力偏心距
非岩石地基	$e_0 \leq B/6$	软土、松砂、一般黏土	$e_0 \leq B/6$
较差的岩石地基	$e_0 \leq B/5$	紧密细砂、黏土	$e_0 \leq B/5$
坚密的岩石地基	$e_0 \leq B/4$	中密碎、砾石，中砂	$e_0 \leq B/4$

3. 地基承载力抗力值

地基应力的设计值应满足地基承载力的抗力值要求，即满足以下各式。

（1）当轴向荷载作用时

$$p \leq f \tag{7-42}$$

式中：p——见式(7-38)；
f——地基承载力抗力值/kPa。

(2) 当偏心荷载作用时

$$p \leqslant 1.2f \tag{7-43}$$

(3) 地基承载力抗力值的规定

当挡土墙的基础宽度大于 3 m，或埋置深度大于 0.5 m 时，除岩石地基外，地基承载应力抗力值按下式计算：

$$f = f_k + \kappa_1 \gamma_1 (b - 3) + \kappa_2 \gamma_2 (h - 0.5) \tag{7-44}$$

式中：f——地基承载应力抗力值；
f_k——地基承载应力标准值；
κ_1、κ_2——承载力修正系数，见表 7-12；
γ_1——基底下持力层上土的天然重度/(kN/m³)，如在水面以下且不透水者，应采用水中重度；
γ_2——基础地面以下各土层的加权平均重度，水面以下用有效水中重度/(kN/m³)；
b——基础底面宽度小于 3 m 时取 3 m，大于 6 m 时取 6 m；
h——基础底面的埋置深度/m，从天然地面算起；有水流冲刷时，从一般冲刷线算起。

表 7-12 承载力修正系数

土 的 类 别		κ_1	κ_2
淤泥和淤泥质土	$f_k < 50$ kPa	0	1.0
	$f_k \geqslant 50$ kPa	0	1.0
人工填土 e 或 $I_L \geqslant 0.85$，黏性土 $e \geqslant 0.85$ 或稍湿的粉土		0	1.1
红黏土	含水率 > 0.8	0	1.2
	含水率 ≤ 0.8	0.15	1.4
e 或 I_L 均小于 0.85 的黏质土		0.3	1.6
$e < 0.85$ 及 $S_r \leqslant 0.5$ 的粉质土		0.5	2.2
粉砂、细砂(不包括很湿、稍密)		2.0	3.0
中砂、粗砂、砾砂和碎石土		3.0	4.4

注：① S_r 为土的饱和度，$S_r \leqslant 0.5$ 稍湿，$0.5 < S_r \leqslant 0.8$ 很湿，$S_r > 0.8$ 饱和；
② 强风化岩石，可参照相应土的承载力取值；
③ I_L 为含水率；
④ e 为空隙比。

(4) 当不满足式(7-44)的计算条件或计算出的结果 $f < 1.1 f_k$ 时，可按 $f = 1.1 f_k$ 直接确定地基承载应力抗力值。

(5) f 值可以根据不同荷载组合予以提高，提高系数 K 按表 7-13 取值。

表 7-13 提高系数 K

荷 载 组 合	提高系数 K	荷 载 组 合	提高系数 K
主要组合（Ⅰ）	1.0	偶然组合（Ⅲ）	1.5
附加组合（Ⅱ）	1.3		

(6) 当偏心距 $e \leqslant 0.333$ 倍基础底面宽度时，可根据土的抗剪强度指标确定地基承载应力抗力值(图 7-29)。

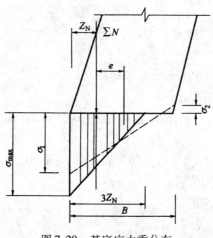

图 7-29 基底应力重分布

7.5.3 墙身截面强度验算

为了保证墙身具有足够的强度,应根据经验选择 1~2 个控制断面进行验算,如墙身底部、1/2 墙高处、上下墙(凸形及衡重式墙)交界处(图 7-30)。

根据《公路圬工桥涵设计规范》(JTG D61—2005)的规定,当构件采用分项安全系数的极限状态设计时,荷载效应不利组合的设计值,应小于或等于结构抗力效应的设计值。

1. 强度计算(图 7-31)

$$N_j \leq \alpha_k A R_k / \gamma_k \tag{7-45}$$

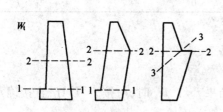
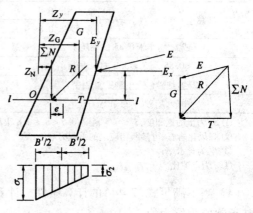

图 7-30 验算断面的选择　　图 7-31 墙身截面法向应力验算

按每延米墙长计算:

$$N_j = \gamma_0 (\gamma_G N_G + \gamma_{Q1} N_{Q1} + \sum \gamma_{Qi} \psi_{Ci} N_{Qi}) \tag{7-46}$$

式中: N_j——设计轴向力/kN;

γ_0——重要性系数;

ψ_{Ci}——荷载组合系数,见表 7-14 所列;

$N_G、\gamma_G$——恒载(自重及襟边以上土重)引起的轴向力/kN 和相应的分项系数,按表 7-8 选用;

N_{Q1}——主动土压力引起的轴向力/kN；

$N_{Qi}(i=2\sim6)$——被动土压力、水浮力、静水压力、动水压力、地震力引起的轴向力/kN；

$\gamma_{Qi}(i=1\sim6)$——以上各项轴向力的分项系数，按表7-8选用；

γ_k——抗力分项系数，按表7-15选用；

R_k——材料极限抗压强度/kPa；

A——挡土墙构件的计算截面积/m²；

α_k——轴向力偏心影响系数，按下式计算：

$$\alpha_k = \frac{1-256\left(\dfrac{e_0}{B}\right)^8}{1+12\left(\dfrac{e_0}{B}\right)^2}$$

挡土墙墙身或基础为纯圬工截面时，其偏心距应小于表7-16的要求。

表7-14 荷载组合系数

荷载组合	ψ_{Ci}	荷载组合	ψ_{Ci}
Ⅰ、Ⅱ	1.0	施工荷载	0.7
Ⅲ	0.8		

表7-15 抗力分项系数

圬工种类	受力情况	
	受 压	受弯、剪、拉
石料	1.85	2.31
片石砌体、片石混凝土砌体	2.31	2.31
块石砌体、粗料石砌体、混凝土预制块砌体	1.92	2.31
混凝土	1.54	2.31

表7-16 圬工结构容许偏心距 e_0

荷 载 组 合	容许偏心距	荷 载 组 合	容许偏心距
Ⅰ、Ⅱ	0.25B	施工荷载	0.33B
Ⅲ	0.30B		

2. 稳定计算

$$N_j \leqslant \psi_k \alpha_k A R_k / \gamma_k \tag{7-47}$$

式中：N_j、α_k、A、γ_k 意义同式(7-46)；

ψ_k——弯曲平面内的纵向翘曲系数，按下式计算：

$$\psi_k = \frac{1}{1+\alpha_s\beta_s(\beta_s-3)[1+16(e_0/B)^2]} \tag{7-48}$$

β_s——$2H/B$，H 为墙有效高度(视下端固定，上端自由，m)，B 为墙的宽度/m；

α_s——系数，查表7-17。

表 7-17　α_s 系数

砌体砂浆强度等级	≥M5	M2.5	M1	混凝土
α_s	0.002	0.0025	0.004	0.002

一般情况下,挡土墙尺寸不受稳定控制,但应判断是细高墙或是矮墙。

当 H/B 小于 10 时为矮墙,其余则为细高墙。但当墙顶为自由时 H/B 应小于 30。

对于矮墙可取 $\psi_k = 1$,即不考虑纵向稳定。

3. 当 e_0 超过表 7-16 的规定时,还可以利用弯曲抗拉极限强度 R_{WL} 进行验算或确定截面尺寸

$$N_j \leqslant \frac{AR_{WL}}{\left(\dfrac{Ae_0}{W} - 1\right)\gamma_k} \tag{7-49}$$

式中:W——截面系数/m^3。

当挡土墙长度取 1 延米为计算单元时,$A = 1 \times B$,则式(7-49)为:

$$N_j \leqslant \frac{BR_{WL}}{\left(\dfrac{6e_0}{B} - 1\right)\gamma_k} \tag{7-50}$$

4. 正截面直接受剪时验算

$$Q_j \leqslant A_j R_j / \gamma_k + f_m N_1 \tag{7-51}$$

式中:Q_j——正截面剪力/kN;

　　　A_j——受剪截面面积/m^2;

　　　R_j——砌体截面的抗剪极限强度/kPa;

　　　f_m——摩擦系数,$f_m = 0.42$。

7.5.4　增加挡土墙稳定性的措施

1. 增加抗滑稳定性的方法

(1) 设置倾斜基底(图 7-32)

设置向内倾斜的基底,可以增加抗滑力和减少滑动力,从而增加了抗滑稳定性。

基底倾斜角 α_0 越大,越有利于抗滑稳定性,但应考虑挡土墙连同地基土体一起滑走的可能性,因此对地基倾斜度应加以控制。通常,对土质地基,不陡于 1:5($\alpha_0 \leqslant 11°10'$);对岩石地基,不陡于 1:3($\alpha_0 \leqslant 16°42'$)。

此外,在验算沿基底的抗滑稳定性的同时,还应验算通过墙踵的地基水平面(图 7-32 中Ⅰ—Ⅰ水平面)的滑动稳定性。

(2) 利用凸榫基础(图 7-33)

在挡土墙基础底面设置混凝土凸榫,与基础连成整体,利用榫前土体产生的被动土压力以增加挡土墙的抗滑稳定性。

为了增加榫前被动阻力,应使榫前被动土楔不超过墙趾。同时,为了防止因设凸榫而增加墙背的主动土压力,应使凸榫后缘与墙踵的连线同水平线的夹角不超过 φ 角。因此应将整个凸榫置于通过墙趾并与水平线成 $45° - \varphi/2$ 角线和通过墙踵并与水平线成 φ 角线所形成的三角形范围内。

第 7 章 挡土墙设计

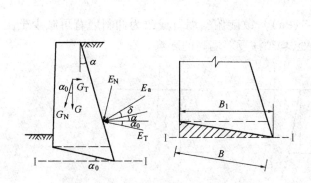

图 7-32 倾斜基底增加挡土墙抗滑稳定性

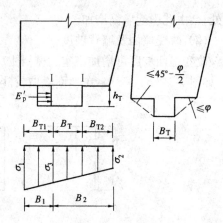

图 7-33 凸榫基础

当 $\beta=0$（填土表面水平），$\alpha=0$（墙背垂直），$\delta=0$（墙光滑）时，榫前的单位被动土压力 σ_p，按朗金（Rankine）理论计算。

$$\sigma_p = \gamma h \tan^2(45°+\varphi/2) \approx \frac{1}{2}(\sigma_1+\sigma_3)\tan^2(45°+\varphi/2)$$

考虑到产生全部被动土压力所需要的墙身位移量大于墙身设计所允许的位移量，为工程安全所不允许，因此铁路规范规定，凸榫前的波动土压力按朗金被动土压力的 1/3 采用，即

$$e_p = \frac{1}{3}\sigma_p = \frac{1}{3}\left[\frac{1}{2}(\sigma_1+\sigma_3)\tan^2(45°+\varphi/2)\right]$$

$$E'_p = e_p \cdot h_T \tag{7-52}$$

在榫前 B_T 前宽度内，因已考虑了部分被动土压力，故未计其基底摩擦阻力。

按照抗滑稳定性的要求，令 $K_c = [K_c]$，代入式(7-52)，即可得出凸榫高度 h_T 的计算式：

$$h_T = \frac{[K_c]E_x - \frac{1}{2}(\sigma_2+\sigma_3)B_2 f}{e_p} \tag{7-53}$$

凸榫宽度 B_T 根据以下两方面的要求进行计算，取其大者。

(1) 根据截面 I—I（图 7-33）上的弯矩 M_T：

$$B_T = \sqrt{\frac{6M_T}{[\sigma_{WL}]}} = \sqrt{\frac{6\times\frac{1}{2}e_p h_T^2}{[\sigma_{WL}]}} = \sqrt{\frac{3h_T^2 e_p}{[\sigma_{WL}]}} \tag{7-54}$$

(2) 根据该截面上的剪应力：

$$B_T = \frac{e_p h_T}{[\tau]} \tag{7-55}$$

式中：$[\sigma_{WL}]$、$[\tau]$——混凝土的容许弯拉应力和容许剪应力。

2. 增加抗倾覆稳定性的方法

为增加抗倾覆稳定性，可采取加大稳定力矩和减小倾覆力矩的办法。

(1) 展宽墙趾

在墙趾处展宽基础以增加稳定力臂，是增加抗倾覆稳定性的常用方法。但在地面横坡较

陡处,会由此引起墙高增加。

(2) 改变墙面及墙背坡度

改变墙面坡度可增加稳定力壁[图 7-34(a)],改陡俯斜墙背或改为仰斜墙背可减少土压力,如图 7-34(b)、(c)。在地面纵坡较陡处,均须注意对墙高的影响。

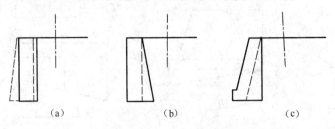

图 7-34 改变墙面及墙背坡度
(a)改变墙面坡度;(b)改陡俯斜墙背;(c)改为仰斜墙背

(3) 改变墙身断面类型

当地面横坡较陡时,应使墙胸尽量陡立。这时可改变墙身断面类型,如改用衡重式墙或者墙后加设卸荷平台、卸荷板(图 7-35),以减少土压力并增加稳定力矩。

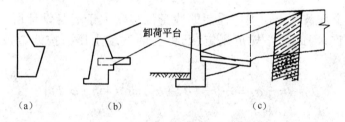

图 7-35 改变墙身断面类型措施

7.5.5 衡重式挡土墙设计

衡重式挡土墙设计与一般重力式挡土墙相同。但是,因为墙背为带有衡重台的折线形,所以土压力计算及墙身构造都有其特殊性。

衡重式挡土墙构造,通常墙胸采用 1:0.05 的陡坡,上墙墙背坡率采用 1:0.25~1:0.45 之间,下墙墙背坡率采用 1:0.25,上下墙高比采用 2:3。其他构造要求与一般重力式挡土墙相同。

作用于衡重式挡土墙的主动土压力,按上下墙分别计算,取其矢量和作为全墙的主动土压力。

衡重式挡土墙稳定性验算的内容和要求同一般重力式挡土墙。当上墙出现第二破裂面时,第二破裂面与上墙墙背之间的填土与墙身一起移动,其重力应计入墙身自重。

验算墙身截面强度时,应按上墙实际墙背所承受的土压力计算,验算内容同重力式(图 7-29 所示)。最危险的截面是上下墙分界面 2-2,以及与上墙土压力大致平行的 3-3 斜截面。对于斜截面验算,应将诸力投影到斜截面上,验算的重点是抗剪强度能否满足要求。

下面介绍上墙实际墙背上的土压力及斜截面上的剪应力的计算方法。

1. 上墙实际墙背的土压力

上墙实际墙背的土压力 E'_1 由第二破裂面上的土压力 E_1 传递而来。一般假定衡重台及墙背上均无摩擦力产生,采用力多边形来推求,如图 7-36 所示。

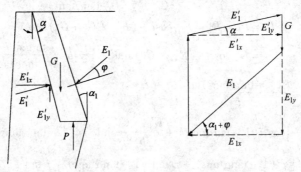

图 7-36　上墙实际墙背的土压力计算

从力多边形可知

$$E'_{1x} = E_{1x} \tag{7-56}$$

$$E'_{1y} = E'_{1x}\tan\alpha = E_{1x}\tan\alpha$$

假定此土压力沿墙背呈直线分布,作用于上墙的下三分点处。

2. 斜截面剪应力验算

如图 7-37 所示,设衡重式挡土墙沿与水平方向成 i 角的倾斜面被剪切。剪切面上的作用力是主动土压力的水平分力 E'_{1x} 和竖直力 $\sum N(= E'_1 + G_1 + G_2)$ 在该面上的切向分力 P_E 和 P_G。P_G 和 P_E 随 i 角的变化而变化,因此该剪切面上的剪应力 τ 是 i 角的函数。欲求最大剪应力 τ 值,可按 $\dfrac{\mathrm{d}\tau}{\mathrm{d}i} = 0$ 导出。

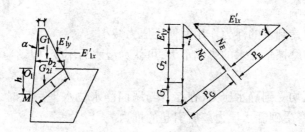

图 7-37　斜截面剪应力验算

在 $\triangle O_1 LM$ 中,由正弦定律得:

$$\frac{\dfrac{h}{\cos\alpha}}{b_2} = \frac{\sin i}{\sin(90°-\alpha-i)} = \frac{\sin i}{\cos(\alpha+i)}$$

则

$$h = \frac{b_2 \sin i \cos\alpha}{\cos(\alpha+i)} = \frac{b^2 \tan i}{1-\tan\alpha\tan i}$$

剪切面宽度

$$l = \frac{h}{\sin i} = \frac{b_2}{\cos i(1 - \tan\alpha\tan i)}$$

$$G_2 = \frac{1}{2}\gamma_k b_2 h = \frac{1}{2}\gamma_k b_2^2 \frac{\tan i}{(1 - \tan\alpha\tan i)}$$

$$P = P_E + P_G = E'_{1x}\cos i + (E'_{1y} + G_1 + G_2)\sin i$$

$$= E'_{1x}\cos i + (E'_{1y} + G_1)\sin i + \frac{1}{2}\gamma_k b_2^2 \frac{\tan i \sin i}{1 - \tan\alpha\tan i}$$

$$\tau = \frac{P}{l} = \frac{P(1 - \tan\alpha\tan i)\cos i}{b_2}$$

$$= \left(\frac{E'_{1x}}{b_2}\right)\cos^2 i(1 - \tan\alpha\tan i) + \frac{E'_{1y} + G_1}{b_2}\sin i\cos i(1 - \tan\alpha\tan i) + \frac{1}{2}\gamma_k b_2\sin^2 i$$

$$= \cos^2\left[\tau_x(1 - \tan\alpha\tan i) + \tau_0\tan i(1 - \tan\alpha\tan i) + \tau_r\tan^2 i\right] \tag{7-57}$$

式中:$\tau_x = \dfrac{E'_{1x}}{b_2}, \tau_0 = \dfrac{E'_{1y} + G_1}{b_2}, \tau_r = \dfrac{1}{2}\gamma_k b_2$,$\gamma_k$ 为墙身砌体重度。

对式(7-57)微分,令 $\dfrac{\mathrm{d}\tau}{\mathrm{d}i} = 0$,经整理简化得

$$\tan i = -A \pm \sqrt{A^2 + 1} \tag{7-58}$$

式中:

$$A = \frac{\tau_r - \tau_x - \tau_0\tan\alpha}{\tau_x\tan\alpha - \tau}$$

由式(7-58)解出 i 角,代入式(7-57),即可求得最大计算剪应力 $\tau_{\max}$。其验算方法同前。

7.6 浸水路堤挡土墙设计

设计长期或季节性浸水的挡土墙,除了按一般挡土墙考虑所作用的力系外,还应考虑水对墙后填料和墙身的影响。

(1)浸水的填料受到水的浮力作用而使土压力减小。

(2)砂性土的内摩擦角受水的影响不大,可认为浸水后不变,但黏性土浸水后抗剪强度显著降低。

(3)墙背与墙面均受到静水压力,在墙背与墙面静水位水平一致时,两者互相平衡;而当有一水位差时,则墙身受到静水压力差所引起的推力。

(4)墙外水位骤然降落,或者墙后暴雨下渗在填料内出现渗流时,填料受到渗透动水压力。

(5)墙身受到水的浮力作用,而使其抗倾覆及抗滑动稳定性减弱。

7.6.1 浸水挡土墙土压力计算

1. 当填料为砂性土时

计算时应考虑:

(1)浸水部分填料重度采用水中重度。

(2)浸水前后的内摩擦角不变。

(3)破裂面为一平面,由于浸水后破裂位置的变动对于计算土压力的影响不大,因而不考

虑浸水的影响。

在此情况下,浸水挡土墙墙背土压力 E_b 可采用不浸水时的土压力 E_a 扣除计算水位以下因浮力影响而减少的土压力 ΔE_b(图 7-38),即

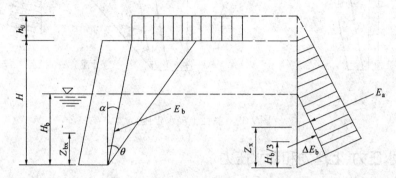

图 7-38　砂性土浸水土压力

$$E_b = E_a - \Delta E_b \tag{7-59}$$

$$\Delta E_b = \frac{1}{2}(\gamma - \gamma_b) H_b^2 K_a \tag{7-60}$$

$$\gamma_b = \gamma_d - (1-n)\gamma_w = \frac{\gamma_s - \gamma_w}{1+\varepsilon} \tag{7-61}$$

式中:γ——填料天然重度/(kN/m³);

γ_b——填料的水中重度/(kN/m³);

H_b——浸水部分墙高/m;

K_a——土压力系数;

γ_d、γ_s——填料的干重度和固体土料的重度,其中 γ_s 值可采用:砂土 26.6 kN/m³,砾石、卵石 26.5~28.0 kN/m³;

γ_w——水的重度,$\gamma_w \approx 10$ kN/m³;

n——填料的孔隙率;

ε——填料的孔隙比。

土压力作用点的位置

$$Z_{bx} = \frac{E_a Z_x - \Delta E_b \dfrac{H_b}{3}}{E_a - \Delta E_b} \tag{7-62}$$

式中符号同前。

2. 当填料为黏性土时

考虑到黏性土浸水后 c 值显著降低,将填土的上下两部分视为不同性质的土层,应分别计算土压力(图 7-39)。计算中,先求出计算水位以上填土的土压力 E_1;然后再将上层填土重力作为荷载,计算浸水部分的土压力 E_2。E_1 和 E_2 的矢量和即为全墙土压力。

在计算浸水部分的土压力 E_2 时,先按水中重度 γ_b 将上部土层及超载换算为均布土层作为超载。土层厚 h_b 为

$$h_b = \frac{\gamma(h_0 + H_1)}{\gamma_b} = \frac{\gamma}{\gamma_b}(h_0 + H - H_b) \tag{7-63}$$

式中符号意义同前。

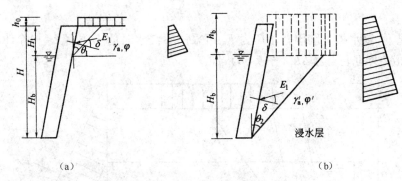

图 7-39 黏性土浸水土压力

7.6.2 静水压力、上浮力和动水压力

1. 静水压力(图 7-40)

墙胸所受静水压力:

$$P_1 = \frac{1}{2}\gamma_w H_b'^2 \sec\alpha'$$

其水平分力及垂直分力分别为:

$$P'_{1x} = \frac{1}{2}\gamma_w H_b'^2$$

$$P'_{1y} = \frac{1}{2}\gamma_w H_b'^2 \tan\alpha'$$

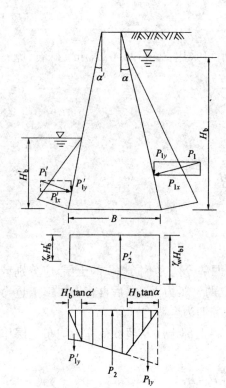

图 7-40 静水压力及上浮力

墙背所受静水压力为:

$$P_1 = \frac{1}{2}\gamma_w H_b^2 \sec\alpha$$

其水平分力及垂直分力分别为:

$$P_{1x} = \frac{1}{2}\gamma_w H_b^2$$

$$P_{1y} = \frac{1}{2}\gamma_w H_b'^2 \tan\alpha$$

当计算动水压力 P_3 时,$H_b - H_b'$ 段的静水压力为动水压力所代替,则墙背静水压力 P'_{1x} 为:

$$P'_{1x} = \frac{1}{2}\gamma_w(2H_b H_b' - H_b^2) \qquad (7\text{-}64)$$

挡土墙两侧静水压力的水平分力差为 $P_{1x} - P'_{1x}$。当墙身排水良好,墙前与墙后的水位一致时,$P_{1x} = P'_{1x}$,两者相互平衡,计算时可不予考虑。静水压力的垂直分力 P_{1y} 和 P'_{1y} 计入上浮力。

2. 上浮力(图 7-40)

作用于基底的上浮力 P'_2 为:

$$P'_2 = \frac{1}{2}C\gamma_w(H_b + H_b')B \qquad (7\text{-}65)$$

式中：B——基底宽/m；

C——上浮力折减系数，根据墙基底面水的渗透情况而定，见表 7-18。

表 7-18　上浮力折减系数 C 值

墙基底面水的渗透情况	C
透水的地基	1.0
不能肯定是否透水的地基	1.0
岩石地基，在基底与岩石间浇注混凝土，认为相对不透水时	0.5

墙身受到的总上浮力 P_2 为基底上浮力与墙胸、墙背所受的静水压力竖直分力的代数和，即

$$P_2 = P'_2 - P'_{1y} - P_{1y} = \frac{1}{2}\gamma_w \left[CB(H_b + H'_b) - (H'^2_b \tan\alpha' + H^2_b \tan\alpha) \right] \tag{7-66}$$

对于常年浸水的挡土墙，上述静水压力及上浮力在计算时应视作主要荷载组合中的作用力；而对于季节性浸水的挡土墙，则当作附加组合中的作用力。

3. 动水压力（图 7-41）

当墙后为弱透水性填料时，由于墙外水位急剧下降，在填料内部将产生渗流，由此而引起动水压力 P_3，其大小按下式计算

$$P_3 = I_j \Omega \gamma_w \tag{7-67}$$

式中：I_j——降水曲线的平均坡度；

Ω——产生动水压力的浸水部分，即图中的阴影部分，可近似地取梯形 $abcd$ 的面积。

$$\Omega = \frac{1}{2}(H^2_b - H'^2_b)(\tan\theta + \tan\alpha) \tag{7-68}$$

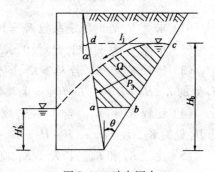

图 7-41　动水压力

动水压力 P_3 的作用点为 Ω 面积的重心，其方向平行于 I_j。

透水性材料，动水压力一般很小，可略而不计。

7.6.3　浸水挡土墙稳定性验算

作用在浸水挡土墙的力系，如图 7-42 所示。

具体验算方法同前述，只是验算时注意考虑浸水挡土墙的受力特点。

设计浸水挡土墙，应求算最不利水位进行验算。

由于浸水对墙身及填料产生不同的影响，随着水位的涨落，墙的稳定性出现不同的变化。最高水位并不是在所有情况下都是最不利的水位；抗滑稳定系数和抗倾覆稳定系数的最小值，可能同时出现在某一水位，也可能分别出现。因此，设计浸水挡土墙时，须作反复的试算，以寻求最不利的水位。为减少计算工作量，可采用优选法。

下面说明运用优选法求最小稳定系数和最不利水位的步骤：如图 7-43 所示，设浸水挡土墙的高度为 H，试算水位均从挡土墙基底算起。

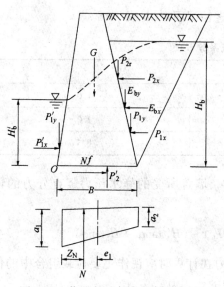 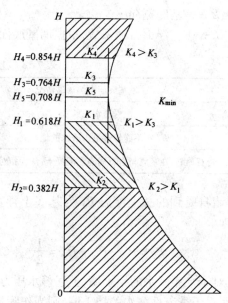

图 7-42 作用在浸水挡土墙上的力系　　　图 7-43 用优选法求算最不利水位

（1）求算 H_1 处的稳定系数 $K_1 = 1, H_1 = 0.618H$。

（2）求算与 H_1 对称的 H_2 处的 $K_2, H_2 = 0 + (H - H_1) = 0.382H$。

（3）比较 K_1 和 K_2，若 $K_2 > K_1$，则舍去 $[0, H_2]$ 区段，求算剩余区段 $[H_2, H]$ 中与 H_1 对称的 H_3 处的 $K_3, H_3 = H_2 + (H - H_1) = 0.764H$。

（4）比较 K_1 和 K_3。若 $K_1 > K_3$，则舍去 $[H_2, H_1]$ 区段求算新剩余段 $[H_1, H]$ 中与 H_3 对称的 H_4 处的 $K_4, H_4 = H_1 + (H - H_3) = 0.854H$。

（5）比较 K_3 和 K_4。若 $K_4 > K_3$，则舍去 $[H_4, H]$ 区段，求算新剩余段 $[H_1, H_4]$ 中与 H_3 对称的 H_5 处的 $K_5, H_5 = H_1 + (H_4 - H_3) = 0.708H$。

如此试算 3~5 次，并将各试算水位的稳定系数 K_1、K_2…绘成 $K \sim H$ 曲线，从曲线上找出 $K_{\min}$（本次为 K_5），则其相应的水位（H_5）便是最不利水位。

至于基底应力，在一般情况下，它随水位的降低而增大，而在枯水位时接近或达到最大值。故在浸水挡土墙基底应力验算中，通常以枯水位作为验算水位。

7.7　地震地区挡土墙设计

挡土墙修建在设计烈度为 8 度及 8 度以上的地震区，以及修筑在地震时可能发生大规模滑坡、崩塌的地段或软弱地基（如软弱黏性土层）处，抗震强度和稳定性验算要考虑破裂棱体和挡土墙身分别承受地震力的作用，将地震荷载与恒载组合，并考虑常年水位的浮力。不考虑季节性浸水的影响，其他外力，包括车辆荷载的作用均不考虑。

7.7.1　地震荷载的计算

在挡土墙设计中，一般只考虑水平地震力，竖向地震力因影响小，可略去不计。作用于破裂棱体与挡土墙重心上的最大水平地震力 P_s 为：

$$P_s = C_1 C_z K_H G \tag{7-69}$$

式中：C_1——重要性修正系数，见表 7-19；

C_z——综合影响系数，表示实际建筑物的地震反应与理论计算间的差异，采用 0.25；

K_H——水平地震系数，为地震时地面最大水平加速度的统计平均值与重力加速度的比值，见表 7-20；

G——破裂棱体与挡土墙的重力。

表 7-19 重要性修正系数 C_1

路线等级及构造物	重要性修正系数 C_1
高速、一级公路的抗震重点工程	1.7
高速、一级公路的一般工程、二级公路的抗震重点工程	1.3
二级公路的一级工程、三级公路的抗震重点工程	1.0
三级公路的一级工程、四级公路的抗震重点工程	0.6

图 7-44 表示挡土墙重 G 与水平地震力 P_s 的合力 G_1，其与竖直线的夹角 θ_s 称为地震角。

$$\theta_s = \arctan C_z K_H \tag{7-70}$$

表 7-20 水平地震系数

设计烈度（度）	7	8	9
水平地震系数 K_H	0.1	0.2	0.4

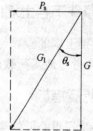

图 7-44 水平地震力与地震角

7.7.2 地震作用下的土压力

已知地震力与重力合力的大小与方向，并且假定在地震作用下土的内摩擦角与墙背摩擦角 δ 不变，则墙后破棱体的平衡力系如图 7-45(a) 所示，图 (b) 为力多边形 abb_1c 或力三角形 abc。从图中可以看出，当用 $\gamma_s = \gamma/\cos\theta_s, \delta_s = \delta + \theta_s, \varphi_s = \varphi + \theta_s$ 取代 γ, δ 和 φ 值时，地震作用下的力三角形 abc 与图 7-16 中一般情况下的力三角形 abc 完全相似，因此可直接采用一般库伦土压力公式来求算地震土压力。

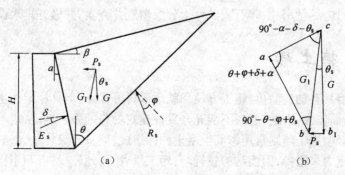

图 7-45 地震作用下的主动土压力

例如:当填土表面为一平面倾角 β 时,由图 7-16 和式(7-7)可知,地震土压力应为:

$$E_s = \frac{1}{2}\frac{\gamma}{\cos\theta_s}H^2 K_s = \frac{1}{2}\frac{\gamma}{\cos\theta_s}H^2 \cdot \frac{\cos^2(\varphi-\theta_s-\alpha)}{\cos^2\alpha\cos(\alpha+\delta+\theta_s)\left[1+\sqrt{\frac{\sin(\varphi+\delta)\sin(\varphi-\theta_s-\beta)}{\cos(\alpha+\delta+\theta_s)\cos(\alpha-\beta)}}\right]^2}$$

(7-71)

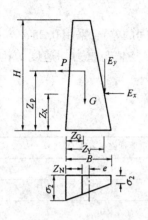

图 7-46 作用于地震区挡土墙上的力系

各种边界条件下的地震土压力均可用 $\gamma_s、\delta_s、\varphi_s$ 取代 $\gamma、\delta、\varphi$ 而按一般数解公式求算。必须指出,这种方法仅仅是利用原有公式来求解的计算过程,而地震土压力 E_s 的作用方向仍应按实际墙背摩擦角 δ 决定,在计算 E_x 和 E_y 时,采用 δ 而不用 δ_s。

对于地震作用下的路肩挡土墙,也可用下面的简化公式计算(图 7-46):

$$E'_a = (1+3G_zK_H\tan\varphi)E_a$$

式中:E_a——一般非地震地区的挡土墙主动土压力。

7.7.3 地震条件下挡土墙的验算

地震条件下挡土墙的验算与非地震一般条件挡土墙的验算相似,通常先按一般条件进行设计验算,然后再考虑地震荷载的作用,进行抗震验算,检算项目及方法同一般条件挡土墙。

7.7.4 一般防震措施

(1)尽可能采用重心低的墙身断面形式。

(2)基础尽可能置于基岩或坚硬的均质土层土;遇有软黏土、饱和砂土或严重不均匀地基时,应采取适当措施进行加固处理。

(3)挡土墙宜采用浆砌片(块)石、混凝土和钢筋混凝土修筑。当采用干砌片(块)时,墙高须加以限制;设计烈度为 8 度时,一般不超过 5 m;设计烈度为 9 度时,一般不超过 3 m。

(4)墙体应以垂直通缝分段,每段长度不宜超过 15 m。地基变化或地面高程突变处,也应设置通缝。

(5)应严格控制砌筑质量,石料要嵌挤紧密,砂浆要饱满,砂浆强度等级按非地震区要求提高一级采用。

(6)墙后填料应尽量用片、碎石或砂性土分层填筑并夯实,并做好排水设施。

7.8 轻型挡土墙

重力式挡土墙具有构造简单、施工方便和就地取材等优点,但其稳定性主要靠墙身自重来保证,因而墙身断面较大,占地较多,不能充分发挥建筑材料的强度性能,也不易实行施工的机械化与工厂化。轻型挡土墙则常用钢筋混凝土构件组成,墙身断面较小,墙的稳定性不是或不完全是依靠本身重力来维持,因而结构较轻巧,圬工量省,占地较少,有利于机械化施工。轻型挡土墙的类型很多,本节仅介绍悬臂式挡土墙、锚杆挡土墙和锚定板挡土墙的形式和设计。

7.8.1 悬臂式挡土墙

1. 悬臂式挡土墙的构造及适用条件

钢筋混凝土悬臂式挡土墙是由立壁和底板组成,具有三个悬臂,即立壁、趾板和踵板,同时固定在中间夹块上,如图7-47所示。墙的稳定性依靠墙身自重和踵板上的填土重力来保证,而趾板的设置又显著地增加了抗倾覆力矩的力臂,因此结构形式比较经济。

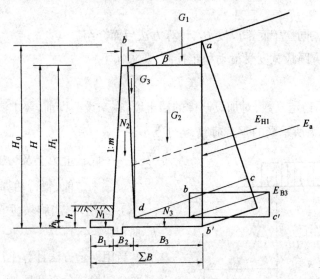

图7-47 悬臂式挡土墙的受力状态

悬臂式挡土墙构造简单,施工方便,能适应较松软的地基,墙高一般为6~9 m。当墙高较大时,立壁下部的弯矩大,钢筋与混凝土用量剧增,影响这种结构形式的经济效果,此时可采用扶壁式挡土墙。

2. 悬臂式挡土墙设计

1) 土压力计算

对于悬臂式挡土墙,通常采用朗金理论来计算通过墙踵的竖直面上的土压力 E_a,然后结合位于该竖直面与墙背间的土重,得到作用于墙上的总压力。

悬臂式挡土墙土压力分布,如图7-47所示。其总土压力为:

$$E = \frac{1}{2}\gamma H^2 K$$

$$K = \cos\beta \frac{\cos\beta - \sqrt{\cos^2\beta - \cos^2\varphi}}{\cos\beta + \sqrt{\cos^2\beta - \cos^2\varphi}} \tag{7-72}$$

式中:K——朗金土压力系数,可由有关手册查得。

当地面为水平,$\beta = 0$ 时,有:

$$K = \frac{1-\sin\varphi}{1+\sin\varphi} = \tan^2\left(45° - \frac{\varphi}{2}\right) \tag{7-73}$$

土压力的方向平行于地面。

在墙身结构验算中,将总土压力 E_a 分为 E_{H1} 和 E_{B3},分别作用于立壁及踵板上。总土压的分布图为△$ab'c'$,其中△abc部分作用在立壁上,合力为E_{H1}梯形$bb'c'c$部分作用于踵板上,合力为E_{B3},bc线平行于地面,通过立壁与踵板的拐角点d。踵板还承受填土G_1+G_2的垂直压力。

悬臂式挡土墙的土压力,也可以采用库仑方法计算,计算时应验算是否出现第二破裂面。若条件成立,计算时假定踵板上所受的垂直力为第二破裂面以下踵板以上的土重力与主动土压力垂直分力之和,立壁则承受主动土压力的全部水平分力。

2）底板宽度计算

（1）夹块宽度。同立壁底部厚度B_2,计算方法后面介绍。

（2）踵板宽度。踵板宽度受滑动稳定控制,要求如下：

$$[K_c]E_x = f\sum N \tag{7-74}$$

式中：$[K_c]$——滑动稳定系数,对加设凸榫的挡土墙,在未设凸榫前,要求满足$K_c \geqslant 1.0$；

$\sum N$——底板上所承受的垂直荷载,等于$\sum G + E_y$；

$\sum G$——底板上填土及圬工重力,在墙身尺寸未定前,暂行估算。

① 路肩墙,当胸坡垂直,顶面有均布荷载h_0时（图7-48）

当用朗金方法计算土压力时,活载均按路基面全宽换算分布宽度,以简化计算。

$\sum G$暂按下式估算：

$$\sum G = (B_2 + B_3)(H + h_0)\gamma\mu \tag{7-75}$$

式中：γ——填料重度/(kN/m³)；

μ——重度修正系数,由于计算$\sum G$中未计入趾板及其上部土重,故须近似地将其重度加以修正,μ值见表7-21。

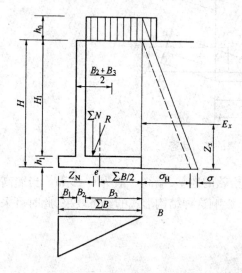

图 7-48 确定底板宽度简图

表7-21 重度修正系数 μ 值

重度/(kN/m³)	摩擦系数 f								
	0.03	0.35	0.40	0.45	0.50	0.60	0.70	0.84	1.00
16	1.07	1.08	1.09	1.10	1.12	1.13	1.15	1.17	1.20
18	1.05	1.06	1.07	1.08	1.09	1.11	1.12	1.14	1.16
20	1.03	1.04	1.04	1.05	1.06	1.07	1.08	1.10	1.12

$$[K_c]E_x = f\sum N = f(B_2 + B_3)(H + h_0)\gamma\mu$$

$$B_3 = \frac{[K_c E_x]}{f(H + h_0)\gamma\mu} - B_2 \tag{7-76}$$

② 路堑墙或路堤墙,当墙顶面坡角为 β,胸坡垂直时,有:

$$[K_c]E_x = f\sum N = f(B_2 + B_3)\left(H + \frac{1}{2}B_3\tan\beta\right)\gamma\mu + fE_y$$

$$B_3 = \frac{[K_c]E_x - fE_y}{f\left(H + \frac{1}{2}B_3\tan\beta\right)\gamma\mu} - B_2 \tag{7-77}$$

③ 当墙胸具有 $1:m$ 的倾斜度时,上面两个计算式应加上胸坡修正宽度 ΔB_3:

$$\Delta B_3 = mH_1/2 \tag{7-78}$$

(3) 趾板宽度。趾板宽度 B_1 除高墙受倾覆稳定系数 K_0 控制外,一般都由地基应力或偏心距 e 来决定,要求墙踵不出现拉应力,如图 7-49 所示,即

$$e \leqslant \sum B/6$$

当 $e = \dfrac{\sum B}{2} - Z_N = \dfrac{\sum B}{6}$,则有:

$$Z_N = \frac{\sum B}{3} = \frac{M_y - M_0}{\sum N}$$

将 $M_y = \sum N\left(\dfrac{B_2 + B_3}{2} + B_1\right)$ 代入上式后得:

$$\sum B = \frac{3(M_y - M_0)}{\sum N} = \frac{3(B_2 + B_3 + 2B_1)}{2} - \frac{3M_0}{\sum N}$$

$$= B_1 + B_2 + B_3$$

已知 $\sum N = [K_c]E_x/f$,代入上式得:

$$B_1 = \frac{1.5M_0 f}{[K_c]E_x} - 0.25(B_2 + B_3) \tag{7-79}$$

对于路肩墙:

$$M_0 = \frac{H^2}{6}(3\sigma_0 + \sigma_H)$$

$$B_1 = \frac{1}{4}\left[\frac{H^2(3\sigma_0 + \sigma_H)f}{[E_c]E_x} - (B_2 + B_3)\right] \tag{7-80}$$

式中: $\sigma_0 = \gamma h_0 K, \sigma_H = \gamma HK, E_x = \dfrac{H}{2}(2\sigma_0 + \sigma_H)$

对于路堤墙或路堑墙(图 7-49):

$$M_0 = E_x Z_x = \frac{1}{3}(H + B_3\tan\beta)E_x$$

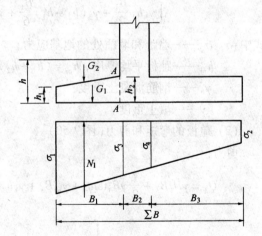

图 7-49 趾板的弯矩和剪力计算

$$B_1 = \frac{1.5 \times \frac{1}{3}(H + B_3\tan\beta)fE_x}{K_c E_x} - 0.25(B_2 + B_3)$$

$$= \frac{0.5(H + B_3\tan\beta)f}{K_c} - 0.25(B_2 + B_3) \tag{7-81}$$

(4) 底板宽度:

$$\sum B = B_1 + B_2 + B_3 + \Delta B_3 \tag{7-82}$$

若按 $\sum B$ 计算地地基应力 $\sigma > [\sigma]$ 或 $e > \sum B/6$ 时,应根据加宽基础的方法加宽 B_1,以满足上述要求。

3) 底板厚度计算

主要取决于结构要求和截面强度要求。

结构要求:趾板与踵板同厚(指与中间夹块连接处,趾板端部不宜小于 30 cm,踵板顶面要求水平)。

强度计算:主要根据配筋率及构件裂缝宽度控制板的厚度。

(1) 趾板的弯矩和剪力(图 7-49)。

趾前埋深为 h,取计算截面 $A-A$。

剪力:
$$Q_1 = N_1 - G_1 - G_2$$
$$= \left[\sigma_1 B_1 - \frac{1}{2}(\sigma_1 - \sigma_2)\frac{B_1^2}{\sum B} \right] - B_1 h_{pj}\gamma_h - B_1(h - h_{pj})\gamma$$
$$= B_1 \left[\sigma_1 - h_{pj}\gamma_h - (h - h_{pj})\gamma - \frac{1}{2}(\sigma_1 - \sigma_2)\frac{B_1}{\sum B} \right] \tag{7-83}$$

弯矩:
$$M_1 = \sigma_1 \frac{B_1^2}{2} - \frac{B_1^2}{6}(\sigma_1 - \sigma_2)\frac{B_1}{\sum B} -$$
$$\left[\gamma_h h_1 \frac{B_1^2}{2} + \gamma_h(h_2 - h_1)\frac{B_1^2}{6} + \gamma(h - h_1)\frac{B_1^2}{2} - \gamma(h_2 - h)\frac{B_1^2}{6} \right] \tag{7-84}$$

式中:σ_1、σ_2——墙趾和墙踵处的地基应力;

h_{pj}——趾板平均厚度,$h_{pj} = (h_1 + h_2)/2$;

γ_h——钢筋混凝土重度;

γ——填土重度。

(2) 踵板的弯矩和剪力(图 7-50)。

剪力:
$$Q_3 = \gamma H_1 B_3 + \frac{1}{2}\gamma B_3^2 \tan\beta + \gamma_{h0} B_3 + \gamma_h h_3 B_3 + E_{B3}\sin\beta - \sigma_2 B_3 - \frac{1}{2}(\sigma_1 - \sigma_2)\frac{B_2^3}{\sum B}$$
$$= B_3 \left[\gamma(H_1 + h_0) + \gamma_h h_3 - \sigma_2 - 0.5 B_3 \left(\frac{\sigma_1 - \sigma_2}{\sum B} - \gamma\tan\beta \right) \right] + E_{B3}\sin\beta \tag{7-85}$$

弯矩:$M_3 = \gamma H_1 \frac{B_3^2}{2} + \gamma H_0 \frac{B_3^2}{2} + \frac{1}{3}\gamma B_3^2 \tan\beta + \gamma_h h_3 \frac{B_3^2}{2} + E_{B3} Z_{E_{B3}}\sin\beta - \sigma_2 \frac{B_3^2}{2} - \frac{1}{6}(\sigma_1 - \sigma_2)\frac{B_3^2}{\sum B}$

$$= \frac{B_3^2}{6} \left[3\gamma(H_1 + h_0) + 3\gamma_h h_3 - 3\sigma_2 - B_3 \left(\frac{\sigma_1 - \sigma_2}{\sum B} - 2\gamma\tan\beta \right) \right] + E_{B3} Z_{E_{B3}}\sin\beta \tag{7-86}$$

式中:B_3——踵板计算长度;
E_{B3}——作用于踵板上的主动土压力;
$Z_{E_{B3}}$——作用于踵板上的主动土压力的垂直分力对计算截面的力臂;其值为:

$$Z_{E_{B3}} = \frac{B_3}{3}\left[1 + \frac{(h_0 + H_1) + B_3\tan\beta}{2(h_0 + H_1) + B_3\tan\beta}\right]$$

h_3——踵板厚度。

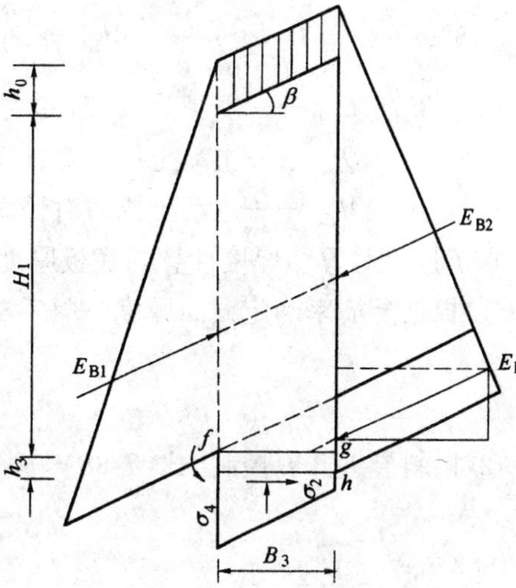

(3) 趾板和踵板的厚度,用下述两式计算,取其大者。

① 根据配筋率确定截面厚度。

一般常用的配筋率为 0.3% ~ 0.8%。截面厚度由下式确定:

$$h_3 \geqslant \sqrt{\frac{KM}{A_0 b R_w}} \qquad (7-87)$$

图 7-50 踵板的弯矩和剪力计算

式中:K——设计安全系数,$K = 1.5$;
A_0——计算系数,由选定的配筋率 μ 算出计算系数 ξ,$A_0 = \xi(1 - 0.5\xi)$;
ξ——计算系数,$\xi = uR_0/R_w$;
b——计算截面宽度,取 100 cm;
R_w——混凝土弯曲抗压设计强度;
R_0——钢筋抗拉设计强度。

② 为防止斜裂缝开展过大或端部斜压破坏,截面厚度可由下式确定:

$$h_3 \geqslant \frac{KQ}{0.3 R_a b} \qquad (7-88)$$

式中:K——安全系数,$K = 1.5$;
R_a——混凝土轴心受压设计强度。

由于踵板显著地长于趾板,底板厚度由踵板厚度 h_3 控制。

4) 立壁厚度计算

立壁厚度(即中央块的宽度)取决于结构要求和强度要求。

(1) 结构要求。立壁顶部最小厚度采用 15 ~ 25 cm,路肩墙不宜小于20 cm。胸墙一般不做垂直坡面,以免因挡墙变形、地基不均匀沉陷及施工误差等因素的影响,造成立壁前倾。通常采用的坡率是 1:0.02 ~ 1:0.05。

(2) 立壁弯矩及剪力计算(图 7-51)。

土压力: $E_{H1} = \gamma H_1(0.5H_1 + h_0)K$ (7-89)

$E_{xH1} = E_{H1}\cos\beta = \gamma H_1(0.5H_1 + h_0)K\cos\beta$ (7-90)

剪力: $Q_{H1} = E_{xH1}$ (7-91)

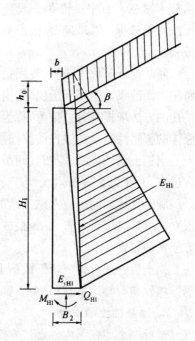

图 7-51 立壁的弯矩及剪力计算

弯矩：
$$M_{H1} = \frac{1}{6}\gamma H_1^2 \cos\beta (H_1 + 3h_0) K \tag{7-92}$$

式中：E_{H1}、E_{xH1}、E_{yH1}——墙高为 H_1 时的主动土压力及其水平分力和垂直分力；

　　　Q_{H1}——主动土压力对计算截面的剪力；

　　　M_{H1}——主动土压力对计算截面中心的弯矩。

(3) 厚度计算。厚度计算与底板厚度计算相同，按下列两式计算，取其大者。

① 根据配筋率确定截面厚度[式(7-87)]

$$h \geqslant \sqrt{\frac{KM_{H1}}{A_0 b R_w}}$$

② 以斜裂缝开展控制[式(7-88)]

$$h \geqslant \frac{KQ_{H1}}{0.3 b R_a}$$

5) 墙身稳定及基底应力验算

具体验算方法同前述。

7.8.2 锚杆挡土墙

1. 锚杆挡土墙的构造与布置

锚杆挡土墙是由钢筋混凝土墙面和钢锚杆组成，靠锚固在稳定地层内的锚杆对墙面的水平拉力以保持墙身的稳定，墙面一般是由预制的立杆和挡土板组成，称为板柱式墙，也可以就地浇筑成整体的板壁式墙。使用的锚杆主要有楔缝式锚杆和灌浆锚杆两种。

楔缝式锚杆俗称小锚板，是对锚杆施加一定压力后，使杆端楔缝的楔子张开，从而将锚杆卡紧在岩石中。锚孔一般直径 38~50 mm，深度 3~5 m，用普通风钻即可施工。孔内压注水泥砂浆，用来防锈和提高锚杆抗拔力。楔缝式锚杆多用于岩石边坡防护及加固工程。

灌浆锚杆又称大锚杆，要用钻机钻孔，锚孔直径一般为 100~150 mm，锚杆插入锚孔后再灌注水泥砂浆。当用于土层时，由于土层与锚杆间的锚固能力较差，尚需采用加压灌浆或内部扩孔的方法来提高其抗拔力，称为预压锚杆或扩孔锚杆。国外还采用化学液体灌浆，利用化学液体的膨胀性来提高锚杆的抗拔能力。灌浆锚杆一般多用于路堑挡土墙。

当挡土墙较高时，应布置两级或两级以上，两级之间设 1~2 m 宽的平台。每级挡土墙不宜过高，一般为 5~6 m。为便于立柱及挡土板的安装，以竖直墙背为多。

确定立柱的间距应考虑工地的起吊能力和锚杆的抗拔能力，一般可选用 2.5~3.5 m。每根立柱视其高度可布置 2~3 根或更多的锚杆，锚杆的位置应尽可能使立柱的弯矩均匀分布，方便钢筋布置。

挡土板一般设计成矩形或槽形，长度比立柱间距短 10 cm 左右，以便留出锚杆位置。墙后应回填砂卵石等透水材料，由下部泄水孔将水排入边沟内。

2. 锚杆挡土墙设计

锚杆挡土墙在国内外已被广泛应用，但其设计原理与方法正在试验研究阶段，有待于进一步完善。

1) 主动土压力计算

把挡土板作为一般挡土墙的墙背,按同一边界条件的库伦主动土压力计算公式,求出土压力 E_x,绘制应力分布图。当采用多级挡土墙时,下墙土压力按延长墙背法计算。

2) 挡土板内力计算

挡土板是以立柱为支座的简支梁,其计算跨度 l 为二立柱间挡土板支撑中心的距离。其荷载 q 取挡土板所在位置土压应力的平均值,即

$$q = (\sigma' + \sigma'')h/2$$

式中,σ' 及 σ'' 为挡土板高 h 上下两边缘的单位土压力(垂直于挡土板的方向)。

如图 7-52 所示,跨中最大弯矩 $M_{max} = ql^2/8$,支座处的剪力为 $Q = ql/2$。

3) 立柱的内力计算

假定立柱与锚杆连接处为一铰支座,把立柱视为承受土压力的简支梁或连续梁,上端自由,下端视埋置深度、基础强度、嵌固情况,分别视为自由端、铰端或固定端。

挡土板所承受的侧压力是按跨传至立柱,因此,每根立柱在不同高度上所受的土压应力 P_i 应为该高度的单位土压力 σ_i 乘以立柱间距 l,即 $P_i = \sigma_i l$。

(1) 当上墙立柱仅有两根锚杆且底端为自由端,可假定两端为悬臂的简支梁(图7-53)。

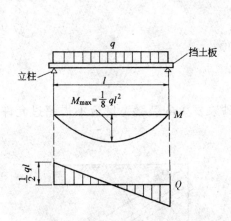

图 7-52 挡土板弯矩与剪力计算

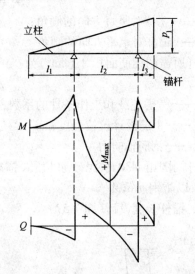

图 7-53 立柱弯矩与剪力计算图(悬臂梁)

(2) 当下墙立柱仅有两根锚杆,且底端视为铰端时,按连续梁计算(图7-54)。

(3) 当立柱有两根以上的锚杆且底端为固定时,按一端固定的连续梁计算(图7-55)。

在求连续梁的支点弯矩时,当计算跨数不超过三跨,可利用三弯矩方程求解;如超过三跨,则用弯矩分配法较为方便。

立柱与挡土板的配筋设计,可采用极限状态法进行计算。

4) 锚杆设计

锚杆为轴心受拉构件,按容许应力法设计截面。按单锚理论来设计锚杆长度,即不考虑锚杆与锚固层岩体的整体稳定性问题。

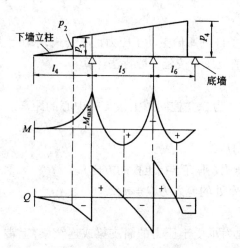
图 7-54　立柱弯矩与剪力计算图(连续梁)

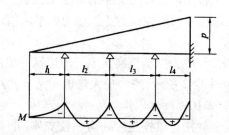
图 7-55　立柱弯矩计算图(一端固定的连续梁)

(1) 锚杆截面设计(图 7-56)。

取立柱上某一支点 n,已由立柱的计算中求得其反力为 R_n,则锚杆的轴向力 N_n 为:
$$N_n = R_n / \cos(\beta - \alpha) \tag{7-93}$$

式中:α——立柱对竖直方向的倾角;

β——锚杆对水平方向的倾角。

锚杆所需的钢筋面积 $A_g(\mathrm{cm}^2)$ 为:
$$A_g = K N_n / R_n \tag{7-94}$$

式中:K——考虑超载和工作条件的系数,一般采用 1.7;

R_n——钢筋设计抗拉强度;

N_n——钢筋轴向力。

锚杆周围用 M30 水泥砂浆填孔,锚杆受力后砂浆发生的裂缝宽度应不得超过允许值 0.2 mm,以防钢筋锈蚀。

(2) 锚杆长度设计(图 7-57)。

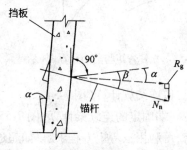
图 7-56　锚杆计算

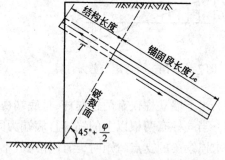
图 7-57　锚杆长度

锚杆长度包括以下两部分:

① 非锚固段长度,又称为结构长度,按墙面与稳定地层之间的实际距离而定。

② 锚固段长度,即锚杆在稳定地层中的长度 L_e,根据地层情况和锚杆的抗拔力确定。

对于岩质边坡,岩层与砂浆间的黏结强度大,锚固长度取决于砂浆对钢筋的锚固力。为了提高锚固力,水泥砂浆不得低于 M30。要求锚固力大于钢筋的抗拉强度,即

$$K\sigma_g\left(\frac{\pi d^2}{4}\right) \leqslant \pi d L_e \mu \quad (7\text{-}95)$$

$$L_e \geqslant \frac{K\sigma_g d}{4\mu}$$

式中：L_e——最小锚固长度；
σ_g——钢筋极限抗拉强度；
μ——钢筋与砂浆间的黏结力；
K——安全系数，取 2~3；
d——钢筋直径。

如为半岩质或土质边坡，锚固长度取决于砂浆与围岩接触面上的抗剪强度，即

$$L_e = \frac{KN_n}{\pi D \tau_k} \quad (7\text{-}96)$$

式中：K——安全系数，取 2~3；
N_n——锚杆承受的拉力；
D——锚孔直径；
τ_k——锚固段砂浆与围岩接触面间的抗剪强度，或孔壁地层内的抗剪强度，取其中较小值，τ_k值一般通过抗拔试验确定。

为了保证安全，锚杆的有效锚固长度，除应满足上述要求外，在岩石层中一般不应小于 4 m，在半岩质和土质层中一般不应小于 5 m。

(3) 锚杆与立柱的连接（图 7-58）。

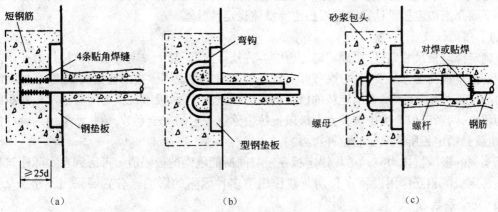

图 7-58 锚杆与立柱的连接形式
(a) 焊短钢筋锚固；(b) 弯钩锚固；(c) 螺母锚固

锚杆与立柱的连接主要有焊短钢筋锚固、弯钩锚固、螺母锚固三种形式。弯钩锚固适用于就地浇筑，其余两种适用于预制构件。

7.8.3 锚定板挡土墙

1. 锚定板挡土墙的构造

锚定板挡土墙是由钢筋混凝土墙面、钢拉杆、锚定板及其间的填土共同形成的一种组合挡土结构，它借助于埋在填土内的锚定板的抗拔力，平衡挡土墙墙背水平土压力，从而改变挡土

墙的受力状态,达到轻型的目的。它具有省料省工、能适应承载力较低地区的特点,在我国铁路与道路工程中,已开始应用于路肩或路堤挡土墙和桥台。

锚定板挡土墙的结构形式和受力状态与锚杆挡土墙基本相同,都是依靠钢拉杆的抗拔力来保持墙身的稳定。它们的主要区别是:锚杆挡土墙的锚杆系插入稳定地层的钻孔中,抗拔力来源于灌浆锚杆与孔壁之间的黏结强度,而锚定板挡土墙的钢拉杆及其端部的锚定板都埋设在人工填土当中,抗拔力主要来源于锚定板前的填土的被动抗力。

锚定板挡土墙的墙面是由挡土板和立柱组成。挡土板通常为钢筋混凝土矩形板或槽形板,有时也可为混凝土拱板。立柱为钢筋混凝土矩形截面柱;当墙面采用拱板时,立柱应具有六边形截面。立柱长度可依据施工吊装能力决定。在墙高范围内,立柱可设一级或多级。当采用多级立柱时,相邻立柱间可以顺接,也可以错台。立柱间距多采用 1~2 m。根据立柱的长度和土压力的大小,每根立柱上可布置单根、双根或多根拉杆。为了施工安装的方便,锚定板挡土墙一般采用竖直墙面。钢拉杆采用普通圆钢,外设防锈保护层。每根拉杆端部的锚定板通常为单独的钢筋混凝土方形板。

2. 锚定板挡土墙设计

锚定板挡土墙的设计理论与方法尚不够成熟,经过有关单位的研究和实践,正在不断充实与完善。

锚定板挡土墙设计包括各组成构件的设计和整体稳定性验算两部分。关于锚定板挡土墙方案的选择、土压力计算、挡土板和立柱等构件的设计,以及钢拉杆截面设计等方法,均与锚杆挡土墙的设计原理相同,这里不再叙述。在锚定板挡土墙设计中,必须决定锚定板的极限抗拔力,选择锚定板的尺寸。在整体稳定性验算中,还要分析各个锚杆的稳定长度以及群锚的有效间距等。

下面介绍锚定板设计和锚定板挡土墙整体稳定性验算。

1) 锚定板设计

确定锚定板尺寸,首先要确定锚定板的容许抗拔力,即对于一定大小的拉杆拉力要用多大面积的锚定板去支撑。要解决这一问题,较好的办法是在现场做锚定板抗拔试验,根据实测的拉力与位移关系曲线,确定锚定板的极限抗拔力。试验证明,极限抗拔力随着锚定板面积的加大而增大,两者近似地成比例关系。极限抗拉力除以一定的安全系数,便是所采用的容许抗拔力,也就是锚定板所能承受的拉杆拉力。

实测的极限抗拔力只是单块锚定板在短时间所能承受的极限值。考虑到在实际建筑物中多块锚定板的相互作用以及在长期荷载作用下多种因素的影响。有必要采用不小于 2.5~3.0 的安全系数。

单块锚定板的抗拔力与锚定板的埋设位置(它取决于拉杆长度和埋置深度)、板的尺寸和填料的物理力学性质有关。铁道科学研究院等单位根据现场抗拔试验的结果,提出容许抗拔力的建议值如下:对于埋置深度为 3~5 m 的锚定板,其容许抗拔力为 100~120 kPa;埋置深度为 6~10 m 的锚定板,其容许抗拔力为 130~150 kPa。锚定板尺寸由拉杆拉力及容许抗拔力计算确定。

2) 锚定板挡土墙的整体稳定性

锚定板挡土墙的整体稳定性与拉杆的长度有关,拉杆越长,其稳定性越大。要根据整体稳定性的要求来确定各层拉杆的长度,以确保安全。

锚定板挡土墙的整体稳定性主要由抗滑性控制。对于锚定板结构丧失整体稳定性时滑动面的形式,科研工作者分别作了不同的假定,下面介绍两种设想,即土墙假定和折线滑面假定。

(1) 群锚理论——土墙假定。

西南交通大学等单位提出:当锚定板的布设达到足够的密度时,墙面与各锚定板以及其中的填料形成一个整体墙(有的称为土墙),用这个整体柔性结构来共同支撑侧压力,保证路基的稳定,这就形成了群锚作用。群锚形成后,土体破裂面的位置后移,它的起始点由墙面底部移至最下层锚定板的下缘 B' (图7-59),其形状近似于平面,其破裂角 θ 接近于用库伦公式计算的破裂角。破裂棱体的另一侧,不是沿墙面破裂,而是沿各锚定板中心连线 $A'B'$ 破裂,也就是锚定板中心的连线形成假想墙背,墙面和锚定板及其中间的填料形成整体墙 $ABBA'$。这时,可利用库伦公式计算该假想墙背的主动土压力,和验算重力式挡土墙的方法一样,来验算土墙的抗滑和抗倾覆稳定性。

(2) 双拉杆设计理论——折线滑面假定。

铁道科学研究院通过对双拉杆锚定板结构的模型试验,提出了一种折线滑动面的假定,并分为两种边界条件进行分析研究。

① 垂直边界条件锚定板结构的稳定分析。

这种锚定板结构上部拉杆的长度小于下拉杆(图7-60)。在此情况下,锚定板 C_1 和 C_2 的稳定分析应分别考虑 $AB_1C_1D_1$ 和 $AB_2C_2D_2$ 所受的外力及其稳定。B_2 为介于上下拉杆与立柱相交处的中点。

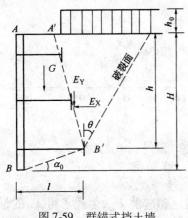

图7-59 群锚式挡土墙

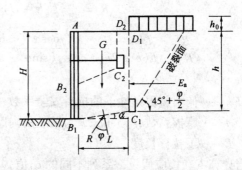

图7-60 垂直边界锚定板结构

现以土体 $AB_1C_1D_1$ 的稳定分析为例,它所受到的推力为主动土压力 E_a,作用于这个土体的垂直边界 C_1D_1 上。在它的下部边界 B_1C_1 面上,有一个抵抗滑动的力 R,其水平分力为 R_h。由此可推导求得以下的稳定分析公式:

$$E_a = \frac{1}{2}\gamma h(h + 2h_0)\tan^2(45° - \varphi/2) \tag{7-97}$$

$$R_h = G\tan(\varphi - \alpha) = \frac{1}{2}\gamma L(H + h)\tan(\varphi - \alpha) \tag{7-98}$$

$$F_{s1} = \frac{R_h}{E_a} = \frac{\tan(\varphi - \alpha)}{\tan^2(45° - \varphi/2)} \cdot \frac{L(H + h)}{h(h + 2h_0)} \tag{7-99}$$

式中:F_{s1}——垂直边界条件下抗滑安全系数;
φ——填土内摩擦角;

L——下拉杆长度。

② 俯斜边界锚定板结构的稳定分析。

这种结构使上锚定板与下锚定板的连线 CE 形成一倾角 $45°+\varphi/2$ 的俯斜边界,如图 7-61 所示。在此情况下,土体最危险滑动面将是 BCG,造成滑动的主要作用力是沿 GC 面的下滑力 T_1。这个下滑力传到 CB 面上转化为 T'_1,并被 BC 面上的摩阻力 R 所抵抗。由此推导求得以下的稳定分析公式:

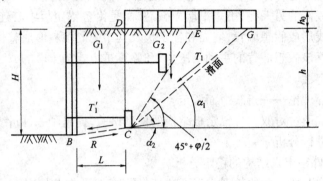

图 7-61 俯斜边界锚定板结构

$$T_1 = \frac{1}{2}\gamma h(h + 2h_0)\cot\alpha_1(\sin\alpha_1 - f\cos\alpha_1) \tag{7-100}$$

$$T'_1 = T_1[\cos(\alpha_1 - \alpha_2) - f\sin(\alpha_1 - \alpha_2)] \tag{7-101}$$

$$R = \frac{1}{2}\gamma L(h + H)(f\cos\alpha_2 - \sin\alpha_2) \tag{7-102}$$

$$F_{s2} = \frac{R}{T'_1} = \frac{L(h+H)}{h(h+2h_0)} \frac{(f\cos\alpha_2 - \sin\alpha_2)}{\cot\alpha_1(\sin\alpha_1 - f\cos\alpha_1)} \frac{1}{\cos(\alpha_1 - \alpha_2) - f\sin(\alpha_1 - \alpha_2)} \tag{7-103}$$

式中:F_{s2}——俯斜边界条件下的抗滑安全系数;

f——摩擦系数,$f=\tan\varphi$,φ 为填土的内摩擦角/(°);

L——下拉杆长度。

当计算 F_{s2} 时,应假设一系列不同的 α_1 值,并计算与之相应的 F_{s2},由此求得 F_{s2} 的最小值,即为最危险的条件。经验证明,最危险滑动面的 α_1 值大约在 40°~50°。

7.9 加筋土挡土墙

7.9.1 概述

加筋土挡土墙是利用加筋土技术修建的支挡结构物。加筋土是一种在土中加入拉筋的复合土,它利用拉筋与土之间的摩擦作用,改善土体的变形条件和提高土体的工程性能,从而达到稳定土体的目的。加筋土挡土墙由填料、在填料中布置的拉筋以及墙面板三部分组成,基本结构如图 7-62 所示。

20 世纪 60 年代以后,加筋土挡土墙在道路建设中得到推广试用。特别是在地形平坦且宽敞的填方路段得到广泛应用,在挖方路段或地形陡峭的山坡,由于不利于布置拉筋,应用得较少。

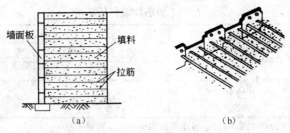

图 7-62 加筋土挡土墙基本结构

在道路工程中，常见的加筋土挡土墙形式有下列几种：
(1) 单面式加筋土挡土墙。
(2) 双面式加筋土挡土墙，双面式中又分为分离式、交错式及对拉式加筋土挡土墙。
(3) 台阶式加筋土挡土墙。
(4) 无面板加筋墙。

加筋土的基本原理是借助于拉筋而提高填土的抗剪强度，从而保证土体平衡，通常用摩擦加筋原理或准黏聚力原理加以解释。

摩擦加筋原理认为，加筋土墙面板由筋带拉住，墙面板承受的土压力企图将筋带拉出，而筋带又被填土压住，土与筋带之间的摩擦力企图阻止筋带拉出。因此，只要筋带具有足够的强度并与土产生足够的摩擦力，则加筋土体即可保持稳定。

准黏聚力理论认为，加筋土结构可以看做是各向异性的复合材料，通常采用的拉筋的弹性模量远大于填土的模量，二者共同作用，由于填土的抗剪力、填土与拉筋的摩擦阻力及拉筋的抗拉力的存在，使得加筋土的整体强度明显提高。

7.9.2 加筋土挡土墙的构造

加筋体墙面的平面线可采用直线、折线和曲线。相邻墙面的内夹角不宜小于70°。加筋体筋带一般应水平布设并垂直于面板，当一个结点有两条以上筋带时，应扇状分开。当相邻墙面的内夹角小于90°时，宜将不能垂直布设的筋带逐渐斜放，必要时在角隅处增设加强筋带。加筋体的横断面形式一般应采用矩形[图7-63(a)]。当受地形、地质条件限制时，也可采用图7-63(b)或图7-63(c)的形式。断面尺寸由计算确定，底部筋带长度不应小于3 m，同时不小于0.4H。加筋体填料压实度要满足表7-22的规定。

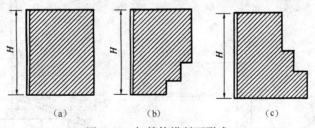

图 7-63 加筋体横断面形式

浸水地区的加筋体采用渗水性良好的土作填料，在面板内侧设置反滤层或铺设透水土工织物。季节性冰冻地区的加筋体宜采用非冻胀性土作填料。否则应在墙面板内侧设置不小于0.5 m的砂砾防冻层。加筋体墙面下部应设宽不小于0.3 m，厚不小于0.2 m的混凝土基础，但如面板筑于石砌圬工或混凝土之上、地基为基岩的可不设。

表 7-22 加筋体填料压实度

填土范围	路槽底面以下深度/cm	压实度/%	
		高速公路、一级公路	二、三、四级公路
距面板 1.0 m 以外	0～80	≥96	≥94
	80 以下	>94	>93
距面板 1.0 m 以内	全部墙高	≥93	≥92

注：① 表列压实度按现行《公路土工试验规程》重型击实试验标准确定；
② 特殊干旱和特殊潮湿地区，表内压实度值可减少 2%～3%；
③ 加筋体上填土按现行《公路路基设计规范》执行。

加筋体面板基础底面的埋置深度，对于一般土质地基不小于 0.6 m，当设置在岩石上时应清除表面风化层，当风化层较厚难以全部消除时，可采用土质地基的埋置深度。浸水地区与冰冻地区的加筋体面板基础埋置按现行的《公路桥涵地基与基础设计规范》有关规定确定。

季节性冰冻地区，当基础埋深小于冻结线时，由基底至冻结线范围内的土应换填非冻胀性的中砂、粗砂、砾石等粗粒土，其中粉、黏粒含量不应大于 15%。斜坡上的加筋体应设宽度不小于 1 m 的护脚，加筋体面板基础埋置深度从护脚顶面算起（图 7-64）。

软弱地基上的加筋土工程，当地基承载力不能满足要求时，应进行地基处理。可选用换填砂砾（碎）石垫层、挤密桩（砂桩、石灰桩、碎石桩）、抛石挤淤、土工织物等方法处理。当加筋体背后有地下水渗入时，可通过设置通向加筋体外的排水层。排水层采用砂砾，其厚度不小于 0.5 m。当加筋体顶面有渗水可能时，则要采用防渗封闭措施。非浸水加筋土工程，当基础埋深小于 1.0 m 时，在墙面地表处要设置宽为 1.0 m 的混凝土或浆砌片石散水，其表面做成向外倾斜 3%～5% 的横坡。

加筋土挡土墙应根据地形、地质、墙高等条件设置沉降缝，其间距对土质地基为 10～30 m、岩石地基可适当增大。当设置整体式路檐板时，酌情设置伸缩缝，其间距一般与沉降缝一致。沉降缝、伸缩缝宽度一般为 1～2 cm，可采用沥青板、软木板或沥青麻絮填塞。

加筋土挡土墙高度大于 12 m 时，填料应慎重选择。墙高的中部宜设宽度不小于 1 m 的错台。墙高大于 20 m 时，应进行特殊设计。错台顶部设 20% 的排水横坡，用混凝土板防护；当采用细粒填料时，上级墙的面板基础下宜设置宽不小于 1.0 m 高不小于 0.5 m 的砂砾或灰土垫层（图 7-65）。

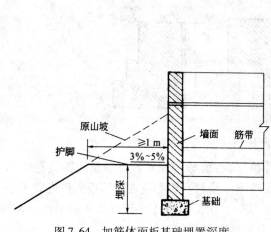

图 7-64 加筋体面板基础埋置深度

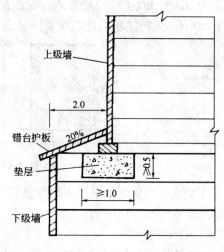

图 7-65 错台与垫层横断面图（尺寸单位：m）

加筋土桥台类型分为整体式、内置组合式和外置组合式(图 7-66)。整体式桥台用于台高不大于 6 m，且跨径不大于 10 m 的梁(板)式桥。

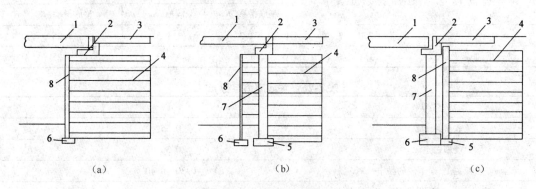

图 7-66　加筋土桥台类型图式
(a) 整体式；(b) 内置组合式；(c) 外置组合式
1—上部结构；2—垫梁或盖梁；3—桥头搭板；4—筋条；5—基础；6—台柱；7—台身；8—墙面板

7.9.3　加筋土挡土墙结构计算

加筋体筋带的断面积、长度以及加筋体的稳定性，应通过加筋体内部和外部的稳定性分析确定。

加筋体内部稳定性，按局部平衡法计算，对整体式桥台和墙高大于 12 m 的挡土墙，应用总体平衡法验算荷载组合Ⅰ。加筋体外部稳定性分析包括地基应力、基底滑移和倾覆，必要时增加整体滑动稳定性。筋带断面计算应考虑车辆荷载引起的拉力。筋带锚固长度计算不计车辆荷载引起的抗拔力。

地震地区挡土墙与桥台的验算范围分别按表 7-23 和表 7-24 确定。

表 7-23　加筋土挡土墙抗震强度和稳定性验算控制范围

公路等级			高速公路、一级公路、二级公路			三、四级公路
基本烈度			7	8	9	9
地基类别	岩石及一般地区	非浸水	不验算	$H>4\ m$ 验算	验算	验算
		浸水	不验算	验算	验算	验算
	液化土或软土地基		验算	验算	验算	验算

注：H 为加筋体高度。

表 7-24　加筋土桥台抗震强度和稳定性验算控制范围

基本烈度		7	8	9
地基类别	岩石及一般地基	高速公路、一级公路验算	验算	验算
	液化土及软土地基	验算	验算	验算

筋带抗拔安全系数及基底滑移、倾覆、整体滑动稳定系数不应小于表 7-25 的规定。

加筋体与地基的摩擦系数，按表 7-26 采用。

表 7-25 安全系数和稳定系数

荷载组合	筋带抗拔安全系数 $[K_f]$	稳定系数		
		基底滑移 $[K_c]$	倾覆 $[K_0]$	整体滑动 $[K_a]$
组合 I	2.0	1.3	1.5	1.25
组合 II、III	1.7	1.3	1.3	1.25

表 7-26 基底摩擦系数 μ

地基土分类	μ
软塑黏土	0.25
硬塑黏土	0.30
亚砂土、亚黏土、半干硬的黏土	0.30~0.40
砂类土、碎石类土、软质岩石、硬质岩石	0.40

注：加筋体填料为亚砂土、亚黏土、半干硬的黏土时按同名地基土采用 μ 值。

1. 加筋体中活动区与稳定区

为了确定拉筋锚固段的起点，必须区分加筋体中活动区与稳定区。加筋体的潜在破裂面为最大拉力点的连线（称为简化破裂面），潜在的破裂面可以简化为上部平行于墙面（相距 $0.3H$），下部通过墙脚（与水平面夹角 $45°+\dfrac{\varphi}{2}$）的两段折线 [图 7-67(a)]；当整体式桥台垫梁后缘距离 b_a 大于 $0.3H$ 时，则采用 $b_H = b_a$ [图 7-67(b)]。

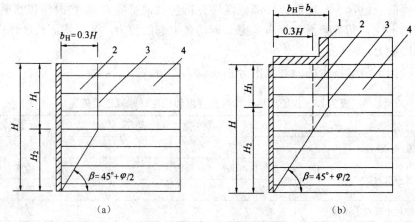

图 7-67 简化破裂面图
1-垫梁；2-活动区；3-简化破裂面；4-稳定区

简化破裂面上、下两部分高度 H_1、H_2 按下式计算：

$$\left.\begin{aligned} H_2 &= b_H \tan\left(45°+\dfrac{\varphi}{2}\right) \\ H_1 &= H - H_2 \end{aligned}\right\} \tag{7-104}$$

式中：b_H——按本条定义采用；
φ——土的内摩擦角/(°)。

在进行抗震验算时，β 采用 $\left(45°+\dfrac{\varphi}{2}-\theta_s\right)$，$b_H$ 按下式计算：

$$b_H = H_2 \tan\left(45° - \frac{\varphi}{2} + \theta_s\right) \tag{7-105}$$

式中：H_2——由式(7-104)计算；

θ_s——地震角/(°)。

加筋体顶面在水平荷载作用下，深度 z_1 处的侧向应力按下式计算（图7-68）。

$$\sigma_{di} = \frac{2Q_H}{z_c}\left(1 - \frac{z_i}{z_c}\right) \tag{7-106}$$

$$z_c = \frac{b_d}{\tan\left(45° - \frac{\varphi}{2}\right)} \tag{7-107}$$

式中：σ_{di}——水平荷载作用下深度 z_i 处的侧向应力/kPa；

Q_H——单位长度水平荷载/(kN/m)；

z_c——水平荷载影响深度/m；

b_d——水平荷载分布宽度/m，挡土墙采用 $b_d = 0.3H$，整体式桥台采用 $b_d = b_a$；

z_i——第 i 单元节点到加筋体顶面垂直距离/m。

2. 加筋挡土墙

加筋体土压力系数按下式计算（图7-69）：

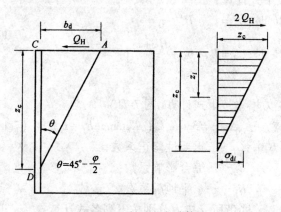
图7-68 水平应力计算图

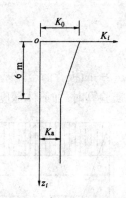
图7-69 土压力系数图

$$\left. \begin{array}{l} \text{当} z_i \leq 6 \text{ m 时}, K_i = K_0\left(1 - \dfrac{z_i}{6}\right) + K_a \dfrac{z_i}{6} \\ \text{当} z_i > 6 \text{ m 时}, K_i = K_a \end{array} \right\} \tag{7-108}$$

式中：K_i——加筋体内深度 z_i 处土压力系数；

K_0——静止土压力系数，$K_0 = 1 - \sin\varphi$；

K_a——主动土压力系数，$K_a = \tan^2\left(45° - \dfrac{\varphi}{2}\right)$；

z_i——第 i 单元节点至加筋体顶面垂直距离/m。

路堤式挡土墙在车辆荷载作用下，深度 z_i 处的垂直应力按下式计算（图7-70）：

$$\sigma_{ai} = \gamma_1 h \frac{L_c}{L_{ci}} \tag{7-109}$$

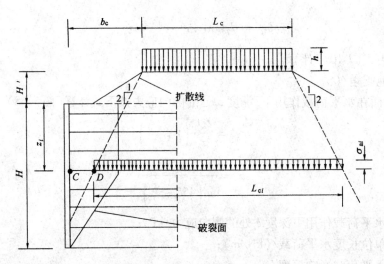

图 7-70 车辆荷载作用下垂直应力计算图

式中：σ_{ai}——车辆荷载作用下，加筋体内深度 z_i 处的垂直应力/kPa，当图 7-70 中扩散线上的 D 点未进入活动区时，取 $\sigma_{ai}=0$；

L_c——结构计算时采用的荷载布置宽度/m；

L_{ci}——深度 z_i 处应力扩散宽度/m，按下式计算：

$$\left.\begin{array}{l}当 z_i + H' \leqslant 2b_c 时，L_{ci} = L_c + H' + z_i \\ 当 z_i + H' \leqslant 2b_c 时，L_{ci} = L_c + b_c + \dfrac{H' + z_i}{2}\end{array}\right\} \quad (7\text{-}110)$$

式中：b_c——面板背面至路基边缘距离/m。

抗震验算时，加筋体深度 z_i 处土压力应力增量按下式计算（图 7-71）

$$\Delta\sigma_{wi} = 3\gamma_1 K_a C_i C_z K_h \tan\varphi (h_1 + z_i) \quad (7\text{-}111)$$

式中：C_i——重要性修正系数；

C_z——综合影响系数；

K_h——水平地震系数。

筋带所受拉力分别按下列各式计算：

（1）一般情况

路肩式挡土墙

$$T_i = K_i(\gamma_1 z_i + \gamma_1 h) S_x S_y \quad (7\text{-}112)$$

路堤式挡土墙

$$T_i = K_i(\gamma_1 z_i + \gamma_2 h_1 + \sigma_{ai}) S_x S_y \quad (7\text{-}113)$$

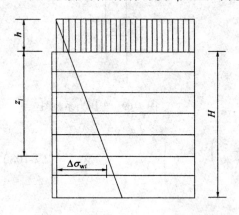

图 7-71 抗震验算时土压力增量计算图

（2）浸水部分

路肩式挡土墙

$$T_i = K_i(\gamma_1 z_0 + \gamma_0 z'_i + \gamma_1 h) S_x S_y \quad (7\text{-}114)$$

路堤式挡土墙

$$T_i = K_i(\gamma_1 z_0 + \gamma_0 z'_i + \gamma_2 h_1 + \sigma_{ai}) S_x S_y \quad (7\text{-}115)$$

（3）抗震验算

$$T'_i = T_i + \Delta\sigma_{wi} S_x S_y \quad (7\text{-}116)$$

式中：T_i——第 i 单元筋带所受拉力/kN，抗震验算时不考虑汽车荷载作用；

T'_i——考虑地震情况时第 i 单元筋带所受拉力/kN；

z_0——计算水位以上加筋体高度/m;

z'_i——计算水位以下的第 i 单元节点与计算水位高差/m;

γ_0——加筋体填料水中重度/(kN/m³);

γ_1——加筋体填料重度/(kN/m³);

S_x、S_y——筋带节点水平、垂直间距/m。

筋带设计断面积按下式计算:

$$A_i = \frac{T''_i \times 10^3}{K[\sigma_L]} \tag{7-117}$$

式中:A_i——第 i 单元筋带设计断面积/mm²;

$[\sigma_L]$——拉筋容许应力/MPa;

K——筋带容许应力提高系数;

T''_i——第 i 单元筋带所受拉力/kN,采用 T_i 或 T'_i。

筋带长度按下式计算:

$$L_i = L_{li} + L_{zi} \tag{7-118}$$

式中:L_i——筋带总长度/m;

L_{li}——筋带锚固长度/m,分别按下列各式计算:

路肩式挡土墙 $\qquad L_{li} = \dfrac{[K_f]T''_i}{2f'b_i\gamma_1 z_i}$

路堤式挡土墙 $\qquad L_{li} = \dfrac{[K_f]T''_i}{2f'b_i(\gamma_1 z_i + \gamma_2 h_1)}$

浸水部分:

路肩式挡土墙 $\qquad L_{li} = \dfrac{[K_f]T''_i}{2f'b_i(\gamma_1 z_0 + \gamma_0 z'_i)}$

路堤式挡土墙 $\qquad L_{li} = \dfrac{[K_f]T''_i}{2f'b_i(\gamma_1 z_0 + \gamma_0 z'_i + \gamma_2 h_1)}$

L_{zi}——活动区筋带长度/m,按下式计算:

$$\left. \begin{array}{l} 当 0 < z_i \leq H_1 时, L_{zi} = b_H \\ 当 H_1 < z_i \leq H 时, L_{zi} = \dfrac{H - z_i}{\tan\beta} \end{array} \right\}$$

其中:$[K_f]$——筋带要求抗拔稳定系数;

f'——筋带与填料的似摩擦系数;

b_i——第 i 单元筋带宽度总和/m;

b_H——简化破裂面的垂直部分与墙面板背面距离/m。

3. 总体平衡法验算

采用总体平衡法验算时应满足式(7-119)要求(图7-72):

$$\frac{1}{P_i}\sum_{j=m}^{1} S_j \geq 1.25 \tag{7-119}$$

式中:P_i——加筋体破裂楔体及其上荷载作用下的水平滑力/kN,按下式计算:

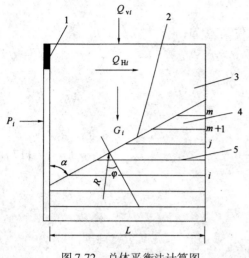

图 7-72 总体平衡法计算图
1-面板；2-破裂面；3-活动区；
4-稳定区；5-筋带

$$P_i = \frac{G_i + Q_{vi}}{\tan(\alpha+\beta)} S_x$$

S_j——T_j 与 F_j 中的较小者/kN；

Q_{vi}——垂直荷载/(kN/m)；

G_i——加筋体破裂楔体重力/(kN/m)；

α——破裂面与墙面的夹角/(°)；

T_j——被潜在破裂面所截割的第 j 层筋带容许拉力/kN，按下式计算：

$$T_j = A_j \cdot K \cdot [\sigma_L] \cdot 10^{-3} \quad (7\text{-}120)$$

F_j——被潜在破裂面所截割的第 j 层筋带抗拔力/kN，按下式计算：

$$F_j = \frac{2}{[K_f]} b_j f L_{lj} \sigma_j \quad (7\text{-}121)$$

σ_j——加筋体内深度 z_j 处的垂直应力/kPa，应按下列情况分别计算：

路肩式挡土墙：一般情况　$\sigma_j = \gamma_1 z_j$

浸水部分　$\sigma_j = \gamma_1 z_0 + \gamma_0 z_j$

路堤式挡土墙：一般情况　$\sigma_j = \gamma_1 z_j + \gamma_2 h_1$

浸水部分　$\sigma_j = \gamma_1 z_0 + \gamma_0 z_j + \gamma_2 h_1$

基础底面地基承载力按下式验算：

$$\left. \begin{aligned} \sigma_{\max} &= \frac{N}{L} + \frac{6M}{L^2} \leqslant k[\sigma] \\ \sigma_{\min} &= \frac{N}{L} - \frac{6M}{L^2} \geqslant 0 \end{aligned} \right\} \quad (7\text{-}122)$$

式中：$\sigma_{\max}$——基础底面地基最大压应力/kPa；

$\sigma_{\min}$——基础底面地基最小压应力/kPa；

N——作用在基底的垂直合力/kN；

M——作用在基底的弯矩/(kN·m)；

L——加筋体底面宽度/m；

k——地基土容许承载力提高系数；

$[\sigma]$——修正后地基土的容许承载力，kPa。

基底抗滑稳定系数 K_c 按下式计算（图7-73）：

$$K_c = \frac{\mu \sum N}{\sum T} \quad (7\text{-}123)$$

式中：$\sum N$——竖向力总和/kN；

$\sum T$——水平力总和/kN；

μ——基底摩擦系数。

抗倾覆稳定系数 K_0 按下式计算：

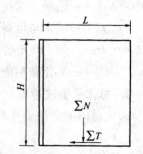

图 7-73 抗滑稳定示意图

$$K_0 = \frac{\sum M_y}{\sum M_0} \tag{7-124}$$

式中：$\sum M_y$——稳定力系对加筋体墙趾的力矩/(kN·m)；

$\sum M_0$——倾覆力系对加筋体墙趾的力矩/(kN·m)。

整体抗滑稳定系数 K_s 可按下式计算（图7-74）。

一般情况：

$$K_s = \frac{\sum(C'_i X_i + W_i \cos\alpha_i \tan\varphi_i)}{\sum W_i \sin\alpha_i} \tag{7-125}$$

抗震验算：

$$K_s = \frac{R\sum(C'_i X_i + W_i \cos\alpha_i \tan\varphi_i)}{R\sum W_i \sin\alpha_i + H_w E_{hs}} \tag{7-126}$$

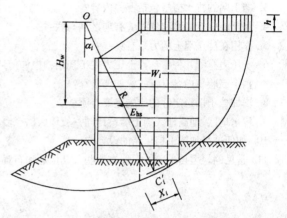

图7-74 整体抗滑稳定计算示意图

式中：C'_i——第 i 土条的黏聚力/kPa；

X_i——第 i 土条弧长/m；

W_i——第 i 土条重力/kN；

α_i——第 i 土条滑动弧法线与垂直线的夹角/(°)；

φ_i——第 i 土条滑动面处内摩擦角/(°)；

R——滑动圆弧半径/m；

E_{hs}——滑体地震力/kN；

H_w——E_{hs} 的力臂/m。

挡土墙设错台[图7-75(a)]时，筋带断面与筋带长度均可按不设错台[图7-75(b)]计算。

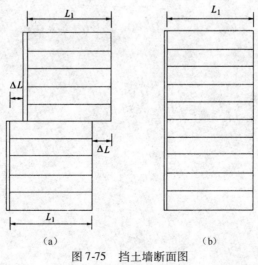

图7-75 挡土墙断面图
(a) 设错台；(b) 不设错台

思考题

1. 什么是挡土墙？其分类有哪些？
2. 常用的重力式挡土墙一般由哪几部分组成？
3. 挡土墙的排水措施包括哪些内容？
4. 挡土墙中沉降缝和伸缩缝有何区别与联系？
5. 作用在挡土墙上的力系有哪些？
6. 土压力有哪几种？各种土压力在工程结构中如何运用？
7. 挡土墙验算内容有哪些？如何验算？
8. 增加挡土墙稳定性的措施主要有哪些？
9. 浸水地区、地震地区挡土墙设计同一般地区挡土墙设计有何区别与联系？
10. 如何进行加筋土挡土墙的设计与计算？
11. 常见的轻型挡土墙的类型有哪些？其构造和布置如何？

第 8 章 土质路基施工

提要 设计是道路施工的依据,而施工又是设计的保证。理想的设计必须通过施工来实现,施工的实现和检验是非常重要的。因此在土质路基施工中,应按正确的施工方法进行,以确保土质路基的稳定和工程质量。

本章主要介绍土质路基施工的基本方法,土质路基施工的一般程序,土质路基施工要点,以及土质路基压实等。

8.1 概述

8.1.1 路基施工的重要性

路基工程涉及范围广,影响因素多,灵活性也较大,尤其是岩土内部结构复杂多变,设计阶段难以尽善,施工过程中必须进一步完善。"精心设计,精心施工"是一个完整的过程,就耗费人力、资源和财力,以及快速、高效与安全的要求而言,施工比设计更为重要,更为复杂。

路基土石方工程量大、分布不均匀,不仅与路基工作相关的设施如路基排水、防护与加固等相互制约,而且同道路工程的其他工程项目(如桥涵、隧道、路面及附属设施等)相互交错。因此,路基施工在质量标准、技术操作、施工管理等方面具有特殊性,必须予以研究和不断改进,就整个道路工程的施工而言,路基施工往往是施工组织管理的关键。

路基工程的项目较多,如土方、石方及圬土砌体等,在施工方法与技术操作方面各具特点,本章以土质路基施工为重点,阐明路基施工的全过程,包括施工准备及施工组织管理等。

道路施工是野外操作,边远山区自然条件差,运输不便,设备与施工队伍的供应与调度难;路基工地分散,工作面狭窄,遇有特殊地质不良现象时,使一般的技术问题变得复杂化,而复杂的技术问题,更是难以用常规的方法去解决。此外,路基施工中还存在:场地布置难、临时排水难、用土处置难、土基压实难等不利的因素。路基的隐蔽工程较多,质量不合标准会给路面及自身留下隐患,一旦产生病害,不仅损坏道路使用品质,导致妨碍交通及经济损失,而且往往后患无穷,难以根治。因此,为确保工程质量,实现快速、高效、安全施工,必须重视施工技术与管理,就目前情况而言,首先要有一个稳定的专业施工队伍,配有相应的技术骨干和机具设备,建立和健全施工技术操作规程与质量检查验收制度,采用现代化的施工管理方法是实现"精心施工"的必由之路。

8.1.2 路基施工的基本方法

路基施工的基本方法,按其技术特点大致可分为:人工及简易机械化,综合机械化,水力机械化和爆破方法等。人力施工是传统方法,使用手工工具、劳动强度大、功效低、进度慢、工程质量也难以保证,但限于具体条件,短期内还必然存在并适用于地方道路和某些辅助性工作。为了加快施工进度,提高劳动生产率,实现高标准高质量施工,对于劳动强度大和技术要求高的工序,应配以数量充足、配套齐全的施工机械。机械化施工和综合机械化施工,是保证高等级公路施工质量和施工进度的重要条件,对于路基土石方工程来说,更具有迫切性。实践证明,单机作业的效率,比人力及简易机械施工要高得多,但需要大量的人力与之配合,由于机械和人力的效率差距过大,难以协调配合,单机效率受到限制,势必造成停机待料,机械的生产率很低,如果对主机配以辅机,相互协调,共同形成主要工序的综合机械化作业,工效才能大大提高。以挖掘机开挖土路堑为例,如果没有足够的汽车配合运输土方,或者汽车运土填筑路基,如果没有相应的摊平和压实机械配合,或者不考虑相应的辅助机械为挖掘机松土和创造合适的施工面,整个施工进度就无法协调,难以紧凑作业,功效也势必达不到应有的要求,所以实现综合机械化施工,科学地严密组织施工,是路基施工现代化的重要途径。

水力机械化施工,也是机械化施工的方法之一,它是运用水泵、水枪等水力机械,喷射强力水流,冲散土层并流送至指定地点沉积,例如采集砂料或地基加固等。水力机械适用于电源和水源充足,挖掘比较松散的土质及地下钻孔等。对于砂砾填筑路堤或基坑回填,还可起到密实作用(称为水夯法)。

爆破法是石质路基开挖的基本方法,如果采用钻岩机钻孔与机械清理,也是岩石路基机械化施工的必备条件。除石质路堑开挖外,爆破法还可用于冻土、泥沼等特殊路基施工,以及清除路面、开石取料与石料加工等。

上述施工方法的选择,应根据工程性质、施工期限、现有条件等因素而定,而且应因地制宜和综合地使用各种方法。

高速公路、一级公路以及在特殊地区或采用新技术、新工艺、新材料进行路基施工时,应采用不同的施工方案做试验路段,从中选出路基施工的最佳方案指导全线施工。试验路段位置应选择在地质条件、断面形式均具有代表性的地段,路段长不宜小于 100 m。

8.1.3 路基施工的一般程序

1. 施工前的准备工作

为保证施工正常进行,施工前的准备工作极为重要,必须足够重视并认真做好。施工前的准备工作内容较多,大体可归纳为组织准备、技术准备和物质准备等方面。

2. 路基施工的基本工作

路基施工的基本工作包括路基和小型人工构筑物两部分。

路基施工的主要内容为开挖路堑、填筑路堤、路基压实、整平路基表面、整修边坡、修筑排水沟渠及防护加固设施等。

小型人工构筑物包括小桥、涵洞和挡土墙的修筑等。

3. 路基工程的检查和验收

为加强工程质量管理、确保工程质量,在施工过程中应按施工标准和技术规范的要求进行检查与验收。

中间检查是在施工过程中每当一部分工程完成时,特别是隐蔽工程,应按设计图纸、设计文件和技术规范的要求进行检查与验收。中间检查的目的在于检查分部工程质量,及时发现存在问题,采取补救措施,以利于下一步工序顺利进行。

在全部工程完工后,还应由施工单位会同设计、使用和养护单位进行交工验收。

路基工程检查与验收的项目主要包括路基有关工程的位置、高程、断面尺寸、压实度等,应满足在规定的允许误差范围,不符合时应设法进行修整。

8.1.4 施工前的准备工作

路基施工的主要内容,大致可归纳为施工前的准备工作和基本工作两大部分。路基施工工程量大、施工期长,且所需人力物力资源较大,因而必须集中精力,认真对待。但要保证正常施工,施工前的准备工作极为重要,它是组织施工的第一步,无准备的施工或准备不充分的施工,均使路基施工的基本工作难以顺利进行。

施工的准备工作内容较多,大致可归纳为组织准备、技术准备和物质准备三个方面。

1. 组织准备工作

组织准备工作主要是建立和健全施工队伍和管理机构,明确施工任务,制订必要的规章制度,确立施工所应达到的目标等。组织准备也是做好一切准备工作的前提。

2. 技术准备工作

路基开工前,施工单位应在全面熟悉设计文件和设计交底的基础上进行施工现场的勘查,核对与必要时修改设计文件,发现问题应及时根据有关程序提出修改意见并报请变更设计,编制施工组织计划,恢复路线,施工放样与清除施工场地,做好临时工程的各项工作等。

现场勘查与核对设计文件,目的是熟悉和掌握施工对象的特点、要求和内容,显然这是整个施工的重要步骤,舍此则其他一切工作就失去目标,难以着手。

施工组织计划是具有全局性的大事,其中包括选择施工方案、确定施工方法、布置施工现场(施工总平面布置),编制施工进度计划,拟订关键工程的技术措施等,它是整个工程施工的指导性文件,也是其他各项工作的依据。在当前强调加强施工管理,实现现代化科学管理的时期,如何抓住施工组织计划这一环节,更具有现实意义。

临时工程包括施工现场的供电、给水、修建便道、便桥,架设临时通信设施,设置施工用房(生活和生产所必需)等,这些均为展开基本工作的必备条件。

路基恢复定线、清除路基用地范围内一切障碍物等,是施工前的技术准备工作,也是基本工作的一个组成部分,宜协调进行。

路基开工前,应做好施工测量工作,其内容包括导线、中线、水准点复测,横断面检查与补测,增设水准点等。施工人员还应对路基工程范围内的地质、水文情况详细调查,通过取样、试验确定其性质和范围,并了解附近现有建筑物对特殊土的处理方法。

3. 物质准备工作

物质准备工作包括各种材料与机具设备的购置、采集、加工、调运与储存,以及生活后勤供应等。为使供应工作能适应基本工作的需要,物质准备工作必须制订具体计划,其中有的计划内容如劳动力调配、机具配置及主要材料供应计划,必须服从于保证上述施工组织计划顺利实施,而且也常被列为施工组织计划的一个组成部分。

8.2 土质路基施工要点

8.2.1 基本要求

土质路基的挖填,首先必须做好施工排水,包括开挖地面临时排水沟槽及设法降低地下水位,以便始终保持施工场地的干燥。这不仅因为土在干燥状态下易于操作,而且控制土的湿度是确保路堤填筑质量的关键。从有效控制土的含水率需要出发,土质路基的施工作业面不宜太大,以有利于组织快速施工,随挖随运,及时填筑压实成形,减少施工过程中的日晒、雨淋,尽量保持土的天然湿度,避免过干或过湿。一般条件下土的天然含水率接近最佳值,必要时,应考虑人工洒水或晾干措施。雨季施工,尤应按照施工技术操作规程的有关规定,加强临时排水,确保路基质量。过湿填土,碾压后形成弹簧现象,必须挖除重填,必要时可采取其他相应的加固措施。

路基挖填范围内的地表障碍物,事先应予以拆除,其中包括原有房屋的拆迁,树木和丛林茎根的清除,以及表层种植土、过湿土与设计文件或规程所规定之杂物等的清除。在此前提下,必要时按设计要求对路堤上层进行加固。

路基取土与填筑,必须有条不紊,有计划有步骤地进行操作,这不仅是文明施工的需要,而且是选土和合理利用填土的保证。不同性质的路基用土,除按规定予以废弃和适当处置外,一般不允许任意混填。

土质路堤应视路基高度及设计要求,先着手清理或加固地基。潮湿地基尽量疏干预压,如果地下水位较高、因工期紧或其他原因无法疏干,第一层填土适当加厚或填以砂性土后再予以压实。一般情况下,路堤填土应在全宽范围内分层填平、充分压实,每日施工结束时表层填土应压实完毕,防止间隔期中雨淋或暴晒。分层厚度视压实工具而定,一般压实厚度为20~25 cm左右。路堤加宽或新旧土层搭接处,原土层挖成台阶,逐层填新土,不允许将薄层新填土层贴在原路基的表面。

土路堤分层填平压实,是确保施工质量的关键,任何填土和任何施工方法,均应按此要求组织施工。

路基原定设计要求及施工操作规程,是路基施工的依据及质量检验的标准,必须严格执行。遇有特殊情况,无法按原设计和规程实施,需按基建程序中规定的手续,会同有关单位协商解决。路基填方材料,应有一定的强度。经野外取土试验,符合表8-1的规定时才能使用,二级和二级以下的公路作高级路面时,应符合高速公路及一级公路的规定。表中所列强度按《公路土工试验规程》规定方法确定。

表8-1 公路路基填料的基本要求

填料应用部位 (路面底高程以下深度,cm)		填料最小强度(CBR)/%			填料最大粒径/mm
		高速公路及一级公路	二级公路	三、四级公路	
路堤	上路床(0~30)	8	6	5	100
	下路床(30~80)	5	4	3	100
	上路堤(80~150)	4	3	3	150
	下路堤(>150)	3	2	2	150
零填及挖方路基	(0~30)	8	6	5	100
	(30~80)	5	4	3	100

注:① 表列强度按《公路土工试验规程》(JTG E40—2007)规定的浸水96 h的CBR试验方法测定。
② 三、四级公路铺筑沥青混凝土和水泥混凝土路面时,应采用二级公路的规定。

8.2.2 路堤填筑

1. 路堤填筑应注意的问题

路堤一般都是利用当地土石作填料,按一定方案在原地面上填筑起来的。为了保证路堤的填筑质量,必须注意以下问题。

1) 路堤基底的处理

路堤基底指路堤填料(土石)与原地面的接触部分。为使两者结合紧密,避免路堤沿基底滑动,需视基底土质、水文、坡度和植被情况及填土高度采取相应的处理措施。

对于密实稳定的土质基底,当地面横坡缓于(1:10)~(1:5)时,需铲除地面草皮、杂物,除去积水和淤泥后再填筑;当地面横坡为(1:5)~(1:2.5)时,在清除草皮杂物后,还应将坡面挖成宽度不小于1.0 m的台阶,台阶顶面做成内倾2%~4%的斜坡;当地面横坡陡于1:2.5时,应根据土质情况,进行个别设计,特殊处理。

对于覆盖层不厚的倾斜岩石基底,当地面横坡为(1:5)~(1:1.25)时,需挖除覆盖层,并将基岩挖成台阶,当横坡陡于1:2.5时,应进行个别设计,作特殊处理。

当基底为耕地或松土时,需经认真压实后才能填筑。对于水田、塘堰,需预先将基底疏干,必要时采取挤淤、换土等措施,将基底加固后再行填筑。

2) 填料选择

由于沿线土石的性质和状态不同,用其填筑的路基稳定性也有很大差异,为保证路堤的强度与稳定性,应尽可能选择当地稳定性良好的土石作填料。

碎石土、卵石土、砾石土、中砂和粗砂等,具有透水性好、摩阻系数大、强度受水的影响小等优点,是填筑路堤的良好填料。

亚砂土、亚黏土、轻黏土等,经压实后能获得足够的强度和稳定性,是比较理想的路堤填料,但需注意,土中的有机质和易溶盐含量不应超出规定的数量。

粉性土、重黏土等,水稳定性较差,一般均不宜用作路堤填料。在季节性冰冻地区尤其如此。

3) 填土压实

填土压实是保证路堤填筑质量的关键。为此,必须控制土的含水量和压实度,选择合适的压实机械与压实厚度,以及合理的施工填筑方案等。

2. 路堤填筑基本方案

1) 分层填筑法

分层填筑法是按照路堤设计横断面,自下而上逐层填筑的施工方法。它可以将不同性质的土,有规则地分层填筑和压实,获得必要的压实度和稳定性。每层填土的厚度,视土质、压实机具的有效压实深度和要求的压实度而定。

正确的分层填筑方案[图8-1(a)]应满足以下要求:① 不同土质分层填筑;② 透水性差的土填筑在下层时,其表面应做成一定的横坡,以保证来自上层透水性填土的水分及时排除;③ 为保证水分蒸发和排除,路堤不宜被透水性差的土层封闭;④ 根据强度与稳定性要求,合理地安排不同土质的层位;⑤ 为防止相邻两段用不同土质填筑的路堤在交接处发生不均匀变形,交接处应做成斜面,并将透水性差的土填在斜面下部(图8-2)。不正确的填筑方案[图8-1(b)]是指:未水平分层,有反坡积水,夹有大土块和粗大石块,以及有陡坡斜面等,其基本特点是强度不均和排水不利。

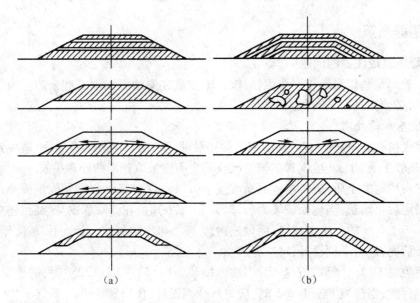

图 8-1 路堤填筑方案
(a) 正确方案；(b) 错误方案

桥涵、挡土墙等结构物的回填土，以砂性土为宜，防止不均匀沉陷，应严格按有关操作规程堆积回填和夯实。

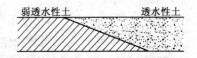

图 8-2 不同土质路堤接头示意图

2) 竖向填筑法

竖向填筑法指沿路中心线方向逐步向前深填的施工方法，如图 8-3 所示。路线跨越深谷或池塘时，地面高差大，填土面积小，难以水平分层卸土，以及陡坡地段上半填半挖路基、横坡较陡或难以分层填筑的局部路段，可采用竖向填筑方案。竖向填筑因填土过厚不易压实，施工时需采取下列措施：① 选用高效能压实机械；② 采用沉陷量较小的砂性土或附近开挖路堑的废石方，并一次填足路堤全宽度；③ 在底部进行强夯。

3) 混合填筑法

如因地形限制或堤身较高，不能按前两种方法自始至终进行填筑时，可采用混合填筑法（图 8-4）。即路堤下层用竖向填筑，而上层用水平分层填筑，使上部填土经分层压实获得需要的压实度。

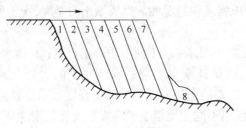

图 8-3 竖向填筑法

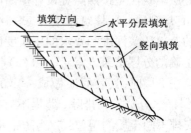

图 8-4 混合填筑法

8.2.3 路堑开挖

1. 路堑开挖应注意的问题

实践表明,路堑地段的病害主要是排水不畅,边坡过陡或缺乏适当支挡结构物。因此,无论在整个施工过程中或竣工后都必须充分重视路堑地段的排水,设置必要而有效的排水设施。路堑边坡应按设计坡度,由上而下逐层开挖,并适时进行边坡修整和砌筑必要的防护设施。此外,必须做好施工组织计划,选择合适的施工方法,有效地扩大作业面,以提高生产效率,保证施工安全。

2. 路堑开挖基本方案

按照不同的掘进方向,路堑开挖方案主要有横向全宽挖掘法、纵向挖掘法和混合法 3 种。

1) 横向全宽挖掘法

横向全宽挖掘,就是对路堑的整个宽度和深度,从路堑的一端或两端进行挖掘[图 8-5(a)]。一次挖掘的深度,视施工操作的方便和安全而定,一般为 2 m 左右。若路堑很深,为了增加工作面,可分成几个台阶,同时在几个不同高程的台阶上进行开挖[图 8-5(b)]。每一台阶均应有单独的运土路线和临时排水沟渠,以免相互干扰,影响工效、造成事故。

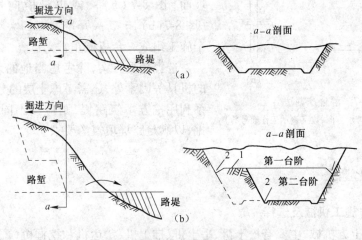

图 8-5 横向全宽挖掘法
(a) 一层横向全宽挖掘法;(b) 多层横向全宽挖掘法
1—第一台阶运土道;2—临时排水沟

2) 纵向挖掘法

纵向挖掘法又分为分层纵挖法、通道纵挖法和分段纵挖法 3 种。

分层纵挖法是沿路堑全宽以深度不大的纵向分层进行挖掘[图 8-6(a)]。挖掘的地表应保持倾斜,以利于排水。此方案适于铲运机和推土机施工。

通道纵挖法是先沿路堑纵向挖出一条通道,然后再把通道向两侧拓宽[图 8-6(b)],以扩大工作面,并利用该通道作为运土路线及场内排水的出路。

分段纵挖法是在路堑纵方向选择一个或几个适宜的位置,先从一侧挖成一个或几个出口,把路堑分为两段或几段[图 8-6(c)],再分别于各段沿纵向开挖。

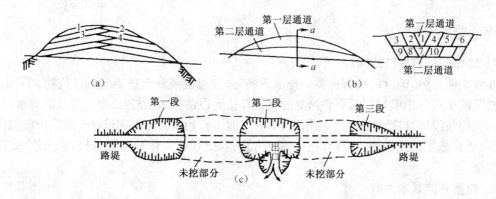

图 8-6 纵向挖掘法
(a) 分层纵挖法(图中数字为挖掘顺序);(b) 通道纵挖法(图中数字为拓宽顺序);(c) 分段纵挖法

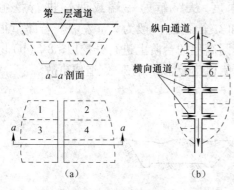

图 8-7 混合挖掘法
(箭头表示运土与排水方向;数字表示工作面号数)

3) 混合法

当土方量很大时,为扩大工作面,可将横向全宽挖掘法与通道纵挖法混合使用。先沿路堑纵向挖出一条通道,然后沿横向坡面挖掘,以增加开挖坡面[图 8-7(a)],或再沿横向挖出横向通道[图 8-7(b)]。每一开挖坡面的大小,应能容纳一个施工组或一台机械正常工作。

选择挖掘方案,除考虑当地的地形条件、采用的机具等因素外,还需考虑土层的分布及利用。如系利用挖方填筑路堤,则应按不同的土层分层挖掘,以满足路堤填筑的要求。

8.2.4 机械化施工

1. 常用土方施工机械及选择

常用的路基土方机械,主要有松土机、平土机、推土机、铲运机和挖掘机(配以汽车运土),此外还有压实机具及水力机械等。各种土方机械可进行单机作业,例如平土机、推土机及铲运机等;以挖掘机为代表的主机,需要配以松土、运土、平土及压实等相应机具,相互配套,综合完成路基施工任务。

各种土方机械,按其性能可以完成路基土方的部分或全部工作。选择机械种类和操作方案,是组织施工的第一步,为发挥机械的使用效率,必须根据工程性质、施工条件、机械性能及需要与可能,择优选用。

根据以往工程实践经验的总结,几种常用的土方机械适用范围如表 8-2 所列;按施工条件选择土方机械时,则可参考表 8-3。

2. 机械化施工应注意的问题

工程实践证明,再多再好的机械设备如果使用不当、组织管理不善、配合不协调,机械化施工就显示不出其优越性,甚至适得其反,造成浪费。

表 8-2 常用土方机械适用范围

机械名称	适用的作业项目		
	施工准备工作	基本土方作业	施工辅助作业
推土机	(1) 修筑临时道路; (2) 推倒树木,拔除树根; (3) 铲草皮,除积雪及建筑碎屑; (4) 推缓陡坡地形,整平场地; (5) 翻挖回填井、坑、陷穴、坟	(1) 高度 3 m 以内的路堤和路堑土方; (2) 运距 100 m 以内土的挖、填与压实; (3) 傍山坡挖填结合路基土方	(1) 路基缺口土方的回填; (2) 路基粗平,取弃土方的整平; (3) 填土压实,斜坡上挖台阶; (4) 配合挖掘机与铲运机松土、运土
铲运机	(1) 铲运草皮; (2) 移运孤石	运距 600～700 m 以内的挖土、运土、铺平与压实(高度不限)	(1) 路基粗平; (2) 借土坑与弃土堆整平
自动平地机	除草、除雪、松土	修筑高 0.75 m 以内路堤与深 0.6 m 以内路堑,以及填、挖结合路基的挖、运、填土	开挖排水沟,平整路基,修整边坡
松土机	翻松旧路面、清除树根与废土层、翻松硬土		(1) 硬质土的翻松; (2) 破碎 0.5 m 内的冻土层
挖掘机		(1) 半径 7 m 以内的挖土与卸土; (2) 装土供汽车远运	(1) 挖沟槽与基坑; (2) 水下捞土(反向铲土等)

表 8-3 选择土方机械的施工条件

路基形式及施工方法	填挖高度/m	土方移运水平直距/m	主要施工机械名称	辅助机械	机械施工运距/m	最小工作地段长度/m
(一) 路堤						
路侧取土	<0.75	<15	自动平土机			300～500
路侧取土	<3.00	<40	80 马力推土机		10～40	—
路侧取土	<3.00	<60	100～140 马力推土机	80马力推土机	10～60	—
路侧取土	<6.00	20～100	6 m³ 拖式铲运机		80～250	50～80
路侧取土	>6.00	50～200	6 m³ 拖式铲运机		250～500	80～100
远运取土	不限	<500	6 m³ 拖式铲运机		<700	>50～80
远运取土	不限	500～700	9～12 m³ 拖式铲运机		<1 000	>50～80
远运取土	不限	>500	9 m³ 自动铲运机		>500	>50～80
远运取土	不限	>500	自卸汽车运土		>500	(5 000 m³)
(二) 路堑						
路侧弃土	<0.60	<15	自动平土机			300～500
路侧弃土	<3.00	<40	80 马力推土机		10～40	—
路侧下坡弃土	<4.00	<70	100～140 马力推土机	80马力推土机	10～70	—
路侧弃土	<6.00	30～100	6 m³ 拖式铲运机		100～300	50～80
路侧弃土	<15.0	50～200	6 m³ 拖式铲运机		300～600	>100
路侧弃土	>15.0	>100	9～12 m³ 拖式铲运机		<1 000	>200
纵向利用	不限	20～70	80 马力推土机		20～70	—
纵向利用	不限	<100	100～140 马力推土机		<100	—
纵向利用	不限	40～600	6 m³ 拖式铲运机		80～700	>100
纵向利用	不限	<800	9～12 m³ 拖式铲运机		<1 000	>100
纵向利用	不限	>500	9 m³ 自动铲运机		>500	>100
纵向利用	不限	>500	自卸汽车运土		>500	(5 000 m³)
(三) 半填半挖横向利用	不限	<60	80～140 马力斜角推土机	1	10～60	—

注:表中均指中等坚硬类土,如土质坚硬时应先用松土机将土疏松。1 马力 = 735.498 W。

各种机具设备均有其独特性能和操作技巧,应配有专职人员使用与保养,严格执行操作规程。从整个施工组织管理以及指挥调度方面而言,组织机械化施工应注意以下几点:

（1）建立健全施工管理体制与相应组织机构。一般宜成立专业化的机械施工队伍，以便统一经营管理，独立经济核算。

（2）对每项路基工程，应有严密的施工组织计划，并合理选择施工方案，在服从总的调度计划安排下，各作业班组或主机均编制具体计划。在综合机械化施工中，尤其是要加强作业计划工作。

（3）在机具设备有限制的条件下，要善于抓重点，兼顾一般。所谓重点，是指工程重点，在网络计划管理中，重点就是关键线路；在综合机械化作业中，重点就是主机的生产效率。

（4）加强技术培训，坚持技术考核，开展劳动竞赛，鼓励技术革新，实行安全生产、文明施工，把提高劳动生产率、节省能源、减少开支等指标具体化、制度化。

以上几点，对非机械化施工，以及整个路基工程及道路施工，均具有普遍指导意义，对综合机械化作业具有更重要的指导意义。

8.3 路基压实

8.3.1 路基压实的意义与机理

路基施工破坏土体的天然状态，致使结构松散、颗粒重新组合。为使路基具有足够的强度与稳定性，必须予以压实以提高其密实程度。所以路基的压实工作是路基施工过程中一个重要工序，也是提高路基强度与稳定性的根本技术措施之一。

土是三相体，土粒为骨架，颗粒之间的孔隙为水分和气体所占据。压实的目的在于使土粒重新组合，彼此挤紧，孔隙缩小，土的单位重量提高，形成密实整体，最终导致强度增加、稳定性提高。这一点已为无数试验与实践反复证明。

大量试验和工程实践还证明：土基压实后，路基的塑性变形、渗透系数、毛细水作用及隔温性能等均有明显改善。

8.3.2 影响压实效果的主要因素

对于细粒土的路基，影响压实效果的因素有内因和外因两方面。内因指土质和湿度，外因指压实功能（如机械性能、压实时间与速度、土层厚度）及压实时的外界自然和人为的其他因素等。

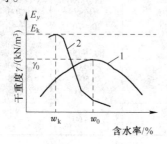

图 8-8　土基的 E、γ 与 w 的关系示意图
1—γ 与 w 的关系；2—E 与 w 的关系

为了更简明直观阐明主要因素对压实的影响，以及为什么选用干重度作为表征土基密实程序的技术指标，可参见图 8-8 的关系曲线。

图 8-8 中曲线 1 的驼峰曲线，表明干重度 γ 随含水率 w 而变的规律性。在同等条件下，一定含水率之前，γ 随 w 增加而提高，主要原因在于水起润滑作用，土粒间阻力减小，施加外力后，孔隙减小，土粒易于被挤紧，γ 得以提高。γ 值至最大值后，w 再继续增大，土粒孔隙被水分占据，而水一般不为外力所压缩，因而 w 增大，γ 随之降低。通常在

一定压实条件下干重度的最大值,称为最大干重度 γ_0(驼峰曲线的最高点),相应的含水率称为最佳含水率 w_0。由此可见,压实时,如能控制土的湿度为最佳值 w_0,则压实效果为最高,耗费的压实功能为最经济。

如果以形变模量 E_y 代替 γ,它与 w 也具有类似的驼峰形曲线关系,而且最高点的 E_k 及其相应之 w_k 值,与 γ_0 及 w_0 有别。曲线 2 表明,土体湿度未达到最佳值 w_0 之前($w_0 > w_k$),强度已达最高值 E_k,这是因为土中含水率较少时(指 w_k),土粒间的阻力较大,欲使土粒继续位移,需要更大的外力,所以表现为 E_k 最高。而土中湿度在 w_k 值前后的减少或增加,相应的 E_y 随之有所降低。

现行路面设计方法是以回弹模量为土基的强度指标,为什么不直接用模量来控制土基压实程序,而用干重度表示压实程度,这一点可通过如图 8-9 所示的试验来分析说明。图 8-9 是饱水前后的压实试验结果对照曲线关系图,曲线 1(实线)表明,饱水后,γ 与 E 均有所降低,而在 w_0 时,两者的降低值($\gamma_0 - \gamma_s$ 或 $E_k' - E_s'$)均最小。换言之,控制最佳含水率 w_0 压实的土基,其强度和稳定性最好,如果以 w_k 为准,尽管相应的 E_k 最高,但饱水后的 E_s 却大大降低,水稳性极差。这就是选用 γ_0 及相应的 w_0 作为控制土基压实指标的机理所在。

土质对压实效果的影响也很大。一般规律是:土质不同,γ_0 与 w_0 数值不一样,而且分散性(液限、黏性)较高的土,其 w_0 值较高,γ_0 值较低;砂类土的压实效果,优于黏质土,图 8-10 是一个示例。其机理在于土粒越细,比面积越大,土粒表面水膜所需之湿度也越多,加之黏土中含有亲水性较高胶体物质所致。砂类土的颗粒组,成松散状态,水分极易消失,最佳含水率的概念没有多大的实际意义。

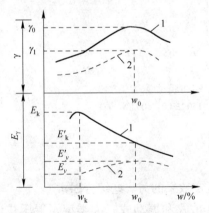

图 8-9 饱水前后压实指标对照示意图
1—饱水前;2—饱水后

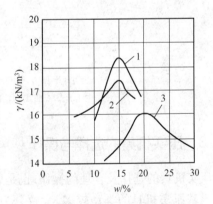

图 8-10 几种土质的压实曲线对照图
1—粉土质砂;2—黏土质砂;3—高液限黏土

压实厚度对压实效果具有明显影响。相同压实条件下(土质、湿度与功能不变),实测土层不同深度的密实度(γ 或压实度)得知,密实度随深度递减,表层 5 cm 最高。不同压实工具的有效压实深度有所差异,根据压实工具类型、土质及土基压实的基本要求,路基分层压实的厚度有具体规定数值。一般情况下,夯实不宜超过 20 cm,12～15 t 光面压路机,不宜超过 25 cm,振动压路机或夯击机,宜以 50 cm 为限。实际施工时的压实厚度应通过现场试验确定合适的摊铺厚度。

压实功能(指压实工具的质量、碾压次数或锤落高度、作用时间等)对压实效果的影响,是除含水率外的另一重要因素。如图8-11所示是压实功能(综合因素)与压实效果的关系曲线,曲线表明:同一种土的最佳含水率w_0,随功能的增大而减小,最大干重度γ_0则随功能的增大而提高;在相同含水率条件下,功能越高,土基密实度(即γ)越高。据此规律,工程实践中可以增加压实功能(选用重碾,增加次数或延长时间等),以提高路基强度或降低最佳含水率。但必须指出,用增加压实功能的办法来提高土基强度的效果有一定限度,功能增加到一定限度,效果提高趋于缓慢,在经济效益和施工组织上,不尽合理,甚至功能过大破坏土基结构,效果适得其反。相比之下,严格控制最佳含水率,要比增加压实功能收效大得多。当含水率不足,洒水有困难时,适当增大压实功能,可以收效,如果土的含水率过大,此时如果增大压实功能,必将出现"弹簧现象",压实效果很差,造成返工浪费。所以,土基压实施工中,控制最佳含水率是首要关键,在此前提下采取分层填土,控制有效土层厚度,必要时适当增大压实功能,乃土基压实工作的基本要领。

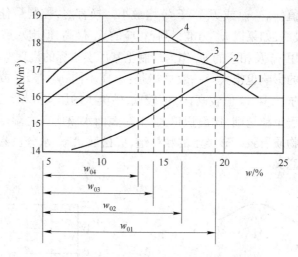

图8-11 不同压实功能的压实曲线对照图

(图中1、2、3、4曲线的功能分别为600,1150,2300,3400 kN·m)

8.3.3 压实机具的选择与操作

压实机具的选择及合理的操作,也是影响土基压实效果的另一些综合因素。

土基压实机具的类型较多,大致分为碾压式、夯击式和振动式三大类型。碾压式(又称静力碾压式),包括光面碾(普通的两轮和三轮压路机)、羊足碾和气胎碾等几种。夯击式中除人工使用的石硪、木夯外,机动设备中有夯锤、夯板、风动夯及蛙式夯机等。振动式中有振动器、振动压路机等。此外,运土工具中的汽车、拖拉机以及土方机械等,也可用于路基压实。

不同压实机具,适用于不同土质及不同土层厚度等条件,这也是选择压实机具的主要依据,表8-4所列是几种常用机具的一般技术特性。正常条件下,对于砂质土的压实效果,振动式较好,夯击式次之,碾压式较差;对于黏性土,则宜选用碾压式或夯击式,振动式较差甚至无效。不同压实机具,在最佳含水率条件下,适应于一定的最佳压实厚度以及通常的压实遍数。表8-5是各种土质适宜的碾压机械的建议。

表 8-4 压路机的技术性能

机具名称	最大有效压实厚度（实厚）/m	碾压行程次数			适宜的土类
		黏质土	粉质土	土质砂	
人工夯实	0.10	3~4	2~3	2~3	黏质土与砂质土
牵引式光面碾	0.15	—	7	5	黏质土与砂质土
羊足碾(2个)	0.20	10	6	—	黏质土
自动式光面碾 5 t	0.15	12	7	—	黏质土与砂质土
自动式光面碾 10 t	0.25	10	6	—	黏质土与砂质土
气胎路碾 25 t	0.45	5~6	3~4	2~3	黏质土与砂质土
气胎路碾 50 t	0.70	5~6	3~4	2~3	黏质土与砂质土
夯击机 0.5 t	0.40	4	2	1	砂质土
夯击机 1.0 t	0.60	4	3	2	砂质土
夯板 1.5 t,落高 2 m	0.65	6	2	1	砂质土
履带式	0.25	6~8	6~8		黏质土与砂质土
振动式	0.40	—	2~3		砂质土

表 8-5 各种土质适宜的碾压机械

机械名称 \ 土的分类	细粒土	砂类土	砾石土	巨粒土	备注
6~8 t 两轮光轮压路机	A	A	A	A	用于预压整平
12~18 t 两轮光轮压路机	A	A	A	B	最常使用
25~50 t 轮胎压路机	A	A	A	A	最常使用
羊足碾	A	C 或 B	C	C	粉、黏土质砂可用
振动压路机	B	A	A	A	最常使用
凸块式振动压路机	A	A	A	A	最宜使用含水率较高的细粒土
手扶式振动压路机	B	A	A	C	用于狭窄地点
振动平板夯	B	A	A	B 或 C	用于狭窄地点机械质量 800 kN 的可用于巨粒土
手扶式振动夯	A	A	A	B	用于狭窄地点
夯锤(板)	A	A	A	A	夯击影响深度最大
推土机,铲运机	A	A	A	A	仅用于摊平土层和预压

注:① 表中符号:A 代表适用;B 代表无适当机械时可用;C 代表不适用;
② 土的类别按《公路土工试验规程》的规定划分;
③ 对特殊土和黄土(CLY)、膨胀土(CHE)、盐渍土等的压实机械选择可按细粒土考虑;
④ 自行式压路机宜用于一般路堤、路堑基底的换填等的压实,宜采用直线式进退运行;
⑤ 羊足碾(包括凸块碾、条式碾)应有光轮压路机配合使用。

压实机具对土施加的外力应有所控制,以防功能太大,压实过度,造成失效、浪费或有害。一般认为,压实时的单位压力不应超过土的强度极限。不同土的强度极限与压实机具的质量、相互接触面积、施荷速度及作用时间(遍数)等因素有关。表 8-6 所列是在最佳含水率条件下土质在几类压实机具作用时的强度,可供选择机具和控制压实功能时参考。

实践经验证明,土基压实时,在机具类型、土层厚度及行程遍数已经选定的条件下,压实操作时宜先轻后重、先慢后快、先边缘后中间(超高路段,则宜先低后高)。压实时,相邻两次的轮迹应重叠轮宽的 1/3,保持压实均匀,不漏压,对于压不到的边角,应辅以人力或小型机具夯实。压实全过程中,经常检查含水率和密实度,以达到符合规定压实度的要求。

表 8-6 压实时土的极限强度

土 类	土的极限强度/MPa		
	光 面 碾	气 胎 碾	夯板(直径70~100 cm)
低黏性土(土质砂)	0.3~0.6	0.3~0.4	0.3~0.7
中等黏性土(粉质土)	0.6~1.0	0.4~0.6	0.7~1.2
高黏性土(黏质土)	1.0~1.5	0.6~0.8	1.2~2.0

8.3.4 土基压实标准

1. 压实度

土基野外施工,受种种条件限制,不能达到室内标准击实试验所得的最大干重度 γ_0,应予以适当降低。令工地实测干重度为 γ,它与 γ_0 值之比的相对值称为压实度 K,已知 γ_0 值,规定压实度 K,则工地实测干重度 γ 值,应符合下列要求:

$$\gamma = K\gamma_0 \tag{8-1}$$

压实度 K 就是现行规范规定的路基压实标准。正确选定 K 值,关系到土路基受力状态、路基路面设计要求、施工条件,必须兼顾需要与可能,讲究实效与经济。

2. 压实度标准

图 8-12 是路基受力时,土中应力 σ 随深度 Z 变化的关系曲线示意图,表明路基表层承受行车作用力最大,由顶部向下,受力急剧减小,在一般汽车荷载情况下,其影响深度 $Z=1.0~2.0$ m 范围内,Z 更大时路基主要承受路基本身重力,因此,路基填土的压实度,应是由下而上逐渐提高标准。

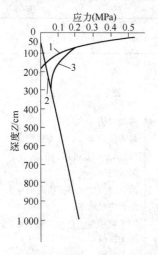

图 8-12 路基应力随深度变化曲线示意图
1-行车荷载;2-路基自重曲线;
3-两者叠加曲线

路面等级越高,对路基强度要求相应增大;自然条件越差,对路基的强度与稳定性越不利;路基挖填不同,对于路基的强度与稳定性也有关系。基于上述分析,现行规范规定的路基压实度 K,如表 8-7 所列。

表 8-7 路基压实度

填挖类别		路床顶面以下深度/m	压实度/%		
			高速公路、一级公路	二级公路	三级公路、四级公路
路堤	上路床	0~0.30	≥96	≥95	≥94
	下路床	0.30~0.80	≥96	≥95	≥94
	上路堤	0.80~1.50	≥94	≥94	≥93
	下路堤	>1.50	≥93	≥92	≥90
零填及挖方路基		0~0.30	≥96	≥95	≥94
		0.30~0.80	≥96	≥95	—

表 8-7 所列压实度是以《公路工程技术标准》(JTG B01—2014)重型击实试验法为准。特殊干旱地区雨水较少,地下水位也较低,压实度稍有降低不致影响路基的坚固、稳定和耐久性能,加之水量稀少,天然土的含水率大大低于土的压实最佳含水率,要加水到最佳含水率并压实到表 8-7 的规定确有困难,因此,特殊干旱地区的压实度可适当降低,当三、四级路修筑沥青混凝土或水泥混凝土路面时,路基压实度应采用二级公路标准。

填石路堤,包括分层填筑和倾填爆破石块的路堤,不能用土质路基的压实度来判定路基的密实程度。我国《公路路基施工技术规范》(JTG F10—2006)规定,填石路堤施工质量按压实后的石料孔隙率作为检验标准,填石路堤上、下路堤压实质量标准如表 8-8 所示。

表 8-8 填石路堤上、下路堤压实质量标准

分 区	路床顶面以下深度/m	硬质石料孔隙率/%	中硬石料孔隙率/%	软质石料孔隙率/%
上路堤	0.8~1.50	≤23	≤22	≤20
下路堤	>1.50	≤25	≤24	≤22

3. 压实度检测

土质路基的压实度试验方法可采用灌砂法、环刀法、灌水法(水袋法)或核子密度湿度仪法。采用核子仪法时,应先进行校正和对比试验。各种试验方法的原理及操作方法详见《公路土工试验规程》。

思考题

1. 路基施工中有哪三种基本方法?选择方法时应考虑哪些因素?
2. 路堤填筑有哪些方案?各自适应性如何?
3. 路堑开挖有哪些方案?各自适应性如何?
4. 常用的路基土方机械有哪些?组织机械化施工时应注意哪些要点?
5. 影响压实效果的主要因素有哪些?
6. 什么是压实度?压实度标准如何?
7. 土基压实机具有哪几大类?各自适应性如何?
8. 如何正确地进行土基压实?
9. 土质路基常用的压实度试验方法有哪些?

第9章 石质路基爆破施工

提要 爆破是石质路基施工最有效的方法,尤其适用于山区公路路基石方工程量大且集中的地方。常用的爆破方法主要有中小型爆破和大型爆破。

本章主要介绍爆破作用原理,炸药、起爆器材及起爆方法,常用的爆破方法等。

所谓爆破,就是利用炸药爆炸时产生的热量和高压,使岩体和周围介质受到破坏和移位。爆破是石质路基施工最有效的施工方法,也可用以爆松冻土、炸除软土、淤泥、开采石料等。山区公路路基石方工程最大,而且集中,据统计一般约占土石方总量的45%～75%,采用爆破法施工,不但大大提高工效、缩短工期、节约劳动力,而且可以改善线形,提高公路使用质量。

9.1 爆破作用原理

为了爆破某一岩体,在其中或表面放置一定数量的炸药,称为药包。按药包的形状或集结程度不同,可以分为集中药包、延长药包和分集药包3种。凡药包的形状接近球形或立方体,以及高度不超过直径4倍的圆柱体和最长边不超过最短边4倍的直角六面体,均属于集中药包;相反,药包的长度或高度超过上述情况者,属于延长药包。分集药包是提高炸药有效能量利用率的新型装药方式,它是将一个集中药包分为两个保持一定距离集中的子药包。

9.1.1 药包在无限介质内的爆破作用

药包在无限介质内爆炸时,炸药在瞬间内通过化学反应转化为气体状态的爆炸产物。由于膨胀作用,体积增加百倍乃至数千倍,而产生15 000 MPa的静压力,同时产生温度高达1 500～4 500 ℃、速度高达每秒上千米的冲击波,自药包中心按球面等量向外扩散,传递给周围介质,使介质产生各种不同程度的破坏和振动现象。这种现象随着距药包中心的距离增大而逐渐消失。按破坏程度的不同大致可分为四个作用圈,如图9-1所示。

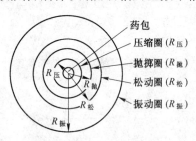

图9-1 爆破作用圈示意图

(1)压缩圈。在图9-1中$R_压$表示压缩圈半径,在这个作用圈范围内,介质直接承受药包爆炸所产生的极其巨大的作用力。如果介质是可塑性的土,便会遭到压缩形成空腔;如果是坚硬的脆性岩石,便会被粉碎,所以把$R_压$这个球形区称为压缩圈或破碎圈。

(2)抛掷圈。在压缩圈范围以外至$R_抛$的区间,所受的爆破作用力虽较压缩圈内小,但介质原有的结构受到破坏,分裂成为不同尺寸和形状的碎块,而且爆炸力尚有余力,足以使这些碎块获得运动速度。如果在有限介质内,这个区间的某一部分处在临空的自由条件下,破坏了的介质碎块便会产生抛掷现象,因而称为抛掷圈。但在无限介质内不会产生任何的抛掷现象。

（3）松动圈。在抛掷圈以外至 $R_松$ 的区间。爆炸力大大减弱,仍能使介质结构受到不同程度的破坏,但已无余力使破碎岩石产生抛掷运动,因而称为松动圈。

（4）振动圈。在松动圈以外至 $R_振$ 的区间,微弱的爆破作用力不能使介质产生破坏。这时介质只能在冲击波的传播下,发生振动现象,称为振动圈。振动圈以外爆破作用能量就全消失了。

9.1.2　药包在有限介质内的爆破作用与爆破漏斗

药包在有限介质内爆炸时,在具有临空的表面上都会出现一个爆破坑,一部分炸碎的土石被抛至坑外,一部分仍落在坑底。由于爆破坑形状如同漏斗,因此称为爆破漏斗,如图9-2所示。

爆破漏斗的形状和大小,不但与药包量大小、炸药性能、介质的性能等有关,同时还与临空面的数量和所处的边界条件有关。爆破漏斗一般用以下几个要素表示。

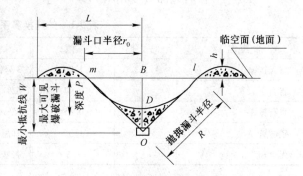

图9-2　平坦地形爆破漏斗示意图

（1）最小抵抗线 W——药包中心至临空面的最短距离。药包爆炸作用首先沿着最小抵抗线方向阻力最小的地方,使岩土产生破坏,隆起鼓包或抛掷出去,这就是作为爆破理论基础的"最小抵抗线原理"。

（2）爆破漏斗口半径 r——最小抵抗线与临空面交点至漏斗口边缘的距离。当地面坡度等于零时,用 r_0 表示。

（3）抛掷漏斗半径 R——从药包中心沿漏斗边缘至坑口的距离。

爆破作用的性质通常用爆破作用指数 n 来表示。爆破作用指数是指爆破漏斗口半径与最小抵抗线的比值,即 $n=\dfrac{r}{W}$。当 $n=1$ 时,称为标准抛掷爆破;$n>1$ 时,称为加强抛掷爆破;$n<1$ 时,称为减弱抛掷爆破。当 $n=0.75$ 和 $n<0.75$ 时,所用药包分别形成松动爆破和压缩爆破。

地形平坦时,爆破漏斗成为倒置的圆锥体,在图9-2中,mDl 称为可见的爆破漏斗,mOl 称为爆破漏斗。可见的爆破漏斗体积 V_{mDl} 与爆破漏斗体积 V_{mOl} 之比的百分率 E_0 称为平坦地形的抛掷率,即 $E_0=\dfrac{V_{mDl}}{V_{mOl}}\times 100\%$。

9.1.3　药包用药量计算

爆破一定体积的岩石需要相应数量的炸药。炸药用量不足时,不能达到预期的爆破效果,而用量多于实际需要时,又可能产生超爆现象,以致造成经济上和安全上的不良后果。影响爆破效果的因素较多,考虑炸药的性能、岩石类别与状况、抛掷率大小、药包埋置深度以及地面情况等因素,建立通用药包用量计算公式：

$$Q=edKW^3f(E)f(\alpha) \tag{9-1}$$

式中：e——炸药换算系数,常用的露天铵锑为1.0,见表9-1；

d——堵塞系数,与施工条件有关,一般情况取 $d=1$;
K——形成标准抛掷漏斗的单位耗药量/(kg/m^3);
W——最小抵抗线/m;
$f(E)$——抛掷率的函数,可按下式计算:$f(E)=0.45\times10^{0.129E}$,对抛坍及松动爆破,$f(E)=1.0$;
$f(\alpha)$——抛坍系数,随自然地面坡度变化,按表9-2计算;
α——自然地面坡度角/(°)。

表 9-1 炸药换算系数 e 值

炸药名称	型号	e 值	炸药名称	型号	e 值
露天铵锑	1	1.00	3号铵油炸药	—	1.05~1.10
岩石	2	0.94	62%胶质炸药	耐冻	0.78
岩石铵锑	1	0.85	35%胶质炸药	耐冻	0.93
硝酸铵	—	1.35	梯恩梯(TNT)		0.95~1.0
黑火药	—	1.5	苦味酸		0.90

表 9-2 抛坍系数计算公式

爆破类型	地面情况	$f(\alpha)$
抛掷爆破	地面坡度 $\alpha=0°\sim30°$	$1-\dfrac{\alpha^2}{7\,000}$
	地面坡度 $\alpha=31°\sim90°$	$\dfrac{26}{\alpha}$
抛坍爆破	一般情况下	$\dfrac{26}{\alpha}$
	低坡脚或 $R_下$ 微向上时	$\dfrac{21}{\alpha}+0.3$

注:$R_下$ 为斜坡地形下的破坏半径。

9.1.4 爆破设计参数

1. 单位耗药量 K 值

单位耗药量 K 值是在水平边界条件下,形成标准抛掷漏斗时,爆破单位体积介质所需要的炸药用量。它是衡量岩石爆破性能的综合性指标。影响 K 值的因素很多,在爆破时,一般按以下几种方法综合分析选取 K 值。

(1)根据岩石等级,由表9-3查出。

表 9-3 单位耗药量 K 值

岩石名称	岩石等级 N	坚实系数 f	岩石密度 γ/(kg/m^3)	标准抛掷单位耗药量 K/(kg/m^3)
砂	Ⅰ	0.5~0.6	1 500	1.8~2.0
密实的或潮湿的砂	—	0.6~0.8	1 600*	1.4~1.5
黏质土	Ⅲ	0.8~1.0	1 750~1 600(Ⅰ)	1.2~1.35
坚实黏质土	Ⅳ	1.0~1.5	2 000	1.2~1.5
黄土	Ⅳ~Ⅴ	1.0~2.0	1 800~1 600(Ⅱ)	1.1~1.5

续表

岩石名称	岩石等级 N	坚实系数 f	岩石密度 γ/(kg/m³)	标准抛掷单位耗药量 K/(kg/m³)
白垩土	V	1.5~2.0	1 550~2 600(Ⅵ)	0.9~1.1
石膏(硬石膏)	V~Ⅵ	2.0~4.0	2 200~2 900(Ⅶ)	1.2~1.5
蛋白石(硅藻土)	V~Ⅵ	2.0~4.0	2 200	1.2~1.3
泥灰岩	V~Ⅵ	2.0~4.0	1 900~2 300	1.2~1.5
裂纹喷出岩(凝灰岩)	Ⅵ	2.0~4.0	1 100	1.5~1.8
重质浮石	Ⅵ	2.0~4.0	1 100	1.5~1.8
贝壳—石灰岩	Ⅵ~Ⅶ	4.0~6.0	1 200	1.8~2.1
钙质砾岩	Ⅵ~Ⅶ	4.0~6.0	2 200~2 800	1.35~1.65
砾岩	Ⅵ~Ⅶ	4.0~6.0	2 500	1.35~1.65
黏土质砂岩	Ⅵ~Ⅷ	6.0~8.0	2 200	1.35~1.65
泥质页岩、石灰岩	Ⅵ~Ⅷ	6.0~8.0	2 300	1.35~1.65
泥灰岩	Ⅶ~Ⅷ	6.0~8.0	2 500	1.35~1.65
白云岩	Ⅷ~Ⅹ	8.0~12.0	2 700~2 900(Ⅺ)	1.5~1.95
石灰岩	Ⅷ~Ⅹ	8.0~12.1	2 700	1.5~1.95
镁质岩	Ⅷ~Ⅹ	8.0~12.0	3 000	1.5~1.95
钙质砂岩	Ⅷ~Ⅹ	8.0~12.0	2 600	1.5~1.95
石灰岩	Ⅷ~Ⅻ	8.0~16.0	2 900~3 100	1.5~2.4
砂岩	Ⅷ~Ⅻ	8.0~16.0	2 700	1.5~2.4
花岗岩	Ⅸ~Ⅻ	10.0~15.0	2 800~3 100~3 300	1.8~2.55
玄武岩	Ⅻ~ⅩⅥ	14.0~20.0	2 700~3 100~3 300	2.1~2.7
安山岩	Ⅻ~ⅩⅥ	14.0~20.0	2 700~3 100	2.1~2.7
石英岩	ⅩⅣ	18.0~20.0	2 800~3 300	1.8~2.1
斑岩	ⅩⅣ~ⅩⅤ	18.0~25.0	2 800~2 700~3 300	2.1~2.55

注：① "*"根据试验得出；
② 括号内的罗马字母代表相应密度的岩石等级。

（2）根据岩石等级，用式(9-2)计算 K 值为

$$K = 0.1N + b \tag{9-2}$$

式中：N——岩石等级(按 16 级分级法)；

b——系数，当 $N \leqslant 7$ 级时，$b = 0.7$；当 $N > 7$ 级时，$b = 0.6$。

（3）根据岩石密度，由式(9-3)计算 K 值为：

$$K = 1.3 + 0.7\left(\frac{\rho}{1\,000} - 2\right)^2 \tag{9-3}$$

式中：ρ——岩石密度/(kg/m³)。

（4）做标准漏斗的爆破试验，以确定 K 值。

2. 自然地面坡度角 α

地面坡度角是指最小抵抗线和下破坏作用半径间的地面坡度角，量取方法如下。

（1）最小抵抗线和下破坏作用半径间的地面顺直时，直接量取自然地面坡度角。

（2）最小抵抗线和下破坏作用半径之间的地面成凸形时(图 9-3(a))，可取 $\overline{AB}$(图 9-3 中

虚线)与水平面的夹角。其中 A 与 B 分别为下破坏作用半径和最小抵抗线与地面的交点。

(3) 阶梯形地面或地面向内凹时(图9-3(b)、(c)),地面坡度角按下式计算:

$$\alpha = \frac{\alpha_1 + 2\alpha_2}{3} \qquad (9\text{-}4)$$

式中:α——设计的自然地面坡度/(°);
α_1——缓和段的地面坡角/(°);
α_2——陡坡段的地面坡角/(°)。

采用猫洞炮与药壶炮时,可取主坡角 α_2。

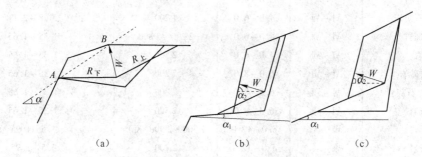

图 9-3 自然地面坡度角的量取
(a) 凸形地面;(b) 阶梯地形;(c) 凹形地形

3. 抛掷率 E

抛掷率不但是爆破设计的主要参数,同时也是检查爆破效果的主要指标,应根据地形、地质条件,结合工程的要求来确定。

(1) 平坦地形,根据实际抛掷每立方米土石所用药量最小的经验,土的最佳抛掷率 E = 80% ~ 95%,岩石的最佳抛掷率 E = 70% ~ 85%。

(2) 在斜坡地形和多面临空地形,最佳 E 值一般为 E = 60% ~ 75%。

(3) 斜坡地形的半路堑,由于坍滑作用,抛坍率的多少与药包性质关系不大。按抛坍爆破经验,最佳抛坍率可按下式计算:

$$E = 0.014 \cdot (\alpha - 30)^2 + 48 \qquad (\%) \qquad (9\text{-}5)$$

(4) 若炸药的换算系数 $e = 1$,堵塞系数 $d = 1$,则抛掷率可按式(9-6)计算:

$$E = 27 + 77.52 \lg \frac{F(E,\alpha)}{f(\alpha)} \qquad (\%) \qquad (9\text{-}6)$$

4. 爆破作用指数 n 值

爆破作用指数 n 值是决定破坏范围大小及抛掷距离远近的主要参数,可根据抛掷率 E 与地面坡角 α 按式(9-7)计算:

$$n = \left(\frac{E}{55} + 0.51\right) \sqrt[3]{f(\alpha)} \qquad (9\text{-}7)$$

在半路堑抛坍爆破中,$n = 1$。

5. 药包间距

为使拟定爆破路段一次爆破形成所需的路堑,必须采用药包群。如药包间距太远,爆破后将形成一个个互不联系的爆破漏斗,其间残留一部分没有破碎的岩埂;药包距离太近,则爆破作用的重复性太大,增加导洞药室开挖工作量,大量浪费炸药,影响边坡的稳定性,飞石安全距离也无法保证。因此,必须确定一个适合的药包间距,保证药包爆破时互相产生比较理想的共同作用。

6. 爆破区安全距离

爆破区安全距离是指爆破时的飞石、地震波、空气冲击波可能伤及人、畜、建筑物的距离。在这个距离内是危险区。飞石距离、地震波安全距离、空气冲击波安全距离的确定可参见《公路设计手册·路基》。

9.2 炸药、起爆器材及起爆方法

9.2.1 炸药的性质

炸药的成分中大都含有碳、氢、氧、氮4种元素。它是一种化学性质不稳定的物质,在冲击、摩擦等外力作用下,易发生爆炸。

为了更好地掌握爆破技术,对炸药性能的了解,是十分必要的。

(1) 爆力。爆力是指炸药破坏一定量介质(岩体)的能力。用一定量炸药放在铅柱孔槽内,以爆炸后体积增大的程度来表示。标准炸药的爆力为300 mL。

(2) 猛度。猛度是指炸药爆炸时,将一定量的岩石粉碎成细块的能力。猛度越大,岩石被粉碎得越细。猛度的测定是用一定量炸药放在直径为40 mm的铅柱上,以爆炸后压缩铅柱的长度来表示。标准炸药的猛度为11 mm。

上述爆力和猛度一般用来作为炸药威力的衡量标准。

(3) 敏感度。炸药的敏感度是指炸药在外能作用下,发生爆炸的难易程度。特别敏感的炸药,使用时非常危险,而敏感度过低的炸药,在实际使用中又很不方便。敏感度包括爆燃点、撞击敏感度、摩擦敏感度、起爆敏感度等。

(4) 湿度。炸药内所含水分与炸药重量之比的百分数,称为炸药的湿度。湿度对含有硝酸铵的炸药影响较大。湿度大,爆速低,过大甚至不爆炸(一般称为拒爆)。

(5) 安定性。炸药在长期储存中,保持其原有物理、化学性质不变的能力,称为炸药的安定性。

9.2.2 炸药的分类

炸药的种类繁多,爆破工程中一般可分为下列两大类。

1. 起爆炸药

起爆炸药是一种爆炸速度极高的烈性炸药,爆炸速度可达2 000 ~ 8 000 m/s,用以制造雷管和速燃导火索等。起爆炸药又可分为正起炸药和副起炸药。正起炸药对热能和机械冲击均具有强烈的敏感性,如雷贡、黑索金、泰安等;副起炸药须由正起炸药起爆,其爆速甚高,可加强雷管的起爆能量,如三硝基甲硝铵、四硝化戊四醇等。

2. 主要炸药

用于对岩石或其他介质进行爆破的炸药称为主要炸药。主要炸药的敏感性较低,要在起爆炸药强力的冲击下才能爆炸。它可分为:缓性炸药(爆速为1 000 ~ 3 500 m/s),如硝铵炸药、铵油炸药;粉碎性炸药(爆速在3 500～7 000 m/s),如 TNT、胶质炸药等。公路工程中常用的主要炸药的成分和性能如下。

(1) 黑色炸药。它是由硝酸钾(或硝酸钠)、硫黄及木炭所组成的混合物,其配合比以75:10:15 为最佳。好的黑色炸药为深灰色均匀的颗粒,不玷污手。对火星和碰击极敏感,易燃烧爆炸,怕潮湿,威力低,适用于开采石料。

(2) TNT(三硝基苯)。它是淡黄色针状结晶体,熔铸块呈褐色,敏感度低,安定性好,耐水性强,爆炸威力大,适用于爆破坚硬的岩石或水下爆破。但本身含氧不足,爆炸时产生有毒的一氧化碳,不宜用于地下作业。

(3) 胶质炸药。它是由硝化甘油和硝酸铵(有时用硝酸钾或硝酸钠)的混合物,另加入一些木屑和稳定剂制成的,呈淡黄色或琥珀色的半透明体。胶质炸药威力大,不吸湿,有较大密度和可塑性,适合于水下和坚石中使用。

(4) 硝铵炸药。它是硝酸铵、TNT 和少量木粉的混合物。公路工程中常用的 2 号岩石硝铵炸药,其配合比例为85:11:4,具有中等威力和一定的敏感性,在 8 号雷管作用下可以充分起爆,是安全的炸药。但它有吸湿性和结块性,受潮后敏感性和威力显著降低,同时产生毒气。

(5) 铵油炸药。它是由硝酸铵(NH_4NO_3)和柴油(或再加木粉)的混合物,通常两者的比例为94.5:5.5,当加木粉时,其比例为92:4:4。这是一种廉价、安全、制造简单、威力比硝铵炸药略低、敏感性低的炸药。其具有结块性和吸湿性,使用时不能直接以 8 号雷管起爆,须同时用10% 的硝铵炸药做起爆体,才能充分起爆。目前在爆破中应用较多。

(6) 浆状炸药。它是经硝酸铵、TNT(或铝粉、镁粉)和水为主混合而成的一种糨糊状炸药,它的威力大,抗水性强,适用于深孔爆破,但需烈性炸药起爆。

(7) 乳化油炸药。它是以硝酸铵、硝酸钠、高氯酸钠等水溶液、石蜡、柴油和失水山梨醇单油酸酯的乳化剂,以及含有微小气泡的物质如空心玻璃球或膨胀珍珠岩等混合而成的一种乳胶状抗水炸药,具有中等威力,8 号雷管可以直接起爆。

9.2.3 起爆器材与起爆方法

1. 起爆器材

雷管是常用的起爆器材,黄色炸药和硝铵炸药一般对直接火花不会引起爆炸,而用雷管来引爆。按照引爆方式可分为火雷管和电雷管两种。

(1) 火雷管。火雷管也称为普通雷管,它是用导火索来引爆的。火雷管的构造由雷管壳、正副装药、加强帽三部分组成,如图9-4(a)所示,在管壳开口的一端留有15 mm 长的空隙,以便插入导火索,另一端做成窝槽状。

(2) 电雷管。电雷管是用电流点火引爆炸药的。电雷管的构造与火雷管的构造基本相同,不同的是在管壳口的一端,有一个电气点火装置,通电时,电流通过电桥丝,灼热的

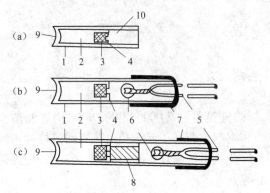

图9-4 雷管的构造
1-雷管壳;2-副装药;3-正装药;4-加强帽;
5-电气点火装置;6-滴状引燃剂;7-密封胶和防潮涂料;
8-延缓剂;9-窝槽(集能槽);10-帽孔

电桥丝就能将引燃剂点燃,使正起爆炸药爆炸。

电雷管又分为即发电雷管和迟发电雷管,即发电雷管用于同时点火同时起爆,如图9-4(b)所示。迟发电雷管用于同时点火,但不同时爆炸的电点火线路中,其构造与即发电雷管基本相同,只是在引火药与起爆药之间,装有燃烧速度相当准确的缓燃剂,如图9-4(c)所示。

2. 起爆方法

(1) 导火索及火花起爆法。导火索是点燃火雷管的配置材料,外形为圆形索线,索芯内装有黑火药,中间有纱导线,芯外紧缠着数层纱包线与防潮纸(或防潮剂),以防潮湿变质。对导火索的要求是燃烧安全,燃速恒定。根据使用要求导火索的正常燃烧速度为 100~120 m/s,缓燃导火索的燃速为 180~210 m/s。

(2) 电力起爆法。电雷管是用点火器,通过电爆导线起爆的。点火器即为产生电流的电源,如干电池组、蓄电池、起摇起爆机(小型发电机)等。

(3) 传爆线及传爆线起爆法。传爆线又称导爆线,其索芯用高级烈性炸药制成,内有双层棉织物,一层为防潮层,一层为缠绕着的纱线。为与导火索区别,表面涂成红色或红黄相间等色。我国制造的传爆线是用黑索金或泰安为索芯的。爆速为 6 800~7 200 m/s。传爆线着火较困难,使用时须在药室外的一段传爆线上捆扎一个 8 号雷管来起爆,传爆网路与药包的连接方式有并联、串联、并串联等。

由于传爆线的爆速快,故在大量爆破的药室中,使用传爆线起爆可以提高爆破效果。但必须严格遵守安全规程。

9.3 常用爆破方法

9.3.1 一般规定

开挖岩石路基所采用的爆破方法,要根据石方的集中程度、地质、地形条件及路基断面形状等具体情况而定,一般可分为中小型爆破和大型爆破两大类。

1. 爆破作业的施工程序

(1) 对爆破人员进行技术学习和安全教育;
(2) 对爆破器材进行检查和试验;
(3) 清除岩石表面的覆盖土及松散石层,确定炮型,选择炮位;
(4) 钻眼或挖坑道、药室,装药及堵塞;
(5) 敷设起爆网路;
(6) 设置警戒;
(7) 起爆;
(8) 清理爆破现场(如处理瞎炮,测定爆破效果等)。

2. 炮眼位置的选择应注意的事项

(1) 选择炮眼时,必须注意石层、石质、石纹、石穴,以在无裂纹、无水湿之处设置为宜。当用铁锤敲击石面发生空响时,应避免打眼。
(2) 应避免选择在两种岩石硬度相差很大的交界处。
(3) 应尽量选择在抵抗线最小、临空面较多的地方,并应与各临空面的距离接近相等。

(4) 炮眼选择时,应尽量为下一炮创造更多的临空面。

(5) 群炮炮眼的间距,宜根据地形、岩石类别、炮型及炸药的种类计算确定。

(6) 炮眼的方向应与岩石侧面平行,并尽量与岩石走向垂直。一般按岩石外形、纹理裂隙等实际情况,分别选择正眼、斜眼、平眼、吊眼等方位。

此外,进行爆破作业时的安全事项,须按照《公路工程暂行安全技术规程》有关规定办理。

9.3.2 中小型爆破

中小型爆破主要包括裸露药包法、炮眼法、药壶法和猫洞炮等。

1. 裸露药包法

裸露药包法是将药包置于被炸物体表面,或经清理的岩缝中,药包表面用草皮或稀泥覆盖,然后进行的爆破。

主要用于破碎大孤石或进行大块岩石的二次爆破。

2. 炮眼法

在路基工程中,炮眼法(钢钎炮)是指炮眼直径和深度分别小于 7 cm 和 5 m 的爆破方法。一般情况下,单独使用钢钎炮爆破石方是不大经济的,这是因为:① 炮眼直径小,炮眼浅,装药量受限制,一般最多装药为眼深的 $1/3 \sim 1/2$,每次爆破的石方量不大(通常不超过 10 m^3),所以工效低。② 不利于爆破能量的利用。由于眼浅,爆破时爆炸气体很容易冲出,变成不做功的声波,以致响声大而炸下的石方不多,个别石块飞得很远。因此,在路基石方集中时,应尽可能少用这种炮型。但是,由于此法操作简便,对设计边坡的岩体震动损害小,平均耗药量也少,机动灵活,因此它又是一种不可缺少的炮型。常用于土石方量分散而小的工作以及整修边坡、开挖边沟、炸孤石等,也常用此法改造地形,为其他炮型服务。

炮眼的位置应选择在临空面多的地方。炮面方向不要与岩石的节理和裂缝相平行,而应与之垂直,不可避免时则炮眼应离裂缝有一定距离,如图 9-5 所示,否则爆炸气体将会沿裂缝逸散,降低爆破效果。只有一面临空时,炮眼方向应与临空面斜交呈 30°~60°夹角。

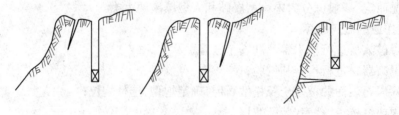

图 9-5 炮眼布置图

炮眼深度通常等于要炸去的阶梯高度,也可根据岩石的坚硬程度按下式计算:

$$L = CH \tag{9-8}$$

式中:L——炮眼深度/m;

H——爆破岩石阶梯高度/m;

C——系数,坚石采用 1.0~1.15,次坚石为 0.85~0.95,软石为 0.7~0.9。

用成排炮眼爆破时,同排各炮眼的间距可视岩石的硬度及黏结性参照下式计算确定:

$$a = bW \tag{9-9}$$

式中:a——炮眼间距/m;

W——最小抵抗线/m;

b——系数,采用火花起爆为 1.2~2.0,采用电力起爆为 0.8~2.3。

用多排炮眼爆破时,炮眼应按梅花形交错布置,排与排之间的距离约等于同排间炮眼距离的 0.86 倍。

3. 药壶法(葫芦炮)

药壶法是指在深 2.5 m 以上的炮眼底部用少量炸药经一次或多次烘膛,使炮眼底部扩大成葫芦形集中埋置炸药,以提高爆破效果的一种炮型,如图 9-6 所示。它适用于结构均匀致密的硬土、次坚石、坚石。当炮眼深度小于 2.5 m,或在节理发达的软石、岩层很薄,渗水或雨季施工时,不宜采用。

选择炮位应与阶梯高度相适应,遇高阶梯时,宜用分层分排的群炮。炮眼深度一般以 5~7 m 为宜。为避免超爆,药壶距边坡应预留一定间隙。扩大药壶时应不致将附近岩层震垮。

药壶法的用药量由下式计算确定:

$$Q = KW^3 \tag{9-10}$$

式中:Q——炸药用量/kg;

W——最小抵抗线/m,一般为阶梯高度的 0.5~0.8 倍;

K——单位岩石的硝铵炸药消耗量/(kg/m³),一般采用:软石 0.26~0.28,次坚石 0.28~0.34,坚石 0.34~0.35。

单排炮群用电雷管起爆时,每排药包间距为 $a = (0.8~1.0)W$;用火雷管起爆时,每排药包间距为 $a = (1.4~2.0)W$。当组织多排药壶炮群时,各排之间的药包间距为 $b = 1.5W$。炮眼布置成三角形时,上下层药包间距 $a = 2W_下$($W_下$ 为下层最小抵抗线,m)。

4. 猫洞炮法

猫洞炮是将集中药包直接放入直径为 0.2~0.5 m,眼深 2~6 m 的水平或略有倾斜的炮洞中的一种炮型,如图 9-7 所示。它适用于硬土、胶结良好的古河床、冰渍层、软石和节理比较发育的次坚石,坚石中可利用裂缝整修成洞。这种炮型对独岩包和特大孤石的爆破效果更佳。

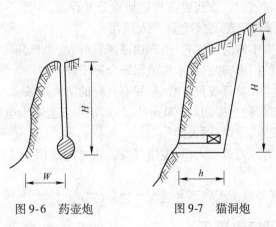

图 9-6 药壶炮　　图 9-7 猫洞炮

猫洞炮用药量按下述两种情况计算。

(1) 当被炸松的岩体能坍滑出路基时

$$Q = KW^3 f(\alpha) d \tag{9-11}$$

(2) 当被炸松的岩体不能坍滑出路基时

$$Q = 0.35KW^3d \quad (9\text{-}12)$$

式中：K——形成标准抛掷漏斗的单位耗药重量/（kg/m³）；

$f(\alpha)$——抛坍系数，$f(\alpha) = \dfrac{26}{\alpha}$，其中 α 为地面横坡度；

d——堵塞系数，可近似用 $d = 3/h$ 计算，其中 h 为眼深/m。

药包间距 $a = (1.0 \sim 1.3)W$，W 为相邻两药包计算抵抗线的平均值。

9.3.3 大爆破

大爆破施工，是采用导洞和药室装药，用药量在 1 000 kg 以上的爆破，如图 9-8 所示。采用大爆破施工要慎重，必须在施工前做好技术设计，爆破后应做出技术总结。

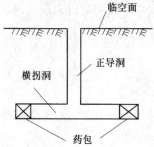

图 9-8 导洞与药室示意图

导洞和药室的开挖约占大爆破全部准备工作时间的 70%，因此应在施工中合理组织人力，充分发挥机械效率，加快开挖进度。为使药包集中，药室宜做成近似立方体，药室断面应按设计规范开挖。导洞与药室之间用横洞连接，二者保持垂直，药室中心与导洞中心一般不小于 2.5 m。

导洞分竖井和平洞两种，竖井深度不宜大于 16 m，如超过或有地下水时，最好采用平洞，平洞总长度以 30 m 左右为宜。选用竖井或平洞时，除考虑施工进度外，还应考虑爆破效果。

大爆破主要用于石方大量集中、地势险要或工期紧迫的路段。

9.3.4 爆炸药品的管理

爆破施工中为确保安全，除遵守有关规定外，对于工地的爆炸物品管理要妥善保管，管理要点如下。

（1）所有爆破器材、雷管、炸药要在指定地点分开存放，相距不得小于 1 km，距施工现场不小于 3 km，并不得露天存放，绝不允许个人保存。

（2）存放地点应有牢靠的固定仓库，库内通风良好，仓址四角应有正式的避雷设备，库址周围应有围墙和牢靠的门扉，并有排水沟道保证仓库干燥。

（3）仓库需有警卫人员日夜负责看守，并有良好的防火设备。

（4）存放炸药、雷管的仓库四周 500 m 半径内，不得安置有发电机、变压器、高压线和有电焊机、瓦斯机等各类发电、导电、明火操作。

（5）爆破器材应有专人负责入库、发出，炸药、雷管的领用手续要严格、健全、库房内只准使用绝缘手电。

（6）在雷雨、浓雾及黑夜天气不办理爆炸物品的收领工作。

9.3.5 瞎炮处理及清渣撬石

点火后未爆炸的炮为瞎炮，瞎炮不但浪费炸药的材料，影响施工进度，而且严重地影响安全生产。因此，必须采取一切有效的措施防止产生瞎炮，一旦出现瞎炮，应停止瞎炮附近的所有其他工作,由原施工人员参加处理,采取措施安全排除,其方法如下述。

对于大爆破,应找出线头接上电源重新起爆;或沿导洞小心掏取堵塞物取出起爆体;或用水灌浸药室使炸药失效后清除。

对于中小炮,可在距瞎炮的最近距离不小于 0.6 m 处,另行打眼爆破;当炮眼或装药不深时,也可用裸露药包爆破。

清渣撬石工作应严格按照操作规程进行。首先将松动、碎裂的岩石自上而下地撬落。不准掏"神仙渣"(即在下面往里掏成悬岩状,石渣在自重的作用下坍落),以免坍塌伤人砸物。

清渣工作可用人工或机械进行。若炸落的岩石体积过大,可进行两次爆破改小,两次爆破可用钢钎炮或裸露炮进行。

思考题

1. 从无限介质向里,爆破可分为哪几个作用圈?
2. 决定爆破漏斗的形状和大小有哪些要素?
3. 炸药有哪些性能? 炸药可分哪几大类?
4. 常用的起爆器材与起爆方法有哪些?
5. 常用的爆破方法有哪些? 各自适用性如何?
6. 如何进行药包用量的计算?
7. 爆破的设计参数主要有哪些? 如何进行计算?

第 2 篇 路面工程

第 10 章 路面工程总论

提要 路面是道路的重要组成部分,它直接承受行车荷载和自然因素的作用。为了保证道路全天候通畅,使车辆安全、迅速、舒适地运行,必须对路面提出强度、稳定性、耐久性、平整性等质量方面的要求。

本章主要介绍路面的功能及对路面的要求,路面的结构及组成,路面的等级与分类,我国路面工程的发展等。

10.1 路面的功能及对路面的要求

10.1.1 路面的功能

路面是在路基顶面的行车部分用各种混合料铺筑而成的层状结构物。路基是路面的基础,坚强而又稳定的路基为路面结构长期承受汽车荷载提供了重要保证。路面结构的铺筑则一方面隔离了路基,使之避免了直接承受车辆和环境因素的破坏作用,确保路基长期处于稳定状态;另一方面,铺筑路面后,提高了平整度,改善了公路条件,从而保证汽车能以一定的速度,安全、舒适而经济地在公路上全天候通行。

路基路面是构成公路线形主体结构密不可分的主要组成部分,其中路面是直接供车辆行驶之用的部分,它的好坏直接影响行车速度、安全和运输成本。高等级公路铺筑了良好的路面,就能够保证车辆高速、安全、舒适地行驶,并且可以节约运输成本,充分发挥高等级公路的功能。但是,高级路面的造价较高,路面工程占公路造价的比重较大,因此根据公路等级和任务,合理选择路面结构,精心设计,精心施工,使路面在设计使用年限内具备良好的使用性能,对节约投资,提高运输效益,具有十分重要的意义。

10.1.2 路面的使用性能

路面的使用性能可分为功能性能和结构性能等。

1. 功能性能

路面的基本功能是为车辆提供快速、安全、舒适和经济的行驶表面。路面的功能性能指路面满足这一基本功能的能力,它反映了路面的服务水平或行驶质量。

路面的行驶质量同路表面的平整度特性、车辆悬挂系统的振动特性、人对振动的反应或接受能力三方面因素有关。其中,最主要的影响因素是路表面的平整度。服务水平或行驶质量可以通过主观或者主观和客观相结合的方法进行评价,用5分制或10分制的行驶质量指数(RQI)或服务指数(PSI)表示,并同平整度的量测结果(IRI)建立联系

$$RQI(PSI) = a - b(IRI) \tag{10-1}$$

式中:a、b——通过评价试验建立的回归方程的参数。

安全性主要指路面表面的抗滑能力。此外,车辙深度超过10~13mm的情况下,车辆高速行驶时会因车辙内积水而可能出现飘滑。路面的抗滑能力可采用横向力系数SFC、摆值F_B(BPN)、构造深度TD(mm)等指标评定。随着车轮的不断磨耗,路表面的抗滑能力因集料被磨光而下降。当表面摩阻性能下降到不可接受的水平时,便需采取措施(例如加铺抗滑磨耗层),恢复其抗滑能力。

2. 结构性能

路面的结构性能指路面保持其结构完好而不出现损坏的能力。路面的损坏可归纳为三大类(表10-1):

① 断裂和裂缝类。路面结构的整体性受到破坏。
② 永久变形类。路面结构虽仍保持整体性,但形状有较大改变。
③ 耗损类。路面表面部分材料的散失或磨损。

路面结构设计主要考虑前两类损坏,采取特定措施防止它们在预定的设计期内出现。例如,沥青路面结构设计主要针对疲劳开裂、低温缩裂、反射裂缝和车辙等;水泥混凝土主要针对疲劳断裂、唧泥和错台等。而耗损类损坏则主要同面层材料的性能有关,在材料选择和设计时考虑。

表10-1 路面损坏类型

损坏模式	一般原因	特定原因	损坏形式
断裂和裂缝	车辆荷载	重复荷载、制动力、下层接(裂)缝和车辆荷载	疲劳断裂或龟裂、滑动裂缝、反射裂缝
	环境因素	温度变化、湿度变化、下层接(裂)缝和温(湿)度收缩	横向裂缝、收缩裂缝、反射裂缝
永久变形	车辆荷载	重复荷载、荷载过重	车辙、塑流或蠕变
	环境因素	膨胀土或冰冻作用、固结、水渗入	隆起、沉降、唧泥和错台
耗损	车辆荷载		磨光、磨损、露骨
	环境因素		剥落

路面损坏状况用类型、严重程度和范围(或密度)三方面表征,并采用单项损坏类型指标或综合指标进行评价,路面损坏状况也随时间而发展,严重到一定程度后,便需要采取措施恢复其完好程度。

路面结构的承载能力指路面在达到预定的损坏状况之前还能承受行车荷载作用的次数,或者还能使用的年数。结构承载能力同损坏状况有内在的联系。在使用过程中,承载能力逐渐下降,而损坏逐步发展;承载能力低的路面,其损坏状况必然很严重。通常采用路表面无破损弯沉测定方法评价路面的结构承载能力,也即确定其剩余寿命。根据评价结果,可以判断是否需要设置加铺层,并进行加铺设计。评价结果也可以用于分析损坏状况及发展。

10.1.3 对路面的要求

为了保证道路全年通车,提高行车速度,增强安全性和舒适性,降低运输成本和延长道路

使用年限,对路面具有以下要求。

1. 具有足够的强度和刚度

车辆在路面上行驶时,通过车轮把垂直力和水平力传递给路面,水平力又分为纵向和横向两种,此外,路面还受到车辆振动力和冲击力作用。

在上述外力的作用下,路面结构内就会产生应力、应变及位移。当路面结构整体或某一组成部分(如某一层)的强度或抗变形能力不足以抵抗这些应力、应变及位移时,路面就会出现断裂、沉陷、车辙及波浪等破坏,使路况恶化,服务水平下降。为避免行车荷载产生的这些破坏,路面结构整体及其各组成部分都应具有足够的强度和刚度。

路面的强度和刚度是两个既相互联系又相互区别的力学特性。路面结构应具有足够的强度,以抵抗车轮荷载引起的各个部位的各种应力,如压应力、拉应力和剪应力等,以保证路面结构不发生压碎、断裂、剪切等各种破坏。路面结构应具有足够的刚度,使得在车轮荷载作用下不发生过大的变形和位移,保证路面不发生沉陷、车辙或波浪等病害。

2. 具有足够的稳定性

路面不仅承受车轮荷载的作用,由于路面建筑在路基之上,袒露于大气之中,因此还经常受到水分湿度、大气温度等自然环境因素的影响,从而影响着路面的强度和刚度。

大气温度周期性的变化对路面稳定性有重要影响,如沥青路面在高温季节软化,在车轮荷载作用下产生车辙、波浪等永久变形;低温时沥青面层出现收缩、变脆而开裂,半刚性基层低温收缩产生反射裂缝,而水泥混凝土路面高温时发生拱胀开裂,低温时出现收缩裂缝以及在温度梯度作用下产生翘曲而破坏等。在北方低温冰冻季节,温度和湿度的共同作用会引起路基路面结构的冻胀,春融季节在重要交通路段产生翻浆。

大气降水使路面结构内部的湿度状态发生变化从而影响路面结构稳定性。水泥混凝土路面因排水不畅发生唧泥、冲刷基层导致结构破坏;沥青混凝土路面由于水分的侵蚀,引起沥青面层剥落、松散等水损害;砂石路面在雨季因雨水冲刷和渗入路面结构而导致强度下降,产生沉陷、松散等病害。

为了设计出适合当地气候条件、稳定性良好的路面结构,应充分调查和分析当地温度、湿度状况,在此基础上选择具有足够稳定性的路面材料及路面结构。

3. 具有足够的耐久性

路面在车辆荷载的反复作用下,路面使用性能将逐年下降,强度和刚度逐年衰减,如路面出现疲劳破坏和塑性变形累积。此外,路面在大气温度、湿度等自然环境因素的反复长期作用下,路面材料性能会由于老化衰变而导致路面结构的损坏。

为了保证和尽量延长路面使用年限,除了精心选择具有足够疲劳强度、抗老化和抗变形能力的材料和精心设计、精心施工外,还要重视路面的长年养护、维修及路用性能的恢复工作。

4. 具有足够的表面平整度

路面表面平整度是影响行车安全、行车舒适性及运输效益的重要指标。不平整的路表面会使行驶的车辆产生一附加的振动,这种振动会造成行车颠簸,影响行驶的安全性和舒适性。同时,振动作用对路面施加冲击力,从而加速路面损坏和车辆轮胎的磨损,增加耗油量,提高车辆的运行费用。不同等级的公路,对行驶速度和舒适性的要求不同,从而对路面平整度的要求也不同。高速公路对路面平整度的要求更高。

优良平整的路面,要依靠优良的施工设备、精细的施工工艺、严格的施工质量控制,同时还应采取必要的养护措施。此外,随着行车荷载的反复作用,路面结构逐渐出现破坏和变形(如断裂、沉陷、车辙、推移和松散等),从而使路面表面平整度变差。因此,采用强度和刚度高、稳定性好的路面结构和面层材料,对于长期保证路面优良的平整度、减小其衰变速度是非常重要的。

5. 具有足够的表面抗滑性

路面表面要求平整度好,但不宜光滑。光滑的表面,行驶的车轮与路面之间的附着力和摩擦力较小,当雨天高速行驶需紧急制动或上下坡、转弯时,由于车轮与路面间附着力不足,容易造成车轮打滑或空转,从而引发严重的交通事故。路面的抗滑性能通常采用摩擦系数表征。高速公路和一级公路,由于行驶速度高,因此要求具有较高的抗滑性能。

为了保证路面具有足够的抗滑性能,对于沥青路面,应采用坚硬、耐磨、表面粗糙的粒料以及具有良好黏结力的沥青或改性沥青,并通过合理的组成设计来实现;对于水泥混凝土路面,可采取刷毛、刻槽等工艺措施提供保证。此外,对于影响路面抗滑性能的积雪、浮水和污泥等,应及时予以清除。

6. 具有足够的不透水性(抗透性)

透水的路面,雨天水分容易渗入路面结构和土基,这些滞留于路面表层和路面结构内部的水分,在大量高速行车荷载反复作用下,自由水产生很大的动水压力不断冲刷路面,路面会产生剥落、坑洞、唧浆和网裂等早期水破坏现象。在降水量大的潮湿多雨地区、交通量大、载重车辆多的高速公路沥青路面,水破坏更严重。

为避免路面水破坏,应尽量采用不透水的路面面层,设置路面结构排水层或有效防水层。

7. 具有低噪声及低扬尘性

噪声与扬尘会对环境造成污染,影响正常的行车秩序,对行车密度大的高等级公路,这是必须予以足够重视的问题。

行车噪声一方面因路面平整度差而引起,以及路面面层材料的刚度大而产生;另一方面与不良的线形设计导致车辆频繁的加速、减速、转向有关。扬尘主要发生于砂石路面,因车轮后面产生真空吸力将面层细骨料吸出而引起。值得注意的是,即使是高级路面,如不及时清扫路面浮土和灰尘,也会同样导致严重的扬尘。因此,对于行车噪声和扬尘,应从公路工程的设计、施工、养护和管理等方面统筹考虑,才能保证路面具有尽可能低的扬尘性和尽可能小的噪声。

10.2 路面的结构及组成

10.2.1 路基横断面

路面横断面由行车道、硬路肩或土路肩组成。根据公路等级,可选择不同的路面横断面形式。通常将路面横断面分为槽式和全铺式两种,如图10-1所示。

1)槽式横断面

在路基上按路面行车道及硬路肩设计宽度范围,开挖与路面同厚度的浅槽,在槽内铺筑路面。也可采用培槽方法,在路基两侧培槽,或半填半挖的方法培槽,如图10-1(a)所示。

2)全铺式横断面

在路基全部宽度内都铺筑路面。在盛产石料的山区或较窄的路基上铺筑中、低级路面,常采用全铺式横断面,如图10-1(b)所示。在高等级公路路面中的排水基层,通常需要全宽范围铺筑以便横向排入边沟。此外,对于交通量增长较快的重要公路,也往往将硬路肩和土路肩按行车道标准,全宽铺筑面层。

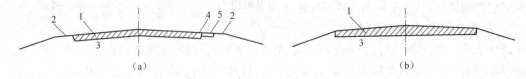

图 10-1　路面横断面形式
(a)槽式;(b)全铺式
1-路面;2-土路肩;3-路基;4-路缘石(侧面);5-加固路肩

10.2.2　路拱横坡度

为了保证路面上雨水及时排出,减少雨水对路面的浸湿和渗透,路面表面应做成两边低、中间高的路拱。等级高的路面平整度和水稳定性好,透水性小,一般采用较小路拱横坡度和直线形路拱。等级低的路面,为利于迅速排除路表积水,通常采用较大的路拱横坡度和抛物线形路拱。表 10-2 列出了各种不同类型路面路拱的平均横坡度值。

表 10-2　各类路面的路拱平均横坡度

路 面 类 型	路拱平均横坡度/%
沥青混凝土、水泥混凝土	1～2
厂拌沥青碎石、路拌沥青碎(砾)石、沥青贯入碎(砾)石、沥青表面处治、整齐石块	1.5～2.5
半整齐石块、不整齐石块	2～3
碎、砾石等粒料路面	2.5～3.5
炉渣土、砾石土、砂砾土等	3～4

路拱横坡度选择,应考虑有利于行车平稳和利于路面排水的要求。在干旱和有积雪、浮冰地区,应采用低值;多雨地区采用高值;道路纵坡较大或路面较宽,或行车速度较高,或交通量和车辆载重较大,或经常有拖挂车行驶时用低值;反之取用高值。

路肩横坡度一般较路面横坡度大 1%。高速公路和一级公路当硬路肩采用与路面车行道相同结构时,路肩与路面行车道采用相同的横坡度。

10.2.3　路面排水

设置排水设施的目的,是迅速将路面范围内的水排出路基,以保证行车安全。一般公路的路面排水设施通常由路拱坡度、路肩横坡和边坡组成。高速公路和一级公路的路面排水一般由路面(路肩)排水和中央分隔带排水组成,必要时可采用路面结构排水。

10.2.4　路面结构层及其功能

行车荷载和自然环境因素对路面的作用和影响,随着深度的增加而逐渐衰减。因此,对路面材料的强度、抗变形能力和稳定性的要求也随深度的增加而逐渐降低。为了适应这一特点,路面结构一般分多层铺筑,根据使用要求、受力状况、土基支撑条件和自然因素影响程度的不同,分为若干不同的层次,各个层位分别承担不同的功能。通常将路面结构划分为面层、基层和垫层三个层次,如图 10-2 所示。

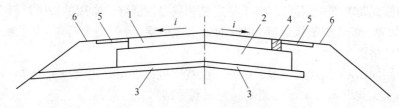

图 10-2 路面结构层次示意图
1-面层;2-基层(有时包括底基层);3-垫层;4-路缘石;5-加固路肩;6-土路肩;i-路拱横坡度

1. 面层

面层是路面结构最上面的一个层次,它直接承受行车荷载的垂直力、水平力和震动冲击力的作用,并受到大气降水、气温和湿度变化等自然因素的直接影响。因此,与其他层次相比,面层应具备较高的强度、抗变形能力,较好的温度稳定性、水稳定性,良好的平整度和表面抗滑性,同时应具有较好的耐磨性和抗渗水性。

铺筑面层的材料主要有水泥混凝土、沥青混凝土、沥青碎(砾)石混合料、碎(砾)石掺土或不掺土混合料及块石等。

面层有时分两层或三层铺筑。高速公路和一级公路的沥青面层一般分 2~3 层,沥青面层总厚度 18~20 cm,各层根据不同要求采用不同的级配组成。也有分上、下两层铺筑的复合式混凝土路面,此时上、下两层分别采用不同强度等级的水泥混凝土和不同的施工工艺。碾压混凝土路面上加铺薄层沥青混凝土组成的复合结构是一种新的路面面层。需要指出的是,用作封闭表面空隙,防止水分浸入面层的封层和厚度不超过 3 cm 的磨耗层,以及厚度不超过 1 cm 的简易沥青表面处治不能作为一个独立的层次,而应看作是面层的一部分。

2. 基层

基层是面层的下卧层,它主要承受由面层传递的行车荷载垂直力,并将它扩散和分布到垫层和土基上。基层是路面结构中的主要承重层,因此,它应具有足够的强度和刚度,并具有良好的扩散应力的能力。虽然基层位于面层之下,但仍然难以避免雨水从面层渗入,同时它还会受到地下水的浸湿,因此基层应具有足够的水稳定性。同时为了保证面层具有优良的平整度,还要求基层也具有较好的平整度。

修筑基层的主要材料有各种结合料(如石灰、水泥或沥青等)稳定土或碎(砾)石、贫水泥混凝土、各种工业废渣(如煤渣、粉煤灰、矿渣、石灰渣等)和土、砂、石等所组成的混合料等,天然砂砾、各种碎石或砾石、片石、块石或圆石可以作为底基层材料,提高基层的整体抗冰冻、抗水侵害和承载能力。

高等级公路的基层通常较厚,基层一般分两层或三层铺筑,位于下层的称为底基层,对底基层材料质量和强度的要求相对较低,并应尽量使用当地材料修筑。

3. 垫层

垫层位于基层和土基之间,直接与土基接触,它的功能是改善土基的湿度和温度状况,保证面层和基层的强度、刚度和稳定性不受土基的影响。同时垫层还起到将基层传下的车辆荷载应力进一步加以扩散,从而减小土基顶面压应力和竖向变形的作用。另外它也能阻止路基土挤入基层。在地下水位较高的路基上,可能发生冻胀的路基,土质不良或冻深较大的路基上通常都应设置垫层。

垫层材料强度要求不一定高,但要求稳定性和隔温性能好。常用的垫层材料有两类:一类为松散粒料(如砂、砂石、炉渣煤渣等)组成的透水性垫层;另一类为石灰、水泥和炉渣稳定土等组成的稳定性垫层。

为了保护路面面层的边缘,一般公路的基层宽度应比面层每边至少宽出 25 cm,垫层宽度应比基层每边至少宽出 25 cm,或与路基同宽以利于排水。

10.3 路面面层类型的适用范围与分类

10.3.1 路面面层类型的适用范围

路面面层类型的选用应符合表 10-3 的规定。

表 10-3 路面面层类型及适用范围

面 层 类 型	适 用 范 围
沥青混凝土路面	高速公路、一级公路、二级公路、三级公路、四级公路
水泥混凝土路面	高速公路、一级公路、二级公路、三级公路、四级公路
沥青贯入、沥青碎石、沥青表面处治路面	三级公路、四级公路
砂石路面	四级公路

路面结构层所选材料,应满足强度稳定性和耐久性的要求,同时路面垫层材料宜采用水稳性好的粗粒料或各种稳定类粒料。

1. 沥青混凝土和水泥混凝土路面

沥青混凝土和水泥混凝土路面的特点是路面平整度好,强度高,稳定性好,使用寿命长,能保证高速行车,能适应较繁重的交通量。该类路面养护费用少,运输成本低,但初期建设投资高,需要用质量高的材料来修筑。

2. 沥青贯入、沥青碎石、沥青表面处治路面

沥青贯入、沥青碎石、沥青表面处治路面与高级路面相比,强度和刚度较差,使用寿命较短,所适应的交通量较小,行车速度也较低,其初期建设投资虽较沥青混凝土和水泥混凝土路面低些,但需要定期养护,养护费用和运输成本也较高。

3. 砂石路面

砂石路面的强度和刚度低,使用期限短,易扬尘,仅能适应较小的交通量。砂石路面的初期建设投资虽然很低,但是养护工作量大,需要经常维修和补充材料才能延长使用年限,运输成本高。

10.3.2 路面分类

路面类型可以从不同角度来划分,但是一般都按面层所用的材料区分,如水泥混凝土路面、沥青路面、砂石路面等。但是在工程设计中,主要从路面结构的力学特性的相似性出发,可以将路面结构划分为柔性路面(沥青混凝土路面)、复合式路面和刚性路面三类。根据基层材料类型及组合的不同,又可以将沥青混凝土路面划分为柔性基层沥青路面、半刚性基层沥青路面、组合式基层沥青路面、复合式路面(或刚性基层沥青路面)。国外一般将水泥混凝土路面和沥青混凝土路面称为有铺装路面;表面处治、沥青碎石、沥青贯入式路面称为简易铺装路面;砂石路面等归入未铺装路面。砂石路面是以砂、石为集料,以土、水、灰为结合料,通过一定的配合比铺筑而成的路面,包括级配砂(砾)石路面、泥结碎石路面、水结碎石路面、填隙碎石路面及其他粒料路面。

1. **柔性基层沥青路面**

柔性基层沥青路面的总体结构刚度较小,在车辆荷载作用之下产生的弯沉变形较半刚性基层沥青路面大。虽然路面结构某一层的抗弯拉强度较低,但通过合理的结构组合和厚度设计,可以保证路面结构整体具有很强的抵抗荷载作用的能力,同时通过各结构层将车辆荷载传递给路基,可使路基承受的单位压力控制在一定的范围内。路基路面结构主要靠抗压强度和抗剪强度承受车辆荷载的作用。柔性基层沥青路面主要包括各种未经处理的粒料基层和各类沥青层、碎(砾)石层或块石层组成的路面结构。

2. **半刚性基层沥青路面**

用水泥、石灰等无机结合料处治的土或碎(砾)石及含有水硬性结合料的工业废渣修筑的基层,在前期具有柔性基层的力学性质,而后期的强度和刚度均有较大幅度的增长,但是最终的强度和刚度仍远小于水泥混凝土。由于这种材料的刚性处于柔性基层与刚性基层之间,因此把这种基层和铺筑在它上面的沥青面层统称为半刚性基层沥青路面。

3. **组合式基层沥青路面**

沥青路面的基层含有无机结合料稳定材料、水泥混凝土材料等刚度较大或相对较大的材料,但是在沥青层与刚度相对较大的材料之间夹有柔性材料,如沥青混凝土层 + 级配碎石 + 无机结合料稳定材料层的路面结构、沥青混凝土层 + 级配碎石 + 普通水泥混凝土材料层的路面结构、沥青混凝土层 + 级配碎石 + 碾压式水泥混凝土材料层的路面结构等。

4. **复合式路面(刚性基层沥青路面)**

复合式路面是用水泥混凝土[包括普通混凝土(JPCP)、钢筋混凝土(JRCP)、连续配筋混凝土(CRCP)、钢纤维混凝土、预应力混凝土、装配式混凝土、碾压混凝土]作基层,沥青混凝土作面层的路面结构。水泥混凝土具有强度高、稳定性好等特点,沥青混凝土具有行车舒适、噪声小等特点,这种复合式路面可以避免各自的缺点,具有良好的使用性能和耐久性。普通混凝土(JPCP)、钢筋混凝土(JRCP)基层沥青路面,由于接缝处的反射裂缝,对使用性能有一定的影响;连续配筋混凝土基层(CRCP)沥青混凝土路面由于连续的配筋将水泥混凝土的裂缝宽度约束在一定的范围内(一般要求小于 1 mm),故其有良好的使用性能和耐久性,但必须采取措施保证沥青层与沥青层、沥青层与水泥混凝土层之间有良好的黏结状态。

5. **水泥混凝土路面**

水泥混凝土路面主要指用水泥混凝土[包括普通混凝土(JPCP)、钢筋混凝土(JRCP)、连续配筋混凝土(CRCP)、钢纤维混凝土、预应力混凝土、装配式混凝土、碾压混凝土]作面层的路面结构。水泥混凝土的强度高,与其他筑路材料比较,抗弯拉强度高,并且有较高的弹性模量,故呈现出较大的刚性。在车辆荷载作用下,水泥混凝土结构层处于板体工作状态,竖向弯沉较小,路面结构主要靠水泥混凝土板的抗弯拉强度承受车辆荷载,通过板体的扩散分布作用,传递给基础上的单位压力较柔性路面小得多。

思 考 题

1. 路面设计时对路面有哪些要求?
2. 路面和路基有什么相互关系?
3. 路面横断面由什么所组成?路面横断面又可分为哪两种形式?
4. 什么是路拱?路拱有哪些适应不同路面结构需要的路拱线形?
5. 路面结构层的分类有哪些?各结构层的位置和作用是什么?
6. 路面是如何分级的?
7. 路面的使用性能是什么?

第11章 交通荷载、自然因素及材料的力学特性

提要 道路路面的主要功能是长期保证车辆快速、安全、舒适地通行,而交通荷载和自然因素的影响是造成路面结构损伤的主要成因。因此,为了保证设计的路面结构达到预计的功能,具有良好的结构性能,必须对交通荷载和自然因素对路面结构的影响作分析。

本章主要介绍交通荷载对路面的影响,自然因素对路面的影响,路面材料的强度形成原理和力学特性等。

11.1 交通荷载对路面的影响

11.1.1 车辆的种类

道路上通行的汽车车辆按照《汽车和挂车类型的术语和定义》(GB/T 3730.1—2001),将汽车分为乘用车和商用车。

乘用车(不超过9座)分为普通乘用车、活顶乘用车、高级乘用车、小型乘用车、敞篷车、仓背乘用车、旅行车、多用途乘用车、短头乘用车、越野乘用车、专用乘用车等11类。商用车分为客车、货车和半挂牵引车等3类。客车细分为小型客车、城市客车、长途客车、旅游客车、铰接客车、无轨客车、越野客车、专用客车。货车细分为普通货车、多用途货车、全挂牵引车、越野货车、专用作业车、专用货车。

乘用车自身质量与满载总质量都比较轻,但车速高,一般可达120 km/h,有的高档小车可达200 km/h以上;中客车一般包括6~20个座位的中型客车;大客车一般是指20个座位以上的大型客车包括铰接车和双层客车,主要用于长途客运与城市公共交通。

货车又分为整车、牵引式挂车和牵引式半挂车。整车的货厢与汽车发动机为一整体;牵引式拖车的牵引车与拖车是分离的,牵引车提供动力,牵引后挂的拖车、有时可以拖挂两辆以上的拖车;牵引式半拖车的牵引车与拖车也是分离的,但是通过铰接相互连接,牵引车的后轴也担负部分货车的重量,货车厢的后部有轮轴系统,而前部通过铰接悬挂在牵引车上。货车总的发展趋向是向大吨位发展,特别是集装输运输水陆联运业务开展之后,货车最大吨位已超过40~50 t。

11.1.2 汽车的轴型

无论是客车还是货车,车身的全部重力都通过车轴上的轮子传给路面,因此,对于路面结构设计而言,更加重视汽车的轴载。由于轴载的大小直接关系到路面结构的设计承载力与结构强度,为了统一设计标准和便于交通管理,各个国家对于轴载的最大限度均有明确的规定。据国际道路联合会1989年公布的统计数据,在141个成员国和地区中,轴限最大的为140 kN,近40%执行100 kN轴限,我国公路与城市道路路面设计规范中均以100 kN作为设计标准轴载。路面设计标

准轴载关系到路面使用寿命和汽车工业发展两个方面。通常认为我国的公路车辆轴限为 100 kN。

通常,整车形式的客、货车车轴分前轴和后轴。绝大部分车辆的前轴为两个单轮组成的单轴,轴载约为汽车总重力的 1/3。极少数汽车的前轴由双轴单轮组成,双前轴的轴载约为汽车总重的一半。汽车的后轴有单轴、双轴和三轴 3 种,大部分汽车后轴由双轮组组成,只有少量轻型货车由单轮组成后轴。每一根后轴的轴载大约为前轴轴载的两倍。目前,在我国公路上行驶的货车的后轴轴载,一般在 60~130 kN 范围内,大部分在 100 kN 以下。

由于汽车货运向大型重载方向发展,货车的总载有增加的趋势,为了满足各个国家对汽车轴限的规定,趋向于增加轴数以提高汽车总载,因此出现了各种多轴的货车。有些运输专用设备的平板挂车,采用多轴多轮,以便减轻对路面的压力。路面设计中车辆根据交通调查 9 类的划分进行细化,车辆轴型根据轮组和轴组类型可分为 7 类(表 11-1),车辆类型根据轴型组合可分为 11 类(表 11-2),我国常用汽车路面设计参数见表 11-3。

表 11-1 车辆轮组和轴组类型

编号	轴型说明	编号	轴型说明
1	单轴(每侧单轮胎)	5	双联轴(每侧双轮胎)
2	单轴(每侧双轮胎)	6	三联轴(每侧单轮胎)
3	双联轴(每侧单轮胎)	7	三联轴(每侧双轮胎)
4	双联轴(每侧各一单轮胎、双轮胎)		

表 11-2 车辆类型分类

编号	说明	典型车型及图示		其他主要车型
1 类	2 轴 4 轮车辆	11 型车		
2 类	2 轴 6 轮及以上客车	12 型客车		15 型客车
3 类	2 轴 6 轮整体式货车	12 型货车		
4 类	3 轴整体式货车(非双前轴)	15 型		
5 类	4 轴及以上整体式货车(非双前轴)	17 型		
6 类	双前轴整体式货车	112 型 115 型		117 型
7 类	4 轴及以下半挂货车(非双前轴)	125 型		122 型

续表

编号	说　明	典型车型及图示	其他主要车型
8 类	5 轴半挂货车（非双前轴）	127 型 155 型	
9 类	6 轴及以上半挂货车（非双前轴）	157 型	
10 类	双前轴半挂式货车	1127 型	1122 型 1125 型 1155 型 1157 型
11 类	全挂货车	1522 型 1222 型	

表 11-3　我国常用汽车路面设计参数

序号	汽车型号	总重力/kN	载重力/kN	前轴重力/kN	后轴重力/kN	后轴数	轮组数	轴距/cm	出产国
1	解放 CA10B	80.25	40.00	19.40	60.85	1	双		中国
2	解放 CA15	91.35	50.00	20.97	70.38	1	双		中国
3	解放 CA30A*	99.90	46.50	26.50	2×36.70	2	双		中国
4	解放 CA30A	103.00	46.50	29.50	2×36.75	2	双		中国
5	解放 CA50	92.90	50.00	28.70	68.20	1	双		中国
6	解放 CA340	78.70	36.60	22.10	56.60	1	双		中国
7	解放 CA390	105.15	60.15	35.00	70.15	1	双		中国
8	东风 EQ140	92.90	50.00	23.70	69.20	1	双		中国
9	黄河 JN150	150.60	82.60	49.00	101.60	1	双		中国
10	黄河 JN162	174.50	100.00	59.50	115.00	1	双		中国
11	黄河 JN162A	178.50	100.00	62.28	116.22	1	双		中国
12	黄河 JN253	187.00	100.00	55.00	2×66.00	2	双		中国
13	黄河 JN360	270.00	150.00	50.00	2×110.0	2	双		中国
14	黄河 QD351	145.65	70.00	48.50	97.15	1	双		中国
15	延安 SX161	237.10	135.00	54.64	2×91.25	2	双	135.0	中国
16	长征 XD160	213.00	120.00	42.60	2×85.20	2	双		中国
17	长征 XD250	189.00	100.00	37.80	2×72.60	2	双		中国
18	长征 XD980	182.40	100.00	37.10	2×72.65	2	双	122.0	中国
19	长征 CZ361	229.00	120.00	47.60	2×90.70	2	双	132.0	中国
20	交通 SH141	80.65	43.25	25.55	55.10	1	双		中国
21	交通 SH361	280.00	150.00	60.00	2×110.0	2	双	130.0	中国
22	南阳 351	146.00	70.00	48.70	97.30	1	双		中国

续表

序号	汽车型号	总重力/kN	载重力/kN	前轴重力/kN	后轴重力/kN	后轴数	轮组数	轴距/cm	出产国
23	齐齐哈尔 QQ560	177.00	100.00	56.00	121.00	1	双		中国
24	太脱拉 111	186.70	102.40	38.70	2×74.00	2	双	120.0	捷克
25	太脱拉 111R	188.40	102.40	37.40	2×75.50	2	双	122.0	捷克
26	太脱拉 111S	194.90	102.40	38.50	2×78.20	2	双	122.0	捷克
27	太脱拉 138	211.40	120.00	51.40	2×80.00	2	双	132.0	捷克
28	太脱拉 130S	218.40	120.00	50.60	2×88.90	2	双	132.0	捷克
29	太脱拉 138S	225.40	120.00	45.40	2×90.00	2	双	132.0	捷克
30	吉尔 130	85.25	40.00	25.75	59.50	1	双		前苏联
31	斯柯达 706R	140.00	73.00	50.00	90.00	1	双		捷克
32	斯柯达 706RTS	138.00	65.50	45.00	93.00	1	双		捷克
33	日野 KB222	154.50	80.00	50.20	104.30	1	双		日本
34	日野 KF300D	198.75	106.65	40.75	2×79.00	2	双	127.0	日本
35	日野 ZM440	260.00	152.00	60.00	2×100.00	2	双	127.0	日本
36	尼桑 CK10G	115.25	66.65	39.25	76.00	1	双		日本
37	尼桑 CK20L	149.85	85.25	49.85	100.00	1	双		日本
38	尼桑 6TW(Ⅰ)13SD	219.85	121.95	44.35	2×87.75	2	双		日本
39	尼桑 CW(L)40HD	237.60	141.75	50.00	2×93.80	2	双		日本
40	扶桑 FP101	154.00	94.10	54.00	100.00	1	双		日本
41	扶桑 FU102N	214.00	133.80	44.00	2×85.00	2	双		日本
42	扶桑 FV102N	254.00	164.95	54.00	2×100.0	2	双		日本
43	菲亚特 682N3	140.00	75.50	10.00	100.0	1	双		意大利
44	菲亚特 650E	105.00	67.00	33.00	72.00	1	双		意大利
45	依士兹 TD50D	142.95	76.65	46.55	96.40	1	双		日本
46	依士兹 TD50	132.20	76.65	42.20	80.00	1	双		日本
47	依发 H6	132.00	65.50	45.50	86.50	1	双		德国
48	布切奇 5BR2N	92.50	50.00	24.55	67.95	1	双		罗马尼亚
49	略什布阡 131	68.25	35.00	18.00	50.25	1	双		罗马尼亚
50	切贝尔 D350	72.00	35.00	24.00	48.00	1	双		匈牙利
51	切贝尔 D420	83.00	45.00	28.20	54.80	1	双		匈牙利
52	切贝尔 D45.01	101.00	55.00	32.00	69.00	1	双		匈牙利
53	切贝尔 D750.0	160.00	93.60	60.00	180.00	1	双		匈牙利
54	沃尔沃 N8648	175.00	100.00	55.00	120.00	1	双		瑞典
55	斯堪尼亚 L760	180.00	100.00	70.00	120.00	1	双		瑞典
56	玛斯 200	137.00	72.00	36.00	101.00	1	双		苏联

11.1.3 汽车对道路的静态作用

汽车对道路的作用可分为停驻状态和行驶状态。当汽车处于停驻状态下,对路面的作用力为静态压力,主要是由轮胎传给路面的垂直压力 p,它的大小受下述因素的影响:

① 汽车轮胎的内压力 p_i。
② 轮胎的刚度和轮胎与路面接触的形状。
③ 轮载的大小。

货车轮胎的标准静内压力 p_i 一般在 0.4～0.7 MPa 范围内。通常轮胎与路面接触面上的压力 p 略小于内压力 p_i,约为 $(0.8～0.9)p_i$。车轮在行驶过程中,内压力会因轮胎充气温度升高而增加,因此,滚动的车轮接触压力也有所增加,达到 $(0.9～1.1)p_i$。

轮胎的刚度随轮胎的新旧程度而有不同,接触面的形状和轮胎的花纹也会影响接触压力的分布,一般情况下,接触面上的压力分布是不均匀的。不过在路面设计中,通常忽略上述因素的影响,而直接取内压力作为接触压力,并假定在接触面上压力是均匀分布的。

轮胎与路面的接触面形状如图 11-1 所示,它的轮廓近似于椭圆形,因其长轴与短轴的差别不大,在工程设计中以圆形接触面积来表示。将车轮荷载简化成当量的圆形均布荷载,并采用轮胎内压力作为轮胎接触压力 p。当量圆的半径 δ 可以按下式确定:

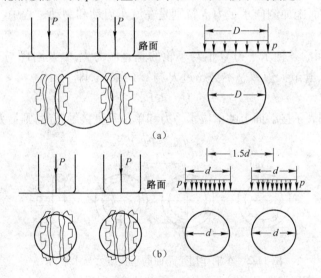

图 11-1 车辆荷载计算图示
(a)单圆图式;(b)双圆图式

$$\delta = \sqrt{\frac{P}{\pi p}} \tag{11-1}$$

式中:P——作用在车轮上的荷载,kN;
p——轮胎接触压力,kPa;
δ——接触面当量圆半径,m。

对于双轮组车轴,若每一侧的双轮用一个圆表示,称为单圆荷载;如用两个圆表示,则称为双圆荷载(图 11-2)。双圆荷载的当量圆直径 d 和单圆荷载的当量圆直径 D,分别按式(11-2)、式(11-3)计算。

$$d = \sqrt{\frac{4P}{\pi p}} \tag{11-2}$$

$$D = \sqrt{\frac{8P}{\pi p}} = \sqrt{2}\, d \tag{11-3}$$

我国现行路面设计规范中规定的标准轴载 BZZ – 100 的 $P = (100/4)$ kN，$p = 700$ kPa，用式(11-2)、式(11-3)计算，可分别得到相应的当量直径为

$$d_{100} = 0.213 \text{ m}, \qquad D_{(a)} = 0.302 \text{ m}$$

11.1.4 运动车辆对道路的动态影响

1. 水平力

行驶状态的汽车除了施加给路面垂直静压力之外，还给路面施加水平力、振动力。此外，由于汽车以较快的速度通过，这些动力影响还有瞬时性的特征。

汽车在道路上等速行驶，车轮受到路面给它的滚动摩阻力，路面也相应受到车辆施加于它的一个向后的水平力；汽车在上坡行驶，或者在加速行驶过程中，为了克服重力与惯性力，需要给路面施加向后的水平力，相应在下坡行驶或者在减速行驶过程中，为了克服重力与惯性力的作用，需要给路面施加向前的水平力。汽车在弯道上行驶，为了克服离心力，保持车身稳定不产生侧滑，需要给路面施加侧向水平力。特别是在汽车启动和制动过程中，施加于路面的水平力相当大。

车轮施加于路面的各种水平力 Q 值与车轮的垂直压力 P，以及路面与车轮之间的附着系数 φ 有关(图11-2)，其最大值 Q_{max} 不会超过 P 与 φ 的乘积，即

$$Q_{max} \leqslant P\varphi \tag{11-4}$$

若以 q 和 p 分别表示接触面上的单位水平力和单位垂直接触压力，则最大水平力 q_{max} 应满足

$$q_{max} \leqslant p\varphi \tag{11-5}$$

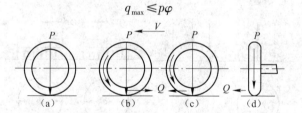

图 11-2　车辆作用于路面的垂直压力与水平力

表11-4 所列的 φ 值为实地测量的资料。由表列 φ 值可以看出，φ 的最大值一般不超过 0.7 ~ 0.8，同路面类型和湿度以及行车速度有关，相同的路面结构类型，干燥状态的 φ 值比潮湿状态的高；路面结构类型与干燥状态相同的情况下，车速越高，φ 值越小。

表 11-4　纵向滑移路面附着系数 φ

路面状况	路面类型	车速/(km/h)		
		12	32	64
干燥	碎石	—	0.60	—
	沥青混凝土	0.70 ~ 1.00	—	0.50 ~ 0.65
	水泥混凝土	0.70 ~ 0.85	—	0.60 ~ 0.80

续表

路面状况	路面类型	车速/(km/h)		
		12	32	64
潮湿	碎石	—	0.40	—
	沥青混凝土	0.40~0.65	—	0.10~0.50
	水泥混凝土	0.60~0.70	—	0.35~0.55

2. 动载特性

以一定车速行驶在路面上的车辆,由于自身的振动和不平整,其车轮实际上是以一定的频率和振幅在路面上跳动,作用在路面上的轮载时而大于静轮载,时而小于静轮载。图 11-3 即为轴载波动的实例。

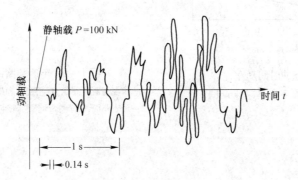

图 11-3 轴载的动态波动
(车速:60 km/h;路面平整度:中等;轮胎着地长:23 cm;通过时间:0.013 8 s)

轮载的这种动态变动,可近似地看作为呈正态分布,其变差系数(标准偏差同静轮载的比值)主要随下述三因素而变化。

(1) 行车速度。车速越高,变差系数越大。
(2) 路面的平整度。平整度越差,变差系数越大。
(3) 车辆的振动特性。轮胎越软,减震装置的效果越好,变差系数越小。

正常情况下,变差系数一般均小于 0.3。

动轮载和静轮载的比值称为冲击系数。较平整路面上,车速低于 50 km/h 时的冲击系数约在 1.30 以内。在平整度差、车速高的路面上,冲击系数还要增大。

3. 瞬时性

车辆以一定的速率行经路面时,路面任一点所经受到的轮载作用时间实际上很短,只有 0.1~0.01 s。路面下不同深度处应力作用时间的持续时间略大些,但仍很短,如图 11-4 所示。这样短暂的荷载(或应力)作用时间,使路面结构的变形来不及像静载作用时那样充分。美国 AASHO 曾对不同车速下沥青路面和水泥混凝土路面的变形量进行过实测,图 11-5 为试验结果。

可以看出,在该试验条件下(单轴轴载为 80 kN),沥青路面的总弯沉量在车速由 3.2 km/h 增大到 50 km/h 时减少了 36%~38%,而水泥混凝土路面的板角挠度和板边应变量在车速由 3.2 km/h 增大到 96.7 km/h 时降低了 29% 左右。动荷载下路面变形量的减少意味着路面结构强度的提高,或者说路面体系的强度相对增大了。

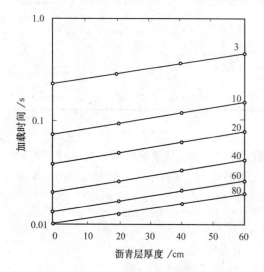

图 11-4 竖向应力脉冲时间随车速和深度的变化(曲线上数字为车速,km/h)

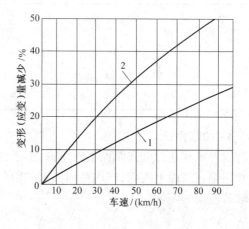

图 11-5 车速和路面变形的关系
1—水泥混凝土路面,板角挠度和板边应变量随车速的变化;
2—沥青路面,表面总弯沉量随车速的变化

11.1.5 交通分析

道路上通行的车辆不仅具有不同的类型和不同的轴载,而且通行的车辆数目也是变化的。路面结构设计中,要考虑设计年限内、车辆对路面的综合累计损伤作用,必须对现有的交通量、轴载组成以及增长规律进行调查和预估,并通过适当的方式将它们换算成当量标准轴载的累计作用次数。

1. 交通量

交通量是指一定时间间隔内各类车辆通过某一道路横断面的数量。可以通过现有的交通流量观测站的调查资料,得到该道路设计的初始年平均日交通量,也可以根据需要,临时设站进行观测。当然这种观测只是短期的,仅为若干天,而且每天也可能仅观测若干小时。对此,可利用当地长期观测所得的时间分布规律,即月分布不均匀系数、日分布不均匀系数和小时分布换算系数,将临时观测结果按相应的换算系数换算成年平均日交通量。

对于路面结构设计,不仅要收集交通总量,还必须区分不同的车型。目前各地观测站进行交通量调查,将车辆分成 11 类:小型货车、中型货车、大型货车、小型客车、大型客车、拖挂车、小型拖拉机、大中型拖拉机、自行车、人力车和畜力车。小型货车、小型客车、拖拉机和非机动车对路面结构损伤作用极其轻微,可忽略不计,这些车辆所占的比例应从总量中扣除。其余各类列入统计范畴的车辆按轴型和轴载大小分类(如单后轴货车、双后轴货车、牵引拖挂车、牵引半拖挂车等)和分级统计。还要通过目测大致估计这些货车的满载程度,以便确定空车数占货车总数的百分率。

有的交通量观测站配置有自动化的轴载仪直接记录通行车辆的轴数和轴载大小,然后按轴载大小分类统计累计轴载数,这种调查称为轴载谱的调查。轴载谱调查与交通量的统计相互进行校核与补充。

道路路面承受的年平均日交通量是逐年增长的,要确定路面设计年限内的总交通量,还需要预估该年限内交通的发展。通常,可根据最近若干年内连续观测的交通量资料,通过整理得出交通量年增长率的变化规律。尔后,利用它外延得到所需年份的平均日交通量。表 11-5 所列为我国 25 条国道 1980~1989 年间的交通量观测资料整理出的不同年限内交通量年平均增长率的变化范围,可供参考。选用时,还需考虑公路所在地区人口、经济和交通的发展趋势,作适当调整。

表 11-5　交通量年平均增长率 γ 变化范围　　　　　　　　　　　　%

公路等级	设计年限/a				
	10	15	20	30	40
高速公路	5~9	4~7	4~7	3~6	2~4
一级公路	6~11	4~9	3~9	2~6	2~4
二级公路	5~12	3~8	2~6	2~4	1~3
三级公路	3~24	2~18	2~13	1~8	1~6

注:初始交通量大的取下限,反之取上限。

路面结构设计中,通过调查分析确定初始年平均日交通量 N_1,按式(11-6)进行计算:

$$N_1 = \frac{\sum_{i=1}^{365} N_i}{365} \tag{11-6}$$

式中:N_1——初始年平均日交通量;

N_i——每日实际交通量。

然后通过调查研究,分析论证,以确定交通量年平均增长率 γ。逐年的交通量大致符合几何级数增长规律。即在设计年限内以固定的增长率 γ 逐年增加。γ 值的变化幅度很大,不同地区、不同经济条件、不同时间,γ 值都是不一样的。通常在发达国家,大城市附近,由于经济基础已具相当规模,交通量的基数较大,所以增长率 γ 较小。对于发展中国家、新开发的经济区,一般 γ 值较大,若干年之后又逐步下降,趋向稳定。

在路面结构设计中,设计年限内累计交通量 $\overline{N}_e$ 可以按式(11-7)预估。

$$\left. \begin{array}{l} \overline{N}_e = \dfrac{365 N_1}{\gamma}[(1+\gamma)^t - 1] \\[2mm] \overline{N}_e = \dfrac{365 N_t}{\gamma(1+\gamma)^{t-1}}[(1+\gamma)^t - 1] \end{array} \right\} \tag{11-7}$$

或

式中:$\overline{N}_e$——设计年限内的累计交通量;

N_1——设计的初始年平均日交通量;

N_t——设计的末年年平均日交通量;

γ——设计年限内交通量年平均增长率;

t——设计年限。

2. 轴载组成与等效换算

不同重力的轴载给路面结构带来的损伤程度是不同的。对于路面结构设计,除了设计期限的累计交通量之外,另一个重要的交通因素便是各级轴载所占的比例,即轴载组成或轴载谱。

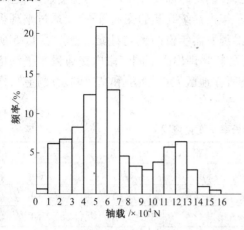

图 11-6 轴载谱

根据实测的通过轴载次数和相应的轴载,整理成图 11-6 所示的直方图,作为该道路通行的各级轴载的典型轴载谱。由交通调查得到某类车辆每日通行的轴载数,乘以相应的轴载谱百分率,即可推算出所有车辆各级轴载的作用次数。

道路上行驶的汽车轴载与通行次数可以按照等效原则换算为某一标准轴载的当量通行次数,我国水泥混凝土路面设计规范和沥青路面设计规范均选用双轮组单轴轴载 100 kN 作为标准轴载。

各种轴载的作用次数进行等效换算的原则是,同一种路面结构在不同轴载作用下达到相同的损伤程度。通过室内或道路现场的重复作用试验,可以建立荷载量级同达到相同程度损伤的作用次数之间的关系,依据这一关系,可以推算出不同轴载的作用次数等效换算成标准轴载当量作用次数的轴载换算系数按下式计算

$$\eta_i = \frac{N_s}{N_i} = \alpha \left(\frac{P_i}{P_s}\right)^n \tag{11-8}$$

式中:η_i——i 级轴载换算为标准轴载的换算系数;

P_s——标准轴载,kN;

N_s——标准轴载作用次数;

P_i——i 级轴载,kN;

N_i——i 级轴载作用次数;

α——反映轴型(单轴、双轴或三轴)和轮组轮胎数(单轮或双轮)影响的系数;

n——同路面结构特性有关的系数。

沥青路面、水泥混凝土路面和半刚性路面的结构特性不同,损伤的标准也不相同,因而系数 α 和 n 取值各不相同。具体数值在有关章节分别作介绍。

3. 轮迹横向分布

车辆在道路上行驶时,车轮的轨迹总是在横断面中心线附近一定范围内左右摆动,由于轮迹的宽度远小于车道的宽度,因而总的轴载通行次数既不会集中在横断面上某一固定位置,也不可能平均分配到每一点上,而是按一定规律分布在车道横断面上,称为轮迹的横向分布。图 11-7 为单向行驶时一个车道内的轮迹横向分布频率曲线,图 11-8 为混合行驶时双车道内轮迹横向分布频率曲线。

轴载通行次数分布频率曲线中的直方图条带宽为 25 cm,大约接近轮迹宽度,以条带上受到的次数除以车道上受到的作用次数作为该条带的频率。由图 11-7 可见,对于单向行车的一个车道上,由于行车的渠化,频率曲线出现两个峰值,达到 30% 左右,而车道边缘处频率很低。由图 11-8 可见,混合行驶的双车道,车辆集中在双车道中央,频率曲线出现一个峰值,为 30% 左右,两侧边缘频率很低。

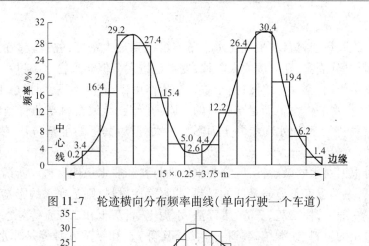

图 11-7 轮迹横向分布频率曲线(单向行驶一个车道)

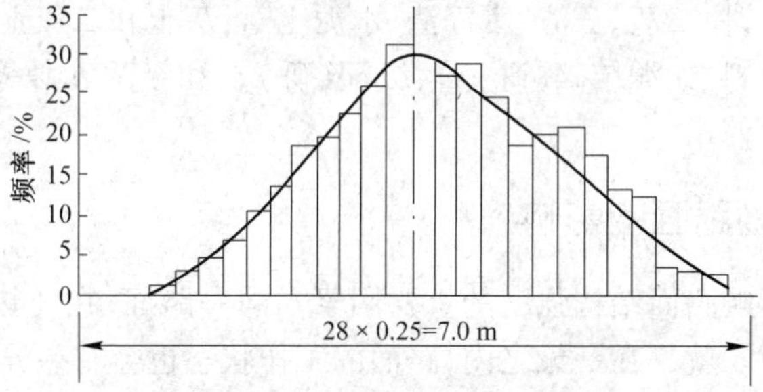

图 11-8 轮迹横向分布频率曲线(混合行驶双车道)

轮迹横向分布频率曲线图形随许多因素如交通量、交通组成、车道宽度、交通管理规则等的变化而变化,需分别各种不同情况,通过实地调查,才能确定。

在路面结构设计中,用横向分布系数 η 来反映轮迹横向分布频率的影响。通常取宽度为两个条带的宽度,即 50 cm,因为双轮组每个轮宽 20 cm,轮隙宽 10 cm。这时的两个条带频率之和称为轮迹横向分布系数。

11.2 自然因素对路面的影响

路面工作在大自然环境中,除直接承受车轮荷载作用外,还直接受水、温度、阳光、空气等自然因素的影响。它们既有促进路面成型、稳定等有利的方面,也有促使路面软化、破坏和影响施工的不利方面。因此了解自然因素对路面的作用原理,充分利用其有利方面而避其不利方面,在设计、施工、养护中都是必须十分重视的问题。

11.2.1 湿度变化对路面的影响

湿度状况的变化是影响路面结构强度、刚度和稳定性的重要因素之一。路面中水的影响与道路所在地区的自然条件、季节、雨量、气温、蒸发条件及道路本身的排水能力等因素有关。路面结构层中的水分主要有三个来源:一是土基中的毛细水,二是边沟渗水,三是路面渗水。土基中毛细水来源于地下水,边沟和路面渗水来源于降雨和地面径流。

土基中的毛细水升高度取决于路基土质和土基压实度。路面渗水情况与路面面层类型和路面纵横向坡度有关。地下水位的高低和地面滞水情况,也是影响路面湿度的重要因素。显然,地下水位越高,地面滞水越多,路面越潮湿,反之,路面则干燥。为保证路面处于干燥状态,首先要保证土基不过分潮湿。

路面结构中,基、垫层材料在最佳含水率压实可得到最大密度,并有较高的力学强度。含水率过大时,材料过分潮湿,其强度大大降低,变形也增大。但如果含水率过小,材料颗粒之间由于缺乏水膜黏结作用,会发生松散;由于缺乏润滑作用,压实度不高,同样也不会有较高的力学强度。沥青面层在水的作用下沥青与石料的黏附力降低,导致石料与沥青剥离,从而使路面发生松散、坑槽等病害。水对水泥混凝土面影响不大,但对其下的土基与基、垫层的影响与柔性路面是一样的。

路面材料可根据对水的敏感性,区分为水稳性材料和非水稳性材料。所谓水稳性材料,就是在水的影响下,力学强度不显著降低的材料;非水稳性材料,则是在水的影响下,力学强度显著降低的材料。一般来讲,二渣、三渣、水淬渣、水泥土、石灰土和二灰土等是水稳性好的材料,而未经处理的含土的材料,如泥结碎(砾)石、级配(砾)石和级配砂砾等是非水稳性材料。这些材料不应在潮湿路段使用。

11.2.2 气温变化对路面的影响

大气温度同样是影响路面结构强度的重要因素。同一路面,在炎热的夏季和严寒的冬天可能有不同的使用品质。就是在一天之内,路面的工作状态也会有差异,因此应考虑气温对路面的影响。

气温的变化将直接影响路面强度或内部应力的变化,因为气温的变化会导致路面本身的温度发生变化。路面的温度还受地温和周围环境的影响,例如道路的绿化、建筑群与道路的距离等的影响。在一般情况下,气温升高,路面温度也升高;反之,路面温度则降低。

水泥混凝土路面受温差的影响,将产生体积的变化。在一年四季中,由于温差所引起的体积变化如果受到约束,将产生很大的温度应力,有时还能超过荷载产生的应力。由四季变化引起的混凝土板内的胀缩应力必须通过混凝土路面划分成一定尺寸的板块来克服。此外还应考虑由于昼夜温度变化而引起的板顶与板底温差所产生的翘曲应力。

沥青类路面材料的强度随温度变化而变化,这种特性被称作温度稳定性。它可以用来衡量路面材料对温度的敏感程度。温度稳定性差的材料在温度变化时,强度显著降低。由于沥青材料本身对温度非常敏感,因此沥青类路面也对温度非常敏感。由于温度的改变,沥青路面结构的强度和弹性模量会发生几倍甚至几十倍的变化。

沥青路面结构的强度随温度的升高而显著降低的原因在于:温度升高后的混合料中沥青稠度降低,一部分吸附沥青转化为自由沥青,这些自由沥青在颗粒间起着润滑作用,从而使黏结力降低。

温度过低,对沥青路面也是不利的,此时虽然弹性模量很高,但变形能力却很小,容易发生脆裂。

气温对用无机结合料加固的路面结构的初期成型也有很大的影响。石灰土、工业废渣基层,在成型期间如气温高,在正常含水率和压实度的情况下,可以获得较高的强度。反之,如果在成型期间气温过低,即使含水量和压实度都正常,也不会有较高的强度,致使成型期延长。因此,这类基层宜于热季施工。

11.2.3 水温共同作用的结果——冻胀与翻浆

负温度与水的共同作用,往往给路面和土基带来不利的影响。冬季冻胀,春季翻浆,这是寒冷地区和季节性冰冻地区公路的主要病害之一。

在北方地区,随着冬季来临,上层土基开始冰冻,随着气温下降,土基冻结深度不断向下发展,其上层温度低而下层温度高,形成了负温度坡差。在负温区内,土中的自由水首先冻结,形成冰晶体,再冷时,弱结合水(土颗粒表面吸附的薄膜水)也移向冰晶体冻结。由于粒料上的结合水膜变薄,就要从水膜较厚的土粒吸附水分。这样就产生了土基内温度较高的水分不断向温度较低处移动的现象。这是负温差作用下的水分迁移现象。由于水分源源不断地移向零度等温线处的冰晶体,并在此不断地冻结,使冰晶体不断扩大,而水结成冰时,其体积将膨胀9%,这就形成了路面的冻胀。冻胀的程度与土基温度、水分来源和气候条件有关,如果冬季严寒、且冷得很快,则土基很快冻结到路基深处,下层水分来不及向上层积聚。反之,若入冬尚暖,降温缓慢,则土基冻结进度也缓慢,冰冻线长期停留在土基上层某个深度,水分就会积聚在该处,形成聚冰层。聚冰层越靠近路面,冻胀越严重。

春天,气候逐渐回升零摄氏度以上,土基开始解冻,由于路面的导热性大,路中间的融解速度较两侧快,因而融解过程中多量的水分不易向下及两侧排除,土基上层含水增大。当融解到聚冰层时,土基的湿度便达到了饱和的程度。因此,土基的承载力降低。如果有大量的运输车辆通过,尤其是重车的通过,稀软的泥浆便会沿着开裂的路面缝隙挤出或形成较深的车辙和鼓包,这就是翻浆现象。翻浆的严重程度与春季气候有密切关系,如春季气温回升很快,土基上层解冻迅速,土层中积聚的过量水分来不及排除,翻胀所造成的危害就严重。倘若春融期再降雨,则翻浆程度将更加严重。如春季气温回升缓慢,气候干燥无雨,翻浆程度就会减轻。

综上所述,造成道路冻胀与翻浆的条件主要有。

(1) 土质——若采用粉质土作路基,便构成了冻胀与翻浆的内因。
(2) 水分——地面排水困难或地下水位较高的路段,为水分积聚提供了充足的水源。
(3) 气候——多雨的秋天、暖和的冬天、骤热的早春等都是加剧湿度积累而造成翻浆的天气。
(4) 行车——通行过大的交通量或超载汽车,能加速翻浆的发生。
(5) 养护——不及时的养护会造成翻浆的出现。

11.3 路面材料的强度形成原理和力学特性

11.3.1 力学特性

采用一定的技术措施,使土成为具有一定强度和稳定性的筑路材料,以此修筑的路面称为稳定土路面。

土的产地广,而且开采和加工都比较容易,因而采用稳定土作路面材料,在技术上和经济上都具有重要意义。在缺乏砂石地区,利用稳定土作为路面的垫层和基层,可以大大降低工程造价,节省运力,加快施工进度。常用的稳定土路面有石灰土、水泥土和沥青土3种。

稳定土强度的形成因加入不同的外掺剂而有所差异,但主要原理是外掺剂与土内某些成分发生一系列物理与化学作用,使土的性质发生根本的改变,例如石灰土的强度形成主要是通过离子交换作用、碳酸化作用、结晶作用等化学作用形成的,这在《道路建筑材料》一书中已详细介绍。水泥土强度的形成是通过离子交换及团粒化作用、硬凝反应和碳酸化作用形成的。而沥青土的强度则是由土中的盐类与沥青中的活性物质的化学吸附形成的。

稳定土路面的力学特性主要是它具有板体性、较高的抗弯拉强度和良好的水稳定性。但它的耐磨性较差,一般不作为路面的面层。

11.3.2 粒料类路面的强度形成原理与构成原则

1. 强度形成原理

目前,路面材料大多数是用颗粒性材料修筑的。如各种碎(砾)石路面、工业废渣路面、沥青类路面。所不同的是它们掺入了不同性质的结合料,因而构成了不同的路面特性。如何提高这类路面的强度、刚度和稳定性,延长路面的使用寿命,首先应当了解这类路面的结构特性和强度形成的原理。

粒料类路面结构的强度特点是:矿料颗粒之间的联结强度一般都比矿料本身的强度小得多,在车轮荷载作用下,材料首先将在颗粒之间产生滑动和位移,使其失去承载能力而遭到破坏。对于这一类材料,其中集料本身强度虽然很重要,但是决定作用的是颗粒之间的联结强度。由于具有上述强度特性,一般把粒料类路面归属于松散介质范畴,其强度机理目前以采用摩尔-库仑强度理论,即剪应力强度理论较为合适,其强度理论公式可用下式表示:

$$\tau = c + \sigma \tan \varphi \tag{11-9}$$

式中:τ——抗剪强度;

σ——垂直压力;

c——凝聚力;

φ——内摩擦角。

从式(11-9)可以看出,粒料类路面的强度主要是由材料的内摩擦角所表征的内摩阻力和黏结力所构成,也即颗粒之间的联结强度。

路面材料的内摩阻力,一部分由矿料之间在外力作用下产生的表面摩擦作用引起,另一部分由矿料之间的相互嵌挤、锁结形成的嵌锁作用所形成。它的大小主要取决于矿料的强度、形状、尺寸、表面粗糙度、颗粒组成及结合料的用量和施工时的碾压质量。若矿料强度高,形状接近立方体并有棱角,尺寸大而均匀,表面粗糙,结合料用量少,碾压质量高,则其内摩阻力就大,反之则小。

路面材料的黏结力,主要取决于结合料本身的内聚力以及结合料与矿料相互产生的黏附力的大小。结合料的内聚力与其本身的性质有关,如沥青的黏滞性越大,其内聚力就越高。结合料与矿料之间的黏结力,不但与结合料的性质有关,而且与矿料的性质、颗粒大小和组成情况以及结合料的用量、施工时的碾压质量有关。如矿料尺寸不大,颗粒大小形成密级配、孔隙小,矿料表面粗糙;对于石油沥青路面还有矿料呈碱性,裹覆矿料的沥青膜较薄等,则黏结力就大,反之则小。

2. 密实级配原则与嵌挤锁结原则

根据前面的分析,要提高粒料类路面的结构强度,必须设法增大其内摩阻力和黏结力。但由这两种力的形成过程可知,要同时提高内摩阻力和黏结力,在材料组成和对材料的要求上会产生一定的矛盾。如果想提高内摩阻力,孔隙率不能太小,即要保证矿料尺寸大而均匀,同时要尽可能减少结合料的用量;但在提高黏结力,则要求矿料尺寸不能太大,且大小相间级配,形成密实结构,同时要保证结合料的用量满足要求。考虑到上述问题,目前的粒料类路面均按下列两种强度原则来修筑:一种是嵌挤结合原则,另一种是密实级配原则。这两种原则是按路面结构强度中的内摩阻力和黏结力所占比重不同划分的,以内摩阻力为主,黏结力为辅的强度构成的嵌挤原则;以黏结力为主,内摩阻力为辅的强度构成为密级配原则。从而形成了两种不同的修筑方法。

(1)嵌挤法。即按嵌挤原则修筑路面的方法。它是采用分层撒铺矿料(各层矿料径大小基本相同)并经严格碾压而成的路面结构层(或采用尺寸大致均一的开级配矿料进行拌和)。用这种方法修筑的路面,其强度构成主要依靠矿料之间的相互嵌挤锁结作用而产生较大的内摩阻力。黏结力虽然也是需要的,但仅起着辅助作用。因此,采用这种方法修筑的路面,必须使用强度比较高的石料(Ⅰ~Ⅱ级),每层矿料颗粒的尺寸必须大而均匀,形状近似立方体并有棱角,表面粗糙。各种矿料的尺寸自下而上逐渐减小,上下层矿料的粒径比一般以1/2递减。粗料做主层料,细料作为各级嵌缝料。为了增加其联结强度,可在矿料中掺入不同的结合料以使其产生一定的黏结力。

以嵌挤原则修筑的路面特点如下。

① 强度高。因为使用了有棱角的优质矿料,并经严格碾压,其内摩阻力很高。

② 温度稳定性好。因为它是以内摩阻力为主的,而试验证明内摩阻力与温度无关,即内摩阻角 φ 值不随温度而变化。对温度比较敏感的是结合料,特别是沥青结合料,但此时结合料产生的黏结力并不是主要的强度构成力。所以,这种路面的温度稳定性较好。

③ 抗滑耐磨能力强。这是因为矿料本身的质量、形状、表面粗糙度及结合料用量少等因素所决定的。

④ 渗透性大。因其矿料无级配或开级配,故孔隙率较大。

⑤ 抗老化能力强。特别是沥青碎石,矿料随时间而碾压更紧密,内摩阻力更大,沥青老化对其影响不大。

采用这种方法修筑的路面类型有填隙碎石、泥结碎石及泥灰结碎石,层铺法表面处治,沥青贯入式,路拌及厂拌沥青碎石等。

(2)密实级配法。即按密实级配原则修筑路面的方法,它是采用颗粒大小不同的矿料按一定比例配合,并掺入一定数量的结合料,拌制成混合料,经过摊铺碾压而形成的路面。这种路面混合料符合最佳级配原理,具有较大的密实度。这种路面结构的强度来源有内摩阻力和黏结力,但由于矿料没有较强的嵌挤锁结作用,以及受结合料较多的影响,一般来讲内摩阻力较小。因而黏结力在路面结构强度构成中起着主要的作用。故要求这类路面的矿料组成必须符合最佳级配,以达到较高的密实度,同时要求采用内聚力和黏结力较高的结合料,并要严格控制结合料的用量。

这类路面的特点是强度高,耐久性好,密实而不透水,但其温度稳定性和抗滑能力较差。

按密实级配原则修筑的路面类型有:级配砾(碎)石路面,级配砾(碎)石掺灰,路拌法和厂拌法表面处治,沥青混凝土等。

上述两大类路面在使用品质上有各自的特长和不足,尤其是在沥青路面中更为突出。因此在使用时,主要是依据当地的气候、水文条件、材料供应与施工条件等因素进行选择。目前,一般较高级的路面都是采用混合式结构,即以嵌挤类路面做下层,而用密级配类路面做上层。如下层采用沥青贯入式或沥青碎石,而上层采用沥青表面处治或沥青混凝土做封层。这样,就可以取长补短,更好地提高路面使用品质,延长路面使用寿命。

思考题

1. 车辆的种类有哪些？
2. 什么是标准轴载？什么是当量圆？
3. 什么是动载特性？
4. 如何计算设计年限内的累计交通量？
5. 如何进行等效换算？
6. 自然因素对路面的影响主要表现在哪些方面？
7. 路面材料的强度形成原理是什么？

第12章 碎(砾)石、块料与无机结合料稳定路面

提要 路面基层是直接位于面层下的结构层次,是路面结构中的重要组成部分。碎(砾)石、块料和无机结合料稳定类常用作路面的基层材料。由于材料性质各异,因此在路面设计中,要因地制宜,合理地选用材料。

本章主要介绍碎(砾)石路面与基层,块料路面,石灰稳定类基层,水泥稳定类基层,工业废渣稳定基层,半刚性路面面层等。

12.1 碎(砾)石路面与基层

12.1.1 强度形成原理

1. 纯碎石材料

1) 嵌锁型原则

嵌锁型原则的理论基础是填充理论,即大颗粒填料间空隙如何填充才能使孔隙率最小,同时大小颗粒间又不会产生干涉(挤开)现象。因此,它的抗剪强度主要取决于剪切面上的法向应力和材料内摩阻角。它由三项因素构成:粒料表面的相互滑动摩擦,剪切时体积膨胀而需克服的阻力,粒料重新排列受到的阻力。

研究表明:单一粒料在另一粗糙但平整的粒料上滑动,其摩阻角大都小于30°;许多粒料相互紧密接触,沿某一剪切面相互变位时因体积膨胀和粒料重新排列而多耗的功,可使摩阻角增至45°~50°。

嵌锁型结构强度主要取决于石料的强度、形状、尺寸、均匀性、表面粗糙度及施工时的压实程度。当石料强度高、形状接近正立方体、有棱角、尺寸均匀、表面粗糙、压实度高时,内摩阻力就大。

2) 级配原则

级配原则组成的理论基础是魏矛斯(Weymooth)提出的干涉理论,认为颗粒间的空隙应由次一级颗粒填充,但填隙的颗粒不得大于其间隙的距离,否则大小颗粒间势必发生干涉现象。为避免干涉起见,大小粒子间应按一定数量分配,常见的粒料级配有连续级配、间断级配两类。

连续级配的级配曲线平顺圆滑,相邻粒径间有一定的质量比例,混合料不易离析。在连续级配中剔除其中一个或几个分级形成一种不连续的级配称为间断级配。间断级配的粗料可以互相靠拢而不受干涉,从而提高混合料的内摩阻力;细料部分仍按连续级配原则以保持其黏结力,其粗料的空隙以更小的粒径而不是次级骨料填充会得到更大的密实度。因此间断级配兼有嵌挤原则与级配原则的优点,是内摩阻力、黏结力、密实度都是最好的混合料。

2. 土－碎(砾)石混合料

土－碎(砾)石混合料的强度和稳定性取决于内摩阻力和黏结力的大小。当混合料中含土较少时,按嵌挤原则形成强度;反之,则按级配密实原则形成强度。其中,以集料大小分配,特别是粗细成分的比例最为重要,图 12-1 表示土－碎(砾)石混合料的三种物理状态。

第一种(图 12-1(a)),不含或很少含细料(指 0.074 mm 以下颗粒)的混合料,它的强度和稳定性依靠颗粒之间内摩阻力获得。其密度较低,但透水性好,不易冰冻。由于这种材料没有黏结性,施工时压实困难。

第二种(图 12-1(b)),含有足够的细料来填充颗粒间空隙的混合料,仍能够从颗粒接触而获得强度,其抗剪强度,密实度有所提高,透水性低,施工时易压实。

第三种(图 12-1(c)),含有大量细料,粗颗粒间没有直接接触,集料是"浮"在细料之中。这种混合料施工时易压实,但其密实度较低,易冰冻,难透水,强度和稳定性受含水量影响很大。

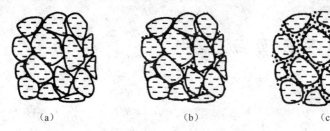

图 12-1　土石混合料的三种物理状态

图 12-2 表示不同细料含量时土－砾石混合料的密实度和 CBR 的试验结果,其中 CBR 值为试件浸湿后的测定结果。由图可知,随压实功能增加,密实度和 CBR 值均增加,而最大密实度和 CBR 值都对应一个最佳细料含量。最大密实度时的最佳细料含量为 8%～10%,而最大 CBR 值时的最佳细料含量为 6%～8%。前者的细料含量的状况可代表图 12-1(b) 状态,而最大值左右两侧的曲线部分则分别代表图 12-1(a) 和(c) 两种状态。

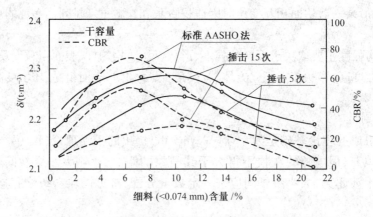

图 12-2　土－砾石混合料密实度和 CBR 随细料含量而变化

图 12-3 表示土－碎石混合料的试验结果。可见,细料成分对碎石集料 CBR 的影响一般比对砾石的影响小。密实度曲线与砾石区别不大,对同一粒径分配,土－碎石混合料的 CBR 值通常比土－砾石混合料稍大一些。

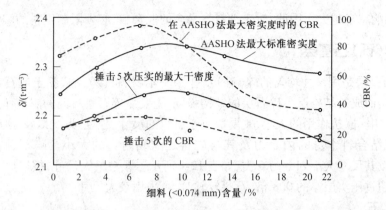

图 12-3　土 – 碎石混合料密实度和 CBR 随细料含量而变化

图 12-4 是几种粒状材料用 AASHO 标准压实法的 CBR 值和干密度的试验结果。密实度和 CBR 值都随集料尺寸增大而增大，但最佳细料含量降低。当细料含量稍小于最大密实度时的含量，其 CBR 最大，其强度和稳定性也最大。

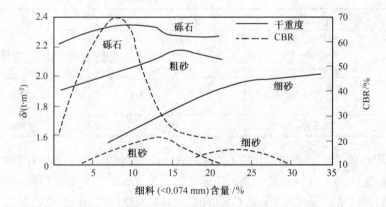

图 12-4　混合料密实度和 CBR 随细料和最大粒径而变化

由以上分析可知，只有在已知粒径分配的情况下，密实度才能作为衡量强度和稳定性的依据。细料含量偏多的混合料强度和稳定性大大低于细料含量偏低的混合料的原因，是由于如图 12-1(c) 的情况下，强度和稳定性受结合料的影响很小，主要取决于大颗粒间的接触。

室内试验和工地实践都表明，集料为碎石时，由于颗粒间嵌挤作用的增强，其强度和稳定性都比圆滑砾石集料为好，更易排水。此外，细粒土的物理性质对混合料的强度和稳定性也会有影响，特别是图 12-1(c) 的情况时。图 12-5 表示细料（小于 0.42 mm）的塑性指数对砾石混合料三轴强度的影响。可见，当细粒土含量很低时，其塑性指数对强度的影响很小；随着细粒土的含量增加时，

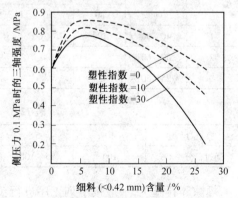

图 12-5　塑性指数对砾石
（最大粒径 2.54 cm）饱水三轴强度的影响

塑性指数的影响越来越大。因此,对于细料含量多的混合料,必须限制细料的塑性指数。

12.1.2 碎(砾)石基层

碎(砾)石基层是用尺寸均匀的碎(砾)石作为基本材料,以石屑、黏土或石灰土作为填充结合料,经压实而成的结构层。碎石层的结构强度,主要靠碎石颗粒间的嵌挤作用以及填充结合料的黏结作用。嵌挤作用的大小,主要取决于石料的尺寸、强度、形状以及压实度;黏结作用则取决于填充结合料本身的内聚力及其与矿料之间黏附力的大小。碎石颗粒尺寸为 0~75 mm,通常按其尺寸大小划分为 6 类,如表 12-1 所示。颗粒最大尺寸,按层厚和石料强度选定,一般不宜超过压实层厚的 0.8 倍,石料较软时,可采用较大尺寸。

1. 填隙碎石

用单一尺寸的粗碎石做主集料,形成嵌锁作用,并用石屑填满碎石间的孔隙,增加密实度和稳定性,称为填隙碎石。填隙碎石可适用于各等级公路的底基层和二级以下公路的基层。填隙碎石的一层压实厚度为 10~20 cm,若设计层厚超过该值,应分层压实。

表 12-1 各种碎石尺寸与分类

编号	碎石名称	粒径范围/mm	用途
1	粗碎石	75~50	
2	中碎石	50~35	集料
3	细碎石	35~25	
4	石渣	25~15	
5	石屑	15~5	嵌缝料
6	米石	0~5	封面料

填隙碎石用作基层时,碎石最大粒径不应超过 60 mm,压碎值不大于 26%;用作底基层时,碎石的最大粒径不应超过 80 mm(均指圆孔筛),压碎值不大于 30%。粗碎石的颗粒组成应符合表 12-2 的规定,轧制碎石得到的 5 mm 以下石屑是最好的填隙料,填隙料的颗粒组成见表 12-3。

表 12-2 填隙碎石粗碎石的颗粒组成

编号	标称尺寸/mm	通过下列筛孔(单位:mm)的质量百分率/%							
		80	60	50	40	30	25	20	10
1	40~80	100	25~60		0~15		0~5		
2	30~60		100		25~50	0~15		0~5	
3	25~50			100	35~70		0~15		0~5

表 12-3 填隙料的颗粒组成

筛孔尺寸	10	5	2.0	0.5	0.075	塑性指数
通过百分率/%	100	85~100	60~80	30~50	0~10	小于 6

填隙碎石施工,一般按下列工序进行:①准备下承层;②运输和摊铺粗集料;③初压;④撒布石屑;⑤振动压实;⑥第二次撒布石屑;⑦振动压实;⑧局部补撒石屑及扫匀;⑨填满孔隙,振动压实;⑩洒水饱和并碾压滚浆(湿法施工)或洒少量水后终压成型(干法施工)。

湿法施工即以前所称"水结碎石",干法施工即"干压碎石"。干法施工填隙碎石几乎不用水,在缺水地区有其独特的优越性。

填隙碎石的施工成型阶段主要在于撒铺填隙料和碾压。初压用 8 t 两轮压路机碾压 3~4 遍,使粗碎石稳定就位。在直线段上,碾压从两侧路肩开始,逐渐错轮向路中心进行。在有超高路段上,碾压从内侧路肩开始,逐渐错轮向外侧路肩进行。错轮,即每次重复轮迹重叠 1/3 轮宽。初压结束时,表面应平整,并具有要求的路拱和纵坡。撒铺填隙料及碾压:用石屑撒布机或类似的设备按松铺厚度 2.5~3.0 cm 将干填隙料均匀地撒铺在已压稳的粗碎石上,用人工或机械扫匀,用振动压路机慢速碾压,将全部填料振入粗碎石间的孔隙中。如没有振动压路机,可用重型振动板代替。反复该过程 2~3 次,直到全部孔隙被填满为止。同时,应将局部多余的填隙料铲除或扫除,填隙料不应在粗碎石表面局部地自成一层,表面必须能见到粗碎石。若设计厚度超过一层压实厚度,需分层施工时,应将已压成的填隙碎石层表面的填隙料扫除一些,使表面粗碎石外露 5~10 mm,然后再摊铺第二层粗碎石。若为干法施工,终压时只需用 12~15 t 三轮压路机再碾压 1~2 遍即可。在碾压过程中,不应有任何蠕动现象。在碾压之前,宜在表面先洒少量水,洒水量 3 kg/m² 以上。若为湿法施工,终压前要用洒水车洒水,直到饱和,同时用 12~15 t 三轮压路机跟在洒水车后进行碾压,碾压过程中,将湿填隙料继续扫入所出现的孔隙中,必要时添加新的填隙料。洒水和碾压应一直进行到细集料和水形成粉砂浆为止。碾压完成的路段要留待一段时间,让水分蒸发,结构层变干后,表面多余的细料,以及任何自成一层的细料覆盖层,都应扫除干净。

2. 泥结碎石基层

泥结碎石基层是以碎石作为集料,黏土作为填充料和黏结料,经压实修筑成的一种结构。泥结碎石层虽用同一尺寸石料修筑,但在使用过程中由于行车荷载的反复作用,石料会被压碎而向密实级配转化。它的力学强度和稳定性不仅取决于碎石的相互嵌挤作用,同时也受到土的黏结作用的影响。

泥结碎石水稳性较差,当被用做沥青类不透气面层的基层时,只适用于干燥路段。泥结碎石基层的主层矿料粒径不宜小于 40 mm,并不大于层厚的 0.7 倍,石料等级不低于Ⅳ级,长条、扁平状颗粒含量不宜超过 20%。泥结碎石层所用黏土,应具有较高的黏性,塑性指数以 12~15 为宜。黏土内不得含腐殖质或其他杂物。黏土用量一般不超过混合料总重的 15%~18%。

泥结碎石除用做基层外,还能用于低等级道路的路面。

泥结碎石层施工方法有灌浆法、拌和法和层铺法 3 种。实践证明,灌浆法具有较高的强度和稳定性,目前采用较多。

泥结碎石基层的灌浆法施工,一般按下列工序进行。

(1) 准备工作。包括放样、布置料堆、整理路槽、拌制泥浆等。泥浆一般按水与土的体积比为 0.8:1 至 1:1 进行拌和配制。如过稠,灌不下去,泥浆要积在碎石层表面;如过稀,则易流淌于碎石层底部,干后体积缩小,黏结力降低,均会影响基层的强度和稳定性。

(2) 摊铺碎石。按压实厚度的 1.2~1.3 倍(松铺厚度)在筑好的路槽上摊铺碎石,要求大小颗粒均匀分布,纵横断面符合要求,厚度一致。主层矿料底层粒径一般采用 1~2 号或 2~3 号碎石,面层一般采用 3~4 号。

(3) 预压。碎石铺好后,用轻型压路机碾压。碾速宜慢,每分钟 25~30 m,轮迹重叠 25~30 cm。一般碾压 6~10 遍,至石料无松动为止。不要过多、过重碾压,防止堵塞碎石缝隙,妨碍灌浆。

(4) 浇灌泥浆。在预压的碎石层上,浇灌泥浆,浆要浇得均匀、浇得透,以灌满孔隙、表面与碎石齐平为度,但碎石棱角仍应露出泥浆之上。

(5) 撒嵌缝料。灌浆 1～2 h 后,待泥浆下注,空隙中空气溢出而表面未干前撒铺 5～15 mm 的嵌缝料(1～1.5 m³/100 m²),嵌缝料要撒得均匀。

(6) 碾压。撒过嵌缝料后,即用中型压路机进行碾压,并随时注意用扫帚将石屑扫匀。最终碾压阶段,需使碎石缝隙内泥浆能翻到路面上与所撒石屑黏成一个坚实的整体,若太湿则须待晾后再压。因此,碾压过程要注意表面的湿度情况,太干须略微洒水后再碾压。

3. 泥灰结碎石基层

泥灰结碎石层是以碎石为集料,用一定数量的石灰和土作黏结填缝料的结构层。由于掺入了石灰,泥灰结碎石的水稳性优于泥结碎石,因此,泥灰结碎石多用在潮湿与中湿路段作为沥青路面的基层,也可作为中级路面的面层。

泥灰结碎石对黏土质量的规格要求与泥结碎石相同,石灰质量不低于 3 级。石灰与土的用量不应大于混合料总重的 20%,其中石灰剂量为土质量的 8%～12%。

泥灰结碎石层的施工工序与泥结碎石相同,但泥浆改为灰土浆。若采用拌和法时,应先将石灰与黏土拌和均匀,再与石料拌和,摊铺均匀,边压边洒水,使石灰与土在碾压中成浆并充满空隙。

12.1.3 级配砾(碎)石基层厚度和材料

级配砾(碎)石路面,是由各种集料(砾石、碎石)和土,按最佳级配原理修筑而成的路面层或基层。由于级配砾(碎)石是用大小不同的材料按一定比例配合、逐级填充空隙,并用黏土黏结,故经过压实后,能形成密实的结构。级配砾(碎)石路面的强度是由摩阻力和黏结力构成,具有一定的水稳性和力学强度。

1. 级配砾(碎)石路面与基(垫)层的厚度和材料

级配砾(碎)石路面厚度,一般为 8～16 cm,当厚度大于 16 cm 时应分两层铺筑,下层厚度为总厚度的 0.6 倍,上层为总厚度的 0.4 倍。如基层和面层为同样类型的结构,其总厚度在 16 cm 以下时,可分两层摊铺,一次碾压。

级配砾(碎)石路面所用材料,主要为天然砾石或较软的碎石。其形状以接近立方体或圆球形为佳,石料强度应不低于Ⅳ级。表 12-4 所示为级配混合料的级配范围标准,设计时,应以此为准。

表 12-4 级配砾(碎)石矿料级配

编号	通过下列筛孔(单位:mm)的质量百分率/%								小于 0.6 mm 细料性质		适用条件
	37.5～63	31.5	19	16	9.5	4.75	2.36	0.6	0.075	液限	塑性指数	
1	—	100	—	60～80	40～60	30～50	20～35	15～25	7～12	不大于 35	8～14	潮湿或有黏性土地区
2	—	100	—	70～90	50～70	40～60	25～40	20～32	8～15	不大于 35	8～12	干旱半干旱或缺乏黏性土地区
3	100	—	55～85	—	35～70	25～60	15～45	10～20	5～10	不大于 25	不大于 4	潮湿路段
4	—	—	90～100	—	60～75	40～60	20～50	12～25	5～12	不大于 25	不大于 6	中湿或干燥路段
5	100	—	<50	—	<30	<25	<15	<8	≤3	不大于 25	不大于 4	
6	—	—	<65	—	<45	<35	<25	<15	≤5	不大于 25	不大于 6	

注:1、2 号作面层;3、4 号作基层;5、6 号作垫层。

级配砾(碎)石基层应密实稳定,其粒径级配范围应按表12-4选用。为防止冻胀和湿软,应注意控制小于0.6 mm细料的含量和塑性指数。在中湿和潮湿路段,用作沥青路面的基层时,应在级配砾石中掺石灰,细料含量可适当增加,掺入的石灰剂量为细料含量的8%~12%。在级配砾石中掺石灰修筑基层,主要是为了提高基层的强度和稳定性。

用级配砾石的垫层称为级配砂砾垫层,其级配砂砾要求颗粒尺寸在4.75~31.5 mm之间,其中19~31.5 mm含量不少于50%。

2. 级配砾(碎)石路面与基(垫)层的施工

级配砾(碎)石路面与基(垫)层的施工,一般按下列工序进行:开挖路槽→备料运料→铺料→拌和与整形→碾压→铺封层。若施工方法采用拌和机集中拌制,则第三、四两工序分别改为拌和与摊铺整形两工序。

(1) 开挖路槽。开挖路槽可使用机械或人工,路槽开挖整修后,用重型压路机滚压数遍,使达到规定的压实度。

(2) 备料运料。按施工路段长度(与拌和方法有关)分段运备材料。砾(碎)石可直接堆放在路槽内,砂及黏土可堆放在路肩上。

(3) 铺料。先铺砾石,再铺黏土,最后铺砂。

(4) 拌和与整形。可采用平地机或拖拉机牵引多铧犁进行。拌和时边拌边洒水,使混合料的湿度均匀,避免大小颗粒分离。混合料的最佳含水率为5%~9%。混合料拌和均匀后按松厚(压实系数1.3~1.4)摊平并整理成规定的路拱横坡度。

(5) 碾压。选用轻型压路机压2~3遍,继而用中型压路机碾压成型。碾压工作应注意在最佳含水率下进行,必要时可适当洒水,每层压实厚度不得超过16 cm,超过时需分层铺筑碾压。

(6) 铺封层。如采用级配砾(碎)石铺筑面层,施工的最后工序是加铺磨耗层和保护层,其施工方法见12.5节。

除上述外,也可采用天然砂砾修筑基(垫)层,它可以就地取材,且施工简易,造价低廉。天然砂砾料含土少,水稳性好,宜作为路面的底基层或垫层。

天然砂砾基层所用的砂砾材料,虽无严格要求,但为了保证其干稳性及便于稳定成型,对于颗粒组成应予适当控制。综合各地初步使用经验,其颗粒组成中,大于20 mm的粗集料要占40%以上,最大粒径不宜大于压实厚度的0.7倍,并不得大于100 mm,小于0.5 mm的细料含量应小于15%,细料塑性指数不得大于4。

天然砂砾基层施工的关键在于洒水碾压。砂砾摊铺均匀后,先用轻型压路机稳压几遍,接着洒水用中型压路机碾压,边压边洒水,反复碾压至稳定成型。由于天然砂砾基层的颗粒组成不属最佳级配,且缺乏黏结料,故其整体性较差,强度不高。为了提高其整体性和强度,可根据交通量和公路线形(如弯道、陡坡)情况,在其表面嵌入碎石或铺碎石过渡层。

12.2 块料路面

12.2.1 块料路面的定义及特点

用块状石料或混凝土预制块铺筑的路面称为块料路面。根据其使用材料性质、形状、尺寸、修琢程度的不同，可分为条石、小方石、拳石、粗琢石及混凝土块料路面。

块料路面的主要优点是坚固耐久，清洁少尘，养护修理方便。由于这种路面易于翻修，因而特别适用于土基不够稳定的桥间高填土路段、铁路交叉口以及有地下管线的城市道路上。又由于它的粗糙度较好，故可在山区急弯、陡坡路段上采用，能提高抗滑能力。

块料路面的主要缺点是用手工铺筑，难以实现机械化施工，块料之间容易出现松动，铺筑进度慢，建筑费用高。

块料路面的构造特点是必须设置整平层，块料之间还需用填缝料嵌填，使块料满足强度和稳定性的要求。

整平层是用来垫平基础表面及块石底面，以保持块石顶面平整及缓和车辆行驶时的冲击、振动作用。整平层的厚度，视路面等级、块料规格、基层材料性质而异，一般路面为 2~3 cm。整平层材料一般采用级配良好、清洁的粗砂或中砂，它具有施工简便、成本低的优点，但稳定性较差。有时采用煤渣或石屑以及水泥砂或沥青砂作整平层。

块料路面的填缝料，主要用来填充块料间缝隙，嵌紧块料，加强路面的整体性，并起着保护块料边角与防止路面水下渗作用。一般采用砂作填缝料，但有时应用水泥砂浆或沥青玛蹄脂。水泥砂浆具有良好防水和保护块料边角的作用，但翻修困难。有时每隔 15~20 m 还需设置胀缩缝。

块料路面的强度是主要由基础的承载力和石块与石块之间的摩擦力所构成。

块料路面的基层一般采用粒料基层和半刚性基层。

块料路面的厚度主要取决于交通、基层结构的整体强度和环境等因素，主要以半经验-半理论的方法确定。

12.2.2　天然块料路面

1. 块料的类别及对块料的要求

由石料经修琢成块状材料而铺筑的路面称为天然块料路面。

根据块料的形状、尺寸及加工粗琢程度不同，将块料分为整齐石块、半整齐石块和不整齐石块三大类。

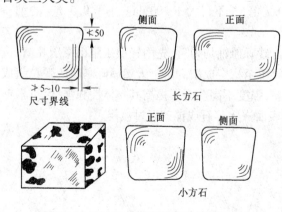

图 12-6　条石及小方石形状图（单位：cm）

天然块料路面的整齐石块和条石，宜采用Ⅰ级石料，其形状近似正方体或长方体，顶面与底面大致平行，底面积不小于顶面积的 75%。半整齐石块路面用坚硬石料经琢成立方体（俗称"方石"或"方头弹街"）或长方体（俗称"条石"），石料品质应符合Ⅰ~Ⅱ级标准，要求顶底两面大致平行（图 12-6）。不整齐石块路面（拳石路面和片弹街路面）是天然石料经过粗琢以后铺成，符合Ⅰ~Ⅱ级标准的石料皆能用。各种块石参考尺寸与类别如表 12-5 所列。

表 12-5　各种块石参考尺寸与类别

类别名称		高度/cm	长度/cm	宽度/cm
整齐石块	大型花岗岩块石	25	100	50
	大方石块	12~15	30	30
	小方(条)石	25(12)	12(25)	12
半整齐石块	矮条石	9~10	15~30	12~15
	中条石	11~13	15~30	12~15
	高条石	14~16	15~30	12~15
	矮方石	8~9	7~10	7~10
	高方石	9~10	8~11	8~11
	方头弹街石	10~13 或 11~13	8~10 或 9.5~10.5	6~8 或 9.5~10.5
		高度/cm	顶部直径/cm	
不整齐石块	矮的	12~14	10~16	
	中的	15~16	12~18	
	高的	20~22	12~20	
	特高的	22~25	12~25	
	弹街石	10~13	10~13(长)×5~8(宽)	

拳石和粗琢块石路面可直接铺砌在厚 10~20 cm 的砂或炉渣层上,也可用碎砖、碎石、级配砾石作基层。

条石、小方石路面,根据需要可铺设在贫水泥混凝土、碎石或稳定土基层上。

整齐石块和条石路面,要求有质量较高的基层和整平层,一般基层采用 C20 水泥混凝土,整平层为 M10 水泥砂混合物。天然块料路面构造示意图如图 12-7 所示。

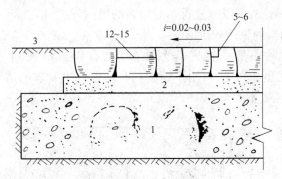

图 12-7　天然块料路面横断面示意图
1—级配砾石厚 15~25 cm 或水泥混凝土(C15)厚 16 cm;
2—砂或水泥砂混合物;3—路肩(尺寸单位:cm)

2. 块料路面施工简介

1) 拳石和粗琢块石路面

在已修建好的基层上,铺砌拳石与粗琢块石路面的施工过程,大致可分为摊铺整平层、排砌块石及嵌缝压实等工序。

(1) 摊铺整平层。在基层上按规定厚度及压实系数,均匀摊铺具有最佳湿度的砂或煤渣,用轻型压路机略加滚压。摊铺应与排砌进度配合,一般应保持在石块铺砌工作前 8~10 m 为宜。

(2) 排砌块石。排砌块石前应先根据道路中线、边线及路拱形状,设置纵、横向间距分别为 1~1.5 m 与 1~2.5 m 的方格块石铺砌带(先铺纵向路缘石及横向导石)。

排砌工作在路面全宽上进行。较大块石先铺在路边缘上,然后用适当尺寸的块石排砌中间段落。边部纵向排砌进度应超出中间部分为 5~10 m。排砌的块石应小头向下,垂直嵌入整平层一定深度,块石相互之间必须嵌紧、错缝、表面平整,且石料长边应与行车方向垂直。在陡坡和弯道超高路段,应由低处向高处铺砌。

铺砌石块的方法,有逆铺法("从砂土"铺砌)与顺铺法("从石上"铺砌)两种。顺铺法是工人站在已砌好的块石路面上,面向整平层边砌边进,此法较难保证路面纵、横坡度和平整度的质量要求,且取石料不方便,但便于掌握块石相靠紧密和保持砂整平层平整。逆铺法是工人站在整平层上,面向已铺好的路面边砌边退,其优点是操作中能看到已铺好的路段,从而易于保证路面质量。

(3) 嵌缝压实。块石铺砌完成后,可用废石渣及土加固路肩,并予以夯实,再进行路面夯打,并铺撒 5~15 mm 石屑嵌缝,然后用压路机压实,直至稳定无显著变形为止。

2) 条石及小方石路面

条石及小方石路面施工过程大体与拳石相似,但排砌与填缝工作有所不同。

铺砌条石路面时,在整平层上先沿路边纵向排两行至三行块石(长边与路中线平行)。条石的铺砌方法有横向排列、纵向排列及斜向排列(图 12-8)3 种。

采用横向排列时,应在垂直路线方向每隔 1.5~2 m 拉好横向导线,以保证横缝平直。一般同一排的条石应具有同等宽度,条石与条石之间纵缝相错长度在条石长边的 1/3~1/2 范围之内。因此,每隔一排的靠边石块,应用半块条石镶砌。

采用 45°的斜向排砌法,可以减轻行车对块石的磨圆程度,但边部一行斜向排列块石需加工成梯形,费工多,因而国内采用较少。

铺砌小方石路面,除一般的横向排列法外,也有以弧形或扇形的嵌花式来铺砌的(图 12-9)。但这种方法更加费工,仅用于铺砌具有高度艺术要求的道路和广场上,以及坡度较大的桥头引道上。

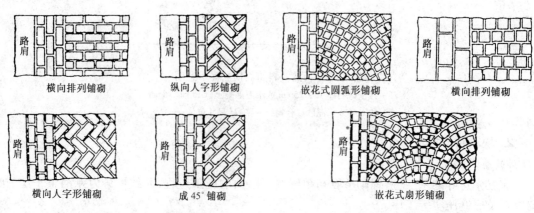

图 12-8　条石铺砌的平面形式　　　　图 12-9　小方石铺砌的平面形式

嵌花式铺砌需用特制的样板在路面的全宽上进行,并应注意较大块石用于弧形的顶部,较小的用于边部。圆弧或扇形应凸向行车方向和上坡方向,以抵抗车轮的水平力。

块石铺好并经用路拱板检验合格后,即用填缝料填缝,填缝深度应与块石厚度相同,然后加以夯打或碾压,达到坚实稳定为止。如需用水泥砂混合物或沥青玛蹄脂填缝隙上部1/3深度,则下部2/3深度应以砂填缝。当用水泥砂混合料填缝时,每隔12~20 m需设伸缩缝,且需洒水保湿养生7 d左右,方可开放交通。

12.2.3 机制块料路面

由预制的混凝土小块铺筑的路面称为机制块料路面。

预制块料可以采用不同的形状及不同的颜色,以使路面更加美观。

预制块料路面的厚度可用8~20 cm,块料可用(15~30 cm)×(12~15 cm)的矩形块,也可用15~30 cm大角形块。根据基层材料类型的不同,美国选用图12-10所示的典型结构,可以根据实际情况参考使用。

机制块料路面的受力机理、施工与天然块料基本一致,但其能实现工厂化制块,路面平整度较易保证。

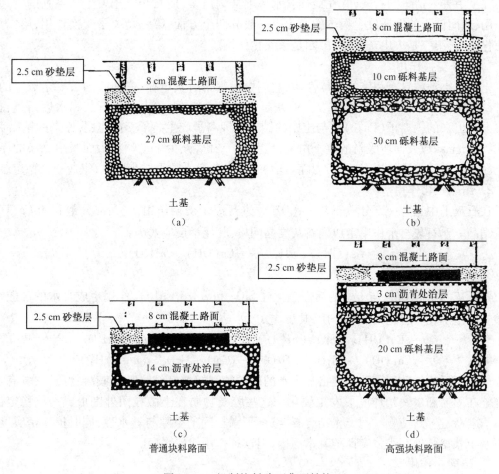

图12-10 机制块料路面典型结构

12.3 石灰稳定类基层

在粉碎的土和原状松散的土(包括各种粗、中、细粒土)中掺入适量的石灰和水,按照一定技术要求,经拌和,在最佳含水率下摊铺、压实及养生,其抗压强度符合规定要求的路面基层称为石灰稳定类基层。用石灰稳定细粒土得到的混合料简称石灰土,所做成的基层称为石灰土基层(底基层)。

石灰剂量是石灰质量占全部土颗粒的干质量的百分率,即石灰剂量 = 石灰质量/干土质量。

石灰稳定土一般指的是石灰土(以细粒土、天然土为主),它具有一定的抗压强度和弯拉强度,且强度随龄期逐渐增加,但因其吸水性、透水性和水稳性较差,适用于各级公路路面的底基层和二级以下公路的基层,不得用作二级以二级以上公路高级路面的基层。在冰冻地区的潮湿路段和其他地区的过湿路段不宜采用石灰土做基层和底基层。

12.3.1 强度形成原理

在土中掺入适量的石灰,并在最佳含水率下拌匀压实,使石灰与土发生一系列的物理、化学作用,从而使土的性质发生根本的变化。一般分四个方面:第一是离子交换作用,第二是结晶硬化作用,第三是火山灰作用,第四是碳酸化作用。

1. 离子交换作用

土的微小颗粒具有一定的胶体性质,它们一般都带有负电荷,表面吸附着一定数量的钠、氢、钾等低价阳离子(Na^+、H^+、K^+)。石灰是一种强电解质,在土加入石灰和水后,石灰在溶液中电离出来的钙离子(Ca^{2+})就与土中的钠、氢、钾离子产生离子交换作用,原来的钠(钾)土变成钙土,土颗粒表面所吸附的离子由一价变成了二价,减少了土颗粒表面吸附水膜的厚度,使土粒相互之间更为接近,分子引力随着增加,许多单个土粒聚成小团粒,组成一个稳定结构。

2. 结晶硬化作用

在石灰土中只有一部分熟石灰 $Ca(OH)_2$ 进行离子交换作用,绝大部分饱和的 $Ca(OH)_2$ 自行结晶。熟石灰与水作用生成熟石灰结晶网格,其化学反应式为:

$$Ca(OH)_2 + nH_2O \longrightarrow Ca(OH)_2 \cdot nH_2O$$

3. 火山灰作用

熟石灰的游离 Ca^{2+} 与土中的活性氧化硅 SiO_2 和氧化铝 Al_2O_3 作用生成含水的硅酸钙和铝酸钙的化学反应就是火山灰作用,其反应式为:

$$xCa(OH)_2 + SiO_2 + nH_2O \longrightarrow xCaO \cdot SiO_2 \cdot (n+x)H_2O$$
$$xCa(OH)_2 + Al_2O_3 + nH_2O \longrightarrow xCaO \cdot Al_2O_3 \cdot (n+x)H_2O$$

上述所形成的熟石灰结晶网格和含水的硅酸钙和铝酸钙结晶都是胶凝物质,它具有水硬性并能在固体和水两相环境下发生硬化。这些胶凝物质在土微粒团外围形成一层稳定保护膜,填充颗粒空隙,使颗粒间产生结合料,减少了颗粒间的空隙与透水性,同时提高密实度,这是石灰土获得强度和水稳定性的基本原因,但这种作用比较缓慢。

4. 碳酸化作用

在土中的 $Ca(OH)_2$ 与空气中的二氧化碳作用,其化学反应式为:

$$Ca(OH)_2 + CO_2 \longrightarrow CaCO_3 + H_2O$$

$CaCO_3$ 是坚硬的结晶体,它和其生成的复杂盐类把土粒胶结起来,从而大大提高了土的强度和整体性。

由于石灰与土发生了一系列的相互作用,从而使土的性质发生根本的改变。在初期,主要表现为土的结团、塑性降低、最佳含水率增加和最大密实度减少等,后期主要表现为结晶结构的形成,从而提高其板体性、强度和稳定性。

12.3.2 影响石灰土强度的因素

1. 土质

各种成因的土都可以用石灰来稳定,但生产实践说明,黏性土较好,其稳定的效果显著,强度也高。当采用高液限黏土时施工不易粉碎;采用粉性土的石灰土早期强度较低,但后期强度也可满足行车要求;采用低液限土质时易拌和,但难以碾压成型,稳定的效果不显著。采用的土质,既要考虑其强度,还要考虑到施工时易于粉碎便于碾压成形。一般采用塑性指数 15~20 的黏性土为好。塑性指数偏大的黏性土,要加强粉碎,粉碎后,土中的土块不宜超过15 mm。经验证明,塑性指数小于 10 的土不宜用石灰稳定。对于硫酸盐类含量超过 0.8% 或腐殖质含量超过 10% 的土,对强度有显著影响,不宜直接采用。

2. 灰质

石灰应是消石灰粉或生石灰粉,对高速公路或一级公路宜用磨细生石灰粉。

石灰质量应符合Ⅲ级以上的技术指标,并要尽量缩短石灰的存放时间。在同等石灰剂量下,质量好的石灰,稳定效果好。如采用质量差的石灰,为了满足石灰土的技术要求(表12-6),就得适当增加石灰剂量。

表12-6 石灰的技术标准

项目	类别与指标	钙质生石灰			镁质生石灰			钙质消石灰			镁质消石灰		
		Ⅰ	Ⅱ	Ⅲ	Ⅰ	Ⅱ	Ⅲ	Ⅰ	Ⅱ	Ⅲ	Ⅰ	Ⅱ	Ⅲ
有效钙加氧化镁/%,≥		85	80	70	80	75	65	65	60	55	60	55	50
未消解残渣/%[①],≤		7	11	17	10	14	20						
含水率/%,≤								4	4	4	4	4	4
细度	0.71 mm[②] 筛余,≤							0	1	1	0	1	1
	0.125 mm 累计筛余,≤							13	20		13	20	
钙镁石灰的分类,MgO/%		≤5			>5			≤4			>4		

注:① 5 mm 圆孔筛的筛余;
② 方孔筛。

3. 石灰剂量

石灰剂量对石灰土强度影响显著,石灰剂量较低(小于3% ~4%)时,石灰主要起稳定作用,土的塑性、膨胀、吸水量减小,使土的密实度、强度得到改善。随着剂量的增加,强度和稳定性均提高,但剂量超过一定范围时,强度反而降低。生产实践中常用的最佳剂量范围,对于黏性土及粉性土为8% ~14%;对砂性土则为9% ~16%。剂量的确定应根据结构层技术要求进行混合料组成设计。

4. 含水率

水是石灰土的重要组成部分。它促使石灰土发生物理化学变化,形成强度;便于土的粉碎、拌和与压实,并且有利于养生。不同土质的石灰土有不同的最佳含水率,需通过标准击实试验确定,并用以控制施工中的实际加水量。所用水应是干净可供饮用的水。

5. 密实度

石灰土的强度随密实度的增加而增长。实践证明,石灰土的密实度每增减1%,强度增减4%左右。而密实的石灰土,其抗冻性、水稳定性也好,缩裂现象也少。

6. 石灰土的龄期

石灰土强度具有随龄期增长的特点。一般石灰土初期强度低,前期(1~2个月)增长速率较后期为快。石灰土强度与龄期关系可表示为

$$R_t = R_i t^\beta \tag{12-1}$$

式中:R_i——1个月龄期抗压强度;

R_t——t个月龄期抗压强度;

β——系数,约为0.1~0.5。

7. 养生条件

养生条件主要指温度与湿度。养生条件不同,其强度也有差异。当温度高时,物理化学反应、硬化、强度增长快,反之强度增长慢,在负温条件下甚至不增长。因此,要求施工期的最低温度应在5℃以上,并在第一次重冰冻(-3~-5℃)到来之前1个月到1个半月完成。

多年的施工经验证明,热季施工的灰土强度高,质量可以保证,一般在使用中很少损坏。

养生的湿度条件对石灰土的强度也有很大影响。实践证明:在一定潮湿条件下养生强度的形成比在一般空气中养生要好。

12.3.3 石灰土基层的应用

石灰稳定土不但具有较高的抗压强度,而且也具有一定的抗弯强度,且强度随龄期逐渐增加。因此,石灰稳定土一般可以用于各类路面的基层或底基层。但石灰稳定土因其水稳定性较差不应作高速公路或一级公路的基层,必要时可以用作底基层。在冰冻地区的潮湿路段以及其他地区的过分潮湿路段,也不宜采用石灰土作基层。当低等级公路采用高级路面时,也不宜用石灰稳定土作基层。

12.3.4 石灰稳定土基层缩裂防治

石灰稳定土基层防治缩裂的措施主要有下述几种。

(1)控制压实含水率。石灰稳定土因含水率过多产生的干缩裂缝显著,因而压实时含水率一定不要大于最佳含水率,其含水率应略小于最佳含水率。

(2)严格控制压实标准。实践证明,压实度小时产生的干缩要比压实度大时严重,因此,应尽可能达到最大压实度。

(3)温缩的最不利季节是材料处于最佳含水率附近,而且温度在0~-10℃时。因此施工要在当地气温进入0℃前一个月结束,以防在不利季节产生严重温缩。

(4)干缩的最不利情况是石灰稳定土成型初期,因此,要重视初期养护,保证石灰土表面处于潮湿状况,禁干晒。

(5) 石灰稳定土施工结束后要及早铺筑面层,使石灰土基层含水率不发生大变化,可减轻干缩裂隙。

(6) 在石灰稳定土中掺加集料(砂砾、碎石等),使其集料含量为70%~80%,使混合料满足最佳组成要求,不但提高强度和稳定性,而且具有较好的抗裂性。

(7) 基层的缩裂会反射到面层,为了防止基层裂缝的反射,国内外常采取以下措施。

① 设置联结层。设置沥青碎石或沥青贯入式联结层,是防止反射裂缝的有效措施。

② 铺筑碎石隔离过渡层。在石灰土与沥青面层间铺筑厚10~20 cm的碎石层或玻璃纤维网格,可减轻反射裂缝出现。

12.3.5 石灰稳定土混合料设计

石灰稳定土是由土、石灰和水组成的。混合料的组成设计包括:根据强度标准,通过试验选取合适的土,确定必需的或最佳的石灰剂量和混合料的最佳含水率。

1. 石灰土的强度标准

石灰土的强度标准根据相应的公路等级和在路面结构中的层位而定。在规定温度保湿养生6 d、浸水1 d后无侧限抗压强度标准如表12-7所列。

表12-7 石灰稳定细粒土的强度和压实度标准

层 位	类 别	重、中交通		轻交通	
		压实度/%	抗压强度/MPa	压实度/%	抗压强度/MPa
基层	集料	—	—	≥97	≥0.8①
	细粒土			≥95③	
底基层	集料	≥97	≥0.8	≥96	≥0.7②
	细粒土	≥95		≥95	

注:① 在低塑性土(塑性指数小于10)地区,石灰稳定砂砾土和碎石土的7 d浸水抗压强度应大于0.5 MPa。
② 低限用于塑性指数小于10的黏性土,高限用于塑性指数大于10的土。
③ 三、四级公路,压实机具有困难时压实度可降低1%。

2. 混合料的设计步骤

(1) 制备同一种土样、不同石灰剂量的石灰土混合料,根据不同的层位,可参照下列石灰剂量进行配制。

做基层用:

砂砾土和碎石土:3%,4%,5%,6%,7%;

塑性指数小于12的黏性土:10%,12%,13%,14%,16%;

塑性指数大于12的黏性土:5%,7%,9%,11%,13%。

做底基层用:

塑性指数小于12的黏性土:8%,10%,11%,12%,14%;

塑性指数大于12的黏性土:5%,7%,8%,9%,11%。

(2) 确定混合料的最佳含水率和最大干压实密度(用重型击实标准试验),至少做3个不同石灰剂量混合料的击实试验,即最小剂量、中间剂量和最大剂量。

(3) 按最佳含水率与工地预期达到的压实密度制备试件,进行强度试验时,做平行试验的试件数量应符合规定。

(4) 试件在规定温度(北方冰冻地区为20℃±2℃,南方非冰冻地区为25℃±2℃)下保湿养生6 d,浸水1 d,进行无侧限抗压强度试验,根据表12-7 的强度标准,选定合适的石灰剂量,室内试验结果的平均抗压强度应符合式(12-2)的要求:

$$\overline{R} \geqslant \frac{R_d}{1 - Z_a C_v} \tag{12-2}$$

式中:R_d——设计抗压强度;

C_v——试验结果的偏差系数(小数计);

Z_a——标准正态分布表中随保证率(或置信度 α)而变的系数,重交通道路应取保证率95%,此时 $Z_a = 1.645$;其他道路可取保证率为90%,即 $Z_a = 1.282$。

工地实际采取的石灰剂量应较实验室内试验确定的剂量多0.5% ~1.0%。

12.3.6 石灰稳定土底基层的施工

1. 备料

1) 石灰

① 石灰应符合表12-6 的规定。

② 生石灰应在使用前7~10 d 进行充分消解成熟石灰粉,并过10 mm 筛。熟石灰粉应尽快使用,不宜存放过久。

③ 进场的生石灰块应妥善保管,加棚盖或覆土储存,应尽量缩短生石灰的存放时间。

2) 土

① 石灰土混合料的用土应按照《公路土工试验规程》(JTG E40—2007)的规定试验,其塑性指数 I_p 应为12~18(100 g 平衡锥法)。I_p 过高时粉碎困难。

② 粉碎土中10~25 mm 团块的含量不得超过总质量的5%。

③ 土中硫酸盐含量应不超过0.8%,腐殖质含量应不超过10%。

2. 混合料配合比

(1) 应按指定的配合比,在石灰土层施工前10~15 d 进行现场试配。按照《公路工程无机结合料稳定材料试验规程》(JTG E51—2009)的规定进行试验,养生湿度为95%,温度为25℃±2℃,养生6 d,第7 d 饱水,试件尺寸:5 cm×5 cm(高×直径)的圆柱体。

(2) 考虑到石灰在施工过程中的损耗,允许实际用灰量可比设计值高出0.5%~1%,现场石灰含量试验按《公路工程无机结合料稳定材料试验规程》(JTG E51—2009)第7 章方法进行。

(3) 确定混合料的松铺系数(混合料的干压实密度与松铺干密度的比值)。

3. 路拌法施工要求

1) 摊铺

(1) 摊铺土料前,应先在土基上洒水湿润,但不应过分潮湿而造成泥泞。

(2) 用平地机或其他合适的机具将土料均匀地摊铺在预定的宽度上,表面应力求平整,并有规定的路拱。

(3) 摊铺过程中,应将土中超尺寸颗粒及其他杂物清除干净。

(4) 检验松铺土料层的厚度,不符合要求时,应进行减料或补料。

(5) 除了洒水车外,严禁其他车辆在土料层上通行。

(6) 如黏土过干,应事先洒水闷料,使它的含水率略小于最佳值(一般至少闷料一夜)。

(7) 石灰应摊铺均匀,石灰摊铺完后,应量测石灰土的松铺厚度,并校核石灰用量是否合适。

2) 拌和与洒水

(1) 石灰土拌和应采用拌和机(宝马机或功效与之相当的其他型号拌和机)。

(2) 拌和机应先将拌和深度调整好,由两侧向中心拌和,每次拌和应重叠 10～20 cm,防止漏拌。先干拌一遍,然后视混合料的含水情况,碾压时按最佳含水率的要求,考虑拌和后碾压前的蒸发,适当洒水(一般可比最佳含水率大 1% 左右),再进行补充拌和,以达到混合料颜色一致,没有灰条、灰团和花面为止。

(3) 在路基上铺拌时应随时检查拌和深度,严禁在底部留有"素土"夹层,也应防止过多破坏土基表面,以免影响混合料的石灰剂量及底部压实。

(4) 洒水要求用喷管式洒水车,并及时检查混合料含水率。洒水车起洒处和另一端"掉头"处都应超出拌和段 2 m 以上。洒水车不应在进行拌和的以及当天计划拌和的路段上"掉头"和停留,以防局部水量过大。

(5) 在两工作段的搭接部分,应在前一段拌和后留 5～8 m 不进行碾压,待后一段施工时,将前段留下未压部分一起再进行拌和。

(6) 拌和机械及其他机械不宜在已压成的石灰土层上"掉头",如必须在上进行"掉头"时,应采取措施保护"调头"部分,使石灰土表层不受破坏。

4. 场拌(或集中场拌)法施工要求

1) 拌和

(1) 石灰稳定土应在中心站用强制式拌和机、双转轴桨叶式拌和机等稳定土石拌设备进行集中拌和。

(2) 在正式拌制稳定土混合料之前,应先调试所用的拌和设备,使混合料的配比和含水率都达到规定要求。

(3) 稳定土混合料正式拌制时,应将土块粉碎,必要时,筛除原土中大于 15 mm 的土块;配料要准确,各料(石灰、土、水)可按质量配比,也可按体积配比;拌和要均匀;加水量要略大于最佳含水率的 1% 左右,使混合料运至现场摊铺后碾压时的含水率能接近最佳含水率。

(4) 成品料露天堆放时,应减少临空面(建议堆成圆锥体),并注意防雨水冲刷。对屡遭日光暴晒或受雨淋的料堆表面层材料应在使用前清除。

(5) 上路摊铺前,应检测混合料中有效 $CaO + MgO$ 含量,如达不到要求时,应在运料前加料(消石灰)重拌。成品料运达现场摊铺前应覆盖,以防水分蒸发。

2) 摊铺

(1) 可用稳定土摊铺机、沥青混凝土摊铺机或水泥混凝土摊铺机摊铺混合料;如没有上述摊铺机,也可用摊铺箱摊铺。如石灰土层分层摊铺时,应先将下层顶面拉毛,再摊铺上层混合料。

(2) 拌和机与摊铺机的生产能力应互相协调。如拌和机的生产能力较低时,在用摊铺箱摊铺混合料时,应尽量采用最低速度摊铺,减少摊铺机停机待料的情况。

(3) 石灰土混合料摊铺时的松铺系数应视摊铺机机械类型而异,必要时,通过试铺碾压求得。

(4) 场拌混合料的摊铺段,应安排当天摊铺当天压实。

5. 整形

（1）路拌混合料拌和均匀后或场拌混合料运到现场经摊铺达预定的松厚之时，即应进行初整型，在直线段，平地机由两侧向路中进行刮平；在平曲线超高段，平地机由内侧向外刮平。

（2）初整形的灰土可用履带拖拉机或轮胎压路机稳压1~2遍，再用平地机进行整形，并用上述压实机械再碾压一遍。

（3）对局部低洼处，应用齿耙将其表层5 cm以上耙松，并用新拌的灰土混合料找补平整，再用平地机整形一次。

（4）在整形过程中，禁止任何车辆通行。

6. 碾压

（1）混合料表面整形后应立即开始压实。混合料的压实含水率应在最佳含水率的±1%范围内，如因整型工序导致表面水分不足，应适当洒水。

（2）用12~15 t三轮压路机碾压时，每层压实厚度不应超过15 cm；用18~20 t三轮压路机或相应功能的滚动压路机碾压时，每层压实厚度不应超过20 cm。压实厚度超过上述规定时，应分层铺筑，每层的最小压实厚度为10 cm。

（3）直线段由两侧路肩向路中心碾压，超高段由内侧肩向外侧路肩碾压，碾压时后轮应重叠1/2的轮宽，后轮必须超过两段的接缝处。后轮（压实轮）压完路面全宽时，即为一遍。一般需碾压6~8遍。压路机碾压速度，头两遍采用1挡（1.5~1.7 km/h）为宜，以后用2挡（2.0~2.5 km/h）。路面两侧应多压2~3遍。

（4）严禁压路机在已完成的或正在碾压的路上"掉头"和紧急制动，以保证灰土表面不受破坏。如确有必要时，应采取措施（如覆盖10 cm厚的砂或砂砾）保护"掉头"部分的灰土表面。

（5）碾压过程中，石灰土的表面应始终保持湿润，如表面水分蒸发太快，应及时补充洒水，以防表面开裂。

（6）石灰土碾压中如出现"弹簧"、松散、起皮等现象，应及时翻开晾晒或换新混合料重新拌和碾压。

（7）在碾压结束之前，用平地机再终平一次，使其纵向顺适、路拱和超高符合设计要求。终平时必须将局部高出部分刮除，并扫出路外。

（8）一个作业段完成之后，应按《公路工程无机结合料稳定材料试验规程》(JTG E51—2009)第3章方法检查灰土的压实度。频率：开始阶段，每一作业段检查6次，然后用碾压遍数与检查相结合，每1 000 m为6~10次。如果在铺一层或工程验收之前被检验的石灰土材料没达到所需的压实度，则必须返工。

（9）不管路拌或场拌，其拌压间隔时间不得多于2 d。

7. 养生

（1）刚压实成形的石灰土底基层，在铺筑基层之前，至少在保持潮湿状态下养生7 d。养生方法可视具体情况采用洒水、覆盖砂等。养生期间石灰土表层不应忽干忽湿，每次洒水后应用两轮压路机将表层压实。

（2）在养生期间未采用覆盖措施的石灰土底基层上，除洒水车外，应封闭交通；在采用覆盖措施的石灰土底基层上，不能封闭交通时，应当限制车速不得超过30 km/h。

12.3.7 碎(砾)石灰土底基层

用石灰稳定碎(砾)石土,简称碎(砾)石灰土。将拌和均匀的碎(砾)石灰土经摊铺、整型、碾压、养生后成型的底基层,称为碎(砾)石灰土底基层。

混合料的最佳组成应是碎(砾)石掺入量占混合料总质量的80%以上,而且要求碎(砾)石要有一定级配(级配标准可参照级配碎(砾)石基层)。按重型击实试验确定材料的最佳含水率和最大干密度。所制成的试件在规定温度下,经6 d保湿养生,1 d浸水的无侧限抗压强度应满足规范规定的强度标准要求。

碎(砾)石灰土基层的施工方法和程序,可参照石灰土施工方法进行。首先把碎(砾)石摊铺在路槽内,然后把先拌匀的石灰土均匀地铺在碎(砾)石层上再与碎(砾)石拌均匀(控制含水率为最佳含水率),经整形、碾压、养生而成形。在具备机械拌和的条件下,也宜用中心站集中拌和法施工。

12.4 水泥稳定类基层

在粉碎的或原状松散的土(包括各种粗、中、细粒土)中,掺入适当水泥和水,按照技术要求,经拌和摊铺,在最佳含水率时压实及养护成型,其抗压强度符合规定要求,以此修建的路面基层称水泥稳定类基层。当用水泥稳定细粒土(砂性土、粉性土或黏性土)时,简称水泥土。

水泥是水硬性结合料,绝大多数的土类(高塑性黏土和有机质较多的土除外)都可以用水泥来稳定,改善其物理力学性质,适应各种不同的气候条件与水文地质条件。水泥稳定类基层具有良好的整体性、足够的力学强度、抗水性和耐冻性。其初期强度较高,且随龄期增长而增长,所以应用范围很广。近年来,在我国一些路面工程中,水泥稳定土可用于路面结构的基层和底基层,在保证路面使用品质上取得了满意的效果。但水泥土禁止作为高速公路或一级公路路面的基层,只能用作底基层。在高等级公路的水泥混凝土路面板下,水泥土也不应做基层。

12.4.1 强度形成原理

在利用水泥来稳定土的过程中,水泥、土和水之间发生了多种非常复杂的作用,从而使土的性能发生了明显的变化。这些作用可以分为下述几点。

化学作用:如水泥颗粒的水化、硬化作用,有机物的聚合作用,以及水泥水化产物与黏土矿物之间的化学作用等。

物理-化学作用:如黏土颗粒与水泥及水泥水化产物之间的吸附作用,微粒的凝聚作用,水及水化产物的扩散、渗透作用,水化产物的溶解、结晶作用等。

物理作用:如土块的机械粉碎作用,混合料的拌和,压实作用等。

现就其中的一些主要作用过程介绍如下。

1. 水泥的水化作用

在水泥稳定土中,首先发生的是水泥自身的水化反应,从而产生出具有胶结能力的水化产物,这是水泥稳定土强度的主要来源。水泥的水化过程前面已经详细地介绍过了,其反应简式如下：

硅酸三钙：$2Ca_3Si + 6H_2O \longrightarrow Ca_3Si_2H_3 + 3CH$

硅酸二钙：$2Ca_3Si + 4H_2O \longrightarrow Ca_3Si_2H_3 + CH$

铝酸三钙：$Ca_3Al + 6H_2O \longrightarrow Ca_3AlH_6$

铁铝酸四钙：$Ca_4AlFe + 7H_2O \longrightarrow Ca_4AlFeH_7$

水泥水化生成的水化产物，在土的孔隙中相互交织搭接，将土颗粒包覆连接起来，使土逐渐丧失了原有的塑性等性质，并且随着水化产物的增加，混合料也逐渐坚固起来。但水泥稳定土中水泥的水化与水泥混凝土中水泥的水化之间还有所不同。这是因为：① 土具有非常高的比表面积和亲水性；② 水泥稳定土中的水泥含量较少；③ 土对水泥的水化产物具有强烈的吸附性；④ 在一些土中常存在酸性介质环境。由于这些特点，在水泥稳定土中，水泥的水化硬化条件较混凝土中差得多；特别是由于黏土矿物对水化产物中的 $Ca(OH)_2$ 具有极强的吸附和吸收作用，使溶液中的碱度降低，从而影响了水泥水化产物的稳定性；水化硅酸钙中会逐渐降低析出 $Ca(OH)_2$，从而使水化产物的结构和性能发生变化，进而影响到混合料的性能。因此在选用水泥时，在其他条件相同时，应优先选用硅酸盐水泥，必要时还应对水泥稳定土进行"补钙"，以提高混合料中的碱度。

2. 离子交换作用

土中的黏土颗粒由于颗粒细小、比表面积大，因而具有较高的活性，当黏土颗粒与水接触时，黏土颗粒表面通常带有一定量的负电荷，在黏土颗粒周围形成一个电场，这层带负电荷的离子就称为电位离子。带负电的黏土颗粒表面，时而吸引周围溶液中的正离子，如 K^+、Na^+ 等，而在颗粒表面形成了一个双电层结构，这些与电位离子电荷相反的离子就称为反离子。在双电层中电位离子形成了内层，反离子形成外层。靠近颗粒的反离子与颗粒表面结合较紧密，当黏土颗粒运动时，结合较紧密的反离子将随颗粒一起运动，而其他反离子将不产生运动；由此在运动与不运动的反离子之间便出现了一个滑移面。

由于在黏土颗粒表面存在着电场，因此也存在着电位，颗粒表面电位离子形成的电位称为热力学电位（φ），滑动面上的电位称为电动电位（ξ）；由于反离子的存在，离开颗粒表面越远电位越低，经过一定的距离电位将降低为零，此距离称为双电层厚度。由于各个黏土颗粒表面都具有相同的双电层结构，因此黏土颗粒之间往往间隔着一定的距离。

在硅酸盐水泥中，硅酸三钙和硅酸二钙占主要部分，其水化后所生成的氢氧化钙所占的比例也较高，可达水化产物的 25%。大量的氢氧化钙溶于水以后，在土中形成了一个富含 Ca^{2+} 的碱性溶液环境。当溶液中富含 Ca^{2+} 时，因为 Ca^{2+} 的电价高于 K^+、Na^+ 等离子，因此与电位离子的吸引力较强，从而取代了 K^+、Na^+，成为反离子，同时 Ca^{2+} 也双电层电位的降低速度加快。因而使电动电位减小、双电层的厚度降低，使黏土颗粒之间的距离减小，相互靠拢，导致土的凝聚，从而改变土的塑性，使土具有一定的强度和稳定度。这种作用就称为离子交换作用。

3. 化学激发作用

钙离子的存在不仅影响到了黏土颗粒表面双电层的结构，而且在这种碱性溶液环境下，土本身的化学性质也将发生变化。

土的矿物组成基本上都属于硅铝酸盐，其中含有大量的硅氧四面体和铝氧八面体。在通常情况下，这些矿物具有比较高的稳定性，但当黏土颗粒周围介质的 pH 值增加到一定程度时,黏土矿物中的部分 SiO_2 和 Al_2O_3 的活性将被激发出来,与溶液中的 Ca^{2+} 进行反应,生成新的矿物,这些矿物主要是硅酸钙和铝酸钙系列,如 $4CaO \cdot 5SiO_2 \cdot 5H_2O$、$4CaO \cdot Al_2O_3 \cdot 19H_2O$、$3CaO \cdot Al_2O_3 \cdot 16H_2O$、$CaO \cdot Al_2O_3 \cdot 10H_2O$ 等。这些矿物的组成和结构与水泥的水化产物都有很多类似之处,并且同样具有胶凝能力。生成的这些胶结物质包裹着黏土颗粒表面,与水泥的水化产物一起,将黏土颗粒凝结成一个整体。因此,氢氧化钙对黏土矿物的激发作用,将进一步提高水泥稳定土的强度和水稳定性。

4. 碳酸化作用

水泥水化生成的 $Ca(OH)_2$,除了可与黏土矿物发生化学反应外,还可以进一步与空气中的 CO_2 发生碳化反应并生成碳酸钙晶体。其反应如下:

$$Ca(OH)_2 + CO_2 + nH_2O = CaCO_3 + (n+1)H_2O$$

碳酸钙生成过程中产生体积膨胀,也可以对土的基体起到填充和加固作用;只是这种作用相对来讲比较弱,并且反应过程缓慢。

12.4.2 影响强度的因素

1. 土质

土的类别和性质是影响水泥稳定土强度的重要因素,各类砂砾土、砂土、粉土和黏土均可用水泥稳定,但稳定效果不同。试验和生产实践证明,用水泥稳定级配良好的碎(砾)石和砂砾,效果最好,不但强度高,而且水泥用量少;其次是砂性土;再次是粉性土和黏性土。重黏土难以粉碎和拌和,不宜单独用水泥来稳定,因此,一般要求土的塑性指数不大于 17。

2. 水泥的成分和剂量

各种类型的水泥都可以用于稳定土。但试验研究证明,水泥的矿物成分和分散度对其稳定效果有明显影响。对于同一种土,通常情况下硅酸盐水泥的稳定效果好,而铝酸盐水泥较差。

在水泥硬化条件相似,矿物成分相同时,随着水泥分散度的增加,其活性程度和硬化能力也有所增大,从而水泥土的强度也大大提高。

水泥土的强度随水泥剂量的增加而增长,但过多的水泥用量,虽获得强度的增加,在经济上却不一定合理,在效果上也不一定显著,且容易开裂。试验和研究证明,对于中粒土和粗粒土,水泥剂量为 4%~6% 较为合理。

3. 含水率

含水率对水泥稳定土强度影响很大,当含水率不足时,水泥不能在混合料中完全水化和水解,发挥不了水泥对土的稳定作用,影响强度形成。同时,含水率小,达不到最佳含水率也影响水泥稳定土的压实度。因此,使含水率达到最佳含水率的同时,也要满足水泥完全水化和水解作用的需要为好。

水泥正常水化所需的水量约为水泥质量的 20%,对于砂性土,完全水化达到最高强度的含水率较最佳密度的含水率为小;而对于黏性土则相反。

4. 施工工艺过程

水泥、土和水拌和均匀,且在最佳含水率下充分压实,使之干密度最大,其强度和稳定性就高。水泥土从开始加水拌和到完成压实的延迟时间要尽可能最短,一般宜在 6 h 以内。若时间过长,则水泥凝结,在碾压时,不但达不到压实度要求,而且也会破坏已结硬水泥的胶凝作用,反而使水泥稳定土强度下降。在水泥终凝时间达不到规定要求时,可以使用一定剂量的缓凝剂,但缓凝剂的品种和具体数量应根据试验确定。

水泥稳定土需湿法养生,以满足水泥水化形成强度的需要。养生温度越高,强度增长得越快,因此,要保证水泥稳定土养生的温度和湿度条件。

12.4.3 材料要求及混合料组成设计

1. 材料要求

1) 土

凡能被粉碎的土都可用水泥稳定。宜做水泥稳定类基层的材料有:碎石、石屑、砂砾、碎石土、砾石土等。碎石或砾石的压碎值对于高速公路和一级公路应不大于30%,对二级和二级以下公路应不大于35%。

对于二级公路以下的一般公路:当用水泥稳定土做底基层时,颗粒最大粒径不应超过37.5 mm(指圆孔筛),对于高速公路和一级公路,颗粒最大粒径不应超过31.5 mm(指方孔筛)。土的颗粒组成应符合表12-8规定,同时土的均匀系数(土的均匀系数为通过量60%的筛孔尺寸与通过量10%的筛孔尺寸的比值)应大于5,细粒土的塑性指数不应超过9。

表12-8 水泥稳定土的颗粒组成

筛孔尺寸/mm	37.5	31.5	19	9.5	4.75	2.36	0.6	0.075	液限	塑限
通过百分率/%(基层)		100	90~100	60~80	29~49	15~32	6~20	0~5	<28	<9
通过百分率/%(底基层)	100	93~100	75~90	50~70	29~50	15~35	6~20	0~5	<28	<9

2) 水泥

普通硅酸盐水泥、矿渣硅酸盐水泥或火山灰质硅酸盐水泥都可以用于稳定土,但应选用终凝时间较长(宜6 h以上)的水泥。早强、快硬及受潮变质的水泥不应使用。宜采用强度等级较低的水泥,如32.5级或42.5级水泥。

3) 水

饮用的水,均可以应用。

2. 混合料组成设计

水泥稳定土混合料组成设计与石灰稳定土基本相同。

1) 强度和压实度标准

7天无侧限抗压强度和压实度应根据公路等级和所在路面结构中的层位确定,如表12-9所示。

表12-9 水泥稳定土混合料的强度及压实度标准

层 位	稳定类型	特重交通		重、中交通		轻 交 通	
		压实度/%	抗压强度/MPa	压实度/%	抗压强度/MPa	压实度/%	抗压强度/MPa
基层	集料	≥98	3.5~4.5	≥98	3~4	≥97	2.5~3.5
	细粒土	—	—	—	—	≥96	
底基层	集料	≥97	≥2.5	≥97	≥2.0	≥96	≥1.5
	细粒土	≥96		≥96		≥95	

2) 设计步骤

(1) 制备同一种土样、不同水泥剂量的混合料,一般按下列水泥剂量配制。

做基层用时:

中粒土和粗粒土:3%,4%,5%,6%,7%;

塑性指数小于12 的土:5%,7%,8%,9%,11%;

其他细粒土:8%,10%,12%,14%,16%。

做底基层时:

中粒土和粗粒土:3%,4%,5%,6%,7%;

塑性指数小于12 的土:4%,5%,6%,7%,8%;

其他细粒土:6%,8%,9%,10%,12%。

(2) 确定最佳含水率和最大干压实密度。

(3) 按最佳含水率和计算得到的干压实密度制试件,根据表12-9强度标准选定合适的水泥剂量。此剂量试件室内试验结果的平均抗压强度$\overline{R}$应符合式(12-2)的要求。

工地实际采用的水泥剂量应比室内试验确定剂量多0.5% ~ 1.0%。

12.4.4 水泥稳定粒料施工

1. 材料

1) 水泥

(1) 普通硅酸盐水泥、矿渣硅酸盐水泥或火山灰水泥都可以使用,但应选用终凝时间较长(宜在6 h 以上)的水泥。不宜用快硬水泥、早强水泥,禁用已受潮变质的水泥。

(2) 宜采用强度等级较低(如32.5 级或42.5 级)的水泥。

2) 集料

(1) 集料颗粒的尺寸及级配组成根据规定。

(2) 高速公路和一级公路集料的压碎值应不大于30%,二级公路和二级以下公路集料的压碎值应不大于35%。颗粒最大粒径高速公路和一级公路不大于31.5 mm(方孔筛),二级公路和二级以下公路不大于37.5 mm。同时要求集料的均匀系数不大于10(即通过量为60% 的筛孔尺寸与通过量为10% 的筛孔尺寸的比值)。

(3) 集料中0.6 mm 以下颗粒塑性指数应不大于12。

(4) 有机物含量超过2%,硫酸盐含量超过0.25% 的集料不宜使用。

2. 混合料设计

(1) 应根据指定的配比(包括最佳含水率和最大干密度),在水泥稳定碎石层施工前10 ~ 15 d 进行现场试配;按指定的水泥剂量为中档,另增上下浮动1% 的水泥剂量两个档次,采用同一种集料级配按《公路工程无机结合料稳定材料试验规程》(JTG E51—2009)规定的方法,对每种水泥剂量作为平行试验的试件数量应不少于9 个。如该组试验结果的偏差系数大于15% 时,则应重做试验,并找出原因,加以解释。

试件在规定温度下保湿养生6 d,浸水1 d 后,进行无侧限抗压强度试验,并计算试验结果的平均值和偏差系数(C_v)。

平均抗压强$\overline{R}$应满足下式要求:

$$\overline{R} \geq R_d/(1-1.645C_v) \quad (C_v \text{ 以小数计})$$

(2) 工地实际采用的水泥剂量应较室内试验确定的剂量多 0.5% ~ 1.0%。

3. 施工要求

1) 底基层准备

按底基层的有关检验标准进行复检，凡不合格的路段应进行整修，使其达到标准，底基层表面应平整、紧实、具有规定的路拱，没有任何松散和软弱地点。

2) 一般规定

(1) 水泥稳定碎石层施工期的最低气温在 5 ℃ 以上，并在第一次冰冻到来之前半个月到一个月完成。

(2) 水泥稳定碎石混合料从拌和到碾压之间的延续时间宜控制在 3 ~ 4 h。

(3) 确定每一作业段的合理长度时，必须综合考虑下列因素：

① 水泥的终凝时间；
② 施工季节和气候条件；
③ 延缓时间对混合料密度和抗压强度的影响；
④ 施工机械的效率和数量；
⑤ 操作的熟练程度；
⑥ 尽量减少接缝。

3) 拌和方法和摊铺

(1) 混合料应在中心拌和场拌和，可采用间歇式或连续式拌和设备。

(2) 所有拌和设备都应按比例（质量比或体积比）加料，配料要准确，其加料方法应便于监理工程师对每盘的配合比进行核实。

(3) 拌和要均匀，含水率要略大于最佳值，使混合料运到现场摊铺碾压时的含水率不小于最佳值。运距远时，运送混合料的车厢应加覆盖，以防水分损失过多。

(4) 用平地机或摊铺机按松铺厚度摊铺，但摊铺要均匀，如有粗细料离析现象，应以人工或机械补充拌匀。

4) 整形

对二级以下公路所用混合料，在摊铺后立即用平地机初步平和整形。在直线段，平地机由两侧向路中心进行刮平；在平面线段，平地机由内侧向外侧进行刮平。需要时再返回刮一遍。

5) 碾压

(1) 整形后，当混合料的含水率等于或大于最佳含水率时，立即用停振的振动压路机在全宽范围内先静压 1 ~ 2 遍，然后打开振动器均匀压实到规定的压实度。碾压时振动轮必须重叠。通常除路面的两侧应多压 2 ~ 3 遍以外，其余各部分碾压到的次数尽量相同。

(2) 严禁压路机在已完成的，或正在碾压的路段上"掉头"或紧急制动。

(3) 碾压过程中，水泥稳定碎石的表面应始终保持潮湿，如表层蒸发过快，应尽快洒少量的水。

(4) 碾压过程中，如有"弹簧"、松散、起皮等现象，应及时翻开重新拌和（如加少量的水泥）或其他方法处理，使其达到质量要求。

(5) 在碾压过程结束之前，用平地机再终平一次，使其纵向顺适，路拱和标高符合规定要求。终平时应仔细用路拱板校正,必须将高出部分刮除,并扫出路外。

6) 接缝处理

(1) 当天两工作段的衔接处,应搭接拌和,即先施工的前一段尾部留 5~8 m 不进行碾压,待第二段施工时,对前段留下未压部分要再加部分水泥重新拌和,并与第二段一起碾压。

(2) 应十分注意每天最后一段末端缝(工作缝)的处理,工作缝应成直线,而且上下垂直。经过摊铺整型的水泥稳定碎石当天应全部压实,不留尾巴。第二天铺筑时为了使已压成形的稳定边缘不致遭受破坏,应用方木(厚度与其压实后厚度相同)保护,碾压前将方木提出,用混合料回填并整平。

7) 养生及交通管制

(1) 每一段碾压完成后应立即开始养生,不得延误。

(2) 在整个养生期间都应使水泥稳定碎石层保持潮湿状态,养生结束后,必须将覆盖物清除干净。

(3) 在养生期间未采用覆盖措施的水泥稳定碎石层上,除洒水车外,应封闭交通。在采用覆盖措施的水泥稳定碎石层上不能封闭交通时,应限制重车通行,其他车辆车速不得超过 30 km/h。

(4) 水泥稳定碎石层上立即铺筑沥青面层时,不需太长的养生期,但应始终保持表面湿润,至少洒水养生 3 d。

8) 浇透层油

养生期满,验收合格后立即浇透层油。

12.5 工业废渣稳定基层

随着工业的发展,工业废渣逐渐增多,综合利用工业废渣引起了国内外的高度重视。近年来,我国利用工业废渣铺筑路面基层,取得显著成效,不但提高了路面使用品质,而且降低了工程造价,"变废为宝",具有很大的经济意义。

道路上常用的工业废渣有:火力发电厂的粉煤灰和煤渣,钢铁厂的高炉渣和钢渣,化肥厂的电石渣,以及煤矿的煤矸石等。粉煤灰和煤渣中含有较多的二氧化硅、氧化钙或氧化铝等活性物质。用石灰稳定工业废渣时,石灰在水的作用下形成饱和的 $Ca(OH)_2$ 溶液,废渣的活性氧化硅和氧化铝在 $Ca(OH)_2$ 溶液中产生火山灰反应,生成水化硅酸钙和铝酸钙凝胶,把颗粒胶凝在一起,随水化物不断产生而结晶硬化,具有水硬性。温度较高时,强度增长快,因此,石灰稳定工业废渣最好在热季施工,并加强保湿养生。

工业废渣材料主要用石灰与之综合稳定,即石灰工业废渣材料,主要有石灰粉煤灰类及石灰其他废渣类。

石灰稳定工业废渣基层具有水硬性,缓凝性,强度高,稳定性好,呈板体,且强度随龄期不断增加,抗水、抗冻、抗裂且收缩性小,适应各种气候环境和水文地质条件等特点。所以,近几年来,修筑高等级公路,常选用石灰稳定工业废渣做高级或次高级路面的基层或底基层。

12.5.1 对材料的要求

1. 石灰和水泥

工业废渣基层所用的结合料是石灰和水泥。石灰的质量宜符合Ⅲ级以上技术指标。普通硅酸盐水泥、矿渣硅酸盐水泥或火山灰质硅酸盐水泥都可以用于稳定土,但应选用终凝时间较长(宜 6 h 以上)的水泥。早强、快硬及受潮变质的水泥不应使用。宜采用强度等级较低的水泥,如 32.5 级或 42.5 级水泥。

2. 废渣材料

粉煤灰是火力发电厂燃烧煤粉产生的粉状灰渣,主要成分是二氧化硅(SiO_2)和三氧化二铝(Al_2O_3),其总含量一般要求超过 70%。粉煤灰的烧失量一般要小于 20%,如达不到上述要求,应通过试验后,才能采用。干粉煤灰和湿粉煤灰都可以应用。干粉煤灰堆放时应洒水以防飞扬。湿粉煤灰堆放时,含水率不宜超过 35%。粉煤灰比表面积宜大于 2 500 cm^2/g(或 70% 通过 0.075 mm 筛孔)。

3. 粒料(砾料)

高速公路和一级公路集料的压碎值应不大于 30%,二级公路和二级以下公路集料的压碎值应不大于 35%。颗粒最大粒径,高速公路和一级公路不大于 31.5 mm,二级公路和二级以下公路不大于 37.5 mm。

石灰工业废渣混合料中粒料质量宜占 80% 以上,并应有良好的级配;骨架密实型混合料应符合表 12-10 规定,悬浮密实型碎石混合料应符合表 12-11 规定,悬浮密实型砂砾混合料应符合表 12-12 规定。

表 12-10 骨架密实型混合料的级配范围

层位	通过下列方筛孔/mm 的质量百分率/%								
	31.5	26.5	19.0	9.50	4.75	2.36	1.18	0.6	0.075
基层	100	95~100	48~68	24~34	11~21	6~16	2~12	0~6	0~3

表 12-11 悬浮密实型碎石混合料的级配范围

层位	通过下列方筛孔/mm 的质量百分率/%								
	37.5	31.5	19.0	9.50	4.75	2.36	1.18	0.6	0.075
基层		100	88~98	55~75	30~50	16~36	10~25	4~18	0~5
底基层	100	94~100	79~92	51~72	30~50	16~36	10~25	4~18	0~5

表 12-12 悬浮密实型砂砾混合料的级配范围

层位	通过下列方筛孔/mm 的质量百分率/%								
	37.5	31.5	19.0	9.50	4.75	2.36	1.18	0.6	0.075
基层		100	85~98	55~75	39~59	27~47	17~35	10~25	0~10
底基层	100	85~100	65~89	50~72	35~55	25~45	17~35	10~27	0~15

12.5.2 混合料组成设计

石灰工业废渣混合料的组成设计内容包括:根据表 12-13 和表 12-14 的强度标准,通过试验选取适宜稳定的土,确定石灰(水泥)与粉煤灰或石灰(水泥)与煤渣的比例,确定石灰(水泥)粉煤灰或石灰(水泥)煤渣与土的比例(均为质量比),确定混合料的最佳含水率。

表 12-13　石灰粉煤灰混合料 7 d 无侧限抗压强度和压实度标准

层　位	稳定类型	特重、重、中交通		轻　交　通	
		压实度/%	抗压强度/MPa	压实度/%	抗压强度/MPa
基层	集料	≥98	≥0.8	≥97	≥0.6
	细粒土	—	—	≥96	
底基层	集料	≥97	≥0.6	≥96	≥0.5
	细粒土	≥96		≥95	

表 12-14　水泥粉煤灰混合料 7 d 无侧限抗压强度和压实度标准

层　位	类　别	特重、重、中交通		轻　交　通	
		压实度/%	抗压强度/MPa	压实度/%	抗压强度/MPa
基层	集料	≥98	1.5～3.5	≥97	1.2～1.5
底基层	集料	≥97	≥1.0	≥96	≥0.6

混合料的设计方法和步骤,可参照石灰稳定土进行。

12.5.3　石灰煤渣类基层

石灰煤渣(简称二渣)基层是用石灰和煤渣按一定配合比,加水拌和、摊铺、碾压、养生而成型的基层。二渣中如掺入一定量的粗集料便称三渣;掺入一定量的土,便成为石灰煤渣土。混合料的配合比,应满足表 12-13 规定的强度标准。各地可根据当地气候、水文地质条件,公路等级及实践经验参照如下配比选用:

采用石灰煤渣做基层或底基层时,石灰与煤渣的比可以是(20∶80)～(15∶85)。采用石灰煤渣土做基层或底基层时(土为细粒土),石灰与煤渣的比可用(1∶1)～(1∶4),但混合料的石灰不应小于 10%,石灰煤渣与土的比可用(1∶1)～(1∶4)。采用石灰煤渣粒料做基层或底基层时,石灰∶煤渣∶粒料可以是(7～9)∶(26～33)∶(58～67)。

为了提高石灰煤渣和石灰煤渣土的早期强度,可外加 1% 的水泥。

石灰煤渣、石灰煤渣土和三渣皆具有水硬性,物理力学性质基本上与石灰土相似,但其强度与水稳定性都比石灰土好。石灰煤渣的 28 d 强度可达 1.5～3.0 MPa,并随龄期而增长。初期强度增长慢,尚有一定的塑性,但达到一定龄期后,处于弹性工作状态,成板体,具有刚性,当冷缩和干缩时,易产生裂缝。研究表明,当采用石灰煤渣粒料时,抗缩裂能力有所改善。

施工程序和方法基本上与石灰土基层相同。但要加强养生,重视提高初期强度,防止早期重交通量下出现早期破坏现象。

12.5.4　石灰粉煤灰类基层

1. 基本概念

石灰粉煤灰(简称二灰)基层是用石灰和粉煤灰按一定配比,加水拌和、摊铺、碾压及养生而成型的基层。在二灰中掺入一定量的土,经加水拌和、摊铺、碾压及养生成型的基层,称二灰土基层。混合料的配比组成,各地可根据当地的实践经验可参照下面配比选用。

采用石灰粉煤灰土做基层或底基层时,石灰与粉煤灰的比,常用(1∶2)～(1∶4)(对于粉土,以1:2为合适)。石灰粉煤灰与细粒土的比为30:70。

采用石灰粉煤灰与级配的中粒土和粗粒土时,石灰与粉煤灰的比为(1:2)~(1:4),石灰粉煤灰与粒料的比常采用(20:80)~(15:85)。

根据最近研究提出,为了防止裂缝,采用石灰与粉煤灰的配比为(1:3)~(1:4),集料含量为80%~85%最佳,既可抗干缩又可抗温缩。不少地区在修筑高级或次高级路面时选用这种基层和底基层,既减少了因基层反射裂缝而引起的面层开裂问题,还减轻了沥青路面的车辙。

石灰粉煤灰类的基层施工,同石灰稳定土基层的施工。施工时,应尽量安排在温暖高温季节,以利于形成早期强度而成型。

2. 施工

1) 材料

(1) 石灰应符合规定。

(2) 粉煤灰。

① 要求粉煤灰的 $SiO_2 + Al_2O_3$ 含量大于70%,CaO含量在2%~6%,烧失量不大于20%,粒径变化在0.001~0.3 mm之间,其表面积一般在2 000~3 500 cm^2/g 之间。

② 干粉煤灰的堆放宜加水,以防飞扬;湿粉煤灰的含水量不宜超过35%。

③ 粉煤灰不应含有团块、腐殖质及有害杂质。使用时应将凝固的粉煤灰块打碎或过筛。

(3) 集料。不同规格的集料应分别堆放,严禁混堆。

集料的均匀系数应大于10(通过量为60%的筛孔尺寸与通过量为10%的筛孔尺寸的比值)。

集料的级配组成及二灰的掺量应满足要求。

(4) 混合料设计。

① 应按指定的配比(包括最佳含水率和最大干密度),在二灰碎石层施工前10~15 d进行现场试配,按照《公路工程无机结合料稳定材料试验规程》(JTG E51—2009)的规定进行试验,养生湿度为95%,温度为25℃±2℃,养生6 d后,第7 d饱水,试件尺寸:15 cm×15 cm(高×直径)的圆柱体。

② 建议把提供的二灰掺量作中档值(例如20%),按15%、20%、25%三档二灰掺量(碎石掺量分别为85%、80%、75%)试验制件,按《公路工程无机结合料稳定材料试验规程》(JTG E51—2009)的规定程序进行重型击实试验和强度试验。后者每组试验结果的偏差系数(C_v)大于10%时应重做试验。

经现场试验结果证明,提供的配比剂量和试验强度达不到规定要求(7 d饱水后的无侧限抗压强度不小于0.8 MPa)或施工工艺上有难度时,需经批准后方可予以调整。但二灰的掺量应大于15%。

2) 施工要求

(1) 底基层准备。

(2) 二灰碎石混合料应用拌和机械集中拌和,不得采用路拌;用摊铺机铺筑,防止水分蒸发和产生离析;碾压和整型的全部操作应在当天完成。

① 材料的拌和可用带旋转刀片的分批出料的拌和设备或是用转动鼓拌和机或连续拌和式设备。二灰和集料可按质量比,也可按体积比控制。

② 向各拌和设备内加水的比例可以按质量,也可按体积计量,要随时对每批材料或按连

续式拌和的材料流速进行用水量检查,所加的水量必须考虑二灰及集料的原有含水率。

③ 注意拌和机内是否有死角存在,如发现应及时纠正。

④ 混合料应在拌和以后尽快摊铺。

⑤ 各种成分的配比偏差应在下列范围之内:

集料:±2%,按质量比。

粉煤灰:±1.5%,按质量比。

石灰:±1.0%,按质量比。

水:±2%,按最佳含水率。

⑥ 摊铺:当二灰碎石层的铺筑厚度超过碾压有效厚度时,应分二层铺筑,在第一铺筑层经压实并压实度达到规定标准时,应立即铺筑第二层。

⑦ 压实:最好用振动压路机碾压。压实度应达到规定的要求。

⑧ 通过在 100~200 m 间隔内随机钻孔来检查铺筑层的厚度,全部试验也至少有 50% 等于或超过要求的厚度,且不允许有两个相邻孔相差在 ±10%。

⑨ 二灰碎石层表面的平整度容许偏差不超过 10 mm;高程的容许偏差为 0~10 mm;厚度的容许偏差为 0~10 mm。

(3) 养生与浇洒沥青透层。

① 二灰碎石碾压完成后的第 2 天或第 3 天开始养生,及时洒水,应始终保持表面湿润。养生期一般为 7 d。

② 养生期结束,应立即浇洒透层油。

12.6 半刚性路面面层简介

半刚性路面是介于柔性路面与刚性路面之间的特殊路面形式,它最早出现于法国。早在 1954 年,法国就研制成功了"灌水泥浆开级配沥青混凝土路面施工法",并在科涅克(Cognac)机场跑道上作为耐热用的道面进行了试验铺装。20 世纪 70 年代初,英国、美国、苏联等国,也相继对这一课题进行了研究。英国是在摊铺后的开级配沥青碎石路面空隙中灌入树脂—水泥灰浆,苏联则把水泥砂浆作为第二结合料加入沥青混凝土中进行了拌和压实,结果证明能提高混合料的温度稳定性。科威特的 H. R. Guirguis 的研究表明,用水泥处置后的集料铺筑的沥青路面的强度和稳定性大大提高,路面泛油和抗水性能也有相当大的改善。美国切夫隆研究公司的 R. J. Schmidt 和 L. E. Santucci 为提高乳化沥青的早期强度,在混合料中加入 1.3% 的波特兰水泥,结果发现,在空气中养生 1 d 后,材料的回弹模量比未加水泥的增加了大约 5 倍,养生 60 d 后,回弹模量仍比未加水泥的试件提高 2 倍。但掺加水泥后材料的疲劳性能有所降低。R. W. Head 对冷拌沥青混凝土的研究表明,当加入 1% 的水泥时,混合料的马歇尔稳定度能提高 2.5~3.0 倍。

半刚性路面于 1961 年传至日本,次年 2 月由日本道路公团在箱根新道上的立交枢纽部分铺筑了 1 000 m² 的试验性路面。此后,这种路面结构在日本逐渐被采用,并在 1978 年作为一种特殊的施工方法正式列入沥青路面施工规范。20 世纪 80 年代以来,在大孔隙率的开级配沥青混凝土中灌注水泥(砂)浆的半刚性路面在日本有了广泛的应用与发展,每年的施工面积已超过 20 万平方米,各大道路公司和研究所对半刚性路面都进行了试验研究,提出了这种特殊路面材料的力学性能与路面结构设计计算方法的研究论文,证实了该种材料提高了沥青混合料的高温稳定性、低温抗裂性,尤其是对抵抗永久性变形有较大程度的改善,特别适用于公共汽车站、停车场、收费站等车辙现象比较严重的场所。

由于半刚性路面是由水泥砂浆和乳化沥青(渣油)两种结合料组成的新型路面结构,因而在施工技术上与热拌沥青混凝土和乳化沥青混凝土有着不同的特殊要求,必须根据这种新型路面材料的特性,掌握其施工规律和方法,才能保证施工质量,取得预期效果。

在施工中应注意以下事项。

1. 拌和

半刚性路面材料有三道拌和工序,其顺序是水泥砂浆的拌制,水泥砂浆与矿料的拌和,以及水泥砂浆、乳化沥青(渣油)混合料的拌和。在这三次拌和中,水泥砂浆也可以用人工拌和,但必须保证质量要求。而最后一道拌和,则应选用强制式拌和机,因一般的自落式拌和机拌和能力差,出料慢,细料容易聚团或黏附在筒壁上,使得混合料的质量不均匀。

混合料的拌和应在乳液破乳前结束,否则将因乳液的破乳而失去施工的和易性。一般拌和时间在乳液加入后不超过 60 s。最佳拌和时间应根据施工现场使用的集料级配情况,拌和机械性能,施工时的气候等条件通过试拌和确定。

2. 摊铺

拌制的水泥砂浆、乳化渣油混合料最好用摊铺机摊铺,条件不允许时,也可用人工摊铺,但人工摊铺时不得扬锹甩料,以避免混合料的离散。整平时也不应过多地用刮板摊料,防止沥青膜的剥落。

摊铺混合料的虚方厚度,需通过试验求出压实系数,根据集料的级配情况及摊铺方式的不同,一般情况下压实系数为 1.2~1.5,具体的数值应根据现场施工条件,并通过铺筑试验路段确定。

3. 碾压

当混合料摊铺整齐后,可立即进行初压,为防止初期碾压出现波浪、推移现象,开始应用 6 t 左右的轻型压路机碾压 1~2 遍,使混合料初步稳定后,再用轮胎压路机碾压 1~2 遍,碾压时应匀速退进,不得在碾压段上路制动或启动,以免混合料发生局部拥包和搓板开裂。

当碾压时有黏轮现象时,可在碾轮上适当洒水。

当沥青(渣油)乳液开始破乳,混合料由褐色转为黑色时,用压路机复压,复压 2~3 遍后停止,待晾晒一段时间,水分蒸发后再压实。

因半刚性路面材料中含有水泥砂浆,所以在水泥砂浆终凝前,一般 5~8 h,用压路机再复压 1~2 遍。

4. 早期养护

由于乳化沥青路面的早期强度较低,稳定性差,尤其在低温或阴湿的情况下表现得更为明显,因此要注意早期养护。养护早期一般应断绝交通 2~6 h。在不断绝交通时,必须设专人指挥车辆慢速通过(不超过 20 km/h),并严禁兽力车和铁轮车在未稳定成型的路段上行驶,如发现路面有局部破坏应及时予以修补。

为使半刚性路面能均匀地压实,应采用适当的交通措施控制车辆的行驶,让车辆沿整个路面宽度分散行驶,通过车辆荷载的补充压实提高路面的整体强度。

目前,国内对半刚性路面材料的研究还处于起步阶段。20 世纪 70 年代末期沥青水泥砂浆曾被尝试作为渗漏建筑物的内粉刷材料用于人防工程中。直到 20 世纪 80 年代中期，国内有些单位将含高分子聚合物的特种水泥砂砾作为第二结合料掺加到普通沥青混合料中，使用拌和法和灌浆法两种工艺制成特殊路面材料进行各种物理力学试验，对不同温度条件下的力学性质进行比较，并初步探讨了该种路面材料的使用性能与强度形成理论。此外，湖北、四川等省的公路管理部门，也结合当地的实际，对这种材料进行了尝试和初步研究，并取得了一定的成果。

思考题

1. 碎(砾)石基层所包含的各种基层结构有哪些？
2. 无机结合料稳定类目前常用的基层有哪些？
3. 石灰稳定类基层的强度形成原理及影响强度的因素是什么？
4. 水泥稳定类基层的强度形成原理及影响强度的因素是什么？
5. 如何进行石灰稳定土混合料和水泥稳定土混合料的设计？
6. 石灰稳定土底基层的施工步骤有哪些？
7. 石灰工业废渣稳定类基层的概念是什么？对材料有哪些要求？
8. 半刚性路面的概念是什么？

第13章 沥青路面

提要 沥青路面是我国高等级路面的主要形式。由于沥青路面采用沥青作结合料,因此路面的强度和耐久性得到提高。

本章主要介绍沥青路面的基本特性、分类和沥青路面类型的选择,沥青路面材料的力学特性与温度稳定性,对沥青路面材料的要求,沥青路面的施工及质量控制等。

13.1 概述

13.1.1 沥青路面的基本特性

沥青路面是用沥青材料做结合料黏结矿料修筑面层与各类基层和垫层所组成的路面结构。

由于沥青路面使用沥青作结合料,因而增强了矿料间的黏结力,提高了混合料的强度和稳定性,使路面的使用质量和耐久性都得到提高。与水泥混凝土路面相比,沥青路面具有表面平整、无接缝、行车舒适、耐磨、振动小、噪声低、施工期短、养护维修简便、适宜于分期修建等优点,因而获得越来越广泛的应用。20世纪50年代以来,各国修建沥青路面的数量迅猛增长,所占比重很大。我国的公路和城市道路近20年来使用沥青材料修筑了相当数量的沥青路面。我国高速公路主要采用沥青路面。随着国民经济和现代化道路交通运输的需要,沥青路面必将有更大的发展。

沥青路面属柔性路面,其强度与稳定性在很大程度上取决于土基和基层的特性。沥青路面的抗弯强度较低,因而要求路面的基础应具有足够的强度和稳定性,所以,在施工时必须掌握路基土的特性进行充分的压实。对软弱土基或翻浆路段,必须预先加以处理。在低温时,沥青路面的抗变形能力很低,在寒冷地区为了防止土基不均匀冻胀而使沥青路面开裂,需设置防冻层。沥青面层修筑后,由于它的透水性小,从而使土基和基层内的水分难以排出,在潮湿路段易发生土基和基层变软,导致路面破坏。因此,必须提高基层的水稳性,尽可能采用结合料处治的整体性基层。对交通量较大的路段,为使沥青路面具有一定的抗弯拉和抗疲劳开裂的能力,宜在沥青面层下设置沥青混合料的联结层。采用较薄的沥青面层时,特别是在旧路面上加铺面层时,要采取措施加强面层与基层之间的黏结,以防止水平力作用而引起沥青面层的剥落、推挤、拥包等破坏。

13.1.2 沥青路面的分类

1. 按强度构成原理分类

按强度构成原理,可将沥青路面分为密实型和嵌挤型两大类。

(1)密实型。沥青路面要求矿料的级配按最大密实原则设计,其强度和稳定性主要取决于混合料的黏聚力和内摩阻力。密实型沥青路面按其孔隙率的大小可分为闭式和开式两种：闭式混合料中含有较多的小于 0.5 mm 和 0.075 mm 的矿料颗粒，孔隙率小于 6%，混合料致密而耐久，但热稳定性较差；开式混合料中小于 0.5 mm 的矿料颗粒含量较少，孔隙率大于 6%，其热稳定性较好。

（2）嵌挤型。沥青路面要求采用颗粒尺寸较为均一的矿料，路面的强度和稳定性主要靠集料颗粒之间相互嵌挤所产生的内摩阻力，而黏结力则起着次要的作用。按嵌挤原则修筑的沥青路面，其热稳定性较好，但因孔隙率较大、易渗水，因而耐久性较差。

2. 按施工工艺分类

按施工工艺的不同，沥青路面可分为层铺法、路拌法和厂拌法三类。

（1）层铺法。是用分层洒布沥青、分层铺撒矿料和碾压的方法修筑，其主要优点是工艺和设备简单、功效较高、施工进度快、造价较低，其缺点是路面成型期较长，需要经过炎热季节行车碾压之后路面方能成型。用这种方法修筑的沥青路面有沥青表面处治和沥青贯入式两种。

（2）路拌法。是在路上用机械将矿料和沥青材料就地拌和摊铺与碾压密实而成的沥青面层。此类面层所用的矿料为碎（砾）石者称为路拌沥青碎（砾）石；所用的矿料为土者则称为路拌沥青稳定土。路拌沥青面层通过就地拌和，沥青材料在矿料中分布比层铺法均匀，或以缩短路面的成型期。但因所用的矿料为冷料，需使用黏稠度较低的沥青材料，故混合料的强度较低。

（3）厂拌法。是将规定级配的矿料和沥青材料在工厂用专用设备加热拌和，然后送到工地摊铺碾压而成的沥青路面。矿料中细颗粒含量少，不含或含少量矿粉，混合料为开级配的（空隙率达 10%~15%）称为厂拌沥青碎石；若矿料中含有矿粉，混合料是按最佳密实级配配制的（空隙率 10% 以下）称为沥青混凝土。厂拌法按混合料铺筑时温度的不同，又可分为热拌热铺和热拌冷铺两种：热拌热铺是混合料在专用设备加热拌和后立即趁热运到路上摊铺压实。如果混合料加热拌和后储存一段时间再在常温下运到路上摊铺压实，即为热拌冷铺。厂拌法使用较黏稠的沥青材料，且矿料经过精选，因而混合料质量高，使用寿命长，但修建费用也较高。

3. 按沥青路面的技术特性分类

根据沥青路面的技术特性，沥青面层可分为沥青混凝土、热拌沥青碎石、乳化沥青碎石混合料、沥青贯入式、沥青表面处置 5 种类型。此外，沥青玛蹄脂碎石近年在许多国家也得到广泛应用。

（1）沥青表面处治路面。是指用沥青和集料按层铺法或拌和法铺筑而成的厚度不超过 3 cm 的沥青路面。沥青表面处置的厚度一般为 1.5~3.0 cm。层铺法可分为单层、双层、三层。单层表处厚度为 1.0~1.5 cm，双层表处厚度为 1.5~2.5 cm，三层表处厚度为 2.5~3.0 cm。沥青表面处置适用于三级、四级公路的面层、旧沥青面层上加铺罩面或抗滑层、磨耗层等。

（2）沥青贯入式路面。是指用沥青贯入碎（砾）石做面层的路面。沥青贯入式路面的厚度一般为 4~8 cm。当沥青贯入式的上部加铺拌和的沥青混合料时，也称为上拌下贯，此时拌和层的厚度宜为 3~4 cm，其总厚度为 7~10 cm。沥青贯入式碎石路面适用于做二级及二级以下公路的沥青层。

（3）沥青碎石路面。是指用沥青碎石做面层的路面，沥青碎石的配合比设计应根据实践经验和马歇尔实验的结果，并通过施工前的试拌和试铺确定。沥青碎石有时也用作联结层。

（4）沥青混凝土路面。是指用沥青混凝土做面层的路面，其面层可由单层或双层或三层沥青混合料组成，各层混合料的组成设计应根据其层厚和层位、气温和降雨量等气候条件、交通量和交通组成等因素确定,以满足对沥青面层使用功能的要求。沥青混凝土常用作高等级公路的面层。

(5) 乳化沥青碎石混合料。适用于做三级、四级公路的沥青面层、二级公路养护罩面以及各级公路的调平层。国外也用作柔性基层。

(6) 沥青玛蹄脂碎石路面。是指用沥青玛蹄脂碎石混合料做面层或抗滑层的路面。沥青玛蹄脂碎石混合料(简称 SMA)是以间断级配为骨架,用改性沥青、矿粉及木质纤维素组成的沥青玛蹄脂为结合料,经拌和、摊铺、压实而形成的一种构造深度较大的抗滑面层。它具有抗滑耐磨、孔隙率小、抗疲劳、高温抗车辙、低温抗开裂的优点,是一种全面提高密级配沥青混凝土使用质量的新材料,适用于高速公路、一级公路和其他重要公路的表面层。

(7) 排水性沥青混凝土(简称 PAC)和开级配沥青混合料磨耗层(简称 OGFC)。具有较强的结构排水能力,适用于多雨地区修筑沥青路面的表面层或磨耗层。

13.1.3 沥青路面类型的选择

采用不同的施工工艺和材料可以修筑成不同类型的沥青路面。因此,必须根据路面的使用要求和施工的具体条件,按照技术经济原则来综合考虑,选定最适当的路面类型。

选择沥青路面的类型,一方面要根据任务要求(如道路的等级、交通量、使用年限、修建费用等)和工程特点(如施工季节、施工期限、基层状况等),另一方面还应考虑材料供应情况、施工机具、劳力和施工技术条件等因素,可参照表 13-1 选定。

从施工季节来讲,沥青路面一般都要求在温暖干燥的气候条件下施工,所用沥青材料在施工时具有较大的流动性,便于路面摊铺和压实成型。热拌热铺类的沥青碎石或沥青混凝土面层,气候对其影响较小,仅要求在晴朗天气和气温不低于 5 ℃时施工。若施工气温较低,则应选用热拌冷铺法施工较为适宜。

沥青路面一般不宜铺筑在纵坡大于 6% 的路段上。纵坡大于 3% 的路段,考虑抗滑的要求,宜采用粗粒式的沥青碎石或粗粒式的沥青表面处治。

表 13-1 路面类型的选择

公路等级	面层类型	设计年限/年	设计年限内累计标准轴次/(万次/车道)
高速、一级	沥青混凝土沥青玛蹄脂碎石	15	>400
二级	沥青混凝土	12	<200
	热拌沥青碎石混合料、沥青贯入式	10	100~200
三级	乳化沥青碎石混合料、沥青表面处治	8	10~100
四级	水结碎石、泥结碎石、级配碎(砾)石、半整齐石块路面	5	≤10
	粒料改善土	5	

13.1.4 沥青路面对路基及基层的要求

沥青路面属柔性路面,其力学强度和稳定性在很大程度上取决于土基与基层的特性。

1. 沥青路面对路基的要求

对路基的基本要求，最重要的有以下两点。

（1）路基要有尽可能高的强度。路基强度的高低不仅对整个路面的厚度有很大影响，而且直接影响到路面结构层材料的选择，软弱土基还可能直接导致路面变形和破坏。

（2）路基要有尽可能高的稳定性。路基在使用过程中，保持其强度和不发生明显变形对路面使用质量以及使用期限有很大影响。

为了保证路基的强度和稳定性，首先要尽可能减少或防止自由水进入路基。其次是分层填筑路堤，按重型压实标准加强路基压实，特别是增加路基上部的压实度，是提高路基强度和稳定性的既经济又有效的措施。

2. 沥青路面对基层的要求

（1）具有足够的强度和适宜的刚度。基层是沥青路面的承重层，在预期行车荷载的反复作用下，不会产生超过允许的残余变形，更不允许产生剪切破坏（粒料基层）和弯拉破坏（半刚性基层）。特别是在重交通道路上，只有具有必需强度的材料才能作为基层使用。在沥青面层下，应优先选用强度大、承载能力高的半刚性基层，以适应较薄的沥青面层，或适当减薄沥青面层。

在重交通道路、一级公路和高速公路上，基层材料还应该有高的抗疲劳破坏的能力。

（2）具有良好的稳定性。沥青面层，特别是沥青表面处治、沥青贯入式和路拌沥青碎石路面，在使用初期透水性一般较大。雨季表面水有可能透过沥青面层而进入基层或底基层。表面水也有可能从两侧路肩或路面与路肩的结合处渗入路面结构层中。如沥青面层上产生了裂缝，表面水将从裂缝渗入路面结构层中。而水分要从路面结构层和土基中蒸发出来却比渗透进去困难得多。进入路面结构层的水能使细料含量较多且塑性指数较大的基层材料强度大大降低。因此，必须采用水稳定性良好的材料作为沥青路面基层。在潮湿多雨地区以及在土基湿度可能受地下水影响的地段，尤须重视。

在寒冷地区及季冻地区基层还应具有一定的抗冻性和较好的抗低温开裂的性能。

（3）表面必须平整、密实，拱度与面层一致。薄沥青面层的平整度、拱度取决于基层的平整度和拱度。用沥青面层来调整基层的平整度和拱度是不经济、不合理的。因此，保持基层的平整度、拱度是保持薄沥青面层的厚度均匀一致以及面层表面的平整度和拱度的先决条件。

（4）与面层结合良好。基层与面层结合良好，可减少面层底部的拉应力和拉应变，以防止薄沥青面层发生滑动、推移等破坏。为此，基层表面应该稳定并且具有一定的粗糙度，表面还应该结构均匀，无松散颗粒。在铺筑沥青面层前，表面还应该干燥无尘。为使面层与基层结合良好，尚可采取设置联结层或浇洒黏层沥青等措施。

（5）有较小的干燥收缩温度收缩变形，以减少反射裂缝。

13.2 沥青路面材料的结构与力学特性

沥青路面面层的铺筑材料为沥青混合料。它是由沥青胶结料、石质集料和矿粉按比例在一定温度下经拌和、压实而形成的一种材料。与其他均质材料和水硬性胶结材料相比，沥青混合料的结构相对比较松散，并具有明显的颗粒性特征，因此它具有独特的结构与力学特性。

13.2.1 三相体系与压实性能

沥青混合料是一种具有空间网络结构的多相体系,从宏观上看,它是集料、沥青和空气所组成的三相体系,如图 13-1 所示。

图 13-1 沥青混合料的三相体系

在图 13-1 中,V_a 为视体积,V_c 为真体积,$\gamma_a = (P_e + P_g)/V_a$ 为视密度,$\gamma_c = (P_e + P_g)/V_c$ 为真密度。根据土力学三相体系理论,对沥青混合料定义如下一些量纲一的参数:

$$孔隙比 \quad e = \frac{V_{ve}}{V_g}$$

$$空隙率 \quad n = \frac{V_{ve}}{V_a} \times 100\%$$

$$剩余空隙率 \quad n' = \frac{V_v}{V_a} \times 100\%$$

$$沥青饱和度 \quad S_r = \frac{V_e}{V_{ve}} \times 100\%$$

$$压实度 \quad K = \frac{\gamma_a}{\gamma_c} \times 100\%$$

$$油石比 \quad a = \frac{P_e}{P_g} \times 100\%$$

$$沥青用量 \quad b = \frac{P_e}{P_g + P_e} \times 100\%$$

上述量纲一的参数通过数学表达式的转换,可以得到如下一些主要关系式:

$$n = \frac{e}{1+e} \times 100\%$$

$$b = \frac{a}{1+a} \times 100\%$$

$$n' = \frac{1-S_r}{1+e} e \times 100\%$$

$$S_r = \frac{(\gamma_g/\gamma_1) a}{e}$$

$$K = \frac{1+eS_r}{1+e} = \frac{1+a(\gamma_g/\gamma_1)}{1+e} = 100 - n'$$

式中:γ_g——集料整体的真密度(P_g/V_g);

γ_1——沥青的密度(P_e/V_e)。

孔隙比 e、空隙率 n、剩余空隙率 n'、沥青饱和度 S_r、压实度 K，均可以用作表征沥青混合料压实程度的指标。沥青混合料必须经过拌和、摊铺、碾压才能形成一种结构，具有一定的强度。尤其是碾压，对混合料的强度起着至关重要的作用。

众所周知，沥青混合料密实程度的大小直接影响到材料的强度，如抗压强度或抗拉强度。在相同条件下，密实程度好的材料具有较高的强度；反之，则较低。由于沥青混合料又是一种黏性极为显著的材料，因而从一般意义上来说，影响其压实可行性能的主要因素有：压实温度、压实速度、压实应力、沥青用量等。

在给定集料级配及沥青用量的情况下，沥青混合料的压实程度是有限制的，有时即使有较大的压实应力也达不到某一压实程度。如图13-2所示，在保证集料不被压碎，不改变级配的前提下，压实度 K 与油石比 a 的坐标中，沥青混合料的压实效应可分为三个区域，即可压实域、困难压实域、不可压实域。三者的分界线为孔隙比 $e_{\min}=0.19$ 和 $e_{\mathrm{dif}}=0.22$。这两个分界线的数值随着混合料级配的不同而不同。

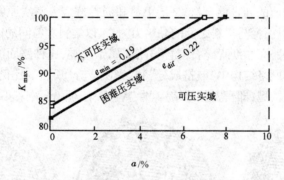

图13-2 沥青混合料的压实可行性区域

根据压实度的定义，实际施工时的视密度 γ_a 可以通过钻孔取芯在试验室内实测，而真密度 γ_c 则可以通过各组成材料的配合比用量及密度，按下式算得：

$$\gamma_c = \frac{100+a}{\sum\limits_{i=1}^{m} P_i/\gamma_i}$$

则

$$K = \frac{\gamma_a}{\gamma_c}$$

例如，实测 $\gamma_a = 2.364 \text{ g/cm}^3$，各组成材料的配合比用量及密度见表13-2。

表13-2 沥青混合料配合比组成与材料密度

材料	沥青	石粉	0/2粒料	2/4粒料	4/6粒料
密度/(g/cm³)	1.03	2.70	2.82	2.84	2.85
用量/%	7.3	4.3	56.4	16.3	23.0

$$\gamma_c = \frac{100+7.3}{7.3/1.03 + 4.3/2.7 + 56.4/2.82 + 16.3/2.84 + 23.0/2.85} = 2.525 \text{ g/cm}^3$$

$$K = \frac{2.364}{2.525} = 93.6\%$$

13.2.2 沥青混合料的结构力学特性

压实成型的沥青混合料是由石质集料、沥青胶结料和残余空隙所组成的一种具有空间网络的多相体系,其材料属性为颗粒性材料。颗粒性材料的强度构成起源于内摩阻力和黏结力。对于沥青混合料,它的力学强度主要取决于集料颗粒间的摩擦力和嵌挤力、沥青胶结料的黏结性以及沥青与集料之间的黏附性等。不同级配组成的沥青混合料,具有不同的空间结构类型,也就具有不同的内摩阻力和黏结力。因此,沥青混合料的结构组成对其强度构成有举足轻重的作用。

按沥青混合料强度构成原则的不同,其结构可分为按嵌挤原理构成的结构和按密实级配原理构成的结构两大类。按嵌挤原理构成的沥青混合料,要求采用较粗的、颗粒尺寸较均匀的集料,沥青在混合料中起填隙作用,并把集料黏结成为一个整体。这种材料的结构强度主要依赖于集料颗粒之间相互嵌挤所产生的内摩阻力,而对沥青的黏结作用依赖性不大,沥青贯入式路面、沥青表面处治以及沥青碎石路面均属此类结构。这些路面的性能受温度的影响相对较小。

按密实级配原理构成的沥青混合料,是指集料和沥青按最大密实原则进行配合而形成的一种材料,其结构强度是以沥青与集料之间的黏结力为主、以集料颗粒间的嵌挤力和内摩阻力为辅而构成的。沥青混凝土路面和沥青碎石混合料路面属于此类,这种路面的性能受温度的影响相对较大。按这种混合料网络结构中"嵌挤成分"和"密实成分"所占的比例不同,沥青混合料的组成结构形态有三种典型类型,即密实悬浮结构、骨架空隙结构和密实骨架结构,如图13-3所示。

(a) 密实悬浮结构　　　(b) 骨架空隙结构　　　(c) 密实骨架结构

图13-3　沥青混合料的典型组成结构

1. 密实悬浮结构

这种结构形态的沥青混合料,通常采用连续型密级配、集料的颗粒尺寸由大到小连续存在。这种材料中含有大量细料,而粗料数量较少,且相互间没有接触,不能形成骨架,粗颗粒犹如"悬浮"于细颗粒之中。这种沥青混合料表现为黏结力较高,而内摩阻力较小。用这种沥青混合料修筑的路面,由于受沥青材料性质的影响较大,故它的稳定性较差。

2. 骨架空隙结构

采用连续开级配的沥青混合料属于这一结构类型。在这种沥青混合料中,粗集料较多,而细料数量较少,因此,虽然能够形成骨架,但其残余空隙较大。这种材料的内摩阻力较大,而黏结力较小。由此而修筑的沥青路面,受沥青性质的影响较小,因而其稳定性较好。

3. 密实骨架结构

它是综合以上两种类型组成的结构。混合料既有一定数量的粗集料形成骨架,又根据残余空隙的多少加入细料,从而形成较高的密实度。这种沥青混合料同时具有较高的黏结力和内摩阻力。间断级配即是按此原理构成的。

根据沥青混合料的颗粒性特征,沥青混合料的强度构成来源于两个方面:

① 由于沥青的存在而产生的黏结力。

② 由于集料的存在而产生的内摩阻力。

目前,研究沥青混合料强度构成特性,普遍采用摩尔 – 库仑(Mohr-Coulomb)理论作为分析沥青混合料的强度理论,并引进两个强度参数——黏结力 c 和内摩阻角 φ 作为强度理论的分析指标。

对于组成沥青混合料的两种原始材料——沥青和集料,通过试验研究和强度理论分析,可以认为:纯沥青材料的 $c\neq 0$ 而 $\varphi=0$;干燥集料的 $c=0$ 而 $\varphi\neq 0$。但由此形成的沥青混合料,其 $c\neq 0$ 且 $\varphi\neq 0$,沥青混合料在参数 c、φ 值的确定上需要把理论准则与试验结果结合起来。理论准则采用摩尔 – 库仑理论,而试验结果则可通过三轴试验、简单拉压试验或直剪试验获得。

1) 三轴试验

对于三轴试验,由图 13-4 可得其摩尔 – 库仑的理论表达式为:

$$\sigma_1 = \frac{1+\sin\varphi}{1-\sin\varphi}\sigma_3 + 2c\frac{\cos\varphi}{1-\sin\varphi} \tag{13-1}$$

显然,在一定的力学加载条件下,如果材料是给定的,那么内在参数 c、φ 值应为常数,σ_1 与 σ_3 之间便具有线性关系。同时,众多试验研究结果也表明,在给定试验条件下,σ_1 和 σ_3 之间具有如下形式的线性关系(图 13-5):

$$\sigma_1 = k\sigma_3 + b \tag{13-2}$$

式中:k 与 b 均大于零。

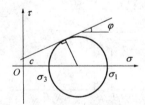
图 13-4 Mohr-Coulomb 平面

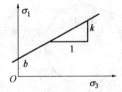
图 13-5 σ_1 与 σ_3 之间的试验关系

将式(13-1)与式(13-2)对等,则可得到参数 c、φ 值的计算公式:

$$\left.\begin{array}{l}\sin\varphi = \dfrac{k-1}{k+1}\\[2mm] c = \dfrac{b}{2}\times\dfrac{1-\sin\varphi}{\cos\varphi} = \dfrac{b}{2\sqrt{k}}\end{array}\right\} \tag{13-3}$$

2) 简单拉压试验

沥青混合料的 c、φ 值一般可通过三轴试验直接获得,也可通过测定无侧限抗压强度 R 和抗拉强度 r 予以换算。其换算关系可通过式(13-1)推导获得,也可以直接利用摩尔圆求得(见图 13-6)。

当无侧限抗压时,相当于 $\sigma_3=0$ 及 $\sigma_1=R$,代入式(13-1)得

$$R = \sigma_1 = \frac{2c\cos\varphi}{1-\sin\varphi} = 2c \cdot \tan\left(\frac{\pi}{4} + \frac{\varphi}{2}\right) \tag{13-4}$$

当抗拉时,相当于 $\sigma_1 = 0$ 及 $-\sigma_3 = r$,代入式(13-1)得

$$r = -\sigma_3 = \frac{2c\cos\varphi}{1+\sin\varphi} = 2c \cdot \cot\left(\frac{\pi}{4} + \frac{\varphi}{2}\right) \tag{13-5}$$

联立解式(13-4)及式(13-5)得

$$\left.\begin{array}{l} c = \dfrac{1}{2}\sqrt{Rr} \\ \sin\varphi = \dfrac{R-r}{R+r} \end{array}\right\} \tag{13-6}$$

简单拉压试验确定沥青混合料的参数 c、φ 值,是以一项基本假定为前提的,即在试验变量(材料组成变量、力学激励变量)相同的条件下,假定沥青混合料在压缩和拉伸两种加载方式下的参数值是相同的。

这种试验方法相对于三轴试验来说,在操作上要容易得多,且在一般试验机上均可以实施,易于推广应用。但其试验结果的准确性依赖于试验技术的完善与提高,特别是拉伸试验。

3) 直剪试验

参数 c、φ 值的确定,还可以通过沥青混合料的直剪试验来实现。这种试验方法与土的直剪试验非常类似,主要是通过测定不同正压力水平 σ_i 下的抗剪强度 τ_{fi},在 τ-σ 坐标系中绘制库仑直线,从而获得材料的 c、φ 值,如图13-7所示。

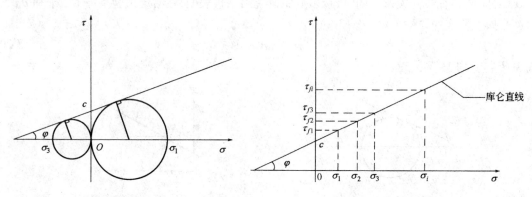

图13-6 简单拉压试验中的摩尔圆   图13-7 直剪试验曲线

沥青混合料的直剪试验相对于三轴试验、简单拉压试验,在 c、φ 值的原理上更为直观明了,但在操作上可能不容易实现,究竟何种方法最为有效,还有待于进一步探讨。

由于沥青混合料材料的颗粒性及黏弹性性质,影响沥青混合料参数的因素多种多样,有沥青品质与用量、集料性质与级配、压实度、试验温度、加载速度等。通过对材料的结构组成及强度机理的分析,有助于合理地进行沥青路面的材料组成设计和路面结构组合设计,有效地控制沥青路面的施工质量以确保沥青路面良好的使用品质。

13.2.3 沥青混合料的黏弹性性质与力学模型

一般认为,沥青混合料是一种典型的弹、黏、塑性综合体,在低温小变形范围内接近线弹性体,在高温大变形活动范围内表现为黏塑性体,而在通常温度的过渡范围内则为一般黏弹性体。

从普遍意义上来说,所有的沥青混合料均为非弹性体,且在其实际工作范围内主要表现为黏弹性体。材料的非弹性主要表现在它的变形在卸载后的不可恢复性,即塑性和黏性变形,以及其应力－应变关系的曲线特性。

1. 黏弹性材料的基本性质

（1）应力－应变关系的曲线性及其不可逆性。这类材料不像金属材料具有明显的屈服点(弹性极限)。

（2）对加载速度(时间效应)和试验温度(温度效应)的依赖性,并服从时间温度换算法则。

（3）具有十分明显的蠕变与应力松弛特性。

（4）对于线黏弹性材料,则服从 Boltzmann 线性叠加原理和复数模量(complex modulus)原理。

在常温下通过加、卸载及反向加载后的典型曲线如图 13-8 所示。

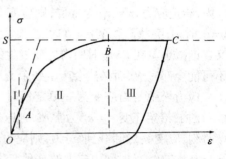

图 13-8　常温下沥青混合料的应力－应变曲线

任意一点的切线模量定义为 $E(t) = d\sigma(t)/d\varepsilon(t)$,是时间 t 的函数。通过对切线模量的分析可以发现,黏弹性材料的 σ-ε 曲线具有以下三个区域:I——弹性区域,在加荷初期的极短时间内,应变值较小($\varepsilon < 10^{-4}$),切线模量 $E(t)$ 为常数,应力－应变具有线性比例关系,材料基本上处于弹性工作状态,如图中 OA 段;II——黏弹性区域,随着加载时间的增长,切线模量不再为常数,而是逐渐变小,且减小的速度逐渐加快,σ-ε 具有曲线特征,如图中 AB 段;III——黏塑性区域,当加载时间继续延长超过图中 B 点后,应力不再增加,此时切线模量 $E(t) = 0$,σ-ε 曲线呈水平直线,如图中 BC 段,材料发生塑性流动,且应力极限值与加载速度有关,在 C 点卸载后会产生较大的永久变形,材料表现为一种塑性性质。

黏弹性材料的力学特性对时间与温度的依赖性具有如图 13-9 所示的关系,当试验温度一定时,给定不同的加载条件 $\varepsilon(t) = \alpha_i t$,达到相同的应变水平时,其响应表现为应力随加载速度的加快或加载时间的缩短而增大。当加载速度一定时,给定不同的试验温度,则相同时间内达到同样的应变水平时,黏弹性材料响应的应力水平随温度的升高而降低。事实上,试验温度的升高相当于慢速加载,加载时间的延长,黏弹性材料的这种特性称为时间温度换算法则。

2. 蠕变与松弛特性

蠕变与松弛是在恒载下应变与应力随时间变化的现象,是研究材料黏弹性行为最基本的方法。对于弹性材料,在一定的加载作用下,响应

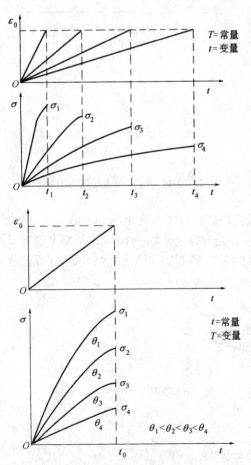

图 13-9　时间与温度对黏弹性材料的响应的影响

也为一定值,且为单值函数,不随时间而变化。只有黏弹性材料,在恒定的应变或应力作用下,对应的应力或应变随时间而变化。

蠕变是当应力为一恒定值时,应变随时间逐渐增加的现象。如图 13-10 所示,在时间 $t_0 \sim t_1$ 内,给定应力 $\sigma = \sigma_0$ 为常数,则应变会发生从 A 到 B 增大的变化,即为应变蠕变阶段;当在 $t = t_1$ 时刻,突然卸载至 $\sigma = 0$ 时,应变发生瞬时回弹从 B 变化到 C,然后在 $t > t_1$ 时间里,应变又逐渐减小。在 $t > t_1$ 时间内应变发生的变化称为应变恢复(回弹)。蠕变结束后的应变恢复不可能全部完成,而必然会产生残余变形 ε_e。

应力松弛是当应变为一恒定值时,应力随时间而衰减的过程,如图 13-11 所示。在时间 $t_0 \sim t_1$ 内,给定应变 $\varepsilon = \varepsilon_0$ 为常数,则应力会发生从 A 到 B 的衰减变化,称为应力松弛。当 $t = t_1$ 时刻,应变突然卸载到 $\varepsilon = 0$,则应力瞬时变化到 C,然后在 $t > t_1$ 时间内,应力逐渐减小至 $\sigma \to 0$。在 $t > t_1$ 时间内应力的这种变化,称为应力消除。

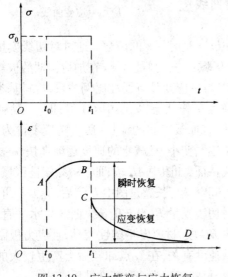

图 13-10　应力蠕变与应力恢复

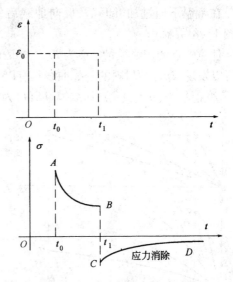

图 13-11　应力松弛与应力消除

研究表明,对于沥青混合料,材料的应力松弛服从幂指数衰减函数,即 $\sigma(t) = \alpha e^{-\frac{\varepsilon}{\eta}t}$;而应变蠕变的变化规律按蠕变现象可以分为蠕变迁移、蠕变稳定和蠕变破坏三个阶段;按蠕变速度又可分为瞬时蠕变、等速蠕变和加速蠕变三个阶段(图 13-12)。蠕变稳定或等速蠕变的 $\varepsilon(t)$ 函数为一直线,该过程占蠕变总过程的主要部分,这个阶段可用直线函数 $\varepsilon(t) = at + b$ 来表示。

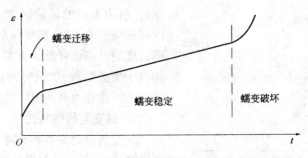

图 13-12　沥青混合料蠕变规律

3. 基本流变模型

根据流变学的模型理论,认为弹、黏、塑性是认识材料力学特性的最基本单元,这些基本单元用一定的力学模型及本构关系来表达,即称为力学元件。力学元件通过并联和串联组合,形成更为复杂的组合模型,从而最大限度地反映材料真实的力学特性。最简单的力学元件即为线性元件,其基本特性如表13-3所示。

表13-3 流变模型中的力学元件及其特性

力学元件	模型图示	本构关系	基本特性
弹性元件	用弹簧表示	胡克定律 $\sigma = E\varepsilon$	(1) 可恢复性 (2) 瞬时性 (3) 对加载速度的独立性
黏性元件	用黏壶表示	牛顿定律 $\sigma = \eta\dot{\varepsilon}$	(1) 可恢复性 (2) 时间延迟性 (3) 对加载速度的依赖性
塑性元件	用滑块表示	应力极限 s $\|\sigma\| < s$ 时,$\varepsilon = 0$ $\|\sigma\| \geq s$ 时,$\varepsilon = \infty$	(1) 不可恢复性 (2) 瞬时性 (3) 对加载速度的独立性

上述力学元件,通过若干个串联与并联组合,形成新的力学模型。并串联元件中的应力应变分配情况即为并串联特性:当元件为串联时,总应力等于各个分应力,总应变等于各个分应变之和,即 $\sigma = \sigma_i$,$\varepsilon = \sum \varepsilon_i$;当元件为并联时,总应力等于各个分应力之和,总应变等于各个分应变。即 $\sigma = \sum \sigma_i$,$\varepsilon = \varepsilon_i$。常用的简单组合模型如下。

1) 麦克斯韦(Maxwell)模型

由一个弹性元件(弹簧)和一个黏性元件(黏壶)串联组成,如图13-13(a)所示。

麦克斯韦模型的本构关系为:

$$\dot{\varepsilon} = \frac{\dot{\sigma}}{E} + \frac{\sigma}{\eta} \tag{13-7}$$

2) 开尔文(Kelvin)模型

由一个弹簧和一个黏壶并联组成,如图13-13(b)所示。

开尔文模型的本构关系式为:

$$\sigma = E\varepsilon + \eta\dot{\varepsilon} \tag{13-8}$$

3) 泽纳(Zener)模型

由一个开尔文模型与一个弹簧串联而成,如图13-13(c)所示。

通过力学元件的并串联特性方程和力学特性方程的联解,可以回到本构关系式为:

$$\sigma + \frac{\eta_1}{E_1 + E_0}\dot{\sigma} = \frac{E_1 E_0}{E_1 + E_0}\varepsilon + \frac{E_0 \eta_1}{E_1 + E_0}\dot{\varepsilon} \tag{13-9}$$

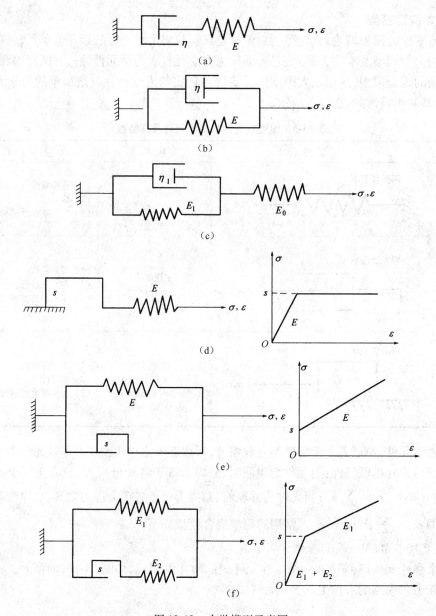

图 13-13 力学模型示意图

(a) 麦克斯韦尔模型；(b) 开尔文模型；(c) 泽纳模型；(d) 圣·维南模型；(e) 刚塑性模型；(f) 线强化模型

4) 弹塑性模型

常用的简单弹塑性模型主要有圣·维南（Saint Venant）模型、刚塑性模型、线强化模型。这三种力学模型的组成及特性示意图分别如图 13-13(d)、(e)、(f) 所示。

4. 沥青混合料的力学模型

由于材料组成的复杂性和试验技术的限制，沥青混合料的力学模型显得多种多样，对于一个复杂的力学行为，应有分析理论为基础。

材料流变模型的建立一般应遵循如下两个原则。

① 模型能够较好地反映材料的力学特性。

② 模型应尽可能简单直观、便于工程应用。

常用的沥青混合料的力学模型有以下几种。

1) Burgers 模型

如图 13-14 所示,其力学元件组成及有关方程为:

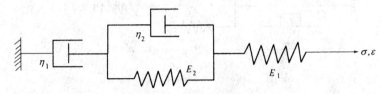

图 13-14 Burgers 模型示意图

本构方程为:
$$\sigma + p_1\dot{\sigma} + p_2\ddot{\sigma} = q_1\dot{\varepsilon} + q_2\ddot{\varepsilon} \tag{13-10a}$$

蠕变方程为:
$$\varepsilon(t) = \sigma_0\left[\frac{1}{E_1} + \frac{1}{\eta_1}t + \frac{1}{E_2}(1 - e^{\frac{E_2}{\eta_2}t})\right] \tag{13-10b}$$

松弛方程为:
$$\sigma(t) = \frac{\varepsilon_0}{\sqrt{p_1^2 - 4p_2}}[(-q_1 + fq_2\alpha)e^{-\alpha t} + (q_1 + q_2\beta)e^{-\beta t}] \tag{13-10c}$$

式中:
$$p_1 = \frac{\eta_1}{E_1} + \frac{\eta_1 + \eta_2}{E_2}; p_2 = \frac{\eta_1\eta_2}{E_1 E_2}$$

$$q_1 = \eta_1; q_2 = \frac{\eta_1\eta_2}{E_2}$$

$$\alpha = \frac{1}{2p_2}(p_1 + \sqrt{p_1^2 - 4p_2})$$

$$\beta = \frac{1}{2p_2}(p_1 - \sqrt{p_1^2 - 4p_2})$$

2) 修正的 Burgers 模型

即对 Burgers 模型的第一黏性元件进行非线性修正,取 $\eta_1 = Ae^{Bt}$,如图 13-15 所示,相应的有关方程同 Burgers 模型,只取 $\eta_1(t) = Ae^{Bt}$。

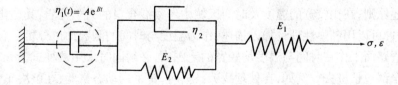

图 13-15 修正的 Burgers 模型示意图

3) Delft-Xahu 模型

由荷兰 Delf 技术大学最早提出基本构思,但未进行数值拟合与分析。西安公路交通大学(现长安大学)为了在原力学模型的基础上引入塑性元件,通过室内试验结果分析及数值拟合计算,提出了表征沥青混合料的弹黏塑性一体化模型。Delft-Xahu 模型的结构如图 13-16 所示。

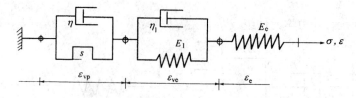

图 13-16 Delft-Xahu 模型示意图

当材料处于黏弹性工作范围内时,该模型即为 Zener 模型。
本构方程为:

$$\sigma + p_1 \dot{\sigma} = q_0 \varepsilon + q_1 \dot{\varepsilon} \tag{13-11a}$$

松弛方程为:

$$\sigma(t) = \varepsilon_0 \left[q_0 + \left(\frac{q_1}{p_1} - q_0 \right) e^{-\frac{1}{\eta_1} t} \right] \tag{13-11b}$$

式中:

$$p_1 = \frac{\eta_1}{E_0 E_1}$$

$$q_0 = \frac{E_0 E_1}{E_0 + E_1}; q_1 = \frac{E_0 \eta_1}{E_0 + E_1}$$

当材料的工作状态进入黏塑性范围内时,应考虑材料的内摩阻角 φ 及黏聚力 c,用摩尔－库仑理论来分析。模型中力学参数的确定,需要通过模型试验的方法来进行,因为固体材料的流变参数有时是不可能直接通过试验得到的(如黏性系数 η)。

13.2.4 沥青混合料的变形特性

用黏弹性理论研究沥青混合料的模量时必须遵循如下基本原则。
(1)沥青混合料兼具胡克弹性与牛顿黏性的双重性质。
(2)沥青混合料的力学性质均应作为温度与时间的函数表示。
(3)将沥青混合料的性质作为"某一条件的响应"是比较合理的,宜将其描述为仅在某一条件下才具有的性质。

基于上述原则,在比较宽的温度及时间区域中考察混合料的力学性质,其变化是极有规律的,这种规律性可以用黏弹性理论加以描述,作为温度与时间的函数加以分析。

因为沥青路面工作在时间与温度均较宽的范围内,必须同时采用数种试验方法,才能把拟考察的区域全部包括进去。例如,在处理疲劳破损时,常采用动态试验;在解决车辙问题时,常采用蠕变试验;而在分析低温缩裂时,常采用应力松弛试验。各种试验方法的基本原理与模量计算式如下。

1)蠕变试验

可采用拉伸、压缩和弯曲等力学图式,在固定荷载作用下量测应变随时间的变化,蠕变柔量按式(13-12)计算:

$$J(t) = \frac{\varepsilon(t)}{\sigma_0} \tag{13-12}$$

2) 应力松弛试验

使试件在瞬间产生应变 ε_0，连续量测保持这一应变时的应力随时间的变化。应力松弛也可采用拉伸、压缩、弯曲等力学图式，并按式(13-13)计算松弛模量：

$$G(t) = \frac{\sigma(t)}{\varepsilon_0} \tag{13-13}$$

3) 等应变速率试验

在固定的应变速率下求得应力－应变曲线，计算时可以选取能够充分确定应力－应变曲线的坐标点进行计算。该试验要求使用能够完全控制变形速率的试验设备，在几种应变速率下进行试验。等应变速率试验同样适合于拉伸、压缩、弯曲等不同力学图式，并由式(13-14)计算：

$$G_r(t) = \frac{d\sigma}{d\varepsilon} = \frac{1}{\dot{\varepsilon}} \cdot \frac{d\sigma}{dt} \tag{13-14}$$

沥青混合料的应力－应变关系并不总是直线关系，在时间长、温度高时常常表现为曲线关系，因而，应力－应变关系不仅可以用 σ/ε 处理，也可以用应力－应变曲线的切线斜率来表示。按曲线斜率计算得到的是切线劲度模量，按割线得到的是割线劲度模量。

4) 动载试验

最常用的是对试件施加正弦波荷载。对于黏弹性体测得的应变也是一个正弦波，但存在一个相位差 φ，复数模量即是两个最大幅值之比，即：

$$[E^*] = \frac{\sigma_0}{\varepsilon_0} \tag{13-15}$$

5) 沥青的劲度模量

为使工程能在实用的整个温度范围与加荷时间内对沥青性质有一个统一、简便、实用的综合评价体系，van Der Pool 在 1954 年提出了劲度模量的概念，即：

$$S(t, T) = \left(\frac{\sigma}{\varepsilon}\right)_{t, T} \tag{13-16}$$

尽管劲度模量公式形式与杨氏模量公式相同，但是劲度模量是一定时间(t)和温度(T)条件下，应力与总应变的比值。总应变包括弹性应变 ε_e、延迟弹性应变(ε_d)与残余应变(ε_v)，可以用四元素模量表达，如图 13-17 所示。

$$\varepsilon = \varepsilon_e + \varepsilon_v + \varepsilon_d \tag{13-17}$$

$$\varepsilon = \frac{\sigma}{E_e} + \frac{\sigma t}{3\eta_2} + \frac{\sigma}{E_d}(1 - e^{-\frac{t}{T_2}}) \tag{13-18}$$

式中：$T_2 = \eta_2/E_2$ 为延迟时间。

在施加荷载的瞬间，产生弹性变形 ε_e，随着时间的增长，延迟弹性变形 ε_d 与黏塑性变形 ε_v 逐渐增大，变形速率逐渐衰减趋于稳定。待卸荷后 ε_e 得以瞬时恢复，ε_d 随时间逐步恢复，经过相当长时间后剩余的即是 ε_v，也称为永久变形，如图 13-17 所示。

根据前式可得劲度模量为：

$$\frac{1}{S_B} = \frac{1}{E_1} + \frac{1}{E_2}(1 - e^{-\frac{t}{T_2}}) + \frac{t}{3\eta_3} \tag{13-19}$$

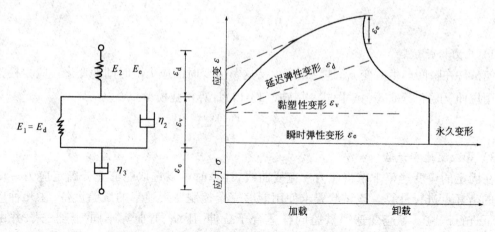

图 13-17　四元素模型的应力与应变

以蠕变柔量表示则为：

$$\frac{1}{S_B} = J(t) = J_0 + J_2\varphi(t) + \frac{t}{3\eta_3} \tag{13-20}$$

由于沥青材料在低温和在短暂荷载作用下符合线弹性,在高温和长时间荷载作用下成牛顿体,因此线性条件再次得到满足;而在中等温度和加荷时间会出现非线性。但是对于工程应用来说,只有在大变形情况下才会出现严重偏离线性的趋势,所以符合线性假定的劲度模量是有足够精度的。

沥青的劲度模量是温度与时间的函数。当温度较低时,在短荷载作用时间下,其劲度模量趋近弹性模量;当长期荷载作用时,劲度模量随时间急剧下降,在双对数坐标上呈线性关系。随着温度上升,沥青的稠度降低,其劲度模量随之减小。

6）沥青混合料的劲度模量

研究表明,随着集料的掺入,沥青混合料的劲度模量 S_M 不断地增大。1969 年 Heakelom 提出了根据沥青劲度模量 S_B 计算沥青混合料劲度模量 S_M 的公式,以集料系数 C_v 与空隙率 V_v 表示混合料的组成结构,设集料体积率 V_a 与沥青体积率 V_b 总和为 100,而集料系数 C_v 为集料体积率 V_a 所占总量的百分数,即

$$C_v = \frac{V_a}{V_a + V_b} \tag{13-21}$$

Heakelom 基于密级配沥青混合料建立了沥青混合料劲度模量计算公式,该公式以空隙率 3% 为基准,并引入系数 K 对空隙率不等于 3% 的修正,即：

$$S_M = S_B\left(1 + \frac{2.5}{\eta} \cdot \frac{KC_v}{1 + KC_v}\right)^n \tag{13-22}$$

式中：

$$n = 0.83\lg\frac{4 \times 10^5}{S_B} \quad (S_B > 100 \text{ MPa})$$

$$K = \frac{1}{1 + (V_v - 0.03)}$$

13.2.5 沥青混合料的强度特性

为保证沥青路面结构在设计年限内正常工作,必须对其破坏机理进行研究。作为路面结构的一个层次,沥青混合料的破坏特性应从多层体系受力的角度加以分析。沥青路面面层处于三轴应力状态,正应力可以由正(拉应力)变负(压应力),各点的应力状态不仅随坐标变动,且随车轮荷载的运动而变化。

对于黏弹性物体,雷纳(Reiner)提出了与材料力学有所不同的破坏分类:
(1) 超过某一"强度"而引起的破坏。
(2) 超过某一"变形值"而引起的破坏。
(3) 超过某一"应力松弛状态"而引起的破坏。

分析路面的实际损坏状态后可以明显看出沥青混合料抵制破坏的强度主要有三个方面,即剪切强度、断裂强度和临界应变。

1. 剪切强度

沥青混合料的剪切强度是一项重要的强度指标,沥青路面的推移、拥包、车辙等都是剪切变形的结果,由于摩尔-库仑公式反映了沥青混合料的强度与混合料内部的黏结力和摩阻力之间的直接联系,有利于材料的组成设计。但是,由于沥青混合料在高温情况下力学性质的复杂性,常使抗剪强度理论的应用处于半理论、半经验的状态。

一般根据沥青结构层的三轴应力状态,采用三轴试验方法,认为材料的剪切强度(τ)的特性符合摩尔-库仑公式:

$$\tau = c + \sigma \tan\varphi$$

不同试验方法,取值不同,黏结力(c)与摩阻角(φ)的数值也不同,但是数值的绝对值相差并不多。

同样的物体,在三轴应力状态下,随 σ_3 的增大,材料由脆性破坏过渡为塑性破坏,呈现出不同的力学特性(图13-18),存在一个脆性过渡到塑性的破坏临界值 σ_3,临界值的大小与材料的强度有关。

2. 断裂强度

断裂强度主要用于分析随气温下降,沥青面层收缩受阻而转化为收缩应力,当收缩应力超过极限强度时所造成的缩裂问题;也有用于分析车辆紧急制动时,车轮后侧路表受到的径向拉应力引起的拉裂问题。

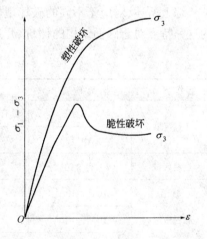

图13-18 三轴应力下的应力-应变曲线

沥青混合料的断裂强度,可由直接拉伸或间接拉伸(劈裂)试验确定。拉伸强度的规律与弯拉强度相似,但数值偏小。由于直接拉伸试验易于偏心,会对数值较小的拉伸强度产生较大的误差,因此开发了间接拉伸试验。直接拉伸采用长度为直径或边长的2.5~3倍的圆形或矩形截面的试件,间接拉伸采用高度只是直径0.5倍的圆柱体试件,因之成型简便,且可采用钻孔取样方法。间接拉伸试件在切向受拉应力的同时径向受压,其受力状态较之单向受拉的直接拉伸更接近于实际路面结构。随着侧向位移量测精度的提高,间接拉伸法使用范围正在扩大。

沥青混合料的断裂强度,同样是温度和加荷速率的函数,随着温度的下降和加载速率的增大而提高。当温度继续下降时,强度反而略有下降,这是因为拉伸强度与温度曲线存在一个峰值,其大小与加荷速率有关。

对于密级配沥青混合料,断裂强度随集料级配细度的增加而增大,且在某一最佳矿粉/沥青比时断裂强度最高。

3. 临界应变

临界应变和强度一样是材料组成结构的特征值,并随温度和加荷时间而有规律地变化。

弯曲试验时,沥青混合料的临界应变值因温度不同而在很大范围内变化。

具有重要意义的是,临界应变不仅在每一温度与加载条件下有足够灵敏度的变化,而且对应每一破坏现象都有一个典型的数值。不论弯曲还是压缩,在不同荷载速度下,沥青砂在流动破坏区的临界应变,有收敛于 $(6 \sim 10) \times 10^{-2}$ 的趋势,而在脆性破坏区临界应变范围更窄,约为 $(1 \sim 5) \times 10^{-3}$。

大量疲劳试验表明,当疲劳寿命为 $10^2 \sim 10^7$ 时,应变水平相应为 $10^{-3} \sim 10^{-5}$。满足一般使用年限要求时,应变水平约为 10^{-4} 级。当应变水平 $< 10^{-5}$ 时,大致达到耐久极限应变,即承受行车荷载重复作用而不至于产生疲劳破坏。

观察表明,沥青路面中产生的细微裂纹,由于连续行车的搓揉作用而弥合消失。此外,行车荷载下沥青混合料存在微小的侧向流动,累积形成车辙而不一定产生裂缝,这里存在一个延伸极限,约为 10^{-1}。

综上所述,对应于不同的破坏现象存在一个临界应变典型的数值(见表13-4)。临界应变的这一特点对于路面结构的评价、开裂现象的分析都有重要的意义。

表13-4 临界应变水平

工作区域	临界应变[①]	破坏形式	备注
延性区域	10^{-1}	具有延伸(展性)的区域(搓揉作用)	具有移动的交通荷载
	10^{-2}	伴随流动的破坏区域	
过渡区域	$(4 \sim 6) \times 10^{-3}$[②]		脆化点
脆性区域	$10^{-3} \sim 10^{-4}$	脆性破坏区域	具有移动的交通荷载
	$10^{-4} \sim 10^{-5}$	疲劳破坏区域	
	$< 10^{-5}$	无疲劳破坏发生的区域	

注:① 对于道路经常出现的破坏。
② 对于过渡区域仅表示成一个水平。

13.3 沥青路面的稳定性与耐久性

沥青路面直接受车辆荷载和大气因素的作用,同时沥青混合料的物理、力学性质受气候因素与时间因素的影响,为了保证路面能为车辆提供稳定、耐久的服务,沥青路面必须具有足够的稳定性和耐久性,高温稳定性、低温抗裂性、水稳定性、抗疲劳性能、抗老化性能这5种性能均影响沥青路面的稳定性和耐久性。其中高温稳定性和低温抗裂性称为沥青路面的温度稳定性,水稳定性、抗疲劳性能及抗老化性能称为沥青路面的耐久性。

13.3.1 沥青路面的高温稳定性

沥青路面的高温稳定性通常是指沥青混合料在荷载作用下抵抗永久变形的能力。推移、拥包、搓板、泛油等现象均属于沥青路面高温稳定性不足的表现。稳定性不足问题,主要出现在高温、低加荷速率以及抗剪切能力不足时,即沥青路面的劲度模量较低的情况下。

沥青路面在行车荷载的反复作用下,产生永久变形的累积而导致路表面出现车辙,轮迹处沥青层厚度减薄,削弱了面层及路面结构的整体强度,从而诱发其他问题;雨天路表排水不畅,甚至由于车辙积水导致车辆漂滑,影响高速行车的安全;车辆在超车或更换车道时方向失控,将影响车辆操纵的稳定性。可见车辙的产生,将严重影响路面的使用寿命和服务质量。

推移、拥包、搓板等损坏主要是由于沥青路面在水平荷载作用下抗剪强度不足所引起的,它大量发生在表处、贯入、路拌等次高级沥青路面的交叉口和变坡路段。对于渠化交通的沥青混凝土路面来说,高温稳定性问题主要表现为车辙。而泛油是由于交通荷载作用使混合料内集料不断挤紧、空隙率减小,最终将沥青挤压到道路表面令路面光滑,导致抗滑能力下降。

1. 车辙的形成机理及影响因素

车辙主要发生在高温季节,在渠化交通的重交通道路上。当沥青路面采用半刚性基层时,车辙主要发生在沥青面层。根据车辙形成的起因,可分为三种类型。

(1) 失稳型车辙。这类车辙是由于沥青路面结构层在车轮荷载作用下,内部材料流动,产生横向位移而发生的,通常集中在轮迹处。

(2) 结构型车辙。这类车辙是由于路面结构在交通荷载作用下产生整体永久变形而形成的,主要由于路基变形传递到面层而产生。

(3) 磨耗型车辙。由于沥青路面结构顶层的材料在车轮磨耗和自然环境因素作用下持续不断地损失而形成,尤其是汽车使用了防滑链和突钉(胶钉)轮胎后,这种车辙更易发生。

三种类型车辙中以失稳型车辙最为严重,其次为磨耗型车辙。在软土地区、路基路面结构整体承载力不足时产生结构型车辙的可能性较大。

纵观车辙形成过程,可简单地分为三个阶段。

(1) 初始阶段的压密过程。沥青混合料经碾压后,在高温下处于半流态的沥青及由沥青与矿粉组成的胶浆被挤进矿料间隙中,同时集料被强力排列成具有一定骨架的结构。交付使用后,在汽车荷载作用下,密实过程进一步发展,在轮辙位置产生局部沉陷。

(2) 沥青混合料的侧向流动。高温下的沥青混合料在轮胎荷载作用下,沥青及沥青胶浆产生流动,除部分填充混合料空隙外,还将促使沥青混合料产生侧向流动,从而使路面受载处被压缩,而轮辙的两侧向上隆起形成马鞍形车辙。

(3) 矿质集料的重新排列及矿质骨架的破坏。高温下,沥青混合料处于半固态,由于沥青及胶浆在荷载作用下首先流动,混合料中粗、细集料组成的骨架逐渐成为荷载主要承担者,促使沥青及胶浆向富集区流动,加速了混合料网络结构的破坏,特别是当沥青及胶浆过多时,这一过程会更加明显。

由此可见,车辙形成的最初原因是压密及沥青高温下的流动,最后导致骨架的失稳,从本质上讲就是沥青混合料的结构特征发生了变化。

影响沥青路面车辙的因素主要有集料、结合料、混合料类型、荷载、环境条件等。此外,压实方法会直接影响沥青混合料的内部结构,从而对车辙产生影响。

2. 沥青混合料高温稳定性评价方法

1) 单轴压缩试验

用于沥青混合料高温稳定性评价最简便的方法是以高温(一般采用60 ℃)抗压强度 R_T 及用常温与高温时抗压强度的比值即软化系数 $K_T(R_T/R_{20})$ 来衡量。

单轴压缩试验测定抗压强度时其侧压力 $\sigma = 0$,在受力过程中压板与试件两端接触面上存在摩擦力的约束,这些都与工程实际有些差别。因此采用高温抗压强度 R_T 与软化系数 K_T 评价混合料的高温稳定性均有一定的误差。

2) 马歇尔试验(1948年)

很长时间来人们一直采用马歇尔试验的稳定度、流值和马歇尔模数作为评价沥青混合料高温稳定性和混合料设计的依据,但是由于马歇尔试验过程中试件内部的应力分布状态极为复杂,因此试验结果很难对路面实际状况作出关联评价,近来许多国家对此提出异议。

3) 蠕变试验

由于马歇尔稳定度和流值是混合料稳定性的一种经验性指标,它不能确切反映永久变形产生的机理,近年来,有以蠕变试验取代它的趋势。

蠕变试验常采用单轴静载、三轴静载、单轴重复加载和三轴重复加载4种方式。

单轴静载蠕变试验以一圆柱形试件在轴向施加一瞬时荷载,并保持荷载大小不变,经过一段时间后再立即卸载,使试件变形恢复,由此可得到通常的蠕变曲线。

动态蠕变试验有两种加载方式,即连续动态加载和间歇重复加载。静态蠕变曲线包括了可恢复的弹性黏弹性变形和不可恢复的黏塑性变形。动态蠕变曲线包括了黏塑性变形与来不及恢复的弹黏性变形。

动态蠕变试验的两种加载方式中,后一种更接近实际荷载的作用,它的蠕变曲线也更多的由材料的永久变形组成,因此它是较好的一种试验方法。

4) 轮辙试验

轮辙试验是一种模拟实际车轮荷载在路面上行走而形成车辙的工程试验方法,从广义上来说,室内小型往复轮辙试验、旋转轮辙试验、大型环道试验、直道试验等都可认为是属于轮辙试验范畴。这些试验最基本的和共同的原理就是通过采用车轮在板块状试件或路面表面结构上反复行走,观察和检测试块或路面结构的响应。

轮辙试验是评价沥青混合料在规定温度条件下抵抗塑性流动变形能力的有效方法。通过板块状试件与车轮之间的往复相对运动,使试块在车轮的重复荷载作用下,产生压密、剪切、推移和流动,从而产生车辙。

由轮辙试验得到的时间-变形曲线如图13-19所示。由此可得出三类指标。

(1) 任何一个时刻的总变形,即车辙深度。

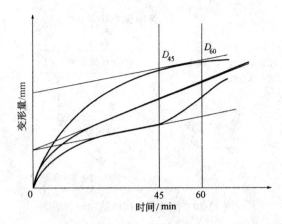

图 13-19　车辙试验中时间与变形关系曲线

（2）在变形曲线的直线发展期，通常是求取 45 min、60 min 的变形 D_{45}、D_{60}，按下式计算动稳定度 DS：

$$\mathrm{DS} = \frac{(60-45) \times 42}{D_{60} - D_{45}} \times C_1 \times C_2 \quad (\text{次/mm}) \tag{13-23}$$

式中：D_{60}——试验时间为 60 min 时试件变形量，mm；

D_{45}——试验时间为 45 min 时试件变形量，mm；

C_1——试验机类型修正系数，曲柄连杆驱动试件的变速行走方式为 1.0，链驱动试验轮的等速行走方式为 1.5；

C_2——试件系数，试验室制备的宽 300 mm 的试件为 1.0，从路面切割的宽 150 mm 的试件为 0.8。

（3）变形速率 RD，它实际上是动稳定度 DS 的倒数。

由实践可知，总变形尽管非常直观，但不同试件之间的波动较大。在整个变形中，开始阶段的几次碾压能产生很大的变形，与试件接触的均匀程度是数据波动的重要原因。另外，总变形能区分试验结果的差别，但不便估计变形的发展情况。因此采用动稳定度作指标，以避免试验开始阶段，尤其是开始与试件接触的影响是比较合理的。

5）简单剪切试验

沥青路面混合料的高温永久变形主要是由沥青混合料的塑性剪切流动引起的，简单剪切试验就是用于直接考察沥青混合料的抗剪切流动性能。这个试验方法由土的直剪试验方法移植过来，并进一步考虑了沥青混合料的特殊性质，增加了垂直的动力荷载、围压和温度控制，可测定试件的回弹剪切模量、动力剪切模量等。简单剪切试验结构如图 13-20 所示。图 13-20 中试件尺寸：$\phi 150 \text{ mm} \times (50 \sim 65) \text{ mm}$，最大粒径 ≤ 19 mm；$\phi 200 \text{ mm} \times 75 \text{ mm}$，最大粒径 ≤ 38 mm。试验温度 4 ℃、20 ℃、40 ℃。

3. 沥青路面高温稳定性技术标准

1）沥青路面车辙的技术指标

20 世纪 70 年代，壳牌石油公司提出了用沥青面层的车辙深度限制沥青路面永久变形的设计方法。随后世界各国根据本国的气候、交通等具体条件，提出了各自的允许车辙深度标准，如表 13-5 所示。

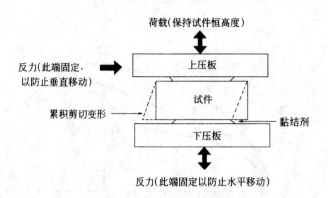

图 13-20　简单剪切试验装置示意图

表 13-5　允许车辙深度标准　　　　　　　　　　　　　　　　　单位：mm

国家/机构			深度
美国地沥青学会(AI)			13
英国			20
壳牌石油公司(Shell)	高速公路		10
	一般道路		30
比利时	干线公路		12
	次级道路		18
中国	高速公路		10~15
	其他等级公路	交叉口	25~30
		非交叉口	15~20

2）沥青混合料抗永久变形指标

各国道路研究人员对沥青混合料的抗永久变形性能进行了大量的研究之后，提出了一些有关指标（表 13-6）。

表 13-6　沥青混合料蠕变劲度模量极限值

研究者	温度/℃	时间/min	应用应力 σ_0/MPa	混合料劲度模量/MPa
Viljoen 等(1981)	40	100	0.2	≥80
Kronfuss 等(1984)	40	60	0.1	50~65
Tinn 等(1983)	40	60	0.2	≥135

由表中数据可见，各研究者采用的试验条件是不同的，所提出的劲度模量极限值差异也较大。可以作为深入研究的参考。

3）轮辙试验标准

调查研究发现，轮辙试验的动稳定度与沥青路面的车辙深度有较好的相关性，恰当地控制沥青混合料的动稳定度，能铺筑具有一定抗永久变形的沥青面层。

对于轮辙试验动稳定度指标与标准，日本做了大量的试验研究工作，动稳定度已作为正式指标纳入沥青路面设计规范中（表 13-7）。

表 13-7　日本道路公团规定的动稳定度

交通量等级	一方向大型车交通量/ (辆/日)	动稳定度要求/(次/mm)	
		一般地区	低磨耗地区
轻交通量	1 500 以下	800	500
中交通量	1 500~3 000	1 000	800
重交通量	3 000~15 000	1 200	1 000
超重交通量	15 000 以上	3 000~5 000	

"八五"期间我国首次提出用车辙试验动稳定度作为沥青混合料高温性能技术指标，《公路沥青路面施工技术规范》(JTG F40—2004)规定了公路沥青混合料动稳定度的技术要求(表13-8)。

表 13-8　动稳定度建议标准　　　　　　　　　单位:次/mm

轮辙试验动稳定度	年最高月平均气温/℃		
	>30	20~30	<20
普通沥青上中面层技术要求	800~1 000	600~800	≥600
改性沥青上中面层技术要求	2 400~2 800	2 000~2 400	≥1 800

4. 沥青路面车辙的防治措施

对于失稳型车辙，通过以下办法可以减缓:确保沥青混合料中含有较多的经破碎的集料;集料级配必须含有足够的矿粉;大尺寸集料必须具有较好的表面纹理和粗糙度;集料级配要含有足够的粗颗粒;沥青结合料具有足够的黏度;集料颗粒表面的沥青膜须具有足够的厚度,确保沥青与集料间的黏聚力。

对于结构型车辙通过以下方法可以减缓:确保基层设计满足工程点实践要求;基层材料满足规范要求,含有较多经破碎的颗粒;混合料内含有足够的矿粉;基层应充分地压实,工后不产生附加压密;路基压实应满足规范规定的要求。

磨耗型车辙主要是由于大颗粒集料缺乏韧性、带突钉轮胎作用、集料级配空隙太大,以及集料周围沥青膜厚度不足而致。对此,可通过交通管制、改善混合料级配来防治。

13.3.2　沥青路面的低温抗裂性

沥青路面的低温开裂有两种形式:一是由于气温骤降使面层收缩,在有约束的沥青层内产生的温度应力超过沥青混凝土的抗拉强度造成开裂。此类裂缝多从路表面自上向下发展。另一种形式是温度疲劳裂缝,沥青混凝土经受长时间的温度循环,应力松弛性能下降,极限拉应变变小,结果在温度应力小于抗拉强度的情况下产生开裂。这种裂缝主要发生在温度变化频繁的温和地区。低温开裂主要是温度下降时内部应力所致。

1. 沥青路面低温开裂的机理

沥青路面的低温开裂与温度下降而引起材料的体积收缩有关。由于材料受到约束,随着温度下降材料不能缩短,则立即产生温度应力,当该应力达到材料的抗拉强度时,就会产生裂缝。温度较高时,沥青混凝土表现出黏弹性性质,温度略有降低,所产生的温度应力将因应力松弛而消失。但是在低温范围内,沥青混凝土主要表现为弹性特性,温度应力不会消失,就有可能产生裂缝。如图13-21所示,当达到破坏温度时就会产生裂缝,释放应力。新建路面的裂缝间距一般在30 m左右。随着路面老化,裂缝间距范围将减小到3~6 m。

2. 沥青混合料低温抗裂性能的评价方法

1) 间接拉伸试验

该试验方法是在低温条件下,通过加载压条对 $\phi 101.6$ mm × 63.5 mm 的沥青混凝土试件进行加载,获得沥青混合料的劈裂强度及垂直和水平变形,用于预测沥青路面的开裂情况。但水平变形量测要求精度较高。

2) 直接拉伸试验

直接拉伸试验,取试件尺寸为 38.1 mm × 38.1 mm × 101.6 mm,试件的两端由环氧树脂粘贴在拉板上。试验系统以缓慢的拉伸速率(一般为 $2.5 \times 10^{-3} \sim 1.2 \times 10^{-3}$ mm/min)在低温条件下加载拉伸,通过试验得到的强度-温度关系曲线可预估开裂温度。

3) 蠕变试验

用弯曲蠕变试验评价沥青混合料的低温抗裂性能,取试件尺寸为 30 mm × 35 mm × 250 mm,试验温度为 0 ℃。蠕变变形曲线的一般形式如图13-22所示。分为三个阶段,第一阶段为蠕变迁移阶段,第二阶段为蠕变稳定阶段,第三阶段为蠕变破坏阶段。在蠕变稳定阶段,荷载作用时间从 t_1 到 t_2,应变由 ε_1 增大到 ε_2,则蠕变速率大小:

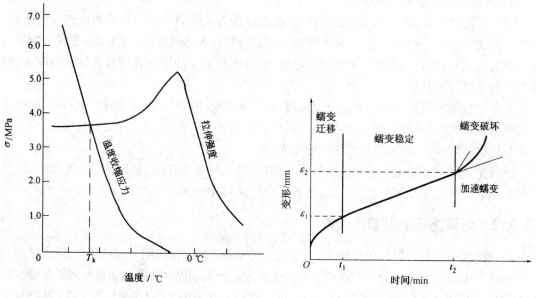

图13-21 低温破坏温度应力分布 　　　　图13-22 材料的蠕变过程

$$\varepsilon_{\text{speed}}(\sigma, T) = \frac{(\varepsilon_2 - \varepsilon_1)/(t_2 - t_1)}{\sigma_0} \tag{13-24}$$

式中:σ_0——试验时沥青混合料小梁下缘的蠕变弯拉应力,根据车轮荷载预估。

4) 受限试件的温度应力试验

该法是美国战略公路研究计划(SHRP)推荐的评价沥青混合料低温抗裂性能的方法。试验装置如图13-23所示,试件尺寸 5 cm × 5 cm × 25 cm,试件端部与夹具用环氧树脂黏结。降温速率为 10 ℃/h,试验时测定冷却过程中的温度应力变化过程曲线如图 13-24 所示。

由图 13-24 可得到 4 个指标:①破断温度;②破断强度;③温度应力曲线斜率;④转折点温度。

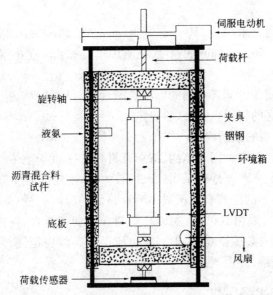

图 13-23　低温受限试件的温度应力试验装置

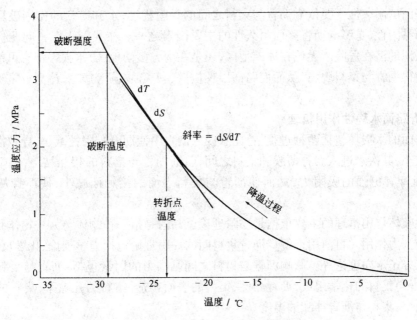

图 13-24　温度应力变化过程曲线

5) 应力松弛试验

沥青路面在温度骤降时产生的温度收缩应力来不及松弛掉而被积累,乃至超过抗拉强度时,将发生开裂。因此应力松弛性能是评价沥青混合料抵抗温度开裂的重要性能指标。在此应力条件下,材料的变形系数用应力松弛模量表述。

应力松弛性能可由多种方法测定,如直接应力松弛试验、弯曲应力松弛试验,以及由等速加载试验或蠕变试验经间接计算得到等。应力松弛模量越小,沥青混合料应力松弛性能越好,低温抗裂性能越好。同时该指标也是温度开裂预估的重要力学参数。但应力松弛试验所需仪器精度较高。

6) 弯曲破坏试验

低温弯曲破坏试验通常采用长 250 mm,宽 30 mm,高 35 mm 的小梁,其跨径为 200 mm,在 -10 ℃ 的温度环境下,以 50 mm/min 的速度,在跨中单点加载。在小梁断裂时,记录梁底最大弯拉应变。

用低温弯曲破坏应变评价沥青路面的低温抗裂性能,概念明确,指标直观、可控。控制指标的取值应根据气候分区的特征,通过试验确定。

3. 沥青路面低温开裂的预防措施

沥青路面的低温开裂受多种因素制约,就沥青材料选择和沥青混合料设计而言,应注意以下几点:注意沥青的油源,在严寒地区采用针入度较大、黏度较低的沥青,但同时也应满足夏季的要求;选用温度敏感性小的沥青有利于减小沥青路面的温度裂缝;采用吸水率低的集料,粗集料的吸水率应小于 2%;采用 100% 轧制碎石集料拌制沥青混合料;控制沥青用量在马歇尔最佳用量 ±0.5% 范围内对裂缝影响小,但同时也应保证高温稳定性;采用应力松弛性能好的聚合物改性沥青;掺加纤维,使用改性沥青。

13.3.3 沥青路面的水稳定性

沥青路面的耐久性主要依靠沥青与集料之间的黏附程度,水和矿料的作用破坏了沥青与集料之间的黏附性,是影响沥青路面耐久性的主要因素之一。在我国水损害问题仍是一个尚未被充分认识的潜在危险。无论在冰冻地区,还是在南方多雨地区,水损害都有可能发生。水害发生后使得沥青与集料脱离,从而使路面出现松散、剥离、坑洞等病害,严重危害道路的使用性能。

1. 沥青路面水稳性作用机理

沥青路面的水损坏包括两种过程,首先水浸入沥青中使沥青黏附性减小,导致混合料的强度和劲度减小;其次水进入沥青薄膜和集料之间,阻断沥青与集料的相互黏结,由于集料表面对水比对沥青有更强的吸附力,从而使沥青与集料表面的接触面减小,使沥青从集料表面剥落。

水稳性破坏作用机理的主要依据是黏附理论。黏附是指一种物体与另一物体黏结时的物理作用或分子力作用。目前用来解释沥青集料间的黏附理论包括力学理论、化学反应理论、表面能理论及分子定向理论等。影响沥青与集料之间黏结力的因素包括:沥青与集料表面的界面张力,沥青与集料的化学组成,沥青黏性,集料的表面构造,集料的孔隙率,集料的清洁度及集料的含水率,集料与沥青拌和的温度。

2. 沥青路面水稳定性的评价方法

对于沥青路面水稳定性的评价方法分为如下两类。

① 用沥青裹覆标准集料,在松散状态下浸入水中煮沸,观察沥青从集料上剥离的情况。

② 使用击实试件(或路面岩心取样),在浸水条件下,对路面结构的服务条件进行评估。测试方法包括:煮沸试验、浸水马歇尔试验、浸水间接拉伸试验、浸水轮辙试验、冻融台座试验、冻融劈裂试验等。

1) 煮沸试验

煮沸试验为区分沥青膜剥落与未剥落提供了直观的结果,可作为最先选用的试验,也可用于施工现场的质量控制。但是沥青含量、等级、集料等级,以及水煮时间均会影响试验结果。该试验只能反映黏附力损失或沥青剥落的情况,但却忽视了黏聚力的损失。同时由于该方法采用主观评价,评定结果往往因人而异。

2) 浸水马歇尔试验

浸水马歇尔试验是我国常用的评价沥青路面水稳定性的方法。该方法试验简单,易于操作,且能区分开不同沥青等级、不同性质集料水稳性的优劣,不失为一种衡量沥青路面水稳性的有效方法。

3) 浸水间接拉伸试验

浸水间接拉伸试验要求试件在浸水真空压力下达到 55% ~80% 饱和度。试验结果通过浸水与不浸水条件下试件的间接抗拉强度比来评定。该方法应用范围广,一般具有较好的相关性。

4) 浸水轮辙试验

浸水轮辙试验方法是把轮辙试验放在浸水条件下进行。通过浸水与不浸水条件下分别得出的动稳定度值之比值来评价混合料的水稳定性。

5) 冻融台座试验法

冻融台座试验试图模拟在路面使用 5 年时,沥青黏结力发生的变化。标准试件用较好的单一粒径集料拌制的沥青混合料制作而成,然后放在台座上,在水中重复冻融循环,直到与路面设计寿命相关的裂纹出现为止。该试验结果对判定混合料抗剥落潜力,能得到较好的结果。

6) 冻融劈裂试验

冻融劈裂试验方法与浸水间接拉伸试验方法相似,只是增加了冻融循环的条件,主要为了模拟冰冻地区沥青面层的工作环境,加剧水对混合料的破坏程度。

我国《公路沥青路面施工技术规范》(JTG F40—2004)规定用煮沸试验检验沥青与集料之间的黏附性,用浸水马歇尔试验和冻融劈裂试验检验沥青混合料的水稳定性。

3. 提高沥青路面水稳定性技术措施

(1) 完善路面结构排水系统。路面结构设计应保证地表水、地下水及时排出结构之外。

(2) 沥青材料选择应考虑选取黏度大的沥青和表面活性成分含量高的沥青。

(3) 集料选择,在其他各项指标满足要求的前提下,尽量选择 SiO_2 含量低的碱性集料,若不可能得到碱性集料时,应掺加外掺剂,以改善黏附性,如消石灰、抗剥离剂等。

(4) 施工时保持集料干燥,无杂质,拌和充分,摊铺时不产生离析,碾压时保证达到压实要求等。

13.3.4 沥青路面的抗疲劳性能

早在 1942 年 O. J. Porter 就注意到道路路面在车轮荷载重复作用几百万次后会遭到破坏。L. W. Nijbver 指出沥青路面寿命后期出现的裂缝与行驶车辆产生的弯曲应力超过了材料的抗弯强度有关,强调裂缝是疲劳的结果,它取决于弯沉大小和重复次数。20 世纪 60 年代开始世界各国对路面疲劳特性进行了系统研究,对路面疲劳破坏机理也有了更科学的认识。理论和实践都已表明,在移动车轮荷载作用下,路面结构内各点处于不同的应力应变状态,如图 13-25 所示。

路面面层底部 B 点处于三轴应力状态,车轮作用其上时,B 点受到全拉应力作用,车轮驶过后应力方向改变,量值变小,并有剪应力产生。当车轮驶过一定距离后,B 点则承受主压应力作用。B 点应力随时间的变化曲线如图 13-26 所示。

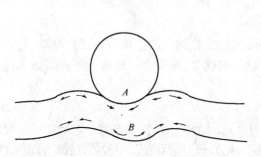
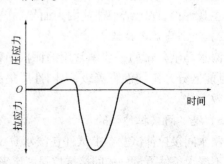

图 13-25　路面面层在车轮下的受力状态　　图 13-26　B 点应力随时间的变化曲线

路面表面上 A 点则相反,车轮驶近时受拉,车轮直接作用时受压,车轮驶过后又受拉。车轮驶过一次就使 A、B 点出现一次拉压应力循环。路面在整个使用过程中,长期处于应力(应变)循环变化的状态。由于路面材料的抗压强度远大于抗拉强度,而面层底部 B 点在车轮下所受的拉应力较之表面 A 点在车轮驶近或驶离后产生的拉应力要大得多,因此在荷载重复作用下,路面裂缝通常从面层底部开始发生。路面疲劳设计大多数以面层底部拉应力或拉应变作为控制指标。

1. 沥青混合料疲劳力学模型

沥青路面疲劳特性的研究方法可以分为两类:一类为现象学法,即传统的疲劳理论方法,它采用疲劳曲线表征材料的疲劳性质;另一类为力学近似法,即应用断裂力学原理分析疲劳裂缝扩展规律以确定材料疲劳寿命。现象学法与力学近似法都用于研究材料的裂缝以及裂缝的扩展,其主要区别就在于前者的材料疲劳寿命包括裂缝的形成和扩展阶段,研究裂缝形成的机理以及应力、应变与疲劳寿命之间的关系,各种因素对疲劳寿命及疲劳强度的影响;后者只考虑裂缝扩展阶段的寿命,认为材料一开始就有初始裂缝存在,它主要是研究材料的断裂机理及裂缝扩展规律。以下介绍现象学法。

沥青混合料的疲劳是材料在荷载重复作用下产生不可恢复的强度衰减积累所引起的一种现象。显然荷载的重复作用次数越多,强度的损伤就越加剧烈,它所能承受的应力或应变值就越小。

在现象学法中,把材料出现疲劳破坏的重复应力值称作疲劳强度,相应的应力重复作用次数称为疲劳寿命。疲劳寿命可以用两种量度来表示,即服务寿命和断裂寿命。服务寿命为试件能力降低到某种预定状态所必需的加载累积次数;断裂寿命为试件完全破裂所必需的加载累积次数。如果试件破坏都被定义为在连续重复加载下完全裂开时,则服务寿命与断裂寿命两者相等。

应用现象学法进行疲劳试验的方法很多,归纳起来可以分为 4 类:一是实际路面在真实汽车荷载作用下的疲劳破坏试验,如美国的 AASHO 试验路;第二类是足尺路面结构在模拟汽车荷载作用下的疲劳试验研究,包括环道试验、加速加载试验;第三类是试板试验法;第四类是试验室小型试件的疲劳试验研究。由于前三类试验研究方法耗资大、周期长,因此大量采用的还是周期短、费用少的室内小型疲劳试验。

室内小型疲劳试验的方法很多，如三分点小梁弯曲试验、中点加载小梁弯曲试验、悬臂梁试验、单轴压缩试验、间接拉伸试验、旋转悬臂试验等。迄今为止，各国均没有将疲劳试验作为标准试验方法纳入规范。

应用现象学法进行疲劳试验时，可采用控制应力和控制应变两种加载模式。应力控制方式是指在反复加载过程中所施加荷载（或应力）的峰谷值始终保持不变，随着加载次数的增加最终导致试件断裂破坏。这种控制方式以完全断裂作为疲劳损坏的标准。试验结果常采用下式来表示：

$$N_f = k\left(\frac{1}{\sigma}\right)^n \tag{13-25}$$

式中：N_f——试件破坏时加载次数；

k、n——取决于沥青混合料成分和特性的常数；

σ——对试件每次施加的常量应力最大幅值。

应变控制方式是指在反复加载过程中始终保持挠度或试件底部应变峰谷值不变。由于在这种控制方式下，试件通常不会出现明显的断裂破坏，一般以混合料劲度下降到初始劲度的50%或更低作为疲劳破坏标准。试验结果常采用如下公式来表示：

$$N = C\left(\frac{1}{\varepsilon}\right)^m \tag{13-26}$$

式中：N——混合料劲度下降为初始劲度的50%或更低时的次数；

ε——对试件每次施加的常量应变最大幅度；

C、m——取决于沥青混合料成分和特性的常数。

式(13-25~13-26)表明，材料在承受重复常量应力或应变条件下，施加的应力或应变同疲劳寿命之间的关系在双对数坐标上成线性反比关系。图13-27为沥青混合料在采用应力和应变模式时所得到的疲劳曲线。

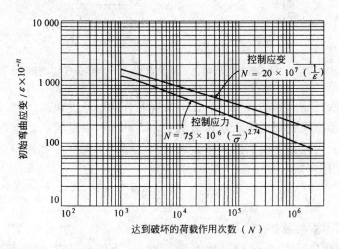

图13-27 不同加载模式下的疲劳曲线

2. 影响沥青路面疲劳的因素

沥青路面的疲劳寿命除了受荷载条件的影响外,还受到材料性质和环境条件的影响。

1) 荷载条件

材料的疲劳寿命可按不同的荷载条件来测定。如果在全过程中荷载条件保持不变,则称为简单荷载;如果按某种预定形式重复改变荷载条件,称为复合荷载。复合荷载包括应力的改变和环境温度的改变。显然,对于相同的沥青混合料,试件承受简单荷载还是复合荷载所表现的疲劳反应是不同的。

试件在承受简单荷载的情况下,即使初始应力和应变相同,采用两种不同加载模式所得出的疲劳寿命试验结果也是不同的。这是因为在控制应力加载模式中,材料劲度随着加载次数的增加而减小,为了保持各次加载时的常量应力不变,实际作用于试件的变形就要增加;而在控制应变加载模式中,为了要保持每次加载的常量应变不变,作用于试件的实际应力则减小。图 13-28 为密级配沥青混合料分别采用控制应力与控制应变加载模式进行试验所得出的疲劳曲线。

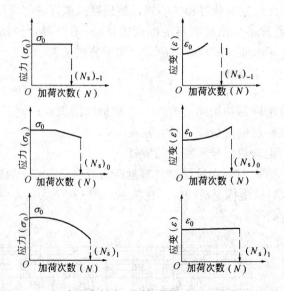

图 13-28　沥青混合料在不同加载模式下的疲劳反应图解

根据分析发现,控制应变加载模式适合于沥青混合料层厚度较薄(<5 cm)和模量较低的路面;而控制应力加载模式则适合于层厚较大(>15 cm)和模量较高的情况下。对于介于两种情况之间的路面,可用如下模式因素参数来判断在保持常量应变和常量应力之间的中间状态时的重复荷载作用性质

$$\mathrm{MF} = \frac{|A| - |B|}{|A| + |B|} \tag{13-27}$$

式中:MF——模式因素参数;

　　A——在重复荷载作用下,材料劲度下降 $c\%$(c 为任意确定的劲度降低值)时,应力变化的百分数;

　　B——在重复荷载作用下,材料劲度下降 $c\%$ 时,应变变化的百分数。

显然,对于控制应变加载模式,$B=0$,模式因素参数 $\mathrm{MF} = +1$;对于控制应力加载模式,

$A=0$,模式因素参数 $MF=-1$;对于应力和应变都不保持常值的中间模式,其模式因素参数的范围为 -1 至 1 之间,疲劳曲线则介于两种模式的疲劳曲线之间。

图 13-28 及图 13-29 分别为沥青混合料在不同加载模式下的疲劳反应与其相应的疲劳曲线图解。

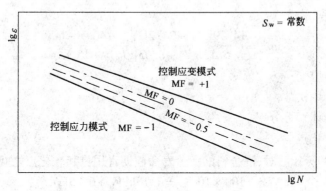

图 13-29 沥青混合料在不同加载模式下的疲劳曲线

此外,加载速率、加载波形、荷载间隔时间等因素对疲劳试验结果也有明显的影响。一般情况,加载速率过快,荷载间隔时间过短,试件的疲劳恢复时间过短,容易加速破坏,疲劳寿命较短。

2) 材料性质

沥青混合料的劲度是影响疲劳寿命的重要参数。根据试验,在控制应力加载模式中,疲劳寿命随混合料劲度的增加而增加,这是因为每次加载产生的应变较小,因此重复作用的次数就多。而在控制应变的加载模式中,疲劳寿命随混合料劲度的增加而降低。这是因为劲度高,每次重复加载的应力就大,疲劳寿命就减少。

一切与劲度模量相关的因素都将直接影响到沥青混合料的疲劳寿命,如沥青用量、沥青的种类和稠度等。

沥青混合料的空隙率对疲劳寿命的影响十分明显,不论是何种加载模式,降低空隙率都能延长混合料的疲劳寿命,所以,一般密级配混合料比开级配混合料有较长的疲劳寿命。此外集料的表面纹理、形状和级配都对混合料的疲劳寿命有一定影响。

3) 环境条件

温度对疲劳性能的影响可以用混合料劲度来解释。温度在一定限度内下降时,沥青混合料的劲度增大,试件在承受一定压力的条件下所产生的应变就小,因而在控制应力加载模式的试验中导致有较长的疲劳寿命;而在控制应变加载模式的试验中,温度增加引起混合料劲度降低,使裂缝扩展速度变慢而导致疲劳寿命得以延长。

盖里凯(R. Guericke)和韦纳脱(F. Weinert)根据室内试验结果认为,在低温时控制应力加载模式所得的破坏疲劳寿命与控制应变加载模式的试验结果基本接近。但在较高温度下两种加载模式所得的破坏疲劳寿命之间的差值颇为显著。

3. 沥青混合料疲劳寿命的预估方法

世界各国都在致力于研究沥青混合料疲劳寿命的预估方法,进一步用于路面结构,以预估沥青路面的疲劳寿命。通过大量试验明确了影响混合料疲劳寿命的各种因素之后,进一步研究各种因素影响疲劳寿命的规律性,即可提出沥青混合料疲劳寿命的预估方法。以下是几个有代表性的预估方程式。

1) 诺丁汉大学法

诺丁汉大学通过对各种沥青混合料室内疲劳试验,建立了拉应变、疲劳荷载作用次数、沥青含量和软化点的关系式:

$$\lg\varepsilon_t = \frac{14.39\lg V_B + 24.2lT_{R\&B} - 40.7 - \lg N}{5.13\lg V_B + 8.63\lg T_{R\&B} - 15.8} \tag{13-28}$$

式中:ε_t——允许拉应变;

N——荷载作用次数;

V_B——沥青的体积百分率;

$T_{R\&B}$——沥青软化点。

当拉应变为 100×10^{-6} 时,混合料的疲劳寿命同沥青用量和软化点之间的经验关系式为

$$\lg N(\varepsilon = 100 \times 10^{-6}) = 4.13 kg V_B + 6.95\lg T_{R\&B} \tag{13-29}$$

式中:N——试件在常量拉应变为 100×10^{-6} 时达到破坏的加载次数;

V_B——沥青的体积百分率;

$T_{R\&B}$——用环球法测定的沥青软化点。

2) 壳牌法

壳牌石油公司在试验基础上建立的关系式如下:

$$\varepsilon_t = (0.856 V_B + 1.08) S_{mix}^{-0.036} N^{-0.2} \tag{13-30}$$

式中:ε_t——允许拉应变;

V_B——沥青的体积百分率;

S_{mix}——为特定加载时间、温度下混合料劲度;

N——荷载作用次数。

3) 地沥青学会法

地沥青学会得到的关系式为

$$N = 18.4 C [4.325 \times 10^{-3} (\varepsilon_t)^{-3.291} (S_{mix})^{-0.354}] \tag{13-31}$$

$$C = 10^M$$

$$M = 4.84\left(\frac{V_B}{V_v + V_B} - 0.69\right)$$

式中:N——荷载作用次数;

ε_t——允许拉应变;

V_v——空隙率;

V_B——沥青的体积百分率;

S_{mix}——特定时间、温度下混合料的劲度。

13.3.5 沥青路面的耐老化性能

沥青材料在沥青混合料的拌和、摊铺、碾压以及沥青路面的使用过程中都存在老化问题。老化过程一般分为两个阶段,即施工过程中的热老化和路面使用过程中的长期老化。沥青路面碾压成形后,沥青混合料的抗老化能力不仅与沥青材料有关,与光、氧等自然气候条件有关,

而且还与沥青在混合料中所处的形态有关,如混合料空隙率大小、沥青用量等。沥青混合料的老化将导致沥青路面路用性能的降低。

1. 沥青的老化过程

沥青的耐久性是影响沥青路面使用质量和寿命的重要因素。路面铺筑时受加热作用,路面建成后受自然因素和交通荷载作用,沥青的技术性能向着不利的方向发生不可逆的变化,即沥青的老化。受沥青老化的制约,沥青混合料的物理力学性能随着时间的推移逐年降低直至满足不了交通荷载的要求。

图13-30所示为沥青的老化过程。在路面施工中沥青始终处于高温状态,受热会产生短期老化和热老化;路面使用期内沥青长期裸露在自然环境中,同时还要受到汽车等机械应力的作用而产生长期老化,即使用期老化。

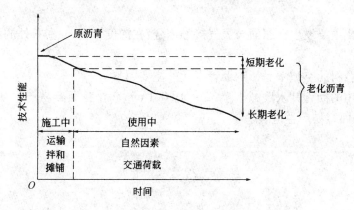

图13-30 沥青的老化过程

沥青的短期老化可分为三个阶段,如图13-31所示。

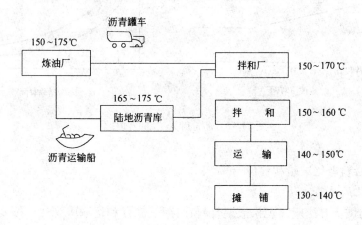

图13-31 沥青从生产到路面摊铺的过程

1) 运输和储存过程的老化

沥青从炼油厂到拌和厂的热态运输一般在170℃左右,进入储油罐或池中,温度有所降低。调查资料表明,这一阶段沥青的技术性能几乎没有变化,因此在运输过程中沥青的老化非常小。

2) 拌和过程的热老化

加热拌和过程中,沥青是在薄膜状态下受到加热,比运输过程中的老化条件严酷得多。沥青混合料拌和后,沥青针入度降低到拌和前沥青针入度的 80% ~85%。因此,拌和过程引起的沥青老化是严重的,是沥青短期老化最主要阶段。

3) 施工期的老化

沥青混合料,运到施工现场摊铺、碾压完毕,降温至自然温度,这一过程中裹覆石料的沥青薄膜仍处于高温状态。从图 13-32 所示沥青针入度的变化可以看出,沥青混合料摊铺、碾压和降温期间,沥青的热老化进一步发展。

混合料中沥青的长期老化是一个漫长而复杂的过程,具有以下特点。

(1) 沥青路面使用早期针入度急剧变小,随后变化缓慢。大体发生在使用 1 年至 4 年之间。

(2) 沥青老化主要发生在路面与大气接触部分,在深度 0.5 cm 左右处的沥青针入度降低幅度相当大。

(3) 沥青混合料的空隙率是影响沥青老化的主要因素。

(4) 当路面中的沥青针入度减小至 35~50(0.1 mm)时,路面容易产生开裂,针入度小于 25(0.1 mm)时路面容易产生龟裂。

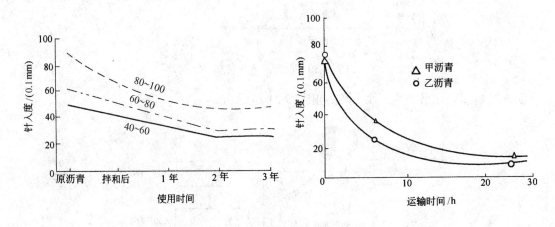

图 13-32　沥青针入度随时间变化

2. 沥青混合料老化试验和评价

1) 短期老化的试验方法

短期老化的试验方法应体现松散混合料在拌和、储存和运输中受热而挥发和氧化的效应,以模拟沥青混合料施工阶段的老化效果。SHRP 根据以往研究,提出了三种方法:烘箱老化法、延时拌和法、微波加热法。

2) 长期老化试验方法

沥青混合料长期老化试验方法应着重体现沥青混合料压实成型试件持续氧化效应,以模拟使用期内沥青路面的老化效果。SHRP 提出了以下三种方法:加压氧化处理(三轴仪压力室内)、延时烘箱加热、红外线/紫外线处理。

3. 国产沥青混合料的老化性能

我国在沥青混合料老化性能方面研究较晚,目前尚未有老化的标准试验方法。有关部门利用延时烘箱加热法评价了我国沥青混合料抗老化性能。试验时,加热温度控制在 135 ℃ ± 1 ℃,时间为 4 h ± 5 min,沥青混合料试件尺寸为 $\phi 101.6$ mm × 63.5 mm。

沥青混合料力学性能评价采用间接拉伸试验结果,以老化前后的抗裂强度 R_T、破坏拉伸应变 ε_T、破坏劲度模量 S_T 作对比分析。试验结果见表 13-9。

表 13-9 国产沥青混合料老化后的间接拉伸试验

沥青	项目	空隙率/%	间接抗裂强度 R_T/MPa	破坏拉伸应变 $\varepsilon_T/(\varepsilon \times 10^{-6})$	破坏劲度模量 S_T/MPa	备注
AH-90(k)	原(b)	5.19	0.563	7 480	218.3	级配:AC-16 I 油石比:4.6%
	老化后(a)	4.30	0.817	5 860	297.1	
	a/b		1.45	0.78	1.36	
A-100(b)	原(b)	4.53	0.978	9 420	221.6	级配:AC-16 I 油石比:4.6%
	老化后(a)	4.70	1.063	7 500	299.9	
	a/b		1.09	0.80	1.35	
A-100(s)	原(b)	4.19	0.811	6 610	262.5	级配:AC-16 I 油石比:4.6%
	老化后(a)	4.31	1.093	5 700	311.1	
	a/b		1.35	0.86	1.19	

试验结果表明:不同油石比,不同矿料级配,不同沥青混合料经历老化之后,它们的 R_T、S_T、ε_T 都有明显的变化,R_T、S_T 呈现增大趋势,ε_T 呈现减小趋势。

沥青路面的抗老化性能是沥青路面耐久性的重要组成部分,对于沥青路面老化的机理;老化过程中的影响因素;老化性能的评价方法;老化性能与其他路用性能之间的关联性;怎样来预防沥青路面的老化等一系列问题尚未得到解决,都有待进一步探求。

13.4 沥青路面的原材料

13.4.1 沥青材料

1. 石油沥青

沥青路面一般采用道路石油沥青,或经过乳化、稀释、调和、改性等工艺加工处理的石油沥青产品作为结合料。有时也采用煤沥青,但是由于煤沥青对人体健康有害,已很少采用。我国道路石油沥青以针入度为指标分为 7 个标号。每一种标号的石油沥青技术指标见表 13-10 所示。每一种标号的沥青,都分为 A、B、C 3 个等级,分别适用于不同等级的公路和不同的结构层次。如表 13-11 所示。

表 13-10 道路石油沥青技术要求

指标	单位	等级	160号[4]	130号[4]	110号	90号	70号[3]	50号	30号[4]	试验方法[5]
针入度(25 ℃,5 s,100 g)	0.1 mm		140~200	120~140	100~120	80~100	60~80	40~60	20~40	T 0604
适用的气候分区			注[4]	注[4]	2-1	2-2	3-2	1-1	1-2	1-3	2-2	2-3	1-1	1-2	1-3	1-4	1-2	1-3	1-4	2-2	2-3	2-4	1-4	注[4]	
针入度指数 PI[2]		A				$-1.5 \sim +1.0$				T 0604
		B				$-1.8 \sim +1.0$				
软化点($T_{R\&B}$) 不小于	℃	A	38	40	43	45	45	46	49	55	T 0606
		B	36	39	42	43	43	44	46	53	
		C	35	37	41	42	43		45	50	
60 ℃动力黏度[2] 不小于	Pa·s	A	—	60	120	160	160	180	200	260	T 0620
10 ℃延度[2] 不小于	cm	A	50	50	40	45	30	20	20	15	10	T 0605
		B	30	30	30	30	20	15	15	10	8	
15 ℃延度 不小于	cm	A、B	80	80	60	50		80	50	30	20	
		C				100						
蜡含量(蒸馏法) 不大于	%	A				2.2					T 0615
		B				3.0					
		C				4.5					
闪点 不小于	℃		230	230		245		260			T 0611
溶解度 不小于	%					99.5					T 0607
密度(15 ℃)	g/cm³					实测记录					T 0603
TFOT(或 RTFOT)后[1]											T 0610 或 T 0609
质量变化 不大于	%					±0.8					
残留针入度比 不小于	%	A	48	54	55	57	61	63	65	T 0604
		B	45	50	52	54	58	60	62	
		C	40	45	48	50	54	58	60	
残留延度(10 ℃) 不小于	cm	A	12	12	10	8	6	4	—	T 0605
		B	10	10	8	6	4	2	—	
残留延度(15 ℃) 不小于	cm	C	40	35	30	20	15	10	—	T 0605

注:① 试验方法按照《公路工程沥青及沥青混合料试验规程》(JTJ 052—2000)规定的方法执行。用于仲裁试验求取 PI 时的 5 个温度的针入度关系的相关系数不得小于 0.997;
② 经建设单位同意,表中 PI 值,60 ℃动力黏度,10 ℃延度可作为选择性指标,也可不作为施工质量检验指标;
③ 70 号沥青可根据需要要求供应商提供针入度范围为 60~70 或 70~80 的沥青,50 号沥青可要求提供针入度范围为 40~50 或 50~60 的沥青;
④ 30 号沥青仅适用于沥青稳定基层。130 号和 160 号沥青除严寒冷地区外,直接用在中低级公路上直接用作乳化沥青,改性沥青,稀释沥青,通常用作乳化沥青,改性沥青的基质沥青;
⑤ 老化试验以 TFOT 为准,也可以 RTFOT 代替。

表 13-11 道路石油沥青的适用范围

沥青等级	适用范围
A 级沥青	各个等级的公路,适用于任何场合和层次
B 级沥青	(1) 高速公路、一级公路沥青下面层及以下的层次,二级及二级以下公路的各个层次 (2) 用作改性沥青、乳化沥青、改性乳化沥青、稀释沥青的基质沥青
C 级沥青	三级及三级以下公路的各个层次

石油沥青标号与等级的选择是影响沥青路面路用性能的重要因素。一般应根据公路等级、路面类型、结构层次、气候区划和施工季节等因素,综合考虑,论证后确定。通常对于夏季温度高、高温持续时间长的地区,宜采用稠度大的沥青;对于冬季寒冷的地区,宜选用稠度低、低温延度大的沥青;对于日温差、年温差大的地区应选择针入度指数大的沥青。对于重载交通路段、山区及丘陵区上坡路段、停车场等行车速度低的路段,宜采用稠度大的沥青;对交通量小的中低级公路、旅游公路宜选用稠度较小的沥青等级。

不同的路面类型及施工工艺要求选择不同的沥青标号与等级,同时应考虑不同气候区划的影响。如 SMA 结构宜选择表 13-10 所列的标号小一级的 A 级沥青;沥青表面处治及沥青贯入式路面的石油沥青标号选用可按表 13-12 所列,根据气候分区来选定,当施工气温高时选用稠度大的沥青,气温低时,选用稠度小的沥青。

表 13-12 沥青表面处治及贯入式路面的石油沥青标号选用参考表

气候分区	1 - 1	1 - 2	1 - 3	1 - 4	2 - 1	2 - 2	2 - 3	2 - 4	3 - 2
沥青标号	130 号	110 号	90 号	70 号,90 号	130 号	110 号	110 号	90 号	130 号

当沥青标号不符合使用要求时,可采用不同标号搭配成调和沥青,根据表 13-9 的要求,通过试验确定不同标号沥青的搭配比例。

2. 乳化石油沥青

乳化沥青,由于它能在常温条件下施工,并且具有节约能源、保护环境、简化施工等方面的优点,使用范围逐步扩大。乳化沥青的种类有阳离子乳化沥青、阴离子乳化沥青和非离子乳化沥青。按其破乳速度的快慢,又可分为快裂、中裂、慢裂。各类乳化沥青的技术要求列于表 13-13 中。

表 13-13 道路用乳化沥青技术要求

试验项目		单位	品种及代号									试验方法
			阳离子				阴离子				非离子	
			喷洒用			拌和用	喷洒用			拌和用	喷洒用	拌和用	
			PC-1	PC-2	PC-3	BC-1	PA-1	PA-2	PA-3	BA-1	PN-2	BN-1	
破乳速度			快裂	慢裂	快裂或中裂	慢裂或中裂	快裂	慢裂	快裂或中裂	慢裂或中裂	慢裂	慢裂	T 0658
粒子电荷			阳离子(+)				阴离子(-)				非离子		T 0653
筛上残留物(1.18 mm 筛)不大于		%	0.1				0.1				0.1		T 0652
黏度	恩格拉黏度计 E_{25}		2~10	1~6	1~6	2~30	2~10	1~6	1~6	2~30	1~6	2~30	T 0622
	道路标准黏度计 $C_{25,3}$	s	10~25	8~20	8~20	10~60	10~25	8~20	8~20	10~60	8~20	10~60	T 0621

续表

试验项目		单位	品种及代号										试验方法
			阳离子				阴离子				非离子		
			喷洒用			拌和用	喷洒用			拌和用	喷洒用	拌和用	
			PC-1	PC-2	PC-3	BC-1	PA-1	PA-2	PA-3	BA-1	PN-2	BN-1	
破乳速度			快裂	慢裂	快裂或中裂	慢裂或中裂	快裂	慢裂	快裂或中裂	慢裂或中裂	慢裂	慢裂	T 0658
蒸发残留物	残留分含量 不小于	%	50	50	50	55	50	50	50	55	50	55	T 0651
	溶解度 不小于	%	97.5				97.5				97.5		T 0607
	针入度(25℃)	0.1 mm	50~200	50~300	45~150		50~200	50~300	45~150		20~300	60~300	T 0604
	延度(15℃) 不小于	cm	40				40				40		T 0605
与粗集料的黏附性 裹覆面积 不小于			2/3				2/3				2/3		T 0654
与粗、细料式集料拌和试验						均匀				均匀			T 0659
水泥拌和试验的筛上剩余 不大于		%										3	T 0657
常温储存稳定性: 1d 不大于 5d 不大于		%	1 5				1 5				1 5		T 0655

注：① P 为喷洒型，B 为拌和型，C、A、N 分别表示阳离子、阴离子、非离子乳化沥青；
② 黏度可选用恩格拉黏度计或沥青标准黏度计之一测定。

乳化沥青适用于沥青表面处治、沥青贯入式、冷拌沥青混合料等各类路面，也可用于修补裂缝，用作透层油、黏层油和沥青封层。

选择乳化沥青的品种应考虑集料的品种与施工条件，阳离子乳化沥青适用于各种集料，而阴离子乳化沥青仅适用于碱性石料，与水泥、石灰、粉煤粉共同使用时，不宜使用阳离子乳化沥青。破乳速度的选择应考虑施工工艺和用途。拌和法施工的冷拌沥青混合料或稀浆封层宜选用慢裂或中裂型乳化沥青；对立即开放交通的稀浆封层，宜采用慢裂快凝型乳化沥青；对喷洒法施工的表面处治、贯入式路面宜选喷洒型快裂乳化沥青。乳化沥青稠度的选择也应考虑施工工艺和用途，一般用于拌和法施工时，采用较大的稠度；用于喷洒法施工时，采用稠度较小的乳化沥青。各种乳化沥青的适用范围列于表 13-14 中。

表 13-14 乳化沥青品种及适用范围

分类	品种及代号	适用范围
阳离子乳化沥青	PC-1	表面处治、贯入式路面及下封层用
	PC-2	透层油及基层养生用
	PC-3	黏层油用
	BC-1	稀浆封层或冷拌沥青混合料用
阴离子乳化沥青	PA-1	表面处治、贯入式路面及下封层用
	PA-2	透层油及基层养生用
	PA-3	黏层油用
	BA-1	稀浆封层或冷拌沥青混合料用

续表

分类	品种及代号	适用范围
非离子乳化沥青	PN-2	透层油用
	BN-1	与水泥稳定集料同时使用(基层路拌或再生)

3. 改性沥青

对于气候条件恶劣,交通特别繁重的路段,使用普通道路石油沥青不能满足要求时,可以使用改性沥青。使用改性沥青通常对改善沥青路面高温及低温稳定性有明显效果。改性沥青一般采用聚合物、天然沥青或其他改性剂对基质石油沥青进行改性。聚合物改性剂可分为如下三类。

(1) 热塑性橡胶类,如苯乙烯—丁二烯—苯乙烯嵌段共聚物(SBS)。
(2) 橡胶类,如丁苯橡胶(SBR)。
(3) 热塑性树脂类,如乙烯—醋酸乙烯共聚物(EVA)、聚乙烯(PE)等。

改性沥青的制作工艺可以选用预混法或直接加入法,预混合可选用机械搅拌法,高速剪切法或胶体磨混融的方法也可制造高剂量改性沥青,尔后在使用前混合基质沥青进行二次掺配。对聚合物改性沥青的技术要求列于表13-15中。

表13-15 聚合物改性沥青技术要求

指标	单位	SBS 类(Ⅰ类)				SBR 类(Ⅱ类)			EVA、PE 类(Ⅲ类)				试验方法
		Ⅰ-A	Ⅰ-B	Ⅰ-C	Ⅰ-D	Ⅱ-A	Ⅱ-B	Ⅱ-C	Ⅲ-A	Ⅲ-B	Ⅲ-C	Ⅲ-D	
针入度 (25℃, 100 g, 5 s)	0.1 mm	>100	80~100	60~80	30~60	>100	80~100	60~80	>80	60~80	40~60	60~40	T 0604
针入度指数 PI 不小于		-1.2	-0.8	-0.4	0	-1.0	-0.8	-0.6	-1.0	-0.8	-0.6	-0.4	T 0604
延度 5℃, 5 cm/min 不小于	cm	50	40	30	20	60	50	40	—				T 0605
软化点 $T_{R\&B}$ 不小于	℃	45	50	55	60	45	48	50	48	52	56	60	T 0606
运动黏度① 135℃ 不大于	Pa·s	3											T 0625 T 0619
闪点 不小于	℃	230				230			230				T 0611
溶解度 不小于	%	99				99							T 0607
弹性恢复 25℃ 不小于	%	55	60	65	75	—							T 0662
黏韧性 不小于	N·m	—				5							T 0624
韧性 不小于	N·m					25							T 0624
储存稳定性② 离析,48 h 软化点差 不大于	℃	2.5				—			无改性剂明显析出、凝聚				T 0661
TFOT(或 RTFOT)后残留物													
质量变化 不大于	%	1.0											T 0610 或 T 0609

续表

指标	单位	SBS类(Ⅰ类)				SBR类(Ⅱ类)			EVA、PE类(Ⅲ类)				试验方法
		Ⅰ-A	Ⅰ-B	Ⅰ-C	Ⅰ-D	Ⅱ-A	Ⅱ-B	Ⅱ-C	Ⅲ-A	Ⅲ-B	Ⅲ-C	Ⅲ-D	
针入度比25℃ 不小于	%	50	55	60	65	50	55	60	50	55	58	60	T 0604
延度5℃ 不小于	cm	30	25	20	15	30	20	10	—				T 0605

注：① 表中135℃运动黏度可采用《公路工程沥青及沥青混合料试验规程》(JTJ 052—2000)中的"沥青布氏旋转黏度试验方法(布洛克菲尔德黏度计法)"进行测定。若在不改变改性沥青物理力学性质并符合安全条件的温度下易于泵送和拌和，或经证明适当提高泵送和拌和温度时能保证改性沥青的质量，容易施工，可不要求测定。
② 储存稳定性指标适用于工厂生产的成品改性沥青。现场制作的改性沥青对储存稳定性指标可不作要求，但必须在制作后，保持不间断的搅拌或泵送循环，保证使用前没有明显的离析。

13.4.2 粗集料

粗集料是指沥青混合料中粒径大于2.36mm或水泥混凝土中粒径大于4.75mm的那部分材料，包括碎石、破碎砾石、筛选砾石、钢渣、矿渣等。高速公路和一级公路沥青路面的粗集料必须采用碎石或破碎砾石。粗集料应该洁净、干燥、表面粗糙、形状接近立方体，且无风化、无杂质，并且有足够的强度和耐磨耗性能。

粗集料按粒径大小分为14种规格，即表13-16所示的S1～S14。成品碎石应按规格生产和使用。粗集料的质量应符合表13-17的规定。沥青路面面层或磨耗层所用粗集料应选用坚硬、耐磨、抗冲击性好的碎石或破碎砾石。高速公路、一级公路选用的粗集料，其磨光值应符合表13-18的要求，以满足高速行车时，抗滑等表面性能的要求。

表13-16 沥青混合料用粗集料规格

规格名称	公称粒径/mm	通过下列筛孔/mm的质量百分率/%											
		106	75	63	53	37.5	31.5	26.5	19.0	13.2	9.5	4.75	2.36	0.6
S1	40～75	100	90～100	—	0～15	—	0～5							
S2	40～60		100	90～100	—	0～15	—	0～5						
S3	30～60		100	90～100	—	—	0～15	—	0～5					
S4	25～50			100	90～100	—	0～15	—	0～5					
S5	20～40				100	90～100	—	0～15	—	0～5				
S6	15～30					100	90～100	—	0～15	—	0～5			
S7	10～30					100	90～100		—	0～15	—	0～5		
S8	10～25						100	90～100	—	0～15	—	0～5		
S9	10～20							100	90～100	—	0～15	—	0～5	
S10	10～15								100	90～100	0～15	0～5		
S11	5～15								100	90～100	40～70	0～15	0～5	
S12	5～10									100	90～100	0～15	0～5	
S13	3～10									100	90～100	40～70	0～20	0～5
S14	3～5										100	90～100	0～15	0～3

表13-17 沥青混合料用粗集料质量技术要求

指标	单位	高速公路及一级公路		其他等级公路	试验方法
		表面层	其他层次		
石料压碎值 不大于	%	26	28	30	T 0316
洛杉矶磨耗损失 不大于	%	28	30	35	T 0317
表观相对密度 不小于	t/m³	2.60	2.50	2.45	T 0304
吸水率 不大于	%	2.0	3.0	3.0	T 0304
坚固性 不大于	%	12	12	—	T 0314
针片状颗粒含量(混合料) 不大于	%	15	18	20	T 0312
其中粒径大于9.5 mm 不大于	%	12	15	—	
其中粒径小于9.5 mm 不大于	%	18	20	—	
水洗法<0.075 mm 颗粒含量 不大于	%	1	1	1	T 0310
软石含量 不大于	%	3	5	5	T 0320

注：① 坚固性试验可根据需要进行；
② 用于高速公路、一级公路时，多孔玄武岩的视密度可放宽至 2.45 t/m³,吸水率可放宽至3%，但必须得到建设单位的批准，且不得用于 SMA 路面；
③ 对 S14 即 3~5 mm 规格的粗集料，针片状颗粒含量可不予要求，<0.075 mm 含量可放宽到3%。

表13-18 粗集料与沥青的黏附性、磨光值的技术要求

雨量气候区	1(潮湿区)	2(湿润区)	3(半干区)	4(干旱区)	试验方法
年降雨量/mm	>1 000	1 000~500	500~250	<250	
粗集料的磨光值 PSV:高速公路、一级公路表面层不小于	42	40	38	36	T 0321
粗集料与沥青的黏附性:高速公路、一级公路表面不小于	5	4	4	3	T 0616
高速公路、一级公路的其他层次及其他等级公路的各个层次不小于	4	4	3	3	T 0663

沥青与粗集料之间应具有良好的黏附性。各气候区要求的黏附性等级见表13-18所示，如黏附性达不到规定要求时，可采取提高黏附性的抗剥离措施。

13.4.3 细集料

细集料是指沥青混合料中粒径小于 2.36 mm 或水泥混凝土中粒径小于 4.75 mm 的那部分材料。沥青面层的细集料可采用机制砂、天然砂、石屑。细集料应洁净、干燥、无风化、无杂质，并有适当的颗粒级配，其质量应符合表13-19的要求。

表13-19 沥青混合料用细集料质量要求

项目	单位	高速公路、一级公路	其他等级公路	试验方法
表观相对密度 不小于	t/m³	2.50	2.45	T 0328
坚固性(>0.3 mm 部分) 不小于	%	12	—	T 0340

续表

项　　目	单　　位	高速公路、一级公路	其他等级公路	试验方法
含泥量(小于0.075 mm的含量) 不大于	%	3	5	T 0333
砂当量 不小于	%	60	50	T 0334
亚甲蓝值 不大于	g/kg	25	—	T 0346
棱角性(流动时间) 不小于	s	30	—	T 0345

注：坚固性试验可根据需要进行。

采用河砂、海砂等天然砂作为细集料使用的,其规格应符合表13-20的规定,表中用水洗法得出的小于0.075 mm颗粒含量对于高速公路和一级公路不得大于3%。通常粗砂、中砂质量较好。

表13-20　沥青混合料用天然砂规格

筛孔尺寸/mm	通过各孔筛的质量百分率/%		
	粗　砂	中　砂	细　砂
9.5	100	100	100
4.75	90~100	90~100	90~100
2.36	65~95	75~90	85~100
1.18	35~65	50~90	75~100
0.6	15~30	30~60	60~84
0.3	5~20	8~30	15~45
0.15	0~10	0~10	0~10
0.075	0~5	0~5	0~5

采石场破碎碎石时,通过4.75 mm或2.36 mm的筛下部分石屑用作细集料时,应杜绝泥土混入。其规格应符合表13-21的要求。当采用石英砂、海砂及酸性石料机制砂时,应采用抗剥离措施。

表13-21　沥青混合料用机制砂或石屑规格

规　格	公称粒径/mm	水洗法通过各筛孔的质量百分率/%							
		9.5	4.75	2.36	1.18	0.6	0.3	0.15	0.075
S15	0~5	100	90~100	60~90	40~75	20~55	7~40	2~20	0~10
S16	0~3		100	80~100	50~80	25~60	8~45	0~25	0~15

注：当生产石屑采用喷水抑制扬尘工艺时,应特别注意含粉量不得超过表中要求。

13.4.4　填料

填料的粒径小于0.6 mm,由沥青与填料混合而成的胶浆是沥青混合料形成强度的重要因素。所以填料必须采用由石灰岩或岩浆岩中的强基性岩石等憎水性石料经磨细的矿粉。矿粉要求干燥、洁净、能自由地从矿粉仓流出,其质量应符合表13-22的技术要求。有时为提高沥青混合料的黏结力,也可掺加部分消石灰或水泥作为填料,其用量一般为矿料总量的1%~3%。

表13-22 沥青混合料用矿粉质量要求

项 目	单 位	高速公路、一级公路	其他等级公路	试 验 方 法
表观相对密度 不小于	t/m³	2.50	2.45	T 0352
含水率 不大于	%	1	1	T 0103 烘干法
粒度范围 <0.6 mm	%	100	100	T 0351
<0.15 mm	%	90~100	90~100	
0.075 mm	%	75~100	70~100	
外观		无团粒结块		
亲水系数		<1		T 0353
塑性指数		<4		T 0354
加热安定性		实测记录		T 0355

13.5 沥青混合料组成设计

13.5.1 沥青混合料分类

热拌沥青混合料适用于各种等级公路沥青路面的面层或基层。沥青混合料按集料公称最大粒径、矿料级配、空隙率大小可分为以下几类。

(1) 密级配沥青混凝土混合料(AC),适用于各级公路沥青面层的任何层次。

(2) 沥青玛蹄脂碎石混合料(SMA),适用于表面层、中面层或加铺磨耗层。

(3) 半开级配沥青碎石混合料,设计空隙率为6%~12%(AM),适用于三级及三级以下公路,表面应设防水上封层。

(4) 密级配沥青稳定碎石混合料,设计空隙率为3%~6%(ATB),也称为大粒径沥青碎石混合料,适用于基层。

(5) 排水式沥青稳定碎石混合料,设计空隙率大于18%(ATPB),适用于排水基层。

(6) 排水式开级配磨耗层,设计空隙率大于18%(OGFC),适用于高速公路排水式沥青路面磨耗层。

各类热拌沥青混合料的特征分列于表13-23中。

表13-23 热拌沥青混合料种类

混合料类型	密级配		开级配			半开级配	公称最大粒径/mm	最大粒径/mm
	连续级配	间断级配	间断级配			沥青碎石		
	沥青混凝土	沥青稳定碎石	沥青玛蹄脂碎石	排水式沥青磨耗层	排水式沥青碎石基层			
特粗式	—	ATB-40	—	—	ATPB-40	—	37.5	53.0
粗粒式	—	ATB-30	—	—	ATPB-30	—	31.5	37.5
	AC-25	ATB-25	—	—	ATPB-25	—	26.5	31.5
中粒式	AC-20	—	SMA-20	—	—	AM-20	19.0	26.5
	AC-16	—	SMA-16	OGFC-16	—	AM-16	16.0	19.0
细粒式	AC-13	—	SMA-13	OGFC-13	—	AM-13	13.2	16.0
	AC-10	—	SMA-10	OGFC-10	—	AM-10	9.5	13.2

续表

混合料类型	密级配		开级配		半开级配	公称最大粒径/mm	最大粒径/mm
	连续级配	间断级配	间断级配		沥青碎石		
	沥青混凝土	沥青稳定碎石	沥青玛蹄脂碎石	排水式沥青磨耗层	排水式沥青碎石基层			
砂粒式	AC-5	—	—	—	—	AM-5	4.75	9.5
设计空隙率/%	3~5	3~6	3~4	>18	>18	6~12		

注：空隙率可按配合比设计要求适当调整。

密级配沥青混凝土混合料(AC)，按其特征筛孔通过率分成粗型密级配混合料(AC-XXC)和细型密级配混合料(AC-XXF)。各级混合料的关键性筛孔及其通过率见表13-24。

表13-24　粗型和细型密级配沥青混凝土的关键性筛孔通过率

混合料类型	公称最大粒径/mm	用以分类的关键性筛孔/mm	粗型密级配		细型密级配	
			名称	关键性筛孔通过率/%	名称	关键性筛孔通过率/%
AC-25	26.5	4.75	AC-25C	<40	AC-25F	>40
AC-20	19	4.75	AC-20C	<45	AC-20F	>45
AC-16	16	2.36	AC-16C	<38	AC-16F	>38
AC-13	13.2	2.36	AC-13C	<40	AC-13F	>40
AC-10	9.5	2.36	AC-10C	<45	AC-10F	>45

13.5.2　沥青混合料的选用

选用沥青混合料种类时，应根据公路等级、交通负荷大小、当地气候特征、路基状况及环境条件，充分考虑本地区的工程建设经验，通过技术经济论证后确定。

通常情况下，沥青混合料的选用应遵循以下原则。

(1)沥青面层与沥青碎石基层通常都采用双层或三层式结构，层间应喷洒黏层油，以加强层间联结。

(2)满足耐久、稳定、密实、安全等功能性要求，且便于施工。

(3)表面层应具有良好的表面功能、密水、耐久、抗车辙、抗裂性能。当抗滑性能不符合要求时，应及时在表面层上加铺抗滑磨耗层。

密级配沥青混凝土混合料运用于各个等级公路的各个层次。当普通密级配沥青混合料不能满足繁重交通和高温稳定性要求时，可采用改性沥青混合料，或采用SMA混合料。

通常混合料的粒径大小应与其相应的层位匹配，特粗式沥青混合料适用于基层；粗粒式沥青混合料适用于下面层或基层；中粒式沥青混合料适用下中面层和表面层；细粒式沥青混合料适用于表面层和薄层罩面；砂粒式沥青混合料适用于非机动车道路，或行人道路。

对于高速公路和一级公路，重载道路的上面层和中面层，应采用粗型密级配混合料(CDAC)；对于高速公路和一级公路的下面层、中低级公路、低交通量公路、寒冷地区公路、园林道路、行人道路等应采用细型密级配混合料(FDAC)。

对于开级配排水式沥青混合料磨耗层(OGFC)，应采用特殊的高黏结性能改性沥青，下卧层应密实防水。开级配排水式沥青稳定碎石混合料基层(ATPB)的下卧层应具有排水和抗冲刷能力。

沥青面层集料的最大粒径应自上而下逐层增大,并与设计层厚相匹配。对于热拌热铺密级配沥青混合料,沥青层一层的压实厚度不应小于集料公称直径的2.5倍,对于高速公路和一级公路,不应小于公称粒径的3倍,对SMA和OGFC等混合料不应小于公称粒径的2~2.5倍,以保证压实,不产生离析。各层次适用的结构类型、公称最大粒径、最小压实层厚见表13-25所示。

表13-25 沥青混合料的最小压实厚度 单位:mm

公路等级		高速公路、一级公路			二级及二级以下公路		行人道路
	结构层类型	AC	SMA	OGFC	AC	SMA	AC
磨耗层或表面层	4.75	×	×	×	×	×	10
	9.50	30	25	20	25	25	20
	公称最大粒径/mm 13.20	40	35	25	35	35	25
	16.00	50	40	×	45	40	×
	结构层类型	AC	ATB		AC	AM	ATB	AC	AM
中下面层及基层	13.20	×	×		35	35	×	35	35
	16.00	50	×		45	40	×	40	40
	公称最大粒径/mm 19.00	60	×		60	50	×	55	×
	26.50	80	80		×	60	80	×	×
	31.50	×	100		×	×	90	×	×
	37.50	×	120		×	×	100	×	×

注:×表示不宜使用。

13.5.3 沥青混合料的配合比设计

沥青混合料配合比设计的目的是确定沥青混合料各种原材料的品种及配比、矿料级配、最佳沥青用量。沥青混合料配合比设计包括目标配合比设计、生产配合比设计、生产配合比验证三个阶段。我国《公路沥青路面施工技术规范》(JTG F40—2004)明确规定,采用马歇尔试验配合比设计方法。若采用其他方法设计沥青混合料配合比,应按规范规定,用马歇尔试验检验各项配合比设计。因此本节主要介绍马歇尔试验配合比设计方法。

1. 沥青混合料配合比设计程序

沥青混合料配合比设计应严格按照规定的程序和方法进行。图13-33所示为沥青混合料配合比设计流程图。整个流程包括4个部分。

(1) 选择混合料类型及原材料基本性能试验。
(2) 初选配合比范围及沥青用量(初定5组用量)。
(3) 按马歇尔试验方法成型试件、测定体积指标及马歇尔稳定度、流值,初定最佳沥青用量。
(4) 按初定配合比进行高温抗车辙、低温稳定性与水稳定性等检验。若达不到要求,对初定配合比作调整,重做相关试验,直至达到要求。试验指标满足要求,则提交报告,目标配合比工作告一段落。

生产配合比设计应以目标配合比为基础,原则上可以参照上述目标配合比运用程序进行。

2. 沥青混合料设计级配范围的选择

选择级配范围应充分吸取本地区的成功经验,根据气候条件、交通条件、公路等级、路面类型、结构层次、混合料类型等因素,经详细的技术经济论证后选定。

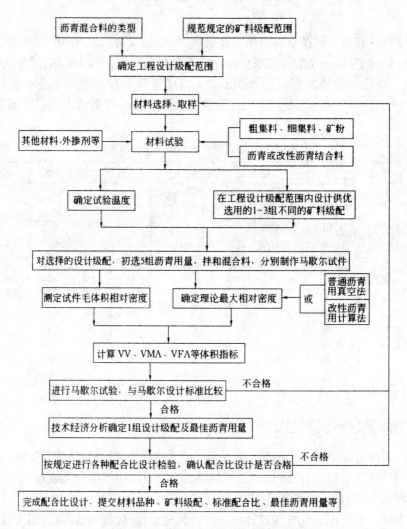

图 13-33 沥青混合料配合比设计流程

《公路沥青路面施工技术规范》根据各地使用经验的总结提出了有关各种混合料的级配范围,在选择混合料初选级配范围时,可参考表13-26~表13-31。

表 13-26 密级配沥青混凝土混合料矿料级配范围(AC)

级配类型		通过下列筛孔/(mm)的质量百分率/%											
		31.5	26.5	19	16	13.2	9.5	4.75	2.36	1.18	0.6	0.3	0.15	0.075
粗粒式	AC-25	100	90~100	75~90	65~83	57~76	45~65	24~52	16~42	12~33	8~24	5~17	4~13	3~7
中粒式	AC-20		100	90~100	78~92	62~80	50~72	26~56	16~44	12~33	8~24	5~17	4~13	3~7
	AC-16			100	90~100	76~92	60~80	34~62	20~48	13~36	9~26	7~18	5~14	4~8
细粒式	AC-16				100	90~100	68~85	38~68	24~50	15~38	10~28	7~20	5~15	4~8
	AC-10						100	90~100	45~75	30~58	20~44	13~32	9~23	6~16	4~8
砂粒式	AC-5							100	90~100	55~75	35~55	20~40	12~28	7~18	5~10

表 13-27 沥青玛蹄脂碎石混合料矿料级配范围(SMA)

级配类型		通过下列筛孔/(mm)的质量百分率/%										
		26.5	19	16	13.2	9.5	4.75	2.36	1.18	0.6	0.3	0.15	0.075
中粒式	SMA-20	100	90~100	72~92	62~82	40~55	18~30	13~22	12~20	10~16	9~14	8~13	8~12
	SMA-16		100	90~100	65~85	45~65	20~32	15~24	14~22	12~18	10~15	9~14	8~12
细粒式	SMA-13			100	90~100	50~75	20~34	15~26	14~24	12~20	10~16	9~15	8~12
	SMA-10				100	90~100	28~60	20~32	14~26	12~22	10~18	9~16	8~13

表 13-28 开级配排水式磨耗层混合料矿料级配范围(OGFC)

级配类型		通过下列筛孔/(mm)的质量百分率/%									
		19	16	13.2	9.5	4.75	2.36	1.18	0.6	0.3	0.15	0.075
中粒式	OGFC-16	100	90~100	70~90	45~70	12~30	10~22	6~18	4~15	3~12	3~8	2~6
	OGFC-13		100	90~100	60~80	12~30	10~22	6~18	4~15	3~12	3~8	2~6
细粒式	OGFC-10			100	90~100	50~70	10~22	6~18	4~15	3~12	3~8	2~6

表 13-29 密级配沥青碎石混合料矿料级配范围(ATB)

级配类型		通过下列筛孔/(mm)的质量百分率/%												
		53	37.5	31.5	26.5	19	16	13.2	9.5	4.75	2.36	1.18	0.6	0.3	0.15	0.075
特粗式	ATB-40	100	90~100	75~92	65~85	49~71	43~63	37~57	30~50	20~40	15~32	10~25	8~18	5~14	3~10	2~6
	ATB-30		100	90~100	70~90	53~72	44~66	39~60	31~51	20~40	15~32	10~25	8~18	5~14	3~10	2~6
粗粒式	ATB-25			100	90~100	60~80	48~68	42~62	32~52	20~40	15~32	10~25	8~18	5~14	3~10	2~6

表 13-30 半开级配沥青碎石混合料矿料级配范围(AM)

级配类型		通过下列筛孔/(mm)的质量百分率/%										
		26.5	19	16	13.2	9.5	4.75	2.36	1.18	0.6	0.3	0.15	0.075
中粒式	AM-20	100	90~100	60~85	50~75	40~65	15~40	5~22	2~16	1~12	0~10	0~8	0~5
	AM-16		100	90~100	60~85	45~68	18~40	6~25	3~18	1~14	0~10	0~8	0~5
细粒式	AM-13			100	90~100	50~80	20~45	8~28	4~20	2~16	0~10	0~8	0~6
	AM-10				100	90~100	35~65	10~35	5~22	2~16	0~12	0~9	0~6

表 13-31 开级配沥青碎石混合料矿料级配范围(ATPB)

级配类型		通过下列筛孔/(mm)的质量百分率/%												
		53	37.5	31.5	26.5	19	16	13.2	9.5	4.75	2.36	1.18	0.6	0.3	0.15	0.075
特粗式	ATPB-40	100	70~100	65~90	55~85	43~75	32~70	20~65	12~50	0~3	0~3	0~3	0~3	0~3	0~3	0~3
	ATPB-30		100	80~100	70~95	53~85	36~80	26~75	14~60	0~3	0~3	0~3	0~3	0~3	0~3	0~3
粗粒式	ATPB-25			100	80~100	60~100	45~90	30~82	16~70	0~3	0~3	0~3	0~3	0~3	0~3	0~3

在高温持续时间长的地区或交通负荷特别重的路段,应主要考虑抗车辙高温稳定性的能力,可适当减小 4.75mm 及 2.36mm 的通过率,选用较高的设计空隙率。当采用密级配沥青

混合料时,可采用表13-24所列的粗型密级配混合料(AC-XXC)。

在低温持续时间长的北方地区,或者交通负荷相对不是太繁重的路段,应充分考虑低温抗裂性能,可适当增加4.75 mm及2.36 mm的通过率,选用较小的设计空隙率,当采用密级配沥青混合料时,可采用表13-24所列的细型密级配混合料(AC-XXF)。

在高温、低温气候都较恶劣,且交通特别繁重的道路,要求路面同时具备良好的高温稳定性和低温抗裂性的情况下,可在减小4.75 mm和2.36 mm通过率的同时,适当增加0.075 mm通过率,取中等或偏高水平的设计空隙率。

在潮湿区、湿润区,雨水、冰雪融化对路面有严重危害的地区,在考虑抗车辙能力的同时,还必须重视密水的重要性,防止水损害,宜适当减少设计空隙率。

3. 沥青混合料原材料

沥青混合料的原材料沥青、粗集料、细集料、填料的选择原则已于13.5.2节作介绍,在选择原材料时应严格按照表13-10~表13-22中有关各种原材料的相关规定选料。

4. 马歇尔试验

沥青混合料配合比三个阶段的设计都要进行马歇尔试验。对密级配沥青混凝土混合料、沥青稳定碎石混合料、SMA沥青混合料和OCFC沥青混合料,四种混合料马歇尔试验中试件成型条件,以及各项试验的技术要求分别列于表13-32~表13-35。

表13-32 密级配沥青混凝土混合料马歇尔试验技术标准

(本表适用于公称最大粒径≤26.5 mm的密级配沥青混凝土混合料)

试验指标		单位	高速公路、一级公路				其他等级公路	行人道路
			夏炎热区 (1-1、1-2、1-3、1-4区)		夏热区及夏凉区 (2-1、2-2、2-3、2-4、3-2区)			
			中轻交通	重载交通	中轻交通	重载交通		
击实次数(双面)		次	75				50	50
试件尺寸		mm	ϕ101.6 mm × 63.5 mm					
空隙率VV	深约90 mm以内	%	3~5	4~6	2~4	3~5	3~6	2~4
	深约90 mm以下	%	3~6		2~4	3~6	3~6	—
稳定度MS 不小于		kN	8				5	3
流值FL		mm	2~4	1.5~4	2~4.5	2~4	2~4.5	2~5
矿料间隙率 VMA/% 不小于	设计空隙率 /%	相应于以下公称最大粒径/mm的最小VMA及VFA技术要求/%						
		26.5	19	16	13.2	9.5	4.75
	2	10	11	11.5	12	13	15
	3	11	12	12.5	13	14	16
	4	12	13	13.5	14	15	17
	5	13	14	14.5	15	16	18
	6	14	15	15.5	16	17	19
沥青饱和度VFA/%			55~70		65~75		70~85	

注:① 对空隙率大于5%的夏炎热区重载交通路段,施工时应至少提高压实度1%。
② 当设计的空隙率不是整数时,由内插确定要求的VMA最小值。
③ 对改性沥青混合料,马歇尔试验的流值可适当放宽。

表13-33 沥青稳定碎石混合料马歇尔试验配合比设计技术标准

试验指标	单位	密级配基层（ATB）		半开级配面层（AM）	排水式开级配磨耗层（OGFC）	排水式开级配基层（ATPB）
公称最大粒径	mm	26.5 mm	等于或大于31.5 mm	等于或小于26.5 mm	等于或小于26.5 mm	所有尺寸
马歇尔试件尺寸	mm	ϕ101.6 mm ×63.5 mm	ϕ152.4 mm ×95.3 mm	ϕ101.6 mm ×63.5 mm	ϕ101.6 mm ×63.5 mm	ϕ152.4 mm ×95.3 mm
击实次数（双面）	次	75	112	50	50	75
空隙率 VV	%	3~6		6~10	不小于18	不小于18
稳定度 不小于	kN	7.5	15	3.5	3.5	—
流值	mm	1.5~4		实测	—	—
沥青饱和度 VFA	%	55~70		40~70	—	—
密级配基层ATB的矿料间隙率VMA不小于/%	设计空隙率/%	ATB-40		ATB-30		ATB-25
	4	11		11.5		12
	5	12		12.5		13
	6	13		13.5		14

注：在干旱地区，可将密级配沥青稳定碎石基层的空隙率适当放宽到8%。

表13-34 SMA混合料马歇尔试验配合比设计技术要求

试验项目		单位	技术要求		试验方法
			不使用改性沥青	使用改性沥青	
马歇尔试件尺寸		mm	ϕ101.6 mm ×63.5 mm		T 0702
马歇尔试件击实次数[①]			两面击实50次		T 0702
空隙率 VV[②]		%	3~4		T 0708
矿料间隙率 VMA[②]	不小于	%	17.0		T 0708
粗集料骨架间隙率 VCA_{mix}[③]	不大于		VCA_{DRC}		T 0708
沥青饱和度 VFA		%	75~85		T 0708
稳定度[④]	不小于	kN	5.5	6.0	T 0709
流值		mm	2~5	—	T 0709
谢伦堡沥青析漏试验的结合料损失		%	不大于0.2	不大于0.1	T 0732
肯塔堡飞散试验的混合料损失或浸水飞散试验		%	不大于20	不大于15	T 0733

注：① 对集料坚硬不易击碎，通行重载交通的路段，也可将击实次数增加为双面75次。
② 对高温稳定性要求较高的重交通路段或炎热地区，设计空隙率允许放宽到4.5%，VMA允许放宽到16.5%（SMA-16）或16%（SMA-19），VFA允许放宽到70%。
③ 试验粗集料骨架间隙率VCA的关键性筛孔，对SMA-19、SMA-16是指4.75 mm，对SMA-13、SMA-10是指2.36 mm。
④ 稳定度难以达到要求时，容许放宽到5.0 kN（非改性）或5.5 kN（改性），但动稳定度检验必须合格。

表13-35 OGFC混合料技术要求

试验项目	单位	技术要求	试验方法
马歇尔试件尺寸	mm	ϕ101.6 mm ×63.5 mm	T 0702
马歇尔试件击实次数		两面击实50次	T 0702
空隙率	%	18~25	T 0708

续表

试 验 项 目		单位	技 术 要 求	试验方法
马歇尔稳定度	不小于	kN	3.5	T 0709
析漏损失		%	<0.3	T 0732
肯特堡飞散损失		%	<20	T 0733

马歇尔试验试件的拌和温度及压实温度应按表13-36的规定选定,并与施工温度相一致,改性沥青混合料试件成型温度可在此基础上提高 10~20 ℃。

表13-36 热拌普通沥青混合料试件的制作温度

施 工 工 序	石油沥青的标号				
	50号	70号	90号	110号	130号
沥青加热温度/℃	160~170	155~165	150~160	145~155	140~150
矿料加热温度/℃	集料加热温度比沥青温度高10~30(填料不加热)				
沥青混合料拌和温度/℃	150~170	145~165	140~160	135~155	130~150
试件击实成型温度/℃	140~160	135~155	130~150	125~145	120~140

进行马歇尔试验时,以预估的油石比为中值,按一定间隔(对密级配沥青混合料取0.5%)取5个或5个以上不同的油石比,按规定方法成型试件。通过试验测定不同油石比相关混合料的各项马歇尔试验指标:

γ——毛体积密度,(g/cm^3);

VV——空隙率,%;

VMA——矿料间隙率,%;

VFA——沥青饱和度,%;

FL——流值,mm;

MS——稳定度,kN。

5. 确定最佳沥青用量 OAC

将马歇尔试验的结果,以油石比为横坐标,各项指标为纵坐标制成曲线如图13-34所示。在确定最佳沥青用量时,应保证沥青用量在容许范围以内。以图13-34为例,沥青最佳用量 OAC,应位于 $OAC_{min} \sim OAC_{max}$ 的范围内,同时,确定 $OAC_{min} \sim OAC_{max}$ 的范围应涵盖各项指标的要求范围,并使密度及稳定度曲线出现峰值。

若在选择沥青用量范围时,不考虑沥青饱和度的要求范围,可以取空隙率要求范围的中值或目标空隙率所对应的沥青用量 a_1,取密度最大值所对应的沥青用量 a_2,稳定度最大值对应的沥青用量 a_3,取三者的平均值作为 OAC_1,即

$$OAC_1 = \frac{(a_1 + a_2 + a_3)}{3} \tag{13-32}$$

若在选择沥青用量范围时,沥青饱和度也考虑在内,则在式(13-32)的基础上再增加沥青饱和度中值对应的沥青用量 a_4,OAC_1 按式(13-33)计算确定:

$$OAC_1 = \frac{(a_1 + a_2 + a_3 + a_4)}{4} \tag{13-33}$$

以各项指标均符合要求的沥青用量范围 $OAC_{min} \sim OAC_{max}$ 的中值为 OAC_2。即

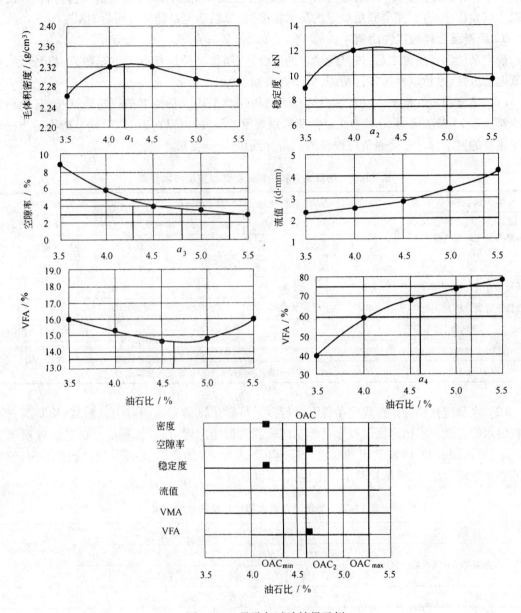

图 13-34 马歇尔试验结果示例

注：图中 $a_1=4.2\%$，$a_2=4.25\%$，$a_3=4.8\%$，$a_4=4.7\%$，$OAC_1=4.49\%$（由 4 个平均值确定），$OAC_{min}=4.3\%$，$OAC_{max}=5.3\%$，$OAC_2=4.8\%$，$OAC=4.64\%$。此例中相对于空隙率4%的油石比为4.6%。

$$OAC_2 = \frac{(OAC_{min} + OAC_{max})}{2} \tag{13-34}$$

沥青混合料的最佳沥青用量取 OAC_1 与 OAC_2 的平均值，即

$$OAC = \frac{OAC_1 + OAC_2}{2} \tag{13-35}$$

检查图 13-34 中与 OAC 沥青用量相应的各项指标是否符合表 13-32、表 13-33、表 13-34 与

表13-35 中规定的各项技术标准。若不能满足上述技术标准的要求,应重新调整材料组成,重复以上试验程序,直至完全满足规定的技术标准时,最后确定最佳沥青用量 OAC。

6. 沥青混合料稳定性检测

确定最佳沥青用量之后,按已经确定的配合比,制作试件进行有关抗车辙高温稳定性、抗裂低温稳定性、水稳定性等各种检测,具体要求如下。

(1) 高温稳定性检测。在环境温度 60 ℃,轮压 0.7 MPa 条件下进行轮辙试验,其动稳定度应符合表 13-37 的要求。对于交通负荷特别繁重的路段,可以在表 13-37 的基础上适当提高动稳定度的要求。对于交通负荷很轻的道路,可适当降低要求。

表13-37 沥青混合料轮辙试验动稳定度技术要求

气候条件与技术指标	相应于下列气候分区所要求的动稳定度/(次/mm)								试验方法
最热月平均最高气温/℃ 及气候分区	>30				20~30			<20	
	1. 夏炎热区				2. 夏热区			3. 夏凉区	
	1-1	1-2	1-3	1-4	2-1	2-2	2-3	2-4	3-2
普通沥青混合料,不小于	800		1 000		600		800		600	T 0719
改性沥青混合料,不小于	2 400		2 800		2 000		2 400		1 800
SMA 混合料	非改性,不小于	1 500							
	改性,不小于	3 000							
OGFC 混合料	1 500(一般交通路段),3 000(重交通量路段)								

(2) 水稳定性检测。在规定条件下进行浸水马歇尔试验和冻融劈裂试验,以检验沥青混合料的水稳定性。水稳定性以浸水马歇尔试验的残留稳定度,以及冻融劈裂试验的残留强度比表示,应达到表 13-38 所列出的要求。若达不到表 13-38 的要求,必须采用抗剥落措施,或重新调整最佳沥青用量,重新检验水稳定性,直至满足要求为止。

表13-38 沥青混合料水稳定性检验技术要求

气候条件与技术指标	相应于下列气候分区的技术要求/%				试验方法
年降雨量/mm 及气候分区	>1 000	500~1 000	250~500	<250	
	1. 潮湿区	2. 湿润区	3. 半干区	4. 干旱区	
浸水马歇尔试验残留稳定度/% 不小于					
普通沥青混合料	80		75		T 0709
改性沥青混合料	85		80		
SMA 混合料	普通沥青	75			
	改性沥青	80			
冻融劈裂试验的残留强度比/% 不小于					
普通沥青混合料	75		70		T 0729
改性沥青混合料	80		75		
SMA 混合料	普通沥青	75			
	改性沥青	80			

(3)低温抗裂稳定性检测。在 -10 ℃ 的环境温度和 50 mm/min 的加载速率条件下进行弯曲试验、测定破坏强度、破坏应变、破坏劲度模量,用于评价低温抗裂稳定性。不同沥青混合料的低温弯曲破坏应变应不小于表 13-39 的要求,若达不到表 13-39 的要求,应调整沥青材料的品种、标号、用量。重新进行试验,直至满足要求为止。

表 13-39 沥青混合料低温弯曲试验破坏应变($\mu\varepsilon$)技术要求

气候条件与技术指标		相应于下列气候分区所要求的破坏应变/$\mu\varepsilon$							试验方法
年极端最低气温/℃及气候分区	< -37.0	-21.5 ~ -37.0			-9.0 ~ -21.5		> -9.0		T 0728
	1. 冬严寒区	2. 冬寒区			3. 冬冷区		4. 冬温区		
	1-1	2-1	1-2	2-2	3-2	1-3	2-3	1-4	2-4	
普通沥青混合料 不小于	2 600		2 300			2 000				
改性沥青混合料 不小于	3 000		2 800			2 500				

(4)渗水性能检验。取轮碾机成型的轮辙试验试件进行渗水试验,其渗水系数应符合表 13-40 规定的要求。若渗水系数不能满足要求应调整配合比,直至满足要求为止。对于干旱区和半干旱区可以不进行渗水试验。

表 13-40 沥青混合料试件渗水系数技术要求

级配类型		渗水系数/(mL/min)	试验方法
密级配沥青混凝土	不大于	120	
SMA 混合料	不大于	80	T 0730
OGFC 混合料	不小于	实测	

对于 SMA 沥青混合料与应用改性沥青配制的沥青混合料,除了上述检测试验之外,还需增加一些专项试验,以检验其他一些特殊的性能。

(1)目标配合比设计阶段。用工程实际使用的材料,通过试验计算所得的矿料级配及沥青用量为目标配合比。主要用于工程制定工程材料供应计划,确定拌和机各冷料仓的供料比例、进料速度并进行试拌。

(2)生产配合比设计阶段。材料、机具进厂后,在目标配合比的基础上进行直接为生产服务的配合比设计,以目标配合比的最佳沥青用量 ±0.3%,以此取三个沥青用量进行马歇尔试验,通过室内试验和拌和机取样试验以确定生产配合比的最佳沥青用量。并根据生产配合比调整冷料仓和热料仓的进出料比例与速度。

(3)生产配合比验证阶段。拌和机按生产配合比配料进行试拌、并铺筑试验路。同时用拌和的沥青混合料进行马歇尔试验;在试验路上钻孔取样,检验混合料的集料综合配合比和沥青用量是否在经过优选的生产配合比设计范围之内,力争接近中值。通过验证之后最后确定施工用的标准配合比,以及各筛孔通过材料的允许波动范围,制定工程施工用的级配控制范围。

13.6 沥青路面施工与质量控制

13.6.1 洒铺法沥青路面面层的施工

用洒铺法施工的沥青路面面层,包括沥青表面处治和沥青贯入式两种。其施工过程分述如下。

1. 沥青表面处治

由于沥青表面处治层很薄,一般不考虑其结构增强作用,主要功能是抵抗行车的磨耗,增强防水性,提高平整度,改善路面的行车条件。沥青表面处治宜在干燥和较热的季节施工,并应在雨季及日最高温度低于 15 ℃到来以前半个月结束,使表面处治层通过开放交通压实,成型稳定。

沥青表面处治可采用拌和法或层铺法施工,采用层铺法施工时,按照洒布沥青及铺撒矿料的层次多少划分工序。单层式为洒布一次沥青,铺撒一次矿料,厚度为 1.0~1.5 cm;双层式为洒布两次沥青,铺撒两次矿料,厚度为 2.0~2.5 cm;三层式为洒布三次沥青,铺撒三次矿料,厚度为 2.5~3.0 cm。

沥青表面处治所用的矿料,其最大粒径应与所处治的层次厚度相当。矿料的最大与最小粒径比例应不大于2,介于两个筛孔之间颗粒的含量应不小于 70%~80%。沥青表面处治材料用量要求如表 13-41 所示。

表 13-41 沥青表面处治材料规格和用量

沥青种类	类型	厚度/mm	集料/(m³/1 000 m²)						沥青或乳液用量/(kg/m²)			
			第一层		第二层		第三层		第一次	第二次	第三次	合计用量
			规格	用量	规格	用量	规格	用量				
石油沥青	单层	1.0 1.5	S12 S10	7~9 12~14					1.0~1.2 1.4~1.6			1.0~1.2 1.4~1.6
	双层	1.5 2.0 2.5	S10 S9 S8	12~14 16~18 18~20	S12 S12 S12	7~8 7~8 7~8			1.4~1.6 1.6~1.8 1.8~2.0	1.0~1.2 1.0~1.2 1.0~1.2		2.4~2.8 2.6~3.0 2.8~3.2
石油沥青	三层	2.5 3.0	S8 S6	18~20 20~22	S12 S12	12~14 12~14	S12 S12	7~8 7~8	1.6~1.8 1.8~2.0	1.2~1.4 1.2~1.4	1.0~1.2 1.0~1.2	3.8~4.4 4.0~4.6
乳化沥青	单层	0.5	S14	7~9					0.9~1.0			0.9~1.0
	双层	1.0	S12	9~11	S14	4~6			1.8~2.0	1.0~1.2		2.8~3.2
	三层	3.0	S6	20~22	S10	9~11	S12 S14	4~6 3.5~4.5	2.0~2.2	1.8~2.0	1.0~1.2	4.8~5.4

注:① 煤沥青表面处治的沥青用量可比石油沥青用量增加 15%~20%;
② 表中的乳液用量按乳化沥青的蒸发残留物含量 60% 计算,如沥青含量不同应予折算;
③ 在高寒地区及干旱风沙大的地区,可超出高限 5%~10%。

当采用乳化沥青时,应减少乳液流失,可在主层集料中掺加 20% 以上较小粒径的集料。沥青表面处治施工后,应在路侧另备碎石或石屑、粗砂或小砾石作为初期养护用料,其中,碎石的规格为 S12(5~10 mm),粗砂或小砾石的规格为 S14(3~5 mm),其用量为 2~

$3 \, m^3/1\,000 \, m^2$。城市道路的初期养护料,在施工时应与最后一遍料一起撒布。

沥青表面处治可采用道路石油沥青、煤沥青或乳化沥青铺筑,沥青用量按表13-41选用,沥青标号应按表13-12选用。当采用煤沥青时,应将表13-41中的沥青用量相应增加15%~20%,当采用乳化沥青时,乳液的品种和用量根据表13-13及表13-14所列的乳液用途和用量决定,并按其中的沥青含量进行折算。

层铺法沥青表面处治施工,一般采用所谓"先油后料"法,即先洒布一层沥青,后铺撒一层矿料。以双层式沥青表面处治为例,其施工程序如下:备料→清理基层及放样→浇洒透层沥青→洒布第一次沥青→铺撒第一层矿料→碾压→洒布第二次沥青→铺撒第二层矿料→碾压→初期养护。

单层式和三层式沥青表面处治的施工程序与双层式相同,仅需相应地减少或增加一次洒布沥青、铺撒矿料和碾压工序。

层铺法施工各工序的要求分述如下。

1) 清理基层

在表面处治施工前,应将路面基层清扫干净,使基层的矿料大部分外露,并保持干燥。对有坑槽、不平整的路段应先修补和整平,若基层整体强度不足,则应先予补强。

2) 洒布沥青

沥青要洒布均匀,不应有空白或积聚现象,以免日后产生松散或拥包和推挤等病害。采用汽车洒布机洒布沥青时,应根据单位面积的沥青用量选定洒布机排挡和油泵机挡。洒布汽车行驶的速度要均匀。若采用手摇洒布机洒布沥青,应根据施工气温和风向调节喷头离地面的高度和移动的速度,以保证沥青洒布均匀,并应按洒布面积来控制单位沥青用量。沥青的洒布温度应根据施工气温及沥青标号选择,石油沥青的洒布温度宜为130℃~170℃,煤沥青的洒布温度宜为80℃~120℃,乳化沥青可在常温下洒布。当气温偏低,破乳及成型过慢时,可将乳液加温后洒布,但乳液温度不得超过60℃。沥青洒布的长度应与集料撒布机的能力相配合,应避免沥青洒布后等待较长时间才撒布集料。

3) 铺撒矿料

洒布沥青后应趁热迅速铺撒矿料,按规定用量一次撒足。矿料要铺撒均匀,局部有缺料或过多处,应适当找补或扫除。矿料不应有重叠或漏空现象。当使用乳化沥青时,集料撒布应在乳液破乳之前完成。

4) 碾压

铺撒矿料后随即用60~80 kN或80~100 kN压路机或轮胎压路机及时碾压,乳化沥青表面处治可用轻型压路机碾压。碾压应从一侧路缘压向路中心。碾压时,每次轮迹重叠约30 cm,碾压3~4遍。压路机行驶速度开始为2 km/h,以后可适当提高。

5) 初期养护

碾压结束后即可开放交通,但应禁止车辆快速行驶(不超过20 km/h),要控制车辆行驶的路线,使路面全幅宽度获得均匀碾压,加速处治层泛油稳定成型。对局部泛油、松散、麻面等现象,应及时修整处理。

2. 沥青贯入式路面

沥青贯入式路面具有较高的强度和稳定性,其强度的构成,主要依靠矿料的嵌挤作用和沥青材料的黏结力。沥青贯入式路面适用于二级及二级以下的公路、城市道路的次干道及支路。

沥青贯入式层也可作为沥青混凝土路面的下面层或基层。由于沥青贯入式路面是一种多孔隙结构,为了防止水的浸入和增强路面的水稳定性,其面层的最上层必须加铺封层。沥青贯入式路面宜在干燥和较热的季节施工,并宜在雨季及日最高温度低于 15 ℃ 到来以前半个月结束。使贯入式结构层通过开放交通碾压成型。

沥青贯入式路面在初步碾压的矿料层上洒布沥青,再分层铺撒嵌缝料、洒布沥青和碾压,并借行车压实而成。其厚度一般为 4~8 cm。乳化沥青贯入式路面的厚度不宜超过 5 cm。当贯入层上部加铺拌和的沥青混合料面层时,路面总厚度为 6~10 cm,其中拌和层的厚度宜为 2~4 cm。

沥青贯入式路面所用的集料应选择有棱角、嵌挤性好的坚硬石料,其规格和用量要求如表 13-42、表 13-43 所示。

表 13-42 沥青贯入式路面材料规格和用量

(用量单位:集料,m³/1 000 m²;沥青及沥青乳液,kg/m²)

沥青品种	石油沥青					
厚度/cm	4		5		6	
规格和用量	规格	用量	规格	用量	规格	用量
封层料	S14	3~5	S14	3~5	S13(S14)	4~6
第三遍沥青		1.0~1.2		1.0~1.2		1.0~1.2
第二遍嵌缝料	S12	6~7	S11(S10)	10~12	S11(S10)	10~12
第二遍沥青		1.6~1.8		1.8~2.0		2.0~2.2
第一遍嵌缝料	S10(S9)	12~14	S8	12~14	S8(S6)	16~18
第一遍沥青		1.8~2.1		1.6~1.8		2.8~3.0
主层石料	S5	45~50	S4	55~60	S3(S4)	66~76
沥青总用量		4.4~5.1		5.2~5.8		5.8~6.4
厚度/cm	7		8		4		5	
规格和用量	规格	用量	规格	用量	规格	用量	规格	用量
封层料	S13(S14)	4~6	S13(S14)	4~6	S13(S14)	4~6	S14	4~6
第五遍沥青								0.8~1.0
第四遍嵌缝料							S14	5~6
第四遍沥青						0.8~1.0		1.2~1.4
第三遍嵌缝料					S14	5~6	S12	7~9
第三遍沥青		1.0~1.2		1.0~1.2		1.4~1.6		1.5~1.7
第二遍嵌缝料	S10(S11)	11~13	S10(S11)	11~13	S12	7~8	S10	9~11
第二遍沥青		2.4~2.6		2.6~2.8		1.6~1.8		1.6~1.8
第一遍嵌缝料	S6(S8)	18~20	S6(S8)	20~22	S9	12~14	S8	10~12
第一遍沥青		3.3~3.5		4.4~4.2		2.2~2.4		2.6~2.8
主层石料	S2	80~90	S1(S2)	95~100	S5	40~45	S4	50~55
沥青总用量		6.7~7.3		7.6~8.2		6.0~6.8		7.4~8.5

沥青贯入层的主层集料最大粒径可与贯入层厚度相当。当采用乳化沥青时,主层集料最大粒径可采用厚度的 0.8~0.85 倍,数量按压实系数 1.25~1.30 计算。

沥青贯入式路面的结合料可采用黏稠石油沥青、煤沥青或乳化沥青。当采用石油沥青时,沥青用量按表 13-42 和表 13-43 选定,沥青标号按表 13-12 选用。当采用煤沥青时,沥青用量相应增加 15% ~20%。当采用乳化沥青时,乳液用量按其中的沥青含量折算,表 13-42 和表 13-43 所列的乳液用量适用于沥青含量 60% 的乳化沥青,乳化沥青的标号按表 13-13 和表 13-14 选用。

表 13-43 上拌下贯式路面的材料规格和用量

(用量单位:集料,$m^3/1\,000\,m^2$;沥青及沥青乳液,kg/m^2)

沥青品种	石油沥青					
厚度/cm	4		5		6	
规格和用量	规格	用量	规格	用量	规格	用量
第二遍嵌缝料	S12	5~6	S12(S11)	7~9	S12(S11)	7~9
第二遍沥青		1.4~1.6		1.6~1.8		1.6~1.8
第一遍嵌缝料	S10(S9)	12~14	S8	16~18	S8(S7)	16~18
第一遍沥青		2.0~2.3		2.6~2.8		3.2~3.4
主层石料	S5	45~50	S4	55~60	S3(S2)	66~76
沥青总用量		3.4~3.9		4.2~4.6		4.8~5.2
沥青品种	石油沥青		乳化沥青			
厚度/cm	7		5		6	
规格和用量	规格	用量	规格	用量	规格	用量
第四遍嵌缝料					S14	4~6
第四遍沥青						1.3~1.5
第三遍嵌缝料			S14	4~6	S12	8~10
第三遍沥青				1.4~1.6		1.4~1.6
第二遍嵌缝料	S10(S11)	8~10	S12	9~10	S9	8~12
第二遍沥青		1.7~1.9		1.8~2.0		1.5~1.7
第一遍嵌缝料	S6(S8)	18~20	S8	15~17	S6	24~26
第一遍沥青		4.0~4.2		2.5~2.7		2.4~2.6
主层石料	S2(S3)	80~90	S4	50~55	S3	50~55
沥青总用量		5.7~6.1		5.9~6.2		6.7~7.2

沥青贯入式面层的施工程序为:整修和清扫基层→浇洒透层或黏层沥青→铺撒主层矿料→第一次碾压→洒布第一次沥青→铺撒第一次嵌缝料→第二次碾压→洒布第二次沥青→铺撒第二次嵌缝料→第三次碾压→洒布第三次沥青→铺撒封面矿料→最后碾压→初期养护。

对沥青贯入式路面施工要求与沥青表面处治基本相同,除注意施工各工序紧密衔接不要脱节之外,还应根据碾压机具、洒布沥青设备的型号和数量,安排好每一作业段的长度,力求在当天施工的路段当天完成,以免因沥青冷却而不能裹覆矿料和产生尘土污染矿料等不良后果。

适度的碾压在贯入式路面施工中极为重要。碾压不足会影响矿料嵌挤稳定,且易使沥青流失,形成层次上、下部沥青分布不均。但过度的碾压,则矿料易于压碎、破坏嵌挤原则,造成空隙减少,沥青难以下渗,形成泛油。因此,应根据矿料的等级、沥青材料的标号、施工气温等因素来确定各次碾压所使用的压路机质量和碾压遍数。

13.6.2 拌和法沥青路面施工

1. 热拌沥青混合料路面的施工

热拌沥青混合料适用于各种等级道路的沥青面层。高速公路、一级公路和城市快速路、主干路的沥青面层的上面层、中面层及下面层应采用沥青混凝土混合料铺筑,沥青碎石混合料适用于基层、过渡层及整平层。其他等级道路的沥青面层的上面层宜采用沥青混凝土混合料铺筑。热拌沥青混合料材料种类应根据具体条件和技术规范合理选用,应满足耐久性、抗车辙、抗裂、抗水损害、抗滑性能等多方面要求,同时还需考虑施工机械、工程造价等实际情况。沥青混凝土混合料面层宜采用双层或三层式结构,其中应有一层或一层以上是密级配沥青混凝土混合料。

热拌法沥青路面包括沥青混凝土、沥青碎(砾)石等,施工过程可分为沥青混合料的拌制与运输及现场铺筑两个阶段。

1) 沥青混合料的拌制与运输

在工厂拌制混合料所用的固定式拌和设备有间歇式(图13-35)和连续式(图13-36)两种。前者系在每盘拌和时,计量混合料各种材料的质量,而后者则在计量各种材料之后,连续不断地送进拌和器中拌和。

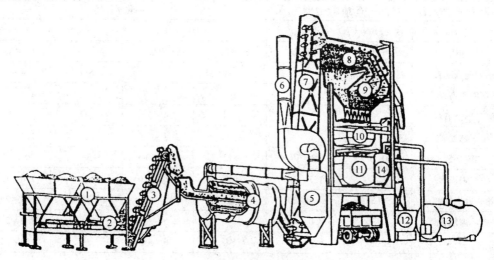

图 13-35 间歇式拌和机

1-冷集料存料斗;2-冷料供应阀门;3-冷料输送机;4-干燥/加热转筒;5-集尘器;6-排气管;
7-热料提升机;8-筛分装置;9-热料集料斗;10-称料斗;11-拌和桶或叶片拌和机;
12-矿质填料储存仓;13-热沥青储存罐;14-沥青称料斗

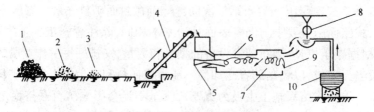

图 13-36 连续式拌和机

1-粗粒矿料;2-细粒矿料;3-砂;4-冷料提升机;5-燃料喷雾器;
6-干燥器;7-拌和器;8-沥青秤;9-活门;10-沥青罐

为保证沥青混合料的质量更稳定,沥青用量更准确,高速公路和一级公路的沥青混凝土宜采用间歇式拌和机拌和。

用固定式拌和机拌制沥青混合料的工艺流程如图13-37所示。

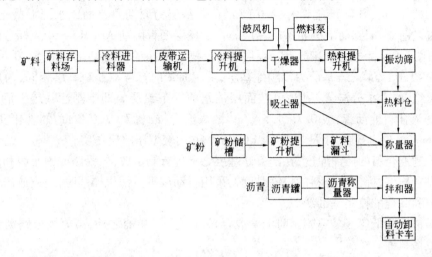

图13-37 拌制沥青混合料的工艺流程

在拌制沥青混合料之前,应根据确定的配合比进行试拌。试拌时对所用的各种矿料及沥青应严格计量。通过试拌和抽样检验确定每盘热拌的配合比及其总质量(对间歇式拌和机),确定各种矿料进料口开启的大小及沥青和矿料进料的速度(对连续式拌和机),适宜的沥青用量、拌和时间、矿料和沥青加热温度以及沥青混合料出厂的温度。对试拌的沥青混合料进行试验之后,即可选定生产配合比。

为使沥青混合料拌和均匀,在拌制时,需要控制矿料和沥青的加热温度与拌和温度。各类沥青混合料的拌制温度和运输及施工温度应满足表13-44的要求,当采用改性沥青混合料时,施工温度应满足表13-45的要求,经过拌和后的混合料应均匀一致,无细料和粗料分离及花白、结成团块的现象。

厂拌沥青混合料通常用自动倾卸汽车运往铺筑现场,必须根据运送的距离和道路交通状况来组织运输。混合料运输所需的车辆数可按下式计算:

$$A = 1 + \frac{t_1 + t_2 + t_3}{T} + a \tag{13-36}$$

式中:A——需要车辆数;

T——一辆车容量的沥青混合料拌和与装车所需的时间,min;

t_1——运到铺筑现场所需的时间,min;

t_2——由铺筑现场返回拌和厂所需的时间,min;

t_3——在现场卸料和其他等待时间,min;

a——备用的车辆数(运输车辆发生故障及其他用途时使用)。

2)现场铺筑

热拌法沥青混合料路面施工的铺筑工序如下。

(1)基层准备和放样。面层铺筑前,应对基层或旧路面的厚度、密实度、平整度、路拱等进行检查。基层或旧路面若有坎坷不平、松散、坑槽等,必须在面层铺筑之前整修完毕,并应清扫干净。为使面层与基层黏结好,在面层铺筑前 4~8 h,在粒料类的基层洒布透层沥青。透层沥青用油 AL(M)-1、2、3 或油 AL(S)-1、2、3 标号的液体石油沥青,或用 T-1、2 标号的煤沥青,若用乳化沥青可用 PC-2 或 PA-2 标号,透层沥青的洒布量:液体石油沥青为 1.0~2.3 L/m²;煤沥青为 1.0~1.5 L/m²;乳化沥青 1.0~2.0 L/m²。若基层为旧沥青路面或水泥混凝土路面,则在面层铺筑之前,在旧路面上洒布一层黏层沥青。黏层沥青用油 AL(M)-3、4、5 标号的液体石油沥青,或用 T-4、5 标号的软煤沥青。黏层沥青的洒布量:液体石油沥青为 0.5~0.8 L/m²;煤沥青为 0.6~1.0 L/m²。若基层为半刚性基层,采用沥青的标号与粒料基层相同,为加强面层与基层的黏结,减少水分浸入基层,可在面层铺筑前铺下封层。即半刚性基层上洒布 0.7~1.5 L/m² 的液体石油沥青,或 0.7~1.5 L/m² 的煤沥青,或 0.7~1.0 L/m² 的乳化沥青,随即撒铺 3~8 mm 颗粒的石屑,用量为 5 m³/1 000 m²,并用轻型压路机压实。

为了控制混合料的摊铺厚度,在准备好基层之上进行测量放样,沿路面中心线和四分之一路面宽处设置样桩,标出混合料的松铺厚度。采用自动调平摊铺机摊铺时,还应放出引导摊铺机运行走向和高程的控制基准线。

(2) 摊铺。除低等级公路施工时沥青混合料可用人工摊铺之外,高等级公路沥青路面一定要采用机械摊铺。

沥青混合料摊铺机有履带式和轮胎式两种。二者的构造和技术性能大致相同。沥青摊铺机的主要组成部分为料斗、链式传送器、螺旋摊铺器、振捣板、摊平板、行驶部分和发动机等(图 13-38)。

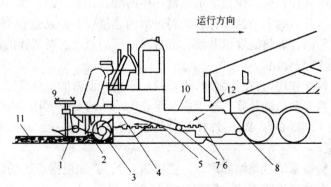

图 13-38 沥青混合料摊铺机
1-摊平板;2-振捣板;3-螺旋摊铺器;4-水平臂;5-链式传送器;
6-履带;7-枢轴;8-顶推辊;9-厚度控制器;10-料斗;11-摊铺面;12-自卸汽车

沥青混合料的松铺系数,根据混合料的类型、施工机械和施工工艺等,通过试铺试压决定。初始铺筑时,沥青混凝土混合料取 1.15~1.35;沥青碎石取 1.15~1.30;SMA 取 1.05~1.20。

沥青混合料摊铺机摊铺的过程中,自动倾卸汽车将沥青混合料卸到摊铺机料斗后,经链式传送器将混合料往后传到螺旋摊铺器,随着摊铺机向前行驶,螺旋摊铺器即在摊铺带宽度上均匀地摊铺混合料,随后由振捣板捣实,并由摊平板整平。摊铺机的摊铺工艺过程如图 13-39 所示。

(3) 碾压。沥青混合料摊铺平整之后,应趁热及时进行碾压。碾压的温度应符合表 13-44 或表 13-45 的规定。压实后的沥青混合料应符合压实度及平整度的要求,沥青混合料的分层压实厚度不得大于 10 cm。

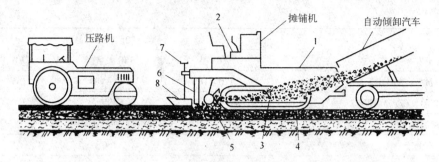

图 13-39 沥青混合料摊铺机操作示意图

1-料斗;2-驾驶台;3-送料器;4-履带;5-螺旋摊铺器;6-振捣器;7-厚度调节螺杆;8-摊平板

表 13-44 热拌沥青混合料的施工温度 单位:℃

施工工序		石油沥青的标号			
		50 号	70 号	90 号	110 号
沥青加热温度		160~170	155~165	150~160	145~155
矿料加热温度	间隙式拌和机	集料加热温度比沥青温度高 10~30			
	连续式拌和机	矿料加热温度比沥青温度高 5~10			
沥青混合料出料温度		150~170	145~165	140~160	135~155
混合料储料仓储存温度		储料过程中温度降低不超过 10			
混合料废弃温度,高于		200	195	190	185
运输到现场温度,不低于		150	145	140	135
混合料摊铺温度,不低于	正常施工	140	135	130	125
	低温施工	160	150	140	135
开始碾压的混合料内部温度,不低于	正常施工	135	130	125	120
	低温施工	150	145	135	130
碾压终了的表面温度,不低于	钢轮压路机	80	70	65	60
	轮胎压路机	85	80	75	70
	振动压路机	75	70	60	55
开放交通的路表温度,不高于		50	50	50	45

注:① 沥青混合料的施工温度采用具有金属探测针的插入式数显温度计测量;表面温度可采用表面接触式温度计测定;当采用红外线温度计测量表面温度时,应进行标定。

② 表中未列入的 130 号、160 号及 30 号沥青的施工温度由试验确定。

表 13-45 聚合物改性沥青混合料的正常施工温度范围 单位:℃

工 序	聚合物改性沥青品种		
	SBS 类	SBR 胶乳类	EVA、PE 类
沥青加热温度	160~165		
改性沥青现场制作温度	165~170	—	165~170
成品改性沥青加热温度,不大于	175	—	175
集料加热温度	190~220	200~210	185~195

续表

工 序	聚合物改性沥青品种		
	SBS 类	SBR 胶乳类	EVA、PE 类
改性沥青 SMA 混合料出厂温度	170～185	160～180	165～180
混合料最高温度(废弃温度)	195		
混合料储存温度	拌和出料后降低不超过 10		
摊铺温度,不低于	160		
初压开始温度,不低于	150		
碾压终了的表面温度,不低于	90		
开放交通时的路表温度,不高于	50		

注:① 同表 13-44。

② 当采用列表以外的聚合物或天然沥青改性沥青时,施工温度由试验确定。

沥青混合料碾压过程分为初压、复压和终压三个阶段。初压用 60～80 kN 双轮压路机以 1.5～2.0 km/h 的速度先碾压 2 遍,使混合料得以初步稳定。随即用 100～120 kN 三轮压路机或轮胎式压路机复压 4～6 遍。碾压速度:三轮压路机为 3 km/h;轮胎式压路机为 5 km/h。复压阶段碾压至稳定无显著轮迹为止。复压是碾压过程最重要的阶段,混合料能否达到规定的密实度,关键全在于这阶段的碾压。终压是在复压之后用 60～80 kN 双轮压路机以 3 km/h 的碾压速度碾压 2～4 遍,以消除碾压过程中产生的轮迹,并确保路面表面的平整。

碾压时压路机开行的方向应平行于路中心线,并由一侧路边缘压向路中。用三轮压路机碾压时,每次应重叠后轮宽的 1/2;双轮压路机则每次重叠 30 cm;轮胎式压路机也应重叠碾压。由于轮胎式压路机能调整轮胎的内压,可以得到所需的接触地面压力,使集料相互嵌挤咬合,易于获得均一的密实度,而且密实度可以提高 2%～3%。所以轮胎式压路机最适宜用于复压阶段的碾压。

热拌沥青混合料的压实机械应符合下列规定:

① 双轮钢筒式压路机为 60～80 kN。

② 三轮钢筒式压路机为 80～120 kN 或 120～150 kN。

③ 轮胎式压路机为 120～200 kN 或 200～250 kN。

(4) 接缝施工。沥青路面的各种施工缝(包括纵缝、横缝、新旧路面的接缝等)处,往往由于压实不足,容易产生台阶、裂缝、松散等病害,影响路面的平整度和耐久性,施工时必须十分注意。

① 纵缝施工。对当日先后修筑的两个车道,摊铺宽度应与已铺车道重叠 3～5 cm,所摊铺的混合料应高出相邻已压实的路面,以便压实到相同的厚度。对不在同一天铺筑的相邻车道,或与旧沥青路面连接的纵缝,在摊铺新料之前,应对原路面边缘加以修理,要求边缘凿齐,坍落松动部分应刨除,露出坚硬的边缘。缝边应保持垂直,并需在涂刷一薄层黏层沥青之后方可摊铺新料。

纵缝应在摊铺之后立即碾压,压路机应大部分在已铺好的路面上,仅有 10～15 cm 的宽度压在新铺的车道上,然后逐渐移动跨过纵缝。多车道沥青路面可用多台沥青摊铺机并行摊铺,并行碾压,以消除纵缝痕迹,确保碾压质量。

② 横缝施工。横缝应与路中线垂直。接缝时先沿已刨齐的缝边用热沥青混合料覆盖,以

资预热,覆盖厚度约 15 cm,等接缝处沥青混合料变软之后,将所覆盖的混合料清除,换用新的热混合料摊铺,随即用热夯沿接缝边缘夯捣,并将接缝的热料铲平,然后趁热用压路机沿接缝边缘碾压密实。

双层式沥青路面上下层的接缝应相互错开 20~30 cm,做成台阶式衔接。

2. 冷拌沥青混合料路面施工

冷拌沥青混合料路面适用于三级及三级以下的公路,也可用于二级公路的罩面层和各级公路沥青路面的层间联结层或整平层。在养护工程中,冷拌沥青混合料也可用作路面修补养护。

冷拌沥青混合料在常温条件下完成拌和、摊铺、碾压等各项工序。由于施工程序简单、操作方便,节省能源,世界各国应用范围逐渐扩大,具有较好的推广前景。

冷拌沥青混合料所用的结合料包括乳化沥青、液体沥青和改性乳化沥青等。结合料的类型与型号、标号都应根据公路等级,交通特点、气候、水温状况,施工季节,施工机具等各种因素参照规范规定,精心选择。

1) 冷拌沥青碎石混合料的配合比设计

乳化沥青碎石混合料可参照半开级配热拌沥青碎石混合料(AM)使用(见表 13-46)。乳化沥青碎石混合料的沥青用量可参照热拌沥青碎石混合料同规格标号的沥青用量减少 10%~20% 选定,再按乳化沥青的沥青残留物数量折算成沥青乳液用量。

表 13-46 冷拌沥青混合料的矿料级配

类型	通过下列筛孔的百分率/mm											
	26.5	19.0	16.0	13.2	9.5	4.75	2.36	1.18	0.6	0.3	0.15	0.075
细粒式 LB-10				100	80~100	30~60	10~40	5~20	0~15	0~12	0~8	0~5
细粒式 LB-13			100	90~100	60~95	30~60	10~40	5~20	0~15	0~12	0~8	0~5
中粒式 LB-16		100	90~100	50~90	40~75	30~60	10~40	5~20	0~15	0~12	0~8	0~5
粗粒式 LB-19	100	95~100	80~100	70~100	60~90	30~70	10~40	5~20	0~15	0~12	0~8	0~5

用于修补坑槽的冷拌沥青混合料宜采用改性沥青结合料。冷拌沥青混合料的矿料级配可参照表 13-41 选用。沥青用量由试验并根据实际使用效果调整确定,通常在 4%~8% 范围内选用。

2) 冷拌沥青混合料路面施工

冷拌沥青混合料应具有良好的施工和易性,混合料的拌和、运输、摊铺都应在乳液破乳之前完成。在摊铺成型之前已破乳的混合料不能使用,应予废弃。袋装乳化沥青混合料应加入适当稳定剂,以防提前破乳。包装应密封,存放时间不得超出乳液的破乳时间。

乳化沥青混合料用沥青摊铺机摊铺,一般不宜用人工摊铺。混合料摊铺后立即进行碾压,碾压工序基本上与热拌沥青混合料碾压工序类同,遵循"先轻后重,先慢后快"的原则。通常先用 6 kN 左右的轻型压路机初压 1~2 遍,再用轮胎压路机或钢筒压路机碾压 1~2 遍。当乳化沥青开始破乳,混合料由褐色变成黑色时,用 120~150 kN 轮胎压路机碾压,将水分挤出,复压 2~3 遍后停止。待晾晒一段时间,水分基本蒸发后,进行复压直至压密实为止。

乳化沥青碎石混合料的上封层应在压实成型、水分完全蒸发后再铺筑。乳化沥青碎石混合料路面施工结束后宜封闭交通 2~6 h,并注意做好早期养护。

13.6.3 沥青路面施工质量管理和检查

　　沥青路面施工应根据全面质量管理的要求,建立健全有效的质量保证体系,实行严格的目标管理、工序管理与岗位责任制,对施工各阶段的质量进行检查、控制、评定,达到所规定的质量标准,确保施工质量的稳定性。施工质量管理与检查验收应包括施工前、施工过程中质量管理与质量控制,以及各施工工序间的检查及工程交工后的质量检查验收。

　　材料质量是沥青路面质量的保证,施工前以及施工过程中材料来源或规格有变化时,必须对材料来源、材料质量、数量、供应计划、料场堆放及储存条件等进行检查。检查时应以同一料源、同一次购入并运至生产现场(或储入同一沥青罐、池)的相同规格品种的集料、沥青为一批进行检查。拌和厂及沥青路面施工机械和设备的配套情况、性能、计量精度等也应在施工前进行检查。

　　高速公路和一级公路在施工前应铺筑试验段。试验段的长度应根据试验目的确定,宜为 100~200 m。试验段宜在直线段上铺筑,如在其他道路上铺筑时,路面结构等条件应相同,路面各结构层的试验可安排在不同的试验段上。热拌热铺沥青混合料路面试验段铺筑分试拌及试铺两个阶段,应包括下列试验内容。

　　(1) 根据沥青路面各种施工机械相匹配的原则,确定合理的施工机械、机械数量及组合方式。

　　(2) 通过试拌确定拌和机的上料速度、拌和数量与时间、拌和温度等操作工艺。

　　(3) 通过试铺确定:透层沥青的标号与用量、喷洒方式、喷洒温度;摊铺机的摊铺温度、摊铺速度、摊铺宽度、自动找平方式等操作工艺;压路机的压实顺序、碾压温度、碾压速度及遍数等压实工艺;以及确定松铺系数、接缝方法等。

　　(4) 验证沥青混合料配合比设计结果,提出生产用的矿料配比和沥青用量。

　　(5) 建立用钻孔法及核子密度仪法测定密度的对比关系。

　　(6) 确定施工产量及作业段长度,制订施工进度计划。

　　(7) 全面检查材料及施工质量。

　　(8) 确定施工组织及管理体系、人员、通信联络及指挥方式。

　　施工过程中工程质量检查的内容、频度、质量标准符合表 13-47、表 13-48 和表 13-49 的要求。当检查结果达不到规定的要求时,应追加检测数量,查找原因,作出处理。混合料铺筑现场必须对混合料质量及施工温度进行观测,随时检查厚度、压实度和平整度,并逐个断面测定成型尺寸。为保证高速公路和一级公路沥青路面的施工质量,对其施工质量的管理应采用计算机实行动态管理。

表 13-47　公路热拌沥青混合料路面施工过程中工程质量的控制标准

项　目	检查频度及单点检验评价方法	质量要求或允许偏差		试 验 方 法
		高速公路、一级公路	其他等级公路	
外观	随时	表面平整密实,不得有明显轮迹、裂缝、推挤、油丁、油包等缺陷,且无明显离析		目测
接缝	随时	紧密平整、顺直、无跳车		目测
	逐条缝检测评定	3 mm	5 mm	T 0931

续表

项　　目		检查频度及单点检验评价方法	质量要求或允许偏差		试 验 方 法
			高速公路、一级公路	其他等级公路	
施工温度	摊铺温度	逐车检测评定	符合规范规定		T 0981
	碾压温度	随时	符合规范规定		插入式温度计实测
厚度	每一层次	随时,厚度 50 min 以下 厚度 50 mm 以上	设计值的 5% 设计值的 8%	设计值的 8% 设计值的 10%	施工时插入法量测松铺厚度及压实厚度
	每一层次	1 个台班区段的平均值厚度 50 mm 以下 厚度 50 mm 以上	-3 mm -5 mm	—	
	总厚度	每 2 000 m² 1 点单点评定	设计值的 -5%	设计值的 -8%	T 0912
	上面层	每 2 000 m² 1 点单点评定	设计值的 -10%	设计值的 -10%	
压实度		每 2 000 m² 检查 1 组逐个试件评定并计算平均值	试验室标准密度的 97%(98%) 最大理论密度的 93%(94%) 试验段密度的 99%(99%)		T 0924、T 0922
平整度 (最大间隙)	上面层	随时,接缝处单杆评定	3 mm	5 mm	T 0931
	中下面层	随时,接缝处单杆评定	5 mm	7 mm	T 0931
平整度 (标准差)	上面层	连续测定	1.2 mm	2.5 mm	T 0932
	中面层	连续测定	1.5 mm	2.8 mm	
	下面层	连续测定	1.8 mm	3.0 mm	
	基层	连续测定	2.4 mm	3.5 mm	
宽度	有侧石	检测每个断面	±20 mm	±20 mm	T 0911
	无侧石	检测每个断面	不小于设计宽度	不小于设计宽度	
纵断面高程		检测每个断面	±10 mm	±15 mm	T 0911
横坡度		检测每个断面	±0.3%	±0.5%	T 0911
沥青层层面上的渗水系数		每 1 km 不少于 5 点,每点 3 处取平均值	300 mL/min(普通密级配沥青混合料) 200 mL/min(SMA 混合料)		T 0971

表 13-48　公路沥青表面处治及贯入式路面施工过程中工程质量的控制标准

路面类型	项　　目	检查频度及单点检验评价方法	质量要求或允许偏差	试 验 方 法
沥青表面处治	外观	随时	集料嵌挤密实,沥青洒布均匀,无花白料,接头无油包	目测
	集料及沥青用量	每日 1 次逐日评定	±10%	每日施工长度的实际用量与计划用量比较,T 0982
	沥青洒布温度	每车 1 次评定	符合本规范规定	温度计测量
	厚度 (路中及路侧各 1 点)	不少于每 2 000 m² 1 点,逐点评定	-5 mm	T 0912
	平整度(最大间隙)	随时,以连续 10 m 的平均值评定	10 mm	T 0931
	宽度	检测每个断面逐个评定	±30 mm	T 0911
	横坡度	检测每个断面逐个评定	±0.5%	T 0911

续表

路面类型	项目	检查频度及单点检验评价方法	质量要求或允许偏差	试验方法
沥青惯入式路面	外观	随时	集料嵌挤密实,沥青洒布均匀,无花白料,接头无油包	目测
	集料及沥青用量	每日1次总量评定	±10%	每日施工长度的实际用量与计划用量比较,T 0982
	沥青洒布温度	每车1次逐点评定	符合本规范规定	温度计测量
	厚度	每2 000 m² 1点逐点评定	5 mm 或设计厚度的-8%	T 0912
	平整度(最大间隙)	随时,以连续10 m的平均值评定	8 mm	T 0931
	宽度	检测每个断面	±30 mm	T 0911
	横坡度	检测每个断面	±0.5%	T 0911

表 13-49　公路稀浆封层、微表处施工过程中工程质量的控制标准

项目		检查频度及单点检验评价方法	质量要求或允许偏差	试验方法
外观		随时	表面平整,均匀一致,无拖痕,无显著离析,接缝顺畅	目测
油石比		每日1次总量评定	±0.3%	每日实际沥青用量与总集料数量,总量检验
厚度		每公里5个断面	±10%	钢尺测量,每幅中间及两侧各1点
矿料级配	0.075 mm	每日1次取2个试样筛分的平均值	±2%	T 0725
	0.15 mm		±3%	
	0.3 mm		±4%	
	0.6 mm、1.18 mm、2.36 mm、4.75 mm、9.5 mm		±5%	
混轮磨耗试验		每周1次	符合设计要求	从工程取样按 T 0752 进行

13.6.4　沥青路面交工质量检查与验收

沥青路面工程完工后,施工单位应将全线以 1～3 km(公路)或 100～500 m(城市道路)作为一个评定路段,按照国家相关技术规范的要求,随机选取测点,对沥青面层进行全线自检,计算平均值、标准差及变异系数,向主管部门提交全线检测结果、施工总结报告,以及原始记录、试验数据等质量保证资料,申请交工验收。工程完工后应全线测定路面平整度、宽度、纵断面高程、横坡度等,并提出竣工图。交工验收阶段检查与验收的各项质量指标应符合国家相关技术规范的规定。

工程建设单位或监理、工程质量监督部门在接到施工单位的交工验收报告,并确认施工资料齐全后,应立即对施工质量进行交工检查与验收。检查与验收应按随机抽样的方法选择一定数量的评定路段进行实测检查,每一检查段的检查频度、试验方法及检测结果应符合国家相关技术规范的要求。当实测检查有困难时,经主管部门同意后,可随机抽查一定数量施工单位

的质量检测结果,对工程质量进行评定。

工程结束后,施工企业应根据国家竣工文件编制的规定,提出施工总结报告及若干个专项报告,连同竣工图表,形成完整的施工资料档案,一并提交工程主管部门及有关档案管理部门。施工总结报告应包括工程概况(包括设计及变更情况)、工程基础资料、材料、施工组织、机械及人员配备、施工方法、施工进度、试验研究、工程质量评价、工程决算、工程使用服务计划等。

施工管理与质量检查报告应包括施工管理体制、质量保证体系、施工质量目标、试验段铺筑报告、施工前及施工中材料质量检查结果(测试报告)、施工中工程质量检查结果(测试报告)、工程交工后质量自检结果(测试报告)、工程质量评价以及原始记录、相册、录像等各种附件。

思考题

1. 沥青路面的基本特性是什么?
2. 沥青路面如何分类?
3. 如何选择沥青路面的类型?
4. 按技术特性,沥青路面可分为哪 5 种类型? 它们的主要区别在哪里?
5. 沥青路面对材料有哪些基本要求?
6. 沥青路面的力学特性主要有哪些?
7. 如何进行沥青混合料的组成设计?
8. 沥青面层的施工要点是什么?
9. 沥青路面施工质量管理和检查项目有哪些?

第14章 沥青路面设计

提要 沥青路面设计理论经过工程技术人员和科技人员的长期研究,目前已完善了弯沉和弯拉设计指标、设计参数,对轴载换算公式,设计弯沉值,沥青路面半刚性材料疲劳规律,材料设计参数,弯沉综合修正系数,以及设计方法的验证和抗冻厚度设计等。在学习本章过程中,可参考现行《公路沥青路面设计规范》(JTG D50—2006)进行学习。

本章主要介绍弹性层状体系理论分析,沥青路面的破坏状态与设计标准,沥青路面结构组合设计,新建沥青路面的结构厚度计算,沥青路面改建设计等。

沥青路面是指在柔性基层、半刚性基层上铺筑一定厚度的沥青混合料作面层的路面结构。沥青路面设计的任务是根据公路使用要求以及水文、地质、气候等自然条件,交通条件,当地筑路材料及施工条件,设计确定技术经济合理的路面结构,以保证路面在预定的使用期限内,既能适应当地自然环境条件,又能满足行车的使用要求。路面设计内容包括选择适当的路面材料,进行材料配合比设计并确定设计参数,路面结构组合设计,路面厚度计算,以及不同路面结构方案的比选。对高速公路、一级公路的路面设计,除行车道部分路面外,还应包括路缘带、硬路肩、加减速车道、紧急停车带、匝道、收费站和服务区的路面设计。

目前世界各国沥青路面设计方法基本上可分两类:一类是以经验或试验为依据的经验法,其著名代表是美国加州承载比法(CBR法)和美国各州公路工作者协会(American Association of States Highway Officials)法,简称 AASHO 法;一类是以力学分析为基础,同时考虑环境因素、交通条件和路面材料特性的理论法,如英荷壳牌(Shell)法、美国地沥青协会(AI)法。理论法大多采用弹性层状体系理论分析沥青路面结构的应力、变形和位移,并可以运用电子计算机技术,因此理论法具有广阔的应用发展前景。我国现行沥青路面设计方法,正是基于弹性层状体系理论进行沥青路面结构设计与计算的方法。

14.1 弹性层状体系理论分析

由不同材料的结构层及土基组成的路面结构,在荷载作用下应力-应变关系大多呈非线性,并且应变随应力作用时间而变,应力卸除后有一部分残余变形不可恢复。因此,沥青路面在力学性质上属于非线性的弹-黏-塑性体。但是考虑到运动车轮作用于路面的瞬时性(百分之几秒),路面结构在瞬时产生的黏-塑性变形很小,因此在进行路面结构分析和计算时,仍将其视为线弹性体,并应用弹性层状体系理论分析路面结构应力、应变和位移。

14.1.1 基本假设与解题方法

通常将路面结构视为弹性半空间地基上由若干个具有一定厚度材料组成的弹性层状体系,如图 14-1 所示。并假设如下:

（1）各层由均质、连续、完全弹性、各向同性的线弹性材料组成，用弹性模量 E_i 和泊松比 μ_i 表征其弹性参数。

（2）最下一层为水平方向和竖直向下方向无限延伸的半无限体。其上各层在水平方向为无限大，但竖向具有一定厚度 h_i。

（3）各层在水平方向无限远处及最下层向下无限深处的应力、形变和位移为零。

（4）各层分界面上的应力和位移完全连续（称连续体系），或者仅竖向应力和位移连续，而层间无摩擦力（称滑动体系）。

（5）不计各层材料自重。

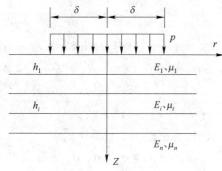

图 14-1　弹性层状路面结构

应用弹性力学理论求解弹性层状体系应力、位移时，通常将作用于层状体系表面的荷载，简化为圆形均布的竖向力或水平力，并采用圆柱坐标体系（r, θ, z）进行分析，如图 14-2 所示。在弹性体内取微元六面体，其应力分量为 3 个法向应力 $\sigma_r, \sigma_\theta, \sigma_z$ 和 3 对剪应力 $\tau_{rz} = \tau_{zr}, \tau_{r\theta} = \tau_{\theta r}, \tau_{z\theta} = \tau_{\theta z}$。相应的应变分量为 3 个正应变 $\varepsilon_r, \varepsilon_\theta, \varepsilon_z$ 和 3 对剪应变 $\varepsilon_{rz} = \varepsilon_{zr}, \varepsilon_{r\theta} = \varepsilon_{\theta r}, \varepsilon_{z\theta} = \varepsilon_{\theta z}$。

当作用于层状体系表面的荷载是轴对称时，各应力、应变和位移分量也对称于该轴，并仅是 r 和 z 的函数。因此，$\tau_{r\theta} = \tau_{\theta r} = 0, \tau_{\theta z} = \tau_{z\theta} = 0$，与此相对应的 $\varepsilon_{r\theta} = \varepsilon_{\theta r} = 0, \varepsilon_{\theta z} = \varepsilon_{z\theta} = 0$，3 对剪应力仅剩下 1 对 $\tau_{rz} = \tau_{zr}$。所有的未知应力分量只有 4 个，即 3 个正应力分量 $\sigma_r, \sigma_\theta, \sigma_z$ 和 1 个剪应力分量 τ_{rz}。

根据弹性力学理论，对于圆柱坐标轴对称课题，平衡方程为：

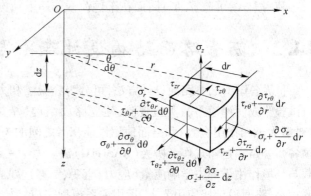

图 14-2　圆柱坐标中微元受力分析图

$$\left.\begin{array}{l} \dfrac{\partial \sigma_r}{\partial r} + \dfrac{\partial \tau_{zr}}{\partial z} + \dfrac{\sigma_r - \sigma_\theta}{r} = 0 \\ \dfrac{\partial \sigma_z}{\partial z} + \dfrac{\partial \tau_{rz}}{\partial r} + \dfrac{\tau_{rz}}{r} = 0 \end{array}\right\} \quad (14\text{-}1)$$

表征各点应力 - 应变的物理方程为：

$$\left.\begin{array}{l} \varepsilon_r = \dfrac{1}{E}[\sigma_r - \mu(\sigma_\theta + \sigma_z)] \\ \varepsilon_\theta = \dfrac{1}{E}[\sigma_\theta - \mu(\sigma_z + \sigma_r)] \\ \varepsilon_z = \dfrac{1}{E}[\sigma_z - \mu(\sigma_r + \sigma_\theta)] \end{array}\right\} \quad (14\text{-}2)$$

$$\gamma_{zr} = \dfrac{2(1+\mu)}{E} \cdot \tau_{zr}$$

各点应变和位移的几何方程为：

$$\varepsilon_r = \frac{\partial u}{\partial r} \qquad \varepsilon_\theta = \frac{\mu}{r} \qquad \varepsilon_z = \frac{\partial \omega}{\partial z} \tag{14-3}$$

根据上述各方程和变形连续方程,可求解4个未知应力分量,从而由式(14-2)、式(14-3)求解应变和位移分量。在分析弹性层状体系路面时,通常采用应力函数及汉克尔积分变换法求解应力函数而获得应力、变形和位移的解。

14.1.2 主应力计算

当已知弹性层状体系内任意点的应力状态,可按下述一元三次方程求解该点的3个主应力为:

$$\sigma^3 - \Theta_1 \sigma^2 + \Theta_2 \sigma - \Theta_3 = 0 \tag{14-4}$$

式中:Θ_1——第一应力不变量,其值为 $\Theta_1 = \sigma_r + \sigma_\theta + \sigma_z$;

Θ_2——第二应力不变量,其值为 $\Theta_2 = \sigma_r \sigma_\theta + \sigma_\theta \sigma_z + \sigma_z \sigma_r - \tau_{r\theta}^2 - \tau_{z\theta}^2 - \tau_{zr}^2$;

Θ_3——第三应力不变量,其值为 $\Theta_3 = \sigma_r \sigma_\theta \sigma_z + 2\tau_{r\theta} \tau_{z\theta} \tau_{zr} - \sigma_r \tau_{z\theta}^2 - \sigma_\theta \tau_{zr}^2 - \sigma_z \tau_{r\theta}^2$。

求解上式,3个实根 σ_1、σ_2 和 σ_3 即为所求3个主应力。其中 $\sigma_1 > \sigma_2 > \sigma_3$,$\sigma_1$ 为最大主应力,σ_3 为最小主应力,此时最大剪应力为:

$$\tau_{\max} = \frac{1}{2}(\sigma_1 - \sigma_3) \tag{14-5}$$

利用上式,可验算沥青路面在车辆荷载作用下结构层的抗拉和抗剪强度。

14.2 沥青路面结构设计理论与方法

世界各国的沥青路面设计方法,可分为经验法和力学-经验法两大类。经验法主要通过对试验路或使用道路的实验观测,建立路面结构(结构层组合、厚度和材料性质)、车辆荷载(轴载大小和作用次数)和路面使用性能三者之间的关系,如美国的加州承载比(CBR)法和美国各州公路和运输式作者协会(AASHTO)法。力学-经验法应用力学原理分析路面结构在荷载与环境作用下的力学响应量(应力、应变、位移),建立力学响应量与路面使用性能之间的关系模型,路面设计按使用要求,运用关系模型完成结构设计。我国现行的沥青路面设计方法、美国地沥青学会(AI)法和壳牌(Shell)法均为力学-经验法。

我国现行的《公路沥青路面设计规范》(JTG D50—2006)采用弹性层状体系作力学分析基础理论,以双圆垂直均布荷载作用下的路面整体沉降(弯沉)和结构层的层底拉应力作为设计指标,以疲劳效应为基础,处理轴载标准化转换与轴载多次重复作用效应。

路面结构设计的目标是要求路面结构在设计年限内满足预测交通量累计标准轴载通行时,具有快速、安全、稳定的服务功能,路面结构具有相应的承载能力,结构层的应力应变满足材料容许的标准。

14.2.1 路面设计年限

路面设计年限的选择应根据公路等级、公路在路网中的功能定位、当地国民经济发展的需求以及投资条件等因素,经综合论证后确定。通常可参照表14-1选定。

表14-1 各级公路沥青路面设计年限

公路等级及其功能	设计年限/年
高速公路、一级公路	15
二级公路	12
三级公路	8
四级公路	6

14.2.2 标准轴载及轴载当量换算

各个国家都根据本国国情确定标准轴载。我国路面设计以双轮组单轴载 100 kN 为标准轴载。以 BZZ-100 表示，BZZ-100 的各项参数见表 14-2。

表 14-2 标准轴载 BZZ-100 各项参数

标准轴载名称	BZZ-100	标准轴载名称	BZZ-100
标准轴载 P/kN	100	轮胎接地压力 p/MPa	0.70
两轮中心距/cm	$1.5d$	单轮当量圆直径 d/cm	21.30

公路行驶车辆的型号多种多样，而路面设计采用统一的标准轴载表示，各种车型应按规定的法则作当量换算，得到当量的标准轴载次数(见第 2 章)。轴载小于 40 kN 的特轻轴重对结构的影响可以忽略不计，所以不纳入当量换算。由于不同力学参数的疲劳等效效应不同，我国规范规定，当量轴载换算分以下 3 种情况进行。

(1) 当以弯沉值和沥青层的层底拉应力为设计指标时，按下式完成轴载当量换算：

$$N = \sum_{i=1}^{K} C_1 C_2 n_i \left(\frac{P_i}{P}\right)^{4.35} \tag{14-6}$$

式中：N——以弯沉为指标的标准轴载的当量轴次，(次/d)；
  n_i——各种被换算车辆的作用次数，(次/d)；
  P——标准轴载，kN；
  P_i——各种被换算车型的轴载，kN；
  C_1——轴数系数；
  C_2——轮组系数，双轮组为 1，单轮组为 6.4，四轮组为 0.38。

当轴间距大于 3 m 时，按单独的一个轴计算，此时轴数系数为 1；当轴间距小于 3 m 时，双轴或多轴的轴数系数按下式计算：

$$C_1 = 1 + 1.2(m - 1) \tag{14-7}$$

式中：m——轴数。

(2) 当以半刚性材料结构层的层底拉应力为设计指标时，按下式完成轴载当量换算：

$$N = \sum_{i=1}^{K} C_1' C_2' n_i \left(\frac{P_i}{P}\right)^{8} \tag{14-8}$$

式中：C_1'——轴数系数；
  C_2'——轮组系数，双轮组为 1.0，单轮组为 18.5，四轮组为 0.09。

轴间距的划分同式(14-6)，对于轴间距小于 3 m 的双轴及多轴的轴数系数按下式计算：

$$C_1' = 1 + 2(m - 1) \tag{14-9}$$

式中：m——轴数。

(3) 对于贫混凝土基层以拉应力为设计指标时，按下式完成轴载当量换算：

$$N = \sum_{i=1}^{K} C_1 C_2 n_i \left(\frac{P_i}{P}\right)^{12} \tag{14-10}$$

上述轴载换算公式，适用于单轴轴载小于或等于 130 kN 的各种车型的轴载换算。

14.2.3 设计年限内累计当量标准轴载数

设计年限内一个车道通过的累计当量标准轴数 N_e 按下式计算：

$$N_e = \frac{[(1+r)^t - 1] \times 365}{r} \cdot N_1 \cdot \eta \tag{14-11}$$

式中：N_e——设计年限内一个车道通过的累计当量标准轴数，次；
t——设计年限，年；
N_1——路面营运第一年双向日平均当量轴次，(次/d)；
r——设计年限内交通量平均增长率，%；
η——与车道数有关的车辆横向分布系数，简称车道系数，见表14-3。

表14-3 沥青混凝土路面车道系数

车道特征	车道系数(η)	车道特征	车道系数(η)
双向单车道	1.00	双向六车道	0.30~0.40
双向两车道	0.60~0.70	双向八车道	0.25~0.35
双向四车道	0.40~0.50		

注：当上下行交通荷载有明显差异时，可按上下行交通特点分别进行结构与厚度设计。

14.2.4 交通等级

路面结构在设计年限内承担交通荷载的繁重程度以交通等级来划分。我国沥青路面按承担交通荷载的轻重划分为轻交通、中等交通、重交通和特重交通四级。路面结构选型、结构组合设计、结构层位的确定、路面材料的选定都应充分考虑沥青路面的交通等级。

我国沥青路面交通等级的划分按两种方法进行：第一种方法以设计年限内一个车道通过的标准当量轴次进行划分；第二种方法以营运车辆中的大客车、中型货车、大型货车、拖挂车等车型在一个车道上的日平均车数 N_n [辆/(d·车道)] 进行划分，取两种方法得出的较高交通等级作为沥青路面交通等级。交通等级的划分标准见表14-4。

表14-4 沥青路面交通等级的划分标准

交通等级	BZZ-100累计当量标准轴数 N_e(次/车道)	大客车及中型以上各种货车交通量 N_n/[辆/(d·车道)]
轻交通	$<3 \times 10^6$	<600
中等交通	$3 \times 10^6 \sim 1.2 \times 10^7$	$600 \sim 1500$
重交通	$1.2 \times 10^7 \sim 2.5 \times 10^7$	$1500 \sim 3000$
特重交通	$>2.5 \times 10^7$	>3000

14.3 沥青路面结构组合设计

沥青路面通常由沥青面层、基层、底基层、垫层等多层结构组成。路面结构组合设计根据道路的交通等级与气象、水文等自然因素，合理选择与安排路面结构各个层次，确保在设计使用期内，承受行车荷载与自然因素的共同作用，充分发挥各结构层的最大效能，使整个路面结构满足技术经济合理的要求。沥青路面结构组合设计应遵循以下原则。

（1）保证路面表面使用品质长期稳定。在整个设计使用期内，表面抗滑安全性能、平整性、抗车辙性能等各项功能指标均稳定在允许范围之内。

（2）路面各结构层的强度、抗变形能力与各层次的力学响应相匹配。由于车轮荷载与温度、湿度变化产生的各项应力与变形均集中在路面结构上部，逐渐向下扩散、消失。因此，通常要求面层、基层具有较高的强度、模量和抗变形能力。

（3）直接经受温度、湿度等自然因素变化而造成强度、稳定性下降的结构层次应提高其抵御能力。

（4）充分利用当地材料，节约外运材料，做好优化选择，降低建设与养护费用。

各个层次结构的选定应充分吸取过去成功的建设经验，遵循以上原则，认真考虑以下一些问题。

14.3.1 沥青面层结构

沥青面层直接经受车轮荷载反复作用和各种自然因素影响，并将荷载传递到基层以下的结构层。因此，沥青面层应满足功能性和结构性的使用性能要求。沥青面层可为单层、双层、三层。双层结构分为表面层、下面层；三层结构分为表面层、中面层、下面层。

表面层应具有平整密实、抗滑耐磨、稳定耐久等服务功能，同时应具有高温抗车辙、低温抗开裂、抗老化等品质。中、下面层应具有一定的密水性、抗剥离性，高温或重载条件下，沥青混合料具有较高的抗剪强度；下面层应具有良好的抗疲劳裂缝的性能和兼顾其他性能要求。

高速公路、一级公路一般选用三层沥青面层结构。为满足上述要求，应精心选择沥青面层混合料。通常认为以密实型中粒式或细粒式沥青混凝土混合料（如 DAC – 13、DAC – 16）最宜用于表面层，它的空隙率一般为 3% ~ 5%。在这个最佳范围内，可以防止水害及冻害。又由于它保留一定的空隙率，热季不会泛油，表面层切忌使用空隙率大于 6% 的半密实型混合料。此外密实型级配沥青混合料的抗裂性、疲劳强度和耐久性均较优越。对于重交通和特重交通等级，普通热拌和沥青混凝土混合料不能满足使用要求时，可以采用 SMA – 10、SMA – 13 沥青混合料，必要时可以采用改性沥青结合料。

沥青中面层和下面层经受着与沥青上面层相同的不利工作环境，唯平整性和抗滑性方面的要求略低一些，因此对沥青混合料的选择同样有较高的要求，特别是在密实防水和抗剪切变形等方面的要求也很高，通常选用密实型中粒式和粗粒式混合料（如 DAC – 20、DAC – 25），有时对于特重交通等级也可采用 SMA – 20 沥青混合料修筑中面层并采用改性沥青结合料。

二级、三级以下等级公路一般采用双层式沥青面层，即上面层与下面层，沥青混合料的选型，除了沥青混凝土之外，也可选用热拌沥青碎石（ATB）或沥青贯入式结构，再加上表面封层。三级公路、四级公路一般可采用双层沥青表面处治结构。

沥青面层在路面结构层中价格最高，一般情况下对沥青面层厚度应有所控制，但是也不宜过薄，从压实效果来看，各种类型的沥青层最小压实厚度与它的公称最大粒径值相关，若小于最小厚度，则压实效果不好。从技术经济合理的角度考虑，宜采用表 14-5 及表 14-6 所列的适宜厚度。

表 14-5 沥青混合料压实最小厚度与适宜厚度

沥青混合料类型		最大粒径/mm	公称最大粒径/mm	符 号	压实最小厚度/mm	适宜厚度/mm
密级配沥青混合料（AC）	砂粒式	9.5	4.75	AC-5	15	15~30
	细粒式	13.2	9.5	AC-10	20	25~40
		16	13.2	AC-13	35	40~60
	中粒式	19	16	AC-16	40	50~80
		26.5	19	AC-20	50	60~100
	粗粒式	31.5	26.5	AC-25	70	80~120
密级配沥青碎石（ATB）	粗粒式	31.5	26.5	ATB-25	70	80~120
		37.5	31.5	ATB-30	90	90~150
	特粗式	53	37.5	ATB-40	120	120~150
开级配沥青碎石（ATPB）	粗粒式	31.5	26.5	ATPB-25	80	80~120
		37.5	31.5	ATPB-30	90	90~150
	特粗式	53	37.5	ATPB-40	120	120~150
半开级配沥青碎石（AM）	细粒式	16	13.2	AM-13	35	40~60
	中粒式	19	16	AM-16	40	50~70
		26.5	19	AM-20	50	60~80
	粗粒式	31.5	26.5	AM-25	80	80~120
	特粗式	53	37.5	AM-40	120	120~150
沥青玛蹄脂碎石混合料（SMA）	细粒式	13.2	9.5	SMA-10	25	25~50
		16	13.2	SMA-13	30	35~60
	中粒式	19	16	SAM-16	40	40~70
		26.5	19	SMA-20	50	50~80
开级配沥青磨耗层（OGFC）	细粒式	13.2	9.5	OGFC-10	20	20~30
		16	13.2	OGFC-13	30	30~40

表 14-6 贯入式沥青碎石、沥青表面处治压实最小厚度与适宜厚度

结构层类型	压实最小厚度/mm	适宜厚度/mm
贯入式沥青碎石	40	40~80
上拌下贯沥青碎石	60	60~80
沥青表面处治	10	10~30

14.3.2 沥青路面基层结构

沥青路面的基层承担着沥青面层向下传递的全部负荷，支承着面层，确保面层发挥各项重要的路面性能。与此同时，基层结构还承受着由于土基水温状况多变而发生的地基支承能力变化的敏感性，使之不致影响沥青面层的正常工作。基层结构是承上启下保证路面结构耐久、

稳定的承重结构层,因此要求基层具有较高的强度、稳定性和耐久性。与沥青面层相比,由于基层不直接与车轮和大气接触,相对于路面表面性能有关的材料性能指标(如抗滑性能,抗剪切变形等)可以略为放宽。

沥青路面的基层按材料和力学特性的不同可以分为柔性基层(有机结合料稳定碎石或无结合料级配碎石)、半刚性基层(水泥、石灰、工业废渣等无机结合料稳定碎石)和刚性基层(低强度等级混凝土)3种。各种基层有不同的特点,各有适用的场合。

1. 柔性基层

柔性基层主要采用沥青处治的级配碎石和无结合料的级配碎石修筑基层。通常沥青碎石适用于中等交通及更高交通等级的柔性基层;而无结合料的级配碎石适用于交通等级较低的,中等交通以下的沥青路面基层。柔性基层由于其力学特性与沥青面层一样都属于柔性结构,因此在应力、应变传递的协调过渡方面比较顺利,同时由于结构材料均为有级配的颗粒状材料,所以结构排水畅通,路面结构不易受水损害。柔性基层的缺点在于基层本身刚度较低,因此沥青面层将承受较多的荷载弯矩,在同样交通荷载作用之下,沥青面层应采用较厚的结构层。

2. 半刚性基层

半刚性基层主要采用水泥、石灰或工业废渣等无机结合料稳定碎石,对级配集料作稳定处理的基层结构。半刚性基层对集料的品质要求不是很高,且经过适当养生,结合料硬化之后,整个基层产生板体效应,大大提高了路面结构的整体刚度。半刚性基层沥青路面整体刚度较强,因此沥青面层的厚度可以适当减薄,由于半刚性基层承受了荷载弯矩的主要部分,沥青面层因荷载引起的裂缝破坏较少。半刚性基层的主要缺点是它本身的收缩裂缝难以避免,如沥青面层没有足够的厚度(通常认为沥青面层厚度小于20 cm),基层的横向收缩裂缝在使用初期即会反射至沥青面层,形成较多的横向开裂。此外,在多雨地区,半刚性基层直接铺筑在沥青面层之下,雨水不易向下渗透,造成沥青路面水损害等病害,因此在选用时应全面权衡利弊。

3. 刚性基层

刚性基层采用低强度等级混凝土修筑基层混凝土板,板上铺筑沥青面层。刚性基层沥青路面的基层混凝土板承受了绝大部分车轮荷载,沥青面层的弯拉应力很小,主要考虑表面的功能效应,即满足路面平整性、抗车辙、防水、抗渗等要求。刚性基层沥青路面同样存在基层收缩裂缝向上反射而形成沥青面层横向裂缝等病害的可能性。

基层结构一般较沥青面层厚,通常需要20~40 cm,甚至更厚,为了节省原材料,降低造价,可将基层分为上基层、下基层(也称为底基层)。虽然都属基层结构,下基层的工作环境没有上基层严峻,因此可以采用性能略低的结合料与集料。基层材料以集料为主,应尽量利用当地材料,以降低工程造价。

选择基层类型关系到路面结构的耐久性和长期使用性能,首先应根据路面结构所承受的交通等级进行比选,同时应考虑地基支撑的可靠性以及当地水温状况和路基排水与路基稳定的可靠程度作不同方案,比较后择优选定。

在交通环境各方面工作条件都十分恶劣的情况下,可以考虑各种基层组合使用。如地基承载力不佳,交通特别繁重,雨水集中,路基排水不良,可以考虑半刚性基层和柔性基层组合应用,用半刚性下基层,柔性上基层。一方面提高结构承载力,减轻沥青面层荷载应力;另一方面发挥柔性基层变形协调,利于渗水排水的优势,使路面始终保持良好工作状态,还可避免横向裂缝反射到面层。对于严重超载的沥青路面,除了采用组合基层之外,也可以采用配钢筋的混凝土板或连续配筋混凝土板作基层的沥青路面。

基层结构的厚度主要应满足强度与刚度的设计要求,在厚度设计时,应逐层进行验算。除此之外,还应考虑施工实施的可行性和材料规格对厚度的影响。一般情况下,基层的厚度应大于混合料最大粒径的4倍,同时还应考虑压实机具的功能,通常取能一次压密的最佳厚度。若基层厚度超过最佳厚度,可分几层铺筑,每层厚度接近最佳厚度。各种基层的结构厚度见表14-7。

表14-7 沥青路面基层结构厚度推荐表

结构类型		最小厚度/cm	结构层适宜厚度/cm
柔性基层	沥青稳定碎石	10	10~20
	无结合料级配碎石	15	15~25
半刚性基层	水泥稳定类	20	20~30
	石灰粉煤灰稳定类	20	20~30
	综合稳定类	20	20~30
刚性基层	不配筋混凝土	22	22~24
	配筋混凝土	22	22~24
	连续配筋混凝土	22	22~24

14.3.3 沥青路面垫层结构

沥青路面垫层结构位于基层以下,主要用于路基状况不良的路段,以确保路面结构不受路基中滞留的自由水的浸蚀以及冻融的危害。通常认为路基处于以下状况,应专门设置垫层。

(1)地下水位高,排水不良,路基经常处于潮湿、过湿状态的路段。

(2)排水不良的土质路堑,有裂隙水、泉眼等水文不良的岩石挖石路段。

(3)季节性冰冻地区的中湿、潮湿路段,可能产生冻胀需设防冻垫层的路段。

(4)基层或底基层可能受污染以及路基软弱的路段。

从垫层的设置目的与功能出发,垫层可分为以下几类:

(1)防水垫层;

(2)排水垫层;

(3)防污垫层;

(4)防冻垫层。

当路基处于潮湿、过湿状态,土质不良,粉土的含量高,在毛细水作用下水分将自下而上渗入底基层和基层结构的情况下,为隔断地下水源而应设置防水垫层。防水垫层应不含粉土、黏土的成分,主要采用粗砂、砂砾、矿渣等粗粒材料铺筑。在垫层以下应铺设不透水层(如透水系数低的黏土层及土工织物反滤层),防止自下而上的渗透和污染。

排水垫层的功能主要是排除通过路基顶面渗入的潜水、泉水和毛细上升水。排水垫层的材料规格、要求以及排水能力,结构层厚度均应满足路面结构排水设计的规定与要求,通过设计计算确定。排水垫层与路基路面排水系统的衔接、出口的设置等都应按照设计要求选定。排水垫层以下应设置土工织物反滤层,严防路基土通过地下水进入排水垫层污染结构降低排水功能。若排水垫层同时也承担着排除地面渗入路面结构的雨水的功能,则排水层与底基层交界面上也应设置反滤层,以防止基层材料的有害成分污染排水层,影响其排水功能的发挥。

对于地处软土地带的潮湿路段,为了防止路基土浸入路面污染结构,可设置防污垫层作为隔离层,以保护路面结构。通常采用土工合成材料与粒料分多层间隔铺筑,即可达到防污的效果。有时将防污垫层设置在防水垫层及排水垫层以下,两种垫层同时使用,可取得良好效果。

在季节性冰冻地区,当冻深较大,路基土为易冻胀土时,常常出现冻胀和翻浆。在这种路段应设置防冻垫层,以保护路面结构不受冻胀和翻浆的危害。防冻层应采用隔温性能良好,导热系数低的材料,如煤渣、矿渣、石灰煤渣稳定粒料等。防冻层厚度的确定除了路面结构总厚度应满足力学强度和弯沉等设计控制指标达到规范要求之外,主要应满足防止冻胀的要求,以确保路基路面在冻深范围内不会出现聚冰带。防冻厚度与路基干湿类型、路基土类、道路冻深以及路面结构材料的热物理性能有关。表14-8 给出了路面防冻最小厚度参考值,如按设计指标设计得出的路面结构总厚度小于表14-8 所列的防冻最小厚度时,应增设或加厚防冻垫层,以满足防冻需要的最小厚度要求。

表 14-8　路面最小防冻厚度　　　　　　　　　　　　　单位:cm

路基类型	土质 基层、垫层类型 道路冻深/cm	黏性土、细亚砂土			粉质土		
		砂石类	稳定土类	工业废料类	砂石类	稳定土类	工业废料类
中湿	50~100	40~45	35~40	30~35	45~50	40~45	30~40
	100~150	45~50	40~45	35~40	50~60	45~50	40~45
	150~200	50~60	45~55	40~50	60~70	50~60	45~50
	>200	60~70	55~65	50~55	70~75	60~70	50~65
潮湿	50~100	45~55	40~50	35~45	50~60	45~55	40~50
	100~150	55~60	50~55	45~50	60~70	55~65	50~60
	150~200	60~70	55~65	50~55	70~80	65~70	60~65
	>200	70~80	65~75	55~70	80~100	70~90	65~80

注:① 对潮湿系数小于0.5的地区,Ⅱ、Ⅲ、Ⅳ等干旱地区防冻厚度应比表中值减少15%~20%。
　　② 对Ⅱ区砂性土路基防冻厚度应相应减少5%~10%。

14.3.4　沥青路面层间结合

沥青路面各结构层之间应紧密结合,不能因层间滑动或松散而丧失结构的整体效应。

(1) 沥青面层与基层之间应设置透层沥青或黏层沥青。当采用半刚性基层时,为防止粒料松散和雨水下渗,宜采用单层层铺法表处或稀浆封层表处进行封闭。当采用水泥混凝土刚性基层时,也应设黏层沥青。

(2) 沥青面层由两层或三层组成又不能连续摊铺时,则在铺上层之前彻底清扫下层表面的灰尘、泥土、油污等有可能破坏层间结合的有害物质,然后设黏层沥青。

(3) 透层沥青、黏层沥青,单层表处下封层,稀浆封层下封层的材料规格、用量应根据地区气候特点,施工季节和结构类型的不同,按《公路沥青路面施工技术规范》(JTG F40—2004)的要求选定。

14.4 我国沥青路面设计方法

我国沥青路面设计方法采用双圆垂直均布荷载作用下的多层弹性体系理论,以路表面回弹弯沉值和沥青混凝土层弯拉应力、半刚性及刚性材料基层弯拉应力为设计指标进行路面结构厚度设计。设计完成后,路面结构的路表弯沉与各结构层的弯拉应力均应满足设计指标的极限标准。

14.4.1 设计指标与极限标准

设计控制标准是指根据路面结构的破坏过程和破坏机理所达到的极限状态,从力学响应提出的控制指标。路面结构设计中结构厚度分布若满足了控制指标的极限标准,就能保证路面结构在设计使用期内正常工作,不致出现破坏的极限状态。

路面结构的破坏状态和机理是极其复杂的,至今还没有全部被人们所认识,即使有一些破坏状况已被人们认识,但是要从力学机理的角度,从理论上作准确的分析,并且将它列入设计系统中成为一项控制指标也需要漫长的研究过程。弯沉与弯拉应力(或弯拉应变)是目前各种力学经验法普遍采用的设计控制指标。

路面结构的路表弯沉(图14-3中A点)表征路面结构在设计标准轴载作用下,垂直方向的位移。弯沉是表征路面结构总体刚度的指标。在荷载相同,土基支撑相同的条件下,弯沉越小表明总体刚度越大,因此它的抗变形能力与抗压入、抗弯曲的能力也越强。弯沉的大小也能表征土基支撑的强弱,在夏季,沥青面层抗高温稳定性也能间接地、相对地由弯沉表现出来。以弯沉值作为设计控制指标的另一个优点是便于直接量测。因此,我国沥青路面设计方法较长时间都以路表弯沉作为设计控制指标,如图14-3所示。

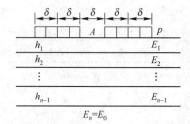
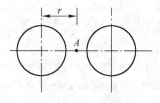

图14-3 路表弯沉值计算图式

实践表明,回弹弯沉值大的路面,在经受了轴载不太多次数的重复作用之后,将呈现出某种形态的破坏;而回弹弯沉值小的路面,能经受轴载较多次重复作用之后,才达到这种形态的破坏。即在达到相同程度的破坏时,回弹弯沉值的大小同该路面的设计使用寿命,即轮载累计重复作用次数成反比关系。路面损坏的过程是随着累计轴载数的增加而逐步发展的。通常可以通过长期观测,建立起累计轴载数N与路面损坏阶段的统计数学模型。不同等级公路,如高速公路、一级公路,所容许出现的破坏阶段特征是不一样的,当路面表面特性(如平整度、抗滑性能、车辙深度等)超出规定的界限,影响安全或行车质量,即使路面表面破坏尚未达到严重程度,即认为路面已达到极限状态,因此路面设计使用期内能够承受的与极限状态所对应的路表弯沉值与通过的累计轴载次数在该极限破坏阶段达到了平衡。对于等级略低的公路,通常不以路面使用品质作为设计使用期末的极限状态,而是以某一种路面结构性破坏作为极限状态,所对应的路表弯沉就可以大一些。由此可以确定路面结构在经受设计使用期累计通行标准轴载次数后,路面状况优于各级公路极限状态标准时,所必须具有的路表回弹弯沉值,即设计弯沉值 l_d。我国《公路沥青路面设计规范》(JTG D50—2006)规定路面设计弯沉值 l_d 由式(14-12)计算确定。

$$l_d = 600 N_e^{-0.2} A_c A_s A_b \tag{14-12}$$

式中:l_d——设计弯沉值,(0.01 mm);

N_e——设计年限内一个车道累计当量标准轴载通行次数;

A_c——公路等级系数,高速公路、一级公路为 1.0,二级公路为 1.1,三、四级公路为 1.2;

A_s——面层类型系数,沥青混凝土面层为 1.0,热拌沥青碎石、冷拌沥青碎石、上拌下贯或贯入式路面、沥青表面处治为 1.1,中、低级路面为 1.2;

A_b——路面结构类型系数,刚性基层、半刚性基层沥青路面为 1.0,柔性基层沥青路面为 1.6。若基层由半刚性材料层与柔性材料层组合而成,则 A_b 介于两者之间通过线性内插决定。

用路表弯沉作为设计指标能够从总体结构与宏观性能方面控制路面结构在设计年限内正常工作,但是弯沉指标却不可能表征路面结构内个别结构层的某一个指标是否出现破坏极限状态。此外由于路表实测弯沉值随气候和水温环境发生变化,有时候难以确定弯沉与路面结构工作状态的绝对对应关系。因此,需要建立第二项设计指标。经过国内外工程界长期观察和研究,普遍认为,路面结构在车轮荷载作用之下,某一结构层的水平方向弯拉应力达到并超过该层材料的抗拉极限强度时,首先在轮载下方产生初始裂缝,随着车轮的反复多次作用,初始裂缝逐步延伸,并在垂直方向扩展,导致路面表面产生各种裂缝,进一步发展则成为局部范围或大面积的损坏。路面结构在车轮荷载作用下结构层极限拉应力一般发生在层底,如图 14-4 所示。

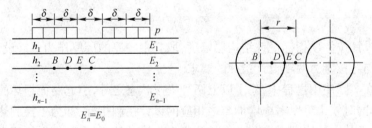

图 14-4 沥青混凝土层和半刚性材料层的层底拉应力计算图式

沥青路面结构在车轮荷载作用下各结构层都出现水平向正应力,有的出现压应力,也有的出现拉应力,各个层位水平向正应力的分布也不相同。而且各层位出现极限拉应力的大小、次序与分布状况因轮载的位置与整个路面结构的层位不同而不同。通过理论计算和大量的实验验证表明,层位较高的刚性基层和半刚性基层,由于刚性板体结构效应,极限弯拉应力一般出现在刚性基层或半刚性基层的底部,初始裂缝首先由此发生,而基层上方的沥青面层不会首先产生初始裂缝,若基层板裂缝进一步发展,形成断裂裂缝后,沥青面层随着应力重分布而逐步形成初始裂缝,最后导致沥青面层破坏。对于设置半刚性下基层的路面结构,通常极限状态首先发生在下基层底部,产生初始裂缝,然后向上使得基层拉应力增大而引起基层裂缝,最后扩展到沥青面层。

对于柔性基层沥青路面或组合基层沥青路面，由于柔性基层材料以粒状结构为主，不承担弯拉应力，所以沥青面层承受较大的轮载弯矩，整个路面结构的极限状态可能首先出现在沥青面层底部，形成初始裂缝，然后在车轮反复作用下逐步扩展，沥青面层形成断裂裂缝。因此对于柔性基层和组合基层的沥青面层，在路面结构设计中必须验算弯拉应力是否超出材料允许的极限标准。

我国《公路沥青路面设计规范》(JTG D50—2006)规定，沥青面层和基层层底拉应力作为沥青路面结构设计的第二项设计控制指标。

沥青路面在车轮反复多次作用之下，沥青面层和刚性、半刚性基层的层底拉应力超过极限，形成初始裂缝并逐步扩展至断裂的过程，属疲劳断裂损伤。通过大量路面试验、环道试验和小梁疲劳试验后表明，承受一次加载断裂的极限弯拉应力与受多次加载后达到同样断裂所施加的疲劳应力之间的比值与加载的次数之数存在如下相关关系：

$$\frac{\sigma_{sp}}{\sigma_R} = K_s \tag{14-13}$$

式中：σ_{sp}——路面结构材料的极限抗拉强度，MPa，由实验室按标准试验方法测得；

σ_R——路面结构材料的容许拉应力，即该材料能承受设计年限内 N_e 次加载的疲劳弯拉应力，MPa；

K_s——抗拉强度结构系数。根据结构层材料不同，按以下公式计算 K_s 值。

$$K_s = 0.09 N_e^{0.22}/A_c \quad （沥青混凝土面层） \tag{14-14a}$$

$$K_s = 0.35 N_e^{0.11}/A_c \quad （无机结合料稳定集料基层） \tag{14-14b}$$

$$K_s = 0.45 N_e^{0.11}/A_c \quad （无机结合料稳定细粒土基层） \tag{14-14c}$$

$$K_s = 0.25 N_e^{0.05}/A_c \quad （贫混凝土基层） \tag{14-14d}$$

将式(14-13)变换成式(14-15)即可得到弯拉应力设计控制指标容许拉应力：

$$\sigma_R = \frac{\sigma_{sp}}{K_s} \tag{14-15}$$

路面结构设计按两项指标设计结构层厚度，取其中较厚的层厚作为最终设计结果，即可以同时满足弯沉与弯拉应力两项设计指标的要求。

沥青路面在实际使用过程中，除了以上两种极限状态之外，引起路面损坏的形式还有很多种，在条件成熟的时候也可以考虑增加与之相应的设计控制指标，如为了控制热稳定性不足产生的车辙，有的设计方法将车辙永久变形的深度作为设计控制指标，也有将沥青面层的抗剪极限强度作为设计控制指标以控制路面永久变形，还有将低温裂缝的断裂应力(或应变)作为设计控制指标等。这些在今后的科学研究和设计方法的完善过程中还可以不断地深入探讨。

14.4.2 路面结构厚度设计方程式与设计参数

沥青路面结构组合设计的各项工作，即结构层材料选型、层位确定，结构层厚度初步选定之后，路面厚度设计验算阶段主要考察拟定的路面结构在经受设计使用期当量标准轴载的反复作用之后，是否能满足两项设计控制指标的要求，即以下两个方程式是否能满足。

$$l_s \leqslant l_d \tag{14-16}$$

式中：l_s——拟定结构的计算路表弯沉值，0.01 mm；

l_d——设计回弹总弯沉值,0.01 mm。

$$\sigma_m \leqslant \sigma_R \tag{14-17}$$

式中:σ_m——拟定结构的验算结构层层底拉应力,MPa;

σ_R——设计容许层底弯拉应力,MPa。

式(14-16)、式(14-17)两式必须同时满足,若有一式不能满足,则可以重新调整结构层的材料、层位与厚度,直至满足两项设计指标的要求为止。

1. 计算路表弯沉值 l_s

路表弯沉值 l_s 按式(14-18)计算,计算图式见图 14-3。

$$l_s = 1\,000\,\frac{2p\delta}{E_1}\alpha_c F \tag{14-18}$$

$$\alpha_c = f\left(\frac{h_1}{\delta},\frac{h_2}{\delta},\cdots,\frac{h_{n-1}}{\delta};\frac{E_2}{E_1},\frac{E_3}{E_2},\cdots,\frac{E_0}{E_{n-1}}\right)$$

可应用括号内的参数作为输入数据,应用通用软件计算得到。

弯沉综合修正系数,按式(14-19)计算:

$$F = 1.63\left(\frac{l_s}{2\,000\delta}\right)^{0.38}\left(\frac{E_0}{p}\right)^{0.36} \tag{14-19}$$

式中: l_s——路表弯沉值,0.01 mm;

p、δ——标准车轴载轮胎接地压力,MPa,cm;

δ——当量圆半径,cm;

α_c——理论弯沉系数;

E_0 或 E_n——路基回弹模量,MPa;

E_1、E_2、E_{n-1}——各结构层材料回弹模量,MPa;

h_1、h_2、h_{n-1}——各结构层的厚度;cm。

2. 计算结构层底拉应力 σ_m

结构层底拉应力 σ_m 按式(14-20)计算,计算图式如图 14-4 所示。

$$\sigma_m = p\,\overline{\sigma}_m \tag{14-20}$$

式中:$\overline{\sigma}_m$——理论最大拉应力系数,按下式计算:

$$\overline{\sigma}_m = \phi\left(\frac{h_1}{\delta},\frac{h_2}{\delta},\cdots,\frac{h_{n-1}}{\delta};\frac{E_2}{E_1},\frac{E_3}{E_2},\cdots,\frac{E_0}{E_{n-1}}\right)$$

可应用括号内的参数为输入数据,应用通用软件计算得到。

结构层的容许拉应力应通过实例求得其极限拉应力 σ_{sp} 后才能确定。所有这些构成了沥青路面结构设计必备的系列参数,以下逐项分述各参数选定的关键技术。

3. 路基回弹模量 E_0

在应用弹性层状体系理论进行路面设计时,必须确定路基土和路面材料的弹性模量值。路基土或路面材料,在常用荷载作用下,应力应变关系是非线性的,因而弹性模量并不是定值,而是应力状态的函数。工程上通常采用承载板试验或弯沉测定的方法确定路基土和路面材料回弹模量值,并将这种回弹模量作为弹性模量用来验算。路基回弹模量(E_0)是路面结构设计的重要参数,其取值的大小对路面结构厚度有较大影响,正确地确定 E_0 是十分重要的。路基回弹模量值与土的性质、密实度、含水率、路基所处的干湿状态以及测试方法有密切的关系。

4. 结构层回弹模量 E_1

结构层材料的回弹模量值是沥青路面结构设计的重要参数。由于结构层材料性质的不同,测量回弹模量的试验方法也不一样。通常在选择试验方法和决定回弹模量取值时,应考虑下列因素:① 测试方法简便,测试结果稳定;② 测得的模量值应较好地反映该结构层在路面结构层位中的工作状态和力学特性;③ 设计参数应与设计方法能较好地匹配。

我国现行《公路沥青路面设计规范》(JTG D50—2006)规定沥青路面结构按设计回弹总弯沉值 l_d 和设计容许层底弯拉应力 σ_R 两个指标控制设计厚度。无论采用哪项控制指标设计厚度,各结构层的回弹模量均采用抗压回弹模量。

半刚性材料的抗压回弹模量按我国《公路工程无机结合料稳定材料试验规程》(JTG E51—2009)有关规定进行试验测定,并按规定龄期,测定各类混合料的抗压回弹模量值,即水泥稳定类材料为90 d,石灰稳定类材料为180 d,水泥粉煤灰稳定类为120 d。

沥青混合料结构层的抗压回弹模量按我国《公路工程沥青及沥青混合料试验规程》(JTJ 052—2000)进行试验测定。当以路表弯沉值为设计验算指标时,取标准试验温度为 20 ℃;当以层底拉应力为设计验算指标时,取标准试验温度为 15 ℃,以适应不同设计控制指标所对应的最不利环境温度。

无结合料粒料结构层的抗压回弹模量测试,可以在工地现场铺筑整层试槽,通过承载板测定方法进行测试,详见我国《公路路基路面现场测试规程》。

5. 结构层材料的弯拉极限强度 σ_s

沥青面层与有机结合料或无机结合料稳定粒料基层的弯拉极限强度 σ_s 应按照我国有关规程规定的方法进行测定。我国规范规定采用间接拉伸试验,即劈裂试验来测定结构层材料的弯拉极限强度。

路面结构层的各项设计参数,包括抗压回弹模量和弯拉极限强度等原则上都应该在确定原材料料源之后,配合工程,按规定取样后在实验室完成测定工作。对于高速公路和一级公路,所有的设计参数必须通过实验室测定,其他等级公路若部分参数确定有困难无法实际测定时,可以参考表14-9 和表14-10 论证选定。

表14-9 沥青混合料设计参数

材料名称		抗压模量/MPa		劈裂强度/MPa	备 注
		20 ℃	15 ℃	15 ℃	
细粒式沥青混凝土	密级配	1 200 ~ 1 600	1 800 ~ 2 200	1.2 ~ 1.6	DAC – 10 DAC – 13
	开级配	700 ~ 1 000	1 000 ~ 1 400	0.6 ~ 1.0	OGFC – 10 OGFC – 13
沥青玛蹄脂碎石		1 200 ~ 1 600	1 600 ~ 2 000	1.4 ~ 1.9	SMA
中粒式沥青混凝土		1 000 ~ 1 400	1 600 ~ 2 000	0.8 ~ 1.2	AC – 16 AC – 20
密级配粗粒式沥青混凝土		800 ~ 1 200	1 000 ~ 1 400	0.6 ~ 1.0	AC – 25
大粒径沥青碎石基层	密级配	1 000 ~ 1 400	1 200 ~ 1 600	0.6 ~ 1.0	ATB25、ATB35
	半开级配	600 ~ 800	—	—	AM25、AM40
沥青贯入式		400 ~ 600			

表 14-10 粒料基层、底基层材料设计参数

材料名称	配合比或规格要求		抗压模量[①]/MPa（计算弯沉用）	劈裂强度/MPa	抗压模量[②]/MPa（计算弯拉应力用）
二灰砂砾	7:13:80		1 100～1 500	0.6～0.8	3 000～4 200
二灰碎石	8:17:80		1 300～1 700	0.5～0.8	3 000～4 200
水泥砂砾	4%～6%		1 100～1 500	0.4～0.6	3 000～4 200
水泥碎石	4%～6%		1 300～1 700	0.4～0.6	3 000～4 200
石灰:水泥:粉煤灰:砂砾	6:3:16:75		1 200～1 600	0.4～0.55	2 700～3 700
水泥:粉煤灰:碎石	4:16:80		1 300～1 700	0.4～0.55	2 400～3 000
石灰土碎石	粉料>60%		700～1 100	0.3～0.4	1 600～2 400
碎石灰土	粉料>40%～50%		600～900	0.25～0.35	1 200～1 800
水泥:石灰:砂砾:土	4:3:25:68		800～1 200	0.3～0.4	1 500～2 200
二灰土	10:30:60		600～900	0.2～0.3	2 000～2 800
石灰土	8%～12%		400～700	0.2～0.25	1 200～1 800
石灰土处理路基	4%～7%		200～350		
级配碎石	上基层	连续级配	300～350		
		骨架密实	300～500		
	底基层、垫层		200～250		
填隙碎石	底基层		200～280		
未筛分碎石	底基层		180～220		
砂砾	底基层		150～200		
中粗砂	垫层		80～100		

注：① 表中①数据考虑式(14-21)的标准差修正；
② 表中②数据考虑式(14-22)的标准差修正。

考虑到路面结构层回弹模量的最不利组合，回弹模量 E_i 的设计值按下式计算。

(1) 计算路表弯沉时，各层材料的抗压回弹模量按式(14-21)计算其设计值。

$$E_i = \overline{E}_i - Z_a S \tag{14-21}$$

(2) 计算层底弯拉应力时，计算层以下各层的模量采用式(14-21)计算其设计值；计算层及其以上各层模量采用式(14-22)计算其设计值

$$E_i = \overline{E}_i + Z_a S \tag{14-22}$$

式中：$\overline{E}_i$——i 层试件模量的平均值；

S——各试件模量的标准差；

Z_a——保证率为95%的系数，取2.0。

14.4.3 新建路面厚度设计

新建沥青路面厚度设计按以下步骤进行。

(1) 根据设计任务书的要求按设计回弹弯沉和容许弯拉应力两个设计指标，分别计算设计年限内的当量标准轴载累计数，确定交通量等级，面层类型，并计算设计弯沉值 l_d 和容许弯拉应力 σ_R。

当量标准轴载数 N:

① 当以弯沉值和沥青层层底拉应力为设计指标时

$$N = \sum_{i=1}^{K} C_1 C_2 n_i \left(\frac{P_i}{P}\right)^{4.35}$$

② 当以半刚性材料层底拉应力为设计指标时

$$N = \sum_{i=1}^{K} C'_1 C'_2 n_i \left(\frac{P_i}{P}\right)^{8}$$

③ 当以贫混凝土基层层底拉应力为设计指标时

$$N = \sum_{i=1}^{K} C_1 C_2 n_i \left(\frac{P_i}{P}\right)^{12}$$

设计年限累计当量标准轴载数 N_e

$$N_e = \frac{\left[(1+r)^t - 1\right] \times 365}{r} \cdot N_1 \cdot \eta$$

路面设计弯沉值 l_d

$$l_d = 600 N_e^{-0.2} A_c A_s A_b$$

结构层容许弯拉应力 σ_R

$$\sigma_R = \frac{\sigma_{sp}}{K_s}$$

沥青面层抗拉强度结构系数 K

$$K = 0.09 N_e^{0.22} / A_c$$

无机结合料稳定集料抗拉强度结构系数 K

$$K = 0.35 N_e^{0.11} / A_c$$

无机结合料稳定细粒土抗拉强度结构系数 K

$$K = 0.45 N_e^{0.11} / A_c$$

贫混凝土基层抗拉强度结构系数 K

$$K = 0.25 N_e^{0.05} / A_c$$

(2) 按路基土类与干湿类型及路基横断面形式,沿线将路基划分为若干路段,确定各路段的路基回弹模量 E_0。

(3) 参考本地区工程经验,拟定若干个路面结构组合与厚度方案,根据选用的材料进行配合比设计,测定各结构层材料的抗压回弹模量与抗拉强度,确定各结构层的设计参数 E_i、σ_{spi}。

(4) 计算路面结构表面弯沉值 l_s 以及结构层层底弯拉应力 σ_m。

$$l_s = 1\,000 \frac{2P\delta}{E_1} \alpha_c F$$

$$\sigma_m = p \overline{\sigma_m}$$

(5) 根据设计指标,采用多层弹性体系理论设计程序计算路面结构设计层的厚度,即

$$l_s \leqslant l_d$$

$$\sigma_m \leqslant \sigma_R$$

设计规范规定,不同等级公路沥青路面结构的设计指标按表 14-11 所列项目选择。

表 14-11　不同等级公路沥青路面结构的设计指标

公路等级	沥青路面结构设计指标		
	路表面设计弯沉 l_d	沥青层弯拉应力 σ_R	半刚性层弯拉应力 σ_R
高速公路，一、二级公路	√	√	√
三、四级公路	√		

若式(14-16)或式(14-17)不能满足，则可以调整路面结构组合，更换强度更高的结构层或更换材料及配合比，重新试验确定各项参数，再由式(14-16)、式(14-17)作验算，直至满足两式的要求为止。

(6) 对于季节性冰冻地区，应验算防冻层厚度是否满足要求。若不能满足，则可增加防冻层厚度，达到规定厚度，以满足防冻要求。

(7) 进行技术经验比较，选定最佳路面结构方案。

新建沥青路面厚度设计可按图 14-5 所示程序框图逐步完成，设计最优方案。

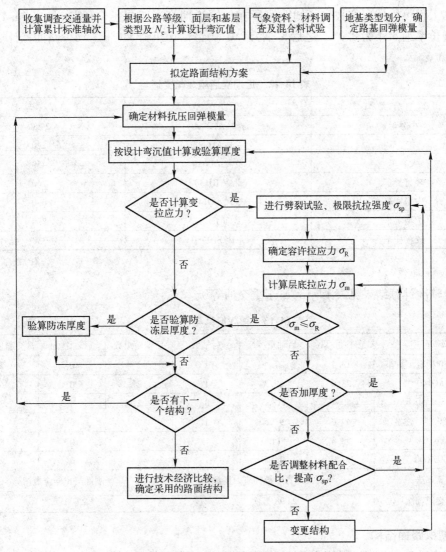

图 14-5　新建道路沥青路面结构设计程序框图

14.4.4 新建沥青路面厚度计算示例

1. 基本资料

1) 自然地理条件

新建高速公路地处 II_2 区,为双向四车道,拟采用沥青路面结构进行施工图设计,沿线土质为中液限黏性土,填方路基高 1.8 m,地下水位距路床 2.4 m,属中湿状态;年降雨量为 620 mm,最高气温 35 ℃,最低气温 -31 ℃,多年最大道路冻深为 175 cm,平均冻结指数为 882 ℃·d,最大冻结指数为 1 225 ℃·d。

2) 土基回弹模量的确定

设计路段路基处于中湿状态,路基土为中液限黏质土,根据室内试验法确定土基回弹模量设计值为 40 MPa。

3) 近期交通组成与交通量

根据工程可行性研究报告可知路段所在地区近期交通组成与交通量,见表 14-12。预测交通量增长率前 5 年为 8.0%,之后 5 年为 7.0%,最后 5 年为 5.0%。沥青路面累计标准轴次按 15 年计。

表 14-12 近期交通组成与交通量

车型分类	代表车型	数量/(辆/d)
小客车	桑塔纳 2000	2 280
中客车	江淮 AL6600	220
大客车	黄海 DD680	450
轻型货车	北京 BJ130	260
中型货车	东风 EQ140	660
重型货车	黄河 JN163	868
铰接挂车	东风 SP9250	330

4) 设计轴载

累计轴次计算结果见表 14-13,属于重交通等级。

表 14-13 轴载换算与累计轴载

汽车车型	前轴重/kN	后轴重/kN	后轴数	后轴轮组数	后轴距/m	日交通量/(辆/d)
北京 BJ130 型轻型货车	13.4	27.4	1	2	0	260
东风 EQ140 型	23.6	69.3	1	2	0	660
东风 SP9250 型	50.7	113.3	3	2	4	330
黄海 DD680 型长途客车	49.0	91.5	1	2	0	450
黄河 JN163 型	58.6	114.0	1	2	0	868
江淮 AL6600 型	17.0	26.5	1	2	0	220
换算方法	弯沉及沥青层拉伸应力指标			半刚性层拉伸应力指标		
累计交通轴次	2 098 万次			2 673 万次		

2. 初拟路面结构

根据本地区的路用材料,结合已有工程经验与典型结构,拟定了三个结构组合方案。

按计算法确定方案一、方案二的路面厚度;按验算法验算方案三的结构厚度。根据结构层的最小施工厚度、材料、水文、交通量,以及施工机具的功能等因素,初步确定路面结构组合与各层厚度如下。

方案一:

4 cm 细粒式沥青混凝土 +6 cm 中粒式沥青混凝土 +8 cm 粗粒式沥青混凝土 +38 cm 水泥稳定碎石基层 + ? 水泥石灰砂砾土层,以水泥石灰砂砾土为设计层。

方案二:

4 cm 细粒式沥青混凝土 +8 cm 中粒式沥青混凝土 +15 cm 密级配沥青碎石 + ? 水泥稳定砂砾 +18 cm 级配砂砾垫层,以水泥稳定砂砾为设计层。

方案三:

4 cm 细粒式沥青混凝土 +8 cm 中粒式沥青混凝土 +2×10 cm 密级配沥青碎石 +35 cm 级配碎石。

3. 路面材料配合比设计与设计参数的确定

1) 试验材料的确定

半刚性基层所用集料取自沿线料场,结合料沥青选用 A 级 90 号,上面层采用 SBS 改性沥青,技术指标均符合《公路沥青路面施工技术规范》(JTG F40—2004)相关规定。

2) 路面材料配合比设计(略)

3) 路面材料抗压回弹模量的确定

(1) 根据设计配合比,选取工程用各种原材料制件,测定设计参数。

按照《公路工程无机结合料稳定材料试验规程》(JTG E51—2009)中规定的项目顶面法测定半刚性材料的抗压回弹量。

(2) 按照《公路工程沥青及沥青混合料试验规程》(JTG E20—2011)中规定的方法测定沥青混合料的抗压回弹模量,测定 20 ℃、15 ℃的抗压回弹模量,各种材料的试验结果与设计参数见表 14-14 和表 14-15。

表 14-14 沥青材料抗压回弹模量测定与参数取值

材料名称	20 ℃抗压回弹模量/MPa			15 ℃抗压回弹模量/MPa			
	E_p	方差 σ	$E_p - 2\sigma$ E_{pa}	E_p	方差 σ	$E_p - 2\sigma$ $E_{p代}$	$E_p + 2\sigma$
细粒式沥青混凝土	1 991	201	1 589	2 680	344	1 992	3 368
中粒式沥青混凝土	1 425	105	1 215	2 175	187	1 801	2 549
粗粒式沥青混凝土	978	55	868	1 320	60	1 200	1 440
密级配沥青碎石	1 248	116	1 016	1 715	156	1 403	2 027

表 14-15 半刚性材料及其他材料抗压回弹模量测定与参数取值

材料名称	抗压模量/MPa			
	E_p	方差 σ	$E_p - 2\sigma$ $E_{p代}$	$E_p + 2\sigma$
水泥稳定碎石	3 188	782	1 624	4 752
水泥石灰砂砾土	1 591	250	1 091	2 091
水泥稳定砂砾	2 617	234	2 148	3 086

续表

材料名称	抗压模量/MPa			
	E_p	方差 σ	$E_p - 2\sigma$	$E_p + 2\sigma$
			$E_{p代}$	
级配碎石	400	—	—	—
级配砂砾	250	—	—	—

4)路面材料劈裂强度测定

根据设计配合比,选取工程用各种原材料,测定规定温度和龄期的材料劈裂强度。按照《公路工程沥青及沥青混合料试验规程》(JTG E20—2011)与《公路工程无机结合料稳定材料试验规程》(JTG E51—2009)中规定的方法进行测定,结果见表14-16。

表14-16 路面材料劈裂强度

材料名称	细粒式沥青混凝土	中粒式沥青混凝土	粗粒式沥青混凝土	密级配沥青碎石	水泥稳定碎石	水泥稳定砂砾	水泥石灰砂砾土	二灰稳定砂砾
劈裂强度/MPa	1.2	1.0	0.8	0.6	0.6	0.5	0.4	0.6

4. 路面结构层厚度确定

1)方案一的结构厚度计算

该结构为半刚性基层,沥青路面的基层类型系数为1.0,设计弯沉值为20.60(0.01 mm)。利用设计程序计算出满足设计弯沉指标要求的水泥石灰砂砾土层厚度为11.1 cm;满足层底拉应力要求的水泥石灰砂砾土层厚度为16.5 cm。设计厚度取水泥石灰砂砾土层为17 cm。路表计算弯沉为18.57(0.01 mm)。各结构层的验算结果见表14-17。

表14-17 结构厚度计算结果(一)

序号	结构层材料名称	20℃抗压模量/MPa		15℃抗压模量/MPa		劈裂强度/MPa	厚度/cm	层底拉应力/MPa	容许拉应力/MPa
		均值	标准差	均值	标准差				
1	细粒式沥青混凝土	1 991	201	2 680	344	1.2	4	-0.19	0.46
2	中粒式沥青混凝土	1 425	105	2 175	187	1.0	6	0.06	0.38
3	粗粒式沥青混凝土	978	55	1 320	60	0.8	8	-0.06	0.31
4	水泥稳定碎石	3 188	782	3 188	782	0.6	38	0.15	0.26
5	水泥石灰砂砾土	1 591	250	1 591	250	0.4	17	0.13	0.14
6	土基	40	0	—	—	—	—	—	—

2)方案二的结构厚度计算

该结构为柔性基层与半刚性基层组合,沥青层较厚。根据工程经验,按内插法确定基层类型系数为1.45,设计弯沉值为29.87(0.01 mm)。利用设计程序计算出满足设计弯沉指标要求的水泥稳定砂砾层厚度为16.4 cm;满足层底拉应力要求的水泥稳定砂砾层厚度为19.5 cm。设计厚度取水泥稳定砂砾层为20 cm,路表计算弯沉为27.0(0.01 mm)。各结构层的验算结果见表 14-18。

表 14-18 结构厚度计算结果(二)

序号	结构层材料名称	20 ℃抗压模量/MPa		15 ℃抗压模量/MPa		劈裂强度/MPa	厚度/cm	层底拉应力/MPa	容许拉应力/MPa
		均值	标准差	均值	标准差				
1	细粒式沥青混凝土	1 991	201	2 680	344	1.2	4	−0.28	0.46
2	中粒式沥青混凝土	1 425	105	2 175	187	1.0	8	0.04	0.38
3	密级配沥青碎石	1 248	116	1 715	156	0.6	15	0.04	0.23
4	水泥稳定砂砾	2 617	234	2 617	234	0.5	20	0.26	0.26
5	级配砂砾	250	0	—	—	—	18	—	—
6	土基	40	0	—	—	—		—	—

3) 方案三的结构厚度计算

该结构为比较方案,其结构为柔性基层,沥青路面的基层类型系数为 1.6,设计弯沉值为 32.96(0.01 mm)。利用设计程序验算结构是否满足设计弯沉与容许拉应力的要求,验算结果见表 14-19。该结构路表计算弯沉为 31.47(0.01 mm),小于设计弯沉,符合要求;各结构层层底拉应力验算结果均满足要求。

表 14-19 结构厚度计算结果(三)

序号	结构层材料名称	20 ℃抗压模量/MPa		15 ℃抗压模量/MPa		劈裂强度/MPa	厚度/cm	层底拉应力/MPa	容许拉应力/MPa
		均值	标准差	均值	标准差				
1	细粒式沥青混凝土	1 991	201	2 680	344	1.2	4	−0.31	0.46
2	中粒式沥青混凝土	1 425	105	2 175	187	1.0	8	0.08	0.38
3	密级配沥青碎石	1 248	116	1 715	156	0.6	20	0.23	0.23
4	级配碎石	350	0	—	—	—	35	—	—
5	土基	40	0	—	—	—		—	—

4) 计算防冻厚度

方案一沥青层厚度为 18 cm,总厚度为 73 cm。根据表 14-8 规定,最小防冻厚度为 40~50 cm。
方案二沥青层厚度为 27 cm,总厚度为 65 cm。根据表 14-8 规定,最小防冻厚度为 45~55 cm。
方案三沥青层厚度为 32 cm,总厚度为 67 cm。根据表 14-8 规定,最小防冻厚度为 50~60 cm。
以上路面结构厚度均满足最小防冻厚度要求。

14.4.5 路面交工验收指标

路面交工验收时,验收弯沉值 l_a 是工程验收的重要指标,它是以不利季节、BZZ − 100 标准轴载作用下,轮隙中心处实测路表弯沉代表值 l_r 进行评定的。即

$$l_r \leqslant l_a \tag{14-23}$$

式中:l_r——实测某路段的代表弯沉值,0.01 mm;
　　　l_a——路表面弯沉检测标准值,0.01 mm,按最后确定的路面结构厚度和材料模量计算的路表弯沉值。

实测路面代表弯沉值的检测通常在交工时的不利季节,用标准轴载 BZZ-100 的汽车实测路表弯沉值。检测时,若不是在不利季节进行测定,还应考虑季节修正。对于沥青层厚度小于或等于 5 cm 时,不考虑温度修正,若厚度大于 5 cm,应进行温度修正。通常以沥青层的温度为 20 ℃作为标准温度,其余不在 20 ℃标准温度下测得的路表弯沉应作如下修正:

$$l_{20} = l_T \cdot K_3 \tag{14-24}$$

式中:l_{20}——沥青层处于标准温度 20 ℃下的弯沉值,0.01 mm;
　　　l_T——沥青层处于温度 T 下的弯沉值,0.01 mm;
　　　K_3——温度修正系数。

$$K_3 = e^{(\frac{1}{T} - \frac{1}{20})h} \quad (T \geqslant 20 \text{ ℃}) \tag{14-25a}$$

$$K_3 = e^{0.02(20-T)h} \quad (T \leqslant 20 \text{ ℃}) \tag{14-25b}$$

$$T = a + bT_0 \tag{14-26}$$

式中:T——测定的路面沥青层平均温度,℃;
　　　T_0——测定时路表温度与前 5 小时平均气温之和,℃;
　　　a——系数,$a = -2.65 + 0.52h$;
　　　b——系数,$b = 0.62 - 0.008h$;
　　　h——沥青面层厚度,cm。

取经过季节修正和温度修正后得到的路表弯沉值作为验收评定的实测弯沉指标,并考虑一定的保证率,按式(14-27)计算路面交工验收弯沉值 l_r,代入式(14-23),作验收评定。

$$l_r = (\bar{l}_r + Z_a S) K_1 K_3 \tag{14-27}$$

式中:$\bar{l}_r$——实测路表弯沉的平均值;
　　　S——实测路表弯沉的标准差;
　　　Z_a——考虑不同等级公路,取不同保证率的系数,其值为:
　　　　　　高速公路,一级公路　　$Z_a = 1.645$
　　　　　　其他公路　　　　　　　$Z_a = 1.500$
　　　K_1——季节影响系数,根据当地经验确定;
　　　K_3——温度修正系数,按式(14-24)~式(14-26)确定。

14.4.6　沥青路面改建设计

沥青路面随着使用时间的延续,其使用性能和承载能力不断降低,超过设计使用年限后便不能满足正常行车交通的要求,而需补强或改建。当原有路面需要提高等级时,对不符合技术标准的路段应先进行线形改善,改线路段应按新建路面设计。加宽路面、提高路基、调整纵坡的路段应视具体情况按新建或改建路面设计。在原有路面上补强时,按改建路面设计。路面补强设计工作包括现有路面结构状态调查、弯沉评定以及补强厚度计算。

1. 路面结构状况调查与评定

对使用中的路面进行结构状况的调查与评定,其目的主要是了解路面现有结构状况和强度,据以判断是否需要加强或预估剩余使用寿命,分析路面损坏的原因及提出处理措施。

现有路面状况调查工作包括如下内容。

(1) 交通调查。对于当前的交通量和车型组成进行实地观测,通过调查分析预估交通量增长趋势,确定年平均增长率。

(2) 路基状况调查。调查沿线路基土质、填挖高度、地面排水情况、地下水位,以确定路基土组和干湿类型。

(3) 路面状况调查。调查路面结构类型、组合和各层厚度,为此需开挖试坑进行量测和取样试验,量测路基和路面宽度,详细记载路表状况及路拱大小,对路面的病害和破坏应详加记述并分析产生原因。

(4) 路面修建和养护历史调查。

路面结构强度的评定,通常采用测量路表轮隙回弹弯沉的方法。由于路面在一年内的不同时期具有不同的强度,而经补强设计的路面必须保证在最不利季节具有良好的使用状态,因此原有路面的弯沉值应在不利季节测定,若在非不利季节测定,应按各地的季节影响系数进行修正。如在原砂石路面上加铺沥青面层时,因补强后对路基的湿度有影响,路基和基层中的水分蒸发较以前困难,致使路基和基层中湿度增加,强度降低,弯沉增大,因此还应根据当地经验进行湿度影响的修正。当原路面为沥青路面时,应根据实测温度作温度修正。

在确定原路面的计算弯沉时,应将全线分段,分段时应考虑下列因素。

(1) 同一路段路基的干湿类型与土质基本相同。

(2) 同一路段内各测点的弯沉值比较接近,若局部路段弯沉值很大,应先进行修补处理,再进行补强。

(3) 各路段的最小长度应与施工方法相适应。一般不小于 1 000 m。在水文、土质条件复杂或需特殊处理的路段,其分段长度可视实际情况确定。

在对原有路面进行弯沉检测时,每一车道、每路段的测点数不少于 20 点,且应以标准轴载车辆配以贝克曼梁进行测定,或用落锤弯沉仪进行测定(FWD)。

各种段的计算弯沉值按下式计算:

$$l_0 = (\bar{l}_0 + Z_a S) K_1 \cdot K_2 \cdot K_3 \tag{14-28}$$

式中:l_0——路段的计算弯沉值,0.01 mm;

$\bar{l}_0$——路段内原路面上实测弯沉的平均值,0.01 mm;

S——路段内原始面上实测弯沉的标准差,0.01 mm;

Z_a——保证率系数,高速公路、一级公路 Z_a 取 1.645,补强二级及二级以上公路路面时,Z_a 取 1.5,补强三、四级公路时取 1.3;

K_1、K_2——分别为季节影响系数和温度影响系数,可根据当地经验选用;

K_3——温度修正系数。

2. 原路面当量回弹模量的计算

用理论法进行路面的补强计算时,需要将原路面计算弯沉值换算成综合回弹模量值。进行这种换算时,将原路基路面体系看作计算弯沉相等的匀质体,同时考虑承载板测定回弹模量与弯沉测定回弹模量之间的差异,得到如下综合回弹模量 E_z 的计算公式:

$$E_z = 1\ 000\ \frac{2p\delta}{l_0} m_1 m_2 \tag{14-29}$$

式中:p——弯沉测定车的轮胎压力;

δ——弯沉测定车双圆轮迹的单圆直径;

l_0——原路面计算弯沉值;

m_1——用标准轴载汽车在原有路面上测得的弯沉值与用承载板在相同压强条件下所测得的回弹变形值之比,即轮板对比值,$m_1 = l_轮/l_板$,一般情况下,应通过在旧路面上进行对比试验确定,在没有对比资料的情况下,推荐 m_1 取值为 1.1;

m_2——原路面当量回弹模量扩大系数,计算与原有路面接触的补强层层底拉应力时,m_2 按式(14-30)计算,计算其他补强层层底拉应力及弯沉值时,$m_2 = 1.0$。

引入修正系数的原因是因为按照拉应力验算的原则,在进行与旧路面接触的补强层层底弯拉应力验算时,计算层与结构层(即旧路面面层)的材料参数应维持不变,但旧路面当量回弹模量相当于在弯沉等效的基础上将由数层不同材料组成的旧路面等效视作一均质弹性半空间体时所对应的等效模量。显然,该模量值不同于和计算层相邻的原路面面层的回弹模量,因此,在进行与旧路面接触的补强层层底拉应力验算时,应对旧路面当量回弹模量进行修正,根据研究,规范给出如下公式:

$$m_2 = e^{0.037\frac{h'}{\delta}} \left(\frac{E_{n-1}}{p}\right)^{0.25} \quad (14\text{-}30)$$

式中:E_{n-1}——与原路面接触层材料的抗压回弹模量,MPa;

h'——各补强层相当于原路面接触层 E_{n-1} 的等效总厚度,cm,h' 按下式计算:

$$h' = \sum_{i=1}^{n-1} h_i (E_i/E_{n-1})^{0.25} \quad (14\text{-}31)$$

式中:h_i——第 i 层补强层的厚度,cm;

E_i——第 i 层补强层材料的抗压回弹模量,MPa;

$n-1$——补强层层数。

3. 加铺层设计

加铺层厚度与结构组合设计应与纵横断面设计相结合,路面厚度设计应考虑路面纵坡是否顺适、与周围环境是否协调等情况进行综合分析确定。

加铺层的结构类型,可根据公路等级、交通量、当地经济条件和已有经验,选用一层或多层沥青混合料或半刚性基层、组合式基层、柔性基层、贫混凝土基层等结构。

加铺层设计可按以下步骤进行。

(1) 计算原有路面的当量回弹模量。

(2) 拟定结构组合方案及设计层位,确定各加铺层的材料参数。

(3) 根据加铺层的类型确定设计指标。当以路表回弹弯沉为设计指标时,弯沉综合修正系数 F 按下式计算确定:

$$F = 1.45 \left(\frac{l_a}{2\,000\delta}\right)^{0.61} \left(\frac{E_1}{p}\right)^{0.61} \quad (14\text{-}32)$$

当以弯拉应力为设计指标时,仍按新建路面设计方法进行计算。确定设计厚度后,按式(14-19)计算弯沉综合修正系数,最后计算路表回弹弯沉。

(4) 设计层的厚度采用弹性层状体系理论设计程序计算。

(5) 对于季节冰冻地区,中湿与潮湿路段,还应验算防冻厚度。

（6）根据各方案的计算结果，进行技术经济比较，确定采用的加铺方案。

思考题

1. 沥青路面结构破坏有哪些状态？
2. 沥青路面结构组合设计要遵循哪些原则？
3. 路面弯沉、路面容许弯沉和路面设计弯沉的区别与联系是什么？
4. 轴载换算有哪两条原则？
5. 如何选用路面材料设计参数值？
6. 如何计算结构层材料的容许拉应力？
7. 新建沥青路面结构设计步骤有哪些？
8. 路面补强设计工作包括哪些内容？

第 15 章　水泥混凝土路面

提要　水泥混凝土路面是由混凝土面板和基层、垫层组成,属于高级路面。由于水泥混凝土路面本身的诸多优点,在我国特别是南方得到了广泛的应用。

本章主要介绍水泥混凝土路面的特点及分类,水泥混凝土路面的构造,水泥混凝土路面施工工艺及质量控制,其他类型混凝土路面简介等。

15.1　概述

15.1.1　水泥混凝土路面的分类

水泥混凝土路面(CCP)是高级路面,它由混凝土面板和基层、垫层组成。根据材料的要求、组成及施工工艺的不同,水泥混凝土路面包括普通混凝土(JPCP)、钢筋混凝土(JRCP)、连续配筋混凝土(CRCP)、预应力混凝土(PRCP)、装配式混凝土(PCP)和钢纤维混凝土(SFCP)等。目前采用最广泛的是就地浇筑的普通混凝土路面,简称混凝土路面。

15.1.2　水泥混凝土路面的特点

所谓普通混凝土路面,是指除接缝区和局部范围(边缘和角隅)外不配置钢筋的混凝土路面。与其他类型路面相比,混凝土路面具有以下优点。

(1)强度高。混凝土路面具有很高的抗压强度和较高的抗弯拉强度以及抗磨耗能力。

(2)稳定性好。混凝土路面的水稳性、热稳性均较好,特别是它的强度能随着时间的延长而逐渐提高,不存在沥青路面的那种"老化"现象。

(3)耐久性好。由于混凝土路面的强度和稳定性好,所以它经久耐用,一般能使用20~40年,而且它能通行包括履带式车辆等在内的各种运输工具。

(4)有利于夜间行车。混凝土路面色泽鲜明,能见度好,对夜间行车有利。

但是,混凝土路面也存在一些缺点,主要有以下几方面。

(1)对水泥和水的需要量大。修筑0.2 m厚、7 m宽的混凝土路面,每1 000 m要耗费水泥约400 ~500 t,水约250 t,尚不包括养生用的水在内,这对水泥供应不足和缺水地区带来较大困难。

(2)有接缝。一般混凝土路面要建造许多接缝,这些接缝不但增加施工和养护的复杂性,而且容易引起行车跳动,影响行车的舒适性,接缝又是路面的薄弱点,如处理不当,将导致路面板边和板角处破坏。

(3)开放交通较迟。一般混凝土路面完工后,要经过28 d的潮湿养生,才能开放交通,如需提早开放交通,则需采取特殊措施。

(4)修复困难。混凝土路面损坏后,开挖很困难,修补工作量也大,且影响交通

15.2 水泥混凝土路面的构造

15.2.1 土基

理论分析表明,通过刚性面层和基层传到土基上的压力很小,一般不超过 0.05 MPa。因此,混凝土板下不需要有坚强的土基支撑。然而,如果土基的稳定性不足,在水温变化的影响下出现较大的变形,特别是不均匀沉陷,则仍将给混凝土面板带来很不利的影响。实践证明,由于土基不均匀支撑,使面板在受荷时底部产生过大的弯拉应力,导致混凝土路面产生破坏。因此,混凝土路面下的路基必须密实、稳定和均匀。路基一般要求处于干燥或中湿状况,过湿状态或强度与稳定性不符合要求的潮湿状态的路基必须经过处理。

路基的不均匀支撑,可能由下列因素所造成。

（1）不均匀沉陷。湿软地基未达充分固结,土质不均匀,压实不充分、填挖结合部以及新老路基交接处处理不当。

（2）不均匀冻胀。季节性冰冻地区,土质不均匀（对冰冻敏感性不同）,路基潮湿条件变化。

（3）膨胀土。在过干或过湿（相当于最佳含水率）时压实,排水设施不良等。

控制路基不均匀支撑的最经济、最有效的方法是：① 把不均匀的土掺配成均匀的土；② 控制压实时的含水率接近最佳含水率,并保证压实度达到要求；③ 加强路基排水设施,对于湿软地基,则应采取加固措施；④ 加设垫层,以缓和可能产生的不均匀变形对面层的不利影响。

15.2.2 基层

混凝土面层下设置基层的目的是以下几种。

（1）防唧泥。混凝土面层如直接放在路基上,会由于路基土塑性变形量大,细料含量多和抗冲刷能力低而极易产生唧泥现象。铺设基层后,可减轻以致消除唧泥的产生。但未经处治的砂砾基层,其细料含量和塑性指数不能太高,否则仍会产生唧泥。

（2）防冰冻。在季节性冰冻地区,用对冰冻不敏感的粒状多孔材料铺筑基层,可以减少路基的冰冻深度,从而减轻冰冻的危害作用。

（3）减小路基顶面的压应力,并缓和路基不均匀变形对面层的影响。

（4）防水。在湿软土基上,铺筑开级配粒料基层,可以排除从路表面渗入面层板下的水分及隔断地下毛细水上升。

（5）为面层施工（如立侧模、运送混凝土混合料等）提供方便。

（6）提高路面结构承载能力,延长路面的使用寿命。

因此,除非土基本身就是有良好级配的砂砾类土,而且是良好排水条件的轻交通公路之外,都应设置基层。同时,基层应具有足够的强度和稳定性,且断面正确,表面平整。理论计算和实践都已证明,采用整体性好,（具有较高的弹性模量如贫混凝土、沥青混凝土、水泥稳定碎石、石灰粉煤灰稳定碎石、级配碎石等）的材料修筑基层,可以确保混凝土路面良好的使用特性和延长路面的使用寿命。因此,基层材料的技术要求必须符合《公路路面基层施工技术规范》的要求。如果基层出现较大的塑性变形累积（主要在接缝附近）,面层板将与之脱空,支撑条件恶化,从而增加板的应力;同时,若基层材料中含有过多的细料,还将促使唧泥和错台等病害产生。

基层厚度以 20 cm 左右为宜。研究资料表明,用厚基层来提高土基的支撑力,或者说借以降低面层应力或减薄面层厚度一般是不经济的。但是随着稳定类基层厚度的减小,基层底面的弯拉应力随之增大,因此基层厚度不宜太薄。

基层宽度应比混凝土路面板每侧各宽出 25~35 cm(采用小型机具或轨道式摊铺机施工)或 50~60 cm(采用滑模摊铺机施工),或与路基同宽,以供施工时安装模板,并防止路面边缘渗水至土基而导致路面破坏。

在冰冻深度大于 0.5 m 的季节性冰冻地区,为防止路基可能产生的不均匀冻胀对混凝土面层的不利影响,路面结构应有足够的总厚度,以便将路基的冰冻深度约束在有限的范围内。路面结构的最小总厚度,随冰冻线深度、路基的潮湿状态和土质而异,其数值可参照表 15-1 选定。超出面层和基层厚度的总厚度部分可用基层下的垫层(防冻层)来补足。

表 15-1 水泥混凝土路面结构防冻最小厚度

路基干湿类型	路基土质	当地最大冻深/cm			
		50~100	101~150	151~200	>200
中湿路段	低、中、高液限黏土	30~50	40~60	50~70	60~95
	粉土,粉质低、中液限黏土	40~60	50~70	60~85	70~110
潮湿路段	低、中、高液限黏土	40~60	50~70	60~90	75~120
	粉土,粉质低、中液限黏土	45~70	55~80	70~100	80~130

15.2.3 混凝土面板

理论分析表明,轮载作用于板中部时,板所产生的最大应力约为轮载作用于板边部时的 2/3。因此,面层板的横断面应采用中间薄两边厚的形式(图 15-1),以适应荷载应力的变化,一般边部厚度较中部约大 25%,是从路面最外两侧板的边部,在 0.6~1.0 m 宽度范围内逐渐加厚。但是厚边式路面对土基和基层的施工带来不便;而且使用经验也表明,在厚度变化转折处,易引起板的折裂。因此,目前国内外常采用等厚式断面。

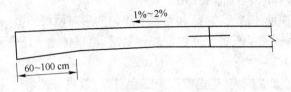

图 15-1 混凝土路面横断面示意图

混凝土面板应保证表面平整、耐磨、抗滑。混凝土面板的平整度以 3 m 直尺量测为准。3 m 直尺与路面表面的最大间隙高速公路和一级公路不应大于 3 mm;其他各级公路不应大于 5 mm。混凝土面板的抗滑标准以构造深度为指标。高速公路和一级公路不应低于 0.8 mm;其他各级公路不应低于 0.6 mm。

15.2.4 接缝的构造与布置

混凝土面层是由一定厚度的混凝土板所组成,它具有热胀冷缩的性质。由于一年四季气温的变化,混凝土板会产生不同程度的膨胀和收缩。而在一昼夜中,白天气温升高,混凝土板顶面温度较底面为高,这种温度坡差会形成板的中部隆起的趋势。夜间气温降低,板顶面温度较底面为低,会使板的周边和角隅发生翘起的趋势(图 15-2(a))。这些变形会受到板与基础之间的摩阻力和黏结力,以及板的自重、车轮荷载等的约束,致使板内产生过大的应力,造成板的开裂(图 15-2(b))或拱胀等破坏。

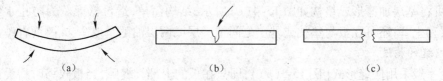

图 15-2　温差对板的影响
(a)混凝土由于温度坡差引起的变形;(b)开裂;(c)由于均匀温度下降使板体被拉开

从图 15-2 可见,由于翘曲而引起的裂缝,则在裂缝发生后被分割的两块板体尚不致完全分离,倘若板体温度均匀下降引起收缩,则将使两块板体被拉开(图 15-2(c)),从而失去荷载传递作用。

为避免这些缺陷,混凝土路面不得不在纵横两个方向设置许多接缝,把整个路面分割成许多板块(图 15-3)。

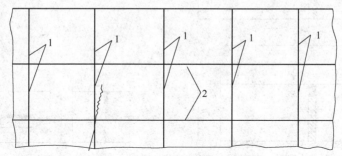

图 15-3　路面接缝设置
1-横缝;2-纵缝

横向接缝是垂直于行车方向的接缝,共有 3 种:缩缝、胀缝和施工缝。缩缝保证板因温度和湿度的降低而收缩时沿该薄弱断面缩裂,从而避免产生不规则的裂缝。胀缝保证板在温度升高时能部分伸张,从而避免产生路面板在热天的拱胀和折断破坏,同时胀缝也能起到缩缝的作用。另外,混凝土路面每天完工以及因雨天或其他原因不能继续施工时,应尽量做到胀缝处。如不可能,也应做至缩缝处,并做成施工缝的构造形式。

在任何形式的接缝处板体都不可能是连续的,其传递荷载的能力总不如非接缝处。而且任何形式的接缝都不免要漏水。因此,对各种形式的接缝,都必须为其提供相应的传荷与防水的设施。

1. 横缝的构造与布置

1) 胀缝的构造

胀缝缝隙宽约 20~25 mm。如施工时气温较高,或胀缝间距较短,应采用低限;反之用高限。缝隙上部 3~4 cm 深度内浇灌填缝料,下部则设置富有弹性的嵌缝板,它可由油浸或沥青浸制的软木板制成。

对于交通繁重的道路,为保证混凝土板之间能有效地传递荷载,防止形成错台,应在胀缝处板厚中央设置传力杆。传力杆一般长 40~60 cm,直径 20~38 mm 的光圆钢筋,每隔 30 cm 设一根。杆的半段固定在混凝土内,另半段涂以沥青、套上长约 8~10 cm 的铁皮或塑料套筒,筒底与杆端之间留出宽约 3~4 cm 的空隙,并用木屑与弹性材料填充,以利板的自由伸缩如图 15-4(a)所示。在同一条胀缝上的传力杆,设有套筒的活动端最好在缝的两边交错布置。

由于设置传力杆需用钢材,故有时不设传力杆,而在板下用 C10 混凝土或其他刚性较大的材料,铺成断面为矩形或梯形的垫枕,如图 15-4(b)所示。当用炉渣石灰土等半刚性材料作基层时,可将基层加厚形成垫枕如图 15-4(c)所示,结构简单,造价低廉。为防止水经过胀缝渗入基层和土基,还可在板与垫枕或基层之间铺一层或两层油毛毡或 2 cm 厚沥青砂。

2) 缩缝的构造

缩缝一般采用假缝形式[图 15-5(a)],即只在板的上部设缝隙,当板收缩时将沿此最薄弱断面有规则地自行断裂。缩缝缝隙宽 3~8 mm,深度约为板厚的 1/5~1/4,一般为 5~6 cm,近年来国外有减小假缝宽度与深度的趋势。假缝缝隙内也需浇灌填缝料,以防地面水下渗及石砂杂物进入缝内。

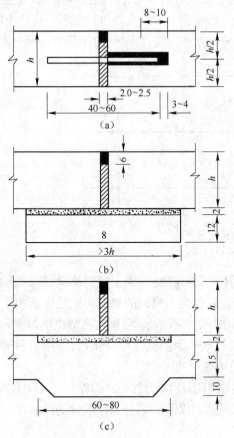

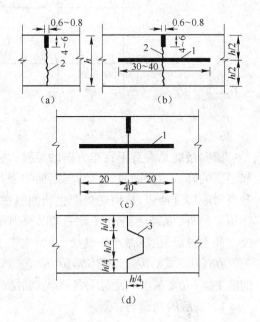

图 15-4 胀缝的构造形式(尺寸单位:cm)
(a)套筒式传力杆;(b)垫枕式传力杆;(c)基层加厚垫枕式传力杆

图 15-5 缩缝与工作缝的构造形式(尺寸单位:cm)
(a)假缝;(b),(c)传力杆;(d)企口缝
1 – 传力杆;2 – 裂缝;3 – 凸榫接头

由于缩缝缝隙下面板断裂面凹凸不平,能起一定的传荷作用,一般不必设置传力杆,但对交通繁重或地基水文条件不良路段,也应在板厚中央设置传力杆。这种传力杆长度为30～40 cm,直径为14～16 mm,每隔30～60 cm设一根[图15-5(b)],一般全部锚固在混凝土内,以使缩缝下部凹凸面的传荷作用有所保证;但为便于板的翘曲,有时也将传力杆半段涂以沥青,称为滑动传力杆,而这种缝称为翘曲缝。

应当补充指出,当在胀缝或缩缝上设置传力杆时,传力杆与路面边缘的距离,应较传力杆间距小些。

3) 施工缝的构造

施工缝采用平头缝或企口缝的构造形式。平头缝上部应设置深为3～4 cm,宽为5～10 mm的沟槽,内浇灌填缝料。为利于板间传递荷载,在板厚的中央也应设置传力杆[图15-5(c)]。传力杆长约40 cm,直径20 mm,半段锚固在混凝土中,另半段涂沥青或润滑油,也称滑动传力杆。如不设传力杆,则需用专门拉毛模板,把混凝土接头处做成凹凸不平的表面,以利于传递荷载。另一种形式是企口缝如图15-5(d)所示。

4) 横缝的布置

缩缝间距一般为4～6 m(即板长),在昼夜气温变化较大的地区,或地基水文情况不良路段,应取低限值,反之取高限。

在桥涵两端以及小半径平、竖曲线处应设置胀缝。胀缝是混凝土路面的薄弱环节,它不仅给施工带来不便,同时,由于施工时传力杆设置不当(未能正确定位),使胀缝处的混凝土常出现碎裂等病害;当雨水通过胀缝渗入地基后,易使地基软化,引起唧泥、错台等破坏;当砂石进入胀缝后,易造成胀缝处板边挤碎、拱胀等破坏。同时,胀缩容易引起行车跳动,其中的填缝料又要经常补充或更换,增加了养护的麻烦。因此,近年来国内外修筑的混凝土路面均有减少胀缝的趋势。我国现行刚性路面设计规范规定,胀缝应尽量少设或不设;但在邻近桥梁或固定建筑物处,或与其他类型路面相连接处、板厚变化处、隧道口、小半径曲线和纵坡变换处,均应设置胀缝。在其他位置,当板厚等于或大于20 cm并在夏季施工时,也可不设胀缝。

但是,采用长间距胀缝或无胀缝路面结构时,需注意采取一些相应的措施,如增大基层表面的摩阻力,以约束板在高温或潮湿时伸长的趋势;在气温较高时施工,以尽量减小水泥混凝土板的胀缩幅度;相对地缩短缩缝间距,以便减少板的温度翘曲应力,缩小缩缝缝隙的拉宽度以提高传荷能力,并增进板对地基变形的适应性。

2. 纵缝的构造与布置

纵缝是指平行于混凝土路面行车方向的那些接缝。纵缝间距一般按3～4.5 m设置,这对行车和施工都较方便。当双车道路面按全幅宽度施工时,纵缝可做成假缝形式。对这种假缝,国外规定在板厚中央应设置拉杆,拉杆直径可小于传力杆,间距为1.0 m左右,锚固在混凝土内,以保证两侧板不致被拉开而失掉缝下部的颗粒嵌锁作用[图15-6(a)]。当按一个车道施工时,可做成平头式纵缝[图15-6(b)]。为利于板间传递荷载,也可采用企口式纵缝[图15-6(c)],缝壁应涂沥青,缝的上部也应留有宽3～8 mm的缝隙,内浇灌填缝料。为防止板沿两侧路拱横坡爬动拉开和形成错台,以及防止横缝错开,有时在平头式及企口式纵缝上设置拉杆[图15-6(c),(d)],拉杆长50～70 mm,直径18～20 mm,间距1.0～1.5 m。

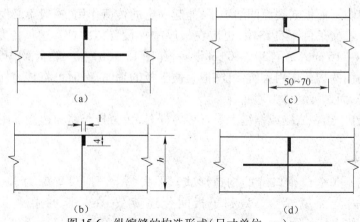

图 15-6 纵缩缝的构造形式(尺寸单位:cm)
(a)假缝带拉杆;(b)平头缝;(c)企口缝加拉杆;(d)平头缝加拉杆

对多车道路面,应每隔 3~4 个车道设一条纵向胀缝,其构造与横向胀缝相同。当路旁有路缘石时,缘石与路面板之间也应设胀缝,但不必设置传力杆或垫枕。

3. 纵横缝的布置

纵缝与横缝一般做成垂直正交,使混凝土板具有 90°的角隅。纵缝两旁的横缝一般成一条直线。实践证明,如横缝在纵缝两旁错开,将导致板产生从横缝延伸出来的裂缝(图 15-7)。在交叉口范围内,为了避免板形成较锐的角并使板的长边与行车方向一致,大多采用辐射式的接缝布置形式(图 15-8)。

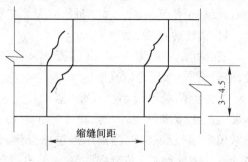

图 15-7 横缝错开时引起的裂缝(尺寸单位:m)

应当补充指出,目前国外流行一种新的混凝土路面接缝布置形式,即胀缝甚少,缩缝间距不等,按 4 m、4.5 m、5 m、5.5 m 和 6 m 的顺序设置,而且横缝与纵缝交成 80°左右的斜角,如设传力杆,则传力杆与路中线平行,其目的是使一辆车只有一个后轮横越接缝,减轻由于共振作用所引起的行车跳动的幅度,同时也可缓和板伸张时的顶推作用。

15.2.5 特殊部位混凝土路面的处理

1. 板边和角隅补强

当采用板中计算厚度的等厚式板时,或混凝土板纵、横向自由边缘下的基础有可能产生较大的塑性变形时,应在其自由边缘和角隅处设置下述两种补强钢筋。

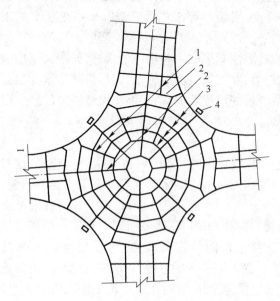

图 15-8 交叉口接缝布置
1-纵缝(企口缝);2-胀缝;3-缩缝;4-进水口

(1) 边缘钢筋。一般用两根直径12~16 mm的螺纹钢筋或圆钢筋,设在板的下部板厚的1/4~1/3处,且距边缘和板底均不小于5 cm,两根钢筋的间距不应小于10 cm[图15-9(a)]。纵向边缘钢筋一般只做在一块板内,不得穿过缩缝,以免妨碍板的翘曲;但有时也可将其穿过缩缝,但不得穿过胀缝。为加强锚固能力,钢筋两端应向上弯起。在横胀缝两侧板边缘以及混凝土路面的起终端处,为加强板的横向边缘,也可设置横向边缘钢筋。

(2) 角隅钢筋。设置在胀缝两侧板的角隅处,一般可用两根直径12~14 mm长2.4 m的螺纹钢筋弯成如图15-9(b)的形状。角隅钢筋应设在板的上部,距板顶面不小于5 cm,距胀缝和板边缘各为10 cm。在交叉口处,对无法避免形成的锐角,宜设置双层钢筋网补强[图15-9(c)],以避免板角断裂。钢筋布置在板的上下部,距板顶(底)5~7 cm为宜。

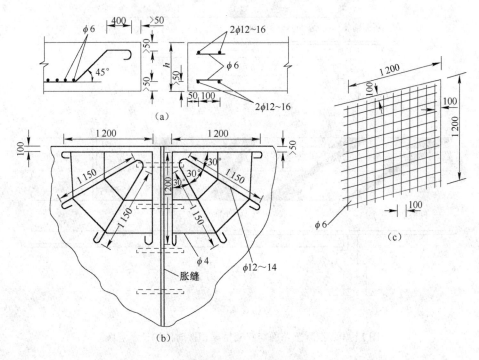

图15-9 边缘和角隅钢筋的布置(尺寸单位:mm)
(a)边缘钢筋;(b)、(c)角隅钢筋

2. 混凝土路面与桥梁相接

混凝土路面与桥梁相接处,宜设置钢筋混凝土搭板。搭板一端放在桥台上,并加设防滑锚固钢筋和在搭板上预留灌浆孔。如为斜交桥梁,尚应设置混凝土渐变板。渐变板的块数为:当桥梁斜角大于70°时设1块;45°~70°时设2块;小于45°时至少设3块(图15-10)。渐变板的短边最小为5 m,长边最大为10 m。

3. 混凝土路面与沥青路面相接

水泥混凝土路面与沥青路面相接处,为避免出现沉陷或错台,或沥青路面受顶推而拥起,宜按图15-11的方式处理;或将混凝土板埋入沥青路面内,如图15-12所示。

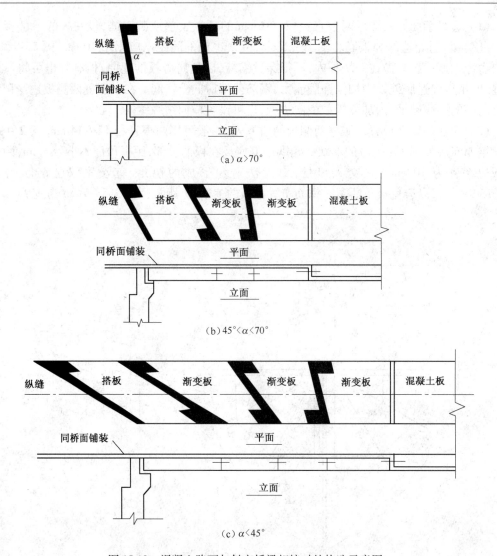

图 15-10 混凝土路面与斜交桥梁相接时的构造示意图

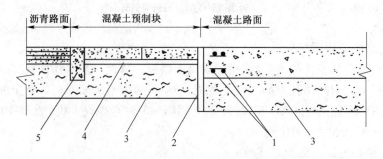

图 15-11 混凝土路面与沥青路面相接处的示意图
1-端部边缘钢筋;2-胀缝;3-基层;4-卧层;5-混凝土平道牙

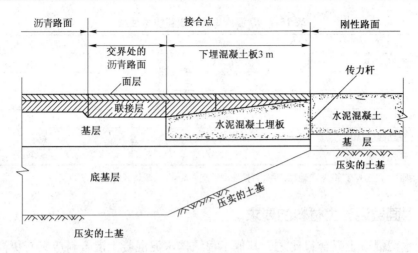

图 15-12 混凝土板埋入沥青路面的连接方法

15.2.6 接缝材料及技术要求

接缝材料按使用性能分接缝板和填缝料两类。接缝板要求能适应混凝土面板的膨胀与收缩，且施工时不变形、耐久性良好。填缝料要求能与混凝土面板缝壁黏结力强，且材料的回弹性好、能适应混凝土面板的膨胀与收缩、不溶于水、不渗水、高温时不溢出、低温时不脆裂和耐久性好。

接缝板可采用杉木板、沥青纤维板、橡胶泡沫板等。其技术性质见表 15-2。

表 15-2 接缝板技术性质

试验项目	接缝板种类			备 注
	木 材 料	塑胶、橡胶泡沫类	纤 维 类	
压缩应力/MPa	5.0~20.0	0.2~0.6	2.0~10.0	—
复原率/%	≥55	≥90	≥65	吸水后不应小于不吸水的90%
挤出量/mm	<5.5	<5.0	<3.0	—
弯曲荷载/N	100~400	0~50	5~40	—

填缝料按施工温度分加热施工式和常温施工式两类。

加热施工式填缝料主要由改性沥青类、聚氯乙烯胶泥类和沥青玛蹄脂类等。其技术性质见表 15-3 所列。

常温施工式填缝料有聚氨酯、硅树脂类，氯丁橡胶、沥青橡胶类等。其技术性质见表15-4所列。

表 15-3 加热施工式填缝料技术性质

试验项目	低弹性型	高弹性型
针入度/(0.1 mm)	<50	<90
弹性复原率/%	≥30	≥60
流动度/mm	<5	<2
(-10 ℃)拉伸量/mm	≥10	≥15

表 15-4　常温施工式填缝料技术性质

试验项目	低弹性型	高弹性型
失黏(固化)时间/h	6~24	3~16
弹性复原率/%	≥75	≥90
流动度/mm	0	0
(-10℃)拉伸量/mm	≥15	≥25
与混凝土黏结强度/MPa	≥0.2	≥0.4
黏结延伸率/%	≥200	≥400

注：低弹性型适宜在气候严寒、寒冷地区使用；高弹性型适宜在炎热、温暖地区使用。

15.2.7　对面层混凝土材料的要求

路面用水泥混凝土混合料比之于其他工程结构水泥混凝土混合料应具有更高的品质要求。由于路面面层除了承受动荷载的冲击、磨耗和反复弯曲作用之外，还受到大气温度、湿度反复变化的影响。因此，面层混凝土混合料必须具有较高的抗弯拉强度和耐磨性能、良好的耐冻性以及尽可能低的膨胀系数和弹性模量。此外还应有适当的施工和易性。路面混凝土混合料原材料的质量是混凝土混合料与混凝土路面工程质量的重要保障。

1. 水泥

水泥作为混凝土的胶结料，是混凝土成分中最重要的部分，一般要求采用 42.5 级以上的普通硅酸盐水泥。高速公路、一级公路以及通行特重、重交通的道路路面应采用旋窑生产的道路硅酸盐水泥，或采用旋窑生产的普通硅酸盐水泥，对于通行中、轻交通的道路可采用矿渣硅酸盐水泥。各交通等级路面水泥抗折强度、抗压强度应符合表 15-5 的要求。

表 15-5　各交通等级路面水泥各龄期的抗折强度、抗压强度

交通等级	特重交通		重交通		中、轻交通	
龄期/d	3	28	3	28	3	28
抗压强度/MPa，≥	25.5	57.5	22.0	52.5	16.0	42.5
抗折强度/MPa，≥	4.5	7.5	4.0	7.0	3.5	6.5

根据公路等级及通行交通的状况选定水泥强度等级后，应检验或验证选用水泥的化学成分、物理性能和路用品质是否符合要求，表 15-6 提供的各项指标可作为路用水泥各项性能指标的参考标准。

表 15-6　各交通等级路面用水泥的化学成分和物理指标

水泥性能	特重、重交通路面	中、轻交通路面
铝酸三钙	不宜 >7.0%	不宜 >9.0%
铁铝酸四钙	不宜 <15.0%	不宜 <12.0%
游离氧化钙	不得 >1.0%	不得 >1.5%
氧化镁	不得 >5.0%	不得 >6.0%
三氧化硫	不得 >3.5%	不得 >4.0%
碱含量	$Na_2O + 0.658K_2O \leq 0.6\%$	怀疑有碱活性集料时，≤0.6% 无碱活性集料时，≤1.0%

续表

水泥性能	特重、重交通路面	中、轻交通路面
混合材种类	不得掺窑灰、煤矸石、火山灰和黏土,有抗盐冻要求时不得掺石灰、石粉	不得掺窑灰、煤矸石、火山灰和黏土,有抗盐冻要求时不得掺石灰、石粉
出磨时安定性	雷氏夹或蒸煮法检验必须合格	蒸煮法检验必须合格
标准稠度需水量	不宜 >28%	不宜 >30%
烧失量	不得 >3.0%	不得 >5.0%
比表面积	宜在 300~450 m^2/kg	宜在 300~450 m^2/kg
细度(80 μm)	筛余量不得 >10%	筛余量不得 >10%
初凝时间	不早于 1.5 h	不早于 1.5 h
终凝时间	不迟于 10 h	不迟于 10 h
28 d 干缩率*	不得 >0.09%	不得 >0.10%
耐磨性*	不得 >3.6 kg/m^2	不得 >3.6 kg/m^2

注:* 28 d 干缩率和耐磨性试验方法采用《道路硅酸盐水泥》(GB 13693—2005)标准。

2. 粗集料

混凝土混合料中的粗集料(>4.75 mm)宜选用基岩为岩浆岩或未风化的沉积岩的碎石、碎卵石和卵石,要求质地坚硬、耐久、洁净,符合表 15-7 的规定。水泥混凝土混合料的粗集料按各项技术指标的标准分为Ⅰ、Ⅱ、Ⅲ三级。

表 15-7 碎石、碎卵石和卵石技术指标

项 目	技 术 要 求		
	Ⅰ级	Ⅱ级	Ⅲ级
碎石压碎指标/%	<10	<15	<20①
卵石压碎指标/%	<12	<14	<16
坚固性(按质量损失计,%)	<5	<8	<12
针片状颗粒含量(按质量计,%)	<5	<15	<20②
含泥量(按质量计,%)	<0.5	<1.0	<1.5
泥块含量(按质量计,%)	<0	0.2	<0.5
有机物含量(比色法)	合格	合格	合格
硫化物及硫酸盐(按 SO_3 质量计,%)	<0.5	<1.0	<1.0
岩石抗压强度	火成岩不应小于 100 MPa;变质岩不应小于 80 MPa;水成岩不应小于 60 MPa		
表观密度/(kg/m^3)	>2 500		
松散堆积密度/(kg/m^3)	>1 350		
空隙率/%	<47		
碱集料反应	经碱集料反应试验后,试件无裂缝、酥裂、胶体外溢等现象,在规定试验龄期的膨胀率应小于 0.10%		

注:① 表中①表示Ⅲ级碎石的压碎指标,用做路面时,应小于 20%;用做下面层或基层时,可小于 25%;
② 表中②表示Ⅲ级粗集料的针片状颗粒含量,用做路面时,应小于 20%;用做下面层或基层时,可小于 25%。

高速公路、一级公路、二级公路以及有抗冻、抗盐腐蚀要求的公路路面混凝土,粗集料等级取Ⅰ级或Ⅱ级;无抗冻、抗盐腐蚀要求的三、四级公路路面混凝土、碾压混凝土路面以及贫混凝土基层可使用Ⅲ级集料。有抗冻、抗盐腐蚀要求时,Ⅰ级集料吸水率不得大于1.0%;Ⅱ级集料吸水率不得大于2.0%。

路面水泥混凝土混合料中的粗集料应具有严格的颗粒级配组成。传统的混凝土混合料对颗粒级配的要求比较宽,仅控制最大粒径及中间粒径的通过率,实践证明,传统的方法不利于混凝土的各项性能指标。我国《公路水泥混凝土路面施工技术规范》(JTG F30—2003)明确规定,应按最大公称粒径的不同,采用2~4个粒级的集料进行掺配,并应达到表15-8列出的合成级配的要求。对于粗集料最大公称粒径的限制,规定卵石不大于19.0 mm;碎卵石不大于26.5 mm;碎石不大于31.5 mm。贫混凝土基层粗集料最大公称粒径不大于31.5 mm;钢纤维混凝土与碾压混凝土不大于19.0 mm。粗集料中粒径小于0.075 mm的石粉含量不大于1.0%。

表15-8 粗集料级配范围

级配类型	粒径	方筛孔尺寸/mm						
		2.36	4.75	9.50	16.0	19.0	26.5	31.5	37.5
		累计筛余(以质量计,%)							
合成级配	4.75~16	95~100	85~100	40~60	0~10	—	—	—	—
	4.75~19	95~100	85~95	60~75	30~45	0~5	0	—	—
	4.75~26.5	95~100	90~100	70~90	50~70	25~40	0~5	5	—
	4.75~31.5	95~100	90~100	75~90	60~75	40~60	20~35	0~5	0
粒级	4.75~9.5	95~100	80~100	0~15	0	—	—	—	—
	9.5~16	—	95~100	80~100	0~15	0	—	—	—
	9.5~19	—	95~100	85~100	40~60	0~15	0	—	—
	16~26.5	—	—	95~100	55~70	25~40	0~10	0	—
	16~31.5	—	—	95~100	85~100	55~70	25~40	0~10	0

3. 细集料

混凝土混合料中的细集料(<4.75 mm)应采用坚硬、耐久、洁净的天然砂、机制砂或混合砂。细集料的各项技术指标应符合表15-9的规定。

表15-9 细集料技术指标

项 目	技术要求		
	Ⅰ级	Ⅱ级	Ⅲ级
机制砂单粒级最大压碎指标/%	<20	<25	<30
氯化物(氯离子质量计,%)	<0.01	<0.02	<0.06
坚固性(按质量损失计,%)	<6	<8	<10
云母(按质量计,%)	<1.0	<2.0	<2.0

续表

项 目	技术要求		
	Ⅰ级	Ⅱ级	Ⅲ级
天然砂、机制砂含泥量(按质量计,%)	<1.0	<2.0	<3.0[①]
天然砂、机制砂泥块含量(按质量计,%)	0	<1.0	<2.0
机制砂 MB 值<1.4 或合格石粉含量(按质量计,%)	<3.0	<5.0	<7.0
机制砂 MB 值≥1.4 或不合格石粉含量(按质量计,%)	<3.0	<5.0	<7.0
有机物含量(比色法)	合格	合格	合格
硫化物及硫酸盐(按 SO_3 质量计,%)	<0.5	<0.5	<0.5
轻物质(按质量计,%)	<1.0	<1.0	<1.0
机制砂母岩抗压强度	火成岩不应小于 100 MPa;变质岩不应小于 80 MPa;水成岩不应小于 60 MPa		
表观密度/(kg/m³)	>2 500		
松散堆积密度/(kg/m³)	>1 350		
空隙率/%	<47		
碱集料反应	经碱集料反应试验后,由砂配制的试件无裂缝、酥裂、胶体外溢等现象,在规定试验龄期的膨胀率应小于 0.10%		

注:表示天然Ⅲ级砂用做路面时,含泥量应小于 3%;用做贫混凝土基层时,可小于 5%。

高速公路、一级公路、二级公路及有抗冻、抗盐腐蚀要求的三、四级公路路面混凝土,细集料等级取Ⅰ级或Ⅱ级;无抗冻、抗盐腐蚀要求的三、四级公路路面混凝土、碾压混凝土路面以及贫混凝土基层可使用Ⅲ级集料。特重、重交通道路混凝土路面应采用河砂,且砂的硅质含量不低于 25%。

细集料的级配要求应符合表 15-10 的规定。此外,路面混凝土采用天然砂时,应选择中砂,应采用细度模数在 2.0～3.5 之间的砂。

路面混凝土中的细集料除了满足表 15-9 规定的要求之外,还应检验砂浆磨光值,通常要求砂浆磨光值大于 35。

表 15-10 细集料级配范围

砂 分 级	方筛孔尺寸/mm					
	0.15	0.30	0.60	1.18	2.36	4.75
	累计筛余(以质量计,%)					
粗砂	90～100	80～95	71～85	35～65	5～35	0～10
中砂	90～100	70～92	41～70	10～50	0～25	0～10
细砂	90～100	55～85	16～40	0～25	0～15	0～10

表 15-11 掺常用外加剂混凝土的性能要求表

试验项目		外加剂种类 普通减水剂	高效减水剂	引气减水剂	引气高效减水剂	缓凝减水剂	缓凝剂	高温缓凝剂	缓凝高效减水剂	引气缓凝高效减水剂	早强剂	早强减水剂	泵送剂
减水率/%,≥		8	15	6	18	8	—	6	15	18	—	8	坍落度增加不小于100 mm
泌水率比/%,≤		95	90	70	70	100	100	95	100	70	100	95	常压及压力泌水率不大于90
含气量/%		≤3.0	≤3.0	≥3.0	≥3.0	≤4.5	—	≤2.5	≤5.5	≥3.0	—	≤3.0	≤4.5
凝结时间差/min	初凝	-90~+120	-90~+120	-90~+120	-60~+90	>+90	>+90	+300~+480	>+90	>+90	-90~+90	-90~+90	坍落度保留值 30 min 不小于150 mm
	终凝						—	≤+720					60 min 不小于120 mm
抗压强度比/%,≥	1 d	—	140	—	—	—	—	—	—	—	135	140	—
	3 d	115	130	95	120	100	90	—	125	115	130	130	90
	7 d	115	125	95	115	110	95	90	125	110	110	115	90
	28 d	110	120	90	105	110	100	100	120	105	100	105	90
弯拉强度比/%,≥	7 d	—	—	—	—	—	—	—	—	—	105	—	—
	28 d	105	115	100	115	105	100	100	115	115	100	110	90
收缩率比/%,≤	28 d	125	125	120	120	125	125	125	125	120	130	130	125
磨耗量(kg/m³),≤	28 d	2.0	2.0	2.5	2.0	2.0	2.0	2.0	2.0	2.0	2.0	2.0	—
冻融循环系数		100	100	200	200	100	100	100	100	200	100	100	100
碱含量/%		测定值(以混凝土每立方米总碱量不超过3.0 kg控制)											
对钢筋锈蚀作用		应说明对钢筋有无锈蚀危害											

注：① 表中所列减水率、泌水率比、抗压强度比、弯拉强度比、凝结时间差、抗压强度比、收缩率比的数据为掺外加剂受检混凝土与基准混凝土差值或比值；
② 冻融循环次数，满足相对动弹性模量值不小于80%时的最大循环次数。有抗冻要求时，应检冻融循环次数；无抗冻性要求，此项免检；
③ 凝结时间指标"—"表示提前，"+"表示延缓；
④ 弯拉强度比、磨耗量为路面混凝土要求检项；
⑤ 泵送剂基准混凝土坍落度为(80±10) mm，受检混凝土坍落度为(180±10) mm。

4. 水

通常饮用水可以直接作为混凝土搅拌和养护用水。若对水质有疑问时,应检验以下指标是否符合要求,不符合要求的水不能使用。

(1) 硫酸盐含量(按 SO_4^{2-} 计)小于 0.002 7 mg/mm^3;
(2) 含盐量不得超过 0.005 mg/mm^3;
(3) pH 不得小于 4。

5. 外加剂

外加剂已经成为水泥混凝土混合料的重要成分。如为了保证混凝土具有足够的强度和密实度,应将水灰比限制在一定的取值范围内,但这又会影响施工和易性与混合料的均匀性,掺加塑化剂或减水剂则可以缓解这一矛盾,使得强度、密实度与和易性均优。有时为了施工的需要,要求混凝土提早硬化,达到规定的强度,可以掺加早强剂、减水剂等。外加剂的种类很多,我国有关部门已颁布专用规范以指导施工。对于公路路面水泥混凝土所用的外加剂,规范已提出了几种常用外加剂的技术性能指标要求,列于表 15-11,可供参考使用。

15.3 水泥混凝土路面施工工艺与质量控制

15.3.1 施工前的准备工作

水泥混凝土路面施工前的准备工作主要包括以下几个方面。

(1) 选择施工机械。机械化施工是水泥混凝土路面工程质量的重要保障,特别是高速公路,一级公路应尽可能安排滑模摊铺机和计算机控制的强制式混凝土搅拌楼进入主体工程施工。其他等级公路也应尽可能提高机械化施工的比例。

(2) 选择混凝土拌和场地。根据施工路线的长短和所采用的运输工具,混凝土可集中在一个场地拌制,也可以在沿线选择几个场地,随工程进展情况迁移。拌和场地的选择首先要考虑使运送混合料纺运距最短。同时拌和场还要接近水源和电源。此外,拌和场应有足够的面积,以供堆放砂石材料和搭建水泥库房。

(3) 进行材料试验和混凝土配合比设计。根据技术设计要求与当地材料供应情况,做好混凝土各组成材料的试验,进行混凝土各组成材料的配合比设计。

(4) 基层的检查与整修。基层的宽度、路拱与高程、表面平整度和压史度,均应检查其是否符合要求。如有不符之处,应予以整修,否则,将使面层的厚度变化过大,而增加其造价或减少其使用寿命。半刚性基层的整修时机很重要,过迟难以修整且很费工。当在旧砂石路面上铺筑混凝土路面时,所有旧路面纺坑洞、松散等损坏,以及路拱横坡或宽度不符合要求之处,均应事先翻修调整压实。

混凝土摊铺前,基层表面应洒水润湿,以免混凝土底部的水分被干燥的基层吸去,变得疏松以致产生细裂缝,有时也可在基层和混凝土之间铺设薄层沥青混合料或塑料薄膜。

15.3.2 施工工艺

水泥混凝土路面一般多按一个车道宽度进行施工,这样有利于控制面板横向坡度和平整度,施工方便,同时也可利用一侧基层或已建成的混凝土车道作为运输混合料的通道。

面层板的施工程序为:① 安装模板;② 设置传力杆;③ 混凝土的拌和与运送;④ 混凝土的摊铺和振捣;⑤ 接缝的设置;⑥ 表面整修;⑦ 混凝土的养生与填缝。

1. 边模的安装

在摊铺混凝土前,应先安装两侧模板。如果采用手工摊铺混凝土,则边模的作用仅在于支撑混凝土,可采用厚约 4~8 cm 的木模板,在弯道和交叉口路缘处,应采用 1.5~3 cm 厚的薄模板,以便弯成弧形。条件许可时宜用钢模,这不仅节约木材,而且保证工程质量。钢模可用厚 4~5 mm 的钢板冲压制成,或用 3~4 mm 厚钢板与边宽 40~50 mm 的角钢或槽钢组合构成。

当用机械摊铺混凝土时,轨道和模板纺安装精度直接影响到轨道式摊铺机的施工质量和施工进度,安装前应先对轨道及模板的有关质量指标进行检查和校正,安装中要用水平仪、经纬仪、皮尺等定出路面高程和线形,每 5~10 m 一点,用挂线法将铺筑线形和高程固定下来。

侧模按预先标定的位置安放在基层上,两侧用铁钎打入基层以固定位置。模板顶面用水准仪检查其标高,不符合时予以调整。模板的平面位置和高程控制都很重要,稍有歪斜和不平,都会反映到面层,使其边线不齐,厚度不准和表面呈波浪形。因此,施工时必须经常校验,严格控制。模板内侧应涂刷肥皂液、废机油或其他润滑剂,以便利拆模。

2. 传力杆设置

当两侧模板安装好后,即在需要设置传力杆的胀缝或缩缝位置上设置传力杆。混凝土板连续浇筑时设置胀缝传力杆的做法,一般是在嵌缝板上预留圆孔以便传力杆穿过,嵌缝板上面设木制或铁制压缝板条,其旁再放一块胀缝模板,按传力杆位置和间距,在胀缝模板下部挖成倒 U 形槽,使传力杆由此通过。传力杆的两端固定在钢筋支架上,支架脚插入基层内(图 15-13)。

对于不连续浇筑的混凝土板在施工结束时设置的胀缝,宜用顶头木模固定传力杆的安装方法。即在端模板外侧增设一块定位模板,板上同样按照传力间距及杆径钻成孔眼,将传力杆穿过端模板孔眼并直至外侧定位模板孔眼。

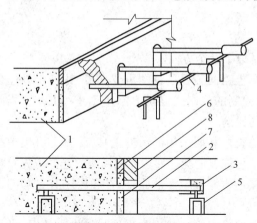

图 15-13 胀缝传力杆的架设(钢筋支架法)
1—先浇的混凝土;2—传力杆;3—金属套管;
4—钢筋;5—支架;6—压缝板条;
7—嵌缝板;8—胀缝模板

两模板之间可用按传力杆一半长度的模木固定(图15-14)。继续浇筑邻板时,拆除挡板、横木及定位模板、设置胀缝板、木制压缝板条和传力杆套管。

3. 制备与运送混凝土混合料

混合料的制备可采用两种方式:① 在工地由拌和机拌制;② 在中心工厂集中制备,而后用汽车运送到工地。

在工地制备混合料时,应在拌和场地上合理布置拌和机和砂石、水泥等材料的堆放地点,力求提高拌和机的生产率。拌制混凝土时,要准确掌握配合比,特别要严格控制用水率。每天开始拌和前,应根据天气变化情况,测定砂、石材料的含水率,以调整拌制时的实际用水量。每拌所用材料应过秤。量配的精确度对水泥为 ±1.5%,砂为 ±2%,碎石为 ±3%,水为 ±1%。每一工班应检查材料量配的精确度至少 2 次,每半天检查混合料的坍落度 2 次。拌和时间为 1.5~2.0 min。

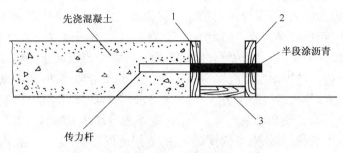

图 15-14 胀缝传力杆的架设(顶头模固定法)
1—端头挡板;2—外侧定位模板;3—固定模板

当用机械摊铺混凝土时须进行匀料,匀料工序的主要任务是用匀料机将运输车卸下的混凝土均匀分布在铺筑路段内,并使其大致平整,留有一定的虚高,以保证混凝土经振实、整平后与路面施工厚度相同,预留虚高的大小,与混凝土的压(振)实系数、混凝土的级配组成、坍落度及振实机械的性能等有关,预留虚高应试验确定,在一般情况下,当坍落度为 1~5 mm 时,匀料机匀料的松铺厚度按振实后路面厚度 1.15~1.25 倍控制。

混合料用手推车、翻斗车或自卸汽车运送。合适的运距视车辆种类和混合料容许的运输时间而定。通常,夏季不宜超过 30~40 min,冬季不宜超过 60~90 min。高温天气运送混合料时应采取覆盖措施,以防混合料中水分蒸发。运送用的车厢必须在每天工作结束后,用水冲洗干净。

4. 摊铺和振捣

当运送混合料的车辆运达摊铺地点后,一般直接倒向安装好侧模的路槽内,并用人工找补均匀。要注意防止出现离析现象。摊铺时应考虑混凝土振捣后的沉降量,虚高可高出设计厚度约 10% 左右,使振实后的面层标高设计相符。

混凝土混合料的振捣器具,应由平板振捣器(2.2~2.8 kW)、插入式振捣器和振动梁(各 1 kW)配套作业。混凝土路面板厚在 0.22 m 以内时,一般可一次摊铺,用平板振捣器振实,凡振捣不到之处,如面板的边角部、窨井、进水口附近,以及设置钢筋的部位,可用插入式振捣器盈行振实;当混凝土板厚较大时,可先插入振捣,然后再用平板振捣,以免出现蜂窝现象。

平板振捣器在同一位置停留的时间,一般为 10~15 s,以达到表面振出浆水,混合料不再沉落为宜。平板振捣后,用带有振捣器的、底面符合路拱横坡的振捣梁,两端搁在侧模上,沿摊铺方向振捣拖平。拖振过程中,多余的混合料将随着振捣梁的拖移而刮去,低陷处则应随时补足。随后,再用直径 75~100 mm 长的无缝钢管,两端放在侧模上,沿纵向滚压一遍。

必须注意,当摊铺或振捣混合料时,不要碰撞模板和传力杆,以避免其移动变位。

当用机械摊铺混凝土时,摊铺工序包括用螺旋摊铺器或叶桨摊铺器将匀料后的松铺混凝土表面进一步摊铺平整,并通过机械的自重对混凝土进行压实,为振实工序提供平整的外形和更为准确的虚高,摊铺作业时要将 VOGELE 机型的叶桨摊铺器的底面调节到弧形振动梁的前沿并保持在同一高度,C-450X 机型的螺旋摊铺器旋转直径比整平滚筒的直径小 3 cm,已经考虑了部分虚高,调节的范围较小,施工中,摊铺器前必须保持一定高度的混凝土拥料,以保证有足够的料来找平,拥料高度以 5~15 cm 控制比较合适,振实工序的工作内容主要是用插入式振捣机组或弧形振动梁对摊铺整平后的混凝土进行振捣密实、均匀,使混凝土路面成形后获得尽可能高纺抗折、抗压强度。本工序是路面内在质量的关键,影响振实效果的主要因素有混凝土坍落度、集料级配组成、粗集料最大粒径及振捣方式等,采用 VOGELE 机型施工,混凝土坍落度、粗集料最大粒径对振实效果的影响最为敏感,混凝土坍落度较大时容易振实,较小时则不易振实,最大粒径为 40 mm 时边部振实比较困难,因此,当混凝土坍落度小于 2 cm 时,须用插入式振捣器对边部进行预振才能保证混凝土的密实和均匀性,振实机械的工作速度对混凝土的振实效果也有影响,当混凝土坍落度为 2~3 cm 时 VOGELE 机型振实机的工作速度为 0.3 m/min 比较适合,随着坍落度的增减,工作速度可适当加快或减慢,国产 C-450X 机型改进后的插入式振捣机组、振实效果好,对坍落度的适用范围较宽,但在设置钢筋的部位振捣时需特别小心,施工中应根据传力杆、拉杆的设置情况准确地将部分振捣器提起或落下,并辅以平板振捣器振实,以保证振实效果。

5. 筑做接缝

(1)胀缝。先浇筑胀缝一侧混凝土,取去胀缝模板后,再浇筑另一侧混凝土,钢筋支架浇在混凝土内。压缝板条使用前应涂废机油或其他润滑油,在混凝土振捣后,先抽动一下,而后最迟在终凝前将压缝板条抽出。抽出时为确保两侧混凝土不被扰动,可用木板条压住两侧混凝土,然后轻轻抽出压缝板条,再用铁抹板将两侧混凝土抹平整。缝隙上部浇灌填缝料,留在缝隙下部的嵌缝板是用沥青浸制的软木板或油毛毡等材料制成。

(2)横向缩缝,即假缝。用下列方法筑做。

① 切缝法。在混凝土捣实整平后,利用振捣梁将"T"形振动刀准确地按缩缝位置振出一条槽,随后将铁制压缝板放入,并用原浆修平槽边。当混凝土收浆抹面后,再轻轻取出压缝板,并立即用专用抹子修整缝缘。这种做法要求谨慎操作,以免混凝土结构受到扰动和接缝边缘出现不平整(错台)。

② 锯缝法。在结硬的混凝土中用锯缝机(带有金刚石或金刚砂轮锯片)锯割出要求深度的槽口。这种方法可保证缝槽质量和不扰动混凝土结构。但要掌握好锯割时间,过迟因混凝土过硬而使锯片磨损过大且费工,而且更主要的可能在锯割前混凝土会出现收缩裂缝。过早混凝土因还未结硬,锯割时槽口边缘易产生剥落。合适的时间视气候条件而定,炎热而多风的天气,或者早晚气温有突变时,混凝土板会产生较大的湿度或温度坡差,使内应力过大而出现裂缝,锯缝应早在表面整修后 4 h 即可开始。如天气较冷,一天内气温变化不大时,锯割时间可晚至 12 h 以上。

③ 纵缝。筑做企口式纵缝,模板内壁做成凸榫状。拆模后,混凝土板侧面即形成凹模。需设置拉杆时,模板在相应位置处钻在圆孔,以便拉杆穿入。浇筑另一侧混凝土前,应先在凹槽壁上涂抹沥青。

6. 表面整修与防滑措施

混凝土终凝前必须用人工或机械抹平其表面。当用人工抹光时,不仅劳动强度大、工效低,而且还会把水分、水泥和细砂带至混凝土表面,致使它比下部混凝土或砂浆有较高的干缩性和较低的强度。而采用机械抹面时可以克服以上缺点。目前国产的小型电动抹面机有两种装置:装上圆盘即可进行粗光;装上细抹叶片即可进行精光。在一般情况下,面层表面仅需粗光即可。抹面结束后,有时再用拖光带横向轻轻拖拉几次。

为保证行车安全,混凝土表面应具有粗糙抗滑的表面。最普通纺做法是用棕刷顺横向在抹平后的稠面上轻轻刷毛;也可用金属丝梳子梳成深 1~2 mm 的横槽。近年来,国外已采用一种更有效的方法,即在已硬结的路面上,用锯槽机将路面锯割成深 3~5 mm、宽 2~3 mm、间距 12~24 mm 的小横槽。也可在未结硬的混凝土表面塑压成槽,或压入坚硬的石屑来防滑。

7. 养生与填缝

为防止混凝土中水分蒸发过速而产生缩裂,并保证水泥水化过程的顺利进行,混凝土应及时养生。一般用下列两种养生方法。

(1) 潮湿养生,混凝土抹面 2 h 后,当表面已有相当硬度,用手指轻压不现痕迹时即可开始养生。一般采用湿麻袋或草垫,或者 20~30 mm 厚的湿砂覆盖于混凝土表面。每天均匀洒水数次,使其保持潮湿状态,至少延续 14 天。

(2) 塑料薄膜或养护剂养生,当混凝土表面不见浮水,用手指按压无痕迹时,即均匀喷洒塑料溶液,形成不透水的薄膜黏附于表面,从而阻止混凝土中水分的蒸发,保证混凝土的水化作用。

填缝工作宜在混凝土初步结硬后及时进行。填缝前,首先将缝隙内泥砂杂物清除干净,然后浇灌填缝料。

理想的填缝料应能长期保持弹性、韧性,热天缝隙缩窄时不软化挤出,冷天缝隙增宽时能胀大并不脆裂。同时还要与混凝土黏牢,防止土砂、雨水进入缝内,此外还要耐磨、耐疲劳、不易老化。实践表明,填料不宜填满缝隙全深,最好在浇灌填料前先用多孔柔性材料填塞缝底,然后再加填料,这样夏天胀缝变窄时填料不致受挤而溢至路面。

混凝土强度必须达到设计强度的 90% 以上时,方能开放交通。

近年来,国内已推广使用滑动模板摊铺机来修筑混凝土路面。此机尾部两侧装有模板随机前进,能兼做摊铺、振捣、压入杆件、切缝、整面和刻画防滑小槽等作业,成型的路面即在机后延伸出来。此机可铺筑不同厚度和不同宽度的混凝土路面,对无筋和配筋混凝土路面均可使用。工序紧凑,施工质量高,行进速度为 1.2~3.0 m/min,每天能铺筑长达 1 600 m 的双车道路面,能大大降低路面造价。此机的出现是混凝土路面施工技术一大变革。这种摊铺机目前在我国一些省市和机场已开始使用。至于混凝土拌和机,随着干硬性混凝土混合料的使用,强制式混凝土拌和机已在我国广泛使用。

8. 冬期和夏季施工

混凝土强度的增长主要依靠水泥的水化作用。当水结冰时,水泥的水化作用即停止,而混凝土的强度也就不再增长,而且当水结冰时体积会膨胀,促使混凝土结构松散破坏。因此,混凝土路面应尽可能在气温高于 +5 ℃ 时放工。由于特殊情况必须在低温情况下(昼夜平均气温低于 +5 ℃ 和最低气温低于 -3 ℃ 时)施工时应采取下述措施。

(1) 采用高等级(42.5 以上)快凝水泥,或掺入早强剂,或增加水泥用量。

(2) 加热水或集料。较常用的方法是仅将水加热,一因加热设备简单,水温容易控制;二因水的热容量比粒料热容量大,1 kg 水升高 1 ℃ 所吸收的热量比同样重的粒料升高 1 ℃ 所吸收的热量多 4 倍左右,所以提高水温的方法最为有效。

拌制混凝土时,先用温度超过 70~80 ℃ 的水同冷集料相拌和,使混合料在拌和时的温度不超过 50 ℃,摊铺后的温度不低于 10(气温为 0 ℃ 时)~20 ℃(气温为 -3 ℃ 时)。

(3) 混凝土整修完毕后,表面应覆盖蓄热保温材料,必要时还应加盖养生暖棚。

在持续寒冷和昼夜平均气温低于 -3 ℃,或混凝土温度在 5 ℃ 以下时,应停止施工。

在气温超过 30 ℃时施工,应防止混凝土的温度超过 30 ℃,以免混凝土中水分蒸发过快,致使混凝土干缩而出现裂缝,必要时可采取下列措施。

(1) 对湿混合料,在运输途中要加以遮盖。

(2) 各道工序应紧凑衔接,尽量缩短施工时间。

(3) 搭设临时性的遮光挡风设备,避免混凝土遭到烈日暴晒并降低吹到混凝土表面的风速,减少水分蒸发。

15.3.3 施工质量控制和检验

水泥混凝土路面施工质量应符合设计和施工规范要求。为此,施工前对水泥、水、粗细集料、外加剂、钢材及接缝材料等原材料应进行严格检查,施工中若材料来源或规格发生变化时,应及时进行检查;材料的堆放和储存必须满足要求。对于合格的材料,可进一步设计达到要求强度的配比。施工过程中应对每一道工序进行严格的质量检查和控制。

施工单位应随时对施工质量进行自检,高速公路和一级公路应利用计算机实行动态质量管理,检查结果应及时整理归档。

拌和楼生产的混合料,除应满足所用机械的可摊铺性之外,还应重点检查混合料的均匀性和各项质量参数的稳定性。施工现场对混凝土路面铺筑的主要机具设备的运行稳定性和各项工作质量参数应及时记录在案。

施工现场对各级公路混凝土路面的铺筑质量要求见表 15-12。在质量检查中,对于路面平整度,混凝土抗弯拉强度和路面板厚度 3 项指标更应重点控制。

工程完工后,施工单位应按表 15-12 的规定将质量检查结果,以 1 km 为单位,逐项整理列表上报,对于使用机械铺筑的混凝土路面,所有的关键工序均应拍摄照片及录像,作为现场记录存档保管。

表 15-12 各级公路混凝土路面铺筑质量要求

项次	检查项目		允许值	
			高速公路、一级公路	其他公路
1	弯拉强度[①]/MPa		100% 符合规范 JTG F30 附录 A.1 的规定	
2	板厚度/mm		代表值 ≥ -5;极值 ≥ -10,c_v 值符合设计规定	
3	平整度	σ/mm	≤1.2	≤2.0
		IRI/(m/km)	≤2.0	≤3.2
		3 m 直尺最大间隙 Δh/mm	≤3(合格率应≥90%)	≤5(合格率应≥90%)
4	抗滑构造深度/mm	一般路段	0.70~1.10	0.50~0.90
		特殊路段[②]	0.80~1.20	0.60~1.00
5	相邻板高差/mm		≤2	≤3
6	连接摊铺纵缝高差		平均值≤3;极值≤5	平均值≤5;极值≤7
7	接缝顺直度/mm		≤10	
8	中线平面偏位/mm		≤20	
9	路面宽度/mm		≤±20	

续表

项次	检查项目	允许值	
		高速公路、一级公路	其他公路
10	纵断高程/mm	±10	±15
11	横坡度/%	±0.15	±0.25
12	断板率/%	≤2	≤4
13	脱皮、印痕、裂纹、露石、缺边、掉角/%	≤2	≤3
14	路缘石顺直度和高度/mm	≤20	≤20
15	灌缝饱满度/mm	≤2	≤3
16	切缝深度/mm	≥50	≥50
17	胀缝表面缺陷	不应有	不宜有
18	胀缝板连浆/mm 胀缝板倾斜/mm 胀缝板弯曲和位移/mm	≤20 ≤20 ≤10	≤30 ≤25 ≤15
19	传力杆偏斜/mm	≤10	≤13

注：① 表中①路面钻芯劈裂强度应换算为实际面板弯拉强度进行质量评定。
② 表中②特殊路段指高速公路、一级公路的立交、平交、变速车道等处；其他公路系指急弯、陡坡、交叉口或集镇附近。

15.4 其他类型混凝土路面简介

15.4.1 钢筋混凝土路面

当混凝土板的平面尺寸较大；或者预计路基或基层有可能产生不均匀沉陷；或者板下埋有地下设施等情况时，宜采用钢筋混凝土路面。

钢筋混凝土路面是指为防止可能产生的裂缝缝隙张开，板内配置有纵、横向钢筋（或钢丝）网的混凝土路面。设置钢筋网的主要目的是控制裂缝缝隙的张开量，把开裂的板拉在一起，使板依靠断裂面上的集料嵌锁作用而保证结构强度，并非增加板的抗弯强度。因而，钢筋混凝土面层所需的厚度与素（无筋）混凝土面层的厚度相同。配筋是按混凝土收缩时将板块拉在一起所需的拉力确定。最大的拉力出现在板中央开裂时，它等于由该处到最近的板边缘范围内面层和基层之间的摩阻力。也即每延长米板所需的配筋量（cm^2）为：

$$A = \frac{3.2 L_s h}{f_{sy}} \tag{15-1}$$

式中：h——板厚/cm；
f_{sy}——钢筋的屈服强度/MPa；
L_s——计算纵向钢筋时，为横缝间距；计算横向钢筋时，为不设拉杆的纵缝或自由边缘间的间距/m。

为使板内应力尽可能分散，宜采用小直径的钢筋。纵横向钢筋宜采用相同直径。网筋的最小间距应为集料最大粒径的两倍，有关规定见表15-13。钢筋的搭接长度，根据经验，宜为直径的 24 倍以上。由于钢筋的主要作用是使裂缝密闭,它在板内的竖向位置并不太重要,只要有足够的保护层以防锈蚀即可。通常在顶面下 1/3 ~ 1/2 板厚范围内。外侧钢筋中心到接缝或自由边的距离为 10 ~ 15 cm,钢筋保护层的最小厚度不应小于 5 cm。

表 15-13　钢筋最小直径和最大间距

钢筋类型	光面钢筋	螺纹钢筋
最小直径/mm	8	12
纵向最大间距/cm	15	35
横向最大间距/cm	30	75

钢筋混凝土板的缩缝间距(即板长)一般为 10 ~ 20 m,最大不宜超过 30 m。缩缝内必须设置传力杆。其他接缝构造与素混凝土路面相同。

15.4.2　连续配筋混凝土路面

连续配筋混凝土路面的特点是沿纵向配置连续的钢筋,除了在与其他路面交接处或临近构造物附近设置胀缝以及视施工需要设置施工缝外,一般不设横缝的混凝土面层。其一般适用于高速公路或一级公路和机场混凝土道面。

这种面层会在温度和湿度变化引起的内应力作用下产生许多横向裂缝,裂缝的间距为 1.0 ~ 3.0 m,缝隙的平均宽度为 0.2 ~ 0.5 mm。但是,由于配置了许多纵向连续钢筋,这些横向裂缝不至于张开而使杂物侵入或使混凝土剥落,因而不会影响行车的使用品质。

确定纵向钢筋用量的控制因素是裂缝缝隙的宽度。缝隙过宽易使杂物和水侵入。配筋量多,可使缝宽度和缝与缝间距都减小。由于裂缝间距同缝隙宽度有直接关联,钢筋用量可按规定的裂缝间距来确定。虽然有好几种理论公式可用于计算钢筋用量,但通常都是根据经验确定,一般认为保持裂缝完整无损所需配筋量为混凝土板断面积的 0.6% ~ 0.8%。在美国一般气候区最小钢筋用量取 0.6%,在寒冷气候区取 0.7%。钢筋间距最小 10 cm,最大 23 cm。钢筋直径应按规定选用。钢筋的埋置深度,在顶面下 1/3 ~ 1/2 板厚范围内,搭接长度至少 50 cm 或钢筋直径的 30 倍,所有搭接均需错开。

我国规定纵横向钢筋应采用螺纹钢筋,纵向钢筋配筋率按式(15-2)计算,但应控制在 0.5% ~ 0.7% 的范围内。最小配筋率,一般地区为 0.5%,寒冷地区为 0.6%。β 为:

$$\beta = \frac{E_c f_m}{2E_s f_{sy} - E_s f_{cm}}(1.3 - 0.2\mu) \times 100 \tag{15-2}$$

式中:β——纵向钢筋配筋率/%;

　　　f_{cm}——混凝土设计弯拉强度/MPa;

　　　f_{sy}——钢筋屈服强度/MPa;

　　　μ——面板与基层之间的摩擦系数。

横向钢筋的用量很小,其配筋率约为纵向钢筋的 1/8 ~ 1/5,主要目的是保持纵向钢筋的间距,纵横向钢筋均需采用螺纹钢筋,以保证混凝土和钢筋之间具有足够的握裹力。

连续配筋混凝土板内的钢筋并非按承受荷载应力进行设计的。因此,它的厚度仍可采用无筋混凝土路面板的计算方法确定。其基层厚度与普通混凝土路面的基层相同。面板厚度对高速公路取普通混凝土路面板的设计厚度,对一级公路,取普通混凝土路面板的设计厚度的

0.9倍。

连续配筋混凝土面层在浇筑中断时需设置施工缝。施工缝采用平缝型式,并用长度为1 m的拉杆增强。拉杆的直径与间距同纵向钢筋,以使施工缝两侧的混凝土板块加固成连续的整体。

由于连续配筋混凝土路面没有接缝(施工缝除外),所以,在长板的端部、桥头连接处,或者与其他路面纵向接头处都要设置胀缝,以便于混凝土的膨胀留有余地。

15.4.3 装配式混凝土路面

装配式混凝土路面是在工厂中把混凝土预制成板块,然后运至工地现场装配而成。这种路面的优点是:混凝土板可以全年生产,不受气候影响,混凝土质量容易保证;而且施工进度快,铺筑完毕即可通车;损坏后易于拆换修理。因此,它适用于城市道路、厂矿道路、大型基建场地、停车站场和软弱土基上。装配式混凝土路面的缺点是接缝多,整体性差,容易引起行车颠簸跳动,因而在公路上一般不宜采用。

为了便于吊装及搬运,装配式混凝土板一般做成 1~2 m 的正方形或矩形,也可做成边长为1.2 m的六角形。板厚一般为0.12~0.18 m。近年来有些国家还采用宽3.5 m,长3~6 m的矩形板,但需有相应的运输和吊装机具来配合。六角形板的强度和稳定性较好。为承受车轮荷载应力和吊装应力,装配式混凝土板可在边缘和角隅配置钢筋,有时也可设全面网状钢筋。为提高板的质量,可采用预应力、真空作业、机械振捣或蒸汽养生等技术来制造混凝土板。冬期为加速板的硬结,可采用电热法或在铸模内安装管线,内通蒸汽或热水。有些国家还利用先张法或电热法施加预应力,做成装配式预应力混凝土板。

15.4.4 组合式(双层式)混凝土路面

新建道路的混凝土面板一般按单层式建造,只有当缺乏品质良好的材料时,才考虑采用双层式混凝土路面板,即利用当地品质较差的材料铺筑板的下层,而用品质较好的材料铺筑板的上层,以降低造价。在改建旧混凝土路面时,有时在其上加铺一层新混凝土面层,这样也形成双层式混凝土路面结构(必要时可以掺入一定量的粉煤灰)。根据双层混凝土路面上下层板之间结合程度的不同,有结合式、分离式和部分结合式3种形式。

(1) 结合式。上下层混凝土板牢固结合,成为一整体,新建路面时,上下层混凝土连续施工,即可做成结合式。改建路面时,将下层板表面凿毛、洗净晾干,并喷刷高强度等级水泥浆(水灰比0.4~0.5)或环氧树脂等黏结剂,随即浇筑新混凝土面层。对于这种结合型式,下层板的裂缝和接缝将会反射到上层板内,因此要求上下层板的接缝必须对齐,并采用同样的接缝型式和缝隙宽度,这种结合形式适用于下层板完整无裂缝或虽有一些裂缝但不再发展的情况。支立模板时,可采用混凝土块顶撑或利用旧路面板的接缝钻孔插入钢钎固定的方法。

(2) 分离式。上下层混凝土板之间铺以厚 1~2 cm 联结层,可防止下层板的裂缝和接缝反射到上层板内。因此,分离式双层混凝土路面板不要求上下层板的接缝对齐。当下层板严重破碎时,也可采用这种形式。新铺混凝土面层的厚度不宜小于 0.12 m。施工立模时可采用穿孔插钎固定模板,也可采用预制混凝土块顶撑模板的方法固定模板。

(3) 部分结合式。改建路面时,先对原有混凝土板表面进行清理后再浇筑上层板。由于上下层板之间存在部分结合,下层板上的裂缝与接缝通常仍会反射到上层板内,所以上下层板的接缝位置应相同,但其模型和宽度不要求完全相同。旧面层的结构损坏不太严重并已经修复时,可采用这种结合型式。

15.4.5 钢纤维混凝土路面

近年来,国内外都在研究钢纤维混凝土路面。在混凝土中掺入一些低碳钢、不锈钢纤维或其他纤维(如塑料纤维、纤维网等),即成为一种均匀而多向配筋的混凝土。试验表明,钢纤维与混凝土的握裹力高达 4 MPa。施工时一般在混凝土中掺入 1.0% ~ 1.2%(体积比)的钢纤维,相当于每立方米混凝土中掺入 77 kg,如过多则混凝土和易性不好。钢纤维长度宜为 25 ~ 60 mm,直径 0.4 ~ 0.7 mm,如过长则与混凝土拌和易成团,过短则混凝土强度增高不多,长度与直径的最佳比值为 50 ~ 70。

表 15-14 列出美国对钢纤维混凝土和普通混凝土物理力学性质试验结果的比较,可以看出前者的物理力学性质要比后者好得多,特别是它的抗疲劳强度、抗冲击能力和防止裂缝的能力更好。因此与普通混凝土路面相比,钢纤维混凝土路面厚度可以减薄 35% ~ 45%,而缩缝间距可以增至 15 ~ 20 m,胀缝与纵缝可以不设。

表15-14 钢纤维混凝土与普通混凝土物理力学性质,试验结果的比较

物理力学性质指标	普通混凝土	钢纤维混凝土
极限抗弯拉强度/MPa	2 ~ 5.5	5 ~ 26
极限抗压强度/MPa	21 ~ 35	35 ~ 56
抗剪强度/MPa	2.5	4.2
弹性模量/MPa	$2 \times 10^4 - 3.5 \times 10^4$	$1.5 \times 10^4 - 3.5 \times 10^4$
热膨胀系数$(10^{-4} mm/K)/10^{-4}$	9.9 ~ 10.8	10.4 ~ 11.1
抗冲击力/(N·m)	480	480
抗磨指数	1	2
抗疲劳限度	0.5 ~ 0.55	0.80 ~ 0.95
抗裂指标比	1	7
耐冻融破坏指数	1	1.9

在搅拌混凝土过程中,为保证钢纤维均匀分布,合理分开,不致成团,应按砂、碎(砾)石、水泥、钢纤维的顺序加入拌和机中,干拌 2 min 后。再加水湿拌 1 min。钢纤维混凝土路面可用一般混凝土路面的施工方法来铺筑,不需要特殊的机具设备。在抹面时,需将冒出混凝土表面的钢纤维拔出,否则应另加铺磨耗层。

钢纤维混凝土路面可以做成薄板、少缝,而且它的使用寿命长,养护费用少,国外一致认为它是一种新型路面材料,具有广泛的发展前途,特别是作为旧混凝土路面的罩面尤为适宜。国内有关单位也正在研究中。

15.4.6 混凝土小块铺砌路面

块料由高强的水泥混凝土材料预制而成。抗压强度约为 60 MPa,水泥含量 350 ~ 380 kg/m³,水灰比 0.35,最大集料尺寸为 8 ~ 16 mm,块料承受磨耗的面积一般小于 0.03 m²,厚度至少 0.06 m,形

状有矩形和嵌锁形(不规则形状)两类。这种路面结构由面层、砂整平层(厚0.03 m)和基层组成,基层类型同普通混凝土路面。

这种混凝土小块铺砌路面具有结构简单,价格低廉,能承受较大的单位压力,出现较大变形也不会破坏块料,炽于修复等优点,因此,20世纪70年代中期以来,这种路面在欧美各国得到了较大的发展,较广泛地用于铺筑人行道、停车场、堆场(特别是集装箱码头堆场)、街区道路、次要道路、一般公路的路面等。

15.4.7 碾压混凝土路面

碾压混凝土是一种含水率低,通过碾压施工工艺达到高密度、高强度的水泥混凝土。碾压混凝土路面与普通水泥混凝土路面相比能节省大量的水泥,且施工速度快,养生时间短,强度高,具有很好的社会经济效益。

根据我国碾压混凝土路面的施工水平,全厚式碾压混凝土路面的平整度难以达到规定的要求。国外也没有直接用做车辆高速行驶的路面面层。因此,碾压混凝土路面一般适用于二级及其以下等级的公路。

碾压混凝土的集料最大粒长以 20 mm 为宜。当碾压混凝土分两层摊铺时,其下层集料最大粒径可采用 40 mm,碾压混凝土集料级配见表15-15。

当碾压混凝土路面分两层铺筑时,可以加适量的粉煤灰。碾压混凝土加粉煤灰以后,不仅造价减低,而且可以起到降低水化热,改善工作度,提高抗冻、抗渗的作用,粉煤灰的质量不低于国家标准《用于水泥和混凝土中的粉煤灰》Ⅱ级粉煤灰的标准。

表15-15 碾压混凝土粗集料的标准级配范围

级配类型	最大粒径/mm	筛孔尺寸/mm								
		圆 孔						方 孔		
		40	25	20	10	5	2.5	0.6	0.3	0.15
		通过百分率(以质量计)/%								
连续	40	90~100	65~77		35~50	25~40	19~32	10~20	7~15	5~10
	20			90~100	50~65	30~45	21~35	10~20	7~15	5~10

思考题

1. 水泥混凝土路面如何分类?
2. 水泥混凝土路面的优缺点是什么?
3. 水泥混凝土路面的接缝构造与布置如何?
4. 对面层混凝土材料的要求有哪些?
5. 水泥混凝土路面的施工工艺有哪些?
6. 如何进行水泥混凝土路面的施工质量控制和检验?
7. 常见的其他类型混凝土路面有哪些?

第16章 水泥混凝土路面设计

提要 水泥混凝土路面设计在我国已经进行了较系统而具有相当规模的研究。在力学基础理论方面,运用解析法及有限元法建立了弹性力学层状结构,弹性地基板体结构模型,形成了整套分析计算方法与计算机程序,建立了以弹性力学为基础,以混凝土弯拉应力为设计控制指标,综合考虑荷载应力与温度应力作用的设计体系与方法。

本章主要介绍弹性地基板力学分析,水泥混凝土路面温度应力分析,水泥混凝土路面的破坏形式与设计标准,水泥混凝土路面板厚的确定,复合式混凝土路面板厚的计算,水泥混凝土路面加铺层设计等。

水泥混凝土路面板具有较高的力学强度,在车轮荷载作用下变形小,同时按照现行的设计理论,混凝土板通常工作在弹性阶段,也就是在汽车荷载作用下,板内产生的最大应力不超过水泥混凝土的比例极限应力。当水泥混凝土板工作在弹性阶段时,基层和土基所承受的荷载单位压力及产生的变形也微小,它们也都工作于弹性阶段,因此从力学体系上看,水泥混凝土路面结构也属于弹性层状体系。

然而,作为刚性路面的水泥混凝土路面,同沥青路面相比,有其自己的特性。首先,混凝土路面板的弹性模量及力学强度大大高于基层和土基的相应模量和强度;其次,混凝土的抗弯拉强度远小于抗压强度,约为其1/7~1/6,因此决定水泥混凝土板尺寸的强度指标是抗弯拉应力;同时,由于混凝土板与基层或土基之间的摩阻力一般不大,所以在力学图式上可把水泥混凝土路面结构看作是弹性地基板,用弹性地基板理论进行分析计算。

16.1 弹性地基板力学分析

水泥混凝土面板的刚度远大于基(垫)层和路基的刚度。在轮载作用下,它具有良好的扩散荷载的能力,所产生的弯曲变形远小于其厚度,因此,一般采用小挠度薄板理论进行分析。

16.1.1 小挠度弹性薄板的基本假设

在弹性力学里,两个平行面和垂直于这两个平行面所围成的柱面或棱柱面简称板。两个板面之间的距离 h 称厚度,平分厚度 h 的平面称为板的中面。如果板的厚度 h 远小于中面的最小边尺寸 b(如 $b/8 \sim b/5$),这种板称为薄板。当薄板弯曲时,中面所弯成的曲面称为薄板的弹性曲面,而中面内各点在横向的(即垂直于中面方向的)位移称挠度。水泥混凝土板属于小挠度弹性薄板,也就是说虽然板很薄,但仍然具有相当的弯曲刚度,因而其挠度远小于厚度。

研究弹性小挠度薄板在垂直于中面的荷载(板顶为局部范围内的轮载,板底为地基反力)的作用下的弯曲时,通常采用下述三项基本假设:

(1)垂直于中面方面的应变 ε_z 极其微小,可以忽略不计。因此由 $\varepsilon_z = \dfrac{\partial W}{\partial z} = 0$ 得 $W = $

$W(x,y)$,说明竖向位移 W 仅是平面坐标 (x,y) 的函数,也就是说,在中面的任一根法线上,薄板全厚度范围内的所有各点都具有相同的位移 W。

(2)垂直于中面的法线,在弯曲变形前后均保持为直线并垂直于中面,因而无横向剪切应变,即

$$\gamma_{zx} = \gamma_{zy} = 0 \tag{16-1}$$

(3)中面上各点无平行于中面的位移,即 $(U)_{z=0} = (V)_{z=0} = 0$

由第(2)和第(3)点假设,应用几何方程可得到应变与竖向位移的关系式

$$\left. \begin{aligned} \varepsilon_x &= -z \frac{\partial^2 W}{\partial x^2} \\ \varepsilon_y &= -z \frac{\partial^2 W}{\partial y^2} \\ \nu_{yx} &= -2z \frac{\partial^2 W}{\partial x \partial y} \end{aligned} \right\} \tag{16-2}$$

对于弹性地基薄板,板与地基的联系又采用了如下假设。

① 在变形过程中,板与地基的接触面始终吻合,即板面与地基表面的竖向位移是相同的;

② 在板与地基的两接触面之间没有摩阻力(可以自由滑动),即接触面上的剪应力视为零。

16.1.2 板挠曲面微分方程

从板上割取长和宽各为 dx 和 dy 高为 h 的单元,作用于单元上的内力的外力如图 16-1 所示。根据单元的平衡条件($\sum Z = 0, \sum M_y, \sum M_x = 0$)可导出当板表面作用竖向荷载 p,地基对板底面作用竖向反力 q 时,板中心挠曲面的微分方程为

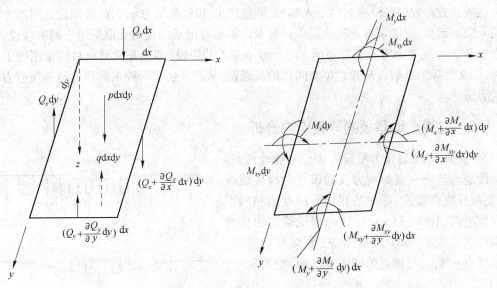

图 16-1 弹性地基板微分单元受力分析

$$D \nabla^2 \nabla^2 W = p - q \tag{16-3}$$

式中：∇^2——拉普拉斯算子，即 $\nabla^2 = \dfrac{\partial^2}{\partial x^2} + \dfrac{\partial^2}{\partial y^2}$；

D——板的弯曲刚度，即 $D = \dfrac{E_c h^3}{12(1-\mu_c^2)}$；

W——板的挠度；

E_c、μ_c——分别为板的弹性模量和泊松比；

h——板厚。

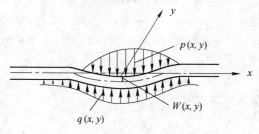

图 16-2　弹性地基板受荷时的弯曲

荷载 p 及反力 q 如同竖向位移 W 一样，均为平面坐标 (x,y) 的函数（图 16-2）。在求得板的挠度 W 解后，即可由下式计算板的应力

$$\left.\begin{aligned}\sigma_x &= -\dfrac{E_c z}{1-\mu_c^2}\left(\dfrac{\partial^2 W}{\partial x^2} + \mu_c \dfrac{\partial^2 W}{\partial y^2}\right) \\ \sigma_y &= -\dfrac{E_c z}{1-\mu_c^2}\left(\dfrac{\partial^2 W}{\partial y^2} + \mu_c \dfrac{\partial^2 W}{\partial x^2}\right) \\ \tau_{xy} &= -\dfrac{E_c z}{1+\mu_c^2}\dfrac{\partial^2 W}{\partial x \partial y}\end{aligned}\right. \quad (16\text{-}4)$$

对上式进行积分，则可得到截面上的弯矩和扭矩

$$\left.\begin{aligned}M_x &= -D\left(\dfrac{\partial^2 W}{\partial x^2} + \mu_c \dfrac{\partial^2 W}{\partial y^2}\right) \\ M_y &= -D\left(\dfrac{\partial^2 W}{\partial y^2} + \mu_c \dfrac{\partial^2 W}{\partial x^2}\right) \\ M_{xy} &= -D(1+\mu_c)\dfrac{\partial^2 W}{\partial x \partial y}\end{aligned}\right\} \quad (16\text{-}5)$$

在微分方程式（16-3）中有两个未知数，即位移 W 和地基反力 q，因此必须建立附加方程将 W 与 q 联系起来，才能求得方程（16-3）解 W。如果对地基的受力变形采用不同的假设，那么建立的 W 与 q 的关系方程也就不同。对于地基变形的假设（即地基模型），目前采用的主要有两种，即文克勒地基假设与弹性半空间体地基假设，从而产生了两种求解弹性地基板应力和位移的方法。

16.1.3　文克勒地基板的荷载应力分析

文克勒地基是以反力模量 K 表征的弹性地基。它假设地基上任一点的反力仅同该点的挠度成正比，而与其他点无关，即地基相当于由互不相联系的弹簧组成（图 16-3(a)）。这一假说首先由捷克工程师文克勒（Winkler）提出，故称文克勒地基。地基反力 $q(x,y)$ 与该点的挠度 $W(x,y)$ 的关系为

$$q(x,y) = KW(x,y)$$

式中：K——地基反力模量/(MPa/m³)。

威斯特卡德（H. M. S. Westergaard）采用这一

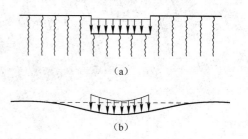

图 16-3　不同假设地基的表面变形图
（a）文克勒地基；(b) 弹性半空间体地基

地基假说,分析了图 16-3 所示三种车轮荷载位置下板的挠度和弯矩(图 16-4),即① 轮载作用于无限大板中央,分布于半径为 R 的圆面积内;② 轮载作用于受一直线边限制的半无限大板的边缘,分布于半圆内;③ 轮载作用于受两条相互垂直的直线边限制的大板的角隅处,压力分布的圆面积的圆心距角隅点为 $\sqrt{2}\,R$。

在解微分方程(16-3)时,附加 $q = KW$ 并引入边界条件得出挠度 W,再代入式(16-4),最后得如图 16-4 三种荷载情形的最大应力计算公式。

(1) 荷载作用于板中(荷位①),荷载中心处板底最大弯拉应力为

$$\sigma_i = 1.1(1 + \mu_c)\left(\lg \frac{l}{R} + 0.2673\right)\frac{P}{h^2}$$

(16-6a)

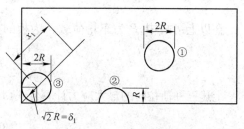

图 16-4　三种荷载位置

当荷载作用面积较小时,压强 p 可能很大。这时,如果仍采用假设 $\sigma_z = 0$ 的薄板理论计算应力,会得出偏大的结果。威斯特卡德分析了薄板与厚板理论计算结果的差异,提出了一种把小半径实际荷载面积放大成当量计算半径 b 的近似方法。b 和 R 的关系按下式确定

当 $R < 1.724h$ 时　　　　　$b = \sqrt{1.6R^2 + h^2} - 0.675h$

当 $R > 1.724h$ 时　　　　　$b = R$

一般来说,当 $R \geqslant 0.5h$ 时,按 R 和按 b 算得的应力值相差并不大,因而在这种情况下可不必按当量半径计算应力,而当 $R < 0.5h$ 时,则必须把 R 换算成 b 以后,才能应用式(16-6a)计算应力。

因此,式(16-6a)改写为

$$\sigma_i = 1.1(1 + \mu_c)\left(\lg \frac{l}{b} + 0.2673\right)\frac{P}{h^2}$$

(16-6b)

(2) 荷载作用于板边缘中部(荷位②),荷位下板底的最大弯拉应力为

$$\sigma_e = 2.116(1 + 0.54\mu_c)\left(\lg \frac{l}{R} + 0.08975\right)\frac{P}{h^2}$$

(16-7a)

在试验验证上述公式时发现,当板处于同地基保持完全接触的状态时,计算结果同实测值相符。但在板边缘由于板温度翘曲变形或地基塑性变形而同地基脱空时,实测应力值要比式(16-7a)的计算结果偏高 10% 左右。为此,凯利(E. F. Kelley)根据试验结果,提出了经验修正公式

$$\sigma'_e = 2.116(1 + 0.54\mu_c)\left(\lg \frac{l}{R} + \frac{1}{4}\lg \frac{R}{2.54}\right)\frac{P}{h^2}$$

(16-7b)

计算板边应力 σ'_e 时,当 $R < 0.5h$ 时,也应将 R' 改成 b 进行计算。

(3) 荷载作用于板角隅(荷位③),最大拉应力产生在板的表面离荷载圆中心为 x_1 的分角线上(图 16-4)

$$\sigma_c = 3\left[1 - \left(\frac{\sqrt{2}R}{l}\right)^{0.6}\right]\frac{P}{h^2}$$

$$x_1 = 2\sqrt{\delta_1 l},\ \delta_1 = \sqrt{2}R$$

(16-8a)

在温度梯度和地基塑性变形的影响下,板角隅也会发生同地基相脱空的现象。试验表明,板角隅上翘时,实测应力值要比按式(16-8a)算得的大 30% ~ 50%。对此,凯利又提出了经验修正公式

$$\sigma_c = 3\left[1 - \left(\frac{R}{l}\right)^{1.2}\right]\frac{P}{h^2} \tag{16-8b}$$

在以上诸式中,P 为车轮荷载,l 为板的相对刚性半径,即

$$l = \sqrt[4]{\frac{D}{K}} = \sqrt[4]{\frac{E_c h^3}{12(1-\mu_c^2)K}} \tag{16-9}$$

上述三种荷位时的最大应力计算公式(16-6a,16-7a,16-8a)可写成下述一般形式

$$\sigma = C\frac{P}{h^2}$$

16.1.4 弹性半空间地基板的荷载应力分析

弹性半空间地基是以弹性模量和泊松比表征的弹性地基。它假设地基为一各向同性的弹性半无限体(故又称半无限地基)。地基在荷载作用范围内及影响所及的以外部分均产生变形(图 16-3(b)),其顶面上任一点的挠度不仅同该点的压力,也同其他各点的压力有关,即

$$q(x,y) = f[W(x,y)] \tag{16-10}$$

1938 年,霍格(A. H. A. Hogg)根据弹性半空间体地基假设,轴对称竖向荷载下半无限地基上无限大圆板的位移和应力作了理论分析。翌年该理论分析即被前苏联舍赫捷尔(О. Я. шехтер)应用于刚性路面计算中。当弹性半空间体地基上作用任意竖向轴对称荷载 $q(r)$ 时(图 16-5),其表面的挠度为

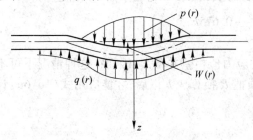

图 16-5 挠度计算图式

$$W(r) = \frac{2(1-\mu_s^2)}{E_s}\int_0^\infty \bar{q}(\xi)J_0(\xi r)\mathrm{d}\xi \tag{16-11}$$

式中:$\bar{q}(\xi)$——荷载 $q(r)$ 的亨格尔(Hankel)函数;
  $J_0(\xi r)$——第一类零阶贝塞尔(Bessel)函数;
  ξ——任意参变量;
  $E_s \, \mu_s$——地基的弹性模量和泊松比。

对于外荷载与弹性地基板本身均属于轴对称的情况下,方程式(16-3)变为

$$D\nabla^2\nabla^2 W(r) = p(r) - q(r) \tag{16-12}$$

式中:∇^2——拉普拉斯算子,即 $\nabla^2 = \dfrac{\mathrm{d}^2}{\mathrm{d}r^2} + \dfrac{1}{r}\dfrac{\mathrm{d}}{\mathrm{d}r}$

$W(r)$、$p(r)$、$q(r)$——随坐标变化的板的挠度、荷载与反力。

此时板内径向弯矩 M_r 与切向弯矩 M_t 的表达式为

$$\left.\begin{array}{l} M_r = -D\left(\dfrac{\mathrm{d}^2}{\mathrm{d}r^2} + \dfrac{\mu_c}{r}\dfrac{\mathrm{d}}{\mathrm{d}r}\right)W(r) \\[2mm] M_t = -D\left(\dfrac{1}{r}\dfrac{\mathrm{d}}{\mathrm{d}r} + \mu_c\dfrac{\mathrm{d}^2}{\mathrm{d}r^2}\right)W(r) \end{array}\right\} \tag{16-13}$$

当荷载作用于板中时(图16-6),应用弹性地基上无限大板轴对称课题的理论解来计算荷载位置的弯矩。即将式(16-11)代入式(16-12)中可解得板挠度方程式(16-4)的贝塞尔函数解 $W(r)$,再将它代入式(16-13)便得圆形均布荷载下板在单位宽度内所产生的最大弯矩为

$$M_r = M_t = \frac{CP(1+\mu_c)}{2\pi\alpha R} = \overline{M}_0 P \qquad (16\text{-}14)$$

当轮载距计算点一定距离时,可作为集中荷载,则距集中荷载作用点 r 处板在单位宽度内的弯矩(图16-7)为

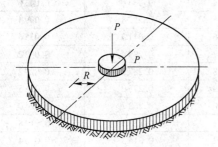
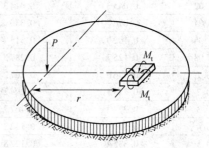

图16-6 在无限大圆板上的圆形均布荷载图　　图16-7 距离集中荷载作用点为 r 处的弯矩

$$M_t = (A + \mu_c B)p = \overline{M}_t P$$
$$M_r = (B + \mu_c A)p = \overline{M}_r P \qquad (16\text{-}15)$$

式中:M_r——单位板宽内的轴向弯矩/(MN/m);

M_t——单位板宽内的切向弯矩/(MN/m);

P——作用在板上的车轮荷载/MN;

C——随 αR 值而变的系数,即 $C = \int_0^\infty \frac{tJ_1(\alpha Rt)}{1+t^3}dt$ 其值可从表16-1中查,其中 $J_1(\alpha Rt)$ 为第一类一阶贝塞尔函数;

A、B——随 αr 值而变的系数。

其中 $A = \dfrac{1}{2\pi\alpha r}\int_0^\infty \dfrac{tJ_1(\alpha rt)}{1+t^3}dt$

$B = \dfrac{1}{2\pi}\int_0^\infty \left[J_0(\alpha rt) - \dfrac{tJ_1(\alpha rt)}{\alpha rt}\right]\dfrac{t^2}{1+t^3}dt$

$J_0(\alpha rt)$——第一类零阶贝塞尔函数;

t——任意参变量;

α——与板的弯曲刚度有关的弹性特征系数,即

$$\alpha = \sqrt[3]{\frac{E_s}{2D(1-\mu_s^2)}} = \frac{1}{h}\sqrt[3]{\frac{6E_s(1-\mu_c^2)}{E_c(1-\mu_s^2)}}$$

R——车轮荷载当量圆半径/m;

r——集中荷载作用点至求算弯矩点间的距离/m;

h——板厚/m;

E_c、E_s——混凝土和基础的弹性模量/MPa;

μ_c、μ_s——混凝土和基础的泊松比;

M_0——取 μ_c 为 0.15 时均布荷载位置下的弯矩系数的其值随 αR 变化，可由表16-1中查得；

M_r、M_t——距离集中荷载作用点 r 处的轴向和切向弯矩系数其值随 αr 变化，可由表16-2查得，μ_c 取 0.15。

表 16-1 C 与 $\overline{M}_0$ 系数值

αR	C	$\overline{M}_0$	αR	C	$\overline{M}_0$
0.02	0.0453	0.4143	1.4	0.3336	0.0436
0.04	0.0767	0.3509	1.5	0.3228	0.0394
0.06	0.1029	0.3139	1.6	0.3113	0.0356
0.08	0.1257	0.2875	1.7	0.2994	0.0322
0.1	0.1460	0.2672	1.8	0.2872	0.0292
0.2	0.2231	0.2042	1.9	0.2750	0.0265
0.3	0.2749	0.1677	2.0	0.2627	0.0240
0.4	0.3107	0.1422	2.1	0.2385	0.0198
0.5	0.3354	0.1228	2.2	0.2153	0.0164
0.6	0.3517	0.1073	2.3	0.1935	0.0136
0.7	0.3615	0.0945	2.4	0.1732	0.0113
0.8	0.3662	0.0838	2.5	0.1547	0.0094
0.9	0.3669	0.0746	2.6	0.1378	
1.0	0.3644	0.0667	2.7	0.1227	
1.1	0.3593	0.0598	2.8	0.1091	
1.1	0.3521	0.0537	2.9	0.0970	
1.3	0.3435	0.0484	3.0	0.0863	

应当指出，在上述理论中所称的无限大圆形薄板，应符合下列条件

$$S = 3\frac{1-\mu_c^2}{1-\mu_s^2}\frac{E_s R_B^3}{E_c h^3} \geqslant 10$$

式中：S——板的刚性指数；

R_B——与板面积相等的圆形板的半径/m；

其余符号意义同前。

一般现场浇筑的混凝土路面均能符合上述条件，故不需验算。同时，只有当荷载中心点与板边距离(m)大于 $1.5/\alpha$ 时，才能用式(16-14)、式(16-15)进行计算。

当单后轴汽车的两侧后轮同时作用在板上时，由于两组车轮相距较远，其中一组后轮对另一组后轮下板所引起的附加弯矩，相对来说是很小的，一般可不予考虑。

至于两组后轮中央处板所承受的弯矩要较一组后轮下板所产生的弯矩小很多，一般也不予计算。所以对单后轴车的两组后轮，通常仅按双轮胎的一组后轮的均布荷载来计算板的最大弯矩。

当荷载相等而形成对称的多组车轮作用在一块板上时，例如双后轴汽车的四组后轮，平板挂车的多组后轮以及飞机起落架上的两组或四组轮子等，则应选其中一组轮子作主轮，按圆形均布荷载计算板所受的最大弯矩 M_0；对其他各组轮子则按集中荷载计算其在主轮轮迹中心下板所承受的附加辐向弯矩 M_r 和切向弯矩 M_t，然后把这些 M_r 和 M_t 按下式转算为 x 向弯矩和 y 向弯矩(图16-8)。

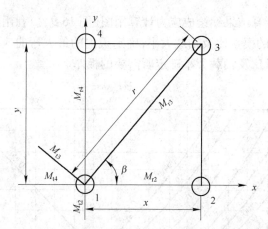

图 16-8 对称的多组车轮荷载作用在一块板上的弯矩计算图式

表 16-2 $A, B, \overline{M}_r, \overline{M}_t$ 系数值

αr	A	B	$\overline{M}_r$	$\overline{M}_t$	αr	A	B	$\overline{M}_r$	$\overline{M}_t$
0.02	0.3603	0.2808	0.3349	0.4024	1.4	0.0379	-0.0165	0.0108	0.0354
0.04	0.3052	0.2257	0.2715	0.3391	1.5	0.0342	-0.0178	-0.0127	0.0135
0.06	0.2729	0.1935	0.2344	0.3019	1.6	0.0310	-0.0186	-0.0139	0.0282
0.08	0.2501	0.1707	0.2082	0.2725	1.7	0.0280	-0.0192	-0.0150	0.0251
0.1	0.2324	0.1530	0.1879	0.2554	1.8	0.0254	-0.0195	-0.0156	0.0225
0.2	0.1775	0.0988	0.1245	0.1923	1.9	0.0230	-0.0196	-0.0161	0.0201
0.3	0.1458	0.0681	0.0900	0.1560	2.0	0.0209	-0.0195	-0.0163	0.0180
0.4	0.1236	0.0473	0.0658	0.1307	2.1	0.0173	-0.0189	-0.0163	0.0144
0.5	0.1068	0.0320	0.0480	0.1116	2.2	0.0143	-0.0179	-0.0157	0.0115
0.6	0.0933	0.0203	0.0343	0.0963	2.3	0.0118	-0.0168	-0.0150	0.0093
0.7	0.0822	0.0112	0.0235	0.0839	2.4	0.0098	-0.0154	-0.0139	0.0075
0.8	0.0729	0.0040	0.0149	0.0735	2.5	0.0082	-0.0141	-0.0129	0.0061
0.9	0.0649	-0.0017	0.0080	0.0646	2.6	0.0069	-0.0127	-0.0117	0.0050
1.0	0.0580	-0.0062	0.0025	0.0571	2.7	0.0057	-0.0114	-0.0105	0.0040
1.1	0.0520	-0.0098	-0.0020	0.0505	2.8	0.0048	-0.0102	-0.0095	0.0033
1.2	0.0467	-0.0127	-0.0057	0.0448	2.9	0.0041	-0.0091	-0.0085	0.0027
1.3	0.0420	-0.0149	-0.0086	0.0398	3.0	0.0034	-0.0080	-0.0075	0.0022

$$\begin{aligned} M_x &= M_r\cos^2\beta + M_t\sin^2\beta \\ M_y &= M_r\sin^2\beta + M_t\cos^2\beta \end{aligned} \quad (16\text{-}16)$$

式中:M_x、M_y——转算得的板在单位宽度上的 x 向弯矩和 y 向弯矩/(MN·m/m);

β——集中荷载作用点与主轮轮迹中心点连线同 x 同轴的夹角/°。

最后把所有各个轮子对板所引起的 x 向弯矩与 y 向弯矩分别叠加起来,得出 $\sum M_x$ 和 $\sum M_y$。

按上述方法所算得的弯矩,只是板中部受荷时所产生的弯矩。弹性半无限地基的荷载应力计算理论对于荷载作用于板边、板角隅处以及有限尺寸的矩形板,在不同组合的轮载作用于板上任何位置时,均无法解决。现行《公路水泥混凝土路面设计规范》(JTG D40—2002)采用了有限元法近似地计算荷载作用下板的极限应力值,得出了荷载在不同模量比和不同板厚时的板内荷载应力,并把计算结果编绘成应力计算用图(图16-9)。利用计算图,可根据初拟(或已知)的板厚、板和地基的模量比及轴载大小,确定板内的最大弯曲应力;反之,由已知的允许应力值、板和地基的模量比及轴载大小确定所需要的板厚。

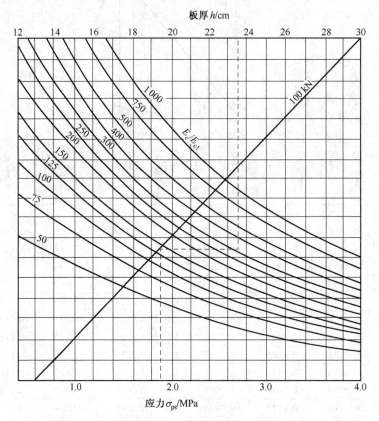

图 16-9　单轴轴载作用于纵缝边缘中部的应力计算图

16.2　水泥混凝土路面温度应力分析

水泥混凝土路面板内不同深处的温度,随气温的变化而变化。这种变化使混凝土板出现膨胀和收缩变形的趋势。当变形受阻时,板内便产生胀缩应力或翘曲应力。

16.2.1　胀缩应力

当气温缓慢变化时,板内温度均匀升降,则面板沿断面的深度均匀胀缩。设 x 为板的纵轴,y 为板的横轴。如有一平面尺寸很大的板,在温差影响下板内任一点的应变为

$$\varepsilon_x = \frac{1}{E}(\sigma_x - \mu\sigma_y) + \alpha\Delta t$$

$$\varepsilon_y = \frac{1}{E}(\sigma_y - \mu\sigma_x) + \alpha\Delta t \tag{16-17}$$

式中:ε_x、ε_y——板纵向和横向应变;

σ_x、σ_y——板纵向和横向的温度应力/MPa;

α——水泥混凝土的线膨胀系数,约为 1×10^{-5};

Δt——板温差/℃。

其余符号意义同前。

由于板与基层之间的摩阻约束,在温度升降时板中部不能移动,即 $\varepsilon_x = \varepsilon_y = 0$,以此代入上式,解得面板胀缩完全受阻时所产生的应力为

$$\sigma_x = \sigma_y = -\frac{E\alpha\Delta t}{1-\mu} \quad (16\text{-}18)$$

对于板边缘中部或窄长板,则 $\varepsilon_x = 0$ 和 $\sigma_y = 0$,则有

$$\sigma_x = -E_c\alpha\Delta t \quad (16\text{-}19)$$

对未设接缝的混凝土路面板,当温度下降 15 ℃ 时,其最大收缩应力可按式(16-18)计算。取 $E_c = 3 \times 10^4$ MPa, $\mu_c = 0.15$, $\Delta t = -15$ ℃,则

$$\sigma_t = -\frac{3 \times 10^4 \times 10^{-5} \times (-15)}{1 - 0.15} = 5.29 \text{ MPa}$$

在混凝土浇筑后的初期,混凝土尚未完全硬化,其抗拉强度不足以抵抗收缩应力,板将出现开裂。

当混凝土板温度升高时,如果未设置胀缝,板的膨胀受阻,板内将出现膨胀应力。如果板温升高 15 ℃,则压应力为 5.29 MPa。这一数值虽小于混凝土的抗压强度,但要注意在此压力作用下是否出现屈曲现象。

为了减少收缩应力,在混凝土板内设置各种接缝,板被划分为有限尺寸的板块。这时板的自由收缩受到板与基础的摩阻力所约束,此摩阻力随板的自重而变。因变形受阻而产生的板内最大应力出现于板长的中央,其值可近似按下式计算

$$\sigma_t = \gamma f L / 2 \quad (16\text{-}20)$$

式中:γ——混凝土单位体积的重力,约为 0.024 MN/m³;

L——板长/m;

f——板与基础之间的摩擦系数,同基础类型、板的位移量和位移反复情况等因素有关,一般为 1.0~2.0。

板划分为有限尺寸板块后,因收缩而产生的应力很小,可不予考虑。

16.2.2 翘曲应力

由于混凝土板、基层和土基的导热性能较差,当气温变化较快时,使板顶面与底面产生温度差,因而板顶与板底的胀缩变形大小也就不同。当气温升高时,板顶面温度较其底面高,板顶膨胀变形较板底的大,则板中部隆起;相反,当气温下降时,板顶面温度较其底面板低,板顶收缩变形较板底大,因而板的边缘和角隅翘起,如图 16-10 所示。由于板的自重、地基反力和相邻板的钳制作用,使部分翘曲变形受阻,从而使板内产生翘曲应力。由气温升高引起的板中部隆起受到限制时,板底面出现拉应力;而当气温降低引起的板四周翘起受阻时,板顶面出现拉应力。

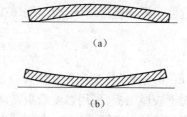

图 16-10 混凝土路面板的翘曲变形
(a)气温升高时;(b)气温降低时

为了分析翘曲应力,威斯特卡德对文克勒地基板作了如下假设:温度沿板断面呈直线变化、板和地基始终保持接触,不计板自重,从而导出了板仅受地基约束时的翘曲应力计算公式。

对有限尺寸板,沿板长(L)和板宽(B)方向的翘曲应力分别为

$$\sigma_x = \frac{E_c \alpha \Delta t}{2} \cdot \frac{C_x + \mu_c C_y}{1 - \mu_c^2}$$

$$\sigma_y = \frac{E_c \alpha \Delta t}{2} \cdot \frac{C_y + \mu_c C_x}{1 - \mu_c^2} \tag{16-21}$$

在板边缘中点:

$$\sigma_x = \frac{E_c \alpha \Delta t}{2} \cdot C_x \tag{16-22}$$

式中:Δt——板顶面与板底面的温度差/℃;

C_x、C_y——与 L/l 或 B/l 有关的系数,其数值可从图16-11(a)中的曲线3查取;也可按下式计算

$$C_x \text{ 或 } C_y = 1 - \frac{2\cos\lambda \operatorname{ch}\lambda}{\sin 2\lambda + \operatorname{sh} 2\lambda}(\tan\lambda + \operatorname{th}\lambda)$$

在上式中,计算 C_x 时,$\lambda = \dfrac{L}{l\sqrt{8}}$,计算 C_y 时,$\lambda = \dfrac{B}{l\sqrt{8}}$;

l——刚性半径,见式(16-9);

E_c、μ_c、α 意义同前。

板顶面与板底面的温度差通常表示为板的温度梯度乘以板厚,即 $\Delta t = T_g \cdot h$。温度梯度 T_g 过去大多采用美国的数据 67 ℃/m。近年来,我国有关部门在实测的基础提出了各公路自然区划内混凝土面板的最大温度梯度计算值 T_g 如表16-3所示。

表16-3 水泥混凝土面板的温度梯度值

公路自然区划	Ⅱ	Ⅲ	Ⅳ	Ⅴ	Ⅵ	Ⅶ
温度梯度 T_g/(℃/m)	83~88	90~95	86~92	83~88	86~92	93~98

注:① 海拔高时取高值;湿度大时取低值;
　　② 表中数值为板厚 $h=22$ cm 时的温度梯度值。

弹性半空间体地基上板的翘曲应力,目前尚无解析,可采用有限元法计算板内翘曲应力。按照文克勒地基板计算翘曲应力的假设,采用有限元法计算了弹性半空间体地基上板的翘曲应力。根据所得结果,绘出图16-11中的曲线1和曲线2。此时板的刚性半径计算公式为

$$l = h\sqrt[3]{\frac{E_c(1-\mu_s^2)}{6E_{tc}(1-\mu_c^2)}} \tag{16-23}$$

式中:E_{tc}——弹性半空间地基的计算回弹模量/MPa。

对于较厚的板,采用温度沿板断面呈直线分布的假设,即按板顶和板底的温度差确定的温度梯度计算的温度翘曲应力,会得到偏大的温度翘曲应力值。为此,应考虑由于温度的非线性分布而引起的内应力。按板底受约束的应变量,可以推导出内应力的计算式。将它同翘曲应力相叠加后,便得到考虑内应力的翘曲应力计算式。

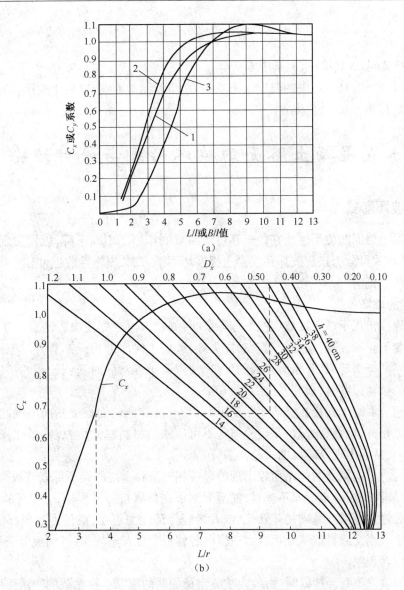

图 16-11 板温度翘曲应力系数值
(a) 温度翘曲应力系数；(b) 计算疲劳应力系数
1 - 弹性半空间体地基板中；2 - 弹性半空间体地基板边；3 - 文克勒地基板

板中部

$$\sigma_x = \frac{E_c \alpha \Delta t}{2(1-\mu_c^2)} \cdot D_x \tag{16-24}$$

式中：D_x——温度应力系数，其值为

$$D_x = 2.08 \cdot C'_x e^{-0.0448h} - 0.154(1 - C'_x) \qquad C'_x = \frac{C_x + \mu_c C_y}{1 + \mu_c}$$

式中，C_x、C_y 意义同式(16-21)；h 为板的厚度/cm。

板边缘中点

$$\sigma_x = \frac{E_c \alpha \Delta t}{2} \cdot D_x \qquad (16\text{-}25)$$

式中:D_x 的意义同式(16-24),但其中 $C'_x = C_x$。

式(16-24)和式(16-25)中的温度应力系数 D_x 可绘制成曲线,以便于应用。对于板边缘中点 D_x 的计算,可由图16-11直接查出。

16.3 水泥混凝土路面的破坏形式与设计理论

16.3.1 破坏形式

水泥混凝土路面的使用性能在行车和自然因素的作用下不断下降,以致出现各种类型的损坏现象,其形式可分为接缝破坏和混凝土板破坏两个方面,损坏性质也可分为功能性损坏和结构性损坏两个范畴。

1. 接缝的破坏

(1) 挤碎。出现于横向接缝(主要是胀缝)两侧数十厘米宽度内。这是由于胀缝内的滑动传力杆位置不正确,或滑动端的滑动功能失效,或施工时胀缝内局部有混凝土搭接,以及胀缝内落入坚硬的杂屑等原因,阻碍了板的伸长,使混凝土在膨胀时受到较高的挤压应力,当其超过混凝土的抗剪强度时,板即发生剪切挤碎。

(2) 拱起。混凝土面板在受热膨胀受阻时,某一接缝两侧的板突然向上拱起。这是由于板收缩时缝隙张开,填缝料失效,坚硬碎屑等不可压缩的材料塞满缝隙,使板在膨胀时产生较大的热压应力,从而出现纵向压曲失稳。

(3) 错台。横向接缝两侧路面板出现的竖向相对位移。当胀缝下部嵌缝板与上部缝隙未能对齐,或胀缝两侧混凝土壁面不垂直,使缝旁两板在伸胀挤压过程中,会上下错开而形成错台。地面水通过接缝渗入基础使其软化,或者接缝传荷能力不足,或传力效果降低时,都会导致错台的产生。当交通量或基础承载力在横向各幅板上分布不均匀,各幅板沉陷不一致时,纵缝也会产生错台现象。

(4) 唧泥。汽车行经接缝时,由缝内喷溅出稀泥浆的现象。在轮载的频繁作用下,基层由于塑性变形累积而同面层板脱空;地面水沿接缝下渗而积聚在脱空的缝隙内;在轮载作用下积水变成有压水而同基层内浸湿的细料混搅成泥浆,并沿接缝缝隙喷溅出来。唧泥的出现,使面板边缘部分失去支撑,因而往往在离接缝 $1.5 \sim 1.8$ m 处导致横向裂缝。

此外,纵缝两侧的横缝前后搓开、纵缝缝隙拉宽、填缝料丧失和脱落也都属于接缝的破坏。

2. 混凝土板本身的破坏

混凝土板的破坏主要是断裂和裂缝。面板由于所受内应力超过了混凝土的强度而出现横向或纵向以及板角的断裂和裂缝,其原因是多方面的:板太薄或轮载太重;行车荷载的渠化作用(荷载次数超过允许值);板的平面尺寸太大,使温度翘曲应力过大;地基过量塑性变形使板底脱空失去支撑;养生期间收缩应力过大;由于材料或施工质量不良,混凝土未能达到设计要求等。断裂和裂缝破坏了板的结构整体性,使板丧失了应有的承载能力。因而断裂和裂缝可视为混凝土面层结构破坏的临界状态。

16.3.2 水泥混凝土路面结构设计理论与方法

水泥混凝土路面从工程结构分类来看,应属于岩土工程的地基结构物,因此混凝土路面结构设计理论与方法是随着结构工程设计理论与岩土结构设计理论的发展而不断发屏并完善的。20 世纪 20—50 年代威斯特卡德(H. M. Westergaard)、霍格(A. H. A. Hogg)、舍赫捷尔(O. Я. Шехтер)、波米斯特(D. M. Burmister)以及柯岗(Ъ. H. Коган)等人在混凝土路面应力分析和设计方法方面的贡献为当代混凝土路面设计方法奠定了基础。总的来讲,目前世界各国的混凝土路面设计方法都是以弹性地基板的荷载应力、温度应力分析方法为基本理论,以混凝土路面板的弯拉应力作为极限状态和设计控制指标。但是其设计理论与方法的各主要组成部分,数十年来被不断地改进与完善,设计方法也更加符合工程实际。

在荷载图式方面,最早采用静力作用点荷载,后来提出了静力作用均布面荷载(如圆形、椭圆形、圆头矩形荷载等)。美国波特兰水泥协会(PCA)最早提出了混凝土疲劳断裂的概念,设计方法改用多次重复作用静荷载,混凝土的极限控制指标用疲劳极限应力表示。20 世纪 60 年代后提出了荷载动力影响问题,考虑荷载的振动与移动效应,在设计方法中掺入了动力响应系数。

在地基模型方面,一般均采用温克勒地基模型和弹性半空间均质地基模型,至今仍然是世界各国设计方法的基础。在研究探索中也有提出采用黏弹性地基、双参数地基、多层地基、非线性弹性地基等模型,但是由于数学概念的复杂性和参数测定的困难,至今在设计方法中均未采纳。

在路面板的形态方面,威斯特卡德最早提出了温克勒地基上矩形板在特定加载位置下,荷载应力的求解方法。后来提出了半空间弹性地基上无限大圆板的求解方法。20 世纪 70 年代随着计算机应用和有限元分析法的推广,提出了有限尺寸板在各种模型地基支撑下,任意荷载位置下荷载应力求解方法,以及各种不同边界传力条件下的解算方法。

20 世纪 80 年代工程结构设计提出以概率法替代定值法,引入可靠度概念,对于混凝土路面设计,引入可靠度后的设计方法仍然以路面板的极限疲劳弯拉应力作为极限状态指标。结构分析的理论基础与分析方法仍然没有本质的变化。

从 20 世纪 50 年代至今,我国水泥混凝土路面设计理论与方法不断改进,曾经于 1958 年、1966 年、1984 年、1994 年、2003 年先后颁布过 5 个版本的设计规范。2002 年由中华人民共和国交通部颁布的中华人民共和国行业标准《公路水泥混凝土路面设计规范》(JTG D40—2002)是现行的我国最新的混凝土路面设计规范。新规范列出的设计方法以弹性半空间地基有限大矩形板模型为基础,以 100 kN 单轴双轮标准轴载作用于矩形板纵向边缘中部产生的最大荷载应力控制设计。设计方法采用了可靠度设计方法,以行车荷载和温度梯度综合作用产生的疲劳断裂作为设计的极限状态。该方法综合了多年来我国道路界在科学研究和工程实践中积累的成果和经验,可用于指导我国当前混凝土路面工程设计。

16.3.3 混凝土路面交通等级

路面结构设计的目标是要求混凝土路面结构在设计基准期内满足预测交通量累计标准轴载通行时,具有快速、安全、稳定的服务功能,路面结构具有相应的承载能力,路面板的弯拉应力满足疲劳极限应力的容许标准。

1)混凝土路面设计基准期

路面设计基准期是计算路面结构可靠度时,考虑各项基本度量与时间关系所取用的基准时间,也可理解为保证路面结构达到规定可靠度指标的有效期间。

混凝土路面设计基准期与公路等级有关,可根据公路在路网中的功能定位、当地国民经济发展的需求以及投资条件等因素,经综合论证后确定。通常可参照表16-4选定。

表16-4 公路混凝土路面设计基准期参考值

公路技术等级	设计基准期/年	公路技术等级	设计基准期/年
高速公路	30	二级公路	20
一级公路	30	三、四级公路	20

2)标准轴载及轴载当量换算

水泥混凝土路面结构设计以 100 kN 单轴—双轮组荷载为标准轴载。不同轴—轮型和轴载的作用次数,应按式(16-1)换算为标准轴载的作用次数。

$$N_S = \sum_{i=1}^{n} \delta_i N_i \left(\frac{P_i}{100}\right)^{16} \tag{16-26}$$

式中:N_S——100 kN 的单轴—双轮组标准轴载的通行次数;

P_i——各类轴—轮型 i 级轴载的总重/kN;

n——轴型和轴载级位数;

N_i——各类轴—轮型 i 级轴载的通行次数;

δ_i——轴—轮型系数。

单轴—双轮组: $\delta_i = 1.0$ (16-27a)

单轴—单轮组: $\delta_i = 2.22 \times 10^3 P_i^{-0.43}$ (16-27b)

双轴—双轮组: $\delta_i = 1.07 \times 10^{-5} P_i^{-0.22}$ (16-27c)

三轴—双轮组: $\delta_i = 2.24 \times 10^{-8} P_i^{-0.22}$ (16-27d)

3)交通调查与轴载分析

通过当地交通量观测站历年统计资料进行交通调查,用于分析并提出设计车道的年平均日货车交通量 ADTT 以及设计基准期内的交通量年平均增长率 g_r。

通过调查可获得公路设计基准期初期的年平均日交通量(双向)和车辆组成数据,由于轻型车对混凝土路面的疲劳损伤可以不计,因此将统计的年平均日交通量中的 2 轴 4 轮以下的轻型客货车辆所占的交通量剔除不计,从而得到设计基准期初期的年平均日货车交通量(双向)。

公路通行车辆在横断面上的分布是不均匀的,根据统计规律,车道数不同,分布概率也不一样,为安全考虑,将分布概率集中的车道作为设计车道。因此,上述调查获得的双向年平均日货车交通量,还应乘以方向系数(通常为0.5)和车道分布系数(表16-5)才能得到设计车道在设计基准期初期的年平均日货车交通量 ADTT(单向)。

表16-5 交通量车道分布系数

单向车道数	1	2	3	≥4
车道分配系数	1.0	0.8~1.0	0.6~0.8	0.5~0.75

ADTT 换算为当量标准轴载数,首先通过轴重称重站进行分轴型称重,如将 1 000 辆 2 轴 6 轮以上的客、货车辆分单轴、双轴、三轴 3 种轴型,统计出现的次数和轴重量,整理成轴型与对应的轴重级位,得到各种轴型的轴载谱。单轴轴载按 10 kN 分级,双轴、三轴轴载按 20 kN 分级。各种轴型不同轴载级位的标准轴载当量换算系数按式(16-28)计算。

$$K_{p,ij} = \delta_{ij}\left(\frac{P_{ij}}{100}\right)^{16} \quad (16\text{-}28)$$

式中:$K_{p,ij}$——各种轴型不同轴载级位的标准轴载当量换算系数;

i——轴型(单轴、双轴、三轴);

j——轴载级位;

P_{ij}——i 种轴型 j 级轴载的轴重/kN;

δ_{ij}——i 种轴型 j 级轴载的轴—轮系数,按式(16-26)确定。

由轮载谱和轴载当量换算系数 $K_{p,ij}$,即可按式(16-29)计算得到设计车道在设计基准期初期的标准轴载日作用次数 N_s。

$$N_s = \frac{\text{ADTT}}{1\,000}\sum_i n_i \sum_j (K_{p,ij} \times P_{ij}) \quad (16\text{-}29)$$

式中:N_s——设计车道设计基准期初期的标准轴载日作用次数;

n_i——每 1 000 辆 2 轴 6 轮以上客、货车辆中 i 种轴型出现的次数;

P_{ij}——i 种轴型 j 级轴载的频率(以分数计)。

设计基准期内交通量的年平均增长率 g_r 可以通过交通观测点多年的交通统计资料进行分析,同时参考当地经济与交通发展的宏观形势,并根据公路的等级及其承担的功能,通过论证后确定。

4) 标准轴载累计当量作用次数 N_e

设计基准期内混凝土面板临界荷位处所承受的标准轴载累计当量作用次数 N_e,可以通过式(16-30)计算确定。

$$N_e = \frac{N_s \times [(1-g_r)^t - 1]}{g_r} \times 365 \times \eta \quad (16\text{-}30)$$

式中:N_e——标准轴载累计当量作用次数;

t——设计基准期/年;

g_r——交通量年平均增长率;

η——临界荷位处的车辆轮迹横向分布系数,按表 16-6 选用。

表 16-6 水泥混凝土路面轮迹横向分布系数

公 路 等 级		纵缝边缘处
高速公路、一级公路、收费站		0.17~0.22
二级及二级以下公路	行车道宽 >7 m	0.34~0.39
	行车道宽 ≤7 m	0.54~0.62

注:车道、行车道较宽或者交通量较大时,取高值;反之,取低值。

5) 混凝土路面交通等级划分

水泥混凝土路面所承受的轴载作用,按照设计基准期内设计车道临界荷位承受的标准轴载当量累计作用次数分为 4 级,分级范围见表 16-7。

表 16-7 公路混凝土路面交通分级

交通等级	特 重	重	中 等	轻
设计车道标准轴载累计作用次数 N_e($\times 10^4$)	>2 000	100~2 000	3~100	<3

16.4 水泥混凝土路面可靠度设计

16.4.1 路面可靠度的定义和极限状态函数

从可靠性理论中可靠度的一般定义出发，路面可靠度可广义地定义为："在设计使用年限内，在将遇到的环境条件和荷载作用下，路面能够发挥其预期功能的概率"。路面的功能是为行车提供一个平整、坚实、抗滑的表面。但是，目前的路面结构设计往往并不意味着满足路面所需各项功能的要求，而只是通过对一项或几项设计指标的控制，以避免路面在使用期内出现某种或某几种的损坏。因此，路面结构可靠度的定义也应就相应的结构设计方法具体化。

我国现行的混凝土路面设计规范采用的结构设计方法是以混凝土路面板在车辆荷载应力和温度应力综合作用下，在纵缝边缘中部出现纵向疲劳开裂作为临界损坏状态，设计时以荷载应力和疲劳温度应力的叠加小于等于混凝土疲劳强度作为设计标准。因此，路面结构的极限状态函数可表示为

$$\sigma_p + \sigma_t \leq \sigma_{rf} = \sigma_s(A - B\lg N) \tag{16-31}$$

式中：σ_t——疲劳温度应力/MPa；

σ_p——荷载应力/MPa；

σ_{rf}——混凝土疲劳强度/MPa；

σ_s——混凝土极限抗折强度/MPa；

N——当量标准轴载作用次数；

A、B——混凝土疲劳方程的两个回归系数。

混凝土路面结构可靠度可相应地定义为：在设计使用年限内，在车辆荷载应力和温度应力综合作用下，路面板纵缝边缘中部不出现疲劳开裂的概率，即为

$$R = p(\sigma_p + \sigma_t \leq \sigma_{rf}) \tag{16-32}$$

由于 σ_p 和 σ_{rf} 之间是相互独立的，因此可直接应用可靠性理论中的干涉理论求解。

另外，在保持控制失效模式的实质不变的前提下，也可采用路面结构疲劳寿命（结构允许当量标准轴载作用次数 N_R）大于等于累计当量标准轴载作用次数 N_e 作为路面结构级限状态函数。即为

$$N_R \geq N_e \tag{16-33}$$

路面结构可靠度则可表示为

$$R = p(N_R \geq N_e) \tag{16-34}$$

采用式(16-33)的极限状态函数和式(16-34)的路面结构可靠度的表达式，有两个显著的优点：① 将路面结构本身参数变异性的影响和外部因素——交通荷载变异影响区分开来，给研究工作带来了很多的便利；② 为设计方法的改进提供了方便，如增加设计指标或改变设计

标准,路面结构的极限状态函数和可靠度计算式仍可采用式(16-33)和式(16-34)的形式,只需更改 N_R 的内涵即可。

16.4.2 路面结构的目标可靠度

路面结构的目标可靠度是在满足高等级公路行驶安全和舒适性要求的前提下,考虑道路初期费用、养护费用与用户费用对目标可靠度的影响后综合确定的,通常采用"校准法"来确定目标可靠度。所谓"校准法",就是对按现行规范设计方法所设计的路面进行隐含可靠度的分析,以这些隐含可靠度作为目标可靠度,则所设计的路面结构具有与原确定型设计方法相同的可靠度水平。该方法接纳了以往多年的工程设计和使用经验,包含了与原有设计方法相等的可接受性和经济合理性。

综合分析和考虑我国沥青路面和水泥混凝土路面设计的隐含可靠度情况以及国外分析数据,我国公路工程结构可靠度设计统一标准规定了各级公路的目标可靠度和相应的目标可靠指标值,如表16-8 所列。

表16-8 可靠度设计统一标准规定的目标可靠度

安 全 等 级	一 级	二 级	三 级
公路等级	高速	一级	二级
目标可靠度 P_s/%	95	90	85
目标可靠指标 β	1.645	1.282	1.036

16.4.3 设计参数均值的取值和变异系数范围

水泥混凝土路面结构可靠度设计的有关参数有:设计年限内累计轴载作用次数 N_e、混凝土的抗弯拉强度和弹性模量以及路面板厚度等。目前我国水泥混凝土路面较广泛地采用了无机结合料稳定粒料基层,基层和土基抗压回弹模量以及由此计算获得的基层顶面综合回弹模量也是路面结构可靠度设计的重要参数。

1. 设计年限内累计当量标准轴载作用次数 N_e

累计轴载作用次数 N_e 是由使用初期的当量轴次 N_0、年增长率 r 和横向分布系数 η 三个随机变量决定的。它的变异系数见表16-9。

表16-9 水泥混凝土路面标准轴载累计作用次数 N_e 的预估标准差和变异系数

公 路 等 级	高 速	一 级	二 级	三 级
设计基准期/年	30	30	20	20
标准差 σ_{Ne}	0.038 5	0.038 5	0.047 0	0.079 4
变异系数 C_{vNe}/%	0.304	0.252	0.197	0.237

2. 混凝土的抗弯拉强度和弹性模量

路用水泥混凝土设计强度以龄期 28 d 的弯拉强度为标准,各级交通要求的水泥混凝土设计弯拉强度和弹性模量见表16-10。

表 16-10　混凝土弯拉强度和弹性模量

交通等级	特 重	重	中 等	轻
设计弯拉强度/MPa	5.0	5.0	4.5	4.0
弯拉弹性模量/(10^3 MPa)	30	30	28	27

混凝土的抗弯拉强度和弹性模量变异系数范围见表 16-11。

表 16-11　水泥混凝土路面有关参数的变异系数范围

变异水平	弯拉强度和弹性模具变异系数	基层顶面回弹模量变异系数
低	0.05 ~ 0.10	0.15 ~ 0.25
中	0.10 ~ 0.15	0.25 ~ 0.35
高	0.15 ~ 0.20	0.35 ~ 0.55

3. 路面板厚度

路面板厚度的变异系数范围见表 16-12。

表 16-12　路面板厚度的变异系数范围

变异水平	低	中	高
变异系数	0.02 ~ 0.04	0.04 ~ 0.06	0.06 ~ 0.08

4. 基层和土基抗压回弹模量以及基层顶面综合回弹模量

稳定粒料基层弯拉强度和抗压回弹模量及土基回弹模量均值见表 16-13。

表 16-13　稳定粒料基层和土基弯拉强度和抗压回弹模量

项　目	抗弯拉强度/MPa	抗压回弹模量/MPa
水泥稳定料粒	1.0	1 300 ~ 1 600
二灰稳定粒料	1.0	1 300 ~ 1 600
土基	—	30 ~ 80

基层顶面综合回弹模量变异系数范围见表 16-11。

16.4.4　路面结构可靠度的计算

根据可靠性理论中的干涉理论,式(16-34)的路面可靠度计算式可写为

$$R = \int_{-\infty}^{\infty} f_{\ln}(x)[1 - F_W(x)]dx \qquad (16-35)$$

式中:$f_{\ln}(x)$——x 服从对数正态分布时的分布密度函数;

$F_W(x)$——x 采用威布尔函数为代表时的分布函数。

从上述公式中可以看到:只要知道轴载作用次数 N_e 和疲劳寿命 N_R 的分布函数,就可得到路面结构的可靠值。下面讨论轴载作用次数 N_e 和疲劳寿命 N_R 的分布。

1. 路面疲劳寿命 N_R 的分布

在以往的可靠性研究中,路面疲劳寿命 N_R 大多假设服从对数正态分布。采用对数正态

分布在数学处理上十分方便,但其失效规律与路面疲劳开裂的规律不太相符。对数正态分布的失效率在开始时呈递增,而从接近均值起则呈递减,而实际上路面在使用期内开裂率基本上呈单调递减的。由于施工中的一些缺陷,如收缩微裂缝等,使路面出现一些早期断裂,随后在荷载和温度应力共同作用下出现随机断裂,这阶段的断裂率比早期断裂率小且较为稳定。当路面板出现一定量的损坏之后,由于雨水下渗及基层冲刷而出现了板底局部脱空的现象,使路面板断裂迅速增加,对于这种路面板的后期损坏,目前尚无可行的理论分析方法,而且大多已不能满足使用性能的要求,故可不予考虑。

根据室内小梁弯曲疲劳试验结果可知,混凝土弯曲疲劳寿命服从两参数的威布尔分布。而且,两参数威布尔分布的失效率函数与路面损坏规律也比较一致。因此,有理由认为路面结构的疲劳寿命服从两参数的威布尔分布,其分布函数为

$$F_W(N_R) = \begin{cases} 1 - \exp\left[-\left(\dfrac{N_R}{\alpha}\right)^\beta\right] & N_R \geq 0 \\ 0 & N_R < 0 \end{cases} \quad (16\text{-}36)$$

式中:α、β——威布尔分布的两个参数。

按现行混凝土路面设计规范的结构设计方法,路面疲劳寿命 N_R 为混凝土极限抗折强度 σ_s 和荷载应力 σ_p 及疲劳温度应力 σ_t 的函数。根据混凝数土疲劳方程,路面疲劳寿命 N_R 与 σ_p、σ_t 以及 σ_s 的关系可表示为

$$N_R = \left(\dfrac{A\sigma_s}{\sigma_p + \sigma_t}\right)^{\left(\dfrac{1+\sigma_t/\sigma_p}{B}\right)} \quad (16\text{-}37)$$

式中,$B = 0.422$;A 与疲劳方程的可靠度水平有关,当疲劳方程的可靠度水平为 50% 时,$A = 1.038$。

2. 累计当量标准轴载作用次数 N_e 的分布

累计当量标准轴载作用次数 N_e(以下简称为轴载作用次数)的变异性虽较大,但其变异性对路面结构可靠度的影响不大,采用不同的分布假设对可靠度计算结果的影响更小,考虑到它具有的非负性,采用对数正态分布假定为宜,则 N_e 的分布函数为

$$F_{\ln}(N_e) = \begin{cases} \dfrac{1}{\sqrt{2\pi} \cdot \sigma_0 \cdot N_e} \exp\left[-\dfrac{(\ln N_e - \mu_0)^2}{2\sigma_0^2}\right] & N_e \geq 0 \\ 0 & N_e < 0 \end{cases} \quad (16\text{-}38)$$

式中:σ_0、μ_0——对数正态分布的参数。

从研究的角度来看,详细地分析 N_e 的概率分布和变异水平在目前尚有许多需要克服的困难,因为道路交通组织措施(如画线、机动车和非机动车分道)、车辆组成、交通量大小以及路面宽度等因素均对 N_e 以及其变异性有影响。

16.4.5 路面结构的可靠性设计

在路面结构可靠性设计中,为了能考虑各设计参数变异性影响,可以通过引入一个可靠度系数,将可靠度概念应用到考虑荷载应力和温度应力综合疲劳作用的路面结构设计方法中,它不改变原设计方法的步骤。

路面结构可靠度系数 γ_r 定义为疲劳方程求得的最大允许应力 $[\sigma_p + \sigma_t]$ 与实际最大应力

$(\sigma_p + \sigma_t)$ 之比 $\left(\gamma_r = \dfrac{[\sigma_p + \sigma_t]}{\sigma_p + \sigma_t}\right)$。它的倒数 $1/\gamma_r$，就是混凝土极限抗折强度的折减系数。

计算结果表明：σ_s、h、E_c、E_t、T_e 和 N_0 的均值对路面可靠度 R 与路面可靠度系数 γ_r 之间关系几乎无影响，在 R 一定时，γ_r 大小取决于各参数的变异水平。图 16-12 给出了各设计参数的变异系数按变异水平低(L)、中(M)和高(H)三级(各设计参数的变异系数取值见表 16-14)情况下的 $R-\gamma_r$ 关系曲线。

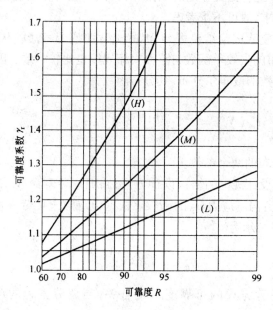

图 16-12　$R-\gamma_r$ 关系曲线

表 16-14　变异系数取值

变异水平	$C_v(\sigma_s)$	$C_v(h)$	变异水平	$C_v(E_c)$	$C_v(E_t)$
低	0.06	0.02	低	0.10	0.15
中	0.10	0.05	中	0.15	0.30
高	0.15	0.09	高	0.22	0.50

16.5　水泥混凝土路面结构组合设计

16.5.1　混凝土面层板

水泥混凝土面层板应具有足够的强度、耐久性、表面抗滑、耐磨、平整等良好的路用性能，一般采用设接缝、不配筋的普通混凝土路面板。对于不同等级公路承受不同交通等级的道路，也可以选择其他类型的混凝土路面板。如对于承受特重交通的高速公路，可以选用连续配筋混凝土面层或选用连续配筋混凝土路面加沥青混凝土面层的复合式路面结构等。其他类型混凝土面层板可根据表 16-15 选用。

表16-15 其他面层类型选择

面层类型	适用条件
连续配筋混凝土面层	高速公路
沥青上面层与连续配筋混凝土或横缝设传力杆的普通混凝土下面层组成的复合式路面	极重、特重交通的高速公路
碾压混凝土面层	二级及二级以下公路、服务区停车场
钢纤维混凝土面层	高程受限制路段、收费站、混凝土加铺层和桥面铺装
混凝土预制块面层	服务区停车场、二级及二级以下公路桥头引道沉降未稳定段

普通混凝土、钢筋混凝土、碾压混凝土或钢纤维混凝土面层板一般采用矩形分仓,用纵横接缝分隔,纵向和横向接缝应垂直相交,纵缝两侧的横缝不得相互错位。纵缝间距按路面宽度在3.0~4.5 m范围内确定。普通混凝土面层板的横缝间距一般为4~6 m。面层板的长宽比不宜超过1.30,平面尺寸不宜大于25 m²。碾压混凝土或钢纤维混凝土面层板的横缝间距一般为6~10 m,钢筋混凝土面层板一般为6~15 m。

混凝土面层板的厚度决定于公路和交通等级,普通混凝土、钢筋混凝土、碾压混凝土或连续配筋混凝土面层板所需的厚度可参考表16-16所列的范围初步选定。

表16-16 水泥混凝土面层厚度的参考范围

交通等级	极重	特重			重			
公路等级	一	高速公路	一级公路	二级公路	高速公路	一级公路		二级公路
变异水平等级	低	低	中	中	低	中	低	中
面层厚度/mm	≥320	320~280	300~260	280~240	270~230	260~220	260~220	

交通等级	中等			轻	
公路等级	二级公路	三、四级公路		三、四级公路	
变异水平等级	高	中	高	中	高	中
面层厚度/mm	250~210	240~210	230~200	220~190	210~180

钢纤维混凝土面层板的厚度一般为普通混凝土路面厚度的0.65~0.75倍(钢纤维体积率为0.6%~1.0%)。特重或重交通时,最小厚度为160 mm;中等或轻交通时,最小厚度为140 mm。复合式路面沥青上面层的厚度一般为25~80 mm。

为保证行车安全,路面混凝土板表面构造应采用刻槽、压槽、拉槽或拉毛等方法制作。构造深度在使用初期应满足表16-17的要求。

表16-17 各级公路水泥混凝土面层的表面构造深度要求 单位:mm

公路等级	高速公路、一级公路	二、三、四级公路	公路等级	高速公路、一级公路	二、三、四级公路
一般路段	0.70~1.10	0.50~1.0	特殊路段	0.80~1.20	0.60~1.10

注:① 特殊路段——对于高速公路和一级公路系指立交、平交或变速车道等处;对于其他等级公路系指急弯、陡坡、交叉口或集镇附近;
② 年降雨量600 mm以下的地区,表列数值可适当降低。

16.5.2 混凝土路面基层结构

混凝土路面的基层应具备足够的抗冲刷能力和一定的刚度。对于湿润和多雨地区,路基为低透水性细粒土的高速公路和一级公路或者承受特重交通或重交通的二级公路,宜采用排水基层。各类基层的适宜交通等级与适宜厚度范围见表16-18。

表 16-18　各类基层适宜交通等级与适宜厚度的范围

材料种类		适宜施工厚度/mm
贫混凝土、碾压混凝土		120~200
无机结合料稳定粒料		150~200
沥青混凝土	集料公称最大粒径9.5 mm	25~40
	集料公称最大粒径13.2 mm	35~65
	集料公称最大粒径16 mm	40~70
	集料公称最大粒径19 mm	50~75
沥青稳定碎石	集料公称最大粒径19 mm	50~75
	集料公称最大粒径26.5 mm	75~100
多孔隙水泥稳定碎石		100~150
级配碎石、未筛分碎石、级配砾石或碎砾石		100~200

基层的宽度应比混凝土面板每侧宽出 300~650 mm。路肩采用混凝土面层,其厚度与行车道面层板相同时,基层宽度宜与路基同宽。

采用碾压混凝土作为基层时,应设置与混凝土面层板相对应的纵、横接缝。采用贫混凝土作为基层时,若弯拉应力超过 1.5 MPa,应设置与混凝土面层板相对应的横向接缝;一次摊铺宽度大于 7.5 m,还应设置纵向缩缝。

排水基层下应设置由水泥稳定粒料或密级配粒料组成的不透水底基层,厚度一般为 200 mm。底基层顶面应铺设沥青封层或防水土工织物。

在基层下若未设置垫层,而上路床土质为细粒土、黏土质砂或级配不良砂(承受特重或重交通时),或者上路床上质为细粒土(承受中等交通时),均应在基层下设置底基层。底基层可采用级配粒料、水泥稳定粒料或石灰粉煤灰稳定粒料,厚度可取 200 mm。

16.5.3　混凝土路面垫层结构

混凝土路面的垫层结构一般是为应对路基的特殊需求而设置,分为防冻垫层、排水垫层与加固垫层三类。

(1)在季节性冰冻地区修筑混凝土路面,当路面结构总厚度不能满足最小防冻要求时,应设置防冻垫层,保证总厚度满足最小防冻厚度的要求。

(2)对于水文地质条件不良的土质路堑,路床土的湿度较大时,为防止地下水对路面结构的侵蚀,应设置排水垫层。

(3)当路基土特别软弱,经加固后,仍有可能出现不均匀沉降、变形时,应设置加固垫层以增强路床的承载能力。

有时候,以上三种情况兼而有之,在选择垫层结构材料时,也应兼顾,具备多种功能。一般情况,垫层多数选用当地廉价材料修筑,或取当地材料掺少量无机结合料处治后使用,如砂、砂砾料、低剂量无机结合料稳定粒料等。垫层厚度一般为 150 mm。

16.5.4 混凝土路面的路基结构

水泥混凝土路面的路基应满足稳定、密实、均质、耐久的要求,为路面结构提供均匀的支撑。因此对路基土质的要求很严格,一般高液限黏土及含有机质细粒土均不能用于高速公路和一级公路的路床填料,也不能用于二级和二级以下公路的上路床填料。高液限粉土及塑性指数大于 16 或膨胀率大于 3% 的低液限黏土不能用做高速公路和一级公路的上路床填料。因条件限制而必须采用上述土做填料时,应掺入石灰或水泥等无机结合料进行处治。

地下水位较高的路段,应提高路堤设计标高。若设计标高受限制,路基达不到中湿状态的临界高度时,应选用粗粒土或低剂量石灰或水泥稳定细粒料做路床填料;未能达到潮湿状态的路基临界高度时,除采用上述填料之外,还应采取在边沟下设置排水渗沟等降低地下水位的措施。

路基压实度应符合《公路路基设计规范》(JTG D30—2004)的要求,岩石或填石路床顶面应铺设整平层,整平层可采用未筛分碎石和石屑或低剂量水泥稳定粒料,其厚度视路床顶面不平整程度而定,一般为 100~150 mm。

16.6 我国水泥混凝土路面设计方法

我国水泥混凝土路面设计方法采用单轴分轮组 100 kN 标准轴载作用下的弹性半空间地基有限大矩形薄板理论有限元解为理论基础,以路面板纵缝边缘荷载与温度综合疲劳弯拉应力为设计指标进行路面板厚度设计。设计完成后,路面板的综合疲劳弯拉应力应满足以目标可靠度为依据的极限状态平衡方程式。

16.6.1 目标可靠度与疲劳极限状态方程式

我国水泥混凝土路面按可靠度方法进行设计,不同等级公路的路面结构设计安全等级及相应的设计基准期、可靠度指标和目标可靠度见表 16-19。

表 16-19 可靠度设计标准

公路技术等级	高速公路	一级公路	二级公路	三级公路	四级公路
安全等级	一级	一级	二级	三级	三级
设计基准期/年	30	30	20	15	10
目标可靠度/%	95	90	85	80	70
目标可靠指标	1.64	1.28	1.04	0.84	0.52

表 16-19 中列出的不同变异水平等级的变异系数 C_v 对于各设计参数的变异范围有不同的要求,应符合表 16-20 的规定。

表 16-20 变异系数 C_v 的变化范围

变异水平等级	低	中	高
水泥混凝土弯拉强度	$0.05 \leq C_v \leq 0.10$	$0.10 < C_v \leq 0.15$	$0.15 < C_v \leq 0.20$
基层顶面当量回弹模量	$0.15 \leq C_v \leq 0.25$	$0.25 < C_v \leq 0.35$	$0.35 < C_v \leq 0.55$
水泥混凝土面层厚度	$0.02 \leq C_v \leq 0.04$	$0.04 < C_v \leq 0.06$	$0.06 < C_v \leq 0.08$

水泥混凝土路面结构设计以行车荷载和温度梯度综合作用产生的疲劳断裂作为设计的极限状态。极限状态方程式如式(16-39)所示

$$\gamma_r(\sigma_{pr}+\sigma_{tr})\leqslant f_r \tag{16-39}$$

式中:γ_r——可靠度系数,依据所选目标可靠度及变异水平等级按表16-21确定;
σ_{pr}——行车荷载疲劳应力/MPa;
σ_{tr}——温度梯度疲劳应力/MPa;
f_r——水泥混凝土弯拉强度标准值/MPa,见表16-22。

表 16-21 可靠度系数 γ_r

变异水平等级	目标可靠度/%			
	95	90	85	80
低	1.20~1.33	1.09~1.16	1.04~1.08	—
中	1.33~1.50	1.16~1.23	1.08~1.13	1.04~1.07
高	—	1.23~1.33	1.13~1.18	1.07~1.11

注:变异系数在表16-20所示的变化范围的下限时,可靠度系数取低值;上限时,取高值。

表 16-22 混凝土弯拉强度标准值 f_r

交通等级	极重、特重、重	中等	轻
水泥混凝土的弯拉强度标准值/MPa	≥5.0	4.5	4.0
钢纤维混凝土的弯拉强度标准值/MPa	≥6.0	5.5	5.0

表16-22中所列的水泥混凝土及钢纤维混凝土弯拉强度的标准值为我国《公路水泥混凝土路面设计规范》(JTG D40—2011)中的强制性条文,在设计混凝土路面结构时,必须严格执行。极限状态平衡方程式(16-39)集中体现了混凝土路面结构经受了设计基准期内所有车辆和温差作用的极限应力不超过强度标准值,保证了规定的目标可靠度的实现。

16.6.2 弯拉应力分析及厚度设计

1. 荷载应力分析

产生最大荷载和温度梯度综合疲劳损坏的临界荷位位于混凝土板的纵向边缘中部。标准轴载 P_s 在临界荷位处产生的荷载疲劳应力按式(16-40)计算确定:

$$\sigma_{pr}=K_rK_fK_e\sigma_{ps} \tag{16-40}$$

式中:σ_{pr}——标准轴载 P_s 在临界荷位处产生的荷载疲劳应力/MPa;
K_r——考虑接缝传荷能力的应力折减系数,纵缝为设拉杆的平缝:$K_r=0.87~0.92$,纵缝为不设拉杆平缝或自由边界:$K_r=1.0$,纵缝为设拉杆的企口缝:$K_r=0.76~0.84$;
K_f——考虑设计基准期内荷载应力累计疲劳作用的疲劳应力系数,按式(16-41)计算确定:

$$K_f=N_e^v \tag{16-41}$$

式中:N_e——设计基准期内标准轴载累计作用次数,按式(16-30)计算确定;
v——与混合料性质有关的指数,普通混凝土、钢筋混凝土、连续配筋混凝土 $v=0.057$;碾压混凝土和贫混凝土 $v=0.065$;钢纤维混凝土 v 值按式(16-42)计算确定:

$$v=0.053~0.017\rho_f\frac{L_f}{d_f} \tag{16-42}$$

式中：ρ_f——钢纤维的体积率/%；

L_f——钢纤维的长度/mm；

d_f——钢纤维的直径/mm；

K_e——考虑偏载和动载等因素对路面疲劳损坏影响的综合系数，按公路等级查表16-23确定；

表 16-23 综合系数 K_e

公路等级	高速公路	一级公路	二级公路	三、四级公路
K_e	1.15	1.10	1.05	1.00

σ_{ps}——标准轴载 P_s 在四边自由板的临界荷位处产生的荷载应力/MPa，按式(16-43)计算确定：

$$\sigma_{ps} = 0.077 r^{0.60} h^{-2} \quad (16\text{-}43\text{a})$$

$$r = 0.537 h \left(\frac{E_c}{E_t}\right)^{1/3} \quad (16\text{-}43\text{b})$$

式中：r——混凝土板的相对刚度半径/m；

h——混凝土板的厚度/m；

E_c——水泥混凝土的弯拉弹性模量/MPa，可查用表16-24的参考值；

表 16-24 水泥混凝土弯拉弹性模量经验参考值

弯拉强度/MPa	1.0	1.5	2.0	2.5	3.0
抗压强度/MPa	5.0	7.7	11.0	14.9	19.3
弯拉弹性模量/GPa	10	15	18	21	23
弯拉强度/MPa	3.5	4.0	4.5	5.0	5.5
抗压强度/MPa	24.2	29.7	35.8	41.8	48.4
弯拉弹性模量/GPa	25	27	29	31	33

E_t——基层顶面当量回弹模量/MPa，分新建公路与归路改建两类，分别按式(16-44)与式(16-45)计算确定。

新建公路的基层顶面当量回弹模量值

$$E_t = a h_x^b E_0 \left(\frac{E_x}{E_0}\right)^{1/3} \quad (16\text{-}44\text{a})$$

$$E_x = \frac{h_1^2 E_1 + h_2^2 E_2}{h_1^2 + h_2^2} \quad (16\text{-}44\text{b})$$

$$h_x = \left(\frac{12 D_x}{E_x}\right)^{1/3} \quad (16\text{-}44\text{c})$$

$$D_x = \frac{E_1 h_1^3 + E_2 h_2^3}{12} + \frac{(h_1 + h_2)^2}{4} \left(\frac{1}{E_1 h_1} + \frac{1}{E_2 h_2}\right)^{-1} \quad (16\text{-}44\text{d})$$

$$a = 6.22 \left[1 - 1.51 \left(\frac{E_x}{E_0}\right)^{-0.45}\right] \quad (16\text{-}44\text{e})$$

$$b = 1 - 1.44 \left(\frac{E_x}{E_0}\right)^{-0.55} \quad (16\text{-}44\text{f})$$

式中：E_0——路床顶面的回弹模量/MPa，查用表 16-25 的参考值；
E_x——基层和底基层或垫层的当量回弹模量/MPa；
E_1、E_2——基层和底基层或垫层的回弹模量/MPa，查用表 16-26 的参考值；
h_x——基层和底基层或垫层的当量厚度/m；
D_x——基层和底基层或垫层的当量弯曲刚度/(MN·m)；
h_1、h_2——基层和底基层或垫层的厚度/m；
a、b——与 E_x/E_0 有关的回归系数。

表 16-25　中湿路基路床顶面回弹模量经验参考值范围　　　　　　　　单位：MPa

土　组	公路自然区别				
	Ⅱ	Ⅲ	Ⅳ	Ⅴ	Ⅵ
土质砂	26~42	40~50	39~50	35~60	50~60
黏质土	25~45	30~40	25~45	30~45	30~45
粉质土	22~46	32~54	30~50	27~43	30~45

表 16-26　垫层和基层材料回弹模量经验参考值范围

材　料　类　型	回弹模量/MPa	材　料　类　型	回弹模量/MPa
中、粗砂	80~100	石灰粉煤灰稳定粒料	1 300~1 700
天然砂砾	150~200	水泥稳定粒料	1 300~1 700
未筛分碎石	180~220	沥青碎石(粗粒式,20 ℃)	600~800
级配碎砾石(垫层)	200~250	沥青混凝土(粗粒式,20 ℃)	800~1 200
级配碎砾石(基层)	250~350	沥青混凝土(中粒式,20 ℃)	1 000~1 400
石灰土	200~700	多孔隙水泥碎石 (水泥剂量 9.5%~11%)	1 300~1 700
石灰粉煤灰土	600~900	多孔隙沥青碎石 (20 ℃,沥青含量 2.5%~3.5%)	600~800

表 16-25 推荐的路床顶面回弹模量参考值适用于中湿状态路基。若路基干湿类型达不到中湿状态，则不能直接作为路床铺筑路面，应按照路面结构组合设计的要求进行处治，使路基干湿类型优于中湿状态。

底基层和垫层同时存在时，可先按式(16-44)将底基层和垫层换算成具有当量回弹模量和当量厚度的单层，然后再与基层一起按式(16-44)计算基层顶面当量回弹模量。若无底基层和垫层，只要对相应的厚度和回弹模量置零代入各式，即可完成计算。

旧路改建，在柔性路面上铺筑水泥混凝土路面板时，原柔性路面顶面的当量回弹模量 E_t 可按式(16-45)计算确定。

$$E_t = 13\ 739 W_0^{-1.04} \tag{16-45}$$

式中：W_0——以后轴重 10 kN 的车辆进行弯沉测定，经统计整理后得到的原路面计算回弹弯沉值/0.01 mm。

2. 温度应力分析

在临界荷位处的温度疲劳应力按式(16-46)计算确定。

$$\sigma_{tr} = K_t \sigma_{tm} \tag{16-46}$$

式中:σ_{tr}——临界荷位处的温度疲劳应力/MPa;

σ_{tm}——最大温度梯度时混凝土板的温度翘曲应力/MPa,按式(16-47)计算确定。

$$\sigma_{tm} = \frac{\alpha_c E_c h T_g}{2} B_x \tag{16-47}$$

式中:α_c——混凝土的温度线膨胀系数/(1/℃),通常可取为 1×10^{-5}/℃;

T_g——最大温度梯度,查表16-27取用;

表16-27 最大温度梯度标准值 T_g

公路自然区划	Ⅱ、Ⅴ	Ⅲ	Ⅳ、Ⅵ	Ⅶ
最大温度梯度/(℃/m)	83~88	90~95	86~92	93~98

注:海拔高时,取高值;湿度大时,取低值。

B_x——综合温度翘曲应力和内应力作用的温度应力系数,可按 l/r 和 h 查图16-13确定;

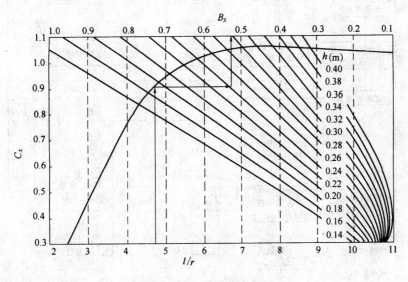

图16-13 温度应力系数 B_x

l——板长,即横缝间距/m;

K_t——考虑温度应力累计疲劳作用的疲劳应力系数,按式(16-48)计算确定。

$$K_t = \frac{f_r}{\sigma_{tm}} \left[a \left(\frac{\sigma_{tm}}{f_r} \right)^c - b \right] \tag{16-48}$$

式中:a、b、c——回归系数,按所在地区的公路自然区划查表16-28确定。

表16-28 回归系数 a、b 和 c

系数	公路自然区别					
	Ⅱ	Ⅲ	Ⅳ	Ⅴ	Ⅵ	Ⅶ
a	0.828	0.855	0.841	0.871	0.837	0.834
b	0.041	0.041	0.058	0.071	0.038	0.052
c	1.323	1.355	1.323	1.287	1.382	1.270

3. 混凝土路面板厚度设计

水泥混凝土路面设计首先进行路面结构组合设计,即根据公路等级、交通等级和目标可靠度等初步选定路面结构组合,即选定面层混凝土板、基层、底基层、垫层、路床的材料类型和厚度。面层混凝土板可参考表 16-16 建议的参考范围,根据公路等级、交通等级和变异水平等级选定适宜的初估厚度。进一步按式(16-40)和式(16-46)计算荷载疲劳应力 σ_{pr} 和温度疲劳应力 σ_{tr}。考察 σ_{pr} 与 σ_{tr} 之和与可靠度系数 γ_r(表 16-21)的乘积是否满足极限状态平衡方程式(16-39),即是否小于或等于混凝土弯拉应力的标准值 f_r。如果满足式(16-39)的要求,则初估厚度即为设计路面板厚度,设计工作告一段落,若不能满足式(16-39)的要求,可以重新确定初估厚度,或调整结构类型和结构组合,再一次进行荷载疲劳应力和温度疲劳应力验算,直至完全满足极限平衡方程式(16-39)为止。路面结构厚度设计告一段落,设计厚度依计算结果按 10 mm 向上取整。图 16-14 为混凝土路面板厚度设计流程图。

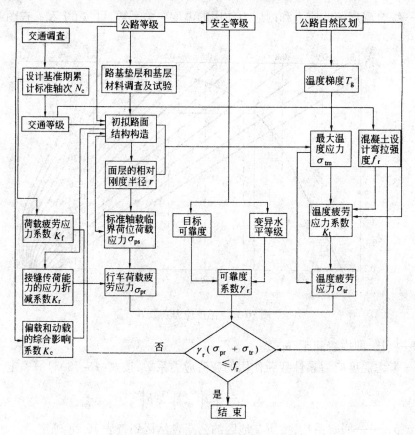

图 16-14 混凝土路面板厚度设计流程图

16.6.3 接缝设计

1. 纵向接缝

纵向接缝的布设应根据路面宽度和施工铺筑宽度而定。一次铺筑宽度小于路面宽度时,应设置纵向施工缝,纵向施工缝采用平缝形式;一次铺筑宽度大于 4.5 m 时,应设置纵向缩缝,纵向缩缝采用假缝形式。各种纵向接缝的细部构造如图 15-6 所示。

纵向接缝的拉杆应采用螺纹钢筋,设在板厚的中央,并应对拉杆中部 100 mm 范围内作防锈处理。拉杆的直径、长度和间距,可参照表 16-29 选用。最外侧拉杆距横向接缝距离不大于 100 mm。

表 16-29 纵缝拉杆直径、长度和间距 单位:mm

面层厚度/mm	到自由边或未设拉杆纵缝的距离/m					
	3.00	3.50	3.75	4.50	6.00	7.50
200~250	14×700×900	14×700×800	14×700×700	14×700×600	14×700×500	14×700×400
260~300	16×800×900	16×800×800	16×800×700	16×800×600	16×800×500	16×800×400

注:拉杆直径、长度和间距的数字为直径×长度×间距。

连续配筋混凝土路面的纵缝拉杆可由板内横向钢筋延伸穿过接缝代替拉杆。

2. 横向接缝

每日施工结束或临时中断施工时,必须设置横向施工缝,其位置应尽可能设在横向缩缝或胀缝处。施工缝应采用加传力杆的平缝形式。

横向缩缝可等间距设置,采用假缝形式。特重和重交通公路、收费广场及邻近胀缝或自由端部的三条最靠近的缩缝,均应采用设传力杆假缝形式。其他情况可采用不设传力杆的假缝形式。

横向胀缝只在邻近桥梁或其他固定构造物处或与其他道路相交处设置。胀缝设置条数视膨胀量大小而定。低温浇筑混凝土面层或选用膨胀性高的集料时,根据具体情况决定胀缝的设置。

传力杆采用光面钢筋。其尺寸和间距按表 16-30 选用。最外侧传力杆距纵向接缝或自由边的距离为 150~250 mm。

表 16-30 横缝传力杆尺寸和间距 单位:mm

面层厚度	传力杆直径	传力杆最小长度	传力杆最大间距
220	28	400	300
240	30	400	300
260	32	450	300
280	35	450	300
300	38	500	300

16.6.4 混凝土面板配筋设计

1. 钢筋混凝土面层板配筋设计

钢筋混凝土面层板的钢筋配筋量按式(16-49)计算确定。

$$A_s = \frac{16 L_s h \mu}{f_{sy}} \tag{16-49}$$

式中:A_s——每延米混凝土面层板宽(或长)所需的钢筋面积/mm²;
L_s——计算纵向配筋量时,为横缝间距;计算横向配筋量时,为无拉杆的纵缝或自由边之间的距离/m;

h——面层板厚度/mm;

μ——面层板与基层之间的摩擦系数,基层为水泥、石灰或沥青稳定粒料时,取$\mu=1.8$,基层为无结合料粒料时,取$\mu=1.5$;

f_{sy}——钢筋的屈服强度/MPa。

纵向和横向钢筋宜采用相同或相近的直径,钢筋的最小值和最大间距应符合表16-31的规定。钢筋的最小间距为集料最大粒径的2倍。

表16-31 混凝土面板钢筋最小直径和最大间距 单位:mm

钢筋类型	最小直径	纵向最大间距	横向最大间距
光面钢筋	8	150	300
螺纹钢筋	12	350	750

钢筋布置应符合以下要求:

(1) 纵向钢筋设在面层顶面1/3~1/2厚度范围内;

(2) 纵向钢筋的搭接长度一般不小于35倍钢筋直径,搭接位置应错开,搭接端的连线与纵向钢筋夹角应小于60°;

(3) 边缘钢筋至纵缝或自由边的距离一般为100~150 mm。

2. 连续配筋混凝土路面板配筋设计

连续配筋混凝土路面板的纵向配筋率按允许的裂缝间距(1.0~2.5 m)、缝隙宽度(<1 mm)和钢筋屈服强度确定,通常取配筋率为0.6%~0.8%,最小配筋率在冰冻地区为0.7%,一般地区为0.6%,具体计算方法如下。

1) 横向裂缝平均间距计算

连续配筋混凝土路面横向裂缝的平均间距按式(16-50)计算确定。

$$L_d = \frac{2b}{\sqrt{\frac{4K_s}{d_s E_s}(1+\varphi)}} \quad (16\text{-}50a)$$

$$\varphi = \rho \frac{E_s}{E_c} \quad (16\text{-}50b)$$

$$\lambda_c = \frac{f_t}{E_c(\alpha_c \Delta T + \varepsilon_{sh})} \quad (16\text{-}50c)$$

式中:L_d——横向裂缝平均间距/m;

φ——钢筋刚度贡献率/%;

ρ——配筋率/%;

E_s——钢筋弹性模量/MPa,可用表16-32的参考值;

表16-32 钢筋强度和弹性模量经验参考值

钢筋种类	钢筋直径d_s/mm	屈服强度f_{sy}/MPa	弹性模量E_s/MPa
R235(Q235)	8~20	235	2.1×10^5
HRB335	6~50	335	2.0×10^5
HRB400	6~50	400	2.0×10^5
KL400	8~40	400	2.0×10^5

E_c——混凝土弹性模量/MPa;

d_s——钢筋直径/mm;

b——随系数 φ 和 λ_c 而变的系数,如图 16-15 所示;

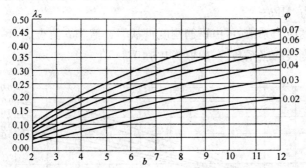

图 16-15 不同 φ 值时系数 b 与系数 λ_c 的关系曲线

λ_c——混凝土温缩应力系数;

f_t——混凝土抗拉强度标准值/MPa,见表 16-33 所列;

α_c——混凝土温度线膨胀系数,取为 $1\times10^{-5}/℃$;

ΔT——设计温差,为混凝土的平均养护温度与设计温度之差,可近似地取所在地区的日平均最高气温与最低气温之差;

ε_{sh}——连续配筋混凝土干缩应变,见表 16-33。

表 16-33 连续配筋混凝土纵向配筋计算参数经验参考值

混凝土强度等级	C30	C35	C40
混凝土抗拉强度标准值 f_t/MPa	3.0	3.2	3.5
黏结强度系数 R_s/(MPa/mm)	30	32	34
连续配筋混凝土干缩应变 ε_{sh}	0.000 45	0.000 3	0.000 2

2) 裂缝间隙宽度计算

连续配筋混凝土路面的裂缝间隙计算宽度按式(16-51)计算确定:

$$b_j = (\alpha_c \Delta T + \varepsilon_{sh})\lambda_b L_d \tag{16-51}$$

式中:b_j——裂缝间隙宽度/mm;

λ_b——裂缝宽度系数,可由钢筋刚度贡献率 φ 值和 b 值查图 16-16 得到。

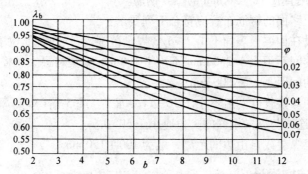

图 16-16 不同 φ 值时系数 b 与裂缝宽度系数 λ_b 的关系曲线

3) 钢筋应力计算

连续配筋混凝土路面板产生裂缝后,钢筋承受的应力由式(16-52)计算确定。

$$\sigma_s = E_s(\alpha_c \Delta T \lambda_{st} + \alpha_s \Delta T) \tag{16-52}$$

式中:σ_s——钢筋应力/MPa;

λ_{st}——钢筋温度应力系数,可由钢筋刚度贡献率 φ 值和 b 值查图 16-17 得到;

α_s——钢筋温度线膨胀系数,一般取为 $9 \times 10^{-6}/℃$。

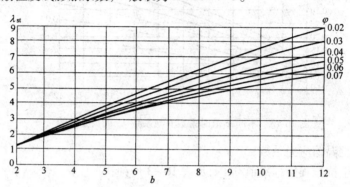

图 16-17 不同 φ 值时系数 b 与钢筋温度应力系数 λ_{st} 的关系曲线

4) 纵向配筋率确定

纵向配筋率必须能同时满足裂缝间距、缝隙宽度和钢筋屈服强度这三项要求,可按以下步骤确定:

(1) 初拟配筋率 ρ,按式(16-50)计算钢筋刚度贡献率 φ 和温度应力系数 λ_c,查图 16-15 得出 b,代回式(16-50a)计算裂缝间距 L_d。看 L_d 是否满足 $1.0 \text{ m} < L_d < 2.5 \text{ m}$。若不符合,调整 φ 值再算 L_d,至符合要求。

(2) 由 φ 值和 b 值,通过图 16-16 得到裂缝宽度系数 λ_b,按式(16-51)计算裂缝缝隙宽度 b_j,当 $b_j \leqslant 1$ mm,满足要求,否则增加 φ 值,重复上述计算,至符合要求。

(3) 由 φ 值和 b 值查图 16-17 得到钢筋温度应力系数 λ_{st},按式(16-52)计算纵向钢筋拉应力 σ_s,$\sigma_s \leqslant f_{sr}$,即小于钢筋屈服极限,则符合要求,若不满足,则增大 φ 值重复上述计算至符合要求。

三项要求均满足,ρ 就是设计的配筋率。在满足纵向钢筋间距要求的条件下,应选择直径较小的钢筋,一般选用直径 12~20 mm 的螺纹钢筋。

连续配筋混凝土路面的钢筋布置应符合下列要求:

(1) 纵向钢筋设在面层板表面下 1/2~1/3 厚度范围内,横向钢筋位于纵向钢筋之下;

(2) 纵向钢筋的间距不大于 250 mm,不小于 100 mm 或集料最大粒径的 2.5 倍;

(3) 横向钢筋的间距不大于 800 mm;

(4) 纵向钢筋的焊接长度一般不小于 10 倍(单面焊)或 5 倍(双面焊)钢筋直径、焊接位置应错开,各焊接端连线与纵向钢筋的夹角应小于 60°;

(5) 边缘钢筋至纵缝或自由边的距离一般为 100~150 mm。

16.6.5 加铺层结构设计

混凝土路面使用至基准期期末,各项使用性能指标下降,不再满足行车的要求,或者由于交通、环境条件变化,对路面提出新的要求时,路面结构需要进行改建、加固。其工作进程大致分为旧路调查评定、改建方案确定、加铺层设计计算三部分进行。

1. 旧混凝土路面调查与评定

1) 一般情况调查

从总体出发,调查建养历史、道路运行现状,交通荷载的变化等,全面收集公路设计、养护、维修的历史资料,详细调查实际运行的交通流量,交通组成以及特种车辆通行的记录资料,充分预计今后新的使用基准期内交通荷载组成与增长的变化规律;详细调查沿线自然环境条件、特别是地面、地下排水状况是否满足路基路面结构稳定的基本要求等。

2) 路面结构损坏状况调查与评定

旧混凝土路面的损坏状况采用断板率和平均错台量两项指标来评定。断板率的调查和计算按《公路水泥混凝土路面养护技术规范》(JTJ 073.1—2001)的规定进行;以调查路段内各条接缝高程差的平均值表示其平均错台量。根据这两项指标,将混凝土路面的损坏状况分为4个等级,分组标准如表16-34所列。

表16-34 混凝土路面损坏状况分级标准

等 级	优 良	中	次	差
断板率/%	≤5	6~10	11~20	>20
平均错台量/mm	≤5	6~10	11~15	>15

3) 接缝传荷能力和板底脱空状况调查评定

旧混凝土路面板的接缝传荷能力和板底脱空状况采用落锤式弯沉仪或梁式弯沉仪进行调查和评定。接缝的传荷能力以接缝传荷系数来衡量。将标准轴载一侧轮重(50 kN)施加于接缝一侧的面板边缘,测得接缝两侧边缘弯沉之比值称为接缝传荷系数,按式(16-53)计算。

$$K_j = \frac{w_u}{w_1} \times 100(\%) \tag{16-53}$$

式中:K_j——接缝传荷系数/%;

w_u——未受荷板接缝边缘处的弯沉值/(0.01 mm);

w_1——受荷板接缝边缘处的弯沉值/(0.01 mm)。

旧混凝土路面的传荷能力按传荷系数的大小分为4个等级,如表16-35所列。

表16-35 混凝土路面接缝传荷能力分级标准

等 级	优 良	中	次	差
接缝传荷系数/%	>80	56~80	31~55	<31

评定板底脱空可用弯沉仪在板角隅处进行多级荷载加载测定相应的弯沉值进行评判,同时综合考虑唧泥、错台等病害的严重程度和传荷能力的分级进行综合评判。板底脱空状况除了可用来评定路面的状况之外,其脱空部位也是加固施工时,灌浆填空作业的位置。

4) 旧混凝土路面结构参数调查

(1) 混凝土面板结构厚度调查。通常采用钻孔芯样测量高度,并按式(16-54)计算混凝土面层板厚度的标准值。

$$h_e = \bar{h}_e - 1.04S_h \tag{16-54}$$

式中:h_e、$\bar{h}_e$——旧混凝土路面板量测厚度的标准值和平均值/mm;

S_h——旧混凝土路面板量测厚度的标准差/mm。

(2) 旧混凝土路面板弯拉强度的标准值。通常采用钻孔芯样劈裂试验测得间接弯拉强度,并按式(16-55)计算确定旧混凝土路面板的弯拉强度标准值。

$$f_{sp} = \bar{f}_{sp} - 1.04S_{sp} \tag{16-55a}$$

$$f_r = 0.621f_{sp} + 2.64 \tag{16-55b}$$

式中:f_{sp}、$\bar{f}_{sp}$——旧混凝土实测劈裂强度的标准值、平均值/MPa;

S_{sp}——旧混凝土实测劈裂强度的标准差/MPa;

f_r——旧混凝土弯拉强度标准值/MPa。

(3) 旧混凝土路面的弯拉弹性模量标准值。旧混凝土路面的弯拉弹性模量通常可以根据混凝土的弯拉强度标准值,由经验公式(16-56)计算确定。

$$E_c = \frac{10^4}{0.0915 + \dfrac{0.9634}{f_r}} \tag{16-56}$$

式中:E_c——旧混凝土路面板的弯拉弹性模量标准值/MPa;

f_r——旧混凝土的弯拉强度标准值/MPa。

(4) 旧混凝土路面基层顶面的当量回弹模量标准值。旧混凝土路面基层顶面的当量回弹模量标准值的测定通常将个别破损严重的板块清除之后,在原基层顶面用弯沉仪直接测定在标准轴一侧轮载(50 kN)作用下的弯沉值,再通过式(16-43)计算确定。

若旧混凝土路面路况良好,无破损板拆除,也可以在路面板顶面实测标准轴一侧轮载作用下板中的弯沉值。运用弹性地基板中心在圆形均布载荷下的弯沉计算公式反演计算基层顶面当量回弹模量标准值。

2. 加铺方案及路面结构组合设计

1) 加铺方案的确定

旧混凝土路面上加铺新结构层,可以采纳以下几种方案中最有利的方案:

(1) 结合式混凝土加铺层;

(2) 分离式混凝土加铺层;

(3) 薄层沥青混凝土加铺层;

(4) 将旧混凝土路面板破碎成小块,加铺沥青混凝土结构层或新的混凝土板。

加铺层方案选择主要根据旧路面板损坏分级、接缝传荷能力以及板底脱空的调查结论来确定,同时也应考虑原路面结构的特点和交通预测状况作调整,表16-36所列可作参考。

表16-36 旧混凝土路面加铺方案参考

加铺方案	路面损坏分级	路面传荷分级
结合式混凝土板	优	优
分离式混凝土板	优(或中)	次(或中)

续表

加铺方案	路面损坏分级	路面传荷分级
薄层沥青混凝土	优	中
破碎面板重组结构	中	次

注：表中分离式的两项指标分级宜同时用括号内，或同时用括号外进行评判。

2）结合式混凝土加铺层结构设计

结合式混凝土加铺方案的主要特点是旧路面结构承载能力潜力充分，因此加铺层厚度较薄。从受力状态分析，下层旧混凝土仍承受着路面结构的极限弯拉应力，所以旧混凝土层混凝土的弯拉强度应有较高储备。结合式加铺层最关键的技术即新旧路面板层间结合的可靠程度。因此，需要采取措施、彻底清理旧混凝土面层表面的污垢、杂质，并使表面粗糙。为了加强两层间的黏结，在层间可涂刷薄层黏结剂，如环氧树脂等。

由于结合式混凝土加铺层厚度较薄，一般不在层内设拉杆和传力杆，接缝的布置和形式应与旧混凝土下层板相一致。

3）分离式混凝土加铺层结构设计

分离式加铺混凝土层方案的特点是将新旧混凝土层的层间接触隔离，以防止旧路面板结构的弊病影响到新铺结构层，从受力状态分析，新旧层各具有中面层和受压、受拉区域。加铺层独自承载较大的弯矩，以减轻旧路面板的承载能力。在结构设计方面，为了保证隔离完全，在上下两层之间应设置有足够厚度的隔离层。通常可以采用沥青砂隔离层，有时为了调整纵坡或调查路拱横坡，也可设置略为厚一点的隔离层，此时也可以采用粒径小的无机结合料作为隔离层，松散的集料不可作为隔离层材料。

分离式加铺层方案中，上下层路面板的接缝布置和形式不一定完全对应，是否需要设置拉杆或传力杆，应根据原有路面接缝传荷能力的评定结果以及加铺层的厚度，经计算论证后确定。

4）沥青加铺层结构设计

薄层沥青加铺层能明显改善路面的表面使用功能，对路面整体的承载能力不会有明显改变，因此旧路面的状况评定结果必须属于比较好的情况下才能采纳。假如旧路面接缝传荷能力已处于中等，则在沥青加铺层以下应加设夹层（如橡胶沥青应力吸收层），以延缓接缝反射至沥青面层的时间。在加铺沥青层之后，旧混凝土路面板仍然要承接主要的负荷，下层板的弯拉应力仍然起控制作用，因此它必须具有足够的弯拉强度储备。而沥青加铺层因为不承受极限弯拉应力，因此一般情况取较薄的厚度。假如无特殊要求，可不作结构计算分析，取厚度约为 40.0~80.0 mm，便能满足要求。

5）破碎旧路面板，加铺新的面层结构

当旧路面混凝土板结构的损坏程度及接缝传荷能力已下降至不可接受的程度，采取加铺层已不能满足使用要求时，可采取此方案。即采用强力冲击设备，人为地将混凝土板击碎成约 200 mm 大小的立方块体，用重型压路机将碎块压入原路面基层中，使表面形成平坦的层面，然后加铺新的混凝土面板或沥青混凝土面层结构。结构设计方法可参照新建沥青路面或新建水泥混凝土路面结构设计方法进行。

3. 加铺层厚度设计及结构可靠度验算

旧混凝土路面加铺混凝土新结构层采用的设计方法与新建混凝土路面的设计方法一样，

即采用单辆双轮组 100 kN 标准轴载作用下弹性半空间地基有限大矩形薄板理论的有限元解，以路面板纵缝边缘荷载与温度综合疲劳弯拉应力为设计指标进行路面板厚度设计。两种设计方法的主要差别在于荷载疲劳应力 σ_{pr} 和温度梯度疲劳应力 σ_{tr} 计算的力学模型和参数有所不同。加铺层设计采用双层板体（结合式，分离式），新路面设计采用单层均质板体；加铺层设计采用的设计参数有一部分由旧路调查结果中获得。

设计完成后，路面板的综合疲劳应力应满足以目标可靠度为依据的极限平衡方程式(16-39)，即

$$\gamma_r(\sigma_{pr}+\sigma_{tr}) \leqslant f_r$$

1) 加铺混凝土双层结构板荷载应力分析

双层板的临界荷位仍为板的纵向边缘中部，标准轴载 P_s 在临界荷位处产生的上层和下层混凝土板的荷载疲劳应力 σ_{pr1} 和 σ_{pr2} 分别由式(16-57)计算确定

$$\sigma_{pr1} = K_r \cdot K_f \cdot K_c \sigma_{ps1} \tag{16-57a}$$

$$\sigma_{pr2} = K_r \cdot K_f \cdot K_c \sigma_{ps2} \tag{16-57b}$$

式中：K_r、K_f、K_c——应力折减系数，荷载疲劳应力系数和综合系数，确定方法与单层混凝土板相同；

σ_{ps1}、σ_{ps2}——结合式或分离式双层板上层板和下层板的弯拉应力/MPa，可由式(16-58)计算确定。

$$\sigma_{ps1} = 0.077 r_g^{0.60} \frac{E_{c1}(0.5h_{01}+h_{x1}K_u)}{6D_g} \tag{16-58a}$$

$$\sigma_{ps2} = 0.077 r_g^{0.60} \frac{E_{c2}(0.5h_{02}+h_{x2}K_u)}{6D_g} \tag{16-58b}$$

式中：E_{c1}、E_{c2}——双层板混凝土上层和下层板的弯拉弹性模量/MPa；

h_{01}、h_{02}——双层混凝土板上层和下层板的厚度/m；

h_{x1}、h_{x2}——上、下层板中性面至结合式双层板中性面的距离/m，或由式(16-59)计算；

$$h_{x1} = \frac{E_{c2}h_{02}(h_{01}+h_{02})}{2(E_{c1}h_{01}+E_{c2}h_{02})} \tag{16-59a}$$

$$h_{x2} = \frac{E_{c1}h_{01}(h_{01}+h_{02})}{2(E_{c1}h_{01}+E_{c2}h_{02})} \tag{16-59b}$$

K_u——层间结合系数，分离式 $K_u=0$，结合式 $K_u=1$；

D_g——双层混凝土板的截面总刚度/(MN·m)，按式(16-60)计算确定；

$$D_g = \frac{E_{c1}h_{01}^3}{12} + \frac{E_{c2}h_{02}^3}{12} + \frac{E_{c1}h_{01}E_{c2}h_{02}(h_{01}+h_{02})^2}{4(E_{c1}h_{01}+E_{c2}h_{02})}K_u \tag{16-60}$$

r_g——双层混凝土板的相对刚度半径/m，按式(16-61)计算确定。

$$r_g = 1.23\left(\frac{D_g}{E_t}\right)^{1/3} \tag{16-61}$$

2) 加铺混凝土双层结构板温度梯度应力分析

加铺混凝土双层结构板的温度疲劳应力原则上仍按式(16-46)计算确定，即

$$\sigma_{tr} = K_c \sigma_{tm}$$

对于双层板，应分别计算上、下两层板各自的温度疲劳应力。从实际应力分析结果看，分

离式双层板仅需计算上层板的温度疲劳应力 σ_{r1}，结合式双层板仅需计算下层板的温度疲劳应力 σ_{r2}。其中温度疲劳应力系数 K_c 的确定方法与单层板相同。

$$\sigma_{tm1} = \frac{\alpha_c E_{c1} h_{01} T_g}{2} B_{x1} \tag{16-62a}$$

$$B_{x1} = \xi_1 B_x \tag{16-62b}$$

$$\xi_1 = C_x^{0.32 - 0.8\ln\left(\frac{h_{01}E_{c1}}{h_{02}E_{c2}} + 2.5\frac{h_{01}}{h_{02}}\right)} \tag{16-62c}$$

式中：σ_{tm1}——分离式双层混凝土板上层的最大温度翘曲应力/MPa；

B_{x1}——分离式双层混凝土板的温度应力系数，近似地按式(16-62)和式(16-62c)计算确定；

B_x——上层混凝土板的温度应力系数，按 l/r_g 和 h_{01}，查图 16-13 确定；

C_x——混凝土板的温度翘曲应力系数，按 l/r_g 查图 16-13 确定。

其他符合意义同前。

$$\sigma_{tm2} = \frac{\alpha_c E_{c2}(h_{01} + h_{02})}{2} B_{x2} \tag{16-63a}$$

$$B_{x2} = \xi_2 B_x \tag{16-63b}$$

$$\xi_2 = C_x^{1.77 - 0.27\ln\left(\frac{h_{01}E_{c1}}{h_{02}E_{c2}} + 18\frac{E_{c1}}{E_{c2}} - 2\frac{h_{01}}{h_{02}}\right)} \tag{16-63c}$$

式中：σ_{tm2}——结合式双层混凝土板下层的最大温度翘曲应力/MPa；

B_{x2}——结合式双层混凝土板的温度应力系数，可按式(16-63b)，式(16-63c)计算确定；

B_x——混凝土板的温度应力系数，按 l/r_g 和 $(h_{01} + h_{02})$ 查图 16-13 确定，其他符号意义同前。

加铺层设计的总程序仍可参考图 16-14 所示的混凝土板厚度设计流程图进行，在荷载疲劳应力与温度梯度疲劳应力计算确定后，检验是否符合式(16-39)，若能够满足，则加铺层厚度设计告一段落，若不能够满足式(16-39)的要求，可重新选择加铺层厚度，或调整加铺层方案，调整加铺层材料，重新进行设计计算，直至完全满足式(16-39)的要求为止。

16.6.6　混凝土路面板厚度计算示例

1. 普通混凝土路面厚度计算示例

某公路自然区划Ⅱ区拟新建一条二级公路，路基为黏质土，采用普通混凝土路面，路面宽 9 m。交通调查得知，设计车道使用初期标准轴载日作用次数为 2 100。试设计该路面厚度。

解：(1) 交通分析

由表 16-19，二级公路的设计基准期为 20 年，安全等级为三级。由表 16-6，临界荷位处的车辆轮迹横向分布系数取 0.39。取交通量年平均增长率为 5%。按式(16-30)计算得到设计基准期内设计车道标准荷载累计作用次数为

$$\begin{aligned} N_e &= \frac{N_s[(1+g_r)^2 - 1] \times 365}{g_r} \eta \\ &= \frac{2\,100 \times [(1+0.05)^{20} - 1] \times 365}{0.05} \times 0.39 \\ &= 9.885 \times 10^6 \text{ 次} \end{aligned}$$

查表 16-7 可知，属于重交通等级。

(2) 初拟路面结构

由表16-19可知,安全等级为三级的道路对应的变异水平等级为中级。根据二级公路、重交通等级和中级变异水平等级,查表16-16,初拟普通混凝土面层厚度为0.22 m。基层选用水泥稳定粒料(水泥用量5%),厚0.18 m。垫层为0.15 m低剂量无机结合料稳定土。普通混凝土板的平面尺寸为宽4.5 m、长5.0 m。纵缝为设拉杆平缝,横缝为设传力杆的假缝。

(3) 路面材料参数确定

按表16-22和表16-24,取普通混凝土面层的弯拉强度标准值为5.0 MPa,相应弯拉弹性模量标准值为31 GPa。

查表16-13,路基回弹模量取30 MPa。查表16-26,低剂量无机结合料稳定土垫层回弹模量取600 MPa,水泥稳定粒料基层回弹模量取1 300 MPa。

按式(16-44)计算基层顶面当量回弹模量

$$E_x = \frac{h_1^2 E_1 + h_2^2 E_2}{h_1^2 + h_2^2} = \frac{1\,300 \times 0.18^2 + 600 \times 0.15^2}{0.18^2 + 0.15^2} = 1\,013 \text{ MPa}$$

$$D_x = \frac{E_1 h_1^3}{12} + \frac{E_2 h_2^3}{12} + \frac{(h_1 + h_2)^2}{4}\left(\frac{1}{E_1 h_1} + \frac{1}{E_2 h_2}\right)^{-1}$$

$$= \frac{1\,300 \times 0.18^3}{12} + \frac{600 \times 0.15^3}{12} + \frac{(0.18 + 0.15)^2}{4}\left(\frac{1}{1\,300 \times 0.18} + \frac{1}{600 \times 0.15}\right)^{-1}$$

$$= 2.57 \text{ MN} \cdot \text{m}$$

$$h_x = \sqrt[3]{12 D_x / E_x} = \sqrt[3]{12 \times 2.57 / 1\,013} = 0.312 \text{ m}$$

$$a = 6.22\left[1 - 1.51\left(\frac{E_x}{E_0}\right)^{-0.45}\right] = 6.22 \times \left[1 - 1.51 \times \left(\frac{1\,013}{30}\right)^{-0.45}\right] = 4.293$$

$$b = 1 - 1.44\left(\frac{E_x}{E_0}\right)^{-0.55} = 1 - 1.44 \times \left(\frac{1\,013}{30}\right)^{-0.55} = 0.792$$

$$E_t = a h_x^b E_0 \left(\frac{E_x}{E_0}\right)^{1/3} = 4.293 \times 0.312^{0.792} \times 30 \times \left(\frac{1\,013}{30}\right)^{1/3} = 165 \text{ MPa}$$

普通混凝土面层的相对刚度半径按式(16-43b)计算为

$$r = 0.537 h \sqrt[3]{E_c / E_t} = 0.537 \times 0.22 \times \sqrt[3]{31\,000 / 165} = 0.677 \text{ m}$$

(4) 荷载疲劳应力

按式(16-43a),标准轴载在临界荷位处产生的荷载应力计算为

$$\sigma_{ps} = 0.077 r^{0.6} h^{-2} = 0.077 \times 0.677^{0.6} \times 0.22^{-2} = 1.259 \text{ MPa}$$

因纵缝为设拉杆平缝,接缝传荷能力的应力折减系数 $K_r = 0.87$。考虑设计基准期内荷载应力累计疲劳作用的疲劳应力系数 $K_f = N_e^v = (9.885 \times 10^6)^{0.057} = 2.504$。根据公路等级,由表16-23,考虑偏载和动载等因素对路面疲劳损坏影响的综合系数 $K_c = 1.20$。

按式(16-40),荷载疲劳应力计算为

$$\sigma_{pr} = K_r K_f K_c \sigma_{ps} = 0.87 \times 2.504 \times 1.20 \times 1.259 = 3.29 \text{ MPa}$$

(5) 温度疲劳应力

由表16-27,Ⅱ区最大温度梯度取88(℃/m)。板长5 m,$l/r = 5/0.677 = 7.39$,由图16-13可查普通混凝土板厚 $h = 0.22$ m,$B_x = 0.71$。按式(16-47),最大温度梯度时混凝土板的温度翘曲应力计算为

$$\sigma_{\rm tm} = \frac{\alpha_{\rm c} E_{\rm c} h T_{\rm s}}{2} B_x = \frac{1 \times 10^{-5} \times 31\,000 \times 0.22 \times 88}{2} \times 0.71 = 2.13 \text{ MPa}$$

温度疲劳应力系数 $K_{\rm t}$，按式(16-48)计算，查表16-28可得，自然区划为Ⅱ区，式中 $a = 0.828, b = 0.041, c = 1.323, K_{\rm t}$ 为

$$K_{\rm t} = \frac{f_{\rm r}}{\sigma_{\rm tm}} \left[a \left(\frac{\sigma_{\rm tm}}{f_{\rm r}} \right)^c - b \right] = \frac{5.0}{2.13} \left[0.828 \times \left(\frac{2.13}{5.0} \right)^{1.323} - 0.041 \right] = 0.532$$

再由式(16-46)计算温度疲劳应力为

$$\sigma_{\rm tr} = K_{\rm t} \sigma_{\rm tm} = 0.532 \times 2.13 = 1.13 \text{ MPa}$$

查表16-19，二级公路的安全等级为三级，相应于三级安全等级的变异水平等级为中级，目标可靠度为85%。再据查得的目标可靠度和变异水平等级，查表16-21，确定可靠度系数 $\gamma_{\rm r} = 1.13$。

按式(16-39)有

$$\gamma_{\rm r} (\sigma_{\rm pr} + \sigma_{\rm tr}) = 1.13 \times (3.29 + 1.13) = 4.99 \text{ MPa} \leqslant f_{\rm r} = 5.0 \text{ MPa}$$

因而，所选普通混凝土面层厚度(0.22 m)可以承受设计基准期内荷载应力和温度应力的综合疲劳作用。

2. 双层混凝土路面板计算示例

某公路自然区划Ⅲ区拟新建一条高速公路，路基土为黄土，采用普通混凝土面层与碾压混凝土基层组成的复合式路面，单幅路面宽11.75 m。经交通调查分析得知，设计车道使用初期标准轴载日作用次数为3 800。试设计该路面厚度。

解：(1) 交通分析

由表16-19可知，高速公路的设计基准期为30年，安全等级为一级。查表16-6，临界荷位处的车辆轮迹横向分布系数取0.22。取交通量年平均增长率为5%。按式(16-30)计算得到设计基准期内设计车道标准荷载累计作用次数为

$$N_{\rm e} = \frac{N_{\rm s} \left[(1 + g_{\rm r})^t - 1 \right] \times 365}{g_{\rm r}} \eta$$

$$= \frac{3\,800 \times \left[(1 + 0.05)^{30} - 1 \right] \times 365}{0.05} \times 0.22$$

$$= 2.03 \times 10^7 \text{ 次}$$

查表16-7可知，属特重交通等级。

(2) 初拟路面结构

由表16-19可知，相应于安全等级一级的变异水平等级为低级。根据高速公路特重交通等级和低变异水平等级，查表16-16，初拟普通混凝土面层厚度为0.24 m，碾压混凝土基层0.16 m，底基层选用水泥稳定粒料(水泥用量5%)，厚0.18 m，垫层为0.15 m低剂量无机结合料稳定土。水泥混凝土上面层板的平面尺寸长为4.0 m，宽从中央分隔带至路肩依次为4 m、4 m、3.75 m；纵缝为设拉杆平缝，横缝为设传力杆的假缝。碾压混凝土不设纵缝，横缝设假缝，间距(板长)4 m。

(3) 路面材料参数确定

查表16-22和表16-24，取普通混凝土面层的弯拉强度标准值为5.0 MPa，相应弯拉弹性模量标准值为31 GPa；碾压混凝土弯拉强度标准值为4.0 MPa，相应弯拉弹性模量标准值为27 GPa。

查表16-13,路基土回弹模量取30 MPa。查表16-26,低剂量无机结合料稳定土垫层回弹模量取600 MPa,水泥稳定粒料基层回弹模量取1 300 MPa。

按式(16-44)计算基层顶面当量回弹模量如下

$$E_x = \frac{h_1^2 E_1 + h_2^2 E_2}{h_1^2 + h_2^2} = \frac{1\,300 \times 0.18^2 + 600 \times 0.15^2}{0.18^2 + 0.15^2} = 1\,013 \text{ MPa}$$

$$D_x = \frac{E_1 h_1^3}{12} + \frac{E_2 h_2^3}{12} + \frac{(h_1 + h_2)^2}{4}\left(\frac{1}{E_1 h_1} + \frac{1}{E_2 h_2}\right)$$

$$= \frac{1\,300 \times 0.18^3}{12} + \frac{600 \times 0.15^3}{12} + \frac{(0.18 + 0.15)^2}{4}\left(\frac{1}{1\,300 \times 0.18} + \frac{1}{600 \times 0.15}\right)^{-1}$$

$$= 2.57 \text{ MN} \cdot \text{m}$$

$$h_x = \sqrt[3]{12 D_x / E_x} = \sqrt[3]{12 \times 2.57/1\,013} = 0.312 \text{ m}$$

$$a = 6.22\left[1 - 1.51\left(\frac{E_x}{E_0}\right)^{-0.45}\right] = 6.22 \times \left[1 - 1.51 \times \left(\frac{1\,013}{30}\right)^{-0.45}\right] = 4.293$$

$$b = 1 - 1.44\left(\frac{E_x}{E_0}\right)^{-0.55} = 1 - 1.44 \times \left(\frac{1\,013}{30}\right)^{-0.55} = 0.792$$

$$E_t = a h_x^b E_0 \left(\frac{E_x}{E_0}\right)^{1/3} = 4.293 \times 0.321^{0.792} \times 30 \times \left(\frac{1\,013}{30}\right)^{1/3} = 165 \text{ MPa}$$

(4) 荷载疲劳应力

普通混凝土面层与碾压混凝土基层组成分离式复合式面层。此时$K_u = 0, h_x = 0$。复合式混凝土面层的截面总刚度,按式(16-60)计算为

$$D_g = \frac{E_{c1} h_{01}^3}{12} + \frac{E_{c2} h_{02}^3}{12} + \frac{E_{c1} h_{01} E_{c2} h_{02}(h_{01} + h_{02})^2}{4(E_{c1} h_{01} + E_{c2} h_{02})} K_u$$

$$= \frac{31\,000 \times 0.24^3}{12} + \frac{27\,000 \times 0.16^3}{12} + $$

$$\frac{31\,000 \times 0.24 \times 27\,000 \times 0.16 \times (0.24 + 0.16)^2}{4 \times (31\,000 \times 0.24 + 27\,000 \times 0.16)} \times 0$$

$$= 44.928 \text{ MN} \cdot \text{m}$$

复合式混凝土面层的相对刚度半径,按式(16-61)计算为

$$r_g = 1.23\sqrt[3]{D_g / E_t} = 1.23 \times \sqrt[3]{44.928/165} = 0.797 \text{ m}$$

按式(16-58a),标准轴载在普通混凝土面层临界荷位处产生的荷载应力计算为

$$\sigma_{ps1} = 0.77 r_g^{0.6} \frac{E_{c1} h_{01}}{12 D_g}$$

$$= 0.077 \times 0.979^{0.6} \times \frac{31\,000 \times 0.24}{12 \times 44.928}$$

$$= 0.927 \text{ MPa}$$

$$\sigma_{ps2} = 0.077 r_g^{0.6} \frac{E_{c2}(0.5 h_{02} + h_s K_u)}{6 D_g}$$

$$= 0.077 \times 0.797^{0.6} \times \frac{27\,000 \times (0.5 \times 0.16 + 0 \times 0)}{6 \times 44.928}$$

$$= 0.538 \text{ MPa}$$

普通混凝土面层，因纵缝为设拉杆平缝，接缝传荷能力的应力折减系数 $K_r = 0.87$；碾压混凝土基层不设纵缝，不考虑接缝传荷能力的应力折减系数 K_r。水泥混凝土面层，考虑设计基准期内荷载应力累计疲劳作用的疲劳应力系数 $K_f = N_e^v = (2.03 \times 10^7)^{0.057} = 2.609$；碾压混凝土基层，考虑设计基准期内荷载应力累计疲劳作用的疲劳应力系数 $K_f = N_e^v = (2.03 \times 10^7)^{0.065} = 2.985$。根据公路等级，查表16-23，考虑偏载和动载等因素对路面疲劳损坏影响的综合系数 $K_c = 1.30$。

按式(16-40)，普通混凝土面层的荷载疲劳应力计算为

$$\sigma_{pr1} = K_r K_f K_c \sigma_{ps} = 0.87 \times 2.609 \times 1.30 \times 0.927 = 2.735 \text{ MPa}$$

碾压混凝土基层的荷载疲劳应力计算为

$$\sigma_{pr2} = K_f K_c \sigma_{ps} = 2.985 \times 1.30 \times 0.538 = 2.09 \text{ MPa}$$

(5) 温度疲劳应力

由表16-27可知，Ⅲ区最大温度梯度取 $90(℃/m)$。普通混凝土面层板长 4 m，$l/r_g = 4/0.776 = 5.15$，由图16-13可知普通混凝土面层 $h_{01} = 0.24 \text{ m}$，$B_x = 0.56$，$C_x = 0.94$。

按式(16-62)，最大温度梯度时普通混凝土上面层的温度翘曲应力计算为

$$\xi_1 = C_x^{0.32 - 0.81\ln\left(\frac{h_{01}E_{c1}}{h_{02}E_{c2}} + 2.5\frac{h_{01}}{h_{02}}\right)} = 0.94^{0.32 - 0.81 \times \ln\left(\frac{0.24}{0.16} \times \frac{31\,000}{27\,000} + 2.5 \times \frac{0.24}{0.16}\right)} = 1.07$$

$$B_{x1} = \xi_1 B_x = 1.07 \times 0.56 = 0.60$$

$$\sigma_{tm1} = \frac{\alpha_c E_{c1} h_{01} T_g}{2} B_{x1} = \frac{1 \times 10^{-5} \times 31\,000 \times 0.24 \times 90}{2} \times 0.60 = 2.0 \text{ MPa}$$

普通混凝土面层的温度疲劳应力系数 K_t，按式(16-48)计算，查表16-28可得自然区划为Ⅲ，式中 $a = 0.855$，$b = 0.041$，$c = 1.355$，K_t 为

$$K_t = \frac{f_r}{\sigma_{tm}}\left[a\left(\frac{\sigma_{tm}}{f_r}\right)^c - b\right] = \frac{5.0}{2.0}\left[0.855 \times \left(\frac{2.0}{5.0}\right)^{1.355} - 0.041\right] = 0.515$$

再由式(16-46)计算温度疲劳应力为

$$\sigma_{tr} = K_t \sigma_{tm} = 0.515 \times 2.0 = 1.03 \text{ MPa}$$

分离式复合式路面中碾压混凝土基层的温度翘曲应力可忽略不计。

查表16-19，高速公路的安全等级为一级，目标可靠度为95%，相应的变异水平等级为低。再据此查表16-21，确定可靠度系数 $\gamma_r = 1.33$。

按式(16-39)，普通混凝土面层

$$\gamma_r(\sigma_{pr} + \sigma_{tr}) = 1.33 \times (2.735 + 1.03) = 5.0 \text{ MPa} \leq f_r = 5.0 \text{ MPa}$$

碾压混凝土基层

$$\gamma_r(\sigma_{pr} + \sigma_{tr}) = 1.33 \times (2.09 + 0) = 2.79 \text{ MPa} \leq f_r = 4.0 \text{ MPa}$$

因而，拟定的由厚度 0.24 m 的普通混凝土上面层和厚度 0.16 m 的碾压混凝土基层组成的分离式复合式路面，可以承受设计基准期内荷载应力和温度应力的综合疲劳作用。

思考题

1. 水泥混凝土路面包含哪些路面？

2. 水泥混凝土路面温度应力如何计算？
3. 水泥混凝土路面的破坏形式主要有哪些？其设计标准如何？
4. 水泥混凝土路面的设计内容有哪些？
5. 如何进行轴载换算？
6. 如何确定基层顶面的当量回弹模量和计算回弹模量？
7. 如何计算荷载疲劳应力和温度疲劳应力？
8. 水泥混凝土路面板厚的确定步骤有哪些？

第17章 路面的评定与管理

提要 路面的使用品质及路况的好坏要进行评定,评定主要是确定路面结构现时的使用性能,路面使用性能包括功能、结构和安全三个方面。

路面管理是应用系统分析的方法,综合考虑技术、经济、社会和政治等方面的因素,协调各项路面管理的活动。

本章主要介绍路面的功能及其评价,路面行驶质量的评定,路面结构损坏状况的评定,路面抗滑性能的评定,路面结构承载能力的评定,路面管理系统简介等。

17.1 路面的功能及其评价

路面结构在汽车与自然因素的反复作用下,其使用性能会不断改变,路面结构逐渐出现破坏,并最终导致不能满足使用性能的要求。因此,在路面使用过程中,必须采取相应的养护、补强和改建措施,使路面的使用性能得到部分恢复,甚至提高。路况随时间变化的曲线如图17-1所示。

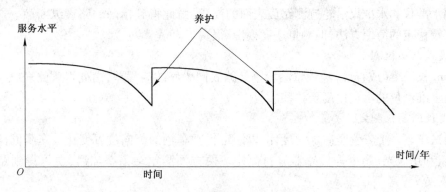

图 17-1 路况随时间变化的曲线

为了了解和掌握路面使用性能的变化情况,以便及时采取各种养护和改建措施,延缓其衰变或恢复其性能,必须定期对路面的使用性能进行评定。路面使用性能包括功能、结构和安全三个方面。

(1) 路面功能是指路面为道路使用者提供的舒适程度。
(2) 路面结构是指路面的物理状况,包括路面损坏状况和结构承载能力。
(3) 路面安全是指路面的抗滑能力。

功能和安全方面的使用性能是道路使用者所关心的,道路管理部门则更注重结构方面的使用性能。路面使用性能的三个方面既有区别又有一定的联系。

17.2 路面行驶质量的评定

路面的基本功能是为车辆提供快速、安全、舒适和经济的行驶表面。路面行驶质量反映路面满足这一基本功能的能力。

路面行驶质量的好坏,同路面表面的平整度特性、车辆悬挂系统的振动特性和人对振动的反应或接受能力三方面因素有关。从路面状况的角度,影响路面行驶质量的主要因素是路面平整度。

路面平整度可定义为路面表面诱使行驶车辆出现振动的高程变化。路面不平整所引起的车辆振动,会对车辆磨损、燃油消耗、行驶舒适、行车速度、路面损坏和交通安全等多方面产生直接影响。因此,采用平整度是度量路面行驶质量的一项性能指标。

17.2.1 平整度测定方法

路面平整度测定方法可划分为断面类平整度测定和反应类平整度测定两大类型。

1. 断面类平整度测定

断面类平整度测定是直接沿行驶车辆的轮迹量测路面表面的高程,得到路表纵断面,通过数学分析后采用综合统计量作为其平整度指标。

属于这一类的方法,主要有以下几条。

1) 水准仪测量

采用水准仪和水准尺沿轮迹测路面表面的高程,由此得到精确的路表纵断面。这是一种测定结果较稳定的简便方法,但测量速度很慢,很费工。

2) 梁式断面仪测定

用3 m长的梁(或直尺)连续量测轮迹处路表同梁底的高程差,由此得到路表纵断面。这种方法较水准测量的测定速度要快些。

3) 惯性断面仪测定

在测试车车身上安置竖向加速度计,以测定行驶车辆的竖向位置变化。车身同路表面之间的距离,利用激光、超声等传感器进行测定。两方面测定结果叠加后,便可得到路表面纵断面。

断面类平整度测定方法的主要优点是可直接得到轮迹带路表面的实际断面,依据它可以对路面平整度的特性进行分析。而其主要缺点是,对于前两种方法来说,测定速度太慢,不宜用于大范围的平整度数据采集;对于惯性断面仪来说,仪器精密度高,操作和维修技术要求高,因而其广泛应用受到了限制。

2. 反应类平整度测定

反应类平整度测定系统是在主车或拖车上安装由传感器和显示器组成的仪器。可以传感和累积车辆以一定速度驶经不平路表面时悬挂系统的竖向位移量。显示器记下的测定值,通常是一个计数数值,每计一个数相应于一定的悬挂系位移量。

反应类平整度测定系统的优点是价格低廉,操作简便,可用于大范围内的路面平整度快速测定。然而,由于这类测定系统是对路面平整度的一个间接度量,其测定结果同测试车辆的动态反应状况有关,也即随测试车辆机械系统的振动特性和车辆行驶的速度而变化。因而,它存在三项主要缺点:① 时间稳定性差。同一台仪器在不同时期测定的结果,会因车辆振动特性随时间的变化而不一致。② 转换性差。不同部门测定的结果,由于所用测试车辆振动特性的差异而难以进行对比。③ 不能给出路表的纵断面。

为克服时间稳定性差的缺点,需经常对测定仪器进行标定。标定路段的平整度采用断面类平整度测定方法测定。测定仪器在标定路段上的测定结果与标准结果建立回归关系,即为标定曲线。利用此曲线,可将不同时期的测定结果进行转换。

为克服转换性差的缺点,需寻找一个通用的平整度指标,以便把不同仪器或不同部门定的结果,统一转换成以这个通用指标表示的平整度值。这样,它们就能够进行相互比较。

17.2.2 国际平整度指数

反应类平整度仪测定的结果,通常以车辆行驶一段距离后的累积计数值表示,$\sum$ 计数/km。如果把每一种反应类平整度仪的计数以相应的悬挂系竖向位移量表示,则测定结果可表示为 m/km,它反映了单位行驶距离内悬挂系的累积竖向行程。这是一个类似于坡度的单位,称为平均调整坡(ARS)。

以 ARS 作为指标表示测定结果时,不同反应类平整度仪测定之间可以建立良好的相关关系。但这种关系只能在测定速度相同的条件下才能成立。因而,必须按速度分别建立回归方程。

国际平整度指数(IRI)是一项标准化的平整度指标。它同反应类平整度测定系统类似,但是采用数学模型模拟 1/4 车(即单轮,类似于拖车)以规定速度(80 km/h)行驶在路面上,分析具有特定特征参数的悬挂系在行驶距离内由于动态反应而产生的累积竖向位移量。分析结果也以 m/km 表示。因而,这一指标与反应类仪器的 ARS 相似,称为参照平均调整坡(RARS30)。

对标定路段的平整度,采用国际平整度指数表征,然后与反应类平整度仪的测定结果建立标定曲线,则使用此类标定曲线便可克服反应类平整度仪转换性差的缺点。此外,不同测定方法的测定结果,采用 IRI 表示后,具有良好的可比性和相关性。因而,国际平整度指数是表征路面平整度的通用指标。

17.2.3 行驶质量评价

如前面所述,路面行驶质量同路表面的不平整度、车辆的动态响应和人的感受能力三方面因素有关。因而,不同的乘客乘坐同一辆车行驶在同一个路段上,由于各人对行驶舒适性的要求和对颠簸的接受能力不同,对该路段的行驶质量会作出不同的评价。

由于评价带有个人主观性,为了避免随意性,提出了主客观相结合的评价方法。一方面邀请具有不同代表性的乘客,分别按各人的主观意见进行评分,而后汇总大家的评价,以平均评分值代表众人的评价。另一方面对各评价路段进行平整度量测。通过回归分析建立主观评分同客观量测结果的相关关系。由此建立的评价模型,便可用来对路面行驶质量进行较统一的评价。

对行驶质量的评价可以采用 5 分或 10 分评分制。评分小组的成员应能覆盖对行驶舒适性有不同反应的各类人员(不同职业、年龄、社会经济和文化背景等)。所选择的评分路段,其平整度和路面类型应能覆盖住可能遇到的范围和情况。评分时所乘坐的车辆,应选择其振动特性具有代表性的试验车。整个评分过程中,采用相同的试验车和行驶速度。

整理各评分路段的主观评分和客观量测结果后,通过回归分析可建立线性或非线性的评价模型为

$$RQI = 11.5 - 0.75 IRI \tag{17-1}$$

式中:RQI——行驶质量指数,数值范围为 0~10,如出现负值,则 RQI 取 0;如计算结果大于 10,则 RQI 值取 10;

IRI——国际平整度指数/(m/km)。

表 17-1 所列为路面行驶质量评定标准。

表 17-1 路面行驶质量评定标准

评价指标	优	良	中	次	差
行驶质量指数 RQI	RQI≥8.5	7.0≤RQI<8.5	5.5≤RQI<7.0	4.0≤RQI<5.5	RQI<4.0

17.3 路面结构损坏状况的评定

路面结构的损坏状况,反映了路面结构在行车和自然因素作用下保持完整性或完好的程度。

新建或改建的路面,都需采取日常养护措施进行保养,以延缓路面损坏的出现;而在路面结构出现损坏后,应及时采取相应的维修措施以减缓损坏的发展速度;当路面损坏状况恶化到一定限度后,便需采取改建或重建措施以恢复或提高其结构完好程度。因而,路面结构损坏的发生和发展同路面养护和改建工作密切相关。

路面结构出现损坏,会在不同程度上影响路面的平整度。因而,可以通过平整度指标在一定程度上反映路面的损坏状况。然而,平整度的好坏还同路面施工质量等因素有关,并且主要反映道路使用者的要求和利益。因此,路面结构损坏状况是道路管理部门所关注的据以鉴别需进行养护和改建的路段和选择宜采取的措施。

路面结构的损坏状况,需从三方面进行描述:① 损坏类型,② 损坏严重程度,③ 出现损坏的范围或密度。综合这三个方面,才能对路面结构的损坏状况作出全面的估计。

17.3.1 损坏类型

促使路面出现损坏的原因是多方面的(荷载、环境、施工、养护等),因为结构损坏所表现出的形态和特征也是多种多样的。各种损坏对路面结构完好程度和路面使用性能有不同程度的影响,需相应采取不同的养护或改建对策。因此,进行路面结构损坏状况调查前,要依据损坏的形态、特征和肇因,对损坏进行分类,并对每一类损坏规定明确的定义。

路上常遇到的主要损坏类型,可按损坏模式和影响程度的不同而分为 4 大类(表 17-2)。

(1) 裂缝或断裂类。路面结构的整体性因裂缝或断裂而受到破坏。

(2) 永久变形类。路面结构虽仍保持整体性,但形状在各种因素的作用下产生较大的变化。

表 17-2　路面损坏分类

类　型	沥青路面	类　型	水泥路面
裂缝或断裂	纵向裂缝	裂缝或断裂	纵向裂缝
裂缝或断裂	横向裂缝	裂缝或断裂	横向裂缝
裂缝或断裂	龟裂	裂缝或断裂	斜向裂缝
裂缝或断裂	块裂	裂缝或断裂	角隅裂缝
裂缝或断裂	温度裂缝	变形	沉陷
裂缝或断裂	反射裂缝	变形	隆起
变形	车辙	表面损坏	纹裂或起皮
变形	波浪	表面损坏	纹裂或起皮
变形	沉陷	表面损坏	纹裂或起皮
变形	隆起	表面损坏	坑洞
表面损坏	泛油	接缝损坏	填缝料损坏
表面损坏	松散	接缝损坏	接缝碎裂
表面损坏	坑槽	接缝损坏	拱起
表面损坏	磨光	接缝损坏	唧泥
表面损坏	露骨	接缝损坏	错台

（3）表面损坏类。路面表层部分出现的局部缺陷,如材料的散失或磨损等。

（4）接缝损坏类。水泥混凝土接缝及其邻近范围出现的局部损坏。

17.3.2　损坏分级

各种路面损坏都有其产生和发展的过程。在这个过程中,处于不同阶段的损坏,对于路面使用性能有不同程度的影响。例如,裂缝初现时,缝隙细微,边缘处材料完整,因而对行车舒适性的影响极小,裂缝间也尚有较高的传荷能力;而发展到后期,缝隙变得很宽,边缘处严重碎裂,行车出现较大颠簸,而裂缝间已几乎无传荷能力。因而,为了区别同一种损坏对路面使用性能的不同影响程序,对各种损坏需按其影响的严重程度划分为几个等级（一般为2~3个等级）。

对于断裂或裂缝类损坏,分级时主要考虑对结构整体性影响的程度,可采用缝隙宽度、边缘碎裂程度、裂缝发展情况等指标表征。对于变形类损坏,主要考虑对行车舒适性的影响程度,可采用平整度作为指标进行分级。对于表面损坏类,往往可以不分级。具体指标和分级标准,可根据各地区的特点和其他因素考虑,经过调查分析后确定。损坏严重程度分级的调查,往往通过目测进行。为了使不同调查人员得到大致相同的判别,对分级的标准要有明确的定义和规定。

各种损坏出现的范围,对于沥青路面和砂石路面,通常按面积、长度或条数量测,除以被调查子路段的面积或长度后,以损坏密度计(以% 或 $\sum$ 条数/子路段长表示)。而对于水泥混凝土路面,则调查出现该种损坏的板块数,以损坏板块数占该子路段总板块数的百分率计。

17.3.3 损坏调查

损坏调查通常由 2 人调查小组沿线通过目测进行。调查人员鉴别调查路段上出现的损坏类型和严重程度并丈量损坏范围后,记录在调查表格上。同一个调查路段上如出现多种损坏或多种严重程度,应分别计量和记录。

目测调查很费时。如果调查的目的不是为了确定养护对策和编制养护计划,则可采用抽样调查的方法,不必对整个路网的每一延米的各种损坏都进行调查。通常,可采取每公里抽取其中 100 m 长的路段代表该公里的方法,但每次调查都要在同一路段上进行,以减少调查结果的变异性和保证各次调查结果的可比性。

17.3.4 损坏状况评价

每个路段的路面可能出现各种不同类型、严重程度和范围的损坏。为了使各路段的损坏状况或程度可以进行定量比较,需采用一项综合评价指标,把这三方面的状况和影响综合起来。通常采用的是扣分法。选择一项损坏状况度量指标,例如称为路面状况指数 PCI,以百分制或十分制计量。对于不同的损坏类型、严重程序和范围规定不同的扣分值,按路段的损坏状况累计其扣分值后,以剩余的数值表征或评价路面结构的完好程度。可用下式表示

$$\text{PCI} = C - \sum_{i=1}^{n} \sum_{j=1}^{m} \text{DP}_{ijk} W_{ij} \tag{17-2}$$

式中:C ——初始(无损坏时)评分值,百分制时一般用 $C = 100$;

i,j ——相应为损坏类型数(共 n 种)和严重程度等级数(共 m 级);

DP_{ijk} ——i 种损坏 j 级严重程度和 k 范围的扣分值;

W_{ij} ——多种损坏类型和严重程度时的权函数。

各种损坏类型和严重程度对路面完好程度及其衰变速率有不同程度的影响,对路面使用要求的满足程度有不同影响,对养护和改建措施有不同的需要。其间很难建立明确的定量关系。因而,只能采用主客观相结合的方法(类似于行驶质量评价中采用的方法),确定不同损坏类型、严重程度和范围的扣分值 DP_{ijk}。

首先制定一个统一的分级和评分标准表。例如,将路面状况划分为特优、优、良、中、差和很差 6 个等级,采用百分制,为每一等级规定相应的级差范围和相应的养护对策类型(表 17-3)。

表 17-3 路面损坏状况评价标准

损坏状况评级	特 优	优	良	中	差	很 差
路面状况指数 PCI	91~100	81~90	71~80	51~70	31~50	≤30
养护对策	不需	日常养护	小修	小修、中修	中修、大修	大修、重建

选择一些仅具有单一损坏类型的路段,组织由道路管理部门人员组成的评分小组,按上述评价标准对路段进行评分。整理这些评分结果,可以为每种损坏类型确定扣分曲线或扣分表(表 17-4 列举一部分以作示例)。

表 17-4 沥青路面损坏单项扣分值表

类型	严重程度	损坏密度/%					
		0.1	1	5	10	50	100
龟裂	轻	8	12	18	30	50	60
	中	10	14	22	35	55	75
	重	12	17	28	45	70	90
块裂	轻	5	8	16	25	32	40
	重	8	12	20	35	62	68
车辙	轻	1	5	10	20	45	60
	重	3	10	20	30	60	80
沉陷	轻	2	10	20	33	65	75
	重	4	12	27	40	75	100
坑槽	轻	1	12	25	42	67	80
	重	10	17	30	52	77	100
泛油	不分	1	5	10	12	20	30

路段上有时常出现几种损坏类型或严重程度等级。如果分别按单项扣分值累加得到多种损坏(或严重程度)路段的扣分值,则有时会出现超过初始评分值 C 的情况,或者超过对多种损坏路段进行评分的结果。为此,对多种损坏的情况需进行修正。得用评分小组对多种损坏路段的评分结果和各项单项扣分值,经过多次反复试算和调整,可得到多种损坏时的修正(权)函数 W_{ij}。

17.4 路面抗滑性能的评定

路面抗滑性能是指车辆轮胎受到制动时沿路表面滑移所产生的抗滑力。通常,抗滑性能被看做是路面的表面特性,并定义为

$$f = \frac{F}{W} \tag{17-3}$$

式中:f——摩阻系数;
F——作用于路表面的摩阻力;
W——垂直于路表面的荷载。

然而,笼统地说路面具有某一摩阻系数值是不确切的。应该对轮胎在路面上的滑移条件给予规定。不同的条件和测定方法,可以得到不同的摩阻系数值。因此,需规定标准的测定方法和条件。

17.4.1 测定方法

抗滑性能可采用 4 种方法进行测定:① 制动距离法;② 锁轮拖车法;③ 偏转轮拖车法;④ 摆式仪法。

1. 制动距离法

以一定速度在潮湿路面上行驶的 4 轮小客车或轻型车,当 4 个车轮被制动时,车辆减速滑移到停止的距离,可用以表征非稳态的抗滑性能,以制动距离数 SDN 表示

$$\text{SDN} = \frac{v^2}{225 L_s} \tag{17-4}$$

式中:v ——刹车开始作用时车辆的速度/(km/h);

L_s ——滑移到停车的距离/m。

测试路段应为材料组成均匀、磨耗均匀和龄期相同的平直路段。测试前和每次测定之间,先洒水润湿路表面到完全饱和。制动速度以 64.4 km/h 为标准速度。也可采用其他速度,但不宜低于 32 km/h。

2. 锁轮拖车法

装有标准试验轮胎的单轮拖车,由汽车拖拉,以要求的测定速度在洒水润湿的路面上行驶。抱锁测试轮,通过测定牵引力确定在载重和速度不变的状态拖拉测试轮时作用在轮胎和路面间的摩阻力。以滑移指数 SN 表征路面的抗滑性能

$$\text{SN} = FW \times 100 \tag{17-5}$$

式中:F ——作用在试验轮胎上的摩阻力/N;

W——作用在轮上的垂直荷载/N。

轮上的载重为 4 826 N,标准测试速度为 64.4 km/h。牵引力由力传感器量测,速度由第五轮仪量测。

3. 偏转轮拖车法

拖车上安装有两只标准试验轮胎,它们对车辆行驶方向偏转一定的角度(7.5°~20°)。汽车拖拉以一定速度在潮湿路面上行驶时,试验轮胎受到侧向摩阻力的作用。记下此侧向摩阻力,除以作用在试验轮上的载重,可得到以侧向力系数 SFC 表征的路面抗滑性能

$$\text{SFC} = \frac{F_s}{W} \tag{17-6}$$

式中:F_s——作用在试验轮胎上的侧向摩阻力/N;

W——作用在轮胎上的垂直荷载/N。

锁轮拖车法和偏转轮拖车法都具有测定时不影响路上交通,可连续并快速进行的优点。

4. 摆式仪法

摆式仪法是一种主要在室内量测路面材料表面摩阻特性的仪器,也可用于野外量测局部路面范围的抗滑性能。

摆式仪的摆锤底面装有一橡胶滑块,当摆锤从一定高度自由下摆时,滑动面同试验表面接触。由于两者间的摩擦而损耗部分能量,使摆锤只能回摆到一定高度。表面摩阻力越大,回摆高度越小。通过量测回摆高度,可以评定表面的摩阻力。回摆高度直接从仪器上读得,即摆值 BPN。

17.4.2 抗滑性能评价

影响路面抗滑性能的因素有路面表面特性(细构造和粗构造)、路面潮湿状况和行车速度。

路表面的细构造是指集料表面的粗糙度,它随车轮的反复磨耗作用而逐渐被磨光。通常采用石料磨光值(PSV)来表征其抗磨光的性能。细构造在低速(30~50 km/h 以下)时对路表抗滑性能起决定作用。而高速时起主要作用的是粗构造。它是由路表外露集料间形成的构造,其功能是使车轮下的路表水迅速排除,以避免形成水膜。粗构造由构造深度表征其性能。

路表面应具有的最低抗滑性能,视道路状况、测定方法和行车速度等条件而定。各国根据对交通事故率的调查和分析,以及同路面实测抗滑性能间建立的对应关系,制定有关抗滑指标的规定。有的国家除了规定抗滑性能的最低标准外,还对石料磨光值和构造深度的最低标准作出了规定。抗滑性能评定以摆式仪摆值(BPN)或横向力系数(SFC)表示。

表17-5为我国沥青路面设计规范规定的沥青路面抗滑性能标准,表17-6为沥青路面抗滑性能评价标准。

表 17-5 沥青路面抗滑性能标准

公 路 等 级	横向力系数 SFC	构造深度 TC/mm	摆值(BPN)F_b
高速、一级公路	≥54	≥0.55	≥45

表 17-6 沥青路面抗滑性能评价标准

评价指标	优	良	中	次	差
横向力系数 SFC	SFC≥0.5	0.4≤SFC<0.5	0.3≤SFC<0.4	0.2≤SFC<0.3	SFC<0.2
摆值 BPN	BPN≥42	37≤BPN<42	32≤BPN<37	27≤BPN<32	PBN<27

17.5 路面结构承载能力的评定

通过对路面结构承载能力的评定,可以确定路面的剩余寿命,预估何时需进行改建,并为加铺层设计提供有用的参数。

17.5.1 评定方法

路面结构承载能力的评定方法可分为破坏类和无破坏类。

1. 破坏类评定方法

路面结构承载能力的破坏类评定,是从路面各结构层内钻取试样,通过室内试验,确定各项试验参数,估算出结构承载能力。由于不可能在路面上大量取样,所得参数反映的路面情况有一定的局限性。

2. 无破坏类评定方法

路面结构承载能力的无破坏类评定,一般通过路表弯沉测定来估算路面结构承载能力。常用弯沉仪有以下几种。

1) 静态弯沉仪

最常用的是贝克曼梁弯沉仪,测定时梁的端头穿过测定车后轴双轮轮隙,置于车轮前方10 cm 左右的路面测点上,梁在后三分点处通过支点撑于底座上。梁的另一端处架设一百分表,以测定端头的升降量。车辆以爬行速度向前行驶,车轮经过梁的端头时,读取百分表的最大读数;车辆驶离后,再读取百分表的读数;两者差值的两倍即为路表面的回弹弯沉值。

自动弯沉仪将弯沉测定梁连接到测定车后轴之间的底盘上。测定时,梁支于地面保持不动,车辆向前移动,当后轮驶过并通过梁端头时,弯沉值被自动记下来,达最大弯沉值时测定梁被提起,并拉到车辆底盘的前端,到下一测点处测定梁再被放下。自动弯沉仪可连续进行弯沉测定,并自动记录测定结果。车辆行驶速度为 3~5 km/h,每天约可测定 30 km。

承载板法是通过加载—卸载测定路面结构的综合回弹模量。

贝克曼梁弯沉仪量测到的是最大回弹弯沉值,而自动弯沉仪测到的是最大总弯沉值。

轮载、轮压和加载时间(行驶速度)是影响测定结果的三项加载条件。在测定前和测定过程中,必须认真检查是否符合规定要求。

测定时,测试车辆沿轮迹带行驶。如仅使用一台贝克曼梁弯沉仪,测点沿外侧轮迹带布置。测点间隔可为 20~50 m,视测定路段长度要求而定。

测定结果可点绘成弯沉断面图。由于影响承载能力的变量众多,可以预料各测点的弯沉值会有较大的变异。因而,通常采用统计方法对每一路段的弯沉值进行统计处理,以路段的代表弯沉值表征该路段的承载能力。

路段的代表弯沉值 l_0 可按下式确定

$$l_0 = (\bar{l}_0 + \lambda \sigma) K_1 K_2 K_3 \tag{17-7}$$

式中:$\bar{l}_0$——路段各测点弯沉的平均值,即

$$\bar{l}_0 = \sum_{i=1}^{n} l_i / n \tag{17-8}$$

式中:n——该路段的测点数;

σ——该路段弯沉测定标准偏差,即

$$\sigma = \sqrt{\frac{\sum_{i=1}^{n}(l_i - \bar{l}_0)^2}{n-1}} \tag{17-9}$$

λ——控制保证率的系数,保证率为 50% 时,$\lambda = 0$;保证率为 90% 时,$\lambda = 1.282$;保证率为 95% 时,$\lambda = 1.64$;保证率为 97.7% 时,$\lambda = 2.00$;

K_1——季节影响系数;

K_2——湿度影响系数;

K_3——温度影响系数。

沥青面层的劲度随温度而变,路基的模量随湿度而变。因而,弯沉测定结果同测定时路面结构的温度和湿度状况有关。通常以 20 ℃ 作为沥青路面的标准测定温度,以最不利潮湿或春融季节作为测定时期。对于在其他环境条件下测定的结果,应作温度和温度修正。

温度影响系数 K_3 可按下述经验公式确定。

当测定时沥青层内的平均温度 $T < 20$ ℃ 时

$$T_1 = a + bT_0 \qquad a = -2.14 - 0.503h$$
$$b = 0.62 - 0.008h$$

$T_1 \geqslant 20\ ℃$ 时

$$K_3 = \exp\left[h\left(\frac{1}{T_1} - \frac{1}{20}\right)\right] \tag{17-10}$$

$T_1 < 20\ ℃$ 时

$$K_3 = \exp[0.002h(20 - T_1)] \tag{17-11}$$

式中：h ——沥青层厚度/cm；

T_0 ——气温/℃；

T ——沥青层平均温度/℃，按下式计算

$$T = a + bT_0$$
$$a = -2.65 + 0.52h$$
$$b = 0.62 - 0.008h \tag{17-12}$$

由于气候、水文和土质条件的不同，各地区路基湿度和季节性变化规律不尽相同；并且，路面结构不同，路基温度变化对路表弯沉值的影响程度也不一样。因而，考虑湿度变化的季节修正系数 K_1 随地区、土质、路基潮湿类型、路面结构等因素而变，应依据当地具体条件建立的弯沉季节变化曲线，结合经验确定。

测定路段的弯沉值如果变化范围很大，需进行分段，分别确定其代表弯沉值。分段可通过目估，并结合路况进行。也可按统计方法，对划分的相邻路段进行显著性检验，依据是否有显著差别抉择其分或合。

2）动态弯沉仪

稳态动弯沉仪系利用振动力发生器在路表面作用一固定频率的正弦动荷载，通过沿荷载轴线间隔布置的速度传感器（检波器）量测路表面的动弯沉曲线。用于公路上的是轻型动弯沉仪，所施加的动荷载约 50 kN；用于机场上的则是重型的，动荷载约达 150 kN。

脉冲弯沉仪又称落锤弯沉仪（FWD）（图 17-2）。它以 50～300 kg 质量从 4～40 cm 高度落下，作用于弹簧和橡皮垫上，通过 30 cm 直径承载板传给路面半正弦脉冲力。通过改变质量和落高，可以施加不同级位的荷载，从 15～125 kN。脉冲力作用持续时间约为 0.028 s。利用沿荷载轴线间隔布置的速度传感器，量测到路表面的弯沉曲线（图 17-3）。由于仪器本身重量轻，路面受到的预加荷载的影响比稳态动弯沉仪的小得多。

动态弯沉测定可以得到路表弯沉曲线。作用于路表的动荷载向路面结构内的应力扩散类似圆锥形。应力锥同各结构层次界面的交点具有特定的含义：在交点以外的路表弯沉值仅受到此交点所在界面以下各结构层模量的影响。利用这一特性，可以依据应力锥和结构层次布置传感器的位置，并按量测得到的弯沉值应用层状体系理论解分别确定各结构层的弹性模量值。

弯沉测定时，所施加的动荷载大小应尽可能接近路上的车辆荷载。此外，为了解材料的非线性特征，施加的动荷载需变换级位。

17.5.2 结构承载能力的评价

将调查路段分为若干均匀路段，整理各均匀路段的实测弯沉资料，求得代表弯沉或计算弯沉。

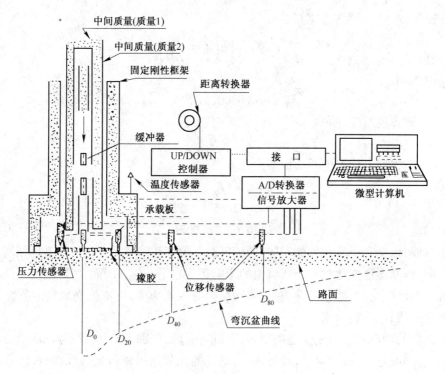

图 17-2 落锤弯沉仪示意图

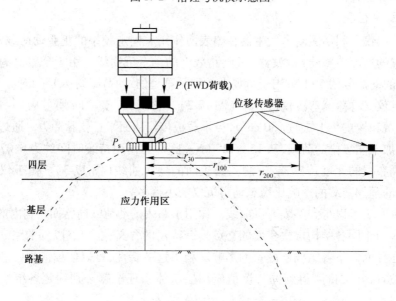

图 17-3 落锤弯沉仪路表面的弯沉曲线示意图

利用设计(或容许)弯沉同标准轴载累计作用次数的关系曲线,可大致估算相应于代表弯沉值(或计算弯沉值)的容许标准轴载作用次数 N。同弯沉测定前路面实际承受的轴载作用次数 n 相比,可以判断路面的剩余寿命(以标准轴载数表示)。根据剩余寿命的长短,可鉴别路面结构的潜在能力。

如图 17-4 中,A 点代表弯沉为 25×10^{-2} mm,已承受标准累计轴载 3.0×10^6 次,则由弯沉

曲线可推断出当可靠度为 90% 时,其剩余寿命为 12×10^6 次。

沥青路面通常采用强度系数 SSI 作为结构承载力评定标准,SSI = 路面允许弯沉/路面代表弯沉值,表 17-7 为沥青路面结构承载能力评定标准。

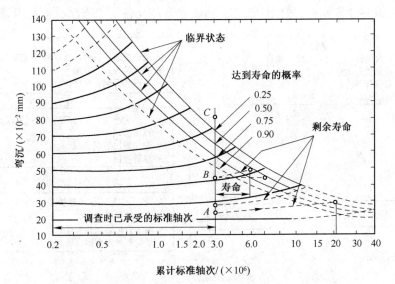

图 17-4 设计弯沉同标准轴载累计作用次数的关系曲线

表 17-7 沥青路面结构强度评价标准

评价指标	优		良		中		次		差	
公路等级	高速一级	其他等级	高速一级	其他等级	高速一级	其他等级	高速一级	其他等级	高速一级	其他等级
强度系数(SSI)	SSI≥1.2	SSI≥1.0	1.0≤SSI<1.2	0.8≤SSI<1.0	0.8≤SSI<1.0	0.6≤SSI<0.8	0.6≤SSI<0.8	0.4≤SSI<0.6	SSI<0.6	SSI<0.4

17.6 路面管理系统简介

17.6.1 路面管理系统的基本概念

路面管理系统的概念于 20 世纪 70 年代最早起源于加拿大的路面养护管理工作。70 年代以来美国、西欧、日本以及一些发展中国家和地区也根据各自的实际情况相继开发和实施了路面管理系统。我国对路面管理系统的研究开始于 80 年代中期。"七五"和"八五"期间,许多单位对路面管理系统进行了较为广泛的研究和推广应用工作。

路面在使用过程中,其使用性能会因行车荷载和环境因素的不断作用而逐渐变坏。路面使用性能的恶化,将增加车辆的运行费用,包括泛油、轮胎和保修材料的消耗及行程时间等费用。因而,在路面使用期内,还需继续投入大量资金以维护(包括养护和改建)路面,使之保持一定的使用性能。这就需要考虑怎样把有限的资金分配到最需要采取措施并能取得最佳效果的路段上,使现有路网保持合理的服务水平。因而,无论是新建路面或是维护现有路面,都需要进行有效的管理。

路面管理工作,包括规划、设计、施工、养护、路况监测和评价、研究等方面。其主要内容和相互关系,如图17-5所示。这些活动分属不同的管理层次。如规划活动主要关心的是网级水平上的投资决策和计划安排,而设计或施工活动主要涉及各个工程项目的技术管理。

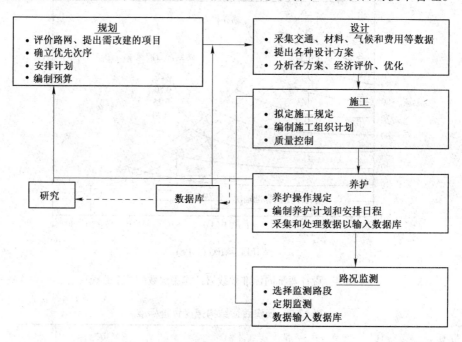

图 17-5　路面管理的组成

每个道路管理部门都必须考虑如何向上级申请投资和决定如何使用好分配到的资金。这就需要对路网内路面的使用性能进行监测,对其现状作出评价,由此确定哪些项目需要投资,在预算容许的范围内按优先次序资助尽可能多的急需项目。

项目优先次序的安排,需依据该项目的使用性能或服务水平现状决定。而路面的现状显然同其结构、荷载、环境和其他因素等历史状况有关,它是以前所作出的某些管理决策的结果,同样,目前所作出的管理决策也将对未来的路面状况产生影响。因此,作出管理决策时既要考虑它们的直接影响,也要预期它们对未来的影响,即不仅需考虑目前的需要和所需的费用,也要考虑对将来的需要和费用所带来的后果。

因此,路面管理是协调和控制同路面有关的各项活动,其目的是使管理部门通过这一过程能有效地使用资源(资金、劳力、机具设备、材料、能源等),以最低的资源消耗,在预定使用期内提供并维持具有足够服务水平的路面。

路面管理系统则是通过应用系统分析的方法,综合考虑技术、经济、社会和政治等方面因素,协调各项路面管理活动,促使路面管理过程系统化。它是为管理部门的决策人提供分析的工具和方法,帮助他们考虑和分析比较各项可能的对策,定量地预估各项对策的后效,在预定的标准和约束条件下,选用费用—效益最佳的方案。因而,路面管理系统的建立和实施,可以帮助管理部门改善所作出决策的效果,扩大决策的范围,为决策的效果提供反馈信息,以积累管理经验,并保证部门内各级单位决策的协调一致性。

17.6.2 路面管理系统的分级

路面管理系统,一般划分为网级路面管理系统和项目级路面管理系统两个层次。

1. 网级路面管理系统

网级路面管理系统通常包括一个地区,如省、市的公路网或一大批工程项目。其主要任务是为管理部门在进行关键性的行政决策时提供对策,包括:

(1) 路况分析——路网内路面现有状况的分析及路面状况变化预估;

(2) 路网规划——确定路网内需要新建、改建和养护的项目;

(3) 安排计划——确定进行上述项目的合适时间和各项目的优先次序;

(4) 预算安排——确定各年度的投资额;

(5) 资源分配——各行政区域或不同等级道路或养护改建和新建之间的资源分配。

为实施上述任务,网级路面管理系统包含图17-6所示各项基本要素。

其中,管理方面的输入包括:

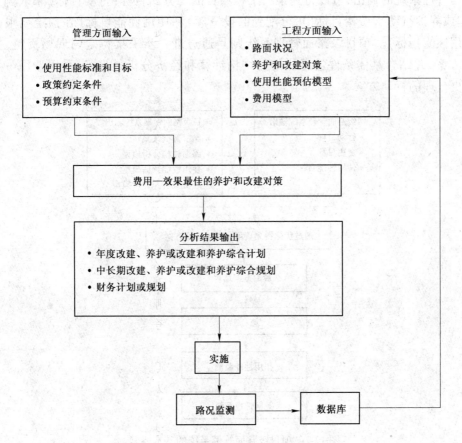

图 17-6 网级路面管理系统的基本要素

(1) 使用性能标准和目标——为路网规定的在使用性能方面应达到的总水平;

(2) 政策约束条件——事先规定投资的地区分配比例或新建、改建和养护的投资分配比例等;

(3) 预算约束条件——可以用于路面工程的资金。

工程方面的输入包括:

(1) 路面现状——调查、评定现有路面在结构和功能方面的使用性能状况;

(2) 养护和改建对策——对不同类型和不同路况的路面拟定若干典型的养护和改建对策;

(3) 使用性能预估模型——预测路面在结构和功能方面的使用性能随时间或交通量变化而变化的情况;

(4) 费用模型——不同养护、改建对策的养护费用、建筑费用和用户费用等。

2. 项目级路面管理系统

项目级路面管理系统仅针对一个工程项目。它的主要任务是为管理部门对某一工程进行技术决策时提供对策,以选择费用—效果最佳的方案。

项目级路面管理系统的基本要素及其同网级路面管理系统的关系,如图 17-7 所示。由网级路面管理系统的输出,可以得到某一工程项目的三方面目标:行动目标(采取哪一种新建、改建或养护行动)、费用目标(可分配到的投资额)和使用性能目标(在预定期限内应具有的使用性能指标)。项目级路面管理系统则是通过进一步采集特定的现场资料,拟定备选路面方案,并结合具体条件进行详细的结构计算和经济分析,以确定采用费用—效果最佳或者更合理的行动方案。

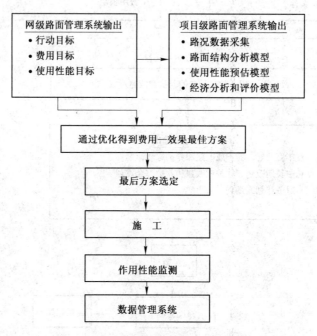

图 17-7 项目级路面管理系统的基本要素

17.6.3 路面管理系统的结构与组成

完整的路面管理系统通常由 3 个子系统组成:数据管理系统、网级管理系统和项目级管理系统。

1. 数据管理系统

路面管理系统必须建立在大量信息的基础上,即必须以数据系统作为支撑,才能保证系统提出的对策具有客观性。数据管理系统通常包含下述4类信息。

(1) 设计和施工数据——交通参数、道路等级、几何参数、路面厚度、所用材料性质及试验结果、路基土性质及试验结果等;

(2) 养护和改建数据——曾进行过的养护和改建的类型、实施的日期和费用等;

(3) 使用性能数据——主要包括4个方面:行驶质量、路面损坏状况、结构承载能力和抗滑能力,通过路况监测系统定期采集得到;

(4) 其他——环境(降水、温度、冻冰)、材料单价等。

数据管理系统由两部分组成:数据库和路况监测(数据采集)系统。数据采集是一项既费时又费钱的工作,而数据库的容量又有一定的限制,因此,在采集数据前,必须先仔细分析哪些数据是必需的,避免把非必需的数据纳入系统。

2. 网级管理系统

网级路面管理系统通常由下述几个部分组成。

(1) 使用性能评价模型——对于通过监测系统采集到的路况资料,进行评级或评分。要由多方面的属性来表征路面所处的状态,例如损坏、平整度、结构承载能力或抗滑能力等。

(2) 使用性能预估模型——仅靠路况数据和评价,难以比较各种对策方案,或保证得到最佳对策,因为尚不知道采取某项对策后的效果(路况的变化)。因此,需建立使用性能预估模型,即建立处于某种状态的路面在采取某项养护或改建措施后路况的有关属性(使用性能参数)随时间或交通的变化关系。

(3) 使用性能标准和养护改建对策模型——根据使用要求、经济分析和经济条件,为公路网规定路面的使用性能标准。当路面的使用性能达不到这一要求时,需采取养护或改建措施,以恢复路况到可接受的状态。同时,要为不同等级和不同路况的路面,按当地的经验、条件和政策,制订出若干典型的养护和改建对策,供提出各种对策方案时参考。

(4) 费用模型——包括建筑费用、养护费用和用户费用三个部分。建筑费用是指新建或改建时的一次投资。养护费用则是路面在使用期间的日常养护费。用户费用是指使用道路的车辆所担负的运行费、行程时间费和延误费等。它反映了公路部门提供的投资和服务水平所产生的直接社会效益。

(5) 优先次序或优化——建立管理系统的主要目的是提供最佳的路网养护和改建对策。这些对策能使整个路网在预算受约束的条件下维持最高的路况(服务)水平,或者使整个路网在满足最低使用性能标准的条件下所需的投资最少。为实现这一目标,可以采用不同的优先规划或优化方法。

目前,各国和各地区所建立的网级管理系统具有各自不同的形式。有的包含使用性能预估模型,有的并未包含;有的简单地按路面服务水平的高低规划先后次序;有的则采用线性规划或整数规划法以达到优化的目的。

3. 项目级管理系统

项目级管理系统的组成基本上与网级系统相同。由于项目级系统的主要任务是,为网级系统所确定的工程项目提供在预定分析期内的费用—效果最佳的改建方案,因此必须采集更为详细和结合当地情况的资料,并进行具体的结构和功能分析。项目级和网级所采用的使用性能参数基本相同,但在数据采集和路况评价方面有重要差别。项目级管理系统的组成如图 17-8 所示。

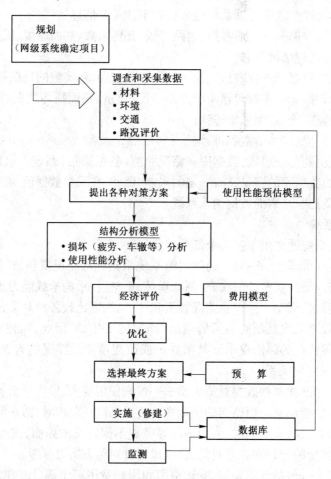

图 17-8 项目级管理系统的组成

17.6.4 路面管理系统的功能

路面管理系统的功能主要表现在以下几个方面。
(1) 通过监测系统采集到的客观数据评价道路的现状;
(2) 利用具有一定可靠度的使用性能预估模型,预测各种养护和改建对策的后果;
(3) 以客观的数据作为申请投资的依据,并可以论证不同投资(预算)水平对路网服务水平和路况的改善和影响;
(4) 为合理地和有效地分配投资和资源提供费用—效果最佳的对策;
(5) 合理地评价各种设计方案;
(6) 利用监测系统采集到的数据,考察和评价设计、施工和养护方法,并为修改或制定规范提供依据。

为了保持和改善现有路网的服务水平和路面状况,如何使用好有限的资金,提供尽可能高服务水平的路面,是各级管理部门需优先解决的任务。因此,建立和完善依赖于管理科学、系统工程和计算机技术的路面管理系统是解决这一问题的强有力的工具。

17.6.5 路面管理系统的数据库

路面管理系统涉及路面的规划、设计、施工、评价和相关研究工作。因此,与上述工作相关的数据库就成为路面管理系统的核心,如图 17-9 所示。表 17-8 简要表示了数据库所包含的各类数据以及在养护和修复中的应用。

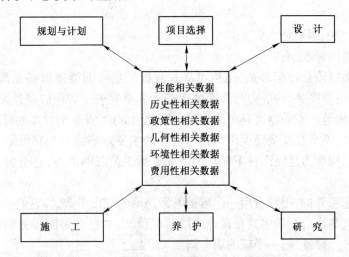

图 17-9 路面管理系统的核心——数据库

表 17-8 路面数据类型及其内容

性能相关数据		几何性相关数据	
• 不平整度	R	• 断面尺寸	R
• 表面破损	R + M	• 曲率	R
• 弯沉	R	• 横坡	R
• 摩擦系数	R + M	• 坡度	R
• 各层材料特性	R	• 路肩	R + M
历史性相关数据		环境性相关数据	
• 养护历史	R + M	• 排水	R + M
• 施工历史	R + M	• 气候(温度、降雨量、冰冻)	R
• 交通量	R + M		
• 事故	R + M		
政策性相关数据		费用性相关数据	
• 财政预算	R + M	• 造价	
• 可供选择的养护和修复方案	R + M	• 养护费用	
		• 修复费用	
		• 用户费用	

注:R 表示修复需求数据,M 表示养护需求数据,R + M 表示修复和养护需求数据。

为了实现路面管理系统的目标,为路面养护和修复对策提供支持,施工和养护历史性相关数据是非常重要的。不断收集起来的路面资料为开发、更新、评价在规划和设计中使用的路面模型提供了基础。施工和养护资料对于路面模型的开发至关重要。路面施工资料包括材料的质量信息,例如混凝土的抗弯强度、沥青混凝土的密实度等。路面养护资料包含所有影响使用的养护工作,例如封缝、补坑、表面剥落等。高效的养护将使得使用周期大于设计周期成为可能。

使用性能评价的主要目的是确定路面结构现有状况。常用的四项关键测试可以用来确定路面状况:

(1) 不平整度(与行车舒适性有关);
(2) 表面破碎;
(3) 弯沉(与结构承载能力有关);
(4) 表面摩擦(与安全有关)。

一个好的路面应该是行车舒适,结构可靠并且提供足够的摩擦以避免滑车事故的路面。区别表面破碎、不平整度、结构能力与表面摩擦是十分重要的。表面破碎是路表的物理损坏,如坑洞、裂缝和车辙等。不平整度是由路表外形变化引起的,并影响行车的舒适性。在主要考虑用户要求前提下,不平整度是路面用户行车特性的主要影响因素。它限制了路面的可服务性或功能响应。结构能力是路面在不损坏的情况下承受荷载的能力,它也会受到严重的车辙或坑洞的影响。

上述四项指标和养护、用户费用一起可被看做路面的输出参数,即它们是确定路面是否令人满意的变量。这些输出变量多数在设计阶段就应预测,并且在路面服务期间予以结束。如果有足够的资金进行修复,则一个新的服务周期又开始了。

17.6.6 路面损坏的预测模型

为了估计路网中某些路段的服务年限,有必要预测路面评价指标的变化率,进而进行维护需求的分析与评价。图 17-10 说明了损坏预测模型的预测过程以及修复方案的比选。

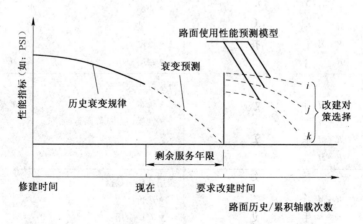

图 17-10 路面使用性能预测模型及改建对策选择

为了建立路面损坏预测模型,必须具备以下基本条件。

(1) 满足要求的数据库;
(2) 包含影响路面损坏的所有重要因素;
(3) 认真选择能代表实际情况的预测模型的形式;

(4) 合理评价模型精度的标准。

路面预测模型可分为两种基本类型:确定型和概率型。确定型模型可以用于结构基本响应的确定等。根据不同的工作目的,常用的模型又可分为以下4类。

(1) 纯力学模型,通常是结构响应类模型,如应力、应变和弯沉等。

(2) 力学经验模型,如通过回归方程建立路面响应参数与实测的结构性或功能性损坏(如弯沉和不平整度)的关系。

(3) 回归模型,由观察或实测得到的结构性或功能性的相关变量与一个或多个独立变量,如路基强度、轴载分布、路面厚度及其材料特性和环境因素以及它们之间的相互作用的关系。

(4) 主观模型,用转移过程模型"捕捉"经验,如开发损坏预测模型。

式(17-13)是力学经验模型用于预测路面不平整度的一个示例。该方程研究了63个沥青路面试验段,把线弹性作为路面材料的一个基本的结构关系,计算了包括路表弯沉、沥青层底部的水平张力、应变,路基上部的承载压力和应变。通过回归分析建立了这些响应与路面开裂的关系。该方程的相关系数 $R^2 = 0.54$,标准误差为15.4,则有:

$$CR = -8.70 - 0.258 HST \times \lg N + 1.006 \times 10^{-7} HST \tag{17-13}$$

式中:CR——路面开裂的百分比;

HST——沥青层底部水平拉应力($10N/cm^2$);

N——累积当量单轴荷载(ESAL)。

直接回归模型适合于需要长期数据库的情况,如超过25年用于开发路面损坏模型的相关数据,如路面的不平整度、表面破损、交通、弯沉等其他因素。式(17-14)是美国有关部门利用直接回归方法,以常规粒料为研究对象得到的乘车舒适性指数(RCI)的回归方程。回归方程的相关系数是0.84,标准误差为0.38,则有:

$$RCI = -5.998 + 6.870 \times \ln(RCI_B) - 0.162 \times \ln(AGE^2 + 1) + \\ 0.185 \times AGE - 0.084 \times AGE \times \ln(ECI_B) - 0.093 \times \Delta AGE \tag{17-14}$$

式中:RCI——某年的乘车舒适性指数;

RCI_B——先前的RCI;

AGE——龄期/年;

ΔAGE——分段龄期,可分别取1、2、3、4。

17.6.7 决定需求维修年和实施维修年

在拥有足够资金的前提下,改建已达到最大容许破坏程度的路段的年份就是实施维修年,此时维修需求年和实施维修年是一致的。但是如果资金不足,特别是路网中其他路段享有更高的优先权时,实施维修年将被推迟。相反,某些特殊路段,如交通荷载较重的路段,将需要提前实施维修年,这能产生显著的经济效益。图17-11简要给出了实施维修年随需求维修年而变化的概念。

另一种改变需求维修年及可能的实施维修年的方法是改变最低容许路面损坏程度标准。目标是把实施维修年限制在一个比较实用和经济的范围内。例如,提前实施维修年对于已经出现某些破坏的路面被认为仅仅是起到预防性养护的使用。另外,过分推迟实施维修年将可能耗费日益增长的过量的维修费用。同样,它也会限制原本可行的设加铺层或重建的方案。

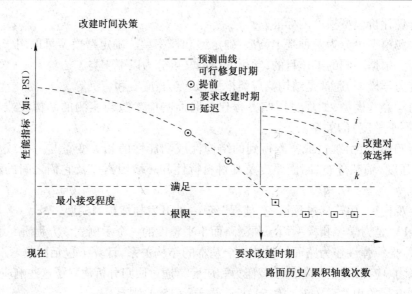

图 17-11　路面改建的预测时间及实施时间

损坏预测模型的可靠性会影响到需求年和实施维修年的正确确定。因此，损坏预测模型应根据实际情况进行定期修正。预测年限也应控制在一定的时间范围内，以便预测模型能与交通量等相关变量保持较好的一致性。

思考题

1. 路面的使用性能包括哪些方面？
2. 路面平整度的测定方法主要有哪些类型？
3. 什么是国际平整度指数？
4. 如何进行行驶质量评价？
5. 路面结构的损坏类型有哪些？
6. 路面抗滑性能的测定方法有哪些？
7. 路面结构承载能力的评定方法有哪些？
8. 什么是路面管理系统？其分级和构成如何？

参 考 文 献

[1] 中建标公路委员会. 公路工程技术标准:JTG B01—2014. 北京:人民交通出版社,2014.
[2] 中交第二公路勘察设计研究院有限公司. 公路路基设计规范:JTG D30—2015. 北京:人民交通出版社,2004.
[3] 中交公路规划设计院有限公司. 公路水泥混凝土路面设计规范:JTG D40—2011. 北京:人民交通出版社,2011.
[4] 中交公路规划设计院有限公司. 公路沥青路面设计规范:JTG D50—2006. 北京:人民交通出版社,2006.
[5] 中交公路规划设计院有限公司. 公路路基施工技术规范:JTG F10—2006. 北京:人民交通出版社,2006.
[6] 交通部公路科学研究所. 公路沥青路面施工技术规范:JTG F40—2004. 北京:人民交通出版社,2004.
[7] 交通部公路科学研究所. 公路土工试验规程:JTG E40—2007. 北京:人民交通出版社,2007.
[8] 交通部公路科学研究所. 公路水泥混凝土路面施工技术细则:JTG/T F30—2014. 北京:人民交通出版社,2014.
[9] 邓学钧. 路面设计原理与方法. 北京:人民交通出版社,2007.
[10] 尤晓暐. 公路工程. 北京:北京交通大学出版社,2008.
[11] 尤晓暐. 道路工程概论. 2版. 北京:人民交通出版社,2007.
[12] 杨文渊. 道路施工工程师手册. 北京:人民交通出版社,2004.
[13] 何挺继. 公路机械化施工手册. 北京:人民交通出版社,2004.
[14] 邓学钧. 路基路面工程. 3版. 北京:人民交通出版社,2008.
[15] 方左英. 路基工程. 北京:人民交通出版社,1999.
[16] 林绣贤. 柔性路面结构设计方法. 北京:人民交通出版社,1988.
[17] 梁富权. 路基路面工程. 北京:人民交通出版社,1994.
[18] 王明怀. 高等级公路施工技术与管理. 北京:人民交通出版社,1999.
[19] 胡长顺. 高等级公路路基路面施工技术. 北京:人民交通出版社,1994.
[20] 廖正环. 公路施工与管理. 北京:人民交通出版社,1999.
[21] 何兆益. 路基路面工程. 重庆:重庆大学出版社,2001.
[22] 张润. 路基路面施工及组织管理. 北京:人民交通出版社,2002.
[23] 翟站立. 路基路面施工及养护技术. 北京:人民交通出版社,2001.
[24] 于书翰. 道路工程. 武汉:武汉工业大学出版社,2000.
[25] 杨春风. 道路工程. 北京:中国建材工业出版社,2000.
[26] 王秉纲. 路面力学数值计算. 北京:人民交通出版社,1992.
[27] 陆鼎中. 路基路面工程. 上海:同济大学出版社,1992.
[28] 沙庆林. 高等级公路半刚性基层沥青路面. 北京:人民交通出版社,1998.
[29] 交通部第二公路勘察设计院. 公路设计手册:路基. 2版. 北京:人民交通出版社,1996.
[30] 陈栓发. 沥青混合料设计与施工. 北京:人民交通出版社,2006.
[31] 徐培华. 高等级公路路基路面施工质量控制技术. 北京:人民交通出版社,2005.
[32] 黄晓明. 路基路面工程. 南京:东南大学出版社,2006.
[33] 黄卫. 高等沥青路面设计理论与方法. 北京:科学出版社,2001.